KB203539

사무엘상

사무엘상

김구원

홍성사

그리스도인을 위한 통독 주석 시리즈를 펴내며

주석은 신학생이나 목회자 등 이른바 '전문직 종사자'들이 읽는 책이라는 인식이 있다. 시중에 나와 있는 주석서들은 신학 혹은 성서학 배경 없이 읽기에는 난해할 뿐 아니라 어렵게 읽었다 하더라도 성경 본문과 어떤 연관이 있는지 알 수 없는 경우가 많다. 왜냐하면 한글로 성경을 읽을 때 자연스럽게 떠오르는 질문이 아닌, 학자들의 논쟁을 주로 소개하기 때문이다. 한편 성경 강해집은 전문성과 정확성이 떨어지는 경우가 많아 참고서로 활용하기 힘들다. '그리스도인을 위한 통독 주석 시리즈'는 이러한 상황을 타개하기 위해 기획되었다. 성경을 진지하게 공부하려는 그리스도인이라면 누구나 쉽게 읽을 수 있도록 기획된 이 시리즈의 특징은 다음과 같다.

첫째, 학자들의 논쟁보다 본문 자체의 해설에 집중했다. 한국의 그리스도인들이 성경을 읽을 때 자연스럽게 떠오르는 질문들을 다루었다. 둘째, 단어 중심보다 문단 중심 주석으로 통독이 가능하다. 이는 본문의 흐름을 유지하면서 필요한 해설들을 수록하였기 때문이다. 셋째, 필요할 때마다 참고할 수 있도록 다양한 도표, 지도, 배경 글을 수록하였다. 넷째, 질문과 적용, 묵상을 돕는 글을 각 장 끝에 실음으로써 성경 공부 교재로 활용이 가능하며 개인 묵상에도 유용하다. 다섯째, 평이한 문체로 저술하되 최신의 학문적 성과를 본문 곳곳에 반영하였다.

'그리스도인을 위한 통독 주석 시리즈'는 한국의 독자를 가슴에 품은, 뜻 있는 학자들의 합류로 계속해서 쓰여질 것이다.

김구원(개신대학원대학교 교수)

【본문에 사용된 약어】

ANEP Ancient Near East in Pictures Relating to the Old Testament

ESV Evangelical Standard Version

NIV New International Version

맥카터 McCarter, P. Kyle. I Samuel: A New Translation. The Anchor Bible. Garden City, N.Y.: Doubleday, 1980

보드너 Bodner, Keith. 1 Samuel: A Narrative Commentary. Hebrew Bible Monographs. Sheffield: Sheffield Phoenix Press, 2008

성경적 역사 이안 프로반, 필립스 롱, 트렘퍼 롱맨 III. 《이스라엘의 성경적 역사》, 김구원 옮김, 서울: CLC, 2013

알터 Alter, Robert. The David Story: A Translation with Commentary of 1 and 2 Samuel. New York: W.W. Norton, 1999

포켈먼 Fokkelman, J.P. Narrative Art and Poetry in the Books of Samuel: A Full Interpretation Based on Stylistic and Structural Analyses. 4 Vols. Studia Semitica Neerlandica. Assen, The Netherlands: Van Gorcum, 1981-1993

츠무라 Tsumura, David Toshio. The First Book of Samuel. The New International Commentary on the Old Testament. Grand Rapids, Mich.: William B. Eerdmans, 2007

차례

서론

사무엘상하, 본래는 한 권의 책

사무엘상과 사무엘하는 본래 한 권의 책이었다. 사해문서에서 이 둘은 하나의 두루마리에 담긴 채 발견되었다. 본래 한 권이던 사무엘서가 상하 두 권으로 나뉜 것은 히브리어 구약성경이 헬라어, 즉 고대 그리스어로 번역되면서부터다. 자음으로만 된 히브리어 본문과 달리 모음과 자음이 모두 표기되는 헬라어 본문은 같은 내용이라도 텍스트 분량이 많다. 따라서 헬라어로 된 사무엘서는 하나의 두루마리에 담을 수 없었다.[1] 이런 이유 때문에 헬라어 구약성경인 칠십인역은 사무엘서를 상하로 나누었고, 이후의 기독교 성경 사본에서도 이 전통이 유지되었다. 하지만 상하 구분이 양적인 이유만은 아니다. 사무엘상이 주인공의 죽음으로 마치는 것은 이스라엘 역사 서술의 전형을 따르는 것이다.[2] 사무엘상은 선지자 사무엘의 탄생으로 시작하여, 사무엘이 옹립한 이스라엘 초대 왕 사울의 죽음으로 막을 내린다.

사무엘서의 저자

사무엘서의 저자가 누구인지는 알려져 있지 않다. 탈무드(b. Baba Bathra 14b)는 사무엘서의 저자를 사무엘이라고 하지만, 사무엘상 25장 1절(28:3 참고)에 사무엘의 죽음에 대한 언급이 나오고, 사무엘서의 나머지 부분이 사무엘의 죽음 이후의 사건을 다루는 것을 고려할 때 사무엘이 사무엘서 전체를 저작했을 가능성은 희박하다. 오늘날 거의 모든 학자들이 사무엘서의 저자를 미상(未詳)으로 여긴다. 저자는 이스라엘의 남북 분열 직후에 활동한 사람일 수도 있고, 일부 학자들의 주장처럼 요시야 혹은 그 이후의 사람일 수도 있다. 저자가 어느 때 사람이든 그가 사무엘서를 저술할 때 '사료'를 사용했다는 사실은 분명하다. 이와 관련해 주목할 구절은 역대상 29장 29절이다. "다윗 왕의 행적은 처음부터 끝까지 선견자 사무엘의 글과 선지자 나단의 글과 선견자 갓의 글에 다 기록되고." 보수적 학자들은 남북 분열 직후 익명의 저자가 사무엘이 만든 사료, 나단과 갓이 만든 사료들을 근거로 지금의 사무엘서를 썼다고 주장한다.[3] 반면 진보적 학자들은 사료의 저자—예를 들어 사무엘, 나단, 갓—를 말하지 않지만, 이들에 따르면 사무엘서는 다양한 장르의 글들이 적어도 두 번의 편집 과정을 거쳐 오늘날의 모습에 이른 것이다. 첫 번째 편집은 요시야 왕 때 이루어졌고, 이때의 본문은 왕정에 대해 우호적인 내용들로 구성되었다. 두 번째 편집은 바빌론 포로기 때 이루어졌고, 이때 왕정에 우호적인 기존의 내용들에 왕정 폄하적인 내용들이 첨가되었다.[4]

【칠십인역(LXX)】 칠십인역은 본래 히브리어로 된 구약성경을 헬라어(고대 그리스어)로 번역한 것이다. 아리스테아스의 편지에 따르면, 이집트 왕 프톨레미 2세가 알렉산드리아 도서관에 소장할 목적으로 72명의 유대인들로 하여금 유대인의 성경을 번역하게 했다. 기독교인들에게 칠십인역이 중요한 이유는 신약성경의 저자들과 초대 교회 성도들이 칠십인역으로 구약을 읽었기 때문이다. 예를 들어, 사도 바울이 구약의 오경을 인용할 때, 자주 히브리어 구약성경이 아닌 칠십인역을 인용한다. 성경 원문의 복원을 목표로하는 본문 비평학자들에게 칠십인역은 마소라 본문과 다른 본문 전통을 제공한다는 점에서 중요하다.

【사해 문서】 성경 사본과 관련해 쓰일 때, '사해 문서'는 1947년 이스라엘 사해의 쿰란 지역에서 발견된 현존하는 최고(最古)의 성경 사본을 지칭한다.

사무엘서를 쓴 사람이 미상이라는 사실에 놀랄 필요는 없다. 저자 혹은 저작권 개념이 없었던 고대 근동 세계에서 정경적 문학 작품은 대개 오랜 세월의 전승 과정을 거치면서 수정, 첨가, 편집되어 최종적인 형태를 갖추었다. 사무엘서를 포함한 일부 성경도 이 점에 있어서 예외일 이유는 없다. 이 때문에 성경이 오늘날의 형태를 갖추기까지 본문이 변천된 역사에 비평학자들이 관심을 갖는 것은 당연하다. 그러나 이 책은 본문의 변천 역사보다는 성경의 최종 본문이 가지는 문학적 그리고 신학적 통일성에 주목할 것이다. 최종 편집자(혹은 저자)가 이전의 다양한 사료들을 문학적으로 의미 있게 편집함으로써 담아낸 신학적 메시지를 밝히려 할 것이다.

사사정에서 왕정으로

사무엘상은 이스라엘이 사사정에서 왕정으로 바뀌는 과정을 묘사한다. 왕정이 왕을 최고 통치자로 둔 정치 체제라면, 사사정은 사사(쇼페트, *šōpēt*)를 최고 통치자로 둔 정치 체제이다. 왕과 사사는 여러가지 면에서 서로 구별된다. 우선 통치자가 되는 과정이 서로 다르다. 왕은 태어나는 것이지만, 사사는 만들어지는 것이다. 외적의 침입같은 위기가 사사를 만들어 낸다. 먼저 하나님의 영이 특정인에게 임하면, 이스라엘 지파들이 그를 사사로 추인한다. 한편 왕의 명령과 다르게 사사의 명령은 강제적이지 않았다. 우리는 사사의 징집 요구에 불응하는 일부 지파들의 예를 쉽게 찾을 수 있다(삿 5:17;12:2 참고). 이것은 사사의 통치가 왕의 그것만큼 목표달성에 효율적이지 않았음을 의미하지만, 뒤집어 생각하면, 사사 통치 아래서 백성은 보다 많은 자유를 누렸다고 말할 수 있다. 마지막으로 세습을 원칙으로 하는 왕위와 달리 사사직은

【사사의 의미】 '사사'로 번역된 히브리어 '쇼페트'는 '지배자, 통치자'라는 의미와 '재판관'이라는 의미를 모두 갖는다. 이것은 사사의 주요한 기능 두 가지를 요약한 것이다. 사사는 전시에는 군대를 일으켜 전투를 이끌고, 평시에는 사람들의 송사를 처리한다. 특히 '재판관'의 기능은 오늘날의 목회와 유사하다. 이것은 법정에서 피고의 유무죄를 가리는 좁은 의미가 아니라, 백성의 문제를 듣고, 다양한 방법으로 해결하는 행위를 가리키기 때문이다.

원칙적으로 세습되지 않았다. 세습은 리더십의 교체 때 발생할 수 있는 혼란을 최소화하는 장점을 지니지만, 사사직의 세습은 종종 사사의 타락으로 이어졌다(삼상 8:1-3 참고).

이처럼 사사정과 왕정은 일장일단을 가지지만, 사무엘상 초반에 등장하는 이스라엘 백성은 사사정보다 왕정을 선호했다. 가장 큰 이유는 왕정이 세계사의 정치적 대세라고 생각했기 때문이다. 바벨론과 이집트 같은 주변 선진국들은 오래전에 왕정을 채택했다. 심지어 모

【나람-신의 승리 비석】 나람-신은 아카드 제국을 건설한 사르곤 왕(주전 2334-2279)의 손자이다. 그는 즉위 초기 바빌로니아 전역에서 발생한 반란을 성공적으로 진압한 후 자신을 신으로 선언한다. 이전 왕들은 죽은 후에 신으로 추앙되어 제사를 받았지만, 나람-신은 살아 있을 때 신이 되어 제사를 받았다. 당시의 예술 작품에서 나람-신은 늘 장엄한 모습으로 등장하며 주변 인물보다 크게 그려진다. 그리고 왕의 상징물인 활, 화살, 도끼 등을 들고, 신의 상징물인 뿔 모자를 쓰고 나타난다. 이 '승리 비석'에서 태양에 가장 가까이 선 사람이 나람-신이다.

압, 암몬, 블레셋과 같은 가나안 땅의 이웃 민족들도 왕을 가졌다. 당시 이스라엘 백성에게 주변국들의 찬란한 도시 문명은 왕정의 필연적 산물처럼 보였다. 절대 권력을 한 사람에게 주는 왕정을 통해 강력한 군대를 모집하여 국경 안정을 도모할 수 있었고, 내부적으로는 부역을 통해 농업용 관개 시설, 하수도 시설, 또한 신전이나 경기장과 같은 공

공건물을 건축할 수 있었다. 즉 왕정은 안정적으로 국가 발전을 선도할 수 있는 정치 체제로 여겨졌다. 따라서 낙후된 이스라엘이 블레셋의 침략에 효과적으로 대처하고, 신속히 선진 문명을 이룩하려면 왕정 채택이 필수적인 듯했다. 이스라엘 백성은 사사정이 주는 시민적 자유를 조금 포기하더라도 왕정이 보장해 주는 안정과 풍요를 누리고 싶었던 것이다.

그러나 문제는 이런 왕정이 이스라엘의 신정(神政) 사상과 충돌한다는 것이다. 이스라엘의 신정 사상에 따르면 이스라엘의 통치자는 하나님이다(시 93:1; 97:1; 99:1 참고). 따라서 이스라엘 백성에게는 인간 왕이 필요 없다. 더구나 이웃 나라의 왕정은 왕에게 너무나 큰 권력을 부여함으로써 그를 우상처럼 만든다. 실제로 고대 근동의 왕들은 죽은 후 신으로 추앙되었다. 심지어 살아 있을 때 자신을 신으로 선포한 왕도 있었다(아카드 제국의 나람-신Naram-Sin 참고).[5] 선지자 사무엘이 왕을 세워 달라는 이스라엘 백성의 요구를 우상숭배에 비유한 것은 이런 맥락에서 이해할 수 있다(삼상 12:6-14 참고). 그런데 예상 밖으로 하나님은 왕을 달라는 백성의 우상숭배적 요구를 들어주신다. 이렇게 이스라엘의 역사에 왕정이 시작된다.

이처럼 사사정에서 왕정으로 전환되는 이스라엘의 역사를 보여 주는 사무엘상은 우리에게 여러 가지 신학적 문제를 던진다. 이스라엘에 인간 왕이 서는 것은 처음부터 하나님의 섭리였는가? 아니면 인간의 완악함에 따른 불가피한 섭리였는가? 신정 사상과 인간 왕정이 이스라엘에서 어떻게 공존할 수 있는가? 신정 체제에서 인간 왕의 역할은 무엇인가? 왜 하나님은 사울을 먼저 세움으로써 이스라엘로 하여금 왕정의 실패를 경험하게 하셨는가? 사울은 왜 버림받았는가? 다윗은 어떻게 사울보다 영속적인 왕조를 이루었는가? 독자들은 사무엘상을 읽어 가는 동안 자연스럽게 이런 신학적 문제들과 만나게 된다. 본문을 해설해 가면서 이런 문제들을 적절한 곳에서 다루어 보겠다.

블레셋과 이스라엘

사사정에서 왕정으로 넘어가는 이스라엘에게 주된 적은 블레셋이었다. 이스라엘 민족처럼 블레셋인도 가나안 땅의 원주민은 아니다. 이스라엘이 이집트에서 이주해 왔듯, 블레셋도 그리스 에게 해 지역에서 가나안으로 이주해 왔다.[6] 그들은 이주 후 두세 세대 만에 가나안 지방의 언어와 문화에 동화되지만, 다음의 몇 가지 특징을 보면 그들의 본향이 그리스였음을 알 수 있다. 첫째, 가나안 원주민들과 달리 블레셋 사람들은 할례를 받지 않았다. 구약성경에서 "할례 받지 못한 자"(삿 14:3, 15:8; 삼상 14:6, 17:26, 36 참고)가 언제나 블레셋인을 가리키는 것은 바로 이 때문이다. 둘째, 돼지고기를 즐겨 먹었다. 이스라엘을 포함한 가나안 사람들은 돼지고기를 금지했지만, 그리스 사람들은 돼지고기를 즐겨 먹었다. 고고학자들이 블레셋인들의 주거 흔적을 연구할 때 돼지 뼈를 주요 증거로 간주하는 이유가 여기에 있다. 셋째, 다른 가나안 민족처럼 제국적 왕정을 이루지 않았다. 그들은 다섯 도시 국가 연맹체로 국가를 운영했다. 왕이 아닌 도시 수장들(성경은 이들을 "왕" 혹은 "방백"이라고 부른다)의 회의가 국가 중대사를 결정한다. 이런 연맹제는 그리스의 도시 국가 연합을 연상시킨다. 넷째, 블레셋 사람들은 그리스 사람들처럼 자유와 이성을 최고의 가치로 여겼다. 사무엘상 4장에 묘사된 블레셋과 이스라엘의 전쟁에서 블레셋 장수 하나가 병사들의 전투의지를 고취시키려고 행한 연설은 그리스 정신으로 가득 차 있다. "너희 블레셋 사람들아 남자답게 용기를 내어라. 히브리 사람이 너희의 종이 되었던 것처럼 너희가 그들의 종이 되려느냐? 남자답게 싸워라"(삼상 4:9, 저자 사역私譯). 블레셋 장수는 자유의 이상에 호소하고 있다. 자유를 위해 용기를 내서 싸우라고 한다. 이것은 전쟁을 앞둔 그리스인들의 연설에서 단골로 등장하는 내용이다('스파르타인들의 대답' 참고). 마지막으로 블레셋 도시 가드에서 발견된 뿔이 둘 달린 제단도 블레셋인의 그리스 기원을 잘 보여 준다. 고고학자들에 따르면 뿔이 둘 달린 제단이 발견되는 또 다른 장소는 그리스다. 이스라엘 제단의 뿔은 네 개였다.

여호수아가 이스라엘 백성을 이끌고 가나안 땅에 들어왔을 때 이스라엘의 주적(主敵)은 블레셋이 아니었다. 이미 평지를 중심으로 도시 문명을 이룬 가나안 원주민들이 이스라엘의 정복 대상이었다. 가나안 땅에 갓 정착한 블레셋 민족은 생존과 적응 단계에 있었기 때문에 이스라엘 백성에게 직접적으로 위협을 가하지 않았다. 그러나 이스라엘이 가나안 정복을 마친 후 수백 년의 사사 시대를 거치는 동안 블레셋의 국력이 급격히 성장하기 시작한다. 사무엘상의 배경인 사사 시대 말기에 이르면 블레셋은 어떤 민족보다도 이스라엘에 위협적인 존재가 된다. 그들은 점점 이스라엘이 정착한 내륙 지방에 야욕을 드러내며 이스라엘의 국경을 침략하곤 했다. 이스라엘 백성이 왕을 원했던 이유 중 하나도 블레셋의 침략에 효과적으로 대처하기 위한 것이었다. 하나님이 사울을 사무엘에게 소개할 때, "그가 내 백성을 블레셋 사람들의 손에서 구원하리라" 말씀하셨던 것도 이 사실과 무관하지 않다(삼상 9:16 참고). 다윗이 사람들의 인기와 지지를 얻게 된 것도 블레셋과의 전투에서 세운 공적 덕분이었고, 다윗이 헤브론에서 유다 지파의 왕이 된 후 최초로 실행한 것도 블레셋을 완전히 토벌하는 일이었다(삼하 5:17-25 참고). 다윗 이후 블레셋은 이스라엘에 더 이상 위협적인 존재가 아니었다. 이처럼 블레셋과의 갈등은 이스라엘이 사사정에서 왕정으로 전환되는 과정의 중요한 '외부 문제'였다.

사무엘상의 단락 구분과 내용 해설

1:1-4:1a 사무엘상의 배경은 사사 시대 말이다. 그때는 "왕이 없었으므로 모든 사람들이 자기 소견에 옳은 대로 행하여" 이스라엘 전체가 도덕적, 종교적으로 끝없는 나락에 빠져 가던 시대(삿 18-21장 참고)였다.

【스파르타인들의 대답】 페르시아 왕을 위해 일하는 어떤 부자가 두 명의 스파르타인에게 "왜 그대들은 페르시아 왕에게 항복하지 않는가? 항복만하면, 그가 너희들에게 큰 선물을 하사할 뿐 아니라, 너희 나라에서 계속 살 수 있도록 할 것이다"라고 하자 스파르타인들은 다음과 같이 대답한다.
"네가 이해하는 삶은 노예의 삶일 뿐이다. 너는 자유에 대해 조금도 알지 못한다. 네가 자유를 알았다면, 우리에게 끝까지 싸우라고 격려해 줄 것이다. 우리의 창뿐 아니라, 우리의 모든 것을 걸고 싸우라고 말해 줄 것이다."

흥미로운 것은 사무엘서 저자가 그런 국가적 위기를 1장에서 전혀 언급하지 않는다는 점이다. 민족을 총체적 혼란에서 구원할 왕의 탄생을 이야기하는 사무엘서는 오히려 불임이었던 한 여인의 이야기로 시작된다. 여기서 저자는 한나의 문제를 이스라엘 문제의 은유(metaphor)로 사용한 듯하다. 즉 하나님에 의해 태가 닫힌 한나의 절망적 상태는 아무 희망이 없어 보이는 당시 이스라엘 민족의 모습을 연상시킨다. 나아가 한나가 절망을 딛고 일어나 성전에서 기도한 후 얻은 사무엘은 한나 개인의 문제에 대한 해답일 뿐 아니라, 이스라엘 문제에 대한 해답이다. 왜냐하면 사무엘은 왕이 없어 혼란에 빠진 이스라엘에 왕을 세우는 킹메이커가 될 것이기 때문이다.

2장에서는 엘리 가문에 속한 제사장들의 악행(도적질과 간음)이 묘사된다. 엘리의 아들들이 악행을 저질러졌다는 사실은 아버지이자 선배 제사장이었던 엘리의 실패를 보여 준다. 한편 한나는 사무엘을 성전에 바친 후에도 해마다 실로로 찾아와 사무엘에게 정성껏 만든 겉옷을 건네줌으로써 그를 지속적으로 돌보고 훈육한다. 이런 한나의 정성은 자식에 대한 엘리의 무관심과 크게 대조된다. 이어지는 3장에서는 엘리의 도제였던 사무엘이 엘리를 넘어서는 선지자로 성장한 사건, 즉 사무엘이 성전에서 하나님을 만나는 사건이 묘사된다.

4:1b-7:1 2장에 묘사된 엘리 가문 제사장들의 악행이 당시 이스라엘 사회의 내부 문제를 대표적으로 보여 준다면, 본 단락은 이스라엘의 외부 문제, 즉 블레셋과의 갈등 상황을 다룬다. 이스라엘은 여호와의 궤를 동원했음에도 블레셋과의 전투에서 크게 패한다. 그 결과, 엘리와 두 아들 홉니와 비느하스가 죽고, 여호와의 궤마저 탈취된다(4장). 그러나 이스라엘의 패배가 하나님의 패배는 아니었다. 이스라엘은 죄로 말미암아 실패했지만, 하나님의 역사는 인간의 실패로 중단되지 않는다. 하나님의 임재를 담은 언약궤는 블레셋의 다섯 도시를 순회하면서 블레셋의 죄를 심판한다. 다곤 우상이 언약궤 앞에 굴복하여 엎드리는 것은 물론, 여호와의 성물을 함부로 다룬 블레셋인들도 언약궤가 일으킨 부종 때문에 쓰러져 죽어 갔다. 결국 언약궤의 위력 앞에 굴

복한 블레셋 사람들은 속죄 제물과 함께 언약궤를 이스라엘로 돌려보낸다(5-6장). 본 단락에서 주목할 것은 인간 주인공의 역할이 없다는 점이다. 사무엘이 본 단락에 전혀 언급되지 않은 것도 바로 이런 관점에서 이해할 수 있다. 이것은 하나님의 주권적 역사를 가장 강력한 형태로 선언하는 효과를 낸다. 하나님은 열방의 주권자로서 이스라엘 땅에서 뿐 아니라, 블레셋 땅에서도 영광을 받으신다. 아울러 언약궤를 탈취당한 이스라엘에게도 희망을 준다. 흐린 날에도 구름 뒤에 태양이 빛나고 있듯, 전쟁에 패배하고 궤마저 빼앗긴 상황이지만 하나님은 여전히 이스라엘을 위해 역사하신다는 사실을 상기시킨다.

7:2-17 본 단락은 사무엘의 사역을 요약하여 보고한다. 사무엘의 사역은 상시 사역과 전시 사역으로 나뉘는데, 평상시 사무엘은 말씀 사역을 통해 백성을 일깨웠으며(미스바 집회), 블레셋이 이스라엘을 공격해 왔을 때에는 하나님의 능력에 의존하여, 즉 기도를 통해 적들을 물리친다. 큰 관점에서 본 단락은 사사 사무엘의 리더십이 사사 시대 말의 내적 문제(영적·도덕적 타락)와 외적 문제(블레셋의 침략)를 해결하는 데 효과적이었음을 보여 준다. 이것은 다음 단락에서 왕을 세워 달라고 하는 백성의 요구가 불필요한 것—나아가 죄악된 것—임을 부각하는 역할도 한다.

8:1-15:35 이스라엘에 왕정이 성립되는 과정을 묘사한다. 이스라엘 백성은 사무엘에게 찾아와 "모든 나라와 같이" 왕을 세워 달라고 요구한다. 하나님은 백성의 요구를 자신에 대한 거부로 간주한다. 사무엘이 왕정의 부정적 측면을 설명해 주었음에도 백성은 뜻을 굽히지 않는다(8장). 이렇게 세워진 왕이 베냐민 지파 출신의 사울이다. 일부 학자는 사울이 왕이 되는 과정을 묘사한 9-11장을 독립된 여러 이야기들의 조악한 조합이라고 주장하지만, 이 본문을 자세히 보면 사울이 왕이 되는 과정에 대한 '저자'의 신학적 의도가 짜임새 있게 드러난다.

사울의 왕위 등극 과정은 암나귀 실종 사건으로 시작한다(9장). 사울의 아버지 기스는 자기 아들을 종과 함께 보내어 사라진 암나귀를 찾게 한다. 그들이 암나귀를 찾아 헤매다가 도달한 곳은 사무엘의 고향이다. 아버지가 걱정할 것을 염려하여 사울이 돌아가려 하자, 동행한 시종은 '족집게' 선견자가 가까운 마을에 살고 있다며 그에게 암나귀의 행방을 물어보자고 제안한다. 그 선견자는 다름 아닌 사무엘이었다. 이렇게 사울과 사무엘은 처음으로 대면한다. 며칠 전 하나님의 계시를 받고 사울을 기다려 왔던 사무엘은 하나님의 말씀대로 사울에게 기름을 부어 그를 왕으로 지명한다.

사울의 왕위 등극 과정의 두 번째 사건은 10장에 등장한다. 사무엘은 백성을 미스바로 불러 모은 후, 제비뽑기를 하여 사울을 왕으로 다시 지명한다. 사울은 짐짝 사이에 숨어 있었지만, 자신을 지목한 제비는 피할 수 없었다. 사울의 왕위 등극과 관련된 세 번째 사건은 아말렉과의 전투이다(11장). 앞의 두 이야기와 달리 이 대목에서 사울은 전쟁 영웅으로 그려진다. '하나님의 신'에 사로잡힌 사울은 길르앗 야베스인들을 포위한 암몬 사람들을 대파한다. 승리에 고무된 백성은 길갈에서 대관식을 열고 사울의 왕위를 공식적으로 확인한다.

현대 성서 학자들의 주장대로 이 세 이야기는 사울의 왕위 등극 과정에 대한 독립적 전승일 가능성이 있지만,[7] 사무엘상 저자는 특정한 신학적 메시지를 전달하기 위해 그 전승들을 현재의 모습으로 재구성했다. 즉 사무엘상 저자는 사울 왕의 왕위 등극 과정에 중대한 오점(구체적 논의는 9-11장 해설 부분 참고)을 노출시킴으로써 사울의 통치가 시작부터 실패의 씨앗을 품고 있었음을 보여 준다. 예를 들어 사울을 왕으로 확정하는 길갈 대관식 장면에서 사울의 왕 됨을 기뻐하는 사람들 가운데 사무엘의 이름은 빠져 있다(11:15 참고)는 것이 흥미롭다. 그리고 백성의 환호가 잦아들면서 조금씩 들리기 시작한 사무엘의 목소리에는 새 왕에 대한 축하 메시지가 아닌, 하나님보다 인간 왕을 선택한 이스라엘 백성에 대한 책망이 담겨 있다(12장).

13장과 15장은 사울이 하나님과 사무엘에게 버림받은 이유를 설명한다. 11장에서 사울은 왕으로서의 군사적 능력은 입증했다. 그러나 이스라엘 왕의 핵심 덕목인 순종의 태도는 아직 입증하지 못했다. 고대 근동의 왕들은 전쟁하고 노략물을 취하는 것(fighting and taking)을 최고의 덕목으로 여겼지만, 하나님이 왕에게 요구한 덕목은 말씀을 듣고 순종하는 것(hearing and obeying)이었다. 아직 사울은 이 점에서 자신을 입증하지 못했다. 오히려 사울은 이미 첫 번째 시험에 실패하였다(삼상 10:7-8 해설 부분 참고). 13장과 15장에 서술된 두 사건은 사울에게는 시험이자 기회였다. 그러나 사울은 두 번의 기회를 모두 살리지 못한다. 길갈에서 기다리라는 선지자의 말에 순종하지 않고, 제사를 손수 집행했으며(13장), 아말렉에 대한 헤렘의 명령(모든 생명을 죽이고, 모든 물건을 불태우라는 명령)에도 순종하지 않았다(15장). 이처럼 두 번이나 선지자를 통해 받은 하나님의 명령을 순종하지 못한 사울은 사무엘을 통해 온 회개의 기회마저 놓쳐 버린다. 이런 사울을 향해 사무엘은 "왕이 여호와의 말씀을 버렸으므로 여호와께서도 왕을 버려 왕이 되지 못하게 하셨나이다"(15:23)라고 선포한다. 사울의 왕위는 유지되지만, 사무엘이나 하나님에게 그는 이때부터 왕이 아니었다.

16:1-31:13 본 단락에서는 이야기의 초점이 다윗에게로 이동한다. 이새의 막내아들이자 양치던 다윗이 유다와 이스라엘의 왕으로 빚어지는 과정이 묘사되어 있다. 다윗은 용맹스러운 전사요 지도자이자 하나님께 응답 받는 경건한 사람으로도 그려진다. 그에 반해 사울은 하나님의 응답을 전혀 받지 못하며, 악신의 영향을 받아 충성된 부하들을 의심하고, 그들을 폭력으로 협박하는 악한 군주로 묘사된다.

사울의 왕위 등극 과정처럼, 다윗이 사울의 후계자로 등극하는 과정도 세 가지 이야기로 묘사된다. 첫 번째 이야기(삼상 16장)에 따르면 하나님은 사무엘을 베들레헴 이새의 집으로 보내어, 사울을 대체할 새 왕을 지명한다. 이때 이새의 아들 중 사람의 눈에 가장 보잘것없어 보이는 다윗이 기름 부음을 받는다. 두 번째 이야기는 사울이 '악한 영'에게 시달리는 사건에서 시작된다. 신하들은 사울을 괴롭히는 악한 영을 몰아내는 음악가로 다윗을 추천한다. 이렇게 다윗은 음악가로서 궁에 출입하게 된다. 왕위 계승자로 입궁한 것은 아니지만, 그는 당시 권력의 핵심부에서 왕과 다른 신하들의 신임을 얻어 장차 왕위 계승의 교두보를 확보한다. 다윗을 추천한 신하가 단순히 다윗의 음악적 재능만 언급하지 않고, 이상적 왕이 갖추어야 할 모든 덕목들(전쟁 수행 능력, 용기, 지혜, 여호와의 신)도 언급한 사실(삼상 16:18 참고)은 이런 점에서 매우 흥미롭다. 세 번째 이야기는 사무엘상 17장이다. 거인 골리앗이 아침저녁으로 이스라엘 군대를 조롱하고 이스라엘 병사들은 두려움에 떨고 있을 때, 이새의 말째 아들 다윗이 나타난다. 그는 골리앗과 싸우게 해 달라고 사울을 설득한 후, 휴대용 투석기와 돌 다섯 개를 들고 블레셋 거인과 맞서 싸워 이긴다. 골리앗을 무찌른 무용에 감탄한 사울은 다윗을 자신의 궁에 상주시킨다. 현대 성서 학자들의 주장처럼 다윗이 사울의 후계자로 등극하는 과정을 묘사한 세 이야기는 본래 각각 독립

【다윗과 사울】 에른스트 요세프손(1851~1906) 작.

적으로 전승되었을 가능성이 있다. 예를 들어, 골리앗을 무찌르고 돌아오는 다윗을 보고 사울이 "소년이여 누구의 아들이뇨"라고 묻는 장면은 다윗이 이미 사울의 개인 음악가와 무기 드는 자로 활동해 왔음을 고려할 때 앞뒤가 맞지 않는다(해당 장들의 해설 부분 참고). 우리는 사무엘상 저자가 신학적 목적을 가지고 그 전승들을 현재의 모습으로 재구성해 놓았다는 사실을 기억해야 한다. 따라서 이야기 전개가 모순처럼 보이더라도 조야한 편집의 결과로 성급히 판단하지 말고, 그 안에 숨겨진 문학적 장치와 신학적 메시지를 찾아가야 한다. 이 책이 목표하는 바가 바로 이것이다.

한편 궁에 입성한 다윗이 블레셋과의 싸움에서 계속 승리를 거두자, 그의 대중적 인기는 사울의 인기를 넘어서게 된다. 저잣거리의 여인들은 "사울이 죽인 자는 천천이요 다윗이 죽인 자는 만만이로다"(삼상 18:7)라고 노래한다. 또한 다윗은 사울의 가족과 측근들의 마음도 얻는다. 사울의 딸 미갈이 다윗을 사랑하고, 사울의 아들 요나단도 다윗의 가장 친한 친구가 된다. 나아가 궁전의 모든 신하도 다윗을 좋아하게 된다. 사울이 이 상황을 좋아할 리 없다. 더구나 악한 영에 사로잡힌 사울은 다윗을 질투하다 못해 죽이기로 작정한다. 사울의 살해 기도를 몇 차례 벗어난 다윗은 마침내 궁을 떠나 광야로 도망한다. 광야 피난 생활 동안 다윗은 하나님의 철저한 인도함을 받는다. 이 고난의 과정을 통해 다윗은 순종을 연습한다. 반면 사울은 우월한 병력으로 다윗을 추적했지만 다윗을 해할 수 없었다. 왜냐하면 하나님이 다윗과 함께하셨기 때문이다. 그러나 그런 다윗에게도 의심의 순간들이 있었다. 다윗은 두 번이나 블레셋으로 피신한다. 다윗이 블레셋으로 피한 이유에 대해 성경은 분명하게 사울에 대한 두려움 때문이라고 말한다(삼상 21:10; 27:1). 블레셋 피신은 분명 불신앙의 행위였지만, 하나님은 그것을 새 역사의 계기로 삼으셨다. 블레셋의 용병으로 망명 생활을 하면서 다윗은 유다의 전통적 적들을 섬멸할 기회를 가졌고, 약탈물을 나눔으로써 유다 백성의 민심도 얻을 수 있었다. 길보아에서 사울의 군대와 맞붙을 위기를 맞지만 하나님께서는 블레셋 장수들의 마음을 움직여 다윗이 사울을 죽이는 전투에 참여하지 않도록 만드셨다. 이것은 다윗의 왕 된 것이 하나님의 주권적 역사임을 보여 준다. 즉 인간 다윗의 인위적 정치 활동 결과가 아니라는 것이다. 본 단락을 자세히 읽으면, 다윗이 왕으로 선택, 지명되는 순간부터 실질적 왕으로 확정되는 순간까지 하나님이 모든 상황에 주도적으로 간섭하고 개입하셨음을 확인할 수 있다.

한편 사울은 블레셋과의 운명적 전투를 앞두고 하나님의 신탁을 절실히 원했다. 그러나 자신에게 기름 부었던 참 선지자 사무엘은 이미 죽었고, 그를 대신할 다른 선지자도 사울에게 없었다. 사울은 절박한 심정으로 엔돌의 신접한 여인에게 찾아갔다. 그는 신접한 여인에게 사무엘을 무덤에서 불러낼 것을 요청하였고, 무덤에서 올라온 사무엘은 사울에게 이전의 저주(15장 참고)를 다시 한 번 들려주며, 다음 날 전투에서 사울과 그 아들들이 모두 전사할 것임을 예언한다. 사무엘이 예언한 대로 사울과 그 아들들은 길보아 전투에서 모두 죽는다(31장). 사무엘서 저자는 31장의 마지막에서 사울의 시체를 길르앗 야베스 주민들이 거두었다고 말하는데, 길르앗 야베스 주민들은 과거에 사울에게 크게 빚진 자들이었다. 암몬 왕 나하스가 성을 포위하고 모든 남자들의 오른눈을 뽑겠다고 위협했을 때, 사울이 군대를 모아 그들을 구했었다. 그들이 위험을 무릅쓰고 사울의 시체를 거두어 장사 지낸 것은 일종의 보은이었던 것 같다. 이렇게 사무엘서 저자는 사울의 죽음에 대한 이야기를 그가 가장 영웅적이었을 때(삼상 11장 참고)에 대한 회고로 마무리한다. 이것은 이스라엘의 첫 번째 왕에 대한 최소한의 예우다.

사무엘상의 신학적 메시지

사무엘상은 신학적으로 매우 풍성한 메시지를 담고 있다. 같은 본문이라도 다양한 메시지를 얻을 수 있다. 여기에서는 중요하게 짚어 보아야 할 사무엘상의 메시지를 요약하여 소개한다.

첫째, 하나님 나라의 큰 역사는 삶의 작은 도전에 믿음으로 반응할 때 시작된다. 이 메시지는 한나 이야기에서 가장 극명하게 드러난다. 앞서 언급한 대로 사무엘상은 사사기 18-21장에 묘사된 사사 시대 말이 그 배경이다. 모든 백성이 자기 소견에 옳은 대로 행하여 이스라엘에 아무 희망도 없어 보이는 때였다. 하나님의 마음에 합한 왕이 출현해야 이 어려움을 극복할 것 같았다. 그런데 재미있는 것은 잉태하지 못하는 여인의 이야기로 사무엘상이 시작된다는 것이다. 여기에는 한나의 문제 해결 과정을 당시 이스라엘 민족의 문제 해결에 대한 예언적 은유로 사용하려는 저자의 의도가 숨어 있다. 한나의 절망은 당시 이스라엘 민족을 연상시킨다. 한나에게 희망이 없어 보였듯 이스라엘 민족에게도 아무런 희망이 없어 보였다. 그러나 한나는 절망에 머물지 않고, 일어나 여호와 앞에 서는 믿음을 가졌다. "여호와께서 아들을 주시면……." 이런 한나의 기도에 응답으로 주어진 아들이 사무엘이었다. 사무엘은 한나의 절망뿐 아니라, 이스라엘의 절망까지 희망으로 바꾸는 인물이 된다. 그는 왕이 없어 불경건과 죄악으로 신음하는 이스라엘에 왕을 세우는 킹메이커가 된다. 즉 한나의 믿음을 통해 이스라엘에 희망의 불씨가 일어난다. 한나가 절망의 자리에서 일어나 성전으로 향할 때, 이스라엘 민족의 문제를 해결할 원대한 비전을 가진 것은 아니었을 것이다. 한나는 자기 삶의 문제에 믿음으로 반응한 것뿐이다. 그때 하나님이 그녀의 믿음을 사용하여 하나님 나라의 거대한 역사를 이룬 것이다. 하나님 나라의 역사는 평범한 사람이 자기 삶의 문제에 믿음으로 반응하는 과정에서 시작한다.

사울이 왕으로 기름 부음 받는 장면도 비슷한 교훈을 준다. 사무엘상 9장에 따르면 사울은 왕으로 기름 부음을 받으려고 사무엘을 찾아간 것이 아니다. 아버지의 말씀에 순종하여 실종된 암나귀를 찾아 나선 것뿐이었다. 그러나 하나님은 그 작은 순종의 여정을 왕이 되는 길로 바꾸셨다. 사울은 또한 평소 민족의 앞날을 고민했던 인물이었다. 이것은 사무엘이 당나귀를 찾으러 온 사울에게 건넨 말을 통해 짐작할 수 있다. 사무엘은 사울에게 "아침에는…… 네 마음에 있는 것을 다 네게 말하리라"(삼상 9:19)라고 하는데 문맥상 "네 마음에 있는 것"은 잃어버린 암나귀와 관계가 없다. 왜냐하면 바로 다음 절(삼상 9:20)에서 사무엘은 암나귀의 행방을 말해 주기 때문이다. 사무엘이 말한 "네 (사울의) 마음에 있는 것"은 아무 희망이 없어 보이는 민족을 염려하는 사울의 본심이다. 그날 밤 사울은 처음 만난 사무엘과 밤늦도록 그의 집 지붕에서 이야기를 나누었다. 사울이 평소 민족과 시대를 고민하지 않았다면 처음 만난 사무엘과 무슨 할 말이 많아 밤늦도록 지붕 위에서 대화했겠는가? 그다음 날 사무엘이 주저 없이 사울을 왕으로 기름 부은 것도 전날 밤 대화를 통해 확신을 얻었기 때문이다. 사울이 평소 하나님의 나라를 구하는 마음이 없었다면 사무엘을 만날 수도, 기름 부음을 받을 수도 없었을 것이다.

다윗을 베들레헴 촌의 목동에서 전국적 인사로 만든 사건도 비슷한 교훈을 담고 있다. 다윗이 골리앗을 무찌른 것은 아버지가 시킨 심부름이 계기가 되었다. 다윗은 평소 아버지에게 순종적인 아들이었던 것 같다. 그는 작은 일에 충성하는 사람이었다. 누구나 꺼려하는 목동 일을 잘하기 위해 평소 물맷돌 던지는 연습은 물론, 양 떼를 지키기 위해 목숨을 걸고 사자나 곰과 싸우기까지 했다. 다윗이 자신의 일상을 감당해 내지 않았다면 골리앗과 싸울 기회도 얻지 못했을 것이고, 얻었더라도 그를 이길 수 없었을 것이다. 그날도 다윗은 아버지의 말씀에 순종해 심부름을 갔지만, 하나님은 다윗의 작은 순종을 사용하여 구속사의 큰 흐름을 이루어 가셨다.

한나와 사울과 다윗의 예는 우리에게 주어진 삶의 도전에 믿음으로 반응하는 것이 얼마나 중요한지 보여 준다. 우리의 작은 순종을 통해 하나님은 우리의 삶을 구속 역사에 사용하신다. 하나님의 역사는 영웅의 큰 비전으로 이루어지는 것이 아니라 보통 사람들의 작은 순종을 통해 이루어진다.

사무엘상이 주는 두 번째 신학적 메시지는 하나님이 쓰시는 지도자는 태어나는 것이 아니라 훈련을 통해 만들어진다는 것이다. 사무엘, 다윗을 보면 이스라엘의 걸출한 지도자들도 하루아침에 그렇게 된 것이 아님을 알 수 있다. 오랜 세월의 훈련을 거쳐 위대한 지도자가 된 것이다. 사무엘은 성전에서 하나님의 음성을 들은 후(삼상 3장), 곧바로 카리스마 넘치는 '전국구' 선지자가 된 것이 아니다. 사무엘이 성전에서 들은 메시지는 엄밀하게 말하면 엘리 제사장의 미래에 관한 것으로 엘리 제사장에게만 전달되었을 가능성이 높다. 일반 백성이 그것을 알았을 가능성은 거의 없다. 따라서 "단에서부터 브엘세바까지의 온 이스라엘이 사무엘은 여호와의 선지자로 세우심을 입은 줄을 알았더라"는 말씀(3:20)은 사무엘이 성전에서 신현 체험을 한 직후 상황을 말하지 않는다. 온 이스라엘이 사무엘의 선지자적 권위를 인정한 사건은 점진적으로 이루어진 것이다. 이 사실은 사무엘상 4-6장에서 사무엘의 이름이 전혀 언급되지 않는다는 점에서 짐작할 수 있다. 블레셋과의 전쟁에서 패하고, 여호와의 궤마저 빼앗기는 사건, 그리고 그 궤가 다시 돌아오는 사건을 묘사하면서 사무엘의 역할을 전혀 언급하지 않는다니 이상하지 않은가. 이것은 사무엘이 3장의 신현 체험으로 전국구 선지자가 된 것은 아님을 보여 준다. 사무엘상 7장 2절을 분석해 보면, 사무엘이 20년 동안 목회 현장에서 헌신했음을 알 수 있다. 그는 이스라엘 백성을 하나님의 말씀으로 깨우치는 일을 약 20년 동안 성실히 감당했다(삼상 7:2의 해설 부분 참고). 현장에서 말씀으로 백성을 섬긴 경험이 국가 위기의 순간에 그를 큰 지도자로 만든 것이다(삼상 7장 참조). 이스라엘 백성도 사무엘의 권위를 마음으로부터 인정해 주었다.

다윗도 마찬가지다. 사무엘상 16장에서 왕으로 기름부음을 받지만 다윗이 실제로 왕이 되는 것은 사무엘하 5장에서다. 그 사이 다윗은 사울의 사위가 되어 궁에서 자신의 입지를 확대해 가는 듯했지만, 결국 궁에서 나와 광야를 방황해야 했다. 그는 자신에게 모여드는 가난하고 소외된 자들과 함께 지내면서 성경적 지도자의 가장 중요한 덕목인, 백성을 불쌍히 여기는 마음을 배웠다. 포위망을 좁혀 오는 사울의 군대 앞에서 하나님을 의지하는 법도 배웠다. 모든 것을 포기하고 싶은 마음에 블레셋으로 망명을 시도한 것 역시 다윗이 이스라엘의 가장 위대한 지도자가 되기 위한 수업이었다. 우리를 부르신 하나님은 반드시 우리를 훈련시킨다. 이 훈련은 때로 다윗의 삶처럼 고난을 동반하기도 한다. 그러나 하나님께 훈련받고 빚어지는 과정 없이는 쓰임 받을 수 없다. 처음부터 지도자로 태어나는 자는 없으며, 임명장으로 지도자가 될 수도 없다. 사무엘서는 오랜 세월 훈련된 자가 올바른 지도자가 됨을 가르쳐 준다. 예수님도 제자들에게 세상의 소금이 되라고 하시면서, 소금이 되는 방법으로 그들이 "소금 치듯"(막 9:49) 불에 절여져야 한다고 하셨다. 불이 시련을 상징한다면, 그 말은 삶의 고난을 통해 사람이 '짠맛'을 내는 소금이 된다는 의미이다. 삶의 도전과 고난을 믿음으로 이겨 내는 과정을 반복하면서 짠맛을 내는 '소금 인간'이 되는 것이다. 지도력에 대한 사무엘상의 교훈도 예수님의 교훈과 크게 다르지 않다.

사무엘상의 세 번째 신학적 메시지는 하나님이 만물을 주권적으로 섭리하신다는 것이다. 믿는 자에게는 우연이 없다. 모든 것은 하나님의 섭리 가운데 발생한다. 이 교훈은 사울이 왕으로 기름부음을 받는 장면에서 가장 잘 드러난다. 우연으로 보이는 일련의 사건이 사울을 사무엘에게 보내려는 하나님의 뜻을 이룬다. 기스의 암나귀가 없어진 사건이 우연만은 아닐 것이다. 또한 사울의 아버지 기스가 아들과 함께 보낸 종도 사울이 사무엘과 만나는 사건에 결정적으로 기여한다는 점에서 예사롭지 않다. 그는 암나귀 수색을 중단하고 집으로 돌아가려는 사울에게 선견자의 존재를 알려 주고, 그에게 가서 물어 볼 것을 제안한다. 사울이 선견자에게 줄 선물이 없다고 하자 그는 자신의 수중에 있던 4분의 1 세겔을 내어 주기까지 한다. 우연의 일치로 볼 수도 있겠지만, 사무엘상 9장에서 이 무명의 종은 하나님의 역사를 이루는 포석 같은 느낌이 든다. 다윗이 왕이 되는 과정에서도 한 무명의 종이 하나님의 섭리를 이룬다. 악신의 역사로 고통 받던 사울은 수금 타는 자를 고용하려 했다. 왕의 모집 명령이 떨어지자마자 기다렸다는 듯이 한 신하가 다윗을 추천한다. "내가 베들레헴 사람 이새의 아들을 본즉 수금을 탈 줄 알고 용기와 무용과 구변이 있는 준수한 자라 여호와께서 그와 함께 계시더이다"(삼상 16:18). 어떻게 사울의 궁에 사는 신하가 베들레헴에 살던 이새의 말째인 다윗에 대해 잘 알고 있을까? 이 신하는 다윗을 사울의 궁에 들이려고 하나님이 심어 두신 포석 같다. 비슷한 포석이 사무엘상 29장에서도 발견된다. 다윗이 가드의 왕 아기스의 용병이 되었을 때, 다윗에게 최대의 위기가 찾아온다. 블레셋 군에 합세해 이스라엘을 치는 전쟁에 참전하게 된 것이다. 지금까지 다윗은 기회가 있었음에도 하나님이 기름 부은 자를 존중하여 사울을 죽이지 않았다. 그런 다윗이 이제 블레셋 군의 선봉대가 되어 사울과 싸워야 할 상황이 되었다. 바로 그때 블레셋의 장수들이 다윗의 참전을 반대한다. 그들은 다윗을 블레셋 동맹군에서 제외해 줄 것을 아기스에게 강하게 요청한다. 귀환 명령이 떨어지자 다윗은 아마 안도의 숨을 내쉬었을 것이다. 블레셋 장수들의 개입이 없었다면 다윗은 그 전쟁에 참여하여 사울을 죽였다는 오명을 평생토록 안고 다녀야 했을 것이다. 그러나 하나님은 블레셋 장수들의 마음을 움직여 그런 일을 막아 버리신 것이다. 블레셋 장수들도 분명히 하나님의 섭리적 역사의 일부였다. 우리의 삶에도 하나님의 섭리적 역사가 나타난다. 과학 시대에 사는 우리는 그것을 우연으로 치부하기 쉽다. 그러나 신앙인은 하나님의 섭리적 역사에 민감해야 하고, 그런 역사를 늘 기대해야 한다. 하나님의 말씀은 목사님들만이 아니라, 삶에서 부딪히는 모든 사람을 통해 들을 수 있다. 또한 하나님의 말씀은 사람을 통해서만 전해지는 것이 아니라 사건으로도 전해진다. 우리가 죄를 지을 때 하나님이 우리를 징계하실 수 있다. 그때 그것을 우연으로 치부하고 죄를 반복하는 것은 옳지 않다. 하나님이 만사를 섭리한다는 믿음은 생활 가운데 하나님의 뜻과 음성에 민감히 반응하도록 도전한다.

사무엘상의 가장 중요한 신학적 선포는 하나님이 왕이라는 것이다. 하나님이 이스라엘을 다스리신다! 이 때문에 이스라엘의 장로들이 사무엘에게 왕을 세워 달라고 찾아왔을 때, 하나님은 그들이 사무엘이 아니라 "나"를 버렸다고 하셨다. 이런 하나님의 말씀은 왕정이 고대 근동 국가의 통치 체제였다는 점을 고려할 때 더 잘 이해된다. 고대 근동의 왕정에서 왕은 곧 신이다. 절대 권력을 가진 왕은 죽은 후 신의 반열에 추대되어 제사의 대상이 되곤 했다. 일부 왕들은 살아 있을 때 자신을 신격화하기도 했다. 이스라엘 백성이 사무엘을 찾아와 "열방과 같이" 왕을 세워 달라고 요구했을 때, 그들은 고대 근동의 왕정을 염두에 둔 것이다. 따라서 그들의 요구는 우상숭배적이다. 하나님의 통치를 거부하고 인간의 통치를 선택한 것이다. 이런 관점에서 이스라엘의 왕정은 하나님의 본래 뜻은 아니지만, 인간의 죄 때문에 하나님이 허락하신 제도라고 할 수 있다.[8] 우상 숭배를 향한 왕정의 악한 경향을 제어하기 위해 하나님은 이스라엘 왕정을 선지자 제도와 밀접히 관계시킨다.[9] 선지자는 왕에게 하나님의 율법을 상기시키고, 왕이 율법을 어기면 율법에 따른 심판을 선포한다. 이런 이스라엘 왕정의 특이점은 왕정을 따르는 우상숭배적 본능을 제어하고 길들이는 것이 목적이었지만 결코 근절할 수는 없었다. 사울 왕정의 실패는 이스라엘 백성의 요구가 죄악이었으며, 인간 우상이 그들을 구원할 수 없음을 단적으로 보여 주었다. 사울 왕조와 달리 비교적 오래 지속된 다윗 왕조도 결국 우상숭배적 성향 때문에 멸망한다. 다윗 왕조가 그나마 지속된 것은 다윗이 세운 왕조가 고대 근동 방식이 아니라 '이스라엘 방식'의 왕정(대리 통치자)이었기 때문이다. 그러나 왕정 자체가 지닌 우상화 본능은 결코 사라지지 않았다. 결국 고대 이스라엘의 세계관은 인간이 아닌 하나님이 다스릴 때 샬롬(*šālôm*)이 온다는 것을 말한다.

우리 역시 왕을 달라 했던 이스라엘 백성의 오류를 범한다. 우리는 보이지 않는 하나님의 통치보다 보이는 인간의 통치를 원한다. 영웅, 아이돌, 유명인에 끌리는 이유가 여기에 있다. 교회도 스타를 만들고, 교회 마케팅에 활용한다. 우리는 목사님이 우리와 비슷하기를 원하지만, 정작 그런 목사님을 만나면 카리스마가 없다고 한다. 우상숭배적 본능 때문이다. 사사들은 모두 부족한 사람이었다. 기드온은 미디안 사람들이 두려워 뒷마당의 포도주 틀 위에서 몰래 타작을 했고, 천사가 나타나 "여호와께서 너와 함께하시도다"라고 축복하자 "하나님이 함께 계시면" 왜 이스라엘이 미디안의 억압을 받느냐고 반문한 사람이다. 입다는 창녀의 아들이었고, 삼손은 지도자로서 면모를 전혀 갖추지 못한 '힘만 센' 사람이었다. 그러나 하나님은 이런 부족한 사람들을 세워 그들을 통해 이스라엘을 다스리시며 영광을 받으셨다. 오늘날 교회를 보면 연약한 인간을 통한 하나님의 직접적 다스림보다는 왕과 같은 영웅적 능력에 크게 의존하는 것 같다. 일부 스타 목사님들의 우상화, 그리고 그들의 카리스마를 업은, 통제되지 않는 교회의 대형화는 우상숭배적 본능과 무관하지 않다. 이것은 기독교를 '인간에 의한, 인간을 위한, 인간의' 종교로 만들 위험이 있다. 하나님의 왕 되심을 선포하는 사무엘서의 메시지에 한국 교회는 더욱 귀 기울여야 할 것이다.

1
한나의 믿음과 사무엘의 출생

삼상 1:1-20

이스라엘의 왕정 성립 과정을 주제로 하는 사무엘상은 흥미롭게도 그것과 무관해 보이는 한 여인의 이야기로 시작된다. 그 여인의 이름은 한나이다. 본 장의 메시지를 이해하려면 한나 이야기가 이스라엘 민족 이야기와 어떻게 연결되는지 유의하며 읽어야 한다.

주인공 한나는 남편 엘가나의 특별한 사랑을 받았음에도 아이를 낳지 못했다. 불임으로 인한 심적 고통은 매년제를 드리러 실로에 갈 때마다 가중된다. 제사 음식을 나눌 때 남편이 한나에게 갑절의 몫을 주자 격분한 브닌나가 한나를 심하게 괴롭혔기 때문이다. 그때마다 울며 금식하던 한나는 성전에서 중요한 서원 기도를 드린다. 하나님이 아들을 주시면, 그 아들을 여호와의 전에 평생 바치겠다는 내용이다. 이렇게 태어난 아기가 사무엘이었다. 사무엘은 한나의 고통과 기도에 대한 하나님의 위로와 응답이라는 의미를 넘어, 민족의 고통과 기도에 대한 응답이기도 하다. 왕이 없어 모두가 자기 소견대로 행하는 시대에 사무엘은 왕을 세우는 삶을 살게 되기 때문이다. 한 여인의 믿음을 통해 어두운 이스라엘에 희망의 서곡이 울려 퍼진다.

한나의 무자함 1:1-3

1 에브라임 산지 라마다임소빔에 에브라임 사람 엘가나라 하는
사람이 있었으니 그는 여로함의 아들이요 엘리후의 손자요 도후의
증손이요 숩의 현손이더라 2 그에게 두 아내가 있었으니 한 사람의
이름은 한나요 한 사람의 이름은 브닌나라 브닌나에게는 자식이
있고 한나에게는 자식이 없었더라 3 이 사람이 매년 자기 성읍에서
나와서 실로에 올라가서 만군의 여호와께 예배하며 제사를
드렸는데 엘리의 두 아들 홉니와 비느하스가 여호와의 제사장으로
거기에 있었더라

1장은 엘가나의 족보로 시작된다. 성경의 족보는 역사적 정보보다 이념적 메시지를 주는 경우가 많다. 즉 특정인에게 정당성을 부여하는 기능이 있다. 룻기에 실린 다윗의 족보나 마태복음에 실린 예수님의 족보는 각각 다윗과 예수님에게 왕과 메시아로서의 정당성을 부여한다. 룻기는 다윗을 믿음과 덕의 모범인 보아스(룻)와 연결시키고, 마태복음은 예수님을 이상적인 왕 다윗과 믿음의 조상 아브라함과 연결시킨다. 이 때문에 성경이 특정인의 족보로 시작되는 경우, 그 특정인이 이어지는 이야기의 주인공인 경우가 많다. 따라서 엘가나의 족보로 시작하는 사무엘상 1장을 읽으면 이야기의 주인공이 엘가나일 것이라고 예상하게 된다. 그런데 엘가나의 족보를 살펴보면 그런 기대는 곧 무너진다. 왜냐하면 엘가나의 족보에는 이상한 점이 있기 때문이다. 족보에 언급된 조상들, 즉 여로함, 엘리후, 도후, 숩이 여기 이외에는 전혀 언급되지 않는다는 점이다. 이들은 엘가나의 조상이라는 것 이외에 알려진 사실이 전혀 없다. 엘가나의 족보에는 소위 '유명인'이 없다. 이런 족보는 엘가나에 대한 '좋은 추천서'가 되지 못한다. 왜 저자는 사무엘상 1장을 별 볼일 없는 족보로 시작할까? 첫째, 저자는 엘가나의 별 볼일 없는 족

보를 통해 사무엘상 1장의 주인공이 엘가나가 아님을 암시하는 것 같다. 이것은 의외의 주인공 한나를 극적으로 소개하는 효과를 낸다. 둘째, 비록 인상적인 족보는 아니지만, 엘가나의 족보가 소개되었다는 것은 엘가나의 비범성을 암시한다. 실제로 3절에서 엘가나는 신앙의 영웅으로 묘사된다.

2절은 엘가나의 두 아내를 소개한다. 첫째 아내는 한나('은혜')이며 둘째 아내는 브닌나('열매로 무성한 가지')이다. 이름대로 브닌나에게는 많은 자녀가 있었지만 무자(無子)한 한나는 하나님의 특별한 은혜가 필요한 여인이었다. 당시 결혼한 여자가 자식을 낳지 못하는 것은 이혼 사유가 될 정도로 심각한 문제였다. 그러니 한나가 느꼈을 심리적 불안과 압박은 매우 컸을 것이다. 무자함에서 오는 한나의 고통은 이후의 이야기 전개에 중요한 갈등 요소가 된다. 2절에서 주목할 사실은 한나

【사무엘은 어느 지파에 속할까】 사무엘상 1장 1절은 사무엘의 아버지 엘가나를 에브라임 지파로 소개한다. 따라서 사무엘도 자연스럽게 에브라임 지파였다고 추정할 수 있다. 그러나 문제는 사무엘이 나중에 엘리를 대신하는 제사장이 된다는 사실이다. 율법에 따르면 레위 지파만이 제사장이 될 수 있었다. 사무엘이 에브라임 사람이라면 어떻게 제사장이 될 수 있었을까? 이 질문에 대한 답으로 두 가지를 생각할 수 있다.
첫째, 역대상 족보(6:16-27)의 증거처럼 사무엘이 레위 지파였을 경우이다. 그렇다면 사무엘상 1장 1절의 "에브라임 사람"은 에브라임 지역에 거주하는 사람이라는 의미이다. 율법에 따르면 레위 지파 사람들은 열두 지파가 각각 네 개씩 내놓은 마흔여덟 개 도시에서(수 21:1-42; 대상 6:54-81) 생활해야 했지만 사사 시대 말에는 레위 지파 사람들이 자신들의 성읍들을 벗어나 다른 곳에서 생활하는 경우가 많았다(삿 17-19의 레위인들 참고). 어떤 이유인지는 몰라도 엘가나 가족도 본래 레위 지파였지만 당시 에브라임 산지의 라마다임소빔에 정착해 살았을 가능성이 있다.
둘째, 사무엘이 에브라임 지파 사람이었지만 시대적 상황 때문에 제사장이 되었을 가능성이 있다. 이 경우, 사무엘이 에브라임 지파임에도 제사장이 된 이유는 사사 시대 말의 타락한 시대상과 연결된다. 사사 시대 말은 제사장도 노골적으로 율법을 어기는 시대였다. 제사장이 우상을 섬기고, 하나님의 제물을 도적질하고, 성전에서 일하는 여인들과 간음한다. 율법이 무너진 이런 시대는 레위 지파가 아닌 사람들도 일정한 도제 기간을 거쳐 제사장 직무를 수행할 수 있었으리라 가정할 수 있다. 사무엘이 레위 지파가 아니었음에도 제사장이 된 것도 이런 시대상 때문이라고 할 수 있다.
첫 번째와 두 번째 주장 모두 일리가 있으나 어느 것이 사실인지 정확히 알 수는 없다.

【사무엘의 고향은 어디일까】 라마다임소빔인가, 라마인가. 엘가나의 주거지로 언급되는 라마다임소빔(1:1)과 라마(1:19; 2:11)는 과연 같은 장소일까. 1절에 따르면 엘가나의 주거지는 라마다임소빔이지만 1장 19절과 2장 11절에 따르면 라마다. 일부 학자들은 라마다임소빔이 에브라임 지파에 속한 반면, 라마는 베냐민 지파에 위치하기 때문에 각각 다른 장소라고 주장한다. 만약 이들의 주장이 옳다면 사무엘상 1장은 엘가나의 주거지에 모순된 진술을 담은 셈이다. 그러나 고대 세계의 상황을 이해하면 다른 결론에 도달할 수 있다. 고대 세계의 촌락에는 '중앙 정부의 표준'이 강요되지 않았다. 더구나 중앙 정부 없이 산지에 흩어져 살던 이스라엘 부족들의 경우 더욱 그렇다. 한 마을이 여러 이름으로 불릴 수도 있고, 그 마을의 행정 소속이 분명히 정해지지 않은 경우도 많다. 이런 점을 고려하면 에브라임과 베냐민의 경계에 위치한 사무엘의 고향 마을은 라마다임소빔 혹은 라마, 심지어 숩이라는 다양한 이름으로 불렸고, 영토 개념이 확립되지 않았던 왕정 이전 시대에는 그 소속이 분명치 않았을 가능성이 있다. 왕정 시대에는 라마가 베냐민의 영토이지만, 사사 시대 말에는 에브라임의 영토로 간주되었을 가능성도 부정할 수 없다('사무엘의 고향 라마' 참조).

와 브닌나의 이름이 교차로 언급된다는 것이다. 한나-브닌나-브닌나-한나. 이것은 히브리어 이야기에 자주 나오는 문학적 기법(대구교차구조 A-B-B'-A')으로 한나와 브닌나의 운명이 앞으로 역전적으로 교차될 것임을 보여 준다.

3절에 따르면 엘가나는 매년 성소가 있었던 실로까지 예배하러 올라가곤 했다. 라마에서 실로까지는 직선거리로 약 35킬로미터 정도였기 때문에 가족을 모두 데리고 여행할 경우 이틀 정도 소요된 것으로 추정된다. 엘가나가 매년 실로로 간 이유는 율법이 정한 3대 절기

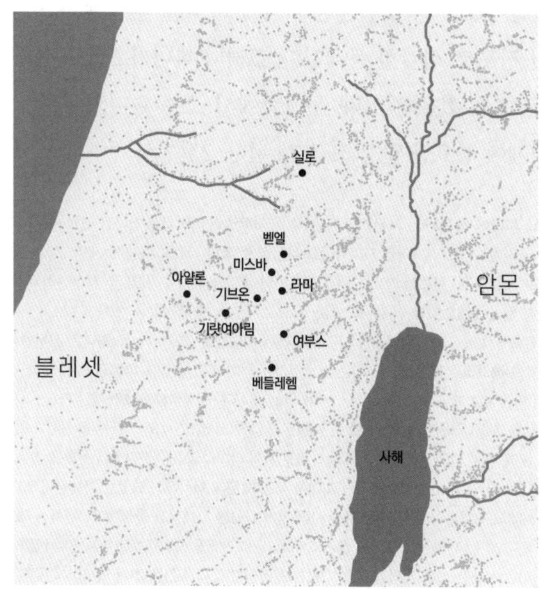

【사무엘의 고향 라마】

(유월절·맥추절·수장절, 출 23:14-17) 중 하나를 지키려는 것이 아니었다. 매년제(21절)를 지키려는 것이었다. 이스라엘의 모든 남자에게 부과된 의무인 3대 절기와 달리 매년제는 자발적인 가족 중심의 제사였는데, 율법적 의무가 아니었던 매년제를 해마다 드렸다는 사실은 엘가나가 매우 경건한 사람임을 보여 준다. 그가 살던 시대가 "사람들이 소견에 옳은 대로 행하는" 시대였음을 고려할 때 엘가나의 믿음은 밤하늘에 빛나는 별 같은 것이었다. 제사장들조차 율법을 밥 먹듯 어기던 시대에

엘가나는 해마다 실로로 올라가 여호와께 제사를 드리는 깨인 평신도였다. 엘가나가 매년제를 드린다는 언급 직후에 실로에서 제사장 직을 수행한 홉니와 비느하스의 이름이 언급된 것(3절 후반부)은 다소 어색하다. 이들이 1장에서 아무 역할도 하지 않기 때문에 더욱 그렇다. 홉니와 비느하스가 율법을 뻔뻔하게 어기는 제사장이었음을(2장 참고) 고려하면[1] 실로에서 매년제를 드리는 엘가나와 실로에서 제사를 집행하는 엘리의 아들들을 나란히 언급한 것은 경건한 평신도와 타락한 제사장을 대조하려는 것으로 보인다.

브닌나의 핍박 1:4-8

4 엘가나가 제사를 드리는 날에는 제물의 분깃을 그의 아내 브닌나와
그의 모든 자녀에게 주고 5 한나에게는 갑절을 주니 이는 그를
사랑함이라 그러나 여호와께서 그에게 임신하지 못하게 하시니
6 여호와께서 그에게 임신하지 못하게 하시므로 그의 적수인
브닌나가 그를 심히 격분시키므로 괴롭게 하더라 7 매년 한나가
여호와의 집에 올라갈 때마다 남편이 그같이 하매 브닌나가 그를
격분시키므로 그가 울고 먹지 아니하니 8 그의 남편 엘가나가 그에게
이르되 한나여 어찌하여 울며 어찌하여 먹지 아니하며
어찌하여 그대의 마음이 슬프냐 내가 그대에게 열 아들보다
낫지 아니하냐 하니라

불임의 한나는 여인이자 아내로서 자식이 없다는 사실만으로도 충분히 심리적 고통과 압박을 느꼈을 것이다. 여기에 덧붙여 한나의 고통을 가중시키는 요인이 있었는데, 그중 하나가 브닌나의 핍박이다. 브닌나가 한나를 핍박한 계기는 4-5절에 기록되어 있다. 실로에서 여호와께 화목 제사를 드리고 제물을 나눌 때 엘가나는 브닌나와 그녀의 자녀들에게는 평상(平常)의 몫을 준 반면, 한나에게는 갑절의 몫을 준다. 이 때문에 브닌나는 한나를 심히 괴롭히며, 격분케 했다. 보통 매년제

는 제사 후 음식을 나누면서 가족 구성원끼리 애정과 연대를 확인하는 시간이었다. 그런데 화합의 장이 되어야 할 매년제가 가족 간 갈등의 장이 된 것이다. 왜 한나가 갑절의 몫을 받았다는 사실이 브닌나를 그렇게 격동시켰을까? 우선 표면적으로는 브닌나의 질투를 생각해 볼 수 있다. 5절은 분명히 엘가나가 한나에게 갑절의 몫을 준 사실과 그가 한나를 사랑한다는 사실을 연결시키고 있다. 이 때문에 자녀를 많이 낳은 브닌나지만 무자한 한나가 남편의 사랑을 받는 것을 질투했을 가능성이 있다. 그러나 질투 때문이라고만 하기에는 브닌나의 행동이 충분히 설명되지 않는다. 엘가나가 아무리 한나를 사랑한다고 해도 결국 한나는 자식이 없는 가련한 여인이 아닌가? 그런 여인을 집요하게 핍박할 정도로 브닌나는 극악무도했을까? 브닌나의 행동을 좀더 이해하려면 신명기 21장 15-17절에 주목할 필요가 있다.

> 어떤 사람이 두 아내를 두었는데 하나는 사랑을 받고 하나는 미움을 받다가 그 사랑을 받는 자와 미움을 받는 자가 둘 다 아들을 낳았다 하자 그 미움을 받는 자의 아들이 장자이면 자기의 소유를 그의 아들들에게 기업으로 나누는 날에 그 사랑을 받는 자의 아들을 장자로 삼아 참 장자 곧 미움을 받는 자의 아들보다 앞세우지 말고 반드시 그 미움을 받는 자의 아들을 장자로 인정하여 자기의 소유에서 그에게는 두 몫을 줄 것이니 그는 자기의 기력의 시작이라 장자의 권리가 그에게 있음이니라.

이 율법에 따르면 분명 브닌나에게서 태어난 아들에게 갑절의 몫, 즉 장자의 권리가 주어져야 한다. 엘가나가 한나에게 갑절의 몫을 주자 브닌나는 율법에 보장된 권리마저 빼앗기는 것은 아닌가 염려했을 가능성이 있다. 감정의 문제인 질투와 달리 상속권은 자신과 자식의 미래가 걸린 문제다. 특히 자식과 관련된 문제라면 여성들은 독을 품는다. 이에 브닌나는 한나를 물리쳐야 할 '적'으로 간주하고 그녀를 핍박하기 시작한다. 한나는 괴로움에 울며 아무것도 먹지 못했다. 이런 상황이 해마다 반복되었다. 가족 간의 사랑을 확인해야 할 순간인 매년제가 한나에게는 곤고함과 괴로움의 시간이 된 것이다.

무자한 한나의 고통을 가중시키는 또 하나의 요인은 다름 아닌 남편이었다. 남편은 한나를 사랑했지만, 그 사랑을 표현하는 방식에 문제가 있는 듯하다. 한나에게 갑절의 몫을 주어 브닌나의 질투와 분노를 유발시킨 것은 둘째치고라도 슬픔에 잠긴 한나를 위로하는 엘가나의 말(8절)은 그의 자기중심적 세계관을 보여 준다. 슬픈 마음에 먹지 못하는 한나의 입장에서 생각하고 말하는 것이 아니라 자신의 입장에서 한나를 위로한다. "어찌하여 먹지 아니하며 어찌하여 그대의 마음이 슬프냐." 이것은 위로가 아닌 꾸지람처럼 들린다. 실제로 구약성경에서 "어찌하여…… 하며 어찌하여…… 하느냐?" 구문은 꾸지람의 문맥에서 자주 사용된다. "내가 그대에게 열 아들보다 낫지 아니하냐"라는 말 역시 엘가나의 자기중심적 세계관을 여실히 보여 준다. 엘가나는 "그대는 나에게 열 아들보다 소중합니다"라고 말했어야 했다. 아내를 위로하려는 말 속에서도 도리어 '나'를 강조하는 것은 융통성 없는 남자들이 빠지는 함정이다. 여하튼 엘가나의 의도는 선했겠지만 그의 말은 한나를 위로하지는 못한다. 한나의 입장에서는 자신을 가장 잘 이해해야 할 남편마저도 자신의 고통을 헤아리지 못한다는 사실이 더욱 슬펐을 것이다.

핍박하는 브닌나와 체휼하지 못하는 남편 외에도 한나의 고통을 가중시키는 요인이 더 있다. 그중 하나는 타락한 제사장이다. 힘들게 살아가는 백성을 살피고 목회해야 할 제사장들이 영적 지도자 역할은 못하고 파렴치한 늑대가 된 세상이었다. 실로의 제사장이던 홉니와 비느하스는 성전에서 일하는 여인과 동침하기를 서슴지 않는 죄인이었다. 그들은 고통 중에 있는 한나에게 영적인 안내자가 되기는커녕 오히려 경계해야 할 위험인물이었다. 영적 지도자의 도움을 얻을 수 있다면 숨통이라도 트일 텐데 불행히도 한나는 당시의 타락한 제사장들에게 그런 위로를 기대할 수 없었다.

마지막으로 한나의 고통을 가중시키는 요인은 바로 하나님이셨다. 사무엘상 저자는 한나의 무자함에 대해 의도적으로 '불임'이라는 말을 사용하지 않는다. 그 대신 "여호와께서 한나의 태를 닫으셨다"는 말을 두 번이나 언급한다(5절과 6절). 브닌나가 한나에게 구체적으로 무슨 말을 했는지 기록되지 않았지만 브닌나의 독설 가운데 '하나님이 너의 태를 닫았다'는 말이 포함되었을 가능성이 높다. '불임이다'와 '하나님이 태를 닫으셨다' 사이에는 큰 차이가 있는데, 후자는 정죄의 의미를 가질 뿐 아니라, 한나에게 깊은 절망을 안긴다. 세상 모든 사람이 나를 오해해도 하나님만은 나를 이해한다는 희망이 있다면 버틸 수 있다. 그러나 전능자가 나를 버렸다는 생각이 밀려들 때 인간은 절망할 수밖에 없다. 유일하게 자신의 편이라 믿었던 하나님마저 자신을 버렸다는 생각이 들면서 한나는 절망의 밑바닥까지 이른다. 모든 희망의 빛이 사라진 것이다.

이런 한나의 절망은 당시 이스라엘 민족의 절망을 은유적으로 보여 준다. 무자함이 주는 절망은 영적·도덕적 혼란에 빠진 민족의 절망을 연상시킨다. 한나에게 희망이 있을까라는 질문은 이스라엘 백성에게 희망이 있을까라는 질문이다. 1장에서 사무엘상 저자는 한나의 운명과 이스라엘의 운명을 문학적으로 결합시킨다. 한나가 이 절망의 상황에서 어떻게 행동하는지에 따라 이스라엘의 운명이 결정된다.

성전에서 서원함 1:9-11

9 그들이 실로에서 먹고 마신 후에 한나가 일어나니 그 때에 제사장
엘리는 여호와의 전 문설주 곁 그 의자에 앉아 있었더라 10 한나가
마음이 괴로워서 여호와께 기도하고 통곡하며 11 서원하여 이르되
만군의 여호와여 만일 주의 여종의 고통을 돌보시고 나를 기억하사
주의 여종을 잊지 아니하시고 주의 여종에게 아들을 주시면 내가
그의 평생에 그를 여호와께 드리고 삭도를 그의 머리에 대지
아니하겠나이다

9절의 히브리어 원문은 (한나가) '일어났다'는 동사(바타콤 *wātāqom*)로 시

작하는데, 이 동사의 형태는 과거의 단회적인 사건을 기술할 때 사용된다. 3-8절까지 실로에서 매년 반복되는 갈등이 묘사되었다면, 9절부터는 단회적이며 결정적인 사건이 기술된다. 매년 발생되는 갈등과 절망의 순환을 끊고 새로운 시대를 여는 한나의 첫 행위가 바로 '일어남'이다. 한나는 절망 가운데 머물러 있기를 거부하고 그곳으로부터 일어나 새로운 인생의 문을 연다. 칠십인역은 이 부분을 "한나가 일어나 여호와 앞에 섰다"라고 번역했는데, 칠십인역이 옳다면 한나의 일어남은 분명한 목적을 가진 '일어남'이다. 즉 만군의 여호와 앞에 서기 위해 일어남이다. 그것은 '자기 구원' 혹은 '자기 도움'을 위한 행위가 아닌 자신의 태를 닫은 여호와가 그것을 열 수도 있다는 확신에 근거한 믿음의 행위이다. 한나가 처한 절망의 깊이를 생각할 때 이런 믿음의 행위는 결코 쉽지 않다. 그러나 모두가 포기해 버릴 것 같은 순간에 한나는 일어서서 여호와 앞에 나아간다. 9절 후반부에 묘사된 엘리의 좌정 자세(이것은 통상적인 업무 자세였다)는 한나의 단회적이며 결정적인 '일어남'의 운동과 대조된다. 3절에서 평신도 엘가나의 경건이 불의한 제사장직과 대조되었던 것처럼 본 절에서는 엘리의 좌정(座停)과 한나의 기동(起動)이 대조되는데, 이것은 한나의 적극적인 믿음을 강조한다. 이후 한나와 엘리의 대화에서도 제사장으로서의 엘리의 권위보다 한나의 인격과 믿음이 강조되고 있다.

한나가 일어나 성전으로 향한 시점은 "그들이 실로에서 먹고 마신 후"(9절)이다. 여기서 한나는 "그들"에 포함되지 않는다. 즉 한나는 먹고 마시는 일에 참여하지 않았지만 나머지 식구들의 식사 회합이 끝날 때까지 자리를 지켜 주었다. 이는 한나의 깊은 배려심을 읽을 수 있는 대목이다. 7-8절에서 한나가 먹지 않은 이유는 브닌나의 핍박으로 인한 슬픔 때문이지만, 9절에서 한나의 금식은 성전에서 하나님과의 대면을 준비하는 성격을 띤다.[2] 당시 금식은 문제를 가진 개인이 신을 만나기 위해 성소에 들어가기 전 거치는 의식 중 하나였다. 처음에는 브닌나의 핍박 때문에 먹고 마시지 않았지만, 이후에는 그것마저 하나님과의 대면을 위한 준비로 승화시킨 것이다. 즉 한나는 브닌나의 박해의 피해자로 머물러 있지 않고 박해의 고난을 통해 적극적으로 하나님의 얼굴을 구한 것이다.

한나에게는 아무 희망도 없어 보였다. 가족은 물론, 제사장조차도 한나의 고통을 이해하거나 설명해 줄 수 없었다. 태가 닫힌 궁극적 원인이 하나님이라는 생각은 마지막 한 줄기 희망의 끈조차도 놓아버리게 만들었다. 그럼에도 한나는 해결책이 오직 하나님께 있음을 믿었다. "자녀의 떡을 취하여 개들에게 던짐이 마땅하지 아니하니라"라는 절망스러운 말을 들었음에도 "주여 옳소이다마는 개들도 제 주인의 상에서 떨어지는 부스러기를 먹나이다"라고 대답하며 주님께 매달렸던

【실로의 무너진 건물들】 현재 실로에는 성경 시대의 건물은 남아 있지 않다. 한때 여호와의 궤가 안치된 실로 성전은 주전 1150년경 블레셋에 의해 파괴되었다.

수로보니게 여인처럼 한나도 하나님께 간절히 매달렸다. 자신의 태를 닫은 하나님이 그것을 여실 수도 있음을 믿고 그분과의 대면적 만남을 갈구하며 성전에 들어갔다. 그리고 여호와 앞에서 기도하기 시작했다. 서글픈 눈물의 기도로 자신의 괴로운 심정을 하나님 앞에 토로했다.

한나의 기도는 11절의 서원에서 그 절정에 달한다. 성경은 경솔한 서원(지키지 못할 서원이나 서원의 남용)을 경계하지만 서원 자체를 금하지는 않는다. 서원은 참된 신앙심의 표현이다. 믿음이 없는 자는 서원을 남용하거나, 소원이 성취된 후 서원을 이행하지 않는다. 서원은 반

드시 믿음으로 해야 하고, 한번 서원하면 반드시 지켜야 한다. 한나는 자신의 문제를 해결해 주실 분은 여호와뿐임을 믿고 그 믿음으로 서원했다. 이와 관련해 주목할 만한 사실은 한나의 서원이 "만군의 여호와여"로 시작한다는 것이다. 지금까지 한나는 핍박과 고통 중에서도 아무런 말도 하지 않았다. 그렇게 침묵으로 일관한 한나가 드디어 입을 열어 뱉은 첫 마디가 "만군의 여호와여"라는 말이다. 이것은 자신의 고통은 오직 하나님만 해결하실 수 있다는 한나의 믿음을 보여 준다. 보통 서원은 조건와 약속의 이중 구조를 가진다. 즉 "하나님이 이렇게 (해)주시면, 저는 이것을 (해)드리겠습니다"의 형식을 지닌다. 한나의 경우, 앞부분에 해당하는 "아들을 주시면"이 동의적인 세 개의 절에 의해 부연된다. "주의 여종의 고통을 돌보시고, 나를 기억하사, 주의 여종을 잊지 아니하시고." 이런 중첩은 무자함과 관련한 한나의 고통의 너비와 깊이를 암시한다. 특히 "주의 여종의 고통을 돌보시고"라는 구절은 출애굽 사건을 강하게 연상시킨다. "고통을 돌보시고"라는 표현은 성경에서 늘 출애굽 사건과 연관되어 등장한다. 이 말은 한나의 서원을 단순한 개인적 차원을 넘어 민족적 차원으로 확장시키는 단서를 제공한다. 이로써 한나 개인의 문제 해결은 이스라엘 민족의 문제 해결과 밀접한

【실로의 성소는 장막이었을까 건물이었을까】 9절 후반부는 실로(오늘날의 키르벳 세일룬, 예루살렘 북동쪽 35킬로미터 지점에 위치함)의 성소를 "여호와의 전"으로 부른다. '전'으로 번역된 히브리어 헤이칼(*hêkāl*, 수메르어 'E.GAL' 즉 '큰 집'에서 유래함)은 영구적 구조물을 지칭하는 단어로 성막과 같은 간이 구조물을 지칭하지는 않는다. 또한 칠십인역에 따르면, 한나 가족이 실로 성소의 '사랑방'(헬 *katalyma*, 히 *likšā*ʰ)에 머물렀는데, 이 '사랑방'은 성전의 부속 공간을 지칭한다. 이 용어들은 실로 성소에 성전 건물이 있었음을 암시한다. 실로의 성소는 주전 11세기 중반에 블레셋에 의해 파괴되었다고 추정된다. 범부족적 성소 역할을 한 실로에 여러 방을 가진 영구 건물(성전)이 존재했을 가능성은 충분하다. 그러나 문제는 솔로몬의 성전이 이스라엘 최초의 성전이라는 통념에 위배된다는 것이다. 이 때문에 일부 학자들은 '여호와의 전'과 '사랑방'에 대한 언급이 있음에도 실로의 성소는 장막 형태일 것이라고 주장한다. 그러나 더 많은 학자들은 그 통념이 포로기 이후 작성된 '제사장 문서'에서 유래한 것으로 이스라엘의 역사적 상황을 정확하게 반영하는 것은 아니라고 한다. 즉 사사 시대에는 이스라엘에 여러 합법적인 성소가 존재했을 뿐 아니라, 그중에는 영구적 구조물을 가진 것도 있었으며 실로의 성전도 그중 하나였다는 것이다.

【칠십인역과 사무엘서】 사무엘서의 히브리어 사본은 구약성경에서 가장 문제가 많다. 사무엘서의 히브리어 원본에 문제가 있다는 것이 아니라 우리에게 남아 있는 사본에 훼손 본문이 많다는 뜻이다. 따라서 학자들은 사무엘서의 원문 복원을 위해 칠십인역 성경, 즉 히브리어 성경에 대한 최초 헬라어 번역 성경을 사용한다. 히브리어 본문에서는 의미가 통하지 않는 구절들이 칠십인역에서는 의미가 통하는 경우가 많기 때문이다. 이처럼 칠십인역의 사본학적 가치가 매우 크기 때문에 본 사무엘서 해설서도 필요한 곳에서 칠십인역을 사용할 것이다. 한나가 일어나 성전에 섰다는 9절 내용도 칠십인역에 따른 것이다.

관계가 있음을 보여 준다.

서원의 뒷부분은 하나님이 주신 아들을 하나님께 돌려드리겠다는 내용과 아이의 머리에 삭도를 대지 않겠다는 내용으로 구성된다. 머리에 삭도를 대지 않겠다는 것은 태어날 아이가 나실인이 된다는 의미이다. 이 구절은 삼손의 탄생 이야기를 연상시킨다. 여호와의 천사가 무자한 마노아의 아내에게 나타나 다음과 같이 말한다.

> 보라 네가 임신하여 아들을 낳으리니 그의 머리 위에 삭도를 대지 말라 이 아이는 태에서 나옴으로부터 하나님께 바쳐진 나실인이 됨이라 그가 블레셋 사람의 손에서 이스라엘을 구원하기 시작하리라(삿 13:5).

민수기 6장에서 나실인은 대제사장급의 제의적 정결성을 유지하는 평신도들을 지칭한다. 즉 평신도 가운데 자원하는 자가 일정 기간 동안 대제사장에게 요구되는 엄격한 정결 규정을 지키며 삶으로써 이스라엘 사회에 거룩함의 모범을 보여 주는 것이다. 그러나 삼손 이야기에 나오

【성전에서 기도하는 한나】 슈노어 폰 카롤스펠트(1794~1872) 작.

는 서원은 평생이라는 점에서 일반적인 나실인 서원과 다르다. 아울러, 삼손 이야기에서 나실인 서원은 이스라엘에 거룩함의 모범을 제공하는 데 있지 않고 이스라엘을 국가적 위기에서 구원하는 역할과 관계가 있다. 많은 학자들이 한나의 나실인 서원은 민수기 6장보다 삼손의 이

야기에 더 가깝다는 데 의견을 같이한다. 그렇다면 "삭도를 그의 머리에 대지 아니하겠나이다"라는 한나의 서원은 태어날 아기가 이스라엘을 구원하는 영웅이 될 것이라는 선언과 다름없는 것이다.

그러나 삼손과 사무엘의 나실인 서원에는 중요한 차이가 있다. 삼손의 경우는 천사가 나실인 의무를 부여했고, 사무엘의 경우는 어머니가 서원한 것이다. 나실인 서원이 태어날 아기의 영웅적 미래를 규정하는 행위라면, 삼손 이야기에서는 삼손의 영웅적 미래를 여호와의 천사가 규정하고, 한나 이야기에서는 사무엘의 영웅적 미래를 여호와가 아닌 어머니가 규정한다. 일반적으로 영웅 탄생 이야기에서 태어날 영웅의 비범성이 신적 인물에 의해 예언되거나 규정된다는 사실을 고려할 때 사무엘 탄생 이야기에서 사무엘의 비범성이 어머니에 의해 규정된다는 점은 매우 독특하다. 이것은 사무엘상 1장의 핵심이 태어날 아기의 비범성에 있지 않고 어머니의 적극적 신앙에 있음을 단적으로 보여 준다.

엘리의 착각과 축복 1:12–18

12 그가 여호와 앞에 오래 기도하는 동안에 엘리가 그의 입을
주목한즉 13 한나가 속으로 말하매 입술만 움직이고 음성은 들리지
아니하므로 엘리는 그가 취한 줄로 생각한지라 14 엘리가 그에게
이르되 네가 언제까지 취하여 있겠느냐 포도주를 끊으라 하니
15 한나가 대답하여 이르되 내 주여 그렇지 아니하니이다 나는
마음이 슬픈 여자라 포도주나 독주를 마신 것이 아니요 여호와 앞에
내 심정을 통한 것뿐이오니 16 당신의 여종을 악한 여자로 여기지
마옵소서 내가 지금까지 말한 것은 나의 원통함과 격분됨이 많기
때문이니이다 하는지라 17 엘리가 대답하여 이르되 평안히 가라 이
스라엘의 하나님이 네가 기도하여 구한 것을 허락하시기를 원하노라
하니 18 이르되 당신의 여종이 당신께 은혜 입기를 원하나이다
하고 가서 먹고 얼굴에 다시는 근심 빛이 없더라

본 단락은 대제사장 엘리와 한나의 대화를 기록하고 있다. 일반적인 상황이라면 당시 최고의 영적 권위자와 무명의 여인이 대화를 나눌 가능성은 희박하지만, 기도하는 한나를 보고 술에 취했다고 착각한 엘리의 오해 때문에 대화가 시작된다. 먼저 엘리에게 포착된 한나의 모습은 그런 오해를 불러일으키기에 충분했다. 입술을 움직이기는 했지만, 소리를 내지는 않았다. 엘리는 한나를 보고 성전에서 술주정한다고 생각했다. 당시는 제사장조차도 율법을 거리낌 없이 어기는 시대였으니 실로의 성전에서 제사가 제대로 지켜졌을 가능성이 희박하다. 실제로 제사 후 제사 음식과 포도주를 나눌 때 과식과 과음이 발생했다. 취한 사람들이 밤늦게까지 성전 경내를 돌아다니거나 취객이 성전에까지 들어가 주정을 하는 경우도 있었다. 이런 상황에서 밤늦게 성전에 들어온 한 여인이 오랫동안 몸을 가누지 못하며 중얼거리고 있다면 누구나 술주정하는 여자로 판단했을 것이다. 이것은 13절의 "그가 취한 줄로"에 해당하는 히브리어 쉬코라(šikôrā^{h})가 상습적인 주정꾼을 의미한다는 사실에서 유추할 수 있다. 그녀를 주정꾼으로 판단한 엘리는 14절에서 "네가 언제까지 취하여 있겠느냐? 포도주를 끊으라"고 권면한다. "언제까지 취하여 있겠느냐"에 해당하는 히브리어 티슈타카린(tištakkārîn)도 "언제까지 술주정을 하겠느냐"로 번역될 수 있다.

그러나 한나는 그런 판단이 오해임을 공손하고도 단호하게 지적한다(15-16절). 엘리를 "내 주여"라고 부르며 그의 제사장적 권위를 인정하면서도, 곧바로 "그렇지 아니하니이다"라고 말하며 자신의 의견을 명확히 진술한다. 그리고 "붓듯이(샤파크, šāpak)" 마시는 주정꾼으로 자신을 오해한 엘리에게 자신이 지금까지 "쏟아부은" 것은 포도주나 독주가 아닌, 자신의 괴로운 마음임을 항변한다. 15절의 "내 심정을 통한 것"은 '내 심정을 쏟아부은 것'으로 번역하는 것이 옳다. 한나는 자기가 이렇게 오랫동안 기도한 것은 자신의 억울함과 핍박이 매우 컸기 때문이라고 말한다. 특히 16절의 "원통함"에 해당하는 히브리어 시하(śîḥā^{h})는 "불평 어린 대화"를 의미한다. 이것은 한나가 성전에서 하나님과 대면적 만남을 가졌고, 그 가운데 그분과 긴밀한 대화를 나누었음을 보여 준다.

나아가 한나는 엘리에게 자신을 "악한 여자"로 여기지 말라고 함으로써 엘리의 영적 둔감함을 간접적으로 지적한다. "악한 여자"로 번역된 히브리어 바트 블리야알(*bat bəliya'al*)은 '벨리알의 딸'로 직역될 수 있다. 벨리알은 사탄의 다른 이름이다. 엘리는 한나를 "벨리알의 딸"로 간주했지만, 정작 자신의 관리하에 있는 두 아들이 "벨리알의 아들들"(브네 블리야알, 개역개정은 2:12에서 "행실이 나빠"로 번역)임은 알지 못했다. 이처럼 영적으로 둔감한 엘리가 한나를 오해한 이유는 그가 외모로 사람을 판단한다는 사실과 관계 있다. 앞서 언급했지만 외적인 모습만 보면 누구나 한나를 주정하는 여인으로 판단했을 것이다. 그러나 성경 저자는 그런 판단이 옳지 못했음을 보여 주면서 "사람은 외모를 보나 하나님은 중심을 보신다"는 진리를 상기시킨다. 당대의 최고 영적 지도자가 사람을 외모로 판단하는 사람이었다는 점은 씁쓸하다. 훗날 이스라엘 민족도 사울을 왕으로 세울 때 비슷한 실수를 범하게 된다.

공손하지만 똑 부러지는 한나의 반론에 멋쩍었는지 엘리는 상황을 급히 수습하려 한다. "너의 원통함과 격동함이 무엇 때문이냐" 물을 법도 한데, 엘리는 아무 질문 없이 "이스라엘의 하나님이 네가 기도하여 구한 것을 허락하시기를 원하노라"고 축복하며 한나를 보낸다. 엘리의 축복은 누구에게나 적용되는 두루뭉수리한 말로, 한나의 문제가 무엇인지 모르는 엘리가 상황을 모면하려고 급하게 던진 말 같다. 어쨌거나 한나는 제사장의 축복을 믿음으로 받는다. 엘리가 상황 수습을 위해 던진 다분히 형식적인 축복 선언이 한나의 가슴속에서는 자신의 문제에 대한 하나님의 응답으로 승화된다. 또한 놀라운 것은 엘리의 축복 선언에 이스라엘 민족의 미래가 암시되어 있다는 것이다. 엘리는 하나님을 "이스라엘의 하나님"이라고 부른다. 지금까지는 하나님의 언약적 이름인 "여호와"가 사용되었다. 더욱이 이 이름은 하나님과 한나 사이의 친밀한 언약 관계에 어울리는 용어이다. 그러나 "이스라엘의 하나님"은 하나님과 이스라엘 민족과의 관계를 조명하는 용어이다. 불임 여인 한나의 가정 이야기에 '이스라엘 민족'의 관점이 적용되는 순간이다. 이는 한나의 기도 응답 속에 이스라엘 문제의 해답이 담겨 있음을 암시하는 단어다.

실제로 한나가 구하여 얻은 아들은 기름 부어 왕을 세우는 사람이 된다. 사무엘은 기름 부어 왕을 세움으로써 이스라엘 역사에서 사사 시대를 마감하고 왕정 시대를 연다. 사사기 17-21장에 묘사된 사회·종교적 혼란은 결국 "하나님의 마음에 합한 왕"이 세워질 때 해결된다. 이스라엘 문제의 해결은 하나님의 마음에 합한 왕이 세워지는 데 있다. 따라서 엘리가 한나에게 "이스라엘의 하나님이 너의 기도하여 구한 것을 허락하시기를 원하노라" 한 것은 한나 개인에 대한 축복 선언인 동시에 이스라엘 민족에 대한 축복 선언인 셈이다. 물론 이 모든 것을 엘리가 의도한 것은 아니다. 엘리가 그 축복의 함의를 미리 알았다면 그런 축복에 인색했을 수도 있다. 왜냐하면 사무엘의 등극은 곧 엘리 가문의 추락을 의미하기 때문이다. 즉 한나에 대한 엘리의 축복 선언은 자기 가문에 대한 멸망 선언이었다. 엘리는 이 모든 것을 전혀 모른 채, 하나님의 섭리의 도구로 사용되고 있다.

엘리와의 대면으로 한나의 표정과 행동이 완전히 달라졌다. 금식을 끝내고 음식을 먹었고 얼굴에 가득했던 수심이 사라졌다. 이와 같은 한나의 변화는 성전에서 엘리와의 만남이 참된 신현(한나의 경우 제사장 엘리를 통한 만남)의 체험이었음을 보여 준다.

사무엘의 탄생 1:19-20

19 그들이 아침에 일찍이 일어나 여호와 앞에 경배하고 돌아가
라마의 자기 집에 이르니라 엘가나가 그의 아내 한나와 동침하매
여호와께서 그를 생각하신지라 20 한나가 임신하고 때가 이르매
아들을 낳아 사무엘이라 이름하였으니 이는 내가 여호와께 그를
구하였다 함이더라

9절에서 시작된 한나의 신현 체험은 19절 "그들이 아침에 일찍이 일어

나"라는 표현으로 끝난다(이 표현의 문학적 의미는 3장 15절에서 설명할 것이다). 이제 독자의 관심은 하나님께서 어떻게 한나의 기도에 응답할 것인지에 쏠린다. 그리고 19절 후반부와 20절은 하나님이 응답하신 일을 서술한다. "나를 기억하사…… 아들을 주시면"이라는 한나의 기도를 들으신 하나님은 한나의 태를 열어 아들을 낳게 하셨다. 이로써 한나의 깊은 원통함과 고통이 온전히 해결된다.

19절은 엘가나가 한나와 동침한 사실을 언급한다. 출생 과정의 기적적 요소를 강조하는 '영웅 탄생 이야기'에서는 보통 부모의 동침에 대한 언급이 없다. 이것은 태어난 아이가 비범한 인생을 살게 될 것임을 암시하기 위함이다. 그러나 사무엘 탄생 과정에는 부모의 '역할'이 언급되어 있다. 물론 부모가 육체적 관계를 맺더라도 하나님의 섭리가 없었다면 사무엘이 잉태되지 않았겠지만, 사무엘의 잉태 과정에 부모, 특히 한나의 역할이 언급된 것은 사무엘서 1장 전체에서 일관되게 강조되는 한나의 적극적인 신앙과 맥을 같이한다.

한나는 그 아들을 "사무엘(*šəmûēl*)"이라 명명하며, 그 의미를 다음과 같이 설명한다. "내가 여호와께 그를 구하였다." "사무엘"의 문자적 뜻과 한나가 부연한 의미가 잘 조화되지 않는다는 사실에 근거해, 일부 학자들은 한나 이야기가 본래는 사울 탄생 이야기였다고 주장하지만 그것은 성경 내러티브의 문학적 기법을 오해한 결과다. 성경의 내러티브에서 이름과 그 의미의 관계는 오늘날 언어학적 관점에서 보면 부정확한 것이 많다. 그것은 저자가 이름과 그 의미의 관계를 언어학이 아니라 문학적으로 규정하기 때문이다. 언어학적으로는 '엘의 이름', '슈무가 신이다'로 해석될 '사무엘'이라는 이름에 이야기 저자(narrator)가 '내가 여호와께 그를 구하였다'(키 메아도나이 쉐일티브, *kî mēyhwh šə'iltîw*)라는 의미를 부여한 것은 한나 개인의 이야기를 이스라엘 민족 역사와 연결시키려는 문학적 의도이다. 1장에서 자주 사용된 '구하다(샤알, *šā'al*)'라는 히브리어가 2장부터는 본문에서 사라졌다가 8장에서 다시 등장하는데, 흥미롭게도 이스라엘 백성이 왕을 '구하는' 장면이다. 이처럼 '구하다'라는 동사 '샤알'은 한나가 간구하여 아들을 얻는 개인사를 이스라엘 민족이 왕을 구하여 얻는 민족사에 밀접히 연관시킨다. 이런 의미에서 한나에게 주어진 아들 사무엘은 한나 개인적 문제의 해결만을 의미하지 않는다. 사무엘은 앞으로 이스라엘의 왕정 설립에 핵심적인 역할을 하게 될 것이다. 사무엘상 1장에서 한나가 받은 문제의 해답은 이스라엘 민족의 해답으로도 제시된 것이다.

마지막으로 기억해야 할 것은 한나의 적극적 신앙은 고난에서 생겨났다는 것이다. 삶의 고난에 믿음으로 반응하여 사무엘을 받았다. 그녀는 이스라엘 민족의 문제를 해결하려는 거창한 비전을 가지고 행동한 것이 아니다. 자신의 삶에 주어진 작은 도전에 믿음으로 반응한 것이다. 엄청난 절망 가운데 머물러 있기를 거부하고 한나는 하나님의 전을 향해 결연히 일어섰다. 그런 결단이 결코 쉬운 일은 아니었을 것이다. 그러나 한나의 불굴의 믿음은 자신의 운명을 바꾸어 놓았을 뿐 아니라 자신도 의식하지 못하는 가운데 구속사의 가장 중요한 연결 고리를 제공하였다.

질문

1. 엘가나 족보의 특징은 무엇입니까? 이 특징은 이야기의 전개에 어떻게 기여합니까?
2. 한나의 무자함의 고통을 가중시킨 요인 중 하나가 하나님이라면 그 이유는 무엇입니까?
3. 브닌나가 한나를 핍박한 이유는 무엇이라고 생각합니까?
4. 엘리 제사장이 한나를 술 취한 여인으로 오해한 이유는 무엇이라고 생각합니까?
5. 본문에서 한나의 적극적 신앙을 잘 보여 주는 내용으로는 어떤 것들이 있습니까?

묵상

1. 남편 엘가나는 한나를 사랑했지만, 한나의 고통을 체휼하지 못했습니다. 고통 받는 한나에게 던진 엘가나의 말 "내가 그대에게 열 아들보다 낫지 아니하냐" 속에는 사태를 자기중심적으로 보는 이기심이 엿보입니다. 우리 주변에도 여러 일로 고통당하는 분들이 있습니다. 이들을 위로할 때는 먼저 그들의 입장에 서서 고통에 동참하는 것이 중요합니다. 내 입장에서 그들의 상황을 해석하고 해결하려 한다면, 위로가 아니라 더 큰 상처만 줄지도 모릅니다. 엘가나처럼 실수하지 맙시다.
2. 한나는 절망 가운데에서 "일어나(9절)" 하나님 앞에 나아갔습니다. 믿음으로 삶의 질곡을 넘어선 것입니다. 사무엘은 한나 개인의 기도 응답을 넘어 이스라엘 민족의 문제에 빛이 되었습니다. 즉 한나의 믿음이 구속사의 거대한 수레바퀴를 한 바퀴 돌린 것입니다. 이처럼 작은 순종이 나도 모르는 사이에 큰 역사의 도구가 됩니다. 지금 처한 삶의 질곡은 무엇이며, 그 상황에 믿음으로 반응한다는 것은 구체적으로 무엇인지 이야기해 봅시다.

2
사무엘을 하나님께 드림

삼상 1:21-2:11

한나 이야기는 사무엘의 탄생으로 끝나지 않는다. 한나 이야기의 두 번째 절정은 오랜 기다림 끝에 얻은 사무엘을 하나님께 드리는 장면이다. 화장실 들어갈 때 마음과 나올 때 마음이 다르지 않은가? 고대 근동의 이야기에서도 주인공이 소원 성취 후 서원한 바를 지키지 않아 신의 진노를 사는 주제가 종종 등장한다. 따라서 사무엘 탄생 이후 사건을 묘사하는 1장의 나머지 부분에서 독자들은 한나가 과연 서원한 것을 지킬지 관심을 가지게 된다. 성전에서 한나는 "아들을 주시면 그 아이를 평생 여호와께 드리겠다"고 약속했다. 한나가 과연 그 약속을 지킬 것인가? 어렵게 얻은 아들을 정말 여호와께 바칠 것인가? 이런 의심은 한나가 젖 떼는 기간(고대에는 젖 떼는 기간이 특별히 없었기에 엄마가 원하면 6~7세까지 젖을 먹일 수 있었다)을 가진다며 아이를 즉각 성전에 바치지 않는 대목에서 극적으로 치닫는다. 한나의 심경에 변화가 일어난 것은 아닐까 의심이 든다. 그러나 본문은 이런 독자들의 염려를 오래 끌지 않고, 곧 사무엘을 하나님께 봉헌하는 한나의 모습을 묘사한다. 한나의 믿음이 다시 빛나는 순간이다. 이 감격적인 봉헌 의식은 한나의 노래(2:1-10)에서 절정에 이른다.

한나가 젖 떼는 기간을 가짐 1:21-24a

21 그 사람 엘가나와 그의 온 집이 여호와께 매년제와 서원제를
드리러 올라갈 때에 22 오직 한나는 올라가지 아니하고 그의
남편에게 이르되 아이를 젖 떼거든 내가 그를 데리고 가서 여호와
앞에 뵈게 하고 거기 영원히 있게 하리이다 하니 23 그의 남편
엘가나가 그에게 이르되 그대의 소견에 좋은 대로 하여 그를
젖 떼기까지 기다리라 오직 여호와께서 그의 말씀대로 이루시기를
원하노라 하니라 이에 그 여자가 그의 아들을 양육하며 그를
젖 떼기까지 기다리다가 24a 젖을 뗀 후에 그를 데리고 올라갈새

1년 전 매년제에서 한나가 서원 기도를 드렸고, 이튿날 라마의 집으로 돌아온 직후 임신하여 9개월 만에 사무엘이 태어났다면, 본문 21절에 언급된 매년제 때에 사무엘은 생후 석 달이 되지 않은 영아였을 것이다. 실로에서 어머니 없이 살아가기에 너무 어리다고 판단한 한나는 사무엘을 하나님께 드리는 것을 잠시 보류하여 아이가 젖을 떼면 그를 하나님께 바치겠다고 말한다.[1] 22절에서 아이가 "영원히" 여호와 앞, 즉 성전에 있을 것이라는 한나의 말은 젖을 먹이기 위해 사무엘을 자기 곁에 두는 기간은 그 "영원"에 비해 '잠시'뿐임을 우회적으로 드러내기 위함 같다. 이렇게 한나는 사무엘이 젖을 뗄 때까지 서원 이행을 보류한다. 이런 한나의 행위는 일견 충분히 이해할 수 있다. 우선 어렵게 얻은 핏덩어리를 내어주도록 모정이 허락지 않았을 것이다. 또한 사무엘도 어머니의 젖이 절실히 필요하다. 어차피 사무엘은 엘리 제사장 가문에 들어가 평생 여호와를 섬길 것 아닌가? 또한 엘리 가문의 양자가 되면 사무엘은 당시 타락한 제사장들의 영향 아래 있을 것이다. 한나는 최대한 사무엘의 신앙 교육에 참여하고 싶었을지도 모른다. 이것은 모세가 바로의 왕궁에서 친모 요게벳의 젖을 먹으며 성장한 사실

을 연상시킨다. 요게벳의 양육이 이후 모세의 삶에 토대가 되었듯 사무엘이 한나와 함께 있는 기간이 사무엘의 인생에 토대가 되었을 것이다. 이런 한나의 마음을 남편 엘가나도 이해했는지, 그는 아내의 제안에 흔쾌히 동의한다.

그러나 젖 떼는 기간의 긍정적인 측면에도 불구하고, 사무엘상 저자는 한나의 결정이 서원 이행을 꺼리는 동기에서 나온 것은 아닌가 의심을 품게 한다. 먼저 21절의 "서원제"에 대한 언급을 주목해 보자. 히브리어 원문(니드로, *nidrô*) 즉, '그의 서원'에 따르면 이것은 지금까지 언급되지 않은 엘가나의 서원을 지칭한다. 엘가나의 서원이 어떤 내용이었는지는 알 수 없다. 그러나 서원이 경건한 신앙을 전제로 한다는 점은 한나처럼 엘가나도 삶의 문제에 믿음으로 반응하는 사람이었음을 암시한다. 여기서 주목할 것은 "서원제"라는 말이 비록 한나의 서원을 가리키지는 않지만, 그것을 강하게 연상시킨다는 것이다. 히브리어 원문에서 "오직 한나는 올라가지 아니하고"(22절)라는 구절이 "그 서원제"(21절)라는 구절에 바로 이어지는데, 이것은 한나가 실로에 올라가지 않는 이유가 서원 이행을 미루려는 것이라는 의심을 부추긴다. 사무엘 출생 후 한나의 서원 이행 여부에 관심이 모인 상태에서 서원제가 포함된 매년제에 "한나는 올라가지 않았다"(22절)라는 말을 읽는 독자는 '혹시 한나가 변심하여 서원 이행을 꺼리는 것이 아닌가' 의심을 가질 수 있다. 더구나 기도에 응답 받은 주인공이 서원 이행을 하지 않아 곤경에 처하는 이야기를 익히 알고 있는 고대 독자들에게 이 의심은 매우 실질적이었다('가나안의 영웅 키르타 이야기' 참조).

젖 떼는 기간을 가지겠다는 한나의 제안을 부정적으로 보게 만드는 또 하나의 요인은 남편 엘가나의 말이다. 23절에 기록된 남편의 말은 표면적으로 아내의 제안에 흔쾌히 동의하는 것 같지만, 그 표현 자체는 한나의 제안이 불신앙의 발로 아닌가 하는 의심을 품게 한다. 먼저 엘가나는 한나에게 "그대의 소견에 선한 대로"(하토브 베아인, *haṭṭôb bəʿayin*) 행하라고 한다. 사사 시대 말에 "소견에 옳은 대로 행하는 것"(하야샤르 베아인, *hayyāšār bəʿayin*)은 결코 좋은 결과를 가져오지 않는

【가나안의 영웅 키르타 이야기】 가나안 문학의 3대 고전 중 하나로 꼽히는 키르타 이야기에는 서원을 이행하지 않아 죽게 된 주인공이 등장한다. 이야기는 후부르(Ḫubur)의 왕 키르타(Kirta, '케렛'으로도 알려짐)가 온 가족을 잃는 장면으로 시작한다. 욥처럼 하루아침에 온 가족을 잃은 키르타는 성전에서 눈물의 나날을 보내게 된다. 그러던 어느 날 밤, 우가릿의 최고 신 엘(El)이 그의 꿈에 나타나 눈물을 흘리는 이유를 묻는다. 엘은 키르타를 위로하기 위해 은과 금, 말, 마차, 노예 등을 주겠다고 제안하지만, 키르타는 그것 대신 자녀를 달라고 간구한다. 이에 엘은 키르타에게 후부르에서 7일 거리에 있는 우둠(Udum, 성경의 에돔)으로 군대를 끌고 가서, 그 도시의 공주인 후라야(Huraya)를 아내로 데려오면 그녀를 통해 자식을 줄 것을 약속한다. 꿈에서 깬 키르타는 곧바로 후라야가 있는 우둠을 향해 7일간의 여행을 시작한다. 그러나 3일째 되던 날 키르타는 시로와 두로에 들르기로 결심한다. 그리고 엘의 아내인 아세라에게 다음과 같이 서원한다. “만약 후라야를 아내로 데려오는 여행을 평탄케 해주시면, 아내 몸무게의 두세 배 되는 양의 은금을 선물로 바치겠습니다.” 우둠에 무사히 도착한 키르타는 성공적으로 우둠의 공주 후라야를 아내로 데려오고 그녀를 통해 일곱 아들과 일곱 딸을 얻어 무너졌던 왕조를 다시 일으키게 된다. 그러나 키르타는 아세라에게 한 서원을 까맣게 잊어버린다. 이에 아세라는 키르타에게 진노하여 그를 병들게 만든다. 신들도 그의 병을 고칠 수 없었다. 결국 엘이 다시 한 번 키르타를 구원하기 위해 치유 여신인 샤티캇(Shatiqat, 고대 우가릿어로 '제거자'라는 의미)을 창조한다. 샤티캇은 이름 그대로 키르타의 병을 제거하여 그의 건강을 회복시킨다. 그러나 키르타의 고난은 여기서 끝나지 않았다. 이번에는 장남 야쭈부(Yassubu)가 자신의 기회를 기다리지 못하고 아버지를 왕위에서 몰아내려 했다. 이때 야쭈부가 키르타가 물러나야 할 이유로 제시한 것은 압살롬이 다윗의 왕위를 빼앗기 위해 한 행동을 연상시킨다(삼하 15:1-6 참고). “당신은 왕으로서 고아와 과부를 돌보지 않았습니다. 당신은 사람들의 억울함을 풀어 주기 위해 재판하지 않았습니다!” 그때 키르타는 자신의 자리를 빼앗으려는 아들을 저주하기 시작한다. 이 대목부터 토판이 훼손되어 이야기의 결말은 알 수 없으나 키르타 이야기는 당시 가나안 사람들의 세계관을 보여 주는 중요한 문학으로 고대 이스라엘 사람들도 알고 있었을 가능성이 높다.

【키르타 이야기를 담은 우가릿어 토판】

다. 사사 시대 말의 종교적 타락은 자기 소견에 옳은 대로 행하는 제사장들, 자기 소견에 선한 대로 행한 백성들에게 책임이 있었다. 따라서 한나가 젖을 떼기 위해 집에 머무르는 것이 "소견에 선한 대로" 이루어진 결정이라는 엘가나의 말은 한나의 서원 이행 의지를 의심하게 만든다. 이것을 증명이라도 하듯 엘가나는 곧이어 "여호와께서 그 말씀을 이루어 주시기 원합니다"라고 덧붙인다. 여호와의 말씀은 분명 사람들의 소견과 대치되는 개념이다. 더구나 문맥상 "그 말씀"이 지칭하는 바가 분명하지 않음을 고려할 때, "그 말씀"은 분명 앞의 "소견"이라는 말과 단순 대조로 의도된 것처럼 보인다. 즉 엘가나의 말을 다음과 같이 이해할 수 있을 것이다. "당신의 소견에 옳은 대로 아이가 젖을 뗄 때까지 집에 머무르시오. 그러나 오직 여호와의 말씀만이 성취될 것이오."

이것은 한나의 서원 이행 이야기에 극적 긴장감을 불러일으킨다. 한나 이야기를 처음 읽은 고대인들은 한나가 서원대로 약속을 이행할지 서원을 파기하여 하나님의 진노를 살지 의문을 품고 이야기를 읽어 나갔을 것이다. 그러나 이런 극적 긴장은 오래가지 않아, 한나가 젖 뗀 사무엘을 실로로 데리고 오면서 해소된다. 아이의 젖을 떼는 장면에도 한나의 결단력 있는 신앙을 부각시키는 힌트가 있다는 사실에 주목해야 한다. 고대 이스라엘 사회에서 젖 떼는 기간은 따로 정해진 바가 없었다. 일반적으로 오늘날보다 오랜 기간 어머니가 아이에게 수유했지만 언제 젖을 떼야 한다는 규칙은 없었다. 따라서 젖을 떼는 것은 어머니의 결단에 의존했다. 어머니가 수유를 중지하고 싶을 때 중지하는 것이다. 이것은 수유가 서원 이행을 미루는 구실이 될 수도 있었음을 보여준다. 그러나 본문에 따르면 한나는 사무엘의 젖을 떼는 일에 수동적이지 않았다. "젖을 떼다"라는 말(가말, *gāmal*)이 본문에서 네 번 언급되는데, 22절에서는 아이를 주어로 한 수동형(이가멜, *yiggāmēl*)으로 사용된 반면, 23절과 24a절에서는 한나를 주어로 한 능동형(그말라투, *gəmālattû*)으로 사용된다. 즉 저자는 한나가 실로로 올라가지 않는 이유를 알려주는 22절에서는 젖을 떼는 기간이 아이의 필요에 의존하는 것처럼 수동형 동사(아이를 주어로 함)를 사용했지만, 한나가 젖을 떼고 아이를 실로로 데려오는 23절과 24a절에서는 능동형 동사(한나를 주어로 함)를 사용함으로써, 젖 떼는 일이 한나의 주체적·능동적 결단의 결과임을 강조한다. 궁극적으로 젖 떼는 시기를 결정한 것은 한나 자신이다. 아이의 젖을 떼고 실로의 성전에 헌납하는 것이 모정에 반하는 행위이지만 한나는 이번에도 믿음의 결단을 내렸다. 그리고 한나의 결단이 지체 없는 결단이었음을 보여 주는 것이 24b절의 "아이가 어리더라"(베한나아르 나아르, *wəhanna'ar na'ar*)라는 언급이다. 한나가 젖을 떼고 아이를 성전에 데리고 갔을 때 사무엘은 무척 어렸다. 이것은 한나의 결단이 신속했음을 보여 준다.

사무엘을 성전에 봉헌함 1:24b-28

24b 수소 세 마리와 밀가루 한 에바와 포도주 한 가죽부대를 가지고
실로 여호와의 집에 나아갔는데 아이가 어리더라 **25** 그들이 수소를
잡고 아이를 데리고 엘리에게 가서 **26** 한나가 이르되 내 주여 당신의
사심으로 맹세하나이다 나는 여기서 내 주 당신 곁에 서서 여호와께
기도하던 여자라 **27** 이 아이를 위하여 내가 기도하였더니 내가
구하여 기도한 바를 여호와께서 내게 허락하신지라 **28** 그러므로
나도 그를 여호와께 드리되 그의 평생을 여호와께 드리나이다 하고
그가 거기서 여호와께 경배하니라

엘가나와 한나는 서원제를 위해 수소 세 마리와 곡식 가루 한 에바(10-20리터)와 포도주 한 가죽부대(24절)를 가지고 실로의 성전으로 간다. 여기서 "수소 세 마리"는 "세 살 된 수소"로 이해하는 것이 옳다. 쿰란 사본과 칠십인역 모두 후자의 의미를 지지한다. 사사 시대 엘가나의 가족이 서원제를 위해 수소 세 마리를 드리는 일은 거의 불가능했을 것이다. 왜냐하면 당시 소는 한 마을에 한 마리 정도만 있을 만큼 귀한 것이었다. 당시 주변국의 문서를 보면, 마을 사람들이 한 마리의 소로 돌아가면서 농사를 지었다는 기록이 있다. 더구나 25절에 따르면 서원

제를 위해 도살한 소는 한 마리뿐("수소를 잡고")이다. 한편 세 살 된 수소는 사람으로 치면 막 성인이 된, 가장 가치 있는 소였다. 일부 학자들은 소의 나이와 사무엘의 나이를 연결시켜 이때 사무엘이 세 살 정도 되었을 것으로 추정하지만, 성경 본문은 사무엘의 나이에 대해 단지 "어리더라"라고 기록한다.

수소를 죽여 서원 이행 제사를 드린 후, 한나는 사무엘을 엘리에게 양도한다. 사무엘을 하나님께 바치는 이때가 한나에게는 감격의 순간이었던 것 같다. 이 서원 이행 의식에서 한나와 하나님과의 친밀한 교통이 절정에 이른다. 아이 사무엘은 한나의 원통함과 고통을 단번에 해소해 주는 하나님의 선물이었지만, 한나에게 중요한 것은 그 선

【사무엘을 바치는 한나】 얀 빅토르스(1619~1676) 작.

물을 주신 하나님에 대한 새로운 깨달음이다. 하나님에 대한 새로운 깨달음이 없었다면 한나는 그렇게 어렵게 얻은 아들 사무엘을 그렇게 기쁘게 하나님께 바칠 수 없었을 것이다. 한나는 삶의 고난에 믿음으로 반응하는 일련의 경험을 통해 하나님을 새롭게 발견했다.

그런 한나의 심경은 그녀가 사무엘을 바치면서 엘리에게 고백한 말에서 잘 드러난다. 먼저 26절 전반부에서 한나는 의미 있는 첫 마디를 하기 위해 허언(虛言)을 여러 번 반복한다. "그러니까, 내 주여, 당신의 사심으로, 내 주여"(비 아도니 헤이 나프세카 아도니, *bî 'ădōnî ḥēy napšəkā*

ʾădōnî). 개역개정의 "내 주여 당신의 사심으로 맹세하나이다"는 원문의 분위기를 전달하지 못한다. 그리고 26절 후반부에서 한나는 몇 해 전 고통 중에 성전에서 기도하던 때를 회고한다. 자신의 인생에서 결코 잊을 수 없는 순간이다. 반복되는 절망의 사슬을 끊고 새로운 인생을 위해 결단하고 일어나 여호와 앞에 선 날이기 때문이다. 27절에서 한나는 서원 기도의 내용을 밝히고, 28절에서는 사무엘을 여호와께 드림으로 서원을 이행한다고 선언한다. 흥미롭게도 이 서원 이행 장면에서도 전면에 부각되는 사람은 한나이다. 이 서원제에 제사장 엘리와 남편 엘가나(2:11 참조)도 참여했지만, 엘가나는 존재조차 없고, 엘리도 한나에 비해 존재감이 없다. 심지어 28절에서 한나가 전후 사정을 설명한 후 "사무엘을 드립니다"라고 선언했을 때에도 엘리의 반응은 기록되지 않았다. 오히려 서원 이행 장면의 대부분이 한나의 대사로 채워진다. 또한 개역개정은 28절의 마지막 구절을 "그(사무엘)가 거기서 여호와께 경배하니라"라고 번역하고 있는데, 유아 사무엘이 제사에서 엎드림의 예를 올렸다는 것은 믿기 어렵다. 따라서 "한나가 그곳에서 여호와께 경배했다"고 번역하는 것이 문맥상 옳을 것 같다. 실제로 쿰란 사본은 이 구절에서 한나를 주어로 상정하고 있다(바티슈타후, *wtšthw*). 이것은 서원 이행 장면에서 한나가 크게 부각되었다는 사실과도 조화된다. 아울러 사무엘상 1장 전체에서 반복적으로 강조되는 한나의 적극적인 믿음과 잘 부합된다.

한편, 한나의 서원 이행 장면에서도 한나 이야기와 이스라엘 민족의 역사가 절묘하게 엮여 있다. 이 부분에서 핵심어로 사용된 히브리어 샤알(*šāʾal*)의 쓰임을 살펴보자. 개역개정에서 "구하여"(27a절), "기도한 바"(27b절), "(여호와께) 드리되"(28a절), "(여호와께) 드리나이다"(28b절)라고 번역된 부분은 모두 이 히브리어 동사에서 파생되었다. 동사 샤알은 사무엘의 이름을 설명하는 대목(20절)에서도 사용된 바 있다. 특히 28절에 "(여호와께) 드리되"로 번역된 히브리어 샤울(*šāʾûl*)은 이스라엘의 첫 번째 왕 사울을 연상시킨다. 앞서도 설명했지만 사무엘서 저자는 히브리어 동사 샤알("구하다")을 핵심어로 사용함으로써 한나가 아들을 얻는 이야기와 이스라엘 민족이 왕을 얻는 역사를 연결시킨다.

한나의 노래 2:1–11

1 한나가 기도하여 이르되
내 마음이 여호와로 말미암아 즐거워하며
내 뿔이 여호와로 말미암아 높아졌으며
내 입이 내 원수들을 향하여 크게 열렸으니
이는 내가 주의 구원으로 말미암아 기뻐함이니이다
2 여호와와 같이 거룩하신 이가 없으시니
이는 주밖에 다른 이가 없고
우리 하나님 같은 반석도 없으심이니이다
3 심히 교만한 말을 다시 하지 말 것이며
오만한 말을 너희의 입에서 내지 말지어다
여호와는 지식의 하나님이시라
행동을 달아 보시느니라
4 용사의 활은 꺾이고
넘어진 자는 힘으로 띠를 띠도다
5 풍족하던 자들은 양식을 위하여 품을 팔고
주리던 자들은 다시 주리지 아니하도다
전에 임신하지 못하던 자는 일곱을 낳았고
많은 자녀를 둔 자는 쇠약하도다
6 여호와는 죽이기도 하시고 살리기도 하시며
스올에 내리게도 하시고 거기에서 올리기도 하시는도다
7 여호와는 가난하게도 하시고 부하게도 하시며
낮추기도 하시고 높이기도 하시는도다
8 가난한 자를 진토에서 일으키시며
빈궁한 자를 거름더미에서 올리사
귀족들과 함께 앉게 하시며 영광의 자리를 차지하게 하시는도다

땅의 기둥들은 여호와의 것이라
여호와께서 세계를 그것들 위에 세우셨도다
9 그가 그의 거룩한 자들의 발을 지키실 것이요
악인들을 흑암 중에서 잠잠하게 하시리니
힘으로는 이길 사람이 없음이로다
10 여호와를 대적하는 자는 산산이 깨어질 것이라
하늘에서 우레로 그들을 치시리로다
여호와께서 땅 끝까지 심판을 내리시고
자기 왕에게 힘을 주시며
자기의 기름 부음을 받은 자의 뿔을 높이시리로다 하니라
11 엘가나는 라마의 자기 집으로 돌아가고 그 아이는
제사장 엘리 앞에서 여호와를 섬기니라

슬픔의 통곡으로 시작한 한나 이야기는 찬양으로 끝난다. 한나의 노래(삼상 2:1-10)를 온전히 이해하려면 이 노래가 사무엘의 탄생에 대한 반응이 아니라 한나가 젖먹이 사무엘을 성전에 바치며 부른 노래임을 기억하자. 사무엘을 선물로 받은 날도 분명 기쁜 날이지만, 그를 하나님께 드리는 날은 더욱 기쁜 날이었다. 한나의 노래는 사무엘을 얻는 과정에서 새롭게 발견한 하나님께 집중한다. 한나의 기쁨은 하나님이 주신 선물만이 아니라 그 선물을 주신 하나님 자체에서 샘솟는다. 절망할 수밖에 없는 상황을 믿음으로 극복한 한나는 이 노래에서 하나님에 대한 새로운 관점과 깨달음을 고백한다.

1절은 한나가 사무엘을 바치며 느낀 기쁨의 감정을 노래한다. 한나의 기쁨은 다름 아닌 하나님께로부터 온다. 한나의 노래는 "내 마음이 여호와로 말미암아" 기뻐한다는 말로 시작한다. 이어서 하나님 때문에 자신이 존귀한 자가 되었음을 고백한다. "내 뿔이 여호와로 말미암아 높아졌으며"(1a절). 구약성경에서 '뿔'이 힘 혹은 자존감에 대한 은유로 자주 사용됨을 고려하면, "내 뿔이 높아졌다"는 말은 약하고 미천한 존재에서 힘 있고 존귀한 존재가 되었다는 의미이다. 1절 후반

부에 사용된 "원수들을 향하여 입을 연다"는 표현은 보통 "원수를 조롱하다 혹은 저주한다"는 의미를 가지지만, 여기서 한나의 "입이 원수들을 향하여 크게 열린" 이유는 그들을 조롱하기 위함이 아니라 구원의 하나님을(1b절) 증거하기 위함이다. 일종의 반전이다. 이것은 한나의 기쁨이 고난에 대한 보상이나 원수에 대한 보복에서 오는 얕은 감정이 아니라, 하나님에 대한 새로운 깨달음에서 우러나오는 영적 감정임을 보여 준다. 한나가 느끼는 기쁨의 중심에 하나님이 계시다. 1장의 체험을 통해 한나는 하나님과 더 깊은 관계로 나아간다.

2절에서는 여호와가 누구신가에 대한 모범적 고백이 이어진다. "여호와와 같이 거룩하신 이가 없으시니, 이는 주밖에 다른 이가 없고, 우리 하나님 같은 반석도 없으심이니이다…… 여호와는 지식의 하나님이시라." 특히 여호와는 "지식의 하나님"이라는 대목이 흥미롭다. "지식의 하나님"은 정의로운 통치자의 개념과 관계된다. 고대 근동에서 통치자에게 요구되는 최고의 덕목은 지혜였다. 왕들은 세계의 진귀한 책들을 수집하여 자신만의 도서관을 갖추려 했다. 이것은 나라를 경영할 지혜가 있음을 드러내려는 것이다. 악인이 번영하고 의인이 고통당할 때마다 우리는 하나님의 정의로운 통치를 의심하게 된다. 특히 하나님 없이 형통한 악인들은 "하나님이 어찌 알겠느냐? 그분에게 지식이 있느냐"라는 말로 하나님의 통치를 조롱한다(시 73:11). 하나님을 조롱하는 악인들에게 한나는 "심히 교만한 말을 다시 하지 말 것이며 오만한 말을 너희의 입에서 내지 말지어다"라고 경고하며, 여호와는 "지식의 하나님"이시며, "행동을 달아 보시느니라"라고 선포함으로써 하나님이 주권적으로 만사를 통치함을 선포한다. 하나님의 정의로운 통치를 체험한 한나는 악이 승리하고 의인이 고통받는 현실일지라도 하나님의 통치가 여전히 선하고 지혜로움을 선포한다.

4-8절은 여호와의 절대 주권을 노래한다. 이것은 사무엘상 전체의 신학적 핵심이다. 4-5절은 하나님이 어떻게 인간의 운명을 뒤집으시는지 보여 준다. 용사들이 넘어지고 연약한 자들이 힘을 얻어 일어난다. 배부르게 먹던 자들이 빵을 위해 일해야 하고, 굶주렸던 자들이

배부르게 된다. 특히 5절의 마지막 부분은 한나의 상황을 대변하는 듯하다. "전에 잉태치 못하던 자는 일곱을 낳았고 많은 자녀를 둔 자는 쇠약하도다." 한나도 이전에는 불임의 태를 가졌지만, 이제는 많은 자녀를 거느리게 되었다. 이런 삶의 경험을 통해 한나가 깨달은 것은 하나님이 절대 주권자라는 사실이다. 이 주제는 6-8절에서 더욱 구체적으로 표현된다. 6-8절은 하나님의 주권이 미치지 않는 영역이 없음을 메리즘(Merism)이라는 문학 기법으로 표현한다. 메리즘은 전체를 지칭하기 위해 양극단을 언급하는 기법이다. 예를 들어, 하나님이 "하늘과 땅"을 만들었다는 진술은 하나님이 하늘과 땅 사이의 만물을 만들었다는 의미다. 6절에서 "여호와는 죽이기도 하시고 살리기도 하신다"는 고백은 하나님이 삶과 죽음 사이의 모든 과정을 주장하신다는 의미다. 이와 같은 메리즘이 7절에서는 가난함과 부함, 낮추심과 높이심에 사용되는데 하나님이 인간의 모든 돈, 명예를 주장하신다는 뜻이다. 한편 8절의 "땅의 기둥들은 여호와의 것이라 여호와께서 세계를 그것들 위에 세우셨도다"는 여호와가 존재의 전 영역에 절대적인 주권을 행사하는 이유를 제시한다. 그분은 만물의 창조주이시다! 태초에 땅의 기둥들을 세우시고 그 위에 우리가 사는 세계를 놓으신 여호와 하나님은 그 세계의 모든 일에 주권을 가지신다. "인간 존재의 전 영역에서 그리스도가 '내 것이다!'라고 주장하지 않는 영역은 단 1인치도 없다"는 아브라함 카이퍼의 말이 떠오른다.

9-10절에서 한나의 찬양은 절정에 이른다. 하나님의 통치는 절대적이며, 선하고 공의롭다. 여호와는 자신을 대적하는 자를 산산이 부술 만큼 절대적 능력을 가졌지만, 그분의 통치는 의인과 악인을 구분하는 정의로운 것이다. "그가 그의 거룩한 자들의 발을 지키실 것이요 악인들을 흑암 중에서 잠잠하게 하실 것이다"(9a절). 시편 1편 6절을 연상시키는 이 구절은 하나님의 보호를 받는 성도들과 자신의 죄 때문에 스스로 멸망하는 악인을 대조한다. 개역개정에서 "(하나님이 악인을) 잠잠하게 하실 것이다"로 번역된 이담무(*yidammû*)는 보다 정확하게는 "(악인이) 잠잠하게 될 것이다"로 번역되어야 한다. 악인에 대한 하나님

의 심판은 그들에 대한 무관심이다. 하나님은 그들을 가만히 내버려 두신다. 생명의 하나님에게서 끊긴 악인들은 시간이 흐르면 자연스럽게 망한다. 9절의 마지막 구절은 하나님이 통치하는 세상에서는 힘의 원리가 지배하지 않음을 선포한다. "힘으로는 이길 사람이 없음이로다"는 개역개정의 번역은 "사람이 힘으로 승리하는 것은 아니다"로 바뀌어야 한다. 세상의 원리는 힘 있는 사람이 승리하는 것이지만, 하나님의 통치 원리는 힘 있는 사람이 아니라 여호와의 영에 붙들린 사람이 승리함을 가르친다. 10절 후반부는 하나님의 통치가 이 땅에 실현되는 방법을 서술한다. 하나님의 통치는 그분의 영에 붙들린 왕을 통해 실현된다. 왕은 하나님의 대리 통치자로서 이 땅을 통치할 것이다. 당시에는 왕이 없었으므로 한나의 이 노래는 예언적인 성격도 지닌다. 하나님의 섭리 가운데 한나의 아들 사무엘은 이스라엘의 왕에게 기름 붓는 선지자가 될 것이다.

이처럼 한나의 찬송은 철저히 하나님이 누구신지를 묵상한다. 절망의 사슬을 끊고 믿음으로 하나님 앞에 나아갔을 때 한나는 자신의 문제 해결은 물론, 그 과정을 통해 하나님이 어떤 분인지 새로 깨달았다. 즉 하나님과 실존적으로 만났다. 하나님의 정의롭고 선한 통치에 새로운 확신을 얻게 되었다.

11절은 서원 이행 의식을 마친 후 라마로 돌아가는 엘가나의 모습을 서술한다. 이렇게 부모는 라마의 고향으로 돌아갔지만, 유아 사무엘은 실로에 남아 엘리 제사장의 도제로서 살아가기 시작한다.

질문

1. 매년제는 무엇입니까?
2. 한나가 아기 사무엘에게 젖 먹이기 위해 집에 두고자 했습니다. 고대인들은 젖 떼는 기간이 길었기 때문에, 한나는 꽤 오랫동안 사무엘을 키우게 될 것입니다. 그러나 한나가 사무엘을 집에 두고 기르는 기간이 길어질수록 독자들의 마음에는 한나가 서원을 지킬 의지가 없는 것은 아닌지 의심이 생깁니다. 본문을 잘 관찰하면 한나가 젖을 떼고 아기 사무엘을 성전에 봉헌하는 장면에서도 한나의 적극적인 믿음이 부각됨을 알 수 있습니다. 구체적으로 본문의 어떤 부분이 한나가 서원 이행에 흔들림이 없었음을 보여 줍니까?
3. 한나가 찬송을 통해 궁극적으로 말하려는 바는 무엇입니까?

묵상

한나가 사무엘을 성전에 봉헌하면서 부른 찬송을 보면, 하나님에 대한 지식이 얼마나 깊어졌는지 엿볼 수 있습니다. 한나는 자신의 수치와 고통을 덜어 줄 자식을 원했지만, 하나님께는 더 큰 계획이 있으셨습니다. 하나님을 더 잘 알 수 있는 기회를 주셨고, 한나의 고통은 하나님이 누구신지에 대한 새로운 깨달음으로 이어졌습니다. 또한 한나를 통해 이스라엘에 왕을 세울 사무엘을 허락하셨습니다. 이처럼 하나님이 우리의 인생에 어려운 문제들을 내시는 이유는 우리를 무너뜨리려는 것이 아니라, 하나님을 더 깊이 체험할 기회를 주시는 것입니다. 우리가 믿음으로 반응하여 나아갈 때, 하나님은 우리의 작은 믿음을 사용해 하나님 나라의 큰 역사를 이루실 것입니다. 고난의 경험으로 하나님을 새롭게 깨달은 경험이 있다면 나누어 봅시다.

3
엘리 가문의 죄악과 사무엘의 성장

삼상 2:12-36

엘리의 아들들은 자신의 소견에 옳은 대로 행하는 악인이었다. 본 단락은 그들의 악행을 비교적 자세하게 서술하고, 그것을 사무엘의 복된 성장 과정과 대조한다. 아울러 아들에 대한 한나의 세심한 신앙 교육을 엘리의 형식적 훈육과도 대조한다. 본 단락의 마지막에는 익명의 선지자가 엘리에게 선포한 심판의 메시지가 등장한다. 이 심판 메시지는 엘리 아들들의 악행을 묘사한 제2장의 적절한 결론이 된다.

제사장의 몫 2:12-14

12 엘리의 아들들은 행실이 나빠 여호와를 알지 못하더라
13 그 제사장들이 백성에게 행하는 관습은 이러하니 곧 어떤 사람이
제사를 드리고 그 고기를 삶을 때에 제사장의 사환이 손에 세 살
갈고리를 가지고 와서 14 그것으로 냄비에나 솥에나 큰 솥에나
가마에 찔러 넣어 갈고리에 걸려 나오는 것은 제사장이 자기 것으로
가지되 실로에서 그곳에 온 모든 이스라엘 사람에게
이같이 할 뿐 아니라

엘리의 아들들을 단적으로 묘사하는 말이 12절의 "행실이 나빠"이다. 이 말의 히브리어 원문 브네 블리야알(bənēy bəliyaʿal)은 "무가치한 자들"로 직역될 수 있다. 이 말은 어감상 우리말의 '쓸모없는 인간들'에 가까운데,[1] 개역한글은 이것을 "불량자"로 번역한다. 사사기 19장에서 집주인에게 손님을 욕보이려고 내어 달라고 요구한 기브아 사람들이 "불량자"로 불렸다. 불량자들은 율법과 하나님이 정한 질서와 권위를 무시하고 자기 소견에 옳은 대로 행하는 사람들이다(삼상 10:27; 25:17; 왕상 21:10, 13; 대하 13:7). 따라서 엘리의 아들들이 "불량자"였다는 사실은 충격적이다. 그들은 최고 영적 지도자 엘리의 친자가 아닌가? 게다가 실로의 성소에서 제사를 집행하던 자들이 아닌가? 그런데 놀랍게도 본문은 이들이 여호와를 알지 못하는 자였다고 기록하는 것이다. "여호와를 알지 못한다"는 말(12b절)은 하나님과의 실존적 만남이 없었다는 뜻이다. 그들은 율법에 기록된 내용을 숙지하여 '신학적으로 올바르게' 제사를 집행했지만, 여호와와의 실존적 만남을 경험하지 못했다. 평신도지만 하나님과 실존적 만남을 경험한 한나의 예는 이 제사장들의 영적 무지를 더욱 부각시킨다.

13-14절은 제물 중 제사장의 몫에 관한 사사 시대 말의 관습

(미슈파트, *mispāṭ*)을 서술한다. 이 부분은 이후에 묘사될 엘리 아들들의 악행에 대한 배경 설명에 해당한다. 13-14절에 따르면, 제사장이 제사에서 자신의 몫을 가져가는 절차는 다음과 같다. 먼저 기름을 태워 여호와께 드린 후 나머지 고기를 삶을 때, 제사장의 사환은 고기를 삶고 있는 용기에 갈고리를 찔러 넣어, 걸려 나오는 것만을 제사장에게 가져간다. 나머지는 희생 동물을 바친 제주(祭主)에게 돌아간다. 이런 관행이 율법의 규정과 일치하지 않는다 해서 놀랄 필요는 없다. 율법이 철저히 무시된 사사 시대 아닌가.

제사장들이 제물에서 자신의 몫을 취했던 관행을 설명한 13-14절을 보면 당시 제사장들의 탐욕을 엿볼 수 있다. 이 탐욕을 암시하는 두 가지는 첫째, 사환이 사용하는 갈고리가 세 살 갈고리라는 점과 둘째, 사무엘서 저자가 제물을 삶는 용기를 네 종류나 나열한다는 점이다. 제사장이 사환에게 세 살 갈고리를 들려 보낸 것은 한 번 찔러서 최대한 많은 고기를 가져가려는 것이다. 아울러 성경 내러티브 저자가 보통 간결한 문체를 선호함에도 14절에서 고기 삶는 용기를 네 가지나 나열한 것은 세 살 갈고리를 여러 용기에 여기저기 찔러 대는 사환의 탐욕스러운 모습을 표현하기 위함인 듯하다고 설명하는 학자도 있다. 요약하면, 13-14절은 일차적으로 15-17절에서 설명된 엘리의 아들들의 악행을 서술하는 배경이지만, 그 안에 제사장의 탐욕을 암시하는 말들이 있다. 당시 제사장들이 자신의 몫을 취하는 관행은 탐욕을 채우는 데 최적화되어 있었다.

제물을 도적질하는 아들들 2:15-17

15 기름을 태우기 전에도 제사장의 사환이 와서 제사 드리는
사람에게 이르기를 제사장에게 구워 드릴 고기를 내라 그가 네게
삶은 고기를 원하지 아니하고 날것을 원하신다 하다가 16 그 사람이
이르기를 반드시 먼저 기름을 태운 후에 네 마음에 원하는 대로
가지라 하면 그가 말하기를 아니라 지금 내게 내라 그렇지 아니하면

내가 억지로 빼앗으리라 하였으니 17 이 소년들의 죄가 여호와 앞에
심히 큼은 그들이 여호와의 제사를 멸시함이었더라

본 단락은 엘리의 아들들의 악행을 구체적으로 묘사한다. 12-14절에 설명된 당시의 관습은 제물의 기름을 태워서 여호와의 몫을 먼저 드린 후 나머지 부분을 잘 삶아 제사장과 제주가 고기를 나누는 것이었지만, 엘리의 아들들은 기름을 태우기도 전에 자신의 몫을 챙기려 한다. 이것은 하나님께 드려진 제물을 중간에서 도적질하는 것과 다름없다. 또한 엘리의 아들들은 구운 고기를 좋아했던 것 같다. 제사 고기는 삶아 먹어야 한다는 규정(출 29:31; 레 8:31; 신 16:7)도 어기고 날고기를 취하려 한다.

16절은 엘리 아들들의 죄가 우발적이지 않으며 의도적임을 보여 준다. 제사장의 사환은 기름을 태운 후 원하는 고기를 취하라는 제주의 타협안을 거부한다. 하나님의 몫을 제사로 드린 후 날고기든 삶은 고기든 가져가라는 제주의 다급한 제안도 받아들이지 않는다. 그들은 당장 주지 않으면 "억지로"(베호즈카, *bəḥozqāh*) 빼앗겠다고 으름장을 놓는다. "억지로"는 폭력을 사용해서라도 자신의 주장을 관철시키겠다는 것이다. 이렇듯 엘리의 아들들은 율법을 악의적으로 어기는 자들이었다.

어떻게 이런 일들이 가능했을까? 17절은 그들의 죄악을 하나님의 "제사"에 대한 멸시로 규정한다. "제사"로 번역된 히브리어 '민하'(*minḥāh*)는 문자적으로 제물 혹은 선물의 의미가 있다. 그렇다면 엘리의 아들들이 하나님의 제물 혹은 선물을 멸시했다는 말은 무슨 뜻인가? 그것은 하나님과 백성의 중보자로서의 특권을 멸시했다는 뜻이다. 하나님은 엘리 가문을 선택하셔서 제단에서 백성의 소원과 기도를 올리는 동시에 하나님의 말씀을 전하는 제사장으로 삼으셨다. 그리고 그런 특권을 단적으로 이르는 말이 제물이다. "이스라엘 자손의 드리는 모든 화제를 내가 네 조상의 집에 주지 아니하였느냐"(2:28). 따라서 엘리의 아들들이 "제물을 멸시했다"는 말은 하나님이 주신 은혜와

사명을 멸시했다는 것이다. 그것도 의도적으로, 고의로 멸시했다. 이것은 그들의 죄가 단순한 도덕적 실수가 아니라, 용서받지 못할 죄, 즉 하나님의 은혜를 멸시하는 죄였음을 보여 준다. 어떻게 제사장이 그런 죄를 저지를 수 있단 말인가? 우리는 이미 12절에서 그들이 불량자이며 여호와를 알지 못하는 자임을 확인했다. 문제는 하나님과의 실존적 만남의 경험이 없는 사람도 제사장직을 수행할 수 있도록 성직이 제도화된 것에 있다. 말씀보다 돈과 명예를 더 사랑하는 사람도 성직자가 될 수 있다는 것은 슬픈 현실이다. 더구나 이들은 최고 영적 지도자 엘리의 아들들이 아닌가? 오늘날로 말하면 최고 신학교 출신의 목사님들에 비견될 수 있다. 17절에서 엘리의 아들들이 '소년들'로 언급된 사실은 더욱 씁쓸함을 남긴다. 당시 제사장이 되는 나이가 30세임을 감안하면 그 표현은 문자적 의미로 의도된 것은 아닐 것이다. '소년들'로 번역된 히브리어 '느아림'(nəʿārîm)은 나이에 상관없이 '제자'를 의미할 수 있다. 환갑의 할아버지도 그의 스승 앞에서는 언제나 '소년'인 것이다. 이미 성인이 된 엘리의 아들들을 본문에서 "소년"으로 묘사한 이유는 그들이 엘리로부터 '신학 교육'을 받은 엘리의 제자들이기 때문이다. 당대 영적 지도자의 제자들이 여호와를 모르는 불량자였다는 것은 매우 슬픈 일이다.

불량자 엘리의 아들들이 저지른 첫 번째 악행은 단순한 절도를 넘어 하나님과 그의 은혜를 멸시하는 것이었다. 그렇다면 그들이 자행한 두 번째 악행은 무엇인가? 사무엘상 저자는 두 번째 악행을 말하기 전에 한나와 사무엘에게로 초점을 잠시(18-21절) 옮긴다. 그리고 이것은 엘리의 악행을 더욱 도드라지게 부각한다.

사무엘과 한나 2:18-21

18 사무엘은 어렸을 때에 세마포 에봇을 입고 여호와 앞에서
섬겼더라 19 그의 어머니가 매년 드리는 제사를 드리러 그의 남편과
함께 올라갈 때마다 작은 겉옷을 지어다가 그에게 주었더니

20 엘리가 엘가나와 그의 아내에게 축복하여 이르되 여호와께서
이 여인으로 말미암아 네게 다른 후사를 주사 이가 여호와께
간구하여 얻어 바친 아들을 대신하게 하시기를 원하노라 하였더니
그들이 자기 집으로 돌아가매 21 여호와께서 한나를 돌보시사 그로
하여금 임신하여 세 아들과 두 딸을 낳게 하셨고 아이 사무엘은
여호와 앞에서 자라니라

18절은 앞서 나온 비슷한 내용의 여러 구절과 대조를 이룬다. 먼저 11절 후반부를 보자. "그 아이는 제사장 엘리 앞에서 여호와를 섬기니라." 눈에 띄는 차이는 11절의 "엘리 앞에서"라는 말이 18절에서는 생략되었다는 것이다. 11절은 엘가나와 한나가 사무엘을 실로 성전에 바치고 집에 돌아오는 대목이다. 다시 말해 성전에 바쳐진 사무엘이 엘리의 감독 아래 제사장 훈련을 시작했음을 보여 준다. 따라서 "엘리 앞에서"라는 말이 불가피했을 것이다. 그러나 엘리 아들들의 악행이 자세히 묘사된 후 등장하는 18절에서는 "엘리 앞에서"라는 말이 "여호와 앞에서"라는 말로 대체된다. 이것은 사무엘의 사역 훈련이 엘리의 감독 아래 있다는 사실을 최소로 노출하려는 것이다. "여호와 앞에서"라는 말은 오히려 사무엘이 하나님의 직접적 훈련 아래 있음을 보여 준다.[2] 그리고 이것은 한나가 기도하고 원했던 바다. 한나는 성전에서 사무엘을 "여호와께" 드리기로 서원했고, 사무엘의 젖을 떼면서 그가 "여호와 앞에" 서게 될 것이라고 말했다. 이와 같은 한나의 기도와 다짐이 본 절에서 성취되고 있다.

한편 18절은 12절과도 대조된다. 12절에서 엘리의 아들들이 율법을 무시하고 자기 소견대로 행하는 부류인 불량자(브네 블리야알)라면, 18절에서 사무엘은 율법을 충실히 지키는 제사장의 면모를 보인다. 그것은 사무엘이 입은 의복에서 암시된다. 에봇은 제사장의 직무 수행 의복이며(겔 44:17), 반드시 세마포로 지어져야 했다(출 39:20). 사무엘이 세마포 에봇을 입었다는 것을 굳이 언급한 것은 그가 율법을 정확히 지키고 있었음을 입증하는 장치로 보인다.

마지막으로 17절도 18절을 이해하는 데 도움을 준다. 17절에서 엘리의 아들들이 '소년들'이라고 표현되는데, 이 말은 엘리의 아들들을 18절에 나올 또 하나의 '소년'과 대조하는 효과를 낸다. 18절에서 사무엘도 똑같이 '소년'(나아르, *na'ar*, 개역개정에서는 "어렸을 때에"로 번역됨)으로 불린다. 17절의 소년들은 "여호와 앞에" 크게 범죄하지만, 18절의 소년은 "여호와 앞에서" 섬기는 일을 한다. 한편 "여호와 앞에"는 "성소"를 지칭할 수 있다. 여호수아 19장 51절에서 "여호와 앞"(리프네 아도나이, *lipnēy yhwh*)과 "회막 문"(페타 오헬 모에드, *petaḥ 'ōhel mô'ēd*)이라는 말이 동의어로 사용된다. 회막은 장막(미슈칸, *miškān*) 가운데에서도 가장 안쪽, 여호와가 좌정하신 곳으로 회막 문은 회막에 들어가는 문(델레트, *delet*)을 지칭하는 것이 아니라, 회막 앞의 공간(페타, *petaḥ*)을 지칭한다. 성전의 구조로 설명하자면 지성소가 회막에 해당하며, 성소는 회막 문에 해당한다. 따라서 "회막 문(=성소)"과 "여호와 앞"을 동의어로 사용한 여호수아 19장 51절을 근거로 우리는 "여호와 앞"을 성소로 간주할 수 있다. 실제로 제사장의 일반적인 업무는 모두 이곳 성소에서 행해진다. 사무엘이 "여호와 앞"에서 섬겼다는 것은 통상적인 제사장 업무를 수행했다는 것이다. 반대로 엘리의 아들들이 "여호와 앞"에서 범죄했다는 것은 그들의 범죄가 제사장 업무와 연관된 것임을 보여 준다. 그들이 사생활에서 윤리적 죄를 범한 것이 아니라 그들의 죄는 매우 공적이었으며, 공동체를 파괴하는 효과를 냈다. 이처럼 18절은 17절과도 뚜렷한 대조를 이룬다.

19절은 한나가 사무엘을 성전에 바친 이후에도 지속적으로 아들 교육에 관심을 가졌음을 보여 준다. 19절의 초점은 "작은 겉옷"(므일 카톤, *mə'îl qāṭōn*)에 있다. 히브리어 원문을 보면 이 단어가 19절에서 가장 먼저 등장한다. 엘가나-한나 가정은 다급한 문제가 해결되어도 지속적으로 매년제(개역개정에는 "매년 드리는 제사")를 드리는 믿음의 본을 보여 준다. 예전과 다름없이 그들은 해마다 여호와를 예배하기 위해 실로로 올라간다. 그때마다 한나는 직접 만든 작은 겉옷을 사무엘에게 가져다준다. 해마다 반복되는 매년제 여행을 하나님께 서원하는 결정적인 기회로 삼았던 한나가 이번에는 관행적인 매년제를 결정적인 자식 교육의 기회로 승화시킨다. 오늘날 성도들이 매주 드리는 예배를 하나님과 만나는 결정적 기회로, 문제 해결의 결정적 기회로, 헌신의 결정적인 기회로, 사랑 나눔의 결정적 기회로 삼는 지혜를 한나에게서 배우면 좋겠다. 이처럼 "작은 겉옷"은 사무엘에 대한 한나의 지속적 관심과 교육을 상징하는 물건이다. 당시 사무엘은 키가 커가는 소년이었다. 아이의 몸에 맞는 옷이 해마다 필요했던 것이다. 김회권이 《사무엘상》에서 말하듯 한나는 사무엘이 어느 정도 성장했는지 예측하여 옷을 만들었다. 고대에 옷을 만들려면 재료 생산에서 가공, 직조 등 모든 공정을 거쳐야 했기에 매우 긴 시간을 요했다. 따라서 한나는 사무엘에게 줄 겉옷을 만들기 위해 1년 내내 수고했을 가능성이 높다. 그리고 옷을 만드는 기간 내내 한나는 그를 위해 기도했을 것이다. 비록 성전 제사장의 감독 아래 맡겼지만, 한나는 사무엘의 영적이자 육체적인 필요를 채우기 위해 노력했다. 엘리 제사장과 함께 보낸 360여 일보다 한나와 함께 보낸 단 며칠이 사무엘에게 더 큰 영향을 주는 것이었다.

사무엘에 대한 한나의 영향을 단적으로 보여 주는 사실은 '겉옷'이 성인이 된 선지자 사무엘의 가장 특징적인 표지가 되었다는 것이다. 겉옷(므일, *mə'îl*)은 소매의 통이 넓으며 옷단이 우아하고 느슨하게 흘러 내려오는 옷으로 귀족이나 제사장들만 입었다(출 28:4, 31). 사무엘의 사역에는 유독 이 겉옷과 얽힌 에피소드가 많다. 하나님이 사울을 버렸다고 선고하자 사울은 사무엘에게 매달리다가 겉옷을 잡아 찢는다. 그때 사무엘은 "여호와께서 오늘 이스라엘 나라를 왕에게서 떼어 왕보다 나은 왕의 이웃에게 주셨나이다"라고 말하며(삼상 15:27-28)

【에봇】 에봇은 어깨에 걸쳐 입는 조끼 형태의 의복으로, 길이가 허리까지는 닿았을 것으로 추정된다. 구약성경에서 에봇은 제사장의 의복으로 알려져 있다. "에봇을 입다"라는 표현은 "제사장직을 수행하다"의 의미로 사용되었을 정도이다. 특히 대제사장이 입었던 에봇은 "금실과 청색, 자주색, 홍색 실과 가늘게 꼰 베실"로 만들었다(출 38:2). 이 에봇 위에는 보석을 박은 흉편이 붙여졌다(출 25:7; 28:28). 그리고 흉판 안에는 하나님의 뜻을 알려 주는 우림과 둠밈이 담겨 있었다(출 28:30). 사무엘상 23장 9-12절에 사울이 에봇을 가져와 하나님의 뜻을 묻는 장면이 나오는데, 그것은 우림과 둠밈을 이용한 신탁이었다. 한편, 제사장의 의복과 관계없는 에봇이 사사 시대에 등장한다. 기드온이 만든 황금 에봇은 옷이라기보다는 신탁을 받기 위해 만든 우상으로 보이고(삿 8:27), 에브라임 사람 미가가 자신의 신당에 모신 에봇도 우상의 하나였다(18:14-21).

사울 왕조의 종언을 선언한다. 사울의 손에 남겨진 사무엘의 겉옷 자락은 사울 자신에게 임박한 최후를 상징하는 물건이었다. 이 때문일까? 엔돌의 무당이 한 혼령을 불러내었을 때, 사울은 그것이 사무엘이었음을 겉옷을 통해 알아챘다. "사울이 그에게 이르되 그의 모양이 어떠하냐 하니 그가 이르되 한 노인이 올라오는데 그가 겉옷을 입었나이다 하더라 사울이 그가 사무엘인 줄 알고 그의 얼굴을 땅에 대고 절하니라"(삼상 28:14). 이처럼 겉옷은 선지자 사무엘의 특징적 표지였다. 이것은 매년 사무엘에게 겉옷을 지어 준 한나의 영향을 간접적으로 보여 준다. 어머니가 해마다 지어 입힌 작은 겉옷이 의미있는 훈육이 되어 오늘날 우리가 존경하는 위대한 선지자 사무엘이 된 것이다. 그 작은 겉옷에 담겨 있었을 정성, 기도와 눈물, 그리고 사랑을 상상해 보면 그리 놀랄 일도 아니다.

해마다 매년제를 거르지 않는 엘가나와 한나 가정은 엘리의 기억에 남았을 것이다. 모두가 각자 소견에 옳은 대로 행하는 사사 시대 말에 엘가나와 한나 가정의 경건함은 밤하늘의 샛별처럼 두드러졌다. 더구나 불임 상태이던 한나가 어렵게 얻은 아들을 제사장으로 바침으로써 그 부부의 믿음은 더욱 두드러진다. 당시 '거룩'을 느낄 수 있는 곳이 있다면 엘리가 주재하는 성전 제사가 아니라, 엘가나와 한나의 경건한 삶이었을 것이다. 20절을 보면 엘가나와 한나에 대한 엘리의 두 번째 축복 선언이 나온다. 첫 번째는 기도하는 한나를 술주정꾼으로 오해한 끝에 면피용으로 베푼 것이었고, 두 번째에는 엘가나와 한나의 믿음의 진가를 알고 참된 목자적 심정으로 내린 축복이었다. 이전의 축복과 달리 그 내용이 매우 구체적이다. 단순한 후사에 대한 간구가 아니라 "이 여인(한나)에게서 나오는" 후사를 위해 기도했고, 또한 그 후사는 "여호와께 간구하여 얻어 드린 아들(사무엘)"을 대신하는 것이다. 이전의 축복, 즉 "하나님이 네가 기도하여 구한 것을 허락하시기를 원하노라"(1:17)보다 훨씬 구체적이다. 이렇게 엘리가 기도하게 된 것은 특별한 요청에 따른 것이 아니다. 다만 엘가나와 한나의 믿음을 보고 자발적으로 무엇인가 보상해 주어야겠다는 마음이 들었던 것 같다. 그리고 엘리는 사무엘 이후 자녀를 생산하지 못했던 한나에게 자식이 최대의 선물이 될 것이라고 판단한 것 같다(이와 비슷한 상황은 열왕기하 4장의 엘리사와 수넴 여인 이야기 참고). 여호와께서는 이런 엘리 제사장의 기도를 들으사 한나에게 세 아들과 두 딸을 주셨다. 그리고 이 자식들의 출생 또한 하나님의 주권적인 개입에 의한 것이라는 사실이 "하나님께서 한나를 권고하사"(21절)라는 말 속에 암시되어 있다. 우리말 '권고하다'는 '관심을 가지고 보살피다'의 의미이지만, 히브리어 원어 파카드(*pāqad*)는 '신현'의 뉘앙스를 가진다. 즉 하나님이 인간 세계에 나타나 개입하심을 지칭할 때 '권고하다'라는 말을 사용한다. 한나가 후손을 더 낳을 수 있었던 것은 하나님의 주권적 개입 덕분이었다.

21절의 마지막에서 저자는 이야기의 초점을 사무엘에게로 돌린다. 여기서는 소년 사무엘의 성장이 강조된다. 사무엘의 성장을 밀착하여 주목하시는 분이 여호와다. 한나도 사무엘의 성장에 주목하며 그에게 안성맞춤의 겉옷을 지어 주었지만, 여호와 하나님도 사무엘의 성장에 주목하고 개입하고 계셨다. 이 부분의 히브리어 원문 '바이그달 하나아르 슈무엘 임-아도나이'(*wayyigdal hanna'ar šəmûēl 'im-yhwh*)는 "소년 사무엘은 여호와와 함께하며 자라났습니다"로 번역될 수 있다. 여기서 '여호와와 함께'라는 말은 하나님이 사무엘의 성장 과정을 밀착 관찰하고 계심을 보여 준다.

엘리가 아들들을 꾸짖음 2:22-26

22 엘리가 매우 늙었더니 그의 아들들이 온 이스라엘에게 행한
모든 일과 회막 문에서 수종 드는 여인들과 동침하였음을 듣고
23 그들에게 이르되 너희가 어찌하여 이런 일을 하느냐 내가 너희의
악행을 이 모든 백성에게서 듣노라 24 내 아들들아 그리하지 말라
내게 들리는 소문이 좋지 아니하니라 너희가 여호와의 백성으로
범죄하게 하는도다 25 사람이 사람에게 범죄하면 하나님이
심판하시려니와 만일 사람이 여호와께 범죄하면 누가 그를 위하여

간구하겠느냐 하되 그들이 자기 아버지의 말을 듣지 아니하였으니
이는 여호와께서 그들을 죽이기로 뜻하셨음이더라 26 아이 사무엘이
점점 자라매 여호와와 사람들에게 은총을 더욱 받더라

본 단락은 불량자 홉니와 비느하스의 두 번째 악행을 엘리 제사장의 실패한 자녀 양육이라는 관점에서 제시한다. 첫 번째 악행이 여호와의 제물을 경멸하는 것이었다면 두 번째 악행은 회막 문에서 수종 드는 여인들과 동침한 사건이다. 이 사건과 관련해 두 가지 질문을 던질 수 있다. 첫 번째는 이 여인들의 정체이고, 두 번째는 동침이 일어난 장소이다. 첫 번째 질문에 답하려면 여인들이 회막 문에서 수종 든다는 의미를 생각해 보아야 한다. 청소, 빨래 등 제사와 직접 관련 없는 일을 담당했을 수 있는데 이에 대한 실마리가 출애굽기 38장 8절에 나온다. 그 구절에 따르면 회막 문에서 수종 드는 여인들의 거울로 회막 안 물두멍 받침이 만들어진다. 비록 율법은 성전 일을 이스라엘 남자, 그것도 레위인에 국한시키지만, 여자의 역할이 전혀 없었던 것은 아닌 것 같다. 성전 내 여자의 역할은 이방 종교에서 더 강조된다. 남신과 여신을 함께 숭배했던 다신교 문화에서는 성전 일에 여자들이 고용되었을 뿐 아니라 사제직도 수행할 수 있었다. 그렇다면 사람들이 자기 소견에 옳은 대로 행하는 사사 시대 말에, 제사장조차도 우상을 숭배하는 때에 가나안 제의 관행이 실로 성소에 영향을 미쳤을 가능성은 없을까? 즉 본문에 언급된 여인들이 청소 등의 노동 이외에 제의와 직접적으로 관계된 일(성전 창기)에서 제사장들과 동역하고 있었을 가능성은 없을까?

【엘리사와 수넴 여인 이야기: 열왕기하 4:8-27】

수넴에 한 여인이 살았다. 그 여인은 불임이었지만, 하나님을 경외하는 여인이었다. 하나님의 사람 엘리사가 자신의 마을에 가끔 들른다는 사실을 알고, 그녀는 그때마다 자신의 집을 공개해 그가 무료로 먹고 잠잘 수 있도록 배려한다. 어느날 엘리사가 그녀의 믿음과 선행을 보상하기 위해 그녀에게 물었다. "내가 이같이 우리를 위하여 세심한 배려를 하는도다 내가 너를 위하여 무엇을 하랴 왕에게나 사령관에게 무슨 구할 것이 있느냐." 이에 수넴 여인은 "나는 내 백성 중에 거주하나이다"라고 대답한다. 즉 자신의 현재 삶에 만족한다고 말하며 엘리사의 호의를 정중히 거절한다. 이에 엘리사는 게하시와 의논하던 중, 그 여인에게 현재 아들이 없고, 남편도 늙어 아들을 생산할 수 없다는 사정을 듣게 된다. 그리고 그 수넴여인을 다시 불러, 자식에 관한 약속을 한다. "한 해가 지나 이 때쯤에 네가 아들을 안으리라." 엘리사는 그녀에게 가장 큰 선물이 아들일 것이라고 생각했던 것 같다. 그러나 이렇게 얻은 아들이 수넴 여인에게 큰 불행을 가져다준다. 관심 있는 독자는 왕하 4:17절 이하를 읽어 보라.

엘리의 아들들이 성전에서 일하는 여인들과 동침했다는 것도 그런 문맥에서 이해될 수 있을 것이다. 이것은 두 번째 질문과 연결되는데, 성경 본문은 엘리의 아들들과 그 여인들이 범죄한 장소가 다른 곳이 아닌 성소 안(회막문)일 가능성을 열어 둔다. 즉 히브리어 원문상, "회막 문에서"가 "수종 드는"이 아니라 "동침하였다"를 수식할 수 있다. 제사장들이 혼인 관계에 있지 않은 여인들과 성관계를 맺었다는 사실도 충격적인데, 그 죄악의 장소가 하나님과 친밀한 만남이 이루어져야 할 성소였다는 사실 앞에 할 말이 없어진다. 한나가 오해와 핍박, 절망 가운데 일어나 여호와 앞에 선 그 장소에서 엘리의 두 아들들은 (이방 종교처럼) 여인들과 동침한 것이다. 하나님과 우리의 관계가 성경에서 종종 부부

【성전 창기】 고대 근동 종교 문화에서 큰 비중을 차지하는 것이 땅과 사람의 풍요를 증진시키는 제의다. 이 풍요 제의 중, 많은 논의를 불러일으킨 것이 성전 매춘이다. 메소포타미아의 신화에 따르면 성전 매춘은 왕권, 정의, 진리와 더불어 신이 직접 제정한 제도 중 하나였다. 이 풍요 제의의 중심에 선 여신이 이난나(Inanna) 혹은 이쉬타르 (Ishtar)이다. 매년 새해가 되면 두무지(Dumuzi) 혹은 탐무즈 (Tammuz)를 상징하는 왕과, 이난나/이쉬타르를 상징하는 성전 창기 사이의 거룩한 결혼식이 이루어진다. 흔히 라틴어로 히에로스 가모스 (hieros gamos)라고 불리는 이것은 풍요를 관장하는 신들 사이의 성적 연합을 유도하는 일종의 주술 행위였던 것 같다. '창기'라는 말이 가지는 부정적인 뉘앙스 때문에 '성전 창기'라고 하면 당시에 그들이 존경 받았다는 사실이 잘 드러나지 않는다. 성전 창기는 사회적으로 매우 중요한 직이었으며, 심지어 왕들조차도 자신의 딸들을 성전의 창기로 봉헌하는 것을 자랑스럽고 성스러운 일로 간주했을 정도다. 따라서 '성전 창기'는 오늘날의 '직업여성'과는 다른 부류의 사람들이었다. 당시의 "성전 창기"를 지칭하는 수메르어 누긱(NU.GIG)과 아카드어 카디쉬툼(qadishtum)은 본래 '바쳐진 (그래서 거룩한) 사람'이라는 의미다. 이들은 원하면 결혼도 할 수 있었고, 중세 아시리아 시대 (주전 1392-1056년)에는 많은 '성전 창기'들이 산파로 활동했던 것을 볼 때, 현대의 편견을 가지고 이들을 평가하는 것은 고대 문화를 매우 -오해하는 것이다. 고대 이스라엘인들도 이 풍요 제의에 영향을 받았다. '거룩하게 구별된 자'를 의미하는 히브리어 크데샤(*qədēšāh*)와 케데쉬(*qedeš*)는 각각 성전 매춘을 하는 여자와 남자를 지칭하는 말로, 킹제임스역에서는 더 노골적으로 매춘부(harlot, whore), 남색자(sodomite) 등으로 번역하고 있다. 다말의 시아버지는 다말을 크데샤로 인식하고 그녀와 관계했다. 후대에 카데샤는 '창기'를 의미하는 조나(*zōnāh*)로 대치되어 그 의미가 좀더 특화된다. 열왕기상 14장 23-24절에서 '개'(켈레브, *keleb*)는 성전 남창을 의미하는 것 같다. 후에 아사, 여호사밧, 그리고 요시아 왕 때에도 풍요 제의를 경계하는 내용을 찾을 수 있다. 이런 풍요 제의는 페니키아인에 의해 그리스 세계로 전이된 듯하다. 아프로디테 성전에서는 수천 명의 성전 창기들이 있었고, 아프로디테를 묘사하는 조각들은 이쉬타르의 조각에 직접 영향을 받았다. '사랑의 여신'으로 알려진 아프로디테는 창기들의 수호신이기도 했다. 고린도에 있는 아프로디테 성전에는 수많은 성전 창기들이 있었으며 그리스 역사가 스트라보(Strabo)에 따르면, 고린도의 도시적 번영은 많은 창기들 때문이었다. 바울이 고린도전서 1장 6절에서 경고했던 것도 일반 창기와 성전에서 일하는 창기들을 모두 포함한다. 마지막으로 성전 매춘과 관련해 흥미로운 관습 하나를 소개하고자 한다. 이우스 프리마이녹티스(ius primae noctis)라고 불리는 이 관습은 처녀들이 시집가기 전에 낯선 사람과 하룻밤을 보내 처녀성을 잃는 관습이다. 《길가메쉬》의 한 구절을 보면 길가메쉬를 모든 여자의 첫 남자라고 묘사하는데 고대에는 왕이 성전에 찾아오는 처녀들에게 그런 제의를 행하던 때가 있었다는 해석이 있다. 물론 현실적으로 한 나라의 왕이 그 나라 모든 여성과 잠자리를 한다는 것은 불가능해 보인다. 따라서 이 관습도 하나의 상징적 제의 행위였을 가능성이 높다.

관계로 은유됨을 생각할 때, 엘리 제사장은 하나님과 맺어야 할 친밀한 관계를 이방 종교의 종사자들(그 여인들이 성전 창기 역할을 했다면)과 맺고 있는 것이다. 즉 엘리 제사장의 잘못은 단순한 도덕적 실패가 아니라 신학적 범죄다. 그들은 하나님과 맺은 언약을 짓밟고 그 신방(新房)에 다른 사람을 끌어들여 성관계를 하는 신성모독적 죄를 범했다. 이것은 그 여인들을 지칭하는 히브리어가 하나님의 이름을 연상시킨다는 사실에서 더욱 분명해진다. 실제로 그 둘의 자음 철자가 동일하다. 쪼브옷(*ṣōb'ōt*)은 '일하는 여인들'을, 쯔바옷(*ṣəbā'ōt*)은 '만군의 여호와'를 뜻한다. 이처럼 엘리의 아들들이 범한 것은 단순히 여인이 아니라 하나님의 이름, 즉 하나님 자체다. 지금까지 우리는 홉니와 비느하스의 악행으로 하나님의 제물을 도적질하고, 성소에서 일하는 여인과 동침한 것을 지적했지만, 그들의 악행은 거기서 멈추지 않았을 것이다. "그의 아들들이 온 이스라엘에게 행한 모든 일"(22절) 가운데 그 둘은 부분적 예에 불과하다.

23-25절은 엘리가 두 아들을 꾸짖는 장면을 묘사한다. 이 꾸짖는 장면을 자세히 분석해 보면 엘리 제사장의 훈육이 매우 형식적이었음을 간파할 수 있다. 표면적으로 엘리는 두 아들을 꾸짖기도 하고 달래기도 했다. 23절의 "너희가 어찌하여 이런 일을 하느냐"는 그들을 꾸짖는 말이다. 24절의 "내 아들들아 그리하지 말라"는 달래는 말이다. 엘가나가 한나에게 "어찌하여 울며 어찌하여 먹지 아니하며 어찌하여 그대의 마음이 슬프냐"라고 꾸짖다가도 "내가 그대에게 열 아들보다 낫지 아니하냐"라고 달래는 것처럼, 엘리도 꾸짖다가 안 되면 달래기도 한다. 그러나 엘가나의 말이 아무 효과가 없었던 것처럼 엘리의 훈계도 아무런 효력이 없다.

엘리의 말이 아무 효력도 내지 못한 이유는 23절 후반부와 24절 후반부에 암시되어 있다. 엘리는 자기 아들이자 부(副)제사장인 홉니와 비느하스의 악행을 백성들이 퍼뜨리는 '소문'으로 인지했다. 개역개정에서 "너희가 여호와의 백성으로 범죄하게 하는도다"라고 번역된 히브리어 원문 마아비림 암-아도나이(*ma'ăbîrîm 'am-yhwh*)는 '여호와의 백성이 퍼뜨리는'으로 번역될 수 있다.

(개역개정 24b)

소문이 좋지 아니하니라 너희가 여호와의 백성으로 범죄하게 하는도다

(저자의 사역 24b)

여호와의 백성이 퍼뜨리는 소문이 좋지 아니하니라

'백성을 범죄하게 한다'라는 번역보다 '백성들이 유포시키는'이라는 번역이 원문의 문자적 의미에 가까울 뿐 아니라 23절 후반부("내가 너희의 악행을 이 모든 백성에게서 듣노라")와도 잘 조화된다. 그렇다면 엘리가 홉니와 비느하스의 악행에 대해 소문을 통해 들었다는 내용이 두 번 반복된 것이다. 엘리가 친아들이자 후배 제사장인 홉니와 비느하스를 어떻게 감독했기에 그들의 악행을 모른다는 말인가? 한나는 멀리 떨어져 있는 사무엘의 신체적 변화에 맞추어 겉옷을 지어 주었지만, 엘리는 함께 사는 아들들에게 어떤 변화가 일어나고 있는지 전혀 알지 못했다. 몸은 떨어져 있지만 겉옷을 지으면서 언제나 사무엘을 품고 기도한 한나와 대조적으로, 엘리는 아들들과 가까이 있었지만 진지한 대화를 나눈 적이 전혀 없었던 듯하다. 이처럼 평소의 가르침이 아들들에게 영향을 주지 못한 상황에서, 25절에 기록된 엘리의 꾸짖음이 아들들의 변화를 이끌어 내지 못한 것은 당연하다. 본문은 엘리의 훈계에 대한 아들들의 반응을 "자기 아버지의 말을 듣지 아니하였으니"라고 간단히 진술하지만, 상상력을 발휘하여 엘리와 아들들 사이에 오갔을 대화를 추측해 볼 수 있다. 아들들이 아버지에게 어떤 핑계를 대며 상황을 모면했을까? 가장 먼저 떠오르는 것은 소문의 진상을 부정하는 것이다. 그들은 소문이 잘못 혹은 과장되었다고 주장할 것이다. 또한 소문의 대강을 인정한다 해도 당시 관행을 들며 자신들의 행위를 정당화했을 수 있다. 즉 사사 시대 말의 혼란한 시대에 그들은 '그 정도는 다 하는 것입니다'라고 아버지를 설득할 수 있었을 것이다. 여하튼 평소 자식에 대한 관찰과 훈육에 소홀했던 엘리는 '소문'만 듣고 아들들을 계속 추

궁할 수 없었을 것이다.

25절에서 엘리는 사람에게 저지른 죄와 하나님께 범한 죄를 구분한다. 전자는 용서가 가능하지만 후자는 용서가 불가능하다. 재판 상황에 비유하자면, 하나님께 범죄한 경우는 재판장인 동시에 검사인 셈이다. 그 재판에서 형을 면할 가능성은 전혀 없다. 엘리는 아들들의 범죄가 사람이 아니라 하나님께 저지른 범죄임을 분명히 알고 있었다. 그리고 그 죄에 대한 형벌도 면할 수 없음을 직감했다.

따라서 익명의 "하나님의 사람"(이쉬-엘로힘, *ʾîš ʾelōhîm*)이 와서 심판 선고를 내릴 때(27-36절) 엘리는 저항 없이 그것을 수용했던 것이다. 사무엘상 저자는 25절 후반부에서 홉니와 비느하스가 아버지의 훈계를 듣지 않는 것을 하나님의 심판 의지와 연결시킨다. "그들이 자기 아버지의 말을 듣지 아니하였으니 이는 여호와께서 그들을 죽이기로 뜻하셨음이더라." 즉 엘리 가문에 대한 하나님의 심판이 이제 돌이킬 수 없음을 보여 준다. 다음 단락에서 이 심판이 익명의 하나님의 사람에 의해 공식화될 것이다.

26절은 21절 후반부처럼 사무엘의 성장에 주목한다. 엘리 가문의 침몰과 맞물리는 사무엘의 성장에 주목한다. 21절은 어린 사무엘의 성장이 하나님의 친밀한 주목 가운데 이루어졌음을 강조한다면, 26절은 그 성장의 지속성과 결과를 강조한다. 사무엘은 "점점" 자랐고, 그 결과 하나님과 사람들의 은총을 받는 인물이 되었다. 당시 사람들에게 신과 대중들의 호의를 모두 얻는 인물은 비범한 삶을 살게 될 영웅으로 인식되었다. 지금 사무엘은 엘리 제사장의 소년 도제에 불과하지만, 곧 이스라엘 역사에 큰 족적을 남기는 거인이 될 터였다.

엘리 가문에 내린 심판 예언 2:27-36

27 하나님의 사람이 엘리에게 와서 그에게 이르되 여호와의 말씀에
너희 조상의 집이 애굽에서 바로의 집에 속하였을 때에 내가
그들에게 나타나지 아니하였느냐 28 이스라엘 모든 지파 중에서

내가 그를 택하여 내 제사장으로 삼아 그로 내 제단에 올라 분향하며
내 앞에서 에봇을 입게 하지 아니하였느냐 이스라엘 자손이 드리는
모든 화제를 내가 네 조상의 집에 주지 아니하였느냐 29 너희는
어찌하여 내가 내 처소에서 명령한 내 제물과 예물을 밟으며 네
아들들을 나보다 더 중히 여겨 내 백성 이스라엘이 드리는 가장 좋은
것으로 너희들을 살지게 하느냐 30 그러므로 이스라엘의 하나님 나
여호와가 말하노라 내가 전에 네 집과 네 조상의 집이 내 앞에 영원히
행하리라 하였으나 이제 나 여호와가 말하노니 결단코 그렇게 하지
아니하리라 나를 존중히 여기는 자를 내가 존중히 여기고 나를
멸시하는 자를 내가 경멸하리라 31 보라 내가 네 팔과 네 조상의 집
팔을 끊어 네 집에 노인이 하나도 없게 하는 날이 이를지라
32 이스라엘에게 모든 복을 내리는 중에 너는 내 처소의 환난을 볼
것이요 네 집에 영원토록 노인이 없을 것이며 33 내 제단에서 내가
끊어 버리지 아니할 네 사람이 네 눈을 쇠잔하게 하고 네 마음을
슬프게 할 것이요 네 집에 출산되는 모든 자가 젊어서 죽으리라
34 네 두 아들 홉니와 비느하스가 한 날에 죽으리니 그 둘이 당할 그
일이 네게 표징이 되리라 35 내가 나를 위하여 충실한 제사장을
일으키리니 그 사람은 내 마음, 내 뜻대로 행할 것이라 내가 그를
위하여 견고한 집을 세우리니 그가 나의 기름 부음을 받은 자 앞에서
영구히 행하리라 36 그리고 네 집에 남은 사람이 각기 와서 은 한 조각과
떡 한 덩이를 위하여 그에게 엎드려 이르되 청하노니 내게 제사장의
직분 하나를 맡겨 내게 떡 조각을 먹게 하소서 하리라 하셨다 하니라

엘리 가문의 악행에 집중한 사무엘상 2장은 그들에 대한 심판 선고로 마무리된다. 이 심판의 메시지를 전달한 사람은 본문에서 “하나님의 사람”(27절)으로 불리는데, 이것은 선지자에 대한 우회적 표현이다. 그는 율법의 바른 길에서 이탈한 이스라엘의 지도자 엘리에게 언약 위반 사실을 알리고, 그에 상응하는 저주를 선포한다. 이 선지자의 예언이 이후의 구속사 전개에 매우 중요함에도 그의 이름이 익명으로 처리

된 것은 매우 특이하다. 또한 그의 메시지가 왕정이 확립된 후 등장한 고전적 선지자들의 메시지와 동일한 구조라는 점은 주목할 만하다. 학자들에 따르면 왕정을 전후로 선지자의 성격이 급변한다. 왕정 이전의 선지자들은 일반 백성을 목회하는 역할을 맡았지만, 왕정 이후의 선지자들은 왕과 민족에 대한 언약 소송 검사(covenant prosecutor)의 역할을 한다. 왕정 이전에 선지자들의 주요 사역은 어려움을 들고 찾아오는 사람이 있으면, 그들을 위해 기도해 주거나 필요에 따라서는 기적을 행하여 그들의 문제를 해결해 주는 것이다. 그러나 왕정 이후 선지자들의 핵심적 역할은 언약의 말씀으로 이스라엘 사회를 해석하고 필요에 따라 왕과 백성에게 심판을 선포하는 것이었다. 본문에 등장하는 하나님의 사람은 왕정 이전에 활동한 선지자임에도 왕정 이후의 선지자적 역할을 감당한다는 점에서 독특하다.

선지자의 예언은 하나님과 엘리 가문이 맺은 언약을 회고하는 것으로 시작된다. 그 언약은 이스라엘이 이집트에서 종살이하던 때로 거슬러 올라가는데, 27절에 따르면 하나님은 애굽에서 엘리의 조상에게 나타나 그의 가문을 선택하고, 여호와의 성전을 섬기는 제사장으로 삼았다. 28절에 언급된 제사장의 세 가지 직무—내 제단에 오르는 것, 분향하는 것 그리고 내 앞에서 에봇을 입는 것—는 특히 제사장의 중보적 사명을 강조하는 것이다. 제주(祭主)가 희생 제물을 가져오지만, 실제로 제물과 함께 제단에 오르는 것은 제사장이다. 이때 제사장은 제물을 통해 제주와 하나님 사이를 중보한다. 분향은 백성이 하나님께 올리는 간구이다(후대 유대교에서 분향은 성도들의 찬송과 기도로 대체되었다). 분향을 통해 제사장은 성도들의 기도를 하나님께 올려 드렸다. 에봇에는 제사장이 하나님께 응답을 얻을 때 사용하는 우림과 둠밈이 들어 있다. 이런 에봇은 종종 하나님의 뜻을 묻는 데 사용되었다. 에봇을 입은 제사장은 하나님의 뜻을 성도들에게 전하는 중보자였다. 이처럼 28절에 언급된 제사장의 세 기능은 모두 제사장의 중보 사역과 관련 있다. 28절 마지막의 "화제"(이셰, *'iššeh*)는 불과 연관된 제물이 아니라 백성이 하나님께 가져오는 모든 종류의 제물를 지칭할 수 있다. "모든" 화제를 엘리 가문에게 주었다는 것은 하나님은 오직 제사장을 통하여 제물을 받는다는 의미이다. 이 역시 제사장의 중보적 역할을 강조하는 것이다.

익명의 선지자는 29절에서 엘리 가문의 죄를 다음과 같이 요약한다. '하나님은 이스라엘이 여호와께 가져오는 모든 제물('화제')을 그들에게 맡겼는데, 그들은 여호와의 제물을 멸시하였다'(개역개정 "밟았다"). 그들이 여호와의 제물을 멸시한 구체적 방식은 이미 12-17절에 묘사되었다. 엘리의 아들들은 백성들이 가져온 제물을 하나님께 드리기도 전에 자기 몫을 챙김으로써 하나님의 것을 도적질하였다. 하나님의 것으로 자신들을 살찌운 것이다. 하나님께 드려야 마땅한 '무게'(영광, 카보드, *kābôd*)를 스스로 취한 것이다. 이 악행이 하나님의 성전("나의 처소")에서, 즉 하나님이 지켜보는 가운데 저질러졌다는 사실은 그들의 죄가 단순한 탐욕(도덕적 죄)이 아닌 하나님에 대한 죄(신성모독)임을 보여 준다. 29절 전반부에서 선지자가 "너희들"(복수 2인칭 동사 티브아투 *tib'ăṭû*—"너희들이 밟으며")이라는 말로 엘리를 꾸짖는 것으로 보아 엘리도 하나님의 제물을 멸시하는 죄에 동조했거나 적극적으로 참여했을 가능성이 있다. 29절 후반부에서 선지자는 "네(2인칭 단수)가 아들들을 더 중히 여겼다(바트카베드, *watəkābēd*)"라고 엘리를 꾸짖음으로 엘리의 책임을 좀더 명확히 묻는다. 엘리가 하나님보다 아들을 더 중히 여겼다는 말은 그가 아들들의 죄를 알고 있으면서도 '꾸짖지' 않았음을 비판하는 말이다(3:13 참조).

30절은 본 단락의 분수령에 해당한다. 지금까지 엘리 가문은 하나님의 특별한 선택과 특권을 받아 누렸지만, 방금 제시된 죄악은 그들에 대한 하나님의 선택과 특권을 무효화했다. 하나님이 엘리에게 한 말씀—"내 앞에 영영히 행하리라"—은 예언이 아니라 쌍방의 헌신을 담보로 한 약속이다. 엘리가 더 이상 제사장의 특권을 누리지 못하게 된 것은 그가 하나님을 "존중히 여겨야" 할 의무, 즉 하나님께 충성해야 할 의무를 저버렸기 때문이다. 따라서 "영원한" 제사장직에 대한 약속의 효력도 자연히 사라지게 된다. 애굽에서 엘리 가문을 선택한 것은 하나님의 일방적인 행위였지만, 선택된 가문이 그 특권을 계속 누리려면 계명을 지켜야 했다. 즉 다른 구약의 언약처럼 엘리와 하나님 사이의 언약도 일방적인 하나님의 사랑으로 시작되었지만, 그것이 지속되려면 인간이 언약적 의무를 다해야 한다. 언약적 의무를 소홀히 하면 언약 관계는 무효가 된다.

31-36절은 엘리 가문에 대한 하나님의 심판을 구체적으로 기록한다. 여기에 제시된 심판은 크게 세 가지인데, 이 세 가지는 하나님이 아브라함에게 주신 세 가지 약속을 상기시킨다. 먼저 31, 33절의 저주는 엘리의 후손들이 젊어서, 어떤 사본에 따르면 칼에 맞아 죽는다는 내용이다. 이 저주는 하나님이 아브라함에게 준 "많은 후손에 대한 약속"과 대조된다. 언약적 축복 아래 있는 후손들은 번성하겠지만, 저주 아래 놓인 후손들은 쇠잔해져 결국 멸절할 것이다. 둘째, 36절에 암시된 것처럼, 엘리의 후손들은 제사장 가문의 명예에 걸맞지 않은 부끄러운 삶을 살 것이다. 엘리 후손들은 입에 풀칠하기 위해 '성직'을 구걸해야 하는 처참한 지경에 빠질 것이다. 36절을 새번역성경은 이렇게 번역했다. "그때에 너의 집에서 살아남은 자들은, 돈 몇 푼과 빵 한 덩이를 얻어먹으려고, 그에게 엎드려서 '제사장 자리나 하나 맡겨 주셔서, 밥이나 굶지 않고 살게 하여 주십시오' 하고 간청할 것이다." 이것은 아브라함의 "이름(명예)을 크게 할 것이다"(창 12:2)는 하나님의 축복과 대조된다. 셋째, 32절에 기록된 것처럼 엘리 가문은 하나님이 이스라엘에 베푸시는 축복에 참여하지 못하고 그 축복을 부러운 눈으로 구경만 하게 될 것이다. 즉 엘리 가문은 더 이상 이스라엘 백성을 위한 하나님의 축복의 통로가 되지 못할 것이다. 개역개정의 번역은 이 내용을 잘 드러내지 못한다. 다음은 32a절을 새롭게 번역한 것이다.

> 너는 이스라엘에게 내린 모든 복을 시기의 눈으로 바라만 볼 것이다
>
> (32a절).

본래 제사장은 하나님의 축복을 이스라엘에게 선포하는 사람이다. 다시 말해 하나님께서는 제사장을 통해 이스라엘을 축복하신다. 그러나

엘리는 이런 축복의 통로가 되기는커녕, 이스라엘의 축복을 시기의 눈으로 바라만 보게 되는 것이다. 이 저주는 아브라함 언약의 세 번째 약속 "모든 민족이 너로 말미암아 복을 받을 것이다"(12:3)는 선언과 정면으로 상치된다.

이 모든 저주가 반드시 이루어질 것임을 증명하는 예언적 사건이 엘리의 두 아들 홉니와 비느하스가 한날한시에 죽는 사건이다(34절). 그들의 죽음은 엘리 가문에 임할 저주가 반드시 실현될 것임을 보여 주는 "표징"(오트, *'ôt*)이 될 것이다.

아이러니하게도 엘리 가문에 내린 저주는 이스라엘 백성에게 희망이 된다. 타락한 제사장 아래의 백성은 하나님의 뜻을 제대로 알 수 없는 처지에 놓인다. 왜냐하면 제사장은 하나님이 말씀하고 축복하시는 통로이기 때문이다. 타락한 제사장은 말씀과 축복의 통로로서의 역할을 제대로 맡을 수 없다. 따라서 익명의 선지자는 엘리 가문이 하나님의 마음에 합한 새로운 제사장 가문으로 대체될 것임을 예언한다(35절). 역사적으로 이 제사장은 사독을 지칭한다. 그는 솔로몬 때 대제사장이 되어 솔로몬 성전을 섬길 것이다. 엘리 가문의 제사장과는 달리 그는 하나님의 뜻과 마음을 실천할 것이다. 그리고 하나님은 그를 위해 "견고한 집"을 세워 주실 것이다. 즉 그와 그의 후손들이 대대로 하나님의 성전을 섬기는 일에 쓰임 받을 것이다. 35절 마지막에서 주목할 것은 사사 시대 말의 혼란을 정리하고 새로운 희망의 시대를 열어 줄 왕에 대한 언급이다. 한나와 함께(삼상 2:10 참조), 이 익명의 선지자도 "기름 부은 자"(마시아, *māšiaḥ*)를 언급함으로 이스라엘에 하나님의 마음에 합한 왕이 설 날을 예고한다.

【대제사장 사독】 사독은 아론의 후손이자 아히둡의 아들로(대상 6:1-15), 다윗 때에는 평제사장이었다가 솔로몬 때에 대제사장이 된 인물이다. 압살롬이 반역했을 때, 그는 대제사장 아비아달과 함께 다윗의 편에 선다. 사독이 솔로몬 때에 대제사장이 될 수 있었던 이유는, 후에 아도니야가 반란했을 때 반란 무리에 가담했던 대제사장 아비아달과 달리 끝까지 다윗의 편을 지켰기 때문이다. 솔로몬은 자신이 왕이 되자 아비아달을 대제사장직에서 해임하고 사독을 대신 임명하였다. 이 대제사장직의 교체는 익명의 선지자가 엘리에게 내린 예언에 따른 것이다(삼상 2:27-36; 왕상 2:35). 한편, 에스겔의 환상에 따르면 종말의 새 성전에서도 사독의 후손들이 봉사하게 될 것이다(겔 40:46; 43:19; 44:15; 48:11).

질문

1. 12절은 엘리의 아들들을 불량자("행실이 나빠")라고 표현합니다. 성경에서 불량자는 어떤 사람입니까?
2. 한나는 사무엘을 위해 매년 겉옷을 지었습니다. 이 사실은 한나의 자녀 교육에 대해 무엇을 말해 줍니까?
3. 엘리의 두 아들이 저지른 악행은 무엇입니까?
4. 회막 문은 어느 곳을 지칭합니까?
5. 엘리의 두 아들이 동침한 여인들은 어떤 사람들입니까?
6. 엘리 가문은 "영영히 내 앞에 행하리라"는 약속을 받았지만, 결국 하나님께 버림받았습니다. 엘리에게 준 약속을 지키지 않은 하나님을 어떻게 이해할 수 있습니까?

묵상

1. 엘리의 아들들이 하나님을 알지 못하는 불량자였다는 12절 내용은 가히 충격적입니다. 그들은 매일 제단 앞에서 예배하고, 사람들을 가르치는 제사장이었습니다. 그런데 그들은 하나님을 알지 못한 채 제사장 직무를 수행했습니다. 더욱 충격적인 것은 사사 시대에는 엘리의 두 아들 같은 성직자들이 많았다는 것입니다. 오늘날의 한국 교회가 사사 시대의 모습과 같다는 생각이 듭니다. 모두가 자기 소견대로 행하는 시대입니다. 개혁과 갱신이 일어나려면 각자의 소견이 아닌 말씀이 권위를 가져야 합니다. 종교개혁자들처럼 말씀에 대한 열정을 회복하도록 우리 모두 기도합시다.
2. 한나는 사무엘을 엘리 제사장에게 맡겼지만, 계속해서 관심을 가지며 기도를 중단하지 않았습니다. 그 상징이 바로 사무엘이 입었던 겉옷입니다. 자녀를 믿음으로 기르는 것이 중요하다는 말은 아무리 강조해도 지나치지 않습니다. 부모가 사역자라고 해서 자녀 또한 믿음을 자연히 가지는 것은 아닙니다. 자녀와의 관계에서 개선될 부분이 있다면 무엇인지 생각합시다. 내가 물려줄 수 있는 "겉옷"이 무엇인지 기도합시다.

4
사무엘의 소명

삼상 3:1-4:1a

사무엘상 2장이 엘리 가문의 타락과 몰락을 사무엘의 영적, 신체적 성장과 대조해 보여 준다면, 3장은 사무엘의 영적 성장에 집중하여 "아이" 사무엘이 "선지자" 사무엘로 변해 가는 과정을 입체적으로 설명한다. 이 변화의 핵심에 위치한 사건이 성전에서의 신현 체험이다. 3장은 하나님께서 직접 사무엘에게 나타나셔서 말씀하시는 사건을 기록한다. 이 사건을 통해 엘리의 도제("소년")였던 사무엘이 이스라엘의 선지자로 우뚝 설 뿐 아니라, 엘리의 리더십 아래 하나님의 계시를 받을 수 없었던 이스라엘 백성도 말씀의 새 시대를 맞게 된다. 즉 하나님이 실로의 사무엘을 통해 백성에게 말씀하기 시작한 것이다. 이런 변화는 본장의 첫 절과 마지막 절을 비교해 보면 쉽게 확인된다.

【**신현**Theophany】 신현은 '하나님의 나타나심'을 지칭하는 전문 용어이다. 이 용어를 처음 사용한 사람은 4세기 역사가 유세비우스였다. 그는 창 18:1-5, 25; 32:28-30; 출 3:4-6; 수 5:13-15의 사건을 신현(헬라어 theophaneia)의 예로 거론했다. 신현은 하나님의 구원을 집약하는 말이기도 하다. 하나님이 나타나실 때 늘 구원이나 심판이 발생한다. 결정적인 신현의 사건은 예수 그리스도의 탄생일 것이다.

아이에서 선지자로 3:1, 21; 4:1a

A 1a 아이 사무엘이 엘리 앞에서 여호와를 섬길 때에는

B 1b 여호와의 말씀이 희귀하여

C 1c 이상이 흔히 보이지 않았더라

C′ 21a 여호와께서 실로에서 다시 나타나시되

B′ 21b 여호와께서 실로에서 여호와의 말씀으로 사무엘에게 자기를 나타내시니라

A′ 4:1a 사무엘의 말이 온 이스라엘에 전파되니라

1절이 묘사하는 상황이 이야기의 마지막(21절과 4:1a절)에서 완전히 역전된다. 이것은 A-B-C-C′-B′-A′의 대구 교차 구조를 통해 강화된다. 먼저, "아이 사무엘"(하나아르 슈무엘, *hanna'ar šəmûēl*, 1a)이라는 표현은 사무엘이 엘리의 감독 아래에 있는 훈련생에 불과함을 보여 준다(A). 이렇게 엘리의 도제에 불과했던 사무엘이 4:1a에서는 이스라엘 온 백성을 향해 권위 있게 말씀을 선포하는 선지자가 된다(A′). 1b, 1c절은 엘리가 백성의 영적 지도자일 때 이스라엘이 처한 상황을 묘사한다. 하나님의 말씀이 희귀하고(B), 이상이 자주 나타나지 않았다(C). "말씀"과 "이상"은 하나님이 백성과 소통하는 중요한 두 방법이므로 1b, 1c절이 보여 주는 것은 엘리가 영적 리더십을 행사할 때 백성과 하나님 사이의 소통의 통로가 막혀 있었다는 사실이다. 그러나 사무엘이 영적인 리더로 세워지자 상황이 완전히 변한다. 21a, 21b절은 사무엘이 선지자로 부름 받은 후의 이스라엘의 영적 상태를 묘사한다. 이전에는 이스라엘에 말씀이 희귀했지만(B), 사무엘이 선지자로 부름 받은 후에는 하나님의 말씀이 자주 들리기 시작한다(B′). 또한 이전에는 이스라엘에 이상이 없었지만(C) 지금은 하나님의 '나타나심'이 빈번하게 되었다(C′). 이 모든 변화의 핵심에는 영적 리더십의 변화가 있다. 죄악에 빠진 지도자

【엘리에게 하나님의 심판을 이야기하는 사무엘】 존 싱글턴 코플리(1738~1815) 작.

들은 하나님의 말씀과 이상의 통로가 되지 못하고 오히려 하나님과 이스라엘 사이를 가로막는 장애물이 된다. 그 악한 지도자들이 제거되었을 때, 다시 이스라엘 백성 가운데 말씀이 들려지고 이상이 나타나게 되었다.

1a절의 "엘리 앞에서"는 사무엘이 엘리의 감독 아래 있음을 보여 주는 동시에 3장에 묘사될 신현 체험에 엘리가 긍정적으로 역할을 담당할 것을 암시해 준다. 사무엘이 성공적으로 하나님의 음성을 듣는 과정에 엘리의 가르침은 중요한 역할을 한다. 한나 이야기에서 엘리의 축복이 한나의 문제 해결에 긍정적 역할을 하는 것과 유사하다. 엘리의 지도력 아래 있는 이스라엘의 영적 상황을 묘사하는 대목에서 "희귀하다"(1b)와 "흔히 보이지 않았더라"(1c)라는 말의 이중적 의미에 주목해야 한다. "희귀하다"로 번역된 히브리어 야카르(*yāqār*)는 본래 상인들의 용어로 '비싸다'라는 의미다. 사무엘서 저자가 이 상업 용어로 하나님의 말씀을 지칭한 것은 개역개정의 번역대로 말씀이 "희귀했다"는 의미를 표현하는 동시에 엘리의 시대에는 말씀이 상품화되었음을 암시한다. 즉 말씀을 전하는 제사장이 목자의 마음을 가져야 하는데,

자신의 사욕을 채우는 도구로 백성을 이용했다. 그 과정에서 하나님 말씀이 시장에서 소비되는 상품이 된 것이다. 하나님께 드려진 제물을 중간에서 도적질한 제사장들이 하나님의 말씀도 장사 수단으로 사용하면서 사욕을 채웠을 가능성은 충분해 보인다. 한편 "흔히 보이지 않았더라"로 번역된 히브리어 니프라츠(*niprāṣ*)도 이중적 의미를 가진다. 문맥상 개역개정처럼 "(이상이) 흔히 보이지 않았다"고 번역할 수 있겠지만, 니프라츠의 뉘앙스는 스스로 돌파해 나가려 하나 잘되지 않는 모습을 표현한다. 즉 하나님의 "이상"이 무엇인가에 막혀 이스라엘에게까지 도달하지 못하는 상황을 표현한다. 이것은 당시 제사장들이 하나님과 백성 사이의 영적 소통을 가로막고 있음을 간접적으로 보여 준다.

말씀과 이상이 희귀해졌다고 해서, 하나님께서 이스라엘 백성을 찾지 않으시는 것은 아니다. 하나님께서는 그의 백성과 소통하시기를 원하신다. 그들과 만나기를 원하신다. 그러나 중보적 사명을 감당해야 할 제사장들이 오히려 소통을 방해하고 있다. "이상이 흔히 보이지 않았더라"는 구절에는 이런 하나님과의 소통을 위한 노력과 그 소통에 걸림돌이 되는 제사장에 대한 비판이 담겨 있다. 하나님이 사무엘을 선택하고 하나님과 이스라엘의 소통을 방해하는 제사장이 제거된다는 주제가 바로 3장의 주된 가르침이다. 사무엘은 이스라엘 백성을 향한 신적 계시의 투명한 통로가 될 것이다.

사무엘이 온 이스라엘의 선지자가 되었음을 묘사하는 21절에서 "실로"가 두 번이나 사용되었다는 사실에 주목할 필요가 있다. 이것은 소명을 받은 사무엘이 당시 실로의 제사장들을 대체할 것임을 암시한다. 하나님이 "실로에서" 사무엘을 통해 말씀하기 시작했다면, 실로 성소의 영적 권위는 엘리에서 사무엘로 이동한 것이다. 당시 실로가 전국적 예배 중심지였음을 고려하면 사무엘이 실로에서 영적인 리더로 세워진 것은 그가 전국적인 권위자가 되었음도 암시한다. 자신의 죄 때문에 하나님의 축복과 계시의 통로가 되지 못하는 사람은 약속받은 유업마저 빼앗길 것이다. 과거의 신앙 고백이 현재도 "두렵고 떨림으로 우리의 구원을 이루어 가라"는 명령을 무효화시키지 못한다. 예수를 따른다고 고백하면서 세상과 똑같은 냄새가 나고 세상과 구별되는 거룩함을 드러내지 못한다면, 우리도 엘리 가문과 같은 운명에 처하게 될까 두려워해야 한다.

사무엘이 성전에 누움 3:2-3

2 엘리의 눈이 점점 어두워 가서 잘 보지 못하는 그 때에 그가 자기
처소에 누웠고 3 하나님의 등불은 아직 꺼지지 아니하였으며
사무엘은 하나님의 궤 있는 여호와의 전 안에 누웠더니

본 단락은 사무엘의 신현 체험 직전의 상황을 설명한다. 엘리는 "자기 처소"에 누운 반면 사무엘은 "여호와의 전 안"에 누웠다. 물론 눕는 행위(샤카브, *šākab*)에는 일차적으로 잠을 자려는 목적이 있다. 그러나 본문을 자세히 살펴보면 잠을 청하는 행위만은 아님을 알 수 있다. 저자는 사무엘이 "여호와의 전 안"에 누웠다고 할 때, 그 여호와의 전에 "여호와의 궤"가 있었음을 굳이 언급하는데, 이것은 사무엘의 "눕는 행위"가 하나님의 계시를 기다리는 행위임을 암시한다. 고대 이스라엘을 포함한 고대 근동에서 문제를 가진 개인이 신으로부터 응답을 얻기 위해 신전에서 잠을 자는 풍습(인큐베이션 참고)이 있었다. 이방인들은 신상 곁에 눕는 것이 원칙이었지만, 이스라엘의 제사장들은 여호와의 궤 곁, 즉 성소에 누워 말씀을 기다렸다. 사무엘이 여호와의 궤가 있는 성전에 누웠을 때는 이와 같이 하나님의 계시를 받으려는 목적이 있었을

【인큐베이션 incubation】 주전 5세기부터 헬레니즘 세계에 질병 치료를 전문으로 하는 신전들이 생겨났다. 이 신전들은 대개 아스클레피우스에게 봉헌된 것으로, 병자들은 이 신전에서 잠을 자면 꿈속에 아스클레피우스가 나타나 병을 치료해 준다고 믿었다. 실제로 이 신전의 영내는 고침받은 환자들의 간증을 새긴 비석들로 가득했다고 전해진다. 일부 학자들에 따르면, 주후 3세기경까지 아스클레피우스 신전과 기독교 교회가 '환자 유치'를 위해 경쟁했다고 한다. 성경 시대의 근동에도 이 관습이 행해졌다. 그러나 신전에서 꿈을 청하는 이유는 치료 목적에 국한되지 않았다. 다양한 문제를 가진 사람들이 신전에 와 잠을 잠으로써 신의 도움을 얻으려 했다. 특히 왕들은 전쟁과 같은 중대사를 앞두고, 혹은 역병과 같은 대재난의 원인을 알기 위해 신전에 누워 꿈을 청했다. 그러면 신들이 꿈에 나타나 왕들에게 신탁을 주곤 했다. 성경에도 이 관습의 영향이 엿보인다. 사무엘이 성전에서 계시를 받은 일이나 솔로몬이 꿈을 통해 지혜를 얻은 것 등은 인큐베이션 관습과 관련해 많이 논의된다.

것이다. 그렇다면 본래 그것은 "소년" 사무엘이 아니라 대제사장 엘리의 일이었다. 엘리가 하나님의 계시를 기다리며 성전에서 잠을 청해야 정상이다. 엘리와 사무엘이 살던 시대는 사람들이 자기 소견대로 행하는 어둠의 시대였고, 하나님의 말씀과 이상이 희귀한 시대였다. 이런 때일수록 대제사장 엘리는 하나님의 말씀을 받으려고 노력하고 성전에서 잠을 청해야 할 것이다. 그러나 엘리는 도제 사무엘을 성전에서 자게 하고 자신은 침실에서 잠을 청한다. 오랫동안 하나님께서 말씀하시지 않았기 때문에 엘리는 말씀 받기를 포기한 것 같다. 어쩌면 하나님께서 말씀하신다는 사실조차 믿기지 않았을 수도 있다. 그리고 사무엘에게 형식적인 성전 철야를 맡겼을 것이다. 형식적이라고 말한 이유는 엘리가 사무엘에게 "하나님 음성을 듣는 법"을 지시하지 않았기 때문이다. 하나님이 말씀하실지 모른다는 생각을 했다면 하나님께서 나타나셨을 때 어떻게 반응해야 할지를 사무엘에게 일렀을 것이다. 그러나 엘리는 그러지 않았다.

엘리가 자기 처소에서 잔 것이 영적 태만의 결과임을 보여 주는 힌트는 엘리의 시력이다. 저자는 엘리의 시력이 나빠져 잘 보지 못한다는 사실을 엘리가 성전이 아닌 사택에서 잠을 청한 사실과 병치시킴으로써(2절), 후자가 영적 태만의 결과임을 암시한다. 엘리의 나이가 많다는 사실은 2장 22절에 언급되었지만 엘리의 노안이 언급되는 것은 3장이 처음이다. 이것은 2장 22절과 마찬가지로 엘리가 분별력을 잃어 간다는 사실을 상징한다.

한편 사무엘이 성전에서 잠을 청하는 내용은 "하나님의 등불이 아직 꺼지지 아니하였다"는 구절과 함께 등장한다(3절). 이 구절의 히브리어 원문 '테렘 이크베'(*ṭerem yikbeh*)는 '아직 꺼지지 않았다'는 의미 이외에 '거의 꺼져 간다'는 의미도 포함한다. 여기서 본문의 문자적 의미와 상징적 의미를 찾을 수 있다. 먼저, 본문이 '하나님의 등불이 거의 꺼져 가고 있다'라고 번역된다면, 이때가 새벽임을 알 수 있다. 제사장들은 지성소와 성소를 가르는 휘장 앞에 설치된 "여호와의 등불"을 매일 저녁부터 아침까지 밝힐 의무가 있었다(출 27:20-21, 레 24:1-3 참조).

그 등불이 꺼져 간다는 말은 새벽이 가까워 옴을 보여 준다. 고대 세계에서 새벽은 신의 출현이 가장 기대되는 시간이었다. 따라서 이 언급은 무엇인가 심상치 않은 일이 곧 일어나리라는 기대를 안긴다. 둘째, 본문을 "하나님의 등불이 아직 꺼지지 않았다"로 번역한다면, 그것은 칠흑 같은 어둠 가운데 있는 이스라엘 민족에게 아직 희망이 남아 있다는 의미다. 그 희망의 빛을 더 큰 횃불로 지피기 위해 여호와의 궤가 있는 성전에 사무엘이 누워 있는 것이다. 지금 "하나님의 말씀"이 다시 이스라엘을 인도해야 한다. 각자의 소견이 아니라 "말씀"이 필요하다. 사무엘은 시대를 깨울 하나님의 말씀을 고대하며 지금 성전에 누워 있다. 3절에서 사무엘이 눕는다는 내용과 "하나님의 등불이 아직 꺼지지 아니하였다"는 구절이 나란히 등장한 것은 이 드러누움이 단순히 잠을 청하는 행위가 아니라, 이스라엘을 향한 하나님의 말씀을 고대하는 행위임을 알린다.

사무엘을 세 번 부르심 3:4-9

4 여호와께서 사무엘을 부르시는지라 그가 대답하되 내가 여기
있나이다 하고 5 엘리에게로 달려가서 이르되 당신이 나를
부르셨기로 내가 여기 있나이다 하니 그가 이르되 나는 부르지
아니하였으니 다시 누우라 하는지라 그가 가서 누웠더니
6 여호와께서 다시 사무엘을 부르시는지라 사무엘이 일어나
엘리에게로 가서 이르되 당신이 나를 부르셨기로 내가 여기
있나이다 하니 그가 대답하되 내 아들아 내가 부르지

【여호와의 등불】 이것은 성막과 성전에 설치된 등잔대(메노라, *mənōrāh*)를 가리킨다. 출애굽기 25:31-39에 따르면 등잔대는 좌우로 세 개의 가지를 가진 나무 모양이다. 이것은 성전 내부를 밝히기 위한 충분한 화력을 위한 것일 뿐 아니라, 에덴 동산을 상징적으로 연상시킨다. 등잔대에는 기름을 담을 수 있는 받침대가 있어 몇시간 동안 불을 밝힐 수 있었다. 잠언 31:18에 따르면 밤에 불이 꺼지지 않도록 돌보는 여자를 부지런한 자로 칭찬한다.
성경에서 등불은 종종 생명에 비유된다. 예수님이 세상의 빛이라는 말씀은 그가 생명을 주는 분이라는 뜻이다(요 8:12; 9:5). 예수님의 비유에서 어리석은 처녀들은 기름을 준비하지 못해, 생명 되신 신랑을 영접하지 못한다. 예수님은 제자들에게 세상의 빛이 되라고 말씀하신다. 이것은 생명을 살리는 선한 행실을 하여 하나님께 영광을 돌리라는 의미이다(마 5:14-16).

아니하였으니 다시 누우라 하니라 7 사무엘이 아직 여호와를 알지
못하고 여호와의 말씀도 아직 그에게 나타나지 아니한 때라
8 여호와께서 세 번째 사무엘을 부르시는지라 그가 일어나
엘리에게로 가서 이르되 당신이 나를 부르셨기로 내가 여기
있나이다 하니 엘리가 여호와께서 이 아이를 부르신 줄을 깨닫고
9 엘리가 사무엘에게 이르되 가서 누웠다가 그가 너를 부르시거든
네가 말하기를 여호와여 말씀하옵소서 주의 종이
듣겠나이다 하라 하니 이에 사무엘이 가서 자기 처소에 누우니라

"아이 사무엘"(1절)을 하나님께서 부르신다. 그러나 아직 미숙한 도제였기에 사무엘은 하나님의 음성을 깨닫지 못한다. 그 음성은 엘리의 평소 목소리와 분명히 달랐지만, 자기를 부를 분은 엘리밖에 없다고 확신한 사무엘은 사택에서 자고 있는 스승에게 달려가 "부르셨습니까"라고 묻는다. 잠에서 깬 엘리는 "부르지 아니하였으니 다시 누우라"고 간결히 말하고 다시 잠을 청한다. 다시 여호와께서 사무엘을 부르신다. 마찬가지로 사무엘은 엘리에게 달려가 "부르셨습니까"라고 묻는다. 다시 깬 엘리는 사무엘을 "내 아들아"라고 부르며 "부르지 않았으니 다시 누우라"라고 명한다. 엘리는 두 번이나 잠에서 깬 것이 귀찮았지만 순종적이며 사랑스러운 사무엘을 "내 아들아"라고 호칭한다. 자신의 훈계를 따르지 않는 아들들보다 사무엘이 더욱 "아들"처럼 느껴졌을 것이다. 세 번째로 하나님께서 사무엘을 부르신다. 세 번이나 사무엘이 찾아오자 엘리는 하나님께서 말씀하심을 직감하고, 사무엘에게 "하나님의 음성 듣는 법"을 자세히 알려 준다. "가서 누웠다가 그가 너를 부르시거든 네가 말하기를 여호와여 말씀하옵소서 주의 종이 듣겠나이다 하라." 여기서 사무엘을 돌려보내는 엘리의 말은 이전과 다르다. "다시 누우라"(5, 6절)가 아니라 "가서 누우라"(9절) 한다. "가서 누우라"는 "다시 누우라"와 다르다. 후자는 "다시" 잠을 청하라는 뜻이다. 그러나 이번에는 하나님의 음성을 듣기 위해 "누우라"는 것이다. 세 번째 "누움"은 듣기 위해 "가서" 눕는 것이다.

왜 성경은 세 번이나 부르시는 하나님의 모습을 기록할까? 세 번 모두 하나님은 사무엘에게서 합당한 응답을 듣지 못한다. 그럼에도 하나님이 계속 부르신 첫째 이유는 세상이 어둡고 계시가 사라졌지만 하나님이 이스라엘을 포기하지 않았다는 의미다. 3장의 주인공은 사무엘이 아니라 하나님이시다. 그분은 역동적으로 참 이스라엘을 부르며 찾고 계신다. 계시가 없다고 하나님의 말씀이 사라진 것은 아니다. 하나님께서는 끊임없이 우리를 부르신다. 들을 귀 있는 제사장이 없었기에 이스라엘에 계시도 이상도 없었던 것이다. 이미 설명했듯 하나님의 이상은 계속 돌파(니프라츠, *niprāṣ*)를 시도하지만, 죄 가운데 있던 제사장이 하나님과 백성의 소통을 가로막았다. 하나님은 인간의 합당한 응답이 없어도 인간을 향한 부르심을 쉬지 않으신다.

둘째 이유는 악한 세대에 하나님이 그의 백성과 소통하기란 결코 쉽지 않다는 의미다. 이것은 소통을 가로막은 악한 제사장의 문제만은 아니다. 사무엘처럼 영적으로 순수한 사람도 하나님과 쉽게 소통하지 못한 것은 사무엘도 시대의 영향을 받는 인간이기 때문이다. 사무엘은 분명 시대가 요구하는 대로 제사장이 되는 절차를 다 밟았을 것이다. 엘리 밑에서 좋은 제사장이 되려고 신학 수업을 열심히 이수했을 것이다. 그러나 '신학 수업'을 받았어도 그는 하나님과의 대면적 만남이 준비되지 않았다. 하나님의 음성이 실존적으로 찾아왔을 때 그 소리를 알아들을 수 없었다. 사무엘이 속한 시대, 그 사회가 하나님의 음성을 분별하지 못했기에 사무엘처럼 영적으로 열린 사람도 막상 음성이 들리자 즉각 반응하지 못한 것이다. 이런 의미에서 7절은 사무엘이 아직 하나님을 알지 못했고 여호와의 말씀이 그에게 나타나지 않았다고 진술한다. 오늘날도 그렇다. 신학 과정을 이수한다 하여 하나님을 '알게 되는 것'이 아니다. 말씀대로 살아 보는 경험을 통해 말씀으로 고난을 이기고, 육체의 소욕을 이기고, 사랑과 나눔의 동력을 얻은 사람만이 말씀의 하나님을 만나는 것이다. 그런 사람만이 말씀이 "나에게 나타났다"고 고백할 수 있다.

사무엘이 여호와의 말씀을 들음 3:10-14

> 10 여호와께서 임하여 서서 전과 같이 사무엘아 사무엘아
> 부르시는지라 사무엘이 이르되 말씀하옵소서 주의 종이
> 듣겠나이다 하니 11 여호와께서 사무엘에게 이르시되 보라 내가
> 이스라엘 중에 한 일을 행하리니 그것을 듣는 자마다 두 귀가
> 울리리라 12 내가 엘리의 집에 대하여 말한 것을 처음부터 끝까지
> 그 날에 그에게 다 이루리라 13 내가 그의 집을 영원토록
> 심판하겠다고 그에게 말한 것은 그가 아는 죄악 때문이니 이는 그가
> 자기 아들들이 저주를 자청하되 금하지 아니하였음이니라
> 14 그러므로 내가 엘리의 집에 대하여 맹세하기를
> 엘리 집의 죄악은 제물로나 예물로나 영원히 속죄함을 받지
> 못하리라 하였노라 하셨더라

10-14절은 신현 장면을 묘사한다. 10절에서 사무엘은 하나님의 부르심에 짧게 대답하고, 11-14절에서는 하나님이 엘리 가문에 심판을 선언하신다.

여기서 사무엘이 경험하는 것은 하나님의 '음성'만은 아니었다. 10절의 "여호와께서 임하여 서서"는 이 사건을 '이상' 혹은 '비전'으로도 볼 수 있게 한다. '임하다'로 번역된 히브리어 '바야보'(*wayyābō'*)는 '들어오다'의 의미이며, '서다'로 번역된 히브리어 '바이트야싸브'(*wayityaṣṣēb*)는 누워 있는 사람의 머리맡에 서 있는 신의 모습을 지칭한다. 따라서 3절은 여호와께서 사무엘이 자고 있는 처소로 들어오셔서 사무엘의 머리맡에 서 계신 모습을 보여 준다. 이것은 고대 근동 문학의 신현 장면과 일치한다. 신이 신전에 들어와 그곳에 누워 있는 제사장 혹은 신도의 머리맡에 서서 계시를 내리는 장면이다. 이런 관점에서 보면 사무엘이 음성만 들은 것이 아니라 하나님의 거룩한 임재까지 체험했다고 할 수 있다. 이것은 15절이 사무엘의 지난밤 경험을 지칭하면서 "이상"(vision, *mar'eh*)이라는 말을 사용한 점을 보면 확인된다.

성전에 들어와 사무엘의 머리맡에 선 하나님은 사무엘의 이

름을 두 번 부르신다. "사무엘아, 사무엘아!" 어두운 세대에 참 백성을 찾으시는 하나님의 간절하고도 긴박한 마음이 담겨 있다. 하나님은 중요한 시점에 자기 백성을 찾아오셔서, 이름을 두 번 부르곤 하셨다. 아브라함이 이삭을 죽이려고 했을 때, 주의 천사가 "아브라함아, 아브라함아" 하고 두 번 이름을 부른다(창 22:11). 야곱이 온 가족의 이민을 앞두고 낯선 땅에서 맞을 미래를 두려워할 때, 하나님은 밤의 이상 가운데 나타나셔서 "야곱아, 야곱아" 두 번 불러 주신다(창 46:2). 불타는 가시떨기 나무에서 모세와 대면하실 때도 하나님은 "모세야, 모세야" 부르며 대화를 시작하신다(출 3:4). 이름을 두 번 부르는 행위는 그의 백성을 찾으시는 하나님의 간절함과 연결된다. 사사 시대 말의 절망적 어둠 가운데 하나님은 "사무엘아, 사무엘아"라고 부르며 사무엘을 다급히 찾으신다. 사무엘도 그 긴박함 때문에 세 번이나 엘리에게 "달려갔던" 것이다. 그러나 네 번째, 하나님의 음성임을 깨달은 사무엘은 엘리가 지시한 대로 "말씀하옵소서 주의 종이 듣겠나이다"라고 대답한다. "듣겠나이다"에 해당하는 히브리어 '쇼메아'(*šōmēa'*)가 사무엘의 이름을 연상시킨다는 점이 흥미롭다. 이것은 사무엘의 장점을 잘 보여 주는 말이다. 사무엘은 듣는 데 뛰어났다. '순종'은 사무엘의 인격과 사역의 특징이다. 지금까지 사무엘은 엘리에게 순종하였지만 앞으로는 하나님께 순종하며 살 것이다. 하나님의 말씀을 지속적으로 들으며 살 것이다. 아이러니한 것은 이 대답을 엘리가 가르쳐 주었다는 점이다. 엘리는 사무엘을 통해 주실 계시의 말씀으로 자신이 멸망할 것도 모른 채, "말씀하옵소서 주의 종이 듣겠나이다"하고 대답하라고 가르친 것이다.

11절부터는 하나님이 사무엘에게 주신 첫 계시가 기록되어 있다. "그것을 듣는 자마다 두 귀가 울리리라"는 말은 그 계시가 충격적일 것임을 암시한다. 사무엘이 그 밤에 받은 메시지는 가장 존경받는 영적 지도자 엘리의 심판이다. 이것은 사무엘에게 충격이었을 것이다. 엘리와 그 아들들이 하나님을 저주했다는 내용(아래 13절의 설명을 보라), 엘리 가문의 죄악이 용서받을 수 없을 정도로 심각하다는 내용(14절)은 경건과 거룩의 모범으로 엘리를 생각했던 사무엘에게 너무나 충격이었을 것이다. 유명 목회자가 추악한 죄를 저지르며 오랜 세월을 살아 왔다는 내용이 드러날 때 주는 충격과 유사할 것이다. 더구나 그 목회자가 평소 존경하던 담임목사라면 그 충격은 더 클 것이다. 사무엘은 스승 엘리의 죄악과 그에 대한 심판을 하나님께 직접 듣는다. 사무엘 이외에 어떤 이스라엘 사람도 엘리의 죄악과 하나님이 내린 평가를 알지 못한다. 사무엘이 그 메시지를 듣고 느꼈을 당혹감이 어떠했을까. 어느 목회자의 은밀한 죄를 최초로 알게 되었다고 상상해 보자. 충격은 물론, 여러 질문이 마음속을 복잡하게 맴돌 것이다. 이 사실을 누구에게 말해야 하는가? 하나님이 심판을 선포하기 전, "그것을 듣는 자마다 두 귀가 울리리라" 경고하신 것은 어떤 점에서 사무엘을 준비시키기 위함이라고 볼 수 있다.

12절의 "내가 엘리의 집에 대해 말한 것"과 13절의 "내가 그 집을 영영토록 심판하겠다고 그에게 이른 것"은 모두 2장 27-36절에서 익명의 선지자가 예언한 내용을 가리킨다. 그 예언을 알지 못했던 사무엘은 그 말을 듣고 다소 당황스러웠을 것이다. '도대체 하나님이 엘리의 집에 대해 말한 것이 무엇인가', '분명 엘리 가문의 심판에 관한 것 같은데 왜 그분들이 심판을 받아야 하는가'. 여러 의문이 머릿속을 스쳐 갔을 것이다. 물론 2장 27-36절을 읽은 독자들과 그 선고를 직접 들은 엘리는 "내가 엘리의 집에 대해 말한 것"(12절)과 "내가 그 집을 영영토록 심판하겠다고 그에게 말한 것"(13절)이 가리키는 바를 알 것이다. 12-14절의 내용을 분석해 보면 하나님이 엘리 집안에 왜 심판을 내리셨는지 힌트를 얻을 수 있다.

먼저 12절의 "처음부터 끝까지"에 주목해 보자. 이 말의 히브리어 원문 '하헬 베칼레'(*hāhēl wəkallēh*)는 3장 2절의 "엘리의 눈이 점점 어두워져 가서"(헤헬루 케홋, *hēḥēlû kēhôt*)를 연상시킨다. 즉 심판이 철저히 이행될 것임을 지칭하는 "처음부터 끝까지"는 엘리의 영적 상태를 상징하는 표현과 동일한 히브리어 동사들로 연결되어 있다. 이것은 엘리 가문의 죄악은 엘리의 영적 분별력 상실에 원인이 있음을 보여 준다. 엘리가 하나님께 선택되었을 때에는 그럴 이유가 있었을 것이다. 그러나 시간이 흐르면서 엘리는 초심을 잃은 것 같다. 둘째, 13절에 주목해 보자. 개역개정의 13절 후반부 번역은 이렇게 고치는 것이 좋겠다.

그의 아들들이 하나님을 저주하였으나 그는 그들을 꾸짖지 않았다.[1]

13절 전반부의 "그가 아는 죄악"이 성전 제물을 도적질하고 성전에서 일하는 여인과 동침한 사건을 가리킨다면, 13절 후반부(위의 번역을 참조)는 그 죄악이 근본적으로 하나님께 저지른 범죄임을 보여 준다. 즉 단순한 도적질과 간음이 아닌, 하나님을 저주한 죄다. 그들의 죄악은 어떤 제사로도 영영히 속함을 받지 못하는 것이다(14절). 모든 죄는 제사로 사함을 받으나 하나님을 모독하는 죄는 제사로 사함을 받지 못한다(민 15:30). 신약의 용어로 표현하면 엘리의 아들들은 성령 훼방죄를 범한 것 같다. 성령을 훼방하는 죄가 그리스도를 통한 하나님 나라의 역사를 정면으로 부정하는 것(그리스도의 사역을 부정하면, 그 사역이 거저 주는 사죄의 은혜를 받지 못함)이라면, 엘리의 아들들이 저지른 범죄는 성전 제물과 여인들을 범함으로써 성전을 통한 하나님의 임재와 그 역사를 정면으로 부정한 것이다. 한편 아들들이 하나님을 모독했건만 엘리가 꾸짖지 않았다는 말은 일견 2장 23-25절의 내용과 상치되는 것 같다. 그곳에서 엘리는 아들들을 꾸짖고 있기 때문이다. 그런데도 하나님은 왜 엘리가 아들들을 꾸짖지 않았다고 말씀하실까? 이를 위해 3장의 핵심어인 "말씀"(다바르, *dābār*)을 저자가 어떻게 사용했는지 살펴보자.

3장은 '말씀'이 이스라엘에 어떻게 다시 주어지는지 설명한다. 3장에서 저자는 말씀을 '말'과 '행위'의 통합 개념으로 사용한다. 이것은 "말씀하옵소서"라고 응답한 사무엘에게 하나님이 준 '말씀'(다바르, *dābār*)이 곧 엘리 가문에 하나님이 행하실 '일'(다바르, 11절)을 가리킨다는 점에서 확인된다. 저자는 히브리어 '다바르'를 한 번은 '말'의 의미로, 한 번은 '행위'의 의미로 사용함으로써 '말'에 대한 하나님의 관점을 제시한다. 즉 '삶에서 성취하지 않는 말'은 '말'이 아니다. 아들들을 꾸짖은 말이 아들의 행위에 변화를 일으키지 못했다면 아들을 꾸짖은 것이 아니다. 엘리의 말이 아들들에게 변화를 가져오지 못한 이유를 두 가지로 추정할 수 있다. 첫째, 엘리는 평소 훈육을 게을리 했을 가능성이 높다. 평소에 사랑과 신앙으로 훈육했다면, 아들들은 2장 23-25절에 기록된 훈계에 순종했을 것이다. 둘째, 엘리도 평소 말과 행동이 일치하지 않는 사람이었을 가능성이 있다. 엘리의 말에 능력이 따르지 않은 것은 그의 말이 인격과 삶으로 뒷받침되지 않았기 때문이다. 엘리는 자신을 가까이서 관찰한 아들들을 속일 수 없었을 것이다. 엘리와 그 아들들에 관한 하나님의 심판은 오늘날 모든 사역자들에게 주는 경고의 말씀이다.

사무엘이 말씀을 엘리에게 전함 3:15-18

15 사무엘이 아침까지 누웠다가 여호와의 집의 문을 열었으나
그 이상을 엘리에게 알게 하기를 두려워하더니 16 엘리가 사무엘을
불러 이르되 내 아들 사무엘아 하니 그가 대답하되 내가 여기
있나이다 하니 그가 17 이르되 네게 무엇을 말씀하셨느냐 청하노니
내게 숨기지 말라 네게 말씀하신 모든 것을 하나라도 숨기면
하나님이 네게 벌을 내리시고 또 내리시기를 원하노라 하는지라
18 사무엘이 그것을 그에게 자세히 말하고 조금도 숨기지
아니하니 그가 이르되 이는 여호와이시니 선하신 대로 하실
것이니라 하니라

"사무엘이 아침까지 누웠다"(15절)라는 구절이 흥미롭다. 이 구절은 문맥상 신현 장면을 공식적으로 종결하는데, 보통 신현 장면을 종결하는 구절은 "아침에 일찍 일어났다"(봐야쉬키무, *wayyaškimû*, 1:19 참조)이다. 그렇다면 저자는 왜 신현 장면을 "사무엘이 아침까지 누웠다"로 종결하고 있을까? "아침에 일찍 일어났다"는 구절은 신현 체험 이후 주인공이 다시 잠들었음을 암시하지만, "사무엘이 아침까지 누웠다"는 말은 사무엘이 신현 체험 후 밤을 지새웠음을 의미한다. 존경하는 스승에 관한

엄청난 예언을 들은 사무엘은 도저히 잠을 이룰 수 없었을 것이다. 어떻게 이 사실을 처리해야 하는지 밤새 고민하며, 스승에 대한 존경심과 말씀의 준엄함 사이에서 사무엘은 어찌할 바를 몰랐던 것 같다. "그 이상을 엘리에게 알게 하기를 두려워했다"는 말이 이것을 확인해 준다. 그러나 여기서 기억해야 할 것은 엘리 가문에게는 비극이지만 이스라엘 백성에게는 기쁜 소식이라는 점이다. 지금까지 이스라엘 백성은 타락한 제사장들 때문에 말씀과 이상의 빈곤에 시달렸다. 영적 어둠 속에서 이스라엘은 방향을 보여 줄 빛을 얻을 수 없었다. 그러나 그날 밤 이후 이스라엘에는 새 영적 지도자가 세워졌다. 사무엘을 통해 하나님이 다시 계시하시기 시작했다. 이런 희망의 분위기가 15절의 "사무엘이 여호와의 집 문을 열었다"는 구절에서 전달된다. 이 문장의 문자적 의미는 사무엘이 도제로서 하루 일과를 시작했다는 말이다. 사무엘은 성전 문을 열며 하루를 시작했을 것이다. 그러나 2절의 "눈이 어두워지다"와 3절의 "여호와의 등불이 아직 꺼지지 않았다"가 상징적 의미를 가지듯이, "여호와의 집 문을 열었다"도 상징적 의미가 있다. 여호와의 집 문이 열려 새로운 빛과 공기가 성전 내부로 유입되듯이 이제 이스라엘에 새로운 빛이 깃들고, 새로운 바람이 불기 시작했다. 이제 새 빛과 새 바람(성령)이 성전과 성전에서 드리는 예배에 임하게 된다.

16-18절에서는 엘리와 사무엘의 역할이 역전되어 나타난다. 정상적인 상태라면 도제 사무엘이 제사장이자 스승인 엘리에게 하나님의 뜻을 물어야 하지만, 지금은 스승 엘리가 사무엘에게 하나님의 말씀을 묻는다. 사무엘이 엘리에게 하나님의 말씀을 전하는 입장이 된 것이다. 사무엘이 엘리에게 전한 내용은 엘리에게 새롭지 않다. 이미 하나님의 사람이 찾아와 말씀한 내용이기 때문이다. 독자들이 볼 때도 사무엘이 받은 계시는 새로운 내용이 아니다. 그러나 엘리가 사무엘에게 하나님의 말씀을 묻는 장면에서 이제 사무엘이 선지자라는 사실이 새롭게 제시된다. 이제부터 하나님은 엘리가 아닌 사무엘을 통해 말씀하실 것이다. 엘리 개인에게는 비극이지만 이스라엘 민족에게는 복이다. 한편 사무엘을 통해 전해진 심판의 메시지에 엘리는 위엄 있게 반

응한다. 그에게 주어진 하나님의 심판은 충격적인 소식이지만, 그는 여전히 하나님의 뜻을 담담하게 받아들이는 위엄 있는 제사장이었다.

사무엘이 선지자로 인정받음 3:19-20

19 사무엘이 자라매 여호와께서 그와 함께 계셔서 그의 말이
하나도 땅에 떨어지지 않게 하시니 20 단에서부터 브엘세바까지의
온 이스라엘이 사무엘은 여호와의 선지자로 세우심을 입은 줄을
알았더라

지금까지의 서술이 결정적이고 단회적인 사건을 다루었다면, 19-20절은 오랜 시간에 걸친 과정을 서술한다. 성전에서 하나님이 사무엘을 통해 최초로 말씀하신 사건은 이후 사무엘이 온 이스라엘의 선지자가 되는 과정의 시발점이다. "단에서 브엘세바까지", 즉 이스라엘 전 영토에 사무엘의 이름은 하루아침에 알려지지 않는다. 오늘날처럼 인터넷이 있는 것도 아니고, 사람들이 쉽게 설득당하는 것도 아니다. 사무엘은 "자라며" 자신이 하나님의 사람임을 증명해야 했다. 당시 참 선지자의 표징은 예언의 성취 여부다. '공포탄'을 쏘아 대는 선지자는 (엘리의 경우처럼) 결국 그 권위를 잃는다. 선지자의 말이 "성취되는 말"이 될 때, 그 선지자는 여호와의 선지자로 인정받는다. 사무엘이 전 이스라엘에서 권위를 획득한 것도 상당 기간의 성공적 사역을 통해서다. 하나님께서 사무엘과 함께 계셔서, 그가 하는 말이 하나도 땅에 떨어지지 않게 하셨다(19절). 사무엘이 3장의 신현 체험 직후 바로 이스라엘의 선지자가 된 것은 아니다. 이는 기브아에 사는 사울이 사무엘의 존재를 몰랐다는 사실(9장)에서도 확인된다. 비슷한 패턴이 사울과 다윗이 왕이 되는 과정에 나타난다. 기름을 붓는 순간 왕위가 실제로 확정되지 않기에 사울이나 다윗이나 삶으로 신적 소명의 진위를 증명해야 했다.

질문

1. 엘리의 눈이 어두워 간다는 말과 하나님의 등불이 아직 꺼지지 않았다는 말의 상징적 의미를 설명해 봅시다.
2. 하나님의 궤가 있는 성전에서 잠을 잔다는 것은 어떤 의미가 있습니까?
3. 하나님이 사무엘을 세 번이나 부르신 이유는 무엇입니까?
4. 사무엘이 하나님께 들은 메시지는 자기가 존경하는 엘리 제사장의 죄악과 심판입니다. 여러분이 사무엘이었다면 어떤 심정이었을까 이야기해 봅시다.
5. 사무엘의 영적 권위가 오랜 세월에 걸친 사역의 결과라는 사실이 우리에게 주는 교훈은 무엇입니까?

묵상

1. 사사 시대 말의 영적 혼란에 대한 책임은 제사장에게 있었습니다. 제사장이 말씀의 통로가 되어야 하는데, 오히려 제사장들 때문에 하나님과 백성이 소통할 수 없었습니다. 그리하여 하나님의 말씀과 이상이 희귀하게 되었습니다. 오늘날 한국 교회의 모습도 사사 시대 말과 달라 보이지 않습니다. 목회자는 하나님 말씀의 방해꾼이 아니라 통로가 될 수 있도록 기도하고, 평신도는 영적 지도자들을 위해 기도해야 합니다.
2. 시대가 어두워도 하나님은 주무시지 않습니다. 말씀이 안 들려도 하나님은 침묵하시지 않습니다. 하나님은 끊임없이 우리를 향하여 외치십니다.
3. 하나님의 말씀은 행동과 분리되지 않습니다. 우리의 말과 행동도 하나가 되어야 합니다. 복음을 말하면서 복음을 살지 못하면, 하나님은 우리의 '고백'을 인정하시지 않습니다.

5
블레셋의 승리와 언약궤의 상실

삼상 4:1b-22

이야기의 배경과 인물에 있어 사무엘상 4장은 이전 장들과 구별된다. 사무엘상 1-3장이 중앙 성소 실로를 배경으로 한나와 엘리 두 가정에 주목했다면, 4장은 블레셋과의 접경에 위치한 아벡으로 배경이 이동하고, 이야기의 주인공도 개인과 가정에서 민족으로 확대된다. 4장은 크게 두 부분으로 나뉜다. 첫 번째는 이스라엘 민족이 블레셋과의 전투에서 패하는 장면이다. 이 과정에서 이스라엘 민족의 영적 문제가 적나라하게 드러난다. 패전의 결과 이스라엘은 제사장인 엘리의 두 아들 홉니와 비느하스를 잃고, 여호와의 궤도 빼앗긴다. 두 번째 부분은 패전 소식을 들은 실로 사람들의 반응이다. 도시 전체가 큰 통곡에 빠진 가운데 그 소식을 들은 엘리는 낙상사하고, 며느리는 출산 중에 사망한다. 엘리의 며느리이자 비느하스의 아내가 아들을 낳고 지은 이름은 당시 이스라엘 사회의 절망을 요약한다. "하나님의 영광이 이스라엘에서 떠났다."

블레셋 군과의 대치, 그리고 첫 패배 4:1b-2

1b 이스라엘은 나가서 블레셋 사람들과 싸우려고 에벤에셀 곁에
진 치고 블레셋 사람들은 아벡에 진 쳤더니 2 블레셋 사람들이
이스라엘에 대하여 전열을 벌이니라 그 둘이 싸우다가 이스라엘이
블레셋 사람들 앞에서 패하여 그들에게 전쟁에서 죽임을 당한
군사가 사천 명 가량이라

4장은 이스라엘과 블레셋의 대치 장면으로 시작한다. 누가 먼저 싸움을 걸었는지 확실하지 않지만 두 가지 가능성이 있다. 첫째, 블레셋의 선제공격이다. 블레셋은 사사 시대 중반부터 내륙 지역에 대한 야욕을 노골적으로 드러냈다. 국경 지대 마을을 약탈하는 것은 말할 것도 없고, 이스라엘 영토 깊숙이 주둔군을 상주시키기까지 했다. 본 장에 묘사된 전쟁도 블레셋의 침략으로 시작되었을 가능성이 높다. 둘째, 사무엘의 말씀 사역(1a절)이 블레셋을 자극했을 가능성이 있다. 보통 학자들은 4장 1a절("사무엘의 말이 온 이스라엘에 전파되니라")을 3장의 연속으로 이해하지만, 이는 4장에 묘사된 전쟁과 관련된 진술일 수도 있다. 그렇다면 사무엘의 말씀 사역이 사사 시대 말 잠자고 있던 이스라엘의 영성과 민족성을 일깨웠고, 그것이 블레셋에 위협이 되었을 수도 있다. 비슷한 상황이 7장에서도 나타난다. 그곳에서는 사무엘의 미스바 회개 운동이 블레셋의 침략을 유발시킨다. 이 경우 블레셋이 침공했지만, 이스라엘이 전쟁의 빌미를 제공했다고 할 수 있을 것이다. 어떤 이유로 전쟁이 발생했든, 본 장에 묘사된 블레셋과 이스라엘의 충돌은 사사 시대 동안 두 나라 사이에 상존했던 적대 관계를 반영한 것이다. 블레셋과 이스라엘의 불편한 관계는 삼손 이야기에서 잘 나타나 있다. 블레셋의 괴롭힘은 다윗이 그들을 정복할 때까지(삼하 5:17-25) 계속된다.

블레셋과 이스라엘 군이 대치한 장소는 아벡이다. 샤론 평야

지대에 위치한 아벡은 이스라엘 땅이었고, 이를 보면 원인이 무엇이었든 블레셋이 이스라엘 영토로 침략해 들어온 것이 분명하다. 이후에 블레셋이 아벡을 거점으로 이스라엘을 다시 한 번 침략하는데, 이 전투에서 이스라엘의 지도자 사울과 그의 아들들이 전사한다(삼상 29:1 참고). 제사장 엘리 가문이 멸망하는 원인이 된 전투와 사울 가문을 멸절

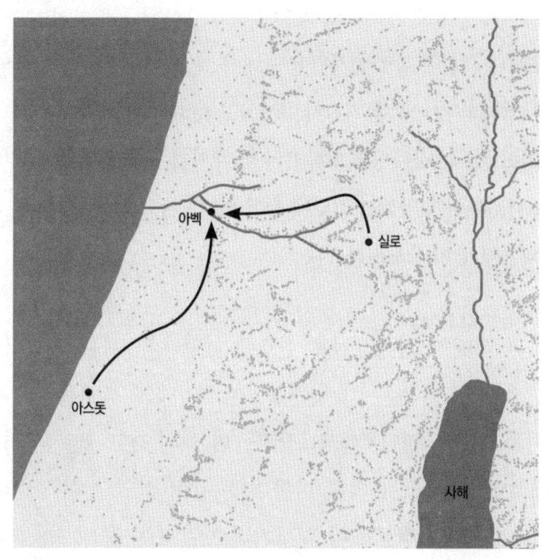

【아벡–에벤에셀 전투】

시킨 전투가 모두 아벡에서 벌어졌다. 엘리의 멸망과 사울의 멸망 사이에 유사점이 있음을 시사하는 듯하다. 두 인물의 유사점은 이후의 논의에서 분명해질 것이다.

블레셋과 이스라엘의 첫 충돌은 블레셋의 승리로 끝난다. 이때 이스라엘에서 4천 명이 전사한다. 재래식 국지전에서 죽은 사람 치고는 그 수가 너무 많다. 또한 이후의 전쟁 기사에 동원된 숫자도 당시 인구를 고려하면 지나치게 많은 경향이 있다. 이런 점을 고려해 일부 학자들은 "천"으로 번역된 히브리어 '엘레프'(*'elep*)를 군대 단위로 이해한다. '4천 명'을 '네 개의 부대'로 이해하는 것이다. '엘레프'가 몇 명으로 구성된 '부대'인지는 정확히 알 수 없지만, 이 해석법은 4천이라는 숫자가 주는 비현실성을 어느 정도 해소하는 장점이 있다.

언약궤를 전쟁터로 가져옴 4:3–5

3 백성이 진영으로 돌아오매 이스라엘 장로들이 이르되 여호와께서
어찌하여 우리에게 오늘 블레셋 사람들 앞에 패하게 하셨는고
여호와의 언약궤를 실로에서 우리에게로 가져다가 우리 중에 있게
하여 그것으로 우리를 우리 원수들의 손에서 구원하게 하자 하니
4 이에 백성이 실로에 사람을 보내어 그룹 사이에 계신 만군의
여호와의 언약궤를 거기서 가져왔고 엘리의 두 아들 홉니와
비느하스는 하나님의 언약궤와 함께 거기에 있었더라
5 여호와의 언약궤가 진영에 들어올 때에 온 이스라엘이 큰 소리로
외치매 땅이 울린지라

첫 전투에서 패배한 이스라엘은 실로에 있던 언약궤를 전쟁터로 가져오기로 결정한다. 본문은 이 결정을 "이스라엘의 장로들"이 내렸다고 말한다. 이들은 누구인가? 보통 '장로들의 회의'라고 부르는 이 모임은 사사 시대 이스라엘 최고 의결 기관이다. 왕이 없었던 이스라엘에서는 각 지파를 대표하는 장로들이 비정기적으로 모여 중대사를 결정했다. 예를 들어, 베냐민이 지파 간 내전으로 멸절했을 때 그들이 다시 번성할 묘안을 제시한 곳이 장로들의 회의이며(삿 21:16-19), 사무엘에게 찾아가 왕을 달라고 요구한 사람들도 장로들이었다(삼상 8:4). 블레셋과의 전투에서 패했을 때 "이스라엘 장로들"이 실로에 있는 여호와의 궤를 진영으로 가져올 것을 결정한 것도 이러한 전통이다.

장로들은 왜 그런 결정을 내렸을까? 여호와의 궤를 가져오면 전쟁에 능한 여호와의 도움을 얻을 것으로 기대했기 때문이다. 그 힌트가 4절에 있다. 궤 앞에 서술된 "그룹 사이에 계신 만군의 여호와의 언약"이라는 긴 수식어에 주목해 보라. 이 수식어는 하나님의 언약적 임재를 강조한다. 사무엘서 저자가 궤 앞에 이런 수식어를 붙인 것은 궤에 대한 당시 이스라엘 사람들의 기대를 반영한다. 이런 기대에 합당한 근거는 있었다. '여호와'는 전쟁의 신으로 불릴 정도로 그 무용이 유

명했고, 여호와의 임재를 담은 궤는 과거의 여러 전투에서 결정적 역할을 했다. 민수기 10장 35-36절에는 언약궤가 전쟁에서 담당한 역할을 암시하는 기도문이 보존되어 있다. “[궤가 움직일 때] 여호와여, 일어나사 주의 대적들을 흩으시고 주를 미워하는 자가 주 앞에서 도망하게 하소서. [궤가 쉴 때] 여호와여 이스라엘 종족들에게로 돌아오소서.” 또한 민수기 14장 44절은 여호와의 궤와 모세가 산으로 가는 이스라엘 군대와 동행하지 않고 진영에 남았고, 전쟁에서 패했다고 기록한다. 여호수아 6장을 보아도 여호와의 궤가 여리고 전투에서 담당한 결정적 역할을 읽을 수 있다. 따라서 전투에 패한 이스라엘이 여호와의 궤를 전쟁

【블레셋은 어떤 민족인가】 블레셋은 본래 에게 해 지역에 거주하던 그리스인이었으나 BC 13세기에 해상 민족의 일부가 되어 시리아-팔레스타인 지역에 정착했다. 처음에는 이집트까지 진출하려 했으나 실패하자 팔레스타인 남부 해안에 정착한 것이다. 이들은 다섯 도시(아스돗, 가사, 아스글론, 에그론, 가드)를 거점으로 세력을 넓혀 갔으며, 내륙으로 진출하려는 그들의 야심에 이스라엘과 군사적 충돌이 일어났다. 이들은 이스라엘 마을을 약탈했을 뿐 아니라 이스라엘 일부 지역에 군대까지 주둔시켰다 (삼상 13:1-4 참조). 블레셋이 가나안 원주민이 아니라 에게 해 지역에서 옮겨 온 그리스 사람이라는 증거는 여러 가지다. 첫째, 블레셋 사람들은 할례를 받지 않았다. 성경의 ‘무할례자’라는 표현은 언제나 블레셋 사람들을 지칭했다. 참고로 당시 가나안 사람들은 할례를 받았다. 둘째, 블레셋 사람들은 돼지고기를 주식으로 섭취했다. 고대 그리스인들은 맷돼지를 사냥해 먹는 것을 즐겼다. 이것은 돼지고기를 금기시하는 이스라엘의 섭생과 대조된다. 고고학자들은 블레셋 마을 유적인지 이스라엘 마을의 유적인지 구분할 때 돼지 뼈의 유무를 중요한 증거로 본다. 셋째, 고대 그리스인들처럼 블레셋 사람들은 이성과 자유를 최대 이상으로 생각했다. 먼저 블레셋은 왕정을 채택한 다른 가나안 국가와 달리 다섯 도시 국가의 시민 동맹체를 유지했다. 왕정이 부과하는 힘과 안정 대신 자유를 선택한 것이다. 이런 성향은 성경에 기록된 블레셋 사람의 말을 통해 짐작할 수 있다. 사무엘상 4장 9절에서 블레셋 장수가 군인들의 사기를 진작하려 한 연설은 자유로운 삶에 대한 호소임을 알 수 있다. “블레셋 사람들아 강하게 되며 대장부가 되라 너희가 히브리 사람의 종이 되기를 그들이 너희의 종이 되었던 것같이 되지 말고 대장부같이 되어 싸우라.” 이외에도 그들의 의복, 두 뿔이 장식된 제단 등은 그들이 그리스 지역에서 이주해 온 민족임을 확증한다. 만약 블레셋이 BC 13세기에 가나안 땅에 정착한 이민자라면 창세기의 족장 이야기에 블레셋 땅과 블레셋 왕이 언급된 사실은 어떻게 이해해야 할까? 여기에는 두 가지 대답이 있다. 첫 번째는 창세기의 언급이 시대착오라는 것이다. 즉 후대 편집자의 관점이 반영된 용어로 이해하는 방법이다. 두 번째는 블레셋 사람들이 BC 13세기에 집단으로 이주했지만, 그 이전에도 소규모 이주가 있었다는 주장이다. 에게 해 지역 사람들이 소규모로 일찍부터 가나안 지역으로 와서 살았을 가능성이 있다. 이렇게 본다면 창세기의 블레셋은 이런 이주민들을 지칭하는 말이다.

【블레셋 전사의 부조】

터에 가져오려 했다 해서 놀랄 일은 아니다. 그들은 여호와의 궤를 가져오면 전쟁에 능한 신이 승리를 가져다주리라 믿었을 것이다. 그러나 여호와의 궤를 전쟁터에 가져왔지만 이스라엘은 다시 한 번 패한다. 그것도 첫 교전보다 더 큰 패배를 겪는다.

도대체 무엇이 잘못되었는가? 3-5절은 "여호와의 궤를 가져오자"라는 장로들의 제안이 적어도 네 가지 측면에서 문제가 있음을 암시한다. 첫째, 3절 후반부에서 "우리"라는 말이 눈에 띄게 자주 사용됨에 주목하라. 히브리어 원문에서는 "우리"라는 말이 다섯 번이나 사용된다. 특히 여호와의 언약궤를 "우리에게로" 가져오자고 번역된 히브리어 '엘레누'(*'ēlēynû*)는 "우리를 위해" 가져오자로도 번역될 수 있다. 이는 여호와의 궤(임재)를 자신을 위해 이용하려는 동기가 강했음을 암시한다. 인간의 목적을 달성하려고 하나님을 수단으로 삼는 우를 범한 것이다. 그러나 하나님은 속지 않으신다. 하나님은 인간의 중심을 보신다. 누구도 하나님을 자신을 위한 수단으로 전락시킬 수 없다. 둘째, 홉니와 비느하스 같은 악한 제사장들이 궤를 운반했다는 사실(4절)은 하나님 임재의 보존 기구로서 그 효력을 상실했음을 암시한다. 홉니와 비느하스는 불량자요 하나님을 모르는 자들이다(2:12). 거룩하지 못한 그들이 여호와의 궤를 운반해 왔으니 그 궤가 제대로 기능할 리가 없다. 신명기 23장 9-14절에 따르면 여호와의 궤가 승리를 가져오려면 이스라엘 진 자체가 거룩해야 한다고 규정하고 있다. 거룩하지 못한 제사장이 운반한 여호와의 궤는 전쟁에서 아무 권능도 행하지 않을 것이다. 셋째, 5절은 여호와의 궤가 진으로 들어올 때 백성이 큰 기쁨으로 소리쳤다고 기록한다. 백성의 이런 반응을 볼 때 장로들의 결정은 대중

【여호와의 궤】 출애굽기 25장 10-22절에 따르면 여호와의 궤는 아카시아 나무로 된 사각 상자다. 뚜껑 위에는 금으로 된 그룹 천사 신상이 붙어 있고, 두 그룹 천사의 날개가 궤 위로 펼쳐져 맞닿는다. 이 뚜껑을 흔히 "속죄소"(캅포렛, *kappōret*)라 부른다. "은혜의 보좌"라고도 하는데, 그룹 천사가 하나님이 앉으시는 보좌의 역할을 하는 동시에 그곳에서 죄 용서가 이루어진다는 의미가 있다. 궤 안에는 만나를 담은 금항아리, 아론의 싹 난 지팡이와 십계명 돌판이 들어 있었다(히 9:4). 여호와의 궤는 "증거궤"(출 25:22), "언약궤"(수 3:6)로도 불렸다. 이스라엘 사람들은 하나님의 임재와 능력이 궤 위에 운행한다고 믿었다. 여호와의 궤는 에발 산(수8:30-35) 성소, 베델(삿 20:26-27) 성소를 거쳐 실로에 안치되었다. 블레셋이 궤를 잠시 탈취해 갔지만, 최종적으로 예루살렘 성소(이후에는 성전)에 안치된다(삼하 7장).

적 지지를 얻고 있었다. 뒤집어 말하면 대중의 생각에 영합한 결정이라고 추정할 수 있다. 그렇다면 전투에 패배한 후, 장로들은 어떤 조치를 취할 수 있었을까? 하나님이 실로에서 사무엘을 통해 다시 계시하기 시작했음을 고려하면(3:21 참고) 장로들은 사무엘을 통해 하나님의 뜻을 구했어야 했다. 전쟁에 패배한 뜻을 사무엘을 통해 구하지 않고, 언약궤를 가져온 것은 올바르지 못한 결정이다. 그리고 이 결정은 대중의 요구에 영합한 것이었다. 궤 이야기를 담은 사무엘상 4-6장에서는 사무엘의 이름이 한 번도 언급되지 않은 것은 시사하는 바가 크다. 오늘날에도 하나님을 성취의 수단으로 이용하는 기복적이고 세속적 신앙이 한국 교회를 물들이고 있다. 평신도의 기복적 성향과 성직자의 세속적 욕심(돈과 명예)이 담합을 이룰 때 교회를 향한 '하나님의 뜻'은 사장된다.

넷째, 이스라엘이 패배한 가장 중요한 이유는 그 전쟁에서 지는 것이 하나님의 뜻이었기 때문이다. 이 전쟁은 하나님이 엘리 가문 특히 홉니와 비느하스를 심판하려 일으킨 것이다. 익명의 선지자가 예언한 말이 성취되는 전쟁이다(2:34). 그러나 이스라엘 사람들은 지는 것이 하나님의 뜻임을 알지 못했다. 그들은 승리만이 하나님의 뜻이라고 단정하고, 패전에 대한 하나님의 뜻을 묻지 않고 오직 승리만을 위해 언약궤를 수단으로 사용했다. 때로는 지는 것이 하나님의 뜻임을 기억할 필요가 있다. 우리 문화는 승리 의식에 잠식되어 있다. 현대인에게 종교와 하나님은 이 세상에서 이기기 위한 수단이 되어 버렸다.

블레셋의 분발과 이스라엘의 패전, 궤를 빼앗김 4:6-11

6 블레셋 사람이 그 외치는 소리를 듣고 이르되 히브리 진영에서
큰 소리로 외침은 어찌 됨이냐 하다가 여호와의 궤가 진영에 들어온
줄을 깨달은지라 7 블레셋 사람이 두려워하여 이르되 신이 진영에
이르렀도다 하고 또 이르되 우리에게 화로다 전날에는 이런 일이

없었도다 8 우리에게 화로다 누가 우리를 이 능한 신들의 손에서
건지리요 그들은 광야에서 여러 가지 재앙으로 애굽인을 친
신들이니라 9 너희 블레셋 사람들아 강하게 되며 대장부가 되라
너희가 히브리 사람의 종이 되기를 그들이 너희의 종이 되었던
것같이 되지 말고 대장부같이 되어 싸우라 하고 10 블레셋 사람들이
쳤더니 이스라엘이 패하여 각기 장막으로 도망하였고 살륙이 심히
커서 이스라엘 보병의 엎드러진 자가 삼만 명이었으며
11 하나님의 궤는 빼앗겼고 엘리의 두 아들 홉니와 비느하스는
죽임을 당하였더라

전쟁의 신 여호와의 명성이 자자했음은 블레셋의 반응으로 확인된다. 언약궤가 이스라엘 진영으로 들어오자 그들은 두려워했다. 이것은 막연한 두려움이 아니라, 여호와에 대한 그들의 지식에 근거한다. 그들은 여호와가 이집트 군대를 무찌른 신임을 알고 있었다. 물론 이스라엘과 그 신에 대한 지식은 완전하지 않았다. 그들은 이스라엘이 여러 신("이 능한 신들", 8절)을 섬긴다고 생각했고, 여호와가 이집트 군대를 무찌른 곳을 광야("광야에서", 8절)로 오해하고 있었다. 그러나 당시 블레셋 사람들의 지식이 입소문에 근거했음을 고려하면, 그런 오해는 본문의 역사적 개연성을 높인다. 블레셋 사람들이 출애굽 역사를 고백하고, 그에 대한 합당한 반응으로 여호와를 두려워했다는 것은 중요하다. 이것은 여호와의 궤를 수단으로 생각한 이스라엘보다 훨씬 "이스라엘다운" 태도이다. 오히려 이스라엘 백성이 다신교도로 오해받을 삶을 살았다. 사무엘상 7장 3절을 보면 이스라엘에게 이방 신상과 아스다롯을 제거하라고 사무엘이 외치는데, 뒤집어 생각하면 많은 이스라엘 사람들이 우상을 집에 두고 섬겼다는 말이다. 이처럼 6-8절에서 저자는 여호와의 궤가 이스라엘 진에 들어왔을 때 블레셋 사람들이 느낀 두려움을 묘사하는 동시에, 그들의 어눌한 신앙 고백을 통해 이스라엘의 불신앙을 간접적으로 비판한다.

9절은 저하된 군대의 사기를 높이려는 블레셋 장수의 연설이

다. 이 연설을 보면 블레셋 사람들은 자유를 이상적인 가치로 생각하고 있었다. 블레셋 장수는 전쟁에서 지면 이스라엘의 노예가 될 것이니 자유를 위해 대장부처럼 싸우자고 촉구한다. 이것은 블레셋이 그리스에서 이주해 온 민족임을 보여 준다. 영화 〈300〉에서 스파르타의 왕 레오니다스가 페르시아 군대와 일전을 앞둔 군인들에게 한 연설은 블레셋 장수의 연설을 상기시킨다.

> 여러분은 자유인으로 폭군과 싸우기 위해 여기에 왔습니다. 여러분은 자유인입니다. 자유가 없다면 무슨 의미가 있습니까? 저 너머에 야만인들이 여러분을 두려워하여 움츠리고 있습니다. 새파란 공포가 얼음 같은 손가락으로 그들의 심장을 부여잡고 있습니다. 그들은 여러분의 칼과 창이 가져올 공포와 고통을 잘 알고 있습니다. 대장부가 되어 싸우십시오.

블레셋 장수의 연설 중에 "그들이 너희의 종이 되었던 것같이"라는 대목이 나온다(9절). 바로 여기에서 이스라엘이 언제 블레셋의 종이 되었냐 질문이 든다. 아마도 사사 시대 말 블레셋의 힘이 강해지면서 그들이 이스라엘 국경 마을 일부를 점령했던 것 같다. 이는 유다 사람 3천 명이 삼손에게 "너는 블레셋 사람이 우리를 다스리는 줄을 알지 못하느냐"라고 한 사사기 15장 11절에서 확인할 수 있다.

블레셋 장수의 연설이 효력을 발휘했을까? 블레셋은 전투에서 대승을 거둔다. 성경은 "살륙이 심히 커서 이스라엘 보병의 엎드러진 자가 삼만 명"이라고 기록한다(10절). 이때 엘리의 두 아들 홉니와 비느하스도 전사했다. 그러나 무엇보다 여호와의 궤가 탈취되었다는 사실이 가슴 아프다. 이것은 본 전쟁의 패배를 역사의 한 사건을 넘어 신학적 난제로 만들어 버린다. 여호와의 언약궤가 이스라엘과 함께 있었는데도 블레셋의 군대에 대패했다는 것은 당시 이스라엘 사람은 물론 현대의 독자들도 이해하기 힘들 것이다. 여호와가 블레셋의 신들보다 약하다는 말인가? 만약 이 본문을 바벨론에서 포로로 살던 유다 사람이 읽었다면 그들은 586년 예루살렘 멸망 사건을 떠올렸을 것이다. 예루살렘이 함락된 후, 느부갓네살은 성전의 집기들을 자신의 나라로 가지고 갔다. 어떻게 여호와의 성전이 우상 마르둑을 섬기는 바벨론 군인에게 무참히 짓밟히는가? 사사 시대 말의 이스라엘 백성이든 바벨론에 있던 유다 백성이든, 그들에게 던져진 신학적 난제를 푸는 첫 열쇠는 자신들의 신앙을 점검하는 데 있다. 여호와의 궤에 대한 믿음 혹은 예루살렘 성전에 대한 믿음이 우상 숭배가 아니었는가? 우상 숭배의 본질은 자신의 이익을 위해 신을 도구화하는 것이다. 우리의 신앙이 결국 하나님을 도구로 사용한 것이라면 회개해야 할 것이다. 두 번째 열쇠는 죽음조차 이기는 하나님의 능력에 대한 신뢰이다. 절망의 상황에서 희망을 만드는 하나님에 대한 믿음이다. 블레셋에 패하고 언약궤까지 상실했지만 그것이 이스라엘에게 더 큰 축복이 될 수 있다고 믿을 때, 예루살렘이 망하고 성전이 훼파되었지만 더 큰 선물을 주시기 위한 과정일 수 있다고 믿을 때, 신학적 난제에 해결의 실마리가 주어진다.

블레셋이 궤를 빼앗아 간 이유는 무엇이었을까? 그것은 당시 전쟁 관습과 관련이 있다. 당시에는 나라마다 최고신이 있었다. 그 신의 힘은 민족의 힘과 비례한다고 여겨졌다. 그래서 타 민족을 정복하면 그들의 우상을 전리품으로 가져와 자신들이 섬기는 신의 신전에 가져다 놓았는데, 이는 자신들의 신이 상대방의 신보다 힘이 있음을 가시적으로 보이기 위함이다. 엘람 왕은 고대 바빌론을 정복한 후 마르둑 신상을 엘람의 신전에 설치하였다. 이스라엘에는 신상이 없었으므로, 586년 바빌로니아가 예루살렘을 정복하자 "성전 집기"들을 가져가 그들의 신전에 둔 것이다(만약 여호와의 궤가 예루살렘 성전에 있었다면 궤를 가져갔을 것이다). 이처럼 블레셋 사람들이 궤를 빼앗아 간 것은 이스라엘의 패배가 여호와의 패배임을 드러내려는 것이다. 이것이 당시 이스

【엘람】 엘람은 주전 2700년에서 주전 539년까지 이어진 가장 오래된 문명 중 하나이다. 초기에는 이란 고원의 안샨을 중심으로 왕조가 형성되었지만, 나중에는 쿠지스탄의 저지대에 위치한 수사가 수도가 된다. 엘람은 청옥석이나 주석과 같은 귀중품들의 산지로 통하는 길목에 위치하여, 종종 메소포타미아 왕들의 원정의 대상이 되었다.
엘람은 성경에도 자주 언급된다(스 4:9; 사 11:11; 21:2; 22:6; 렘 25:25; 49:34-39; 겔 32:24; 단 8:2; 행 2:9).
특히 창세기 14장에는 소돔과 고모라의 다섯 왕들을 무찌른 왕들 중 하나로 엘람 왕 그돌라오메르가 언급된다.
함무라비가 엘람 왕을 "아버지"라고 부른 기록이 남아 있을 정도로 엘람은 제2천년기에 매우 힘센 국가였다.

라엘 민족에게 어려운 신학적 질문을 제기한다. 그럼에도 11절의 "하나님의 궤는 빼앗겼고"라는 말은 어떤 면에서 희망을 약속한다. 첫째, 히브리어 원문은 블레셋이 여호와의 궤를 빼앗아 갔다고 하지 않는다. 마치 여호와의 궤가 스스로 블레셋 땅으로 간 것처럼 묘사된다.[1] 정황상 블레셋 사람들이 언약궤를 탈취해 간 것이지만, 적어도 성경 저자는 여호와의 궤가 목적을 가지고 그 상황을 허락했다는 가능성을 열어 둔다. 블레셋 땅으로 간 것이 하나님의 자발적 행위라면 분명한 섭리와 희망이 있다. 둘째, 11절에서 "궤를 빼앗겼다"는 말과 "홉니와 비느하스가 죽었다"는 말이 병치된다는 사실에 주목하자. 홉니와 비느하스의 죽음이 문맥상 이중적 의미가 있듯, 궤가 탈취된 사건도 이중적 의미가 있을 가능성을 보여 준다. 홉니와 비느하스의 죽음은 비극인 동시에 하나님의 말씀이 성취되는 사건이다. 궤가 블레셋 땅으로 간 것은 비극이지만 그 가운데 하나님의 섭리가 분명히 있다. 그리고 그 섭리는 5장에서 분명해진다.

패전 소식이 실로에 도달함 4:12-16

12 당일에 어떤 베냐민 사람이 진영에서 달려나와 자기의 옷을 찢고
자기의 머리에 티끌을 덮어쓰고 실로에 이르니라 13 그가 이를 때는
엘리가 길 옆 자기의 의자에 앉아 기다리며 그의 마음이 하나님의
궤로 말미암아 떨릴 즈음이라 그 사람이 성읍에 들어오며 알리매
온 성읍이 부르짖는지라 14 엘리가 그 부르짖는 소리를 듣고 이르되
이 떠드는 소리는 어찌 됨이냐 그 사람이 빨리 가서 엘리에게 말하니
15 그때에 엘리의 나이가 구십팔 세라 그의 눈이 어두워서 보지
못하더라 16 그 사람이 엘리에게 말하되 나는 진중에서 나온 자라
내가 오늘 진중에서 도망하여 왔나이다 엘리가 이르되 내 아들아
일이 어떻게 되었느냐

본 단락부터는 장소가 전쟁터에서 실로로 이동한다. 전령이 실로에 도

착한 날을 "당일에"라고 표현하는데(12절), 이 말의 문맥적 의미는 "패전 당일"이다. 전쟁이 일어난 아벡에서 실로까지는 약 35킬로미터로, 몇 시간이면 달릴 수 있는 거리다. 그러나 "당일에"라는 말에는 다른 의미도 있다. 전령이 전하는 소식(엘리의 아들들의 죽음)이 결국 '성취된 하나님의 예언'임을 고려하면 "당일"이 하나님께서 사무엘에게 말씀한 "그날"(3:12)과 연결될 것이다. 실제로 두 구절은 동일한 히브리어 '바욤 하후'(*bayyôm hāhû'*)에 대한 다른 번역이다. 하나님은 "그날에(*bayyôm hāhû'*)" 엘리 가문에 예언한 바를 성취하겠다고 사무엘에게 계시했고, 바로 "그날에(*bayyôm hāhû'*)" 전령이 패전 소식을 들고 실로에 도착한 것이다. 본문은 전령을 베냐민 사람으로 소개하는데 랍비들은 한 걸

【텔 단의 왕정 시대 성문 터】 사사 시대의 성문은 더 간단한 구조였겠지만, 왕정 시대의 도시 성문과 크게 다르지 않았을 것이다.

음 나아가 그 베냐민 사람이 사울이라고 추측한다. 이스라엘의 지도자가 되는 사울이 사사 엘리의 시대가 종언됨을 알리는 카메오로 출현했다고 상상해 보면 흥미롭다. 특히 엘리가 그 전령을 "내 아들"로 부르니 그가 엘리를 이어 이스라엘을 통치할 사람임을 암시하는 것 같다.[2]

전령이 도착해 전쟁 결과를 알리는 장면에 다소 의문스러운 점이 있다. 엘리가 가장 늦게 보고를 받았다는 사실이다. 정상적인 상황이라면 전령은 도시의 수장인 엘리에게 먼저 달려갔어야 했음에도 엘리는 패전과 아들의 죽음, 언약궤 탈취 소식을 가장 나중에 듣게 된다. 다소 이상한 상황이지만 엘리가 핵심 정보에서 늘 제외되어 왔다는

사실과 연결 지어 보자. 1장에서 엘리는 한나의 기도 내용을 모르는 상태에서 그녀에게 복을 빌었다. 한나가 사무엘을 봉헌하러 실로 성소에 왔을 때에야 엘리는 한나가 어떤 문제를 위해 기도했는지 비로소 알게 된다. 2장을 보면 자기 아들들의 악행도 소문을 듣고 가장 늦게 알며, 3장에서도 자신을 향한 하나님의 계시를 사무엘을 통해서 듣는다. 그러니 4장에서 엘리가 전쟁의 승패를 가장 늦게 듣는 것도 자연스럽다. 이렇게 지속적으로 '사실과 진리'에서 동떨어져 있는 엘리의 모습은 사울의 모습을 연상시킨다. 사울도 엘리처럼 핵심적인 계시에서 늘 소외된다. 즉 하나님께서 그에게 직접 말씀하시지 않는다. 엘리가 점진적으로 진리의 계시에서 소외되는 것은 악화되는 시력과 맞물려 있다. 1장을 보면 엘리는 눈을 통해 정확한 정보를 받아들이지 못했다. 그는 한나를 술 취한 여인으로 오인했다. 3장으로 가면 눈이 더 나빠져 희미하게 겨우 보이는 상태가 되고, 4장으로 가면 완전히 보이지 않는 상태가 된다(15절). 시력(비전)은 하나님의 계시를 받는 통로다. 이 통로가 어두워지는 것은 하나님의 종에게 치명적이다. 보지 못하는 리더, 비전이 없는 리더는 더 이상 리더가 아닌 것이다. 이와 같은 엘리의 시력(비전) 상실은 엘리 가문에 대한 하나님의 심판과 연결된다. 이것을 단적으로 암시하는 말이 15절의 눈이 '어두워졌다'로 번역된 히브리어 '카마'(*qāmāh*)이다. 직역하면 눈이 '(멈추어) 섰다'는 뜻이다. 맹인의 눈동자는 움직이지 않으니 이렇게 표현한 것 아닌가 생각된다. 그러나 여기에

【엘리가 소식을 기다린 장소】 13절에 따르면 엘리는 "길 곁 자기 의자에 앉아" 소식을 기다리고 있었다. 18절에 따르면 엘리가 앉아 있었던 의자는 "문 곁"에 있었다. "의자"로 번역된 히브리어 키세(*kissēh*)는 '보좌'를 의미했다. 즉 왕이나 제사장, 정치 지도자의 직무 의자이다. 이것으로 보아 집이 아니라 직무지에서 소식을 기다렸음을 알 수 있는데 그 직무지는 두 군데로 추측된다. 첫째는 성전이다. 1:9에서 우리는 성전 "문설주 곁 그 의자"에 앉은 엘리와 만난다. 둘째는 성문 곁 광장이다. 사사 시대에는 성문 곁에 앉은 장로들이 마을의 중요한 사안을 결정했다. 엘리가 사사직을 감당할 때 그의 직무지는 성문 곁 의자가 되는 것이다. 18절에 "문 곁"으로 번역된 히브리어가 실제로는 '성문 곁'의 의미를 지니며, 엘리가 문 곁에서 소식을 기다렸다고 추측할 수 있다. 이것은 13절에 "길 곁 자기 의자"라는 말과도 조화된다. 길은 성문을 통해 나 있기 때문이다. 그렇다면 엘리가 자기 집도, 성전도 아닌 성문 곁에서 소식을 기다렸으니 소식을 가장 먼저 접하려는 생각이었을 것이다. 그런데 놀랍게도 엘리는 가장 늦게 소식을 듣는 사람이 된다. 전령이 성문에서 기다리던 엘리를 지나쳐 버렸을 것이다. 아마 슬프고 놀랍기도 해서 지나쳐 버린 것 같다. 또한 엘리가 앞을 보지 못했다는 점도 이 상황에 기여했다. 제사장들을 포함해 이스라엘 사람의 3만 명의 죽음과 궤 탈취 소식을 듣고 달려온 전령의 감정 상태가 정상이 아니었음을 짐작할 수 있다. 옷을 찢고 티끌을 뒤집어쓴 것은 그런 마음의 외적 표현이다.

사용된 동사 '쿰'(qûm)은 하나님의 뜻이 성취됨을 표현할 때도 쓰인다. 1장 23절에서 엘가나가 한나에게 "여호와께서 그 말씀대로 이루시기를(야켐, yāqēm) 원하노라" 할 때 이 동사가 사용된다.[3] 이것은 엘리의 시력 상실이 하나님의 말씀 성취(심판)와 관계있음을 암시한다.

엘리를 지나쳐 성으로 들어간 전령은 패전 소식을 전한다. 그러자 온 성이 울음바다가 된다. 사람들의 울부짖는 소리를 듣고서야 전령이 도착했음을 안 엘리는 급히 전령을 소환한다. 엘리의 앞에 선 그는 "나는 진중에서 나온 자라 내가 오늘 진중에서 도망하여 왔나이다"라고 자신을 소개한다. 보통 전령은 "아무개가 이렇게 말씀하십니다"라는 말로 메시지를 시작하고, 자신이 누구인지는 설명하지 않는데 이렇게 자신을 소개한 것은 이례적이다. 엘리가 나이가 많고 앞을 보지 못하기에 이처럼 구체적으로 자신을 알릴 필요가 있었을 것이다(다른 사람들은 그의 행색을 보고 전쟁터에서 방금 빠져나온 전령임을 알았을 것이다). 엘리는 "일이 어떻게 되었느냐"라고 묻는다. 실은 불필요한 질문이다. 기다리면 전령은 메시지를 전하게 되어 있다. 굳이 질문한 것은 엘리의 급한 마음을 표현함과 동시에, 그가 곧 듣게 될 메시지의 성격도 암시한다. 엘리의 질문(메 하야 하다바르, meh-hāyāh haddābār)이 "말씀이 무엇이었느냐"로도 번역된다는 사실에 주목해 보자. 히브리어 '다바르'가 '말씀'과 '사건, 일'을 동시에 의미하기 때문에, 엘리의 질문은 전쟁에 관한 것일 수도 있지만, 다른 의미로 보면 하나님의 (심판) 말씀을 묻는 상황이기도 하다. 이것은 전쟁의 결과가 곧 예언의 성취임을 강하게 시사한다.

엘리의 죽음 4:17-18

17 소식을 전하는 자가 대답하여 이르되 이스라엘이 블레셋 사람들
앞에서 도망하였고 백성 중에는 큰 살륙이 있었고 당신의 두 아들
홉니와 비느하스도 죽임을 당하였고 하나님의 궤는 빼앗겼나이다
18 하나님의 궤를 말할 때에 엘리가 자기 의자에서 뒤로 넘어져 문
곁에서 목이 부러져 죽었으니 나이가 많고 비대한 까닭이라

전령은 이스라엘이 대패했다는 사실 외에도 엘리의 특별 관심사인 두 아들과 언약궤 소식도 전한다. 언약궤가 탈취되었다고 말하자 엘리는 뒤로 넘어져 죽는다. 일부 학자들은 의자에서 뒤로 넘어져 죽을 정도면 성벽 위처럼 높은 장소라야 가능하다고 주장하지만, 본문은 낙상사의 원인을 엘리의 '비둔함'(뚱뚱함)으로 본다. 이것은 엘리의 죽음이 그의 죄에 대한 심판의 결과임을 보여 준다. 엘리가 늙었다는 것과 그의 눈이 어두워졌다는 것은 언급되었지만, 엘리가 뚱뚱했다는 사실은 18

【엘리의 죽음】 슈노어 폰 카롤스펠트(1794~1872) 작.

절에서 처음 공개된다. '비둔하다'로 번역된 히브리어 '카베드'(*kabbēd*)는 '중요함, 영광'으로도 번역된다. 즉 엘리가 자신에게 '영광/무게'를 돌리는 죄를 저질렀다는 것이다. 이와 같은 비둔함과 불경건함의 관계를 잘 보여 주는 구절이 사무엘상 2장 29절이다. "너희는 어찌하여…… 네 아들들을 나보다 더 중히 여겨(테카베드, *təkabbēd*) 내 백성 이스라엘이 드리는 가장 좋은 것으로 스스로 살찌게 하느냐(레하브리아켐, *ləhabrî'ăkem*)?" 엘리 가문의 제사장들이 뚱뚱한 이유는 하나님께 돌려야 할 무게(영광)를 도적질하여 취했기 때문이다. 사무엘상 저자는 엘리 제사장의 죽음과 비둔함을 연결시킴으로 엘리 자신도 아들들의 죄에서 자유롭지 못함을 단적으로 보여 준다.

18절 마지막에 “그가 사사가 된 지 사십 년이었더라”는 언급을 보면 사사기 17-21장에 기록된 이스라엘의 혼란은 엘리의 때에 발생한 것이다. 즉 18절은 엘리의 인생을 호의적으로 회고하는 구절이 아니다. 말씀과 축복의 통로가 되지 못한 제사장 아래에서 백성이 혼란과 고통 가운데 있었다는 뜻이다. 엘리 가문의 죄악 된 통치 아래에서 실로는 결국 망한다. 실로가 불타 없어진 때가 아벤-에벤에셀 전투 직후라고 추정하는 학자들이 많다. 블레셋이 아벡에서 실로까지 군사를 몰고 와 이미 수장을 잃은 도시를 파괴한 것이다. 예레미야 선지자는 실로의 멸망이 이스라엘 백성의 악에 대한 직접적 심판이었다고 하고, 이스라엘 백성이 계속 죄를 지으면 예루살렘의 성전도 동일한 운명을 맞는다고 경고했다(렘 7:12-14). 이후 실로의 무너진 성전은 선민의 지위를 영원한 특권으로 착각하는 사람에게 엄중한 경고가 된다.

“소식을 전하는 자”로 번역된 히브리어 ‘메바세르’(*məbasser*)는 ‘좋은 소식’을 전하는 사람에게 흔히 사용되는 말이다. 신약성경에서는 복음 전도자를 의미한다. 하나님 백성의 패배와 제사장의 죽음, 성물 탈취를 알리는 사람이 메바세르 즉 ‘좋은 소식을 전하는 사람’으로 불리다니 놀랍다. 왜 저자는 이 전령을 ‘좋은 소식을 전하는 자’로 불렀을까. 인간적인 차원에서는 최고의 비극이자 신학적 수수께끼지만 하나님의 섭리 가운데 새로운 의미를 얻기 때문이다. 사람은 ‘외모’, 즉 눈에 보이는 차원만 생각하지만 하나님은 ‘중심’, 즉 구속사적 섭리를 보시기 때문이다. 엘리의 입장에서는 홉니와 비느하스의 죽음이 ‘좋은 소식’이 아니다. 그러나 이스라엘 백성에게는 좋은 소식이 된다. 홉니와 비느하스의 죽음은 타락한 제사장 가문의 멸절을 의미했고, 이로써 이스라엘 백성은 사무엘과 함께 새 역사를 맞이하기 때문이다. 한 걸음 나아가 왕정을 향한 첫 단계라고도 말할 수 있다. 그러나 이런 의미를 당시 백성이 이해했을 가능성은 희박하다. 완성된 정경을 읽는 우리는 ‘메바세르’의 의미를 통해 그런 하나님의 의도를 간파하며, 오늘 우리가 겪는 어려움에서 하나님의 섭리를 찾도록 도전받는다.

이가봇의 탄생 4:19-22

19 그의 며느리인 비느하스의 아내가 임신하여 해산 때가
가까웠더니 하나님의 궤를 빼앗긴 것과 그의 시아버지와 남편이
죽은 소식을 듣고 갑자기 아파서 몸을 구푸려 해산하고
20 죽어갈 때에 곁에 서 있던 여인들이 그에게 이르되 두려워하지
말라 네가 아들을 낳았다 하되 그가 대답하지도 아니하며
관념하지도 아니하고 21 이르기를 영광이 이스라엘에서 떠났다 하고
아이 이름을 이가봇이라 하였으니 하나님의 궤가 빼앗겼고
그의 시아버지와 남편이 죽었기 때문이며 22 또 이르기를
하나님의 궤를 빼앗겼으므로 영광이 이스라엘에서 떠났다 하였더라

이제 이야기의 초점은 엘리의 며느리이자 비느하스의 아내에게 옮겨간다. 출산을 앞둔 그녀는 하나님의 궤가 탈취된 것과, 시아버지의 낙상사, 남편의 전사 소식을 듣는다. 그녀는 즉시 산고를 겪고 아들을 낳는다. 새 생명의 탄생은 축하와 기쁨의 순간이거늘 비느하스의 아내는 그렇지 못했다. 사생아라도 출산한 듯, 그녀는 아들이라는 산파들의 말에 아무 반응도 보이지 않는다. 그녀에게 아들은 새로운 삶의 희망이 아니라, 이미 시작된 심판의 첫 증거였다. 그녀는 이가봇(이-카보드, *'î-kābōd*, "영광이 어디 있느냐" 혹은 "영광이 없다")이라 아들을 이름 짓고 "영광이 이스라엘에서 떠났다"라고 두 번이나 선포한다. 어떤 의미로 그렇게 말한 것일까? 비느하스의 아내는 본문에서 처음 언급되지만 남편이 불량자이자 타락한 제사장이었음을 볼 때 영적 분별력이 있었으리라 추측하기는 어렵다. 그렇다면 전투에서 패하고, 시아버지와 남편이 죽은 상황에서 그녀가 느낀 절망은 세속적 영광이 사라졌다는 탄식은 아닐까? 이에 대한 실마리는 19절과 21절에 기록된, 그녀가 들은 "소문"의 순서에 있다. 이 두 절을 보면 하나님의 궤를 뺏겼다는 사실이 먼저 언

급되고, 시아버지의 죽음과 남편의 죽음이 차례로 언급된다. 엘리가 들은 "소문"의 순서는 전쟁 패전, 아들들의 죽음, 그리고 궤의 탈취 순이다. 엘리의 경우 가장 중요한 소식을 마지막에 듣는다. 비느하스의 아내도 마찬가지라면 남편의 죽음을 마지막에 언급했으니 가장 중요한 것이 "남편"이라는 말이다. 궤가 탈취되었다는 말을 듣자마자 엘리가 뒤로 넘어져 죽었던 것처럼, 비느하스의 아내는 남편이 죽었다는 소식을 듣자마자 이가봇을 낳고 죽었다. 남편의 죽음으로 좋은 시절이 지나갔다는 의미일 수 있다. 이가봇의 의미가 단순히 "영광이 없어졌다"는 의미이기 때문에 이런 해석이 가능하다. 그러나 성경 저자는 그녀가 출산한 "이가봇"에서 이스라엘의 운명을 보았다. 21절에서 비느하스의 아내가 이가봇의 의미를 설명하는 부분을 보면 "이스라엘에서"라는 구절이 있는데 이는 사무엘서 저자의 관점일 수도 있다. 그렇다면 저자는 이가봇을 한 여인의 운명에 대한 선고("좋은 시절이 다 지났다")를 이스라엘 민족의 운명에 대한 선고로 승화시킨 것이다. 사무엘서 저자의 이러한 관점은 22절에 더 분명히 드러난다. 22절에서 다시 한 번 이가봇의 의미가 (비느하스의 아내에 의해) 설명되는데, 이때 시아버지와 남편의 죽음은 생략되고, 오로지 "여호와의 궤를 빼앗겼다"는 말만 등장한다. 이처럼 영광이 떠남과 여호와의 궤 탈취를 직접 연결시키는 것은 사무엘서 저자의 관점이다. 나아가 이런 관점에는 희망의 의미도 있다. 본문을 관찰해 보면 저자가 언약궤 혹은 영광이 자발적으로 이스라엘을 떠나는 것처럼 묘사한다. 21-22절에서 영광이 "떠났다"(갈라, *gālāh*)는 표현에 강제성이 없음을 주목하자. 또한 궤를 "빼앗겼다"로 번역된 히브

【이름과 의미의 불일치】 성경 이야기에서 이름과 그것에 주어진 의미가 불일치하는 경우가 많다. 사무엘상에서도 사무엘의 이름과 그 주어진 의미 사이에 불일치가 있고, 이가봇의 이름과 그 주어진 의미도 마찬가지다. 이런 이름과 의미 사이에 불일치는 종종 저자의 관점이나 의도를 반영하기 위한 문학적 장치인 경우가 있다. "사무엘"은 본래 "샤무가 신이다"의 의미지만, 저자는 "하나님께 구하여 얻은 (아들)"이라는 의미를 부여한다. 이런 의미를 부여한 의도는 사무엘의 탄생과 사울의 왕위 등극을 연결시키기 위함이다. 사울의 이름이 "구하여 얻은 아들"을 뜻할 뿐 아니라, "구하다"라는 동사도 한나가 아들을 구하는 이야기(1장)와 이스라엘 장로들이 왕을 구하는 이야기(8장)에서만 등장한다는 사실은 그런 연결을 강화시킨다. "이가봇"도 본래는 남편과 함께 모든 부귀를 잃은 여자의 절망적 탄식일 수 있지만, 사무엘상 저자는 그것을 민족의 절망적 탄식으로 승화시킨다. 아울러 하나님의 궤를 빼앗겨 영광이 떠났다는 저자의 해석에는 하나님의 새로운 역사에 대한 복선도 들어 있다.

리어 '닐카흐'(*nilqah*)에도 강제성이 없다. 우리말 번역에서는 히브리어의 이런 어감이 사라지지만, 히브리어 '닐카흐'는 여호와의 궤가 모종의 목적을 가지고 이동을 허락하는 모양을 표현한다(각주 7 참조). 이스라엘의 죄악이 심판을 받아 실로가 파괴되고, 실로의 상징인 궤가 이제 블레셋 땅에 있으니 절망스럽다. 그러나 저자는 언약궤가 혹은 영광이 자발적으로 이스라엘을 떠난 것처럼 묘사한다. 즉 언약궤가 블레셋 땅으로 끌려가는 것이 아니라 어떤 목적을 이루려는 듯 스스로 가는 듯 묘사된다. 패전이 이스라엘 백성에게는 신학적 위기를 가져왔지만, 하나님께는 더 큰 역사를 이루는 능동적인 섭리다.

본문을 보면 두 가지 장면이 연상된다. 첫째, 창세기 35장 16-18절의 라헬의 출생 이야기다. 라헬도 비느하스의 아내처럼 아들을 낳다가 사망한다. 라헬이 낳은 아들이 베냐민이라는 사실도 흥미롭다. 익명의 베냐민 사람이 전한 소식으로 비느하스의 아내가 아들을 출산하는 중 사망하기 때문이다. 따라서 이가봇은 문학적으로 베냐민과 대구가 되는 인물이라고 할 수 있다. 여기에 역사의 아이러니가 있는데 만약 랍비들의 해석대로 베냐민 전령이 사울이라면, 그가 이가봇과 밀접히 연관된다는 사실을 볼 때 사울 왕국의 운명도 예상이 되기 때문이다. 이가봇이 출생과 더불어 사망선고를 받는 운명이었듯 베냐민 사람 사울의 왕조도 출생과 더불어 끝나 버린다. 둘째, 본문은 사무

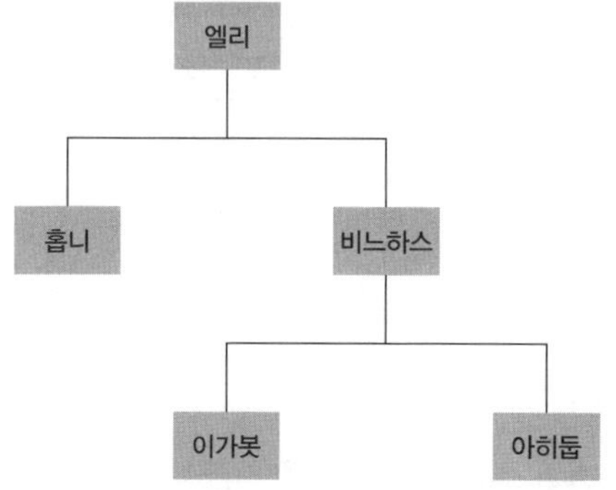

【엘리의 가계도】 이가봇의 후손은 알려져 있지 않다. 아마 자식 없이 죽었던 것 같다. 그의 형 아히둡은 다윗에게 진설병을 주었던 제사장 아히멜렉의 아버지이다.

엘의 출생 장면도 연상시킨다. 사무엘상 1-4장의 구조가 몰락하는 엘리 가문과 승승장구하는 한나 가문의 대조라면, 이 구조는 본 단락에서 절정을 맞는다. 사무엘상 1장처럼 본 단락의 소재도 여인의 출산이지만, 사무엘의 출생과 이가봇의 출생은 여러 면에서 대조된다. 불임이었던 한나는 사무엘을 출산하고 이후 자녀를 더 얻는 축복을 받지만, 불임이 아니었던 (이가봇의 형들을 이미 출산했던) 비느하스의 아내에게 이가봇의 출생은 자신의 영구적 불임(=죽음)으로 이어진다. 사무엘의 출생은 이스라엘 민족에게 희망과 미래를 주지만 이가봇의 출생은 이스라엘 민족의 사망 선고다. 하나님의 영광이 떠난 이스라엘은 더 이상 '이스라엘'이 아니기 때문이다.

질문

1. 블레셋 민족의 특징을 말해 봅시다.
2. 왜 장로들은 여호와의 궤를 아벡까지 가져오려 했습니까?
3. 여호와의 궤가 아무 효력이 없던 이유는 무엇입니까? 우리도 이스라엘 백성처럼 잘못한 적이 없는지 이야기해 봅시다.
4. 전령이 패전 소식을 들고 올 때 엘리는 어디에서 기다리고 있었습니까?
5. 왜 전령은 '좋은 소식을 전하는 자'입니까?
6. 비느하스의 아내가 아들의 이름을 "이가봇"으로 지은 이유는 무엇입니까?
7. 여호와의 궤가 탈취된 사건에서 어떤 희망을 볼 수 있습니까?
8. 신앙의 관점에서 설명할 수 없는 고난을 겪은 적이 있습니까? 사무엘상 4장에서 어떤 도움을 받을 수 있는지 말해 봅시다.

묵상

이스라엘은 언약궤를 전쟁터에 끌어왔음에도 패합니다. 궁극적으로 패하는 것이 하나님의 뜻이었습니다. 세상은 승자를 찬양합니다. 모두가 승자가 되기를 원하며, 하나님의 뜻은 언제나 승리라고 합니다. 그러나 지고 패하고 망하는 것이 하나님의 뜻일 때가 있습니다. 이 진리를 모르면 우리는 수단과 방법을 가리지 않고 이기려 할 것입니다. 하나님을 성공의 도구로 삼게 됩니다. 우리를 지게 만드시는 하나님의 섭리를 받아들여야 다시 시작하게 하시는 하나님을 만납니다. 언약궤가 탈취되고 이스라엘에 신앙의 위기가 왔지만, 그것이 하나님의 실패는 아니었습니다. 하나님은 어떤 상황에서도 일하십니다. 흐린 날에 태양이 사라지지 않듯, 인생에 구름이 껴도 하나님의 빛은 여전히 빛나고 있습니다. 구름 너머에서 하나님은 여전히 활동하고 계십니다.

6
하나님의 승리

삼상 5:1-12

여호와의 궤가 다곤 신전에 안치되자 블레셋 사람들은 자신들의 승리에 크게 고무되었다. 그러나 다음 날 아침부터 몇 개월간 자신들의 승리를 악몽으로 바꾸어 놓는 일이 발생한다. 하나님의 궤가 역사한 것이다. 이스라엘을 떠난 궤는 적진 블레셋 땅에서 하나님의 능력과 위엄을 나타낸다. 사무엘상 5장에서는 블레셋이 자랑하는 자유와 이성이 무력화되고, 이스라엘의 하나님이 영광을 받으시는 모습을 목격하게 된다. 아울러 저자는 자유와 이성의 허울 이면에 자리한 블레셋의 맹목적 우상 숭배까지 비판한다.[1]

하나님의 궤를 아스돗 다곤 신전에 둠 5:1-2

1 블레셋 사람들이 하나님의 궤를 빼앗아 가지고 에벤에셀에서부터
아스돗에 이르니라 2 블레셋 사람들이 하나님의 궤를 가지고 다곤의
신전에 들어가서 다곤 곁에 두었더니

엘리의 며느리가 이가봇을 낳으며 죽어 가는 순간에, 블레셋은 하나님의 궤를 아스돗으로 옮겨 갔다. 1절에 사용된 원문의 동사들은 대과거로 번역 가능하므로 이 장면을 영화로 만든다면 엘리의 며느리가 "영광이 이스라엘에서 떠났다" 외치며 죽어 가는 장면과 블레셋 사람들이 여호와의 궤를 옮겨 다곤 신전에 설치하는 장면이 오버랩되어야 할 것이다.

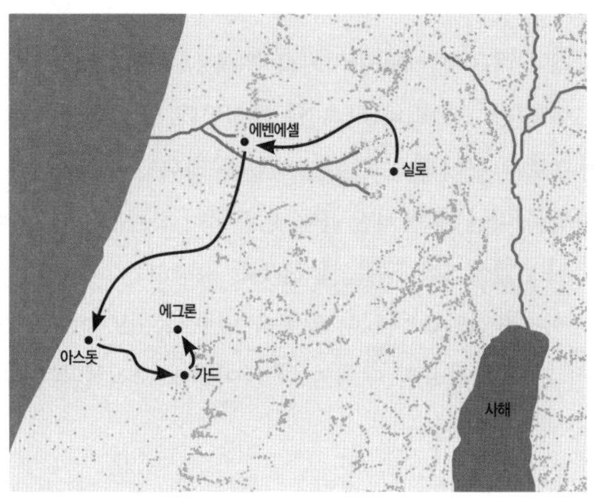

【궤의 이동 경로】

본문에 따르면 블레셋은 하나님의 궤를 전쟁터였던 에벤에셀(아벡 근처)에서 남쪽으로 약 56킬로미터 떨어진 아스돗까지 이동시켰다. 아스돗이 전쟁터에서 가장 가까워서가 아니다. 거리로 따지면 에그론이 더 가깝다. 아마도 아스돗이 블레셋의 다섯 도시 중 종교와 정치의 중심지였기 때문이다. 지리적으로 아스돗은 블레셋 영토의 중간에

위치하며, 다곤 신전이 있는 유일한 도시였다.[2]

아스돗으로 궤를 가져온 블레셋은 다곤 신전 안에 여호와의 궤를 둔다. 그것도 "다곤 (신상) 곁"에 둔다. 그들은 다곤 신전에 놓인 여호와의 궤를 보며 이스라엘의 신을 이긴 다곤을 찬양했을 것이다.

다곤 신상이 여호와의 궤 앞에 자꾸 넘어짐 5:3–5

3 아스돗 사람이 이튿날 일찍이 일어나 본즉 다곤이 여호와의 궤
앞에서 엎드러져 그 얼굴이 땅에 닿았는지라 그들이 다곤을
일으켜 다시 그 자리에 세웠더니 4 그 이튿날 아침에 그들이 일찍이
일어나 본즉 다곤이 여호와의 궤 앞에서 또다시 엎드러져 얼굴이
땅에 닿았고 그 머리와 두 손목은 끊어져 문지방에 있고 다곤의
몸뚱이만 남았더라 5 그러므로 다곤의 제사장들이나 다곤의 신전에
들어가는 자는 오늘까지 아스돗에 있는 다곤의 문지방을
밟지 아니하더라

블레셋의 자긍심은 오래가지 못했다. 언약궤를 가져온 다음 날 블레셋 사람들은 다곤이 여호와의 궤 앞에 "엎드러져" 있는 모습을 발견한다. 밤사이 무슨 일이 있었을까? 엎드러진 다곤을 본 블레셋 사람들이 무슨 생각을 했는지는 알 수 없다. 그러나 다곤의 자세는 블레셋에게 신학적 의문을 제기했을 것이다. "엎드러진" 자세는 경배와 예배의 자세이기 때문이다. 다곤이 여호와를 경배하는 것은 어제 경험한 정치-군사적 현

【다곤】 블레셋은 본래 다곤을 섬기던 민족이 아니다. 다곤은 가나안과 메소포타미아의 토속 신이었고 블레셋은 에게 해 지역에서 이주한 외래 민족이다. 가나안 신화에 따르면 다곤은 폭풍의 신 바알의 아버지인데, 블레셋이 다곤을 주신으로 섬긴 이유는 이 사실과 무관하지 않은 것 같다. 가나안 사람들이 가장 좋아하고 신뢰하는 바알의 아버지를 주신(主神)으로 섬겨 가나안 토속민보다 신학적으로 우위를 차지하려 한 것 같다. 다곤이 처음 문서에 등장하는 것은 주전 3000년에서 2000년 사이, 에블라와 마리에서이다. 아카드 제국의 사르곤 왕은 정복 전쟁의 성공을 다곤의 덕으로 돌렸고, 툿툴에 다곤 신전을 세웠다. 마리 지역에는 다곤이 선지자들에게 준 메시지가 기록으로 남아 있다. 후기 청동기 시기에 번성했던 가나안 도시 우가릿의 아크로폴리스에서도 다곤 신전이 바알 신전과 나란히 발견된다. 그럼에도 다곤(혹은 "다간")의 성격은 정확히 알 수 없다. 다곤의 기능을 두고 세 이론이 있다. 물고기(dg1)에 연결시키거나 곡식(셈어 dgn)의 신으로 이해하거나 풍우(아랍어 dg2)와 연결시키는 것이다. 이 가운데 두 번째 이론이 가장 폭넓은 지지를 받는다.

실과 상치된다. 블레셋 사람들은 일단 이 사건을 “우연”(삼상 6:9 참고)으로 간주하고 “다곤을 일으켜 다시 그 자리에” 세우지만(3절), 덤덤한 블레셋의 반응 속에는 말 못할 고민과 충격이 숨어 있다. 충격을 받은 블레셋이 수수께끼를 처리하는 방법은 우연에 호소하는 것뿐이었다.

그러나 이들의 미봉책은 이튿날 다곤 신상과 함께 무너져 버린다. 다곤이 다시 한 번 여호와의 궤 앞에 엎드린 것이다. 우연도 반복되면 필연이듯 다시 넘어진 다곤의 모습에서 심상치 않은 기운을 느꼈을 것이다. 더구나 이번에는 몸통만 제자리에 있고 다곤의 머리와 두 손목은 잘려져 문지방에 놓여 있었다. 신전의 세로 길이가 50여 미터였음을 고려할 때, 신상이 넘어지면서 그 충격으로 머리와 손목이 부러져 문지방까지 굴러갔을 가능성은 희박하다. 문지방에 놓인 부러진 머리와 손목, 제자리에 있는 몸통은 밤사이에 다곤과 여호와 사이에 전투가 있었음을 암시한다. 본문은 ‘부서지다’라는 동사를 사용하지 않고 ‘잘리다’(개역개정, “끊어져”)를 의미하는 히브리어 동사(카라트, *kārat*)를 사용했다. 또한 잘린 부위가 머리와 손목이라는 점도 주목하자. 고대 전쟁에서는 포로를 처형할 때 목과 손목을 자르는 관습이 있었다. 바알 신화에서 여신 아낫의 승리가 다음과 같이 묘사된다.

> 이제 아낫이 골짜기에서 (적들을) 부수기 시작한다.
>
> 두 도시 사이에서 (그들을) 공격한다.

【성경의 유래설화적 요소들】 유래설화(Etiology)는 어떤 현상(사회 관습, 신체 특징, 지명, 지형적 특징 등)의 기원을 설명하는 이야기다. 이야기는 과학 이전 시대를 살았던 고대인이 근원적 질문에 답하는 방법이었다. 예를 들어 “왜 뱀은 허물을 벗는가”, “왜 바다는 짠가”, “왜 블레셋은 다곤 신전의 문지방을 밟지 않는가”, “왜 남자에게만 목젖이 있는가” 등의 질문에 답하는 이야기다. 구약성경에도 이런 유래설화적 요소가 자주 등장한다. 성경 저자가 이야기의 끝에 “오늘날까지 ……하였다”는 어법을 사용할 경우 그 이야기는 유래설화적 요소로 마무리되는 것이다. 대개의 유래설화가 황당하고 비과학적이기 때문에 성경 저자가 이런 요소를 사용했다는 이유만으로 성경을 허구 혹은 신화적인 것으로 오해하는 사람도 있다. 그러나 이들은 성경을 근본적으로 오해했다. 성경 저자는 이야기를 구성할 때 다양한 재료를 사용한다. 책상에 앉아서 처음부터 끝까지 독창적으로 창작한 것은 아니다. 성경 저자들은 역사 사료도 사용했지만, 유래설화도 사용했다. 그러나 재료를 새로운 문맥에서 사용할 때는 신학적 목적에 맞게 변형시킨다. 따라서 성경에서 유래설화적 요소를 볼 때마다 어떻게 신학적 목적에 봉사하는지 살펴야 한다. 사무엘상 5장 5절 “다곤의 신전에 들어가는 자는 오늘까지 아스돗에 있는 다곤의 문지방을 밟지 아니하더라”는 분명 유래설화적 요소이다. 그러나 저자는 이 자료를 이스라엘 궤 이야기라는 문맥에 삽입함으로 블레셋의 맹목적 신앙을 야유하고 있는 것이다.

그녀는 해안에 (사는) 민족들을 부순다.

동쪽에 사는 사람들을 멸망시킨다.

아래에는 머리가 공처럼 굴러다니고,

위에는 손목이 메뚜기 떼 같다.

군인들의 손목이 여치 떼처럼 쌓여 있다.

그녀는 (잘린) 머리들을 목에 두르고

(잘린) 손목들을 허리에 두른다.[3]

이처럼 잘린 머리와 손목은 전쟁 승리의 결정적 증거다. 또 하나 주목할 것은 몸통이 제자리에 있었다는 점이다. 종합해 보면, 다곤이 자기의 집(다곤 신전)에서 도망하려고 문지방을 넘는 순간 여호와에게 잡혀 목과 손을 잘린 후 몸통만 끌려 들어온 것이다. 이것은 블레셋이 인정하고 싶지 않은 진리를 보여 준다. 여호와가 다곤보다 능력 있는 신이다!

그러나 재미있게도 본문은 블레셋의 감정을 직접 말하지 않는다. 머리와 두 손이 잘려 나간 다곤 신상을 보고 무슨 생각을 했는지 아무 말도 없다. 대신 사무엘서 저자는 '오늘날까지' 다곤의 제사장과 다곤 신전 방문자들이 성전 문지방을 밟지 않는다고 설명을 단다. 이 설명에서 풍자가 느껴진다. 다곤이 여호와 앞에 무참히 패배한 것이 분명한데, 블레셋 사람들은 아직까지 그를 섬길 뿐 아니라, 그 신상이 닿은 문지방마저 신성시한다는 것이다. 사무엘서 저자는 우상 숭배자들의 맹목적 신앙(반성 없는 믿음)을 야유하고 있다. 블레셋이 본래 이성과 자유를 숭상하던 그리스인들이라고 한다면 더욱 아이러니하다.

블레셋의 도시들에 독종이 발생함 5:6–10a

6 여호와의 손이 아스돗 사람에게 엄중히 더하사 독한 종기의
재앙으로 아스돗과 그 지역을 쳐서 망하게 하니 7 아스돗 사람들이
이를 보고 이르되 이스라엘 신의 궤를 우리와 함께 있지 못하게
할지라 그의 손이 우리와 우리 신 다곤을 친다 하고 8 이에 사람을

보내어 블레셋 사람들의 모든 방백을 모으고 이르되 우리가
이스라엘 신의 궤를 어찌하랴 하니 그들이 대답하되 이스라엘 신의
궤를 가드로 옮겨 가라 하므로 이스라엘 신의 궤를 옮겨 갔더니
9 그것을 옮겨 간 후에 여호와의 손이 심히 큰 환난을 그 성읍에
더하사 성읍 사람들의 작은 자와 큰 자를 다 쳐서 독한 종기가 나게
하신지라 10a 이에 그들이 하나님의 궤를 에그론으로 보내니라

본 단락부터는 이야기의 무대가 다곤 신전에서 블레셋 영토 전체로 확장된다. 언약궤로 인한 재앙도 블레셋 신(다곤 신상)으로부터 블레셋 사람들에게로 확장된다. 이런 변화의 핵심에 '손'(야드, *yad*)이 있다. 신전 문지방에 무력하게 걸쳐진 다곤의 손과 달리 여호와의 손은 아스돗 사람에게 육중하게 임한다(6절, 개역개정, "엄중히 더하다"). 저자는 독종의 발생과 여호와의 손의 임재를 동시적으로 묘사한다. 여호와의 무거운 손

【다곤, 물고기의 신】 8세기 아시리아 인장에서 발견된 그림으로 이 인장의 한가운데에는 생명의 나무가 있고, 물고기 모양의 두 사람이 호위한다. 다곤이 물고기의 신이라고 믿는 사람들은 이 인장의 물고기-인간을 다곤이라고 주장하지만 증거는 없다.

이 아스돗 사람에게 임하자 아스돗을 비롯한 주변 지역에 독종을 통한 죽음의 그림자가 드리운다. 다곤 신상이 파괴된 때와 달리 아스돗 사람들은 이 재앙이 "이스라엘 신"으로부터 왔음을 즉각 간파한다. "그의 손이 우리와 우리 다곤 신을 친다"(7절). 그리고 언약궤를 제거하기 위해 정치 지도자 회의(8절, "블레셋 사람의 모든 방백")를 소집한다. 당시 블레셋은 단일 왕정이 아니라 다섯 도시 연맹체였기 때문에 국가의 중대사

는 이 도시 국가의 대표들(방백)이 모여 결정했다. 이스라엘과의 전쟁에서 획득한 전리품인 언약궤를 돌려보내면 이전의 승리를 부정하는 것이므로 어느 한 도시가 단독으로 내릴 결정이 아니었다. 이 때문에 도시 수장들이 모인 것이다.

그들의 회의 내용을 보고하는 본문들 사이에 상당한 사본적 차이가 있기에, 어떤 내용이 오갔는지는 확실히 알 수 없다. 히브리어 마소라 본문에 근거한 개역개정은 가드로 궤를 옮기는 결정이 군주들(방백들)의 합의에 의한 것같이 묘사하는 반면, 헬라어 칠십인역 성경은 가드 사람이 자원하여 언약궤를 자신들의 도시에 들인 것으로 묘사한다. 다음은 8절에 대한 칠십인역이다.

> 그들은 블레셋의 군주들을 소집하여 말했다. "우리가 이스라엘 신의 궤를 어찌해야 하는가." 가드 사람들이 대답했다. "신의 궤를 우리에게로 옮기시오." 그래서 그들은 이스라엘 신의 궤를 가드로 옮겼다.

칠십인역이 옳다면 아스돗에서 많은 사람을 죽인 언약궤를 받겠다고 먼저 제안한 것은 가드 사람이다. 이것은 성경에 묘사된 이 사람들의 이미지와 잘 어울린다. 가드에는 장수가 많았다. 거인 족속 아나킴이 살았으며(수 11:22), 유명한 거인 골리앗(삼상 17:4)과 그의 아우 라흐미(삼하 21:18-22)도 가드 출신이었다. 이들은 천성적으로 자신감이 넘쳤고, 그리스인의 자유로운 기개를 잘 실현하였다. 아마도 유행하는 독한 종기와 다곤 신전에 안치된 여호와의 궤가 연관이 있다는 생각은 그들에게 미신이었을 것이다. 이 때문에 그들은 다른 형제들이 주저할 때 먼저 언약궤를 가져오겠다고 제안했다. 가드 사람들의 자신감을 엿볼 수 있는 대목이다.[4] 칠십인역을 따르든 마소라 사본을 따르든 언약궤를 이스라엘로 돌려보내야 한다는 의견은 이 단계에서 아직 거론조차 되지 않는다. 언약궤를 돌려보내면 자신들의 이전 승리가 부정되기 때문이다.

9절에 따르면 가드 사람들의 자신감은 그들을 곤경에 빠뜨렸다. 언약궤가 가드에 입성하자 하나님의 손이 그들에게 무겁게 임하여 남녀노소 할 것 없이 독한 종기로 목숨을 잃기 시작했다. 이 종기가 어떤 것이었는지는 논쟁이 많다. 어떤 학자들은 '독한 종기'('독종', 개역한글)로 번역된 히브리어가 '대변 곤란'을 의미하는 아람어와 동족어라는 사실에 착안해 치질이었다고 주장한다(킹제임스역, "emerods in their secret parts" 참고). 그러나 치질은 사망에 이르는 병은 아니다. 다른 학자들은 쥐가 퍼트리는 임파선종이었을 가능성을 제안한다. 임파선종은 그대로 두면 감염자의 70퍼센트가 나흘 안에 사망하는 전염병이다. 블레셋 사람들이 이후에 황금 쥐 다섯을 황금 독종 다섯과 함께 만든 것을 고려하면 이 가능성을 배제할 수 없다. 어쨌든 무서운 독종을 경험한 가드 사람들은 언약궤를 임의로 에그론으로 보내 버린다. 너무 당황한 나머지 방백 회의를 소집하여 에그론의 동의를 구할 겨를도 없었던 것이다. 아스돗에서 발생한 독종이 (여호와의 징벌이 아닌) 우연의 결과라고 떠들던 가드 사람들의 자신감은 찾아볼 수 없다. 언약궤를 통해 나타난 여호와 하나님의 능력에 합리성을 중시하던 가드 사람들이 두 손 들고 항복한 셈이다.

여호와의 궤를 돌려보내기로 결정함 10b–12

10b 하나님의 궤가 에그론에 이른즉 에그론 사람이 부르짖어 이르되
그들이 이스라엘 신의 궤를 우리에게로 가져다가 우리와 우리
백성을 죽이려 한다 하고 11 이에 사람을 보내어 블레셋 모든 방백을
모으고 이르되 이스라엘 신의 궤를 보내어 그 있던 곳으로 돌아가게
하고 우리와 우리 백성이 죽임 당함을 면케 하자 하니 이는 온
성읍이 사망의 환난을 당함이라 거기서 하나님의 손이
엄중하시므로 12 죽지 아니한 사람들은 독종으로 치심을 당해
성읍의 부르짖음이 하늘에 사무쳤더라

에그론 사람들이 자기들 도시로 궤가 오는 것을 좋아할 리가 없다. 언약궤의 입성과 함께 온 성에 임파선종이 발병하고 거리마다 주검으로 넘치자, 에그론 사람들은 언약궤를 넘긴 가드 사람들을 원망한다. 그리

고 해결을 위해 블레셋 방백 회의를 다시 소집한다. 이번 회의에서는 지금껏 거론조차 되지 않았던 안건, 즉 언약궤를 돌려보내는 안건이 에그론 사람들의 손으로 제출되었다. 그들은 "이스라엘 신의 궤를 본처로 돌아가게 하고 우리와 우리 백성이 죽임 당함을 면케 하자"(11절)고 제안한다. 고통 중에 있는 에그론 사람들은 블레셋의 군주들(방백들)보다 덜 정치적이다. 이스라엘에 대한 정치적·군사적·신학적 우위라는 명분보다 생존이라는 실리에 충실한 제안이다.

12절에 따르면 독종으로 인한 고통의 부르짖음이 하늘에까지 사무쳤다. "하늘에 사무쳤다"는 표현은 이집트 종살이 아래 있는 이스라엘의 고통이 "하나님에게 상달되었다"는 표현(출 2:23)을 생각나게 한다. 사무엘상 4-7장에 기록된 언약궤 이야기에는 출애굽을 연상시키는 표현이 가득하다. 예를 들어 4장에서 언약궤가 이스라엘 진영으로 들어왔을 때 블레셋 사람들이 출애굽의 하나님을 언급하고 5장에서 언약궤로 인해 독종이 발병하여 많은 사람이 죽은 것은 출애굽 사건의 '열 가지 재앙'을 상기시킨다. 블레셋인들의 부르짖음이 "하늘에 사무쳤다"는 표현도 그중 하나다. 이스라엘의 부르짖음이 하나님께 상달되었을 때 변화가 시작된 것처럼, 본문에서도 블레셋의 부르짖음이 "하늘에 사무쳤다"는 표현과 함께 언약궤 사건은 새로운 국면에 접어들게 된다.

질문

1. 블레셋 사람들이 여호와의 궤를 다곤 신전에 설치한 이유는 무엇입니까?
2. 다곤은 어떤 신입니까?
3. 칠십인역에 따르면 가드 사람은 아스돗에 있던 언약궤를 자원해서 받습니다. 아스돗에서 큰 '위험'을 일으킨 언약궤를 왜 마을로 받아들였을까요? 토론해 봅시다.
4. 블레셋에 임한 '독한 종기'는 어떤 병이었습니까?

묵상

1. 다곤 신상이 언약궤 앞에 첫날 엎드렸습니다. 둘째 날에는 신상의 머리와 두 손이 잘려 나갔습니다. 냉철한 이성을 가진 블레셋이 이 사건들을 '우연'이라고 생각한 것은 아이러니합니다. 그들은 잘려진 두 손과 머리가 닿은 문지방을 그 후 밟지 않습니다. 우상을 섬기는 그들의 신앙이 얼마나 집요하고 맹목적인지를 보여 줍니다. 우리가 놓아 보내지 못하는 우상은 무엇입니까? 하나님의 은혜와 능력을 체험함에도 끊임없이 다시 세우는 우상은 무엇인지 토의해 봅시다.
2. 블레셋 사람들을 보면, 다곤에 대한 맹목적 신앙을 가지면서 동시에 자신들의 이성을 무한히 신뢰합니다. 이것은 불신자들의 심리를 보여 줍니다. 이들은 인생의 어려움 앞에서 미신과 신비를 찾아다니지만, 인생에 대한 자신감이 넘칠 때는 자신의 이성을 무한히 신뢰합니다. 그러나 무한한 이성 신뢰와 맹목적 신앙은 동전의 앞뒷면입니다.
3. 이스라엘은 엘리 제사장을 잃고, 여호와의 궤마저 빼앗긴 상황입니다. 인간의 관점에서는 하나님이 참 신이 아닌 듯합니다. 그러나 성경은 여호와는 여전히 살아 계시고, 주권적으로 역사하심을 보여 줍니다. 이스라엘 사람들의 눈에는 보이지 않지만, 하나님은 블레셋 영토에서 그분의 영광을 드러내십니다. 인생의 어려움에 처하면, 구름 뒤에 해가 없는 것같이 생각하기 쉽습니다. 그러나 하늘 아래 낮게 드리운 먹구름 뒤에 해가 있다는 사실을 생각해 봅시다. 지금 내 삶에 하나님이 계시지 않는 듯해도 구름 뒤에 해가 있듯 희망이 있습니다.

7
언약궤의 개선과 이스라엘의 모호한 영접

삼상 6:1-7:1

7개월 동안 블레셋의 주요 도시를 순회하며 여호와의 능력을 보여 준 언약궤는 개선장군처럼 이스라엘로 돌아온다. 언약궤와 독종의 관계를 우연이라 치부했던 블레셋 사람들도 시간이 흐르면서 여호와 하나님의 능력을 인정하지 않을 수 없다. 그들은 선물과 함께 언약궤를 돌려보냄으로써 이스라엘의 하나님을 예우한다. 이처럼 블레셋 사람들은 언약궤 사건을 통해 조금이나마 하나님을 두려워하게 되지만, 이스라엘 사람들은 언약궤를 잃은 7개월 동안 그다지 달라지지 않았다. 벧세메스에 살던 이스라엘 사람들은 돌아온 언약궤를 함부로 다루다가 화를 입는다.

일곱 달 동안 궤가 블레셋에 머무름 6:1

1 여호와의 궤가 블레셋 사람들의 지방에 있은 지 일곱 달이라

"일곱 달"은 이스라엘이 언약궤를 탈취당한 때(사무엘상 4장의 아벡-에벤에셀 전투)부터 블레셋이 언약궤를 돌려보내기로 결정한 순간까지인 듯하다. 이 "일곱 달"에는 문자적 의미와 상징적 의미가 있다. 문자적으로 일곱 달은 역사 서술 면에서 긴 시간이 아니지만 독종으로 삶과 죽음의 경계를 넘나든 블레셋 사람들에게는 매우 긴 시간이었다. 마치 중세 영국에서 흑사병이 창궐한 —전체 인구의 1/3을 궤멸시킨— 2년처럼 블레셋 사람들에게 일곱 달은 영원처럼 느껴졌을 것이다. 상징적인 의미에서 '일곱'은 유대 문학에서 완전한 숫자다. 언약궤가 일곱 달 동안 머물렀다는 말은 하나님의 징벌적 주권이 완전히 확립되었음을 의미한다. 숫자 '7'은 본문의 언약궤 사건과 출애굽 사건을 연결시키는 여러 고리 중 하나라는 점도 주목하자. 출애굽기 7장 25절에 따르면 이집트에 내린 첫 재앙은 7일 동안 지속되었다.

제사장과 복술자에게 도움을 요청 6:2

2 블레셋 사람들이 제사장들과 복술자들을 불러서 이르되 우리가
여호와의 궤를 어떻게 할까 그것을 어떻게 그 있던 곳으로
보낼 것인지 우리에게 가르치라

언약궤와 독종의 인과관계가 고통을 당하는 백성들에게는 처음부터 의심할 여지 없이 분명했다. 그러나 블레셋의 정치·종교 지도자들은 그 인과 관계에 유보적 입장을 취했다. 독종의 고통으로 백성들이 방백 모임을 소집하고 대책을 요구하자 그들은 언약궤를 다른 곳으로 옮기

자는 제안만 내놓는다(5:8). 이 제안은 독종이 언약궤 때문에 발발했다는 민중들의 믿음이 미신일지도 모른다는 전제가 있다. 다른 지역으로 옮겼음에도 그곳에서 아무 재앙도 일어나지 않는다면 이 심리적 인과관계는 깨어질 것이고, 아스돗 사람들도 안정을 찾고 합리적인 대처를 할 것이라고 기대했던 것 같다. 만약 지도자들이 언약궤와 독종의 인과관계를 확신했다면 절대 다른 도시로 옮기는 미봉책을 내놓지 않았을 것이다. 그 도시마저 역병이 발생한다면 블레셋 전역이 공황 상태에 빠질 것이기 때문이다.

방백들의 결정대로 언약궤가 아스돗에서 가드로 가자 기대와 달리 그곳에서도 독종이 발발한다. 공포에 빠진 가드 사람들은 '방백 회의'도 소집하지 않고 임의로 언약궤를 에그론으로 옮긴다. 에그론 사람들은 방백 회의를 재소집하고 언약궤 문제의 근본 해법, 즉 언약궤를 이스라엘로 돌려보내자는 의견을 내놓는다. 이 제안에 대한 정치인들의 입장이 기록되지 않았다는 점이 흥미롭다(삼상 5:11 참조). 그들은 침묵한다. 말하기 좋아하는 정치인이 침묵한다는 것은 더 이상 뾰족한 수가 없다는 것을 의미한다. 정치인들이 가장 꺼리는 일은 언약궤를 돌려보내는 것이다. 왜냐하면 전쟁으로 얻은 이스라엘에 대한 우월적 주권을 스스로 포기하는 행위이기 때문이다. 그러나 고통 중에 있는 에그론 사람들이 "이스라엘 신의 궤를 돌려보냅시다. 그것이 본래 있던 곳으로 돌아가, 우리와 우리 백성을 죽이지 않게 합시다"라고 말했을 때 그들은 침묵으로 동의할 수밖에 없었다. 블레셋의 고통 소리가 하늘에 사무칠 정도로 컸기 때문이다.

우여곡절 끝에 언약궤를 돌려보낸다는 정치적 결정이 내려졌다. 이제 어떤 방식으로 돌려보낼 것인가로 초점이 모아진다. 이것은 정치가가 아니라, 제사장과 점술가의 분야다. 왜냐하면 언약궤는 이스라엘 신을 모신 성물(聖物)이기 때문이다. 분노한 신을 달래는 데는 제사장과 점술가들이 전문이다. 이에 블레셋 사람들은 제사장과 점술가들을 불러 "우리가 여호와의 궤를 어떻게 할까 그것을 어떻게 그 있던 곳으로 보낼 것인지 우리에게 가르치라"라고 한다(6:2).

【점술가】 점은 초월적 힘과 교통하는 방법이다.
문제를 두고 신탁을 구하는 점술은 고대 근동에서 널리 행해졌다.
특히 바빌로니아인들은 이 점술을 과학의 경지까지 승화시킨 최초의 민족이었다.
점치는 방법에 따라 점술은 두 가지로 분류된다. 첫째는 자연 현상, 둘째는 인공 현상으로 점을 치는 것이다.
전자로는 천체(天體)를 관찰하는 점성학을 들 수 있다. 희생 동물의 간을 관찰하는 점술도 이에 해당한다.
갑작스러운 폭풍, 기이한 구름 모양, 기형아, 뱀의 출몰, 동물의 울음소리나 행동, 꿈 등도 점을 치는 데 사용될 수 있었다.
한편 인공적 현상을 유도해 점을 보기도 했는데 기름을 물이 든 대야에 부어 형성된 기포나 고리 모양을 관찰하거나
활 쏘기, 제비뽑기, 초혼 등으로 점을 본 것이 그 예이다.
바빌로니아에서 가장 발달한 점술법은 동물 간을 관찰하는 것이다. 고도의 전문 집단 '바루'(*barû*)가 이 일을 전담했다.
간은 피가 생성되는 곳이기 때문에 생명 그 자체와 동일시되었다. 메소포타미아인들은 다소 난해한 추론을 거쳐
희생 동물의 간이 곧 '하느님'이라는 결론에 도달했으며 나아가 신들의 의도와 뜻을 전달하는
매개로서 합당한 도구라고 여겼다. 간은 세밀하게 분석되어 여러 부분으로 나뉘었고,
각 부분마다 '앞표면', '손가락', '입' 등의 이름을 붙였다. 점을 치기 전에
'바루'들은 복잡한 정결 의식을 행했고, 점치는 장소와 시간도 조심스럽게 정했다.
바루들은 수없이 다양한 간의 모습을 관찰하여 그에 따른 예언을 일일이 모아 방대한 책을 남겼다.
바루들의 예언은 반드시 이 책을 참고하였다. 이 책들은 고대 메소포타미아의 거의 모든 신전에 비치되었는데
간을 통한 점술이 얼마나 중요했는지를 보여 준다. 선전 포고나 조약 체결, 신전 건설 등 국가 중대사를 결정할 때
바루-제사장들은 양을 도살하여 간의 모양을 살핀 후 왕이 어떤 결정을 내려야 할지 알려 주었다.
국가의 전유물이었던 점성학과 달리 간을 통한 점술은 개인적으로도 이용되었다.
바빌로니아는 새의 비행을 보고 점을 치지는 않았는데 이 점술의 유일한 자료는
시리아에 있는 알라락(Alalakh)에서 발견된 문서이다. 이드리미 왕은 신의 뜻을 묻기 위해 새를 여러 마리 날렸다고 한다.
구약성경에서 점술은 인공적 방법으로 미래를 예측하는 모든 기법을 통칭한다.
이것은 하나님의 영감으로 된 '예언'과는 다르다. 신명기 18장 14절은 이스라엘에서 점술을 엄격히 금한다.
"네가 쫓아낼 이 민족들은 길흉을 말하는 자나 점쟁이의 말을 듣거니와 네게는
네 하나님 여호와께서 이런 일을 용납하지 아니하시느니라." 점술가와 마술사는 거짓 선지자였고,
그들의 예언은 '거짓 술수'였다. 이사야 44장 25절과 예레미야 50:36에 따르면 그들은
"거짓말쟁이"(바딤, *baddîm*, 렘 50:36의 개역개정역은 "자긍하는 자"로 번역)였다.
점술로 미래를 알려는 사람들은 약속의 땅 밖에 거주하는 가나안 사람과 블레셋 사람, 이집트 사람과 바벨론 사람이다.
점술은 마술 행위와 더불어 이스라엘에서 금지되었다.
선지자들은 이스라엘에게, 점술에 의지하지 말라고 끊임없이 경고한다.

【진흙으로 제작된 간 모델】
약 50개로 구획되었고, 예언들이 적혀 있다.
간을 통한 점술은 바빌로니아에서
가장 권위 있었다(ANEP, 594쪽).
겔 21:21 참조.

본 절에서 처음으로 블레셋 사람들의 입에서 '여호와'가 언급된다. 지금까지 블레셋은 이스라엘의 종교에 대해 거의 무지 상태에 가까웠다. 그들은 이스라엘이 여러 '신들'을 섬긴다고 생각했을 뿐 아니라, 출애굽기에 묘사된 열 가지 재앙도 이집트가 아닌 광야에서 일어났다고 생각했다(삼상 4:8 참조). 그러나 일곱 달 동안 이스라엘 신의 능력을 체험하자 하나님에 대한 무지를 벗고, 그분이 누구인지 정확하게 고백하게 된다. 그들은 이스라엘의 신을 '여호와'라는 언약적 이름으로 부르기 시작한다.

제사장과 점술가들의 조언 6:3-6

3 그들이 이르되 이스라엘 신의 궤를 보내려거든 거저 보내지 말고
그에게 속건제를 드려야 할지니라 그리하면 병도 낫고 그의 손을
너희에게서 옮기지 아니하는 이유도 알리라 하니 4 그들이 이르되
무엇으로 그에게 드릴 속건제를 삼을까 하니 이르되 블레셋 사람의
방백의 수효대로 금 독종 다섯과 금 쥐 다섯 마리라야 하리니
너희와 너희 통치자에게 내린 재앙이 같음이니라 5 그러므로 너희는
너희의 독한 종기의 형상과 땅을 해롭게 하는 쥐의 형상을 만들어
이스라엘 신께 영광을 돌리라 그가 혹 그의 손을 너희와 너희의
신들과 너희 땅에서 가볍게 하실까 하노라 6 애굽인과 바로가 그들의
마음을 완악하게 한 것같이 어찌하여 너희가 너희의 마음을
완악하게 하겠느냐 그가 그들 중에서 재앙을 내린 후에 그들이
백성을 가게 하므로 백성이 떠나지 아니하였느냐

3절에서 제사장과 점술가들은 언약궤를 돌려보낼 때 "공으로"(레이캄, *rēyqām*) 보내서는 안 된다는 원리를 제시하고, 구체적 지침으로는 속건제물을 선물로 드리라고 조언한다. 그러면 역병이 사라질 뿐 아니라 발병 원인도 알 수 있다고 덧붙인다. 속건 제물(죄를 속하는 제물)을 드리라는 조언은 블레셋이 자신의 잘못을 암묵적으로 인정한다는 뜻이다. 이

스라엘 침략과 여호와의 궤를 탈취하여 다곤 신전에 설치한 행위, 그 과정에서 거룩한 궤를 함부로 운반한 것 등의 죄를 인정하는 것이다. 속건 제물과 함께 언약궤를 이스라엘 땅으로 돌려보냈을 때 독종이 멈추면 그들은 독종이 자신들의 죄에 대한 하나님의 심판임을 알게 될 것이다.

속건 제물의 구체적 예로 블레셋의 종교 지도자들은 금 독종 다섯(독종 모양의 금)과 금 쥐 다섯(쥐 모양의 금)을 제안한다(4절). 왜 그러했을까? 금 독종과 금 쥐가 율법이 정한 속건 제물이 아니라는 사실은 분명하다. 아마 이스라엘의 율법에 무지했던 블레셋의 제사장과 점술가들이 자신들의 종교적 지식 안에서 최선의 방법을 고안한 것 같다. 이런 의미에서 금 쥐와 금 독종은 속죄 제물의 의미이자 주술적 성격도 가진다. 금 독종과 금 쥐를 언약궤와 함께 블레셋 땅 바깥으로 내보내면 독종과 독종을 퍼트리는 쥐를 몰아낼 수 있다고 생각했을까.

블레셋의 제사장과 점술가들이 율법은 알지 못했지만 이스라엘의 하나님을 어떻게 대우해야 하는지 정확히 알고 있었다는 점은 흥미롭다. 그들은 이스라엘의 신께 "영광"(카보드, *kābôd*)을 돌리라고 주문한다(5절). 율법을 잘 알았던 엘리 가문의 제사장들은 하나님께 드려야 할 "영광"을 가로채 매우 무거운 자들(카베드, *kābēd*)이 되었다. 여호와께 영광을 돌리라는 이방 제사장들의 말은 이러한 이스라엘의 죄악과 극명히 대조된다.

6절은 언약궤 사건을 다시 한 번 출애굽 사건과 연결시킨다. 열 가지 재앙을 체험한 후 이집트인들이 이스라엘 백성들을 내보냈듯,

【금 쥐의 숫자】 마소라 본문은 사무엘상 6장 4절에 나오는 금 쥐의 숫자를 다섯으로 명시하고 있지만, 제사장과 점술가들이 제안한 금 쥐의 숫자는 확실하지 않다. 왜냐하면 칠십인역과 사해 사본에는 금 쥐의 숫자가 구체적으로 명기되어 있지 않고, 사무엘상 6장 18절은 금 쥐가 블레셋의 "모든 성읍"의 수와 같다고 증언하기 때문이다. 그 수는 분명 다섯보다 많을 것이다. 이것은 언약궤의 재앙이 다섯 거점 도시에 국한된 것이 아니라, 시골 마을을 포함해 블레셋의 모든 영토에 미쳤음을 보여준다. 4절의 "너희와 너희 통치자에게 내린 재앙이 같음이니라"라는 구절도 비슷한 맥락에서 이해된다. "너희 통치자"는 분명 숫자 '5'(블레셋의 다섯 거점 도시)를 연상시킨다. 그리고 "너희 통치자"에게 내린 재앙에는 금 독종 다섯이 필요했을 것이다. 그러나 통치자들과 같은 재앙을 받은 "너희"는 블레셋의 모든 주민을 지칭하므로 숫자 다섯에 국한될 수 없다. 따라서 논리적으로 따지면 이들에게 내린 재앙은 불특정 다수의 금 쥐로 표현되었어야 할 것이다. 이 때문에 칠십인역과 사해 사본을 따라 금 쥐의 숫자를 다섯으로 국한하지 않는 학자들이 많다.

블레셋은 재앙을 경험한 후 여호와의 궤를 돌려보낸다. 이스라엘 백성이 이집트 사람들에게서 여러 선물을 받은 후 출애굽했듯, 언약궤는 블레셋의 선물(황금 독종과 황금 쥐)을 가지고 '출블레셋'할 것이다. 이 문맥에서 블레셋의 종교 지도자들은 애굽 백성과 바로처럼 마음을 강퍅하게 하는 우를 범하지 말도록 조언한다(6절).

궤를 싣고 갈 암소와 수레를 준비함 6:7-9

> 7 그러므로 새 수레를 하나 만들고 멍에를 메어 보지 아니한 젖 나는
> 소 두 마리를 끌어다가 소에 수레를 메우고 그 송아지들은 떼어
> 집으로 돌려보내고 8 여호와의 궤를 가져다가 수레에 싣고 속건제로
> 드릴 금으로 만든 물건들은 상자에 담아 궤 곁에 두고 그것을
> 보내어 가게 하고 9 보고 있다가 만일 궤가 그 본 지역 길로 올라가서
> 벧세메스로 가면 이 큰 재앙은 그가 우리에게 내린 것이요 그렇지
> 아니하면 우리를 친 것이 그의 손이 아니요 우연히 당한 것인 줄
> 알리라 하니라

언약궤를 속건 제물과 함께 돌려보낸다는 결정이 나왔다. 문제는 그것을 '누가' 이스라엘 땅까지 옮길 것인가이다. 블레셋의 종교 지도자들이 내놓은 해답은 "멍에를 메어 보지 아니한 젖 나는 소 두 마리"이다. 다시 말해 '사람'이 궤를 운반하지 않는다. 암소들이 스스로 길을 찾아간다. 생각해 보면 그것이 최선의 방법이었던 것 같다. 언약궤의 위력에 무지했을 때는 블레셋 군인이 궤를 옮겼겠지만, 이스라엘의 신이 두려운 블레셋은 더 이상 그렇게 할 수 없었다. 그래서 멍에를 메어 보지 아니한 젖 나는 소가 끌어가는 것이다. 적어도 인명 피해는 없도록 하자는 취지였을 것이다. 그것은 율법을 잘 몰랐던 블레셋의 제사장들이 하나님의 성물에 최대한의 예우를 갖춘 것이었다. 멍에를 메어 보지 못한 소는 죄를 정결케 하는 제사에 사용되었다(민 19:2; 신 21:3). 이미 속건제를 제안하면서 암묵적으로 죄를 인정한 종교 지도자들은 멍에를 메어

보지 못한 소를 이용함으로써 언약궤 귀환 사건이 블레셋이 볼 때 최대한의 회개 사건이 되도록 의도한 것 같다.

그러나 여기에는 검증하고 싶은 욕구가 숨어 있다. 블레셋 대중을 위한 시험은 아니다. 그들은 언약궤가 자기 도시에 왔을 때, 이미 언약궤와 독종의 인과관계를 확신한 사람들이다. 사실 이것은 블레셋의 종교 지도자들을 위한 검증이다. 수레를 끄는 사람이 없고, 소들이 짐을 나른 경험이 없으며, 게다가 소들의 젖은 갓 태어난 송아지에게 먹일 젖으로 부풀어 있다. 이 소들이 똑바로 이스라엘 진영으로 간다는 것은 상식적으로 불가능하다. 그럼에도 소가 똑바로 나아간다면 그것은 기적이며, 게다가 블레셋에 내린 모든 재앙이 언약궤에서 비롯되었음을 확실하게 증명하는 기적이다. 재미있게도 종교 지도자들은 속건 제물의 효과를 설명한 5절에서는 "너희"라는 말을 사용하여 자신들과 블레셋 대중을 구분하지만, 소의 행보가 의미하는 바를 설명하는 9절에서는 "우리"라는 말을 사용한다. 이것은 종교 지도자들도 짐을 날라 본 경험이 없는 두 젖소가 송아지를 남겨 두고, 낯선 이스라엘 진영으로 간다는 것은 불가능하다고 생각했음을 보여 준다. 만약 그게 가능하다면 독종의 재앙이 "우리를 친" 것이다. 즉 기적이 일어나면 종교 지도자들도 믿겠다는 것이다.

암소가 벧세메스로 나아감 6:10-12

10 그 사람들이 그같이 하여 젖 나는 소 둘을 끌어다가 수레를
메우고 송아지들은 집에 가두고 11 여호와의 궤와 및 금 쥐와 그들의
독종의 형상을 담은 상자를 수레 위에 실으니 12 암소가 벧세메스
길로 바로 행하여 대로로 가며 갈 때에 울고 좌우로 치우치지
아니하였고 블레셋 방백들은 벧세메스 경계선까지 따라가니라

【벧세메스】 벧세메스는 유다 북쪽의 국경 도시로 에그론에서는 약 13킬로미터, 블레셋 접경에서는 3.5킬로미터 정도 떨어진 곳이다. 그곳은 평야 지대이기 때문에 블레셋 사람들은 암소들이 벧세메스로 가는 것을 높은 곳에서 줄곧 지켜볼 수 있었다. 벧세메스는 제사장의 도시였기 때문에(수 21:16; 대상 6:59), 언약궤가 도착하자 제사장들이 언약궤를 맞아들인다.

블레셋 사람들("그 사람들", 10절)은 종교 지도자들의 조언을 충실하게 이행한다. 젖 나는 어미 소를 "아들"(개역개정, "송아지")들과 격리시킨 채 수레에 연결하고, 수레에 여호와의 궤와 속건 제물들을 싣는다. 수레를 끌어 본 적이 없는 젖소들이 인도자마저 없이 물건을 목적지까지 운반할 가능성은 없어 보인다. 더구나 어미소의 뒤에서 아들들의 울음이 들리고 있다면 더더욱. 그러나 본문은 암소들이 벧세메스를 향하여 "대로로 가며 갈 때에 좌우로 치우치지 아니하였고" 똑바로 갔다고 기록한다. "대로로"로 번역된 히브리어 '빔실라 아하트'(*bimsillāh 'aḥat*)는 "한 길로"라는 의미이다. 이것은 암소가 가는 길을 이탈하지 않았음을 강조한다. "좌우로 치우치지 아니한다"는 표현은 이스라엘의 온전한 순종에 대한 신명기 저자의 독특한 어법이다(신 28:14). 마치 자신의 감정과 욕구와 의지를 꺾고 말씀에 순종하듯 암소들은 걸어간다. 본문에서는 "울고" 갔다고 하는데, 이것은 암소들의 행보가 본능과는 다르다는 것을 보여 준다. 하나님께 온전히 순종하지 못한 이스라엘 백성에 대한 비판이자, 짐승까지도 순종케 하시는 하나님의 능력이다.

블레셋 사람들은 크게 놀랐을 것이다. 동시에 독종의 재앙이 사라진다는 희망도 가졌을 것이다. 당시 블레셋의 정치 지도자들이 수레를 따라 벧세메스 경계까지 따라갔다는 것은 블레셋 사람들의 관심이 얼마나 컸는지 보여 준다. 오늘날이라면 전 방송사와 언론이 이 상황을 생중계하고도 남았을 것이다.

선지자와 제사장들이 언약궤를 맞아들임 6:13-18

13 벧세메스 사람들이 골짜기에서 밀을 베다가 눈을 들어 궤를 보고

【벧세메스의 암소와 예수 그리스도】 종종 벧세메스의 암소는 예수 그리스도에 비교된다. 블레셋인들의 속건제물을 담은 수레를 지고 벧세메스로 내려가는 암소는 인류의 죄를 지고 골고다로 올라가는 예수님을 연상시킨다. 암소가 끈 수레가 나무이듯이 예수님의 십자가도 나무이다. 암소가 제사의 제물이 되었듯이 예수님은 자신의 몸을 희생시키셨다. 그러나 이런 해석은 언약궤 귀환 사건의 초점이 하나님의 능력에 있다는 사실을 간과하게 만든다. 언약궤 사건의 주인공은 암소가 아니라 이스라엘의 죄와 실패에도 불구하고 구원의 역사를 진행해 가시는 하나님이시다.

그 본 것을 기뻐하더니 14 수레가 벧세메스 사람 여호수아의 밭
큰 돌 있는 곳에 이르러 선지라 무리가 수레의 나무를 패고
그 암소들을 번제물로 여호와께 드리고 15 레위인은 여호와의 궤와
그 궤와 함께 있는 금 보물 담긴 상자를 내려다가 큰 돌 위에 두매
그 날에 벧세메스 사람들이 여호와께 번제와 다른 제사를 드리니라
16 블레셋 다섯 방백이 이것을 보고 그 날에 에그론으로 돌아갔더라
17 블레셋 사람이 여호와께 속건제물로 드린 금 독종은 이러하니
아스돗을 위하여 하나요 가사를 위하여 하나요 아스글론을 위하여
하나요 가드를 위하여 하나요 에그론을 위하여 하나이며
18 드린 바 금 쥐들은 견고한 성읍에서부터 시골의 마을에까지
그리고 사람들이 여호와의 궤를 큰 돌에 이르기까지 다섯
방백들에게 속한 블레셋 사람들의 모든 성읍들의 수대로였더라
그 돌은 벧세메스 사람 여호수아의 밭에 오늘까지 있더라

언약궤가 돌아왔다. 때는 가을이었다. 벧세메스 사람들은 밀을 수확하고 있었다. 고대 근동의 왕들은 봄에 원정을 시작해 가을에 끝마치곤 했다. 겨울에는 원정이 없었다. 여호와의 궤가 블레셋에 들어가(봄) 이스라엘로 돌아오는(가을) 모습은 고대 왕의 원정을 연상시킨다. 여호와의 궤는 블레셋에 끌려간 것이 아니라, 이스라엘을 위해 싸우려고 블레셋으로 떠난 것이다. 언약궤가 귀환하는 모습에 벧세메스 사람들은 기뻐한다. 그런데 이 장면을 묘사한 마소라 본문은 다소 어색하다. "궤를 보고 그 본 것을 기뻐했다"(바이르우 엣-하아론 바이스메후 리르옷, *wayyir'û 'et-hā'ārôn wayyišməḥû lir'ôt*). 칠십인역은 벧세메스 사람들이 "궤를 보고 그 것을 기쁘게 맞이했다"로 번역한다. 그러나 마소라 본문에 '보다'를 의미하는 동사 '라아'(*rā'āh*)가 두 번이나 사용된 것은 벧세메스에 사람들에게 벌어질 사건을 미리 암시하는 듯하다. 벧세메스 사람들이 여호와의 궤를 보다가 죽는 사건이 19절부터 기록되어 있기 때문이다.

언약궤가 멈춘 장소는 "여호수아의 밭"이었다. 언약궤 사건이 출애굽 사건에 비견되었음을 기억하면 이것은 우연이 아니다. 여호수

아의 사역으로 출애굽 시대가 마침표를 찍었던 것처럼 여호수아의 밭에서 언약궤가 멈추어 "출-블레셋"이 완수된 것이다. 열 가지 재앙과 출애굽이 하나님의 구원 능력을 드러냈듯, 언약궤가 블레셋에 들어가 전 지역을 순회하며 독종을 일으키고 이스라엘로 귀환한 사건도 하나님의 구원 능력을 드러냈다.

언약궤를 실은 수레가 멈추어 서자 언약궤를 맞이한 사람은 선지자와 제사장들이었다. 먼저 선지자 무리가 궤를 실었던 수레를 쪼개고 수레를 끌던 암소를 잡아 여호와께 번제로 드렸다. 언약궤의 귀환을 감사하는 제사를 드린 것 같다. 15절을 보면 번제 이외에 다른 제사도 드려졌다. 이 제사를 주도한 것은 레위인이다. 그들은 블레셋이 보낸 속건제물을 큰 돌 위에 올려놓고 제사를 드렸다. 지금까지의 문맥에서 레위인이 언급된 적이 없고, 앞으로도 한동안 레위인이 출현하지 않는다는 사실을 고려하면 이 문맥에서 레위인이 언급된 것은 의외다. 그러나 여호수아 21장 16절(대상 6:59)을 보면 벧세메스는 레위인이 정착한 도시들 중 하나였다. 이스라엘의 종교 지도자인 선지자와 레위인이 직접 언약궤를 맞았다는 사실은 언약궤를 소홀히 다루면 안 된다는 것을 강조하는 듯하다. 언약궤 사건은 하나님을 멸시하는 제사장이 성물을 함부로 다룬 데서 시작되었다. 그리고 블레셋이 언약궤를 다곤 신전에 설치한 것도 하나님에 대한 멸시였다. 물론 이렇게 언약궤를 다룬 사람들은 모두 죽임을 당했다. 언약궤가 귀환한 지금, 사무엘서 저자는 언약궤가 선지자와 제사장에 의해 영접되는 장면을 통해 언약궤는 '무게 있게' 다루어져야 한다는 교훈을 준다.

한편 블레셋의 군주들은 이스라엘이 언약궤를 받고 제사를 드리는 것까지 확인한 후 에그론으로 돌아간다. 그리고 17-18절은 블레셋이 바친 금 독종과 금 쥐의 의미를 설명한다. 여기서 우리는 금 쥐의 개수가 다섯 개 이상일 가능성을 본다. 왜냐하면 18절에 따르면 금 쥐의 개수는 블레셋의 다섯 도시의 군주에 속한 모든 성읍의 수효와 같기 때문이다. 사무엘상 6장 4절의 "금 쥐 다섯"은 칠십인역을 따라 "금 쥐들"로 고쳐 번역할 수 있다. 여호수아의 밭에 있는 선바위("큰 돌", 개역개정)는 언약궤 사건의 증거다. 본래 선바위는 가나안 종교에서 우상 숭배적 의미가 있지만, 여호수아의 밭에서는 하나님의 구속사를 증거한다. 다곤 신전의 문설주 미신이 블레셋 땅에서 언약궤 사건을 증거한다면, 여호수아 밭의 선바위는 이스라엘 땅에서 언약궤 사건을 증거한다고 말할 수 있다.

벧세메스 사람들의 죽음 6:19-7:1

19 벧세메스 사람들이 여호와의 궤를 들여다 본 까닭에 그들을 치사
(오만) 칠십 명을 죽이신지라 여호와께서 백성을 쳐서 크게
살륙하셨으므로 백성이 슬피 울었더라 20 벧세메스 사람들이
이르되 이 거룩하신 하나님 여호와 앞에 누가 능히 서리요 그를
우리에게서 누구에게로 올라가시게 할까 하고 21 전령들을
기럇여아림 주민에게 보내어 이르되 블레셋 사람들이 여호와의 궤를
도로 가져왔으니 너희는 내려와서 그것을 너희에게로 옮겨 가라
1 기럇여아림 사람들이 와서 여호와의 궤를 옮겨 산에 사는
아비나답의 집에 들여놓고 그의 아들 엘리아살을 거룩하게
구별하여 여호와의 궤를 지키게 하였더니

언약궤를 빼앗긴 7개월 동안 이스라엘의 영적 상황은 그다지 나아지지 않았다. 본 단락은 여전한 이스라엘의 종교적 타락을 잘 보여 준다. 하나님의 성전과 성물을 소홀히 하면 제사장이라도 심판하신다는 사실을 망각하고 벧세메스 사람들은 여호와의 궤를 구경거리로 삼았다.

벧세메스 사람들이 여호와의 궤를 "들여다보았다"는 개정개역 번역은 히브리어 숙어 '라아 브'(*rā'āh b*)에 대한 정확한 번역으로 볼 수 없다. 히브리어 원문은 "궤의 뚜껑을 열어 내부를 살피다"보다는 "궤를 구경거리로 삼아 보다"는 의미에 가깝다. 벧세메스 사람들이 많이 목숨을 잃은 것은 궤를 열어 보아서가 아니라 거룩한 궤를 구경거리로 삼았기 때문이다. 마소라 사본은 죽은 벧세메스 사람들이 오만 칠십 명이

라고 증언한다. 물론 문자적으로 받아들여서는 안 된다. 왜냐하면 당시 벧세메스의 인구보다 많은 숫자이기 때문이다. 그러나 엄청나게 많은 사람이 죽었다는 사실은 확실하다. 학습 효과가 있을 텐데 어떻게 그렇게 많은 사람이 죽어 갔을까? 벧세메스 사람들은 궤의 뚜껑을 열고 닫고 하다가 죽었다기보다 여호와의 궤를 (동물원의 동물처럼) 구경하다가 죽은 듯하다. 불과 7개월 전까지만 해도 언약궤는 실로의 성소에 안치되어 제사장들만 접근하는 신성한 물건이었다. 아무리 자기 소견대로 행하는 시대라 해도 사람들이 언약궤의 뚜껑을 함부로 열었을 가능성은 적다. 아마 소문을 듣고 벧세메스뿐 아니라 주변 마을에서 구경꾼들이 여호수아의 밭으로 몰려와 궤를 구경하다가 죽은 것 같다.

벧세메스 사람들은 여호와의 궤가 멈춘 장소를 거룩하게 구분하고, 제사장들이 그곳에서 언약궤를 지키게 했어야 했다. 그러나 그들은 여호와의 궤를 제사장 없이 방치한 듯하다. 반면 기럇여아림 사람들은 여호와의 궤를 옮겨 아비나답의 집에 둔 다음, 아비나답의 아들 엘리아살을 거룩하게 구별하여 여호와의 궤를 지키도록 한다. 더 이상 여호와의 궤가 구경거리가 되지 않게 한 것이다(7:1). 이것은 하나님의 거룩을 잘 증명한다. 세상이 자기 소견대로 하고 제사장도 율법을 어기며 살아도 하나님의 거룩에는 타협이 없다. 세대가 악해도 하나님의 말씀이 타협의 대상이 되면 안 된다. "누가 이 거룩하신 하나님 앞에 능히 서리요"라는 벧세메스 사람들의 외침은 당시 이스라엘 사회가 하나님의 기준에서 얼마나 멀리 떠나 있는지 단적으로 보여 준다.

언약궤가 기럇여아림으로 간 것은 벧세메스 사람들의 요청 때문이다. 수많은 죽음을 목격한 벧세메스 사람들은 기럇여아림에 사람을 보내 언약궤를 옮겨 갈 것을 부탁한다.[1] 기럇여아림은 기브온 민족이 살던 도시 중 하나다(수 9:27). 기브온은 여호수아 때 이스라엘을 속이고 평화 조약을 맺은 가나안 민족이다. 그 후 그들은 여호수아와 그 군대의 은혜를 입어 이스라엘 가운데 살게 되었다. 따라서 기럇여아림 사람들이 언약궤를 가져간 것은 보은 행위일 수도 있다. 이방 민족의 이런 선한 의도는 율법을 어기고 자기 소견대로 행하는 이스라엘의 악을 부각시킨다. 놀랍게도 언약궤가 기럇여아림에 들어가자 어떤 재앙도 발생하지 않는다. 이것은 기럇여아림 사람들이 궤를 적합한 장소(작은 산을 의미하는 "언덕")에 적합한 사람(거룩하게 구별된 엘리아살)의 보호 아래 두고, 임의적 접근("궤를 지키게 했다")을 막았기 때문이다. 엘리아살이 레위인인지는 확실하지 않지만 그를 거룩하게 구분했다는 언급은 언약궤를 '무게 있게' 다루려는 기럇여아림 사람들의 노력을 보여 준다.

질문

1. 블레셋의 종교 지도자들이 속건 제물로 금 쥐와 금 독종을 만들도록 제안한 이유는 무엇입니까?
2. 벧세메스 사람들이 언약궤 때문에 목숨을 잃는 이유는 무엇입니까?
3. 벧세메스에서 언약궤를 넘겨받은 기럇여아림 사람들에 대해 설명해 봅시다.
4. 말 못하는 짐승도 좌로나 우로나 치우치지 아니하고 언약궤를 메고 직진하였다는 사실과, 율법을 모르는 이방인들(블레셋의 종교 지도자들, 기럇여아림 사람들)도 여호와께 영광을 돌려야 함을 알았다는 사실이 가리키는 바는 무엇입니까?

묵상

1. 하나님은 우주 만물을 섭리의 도구로 사용하십니다. 택한 백성이 하나님의 역사를 이루는 주된 도구이지만, 하나님은 때로 불신자나 짐승까지 섭리의 도구로 사용하십니다. 세상은 우연이라고 보는 사건에서 신앙인은 하나님의 손을 찾습니다. 두 암소는 여호와의 궤를 실은 수레를, 불순종한 이스라엘과 달리 좌고우면하지 않고 운반합니다. 이것은 블레셋의 종교 지도자들도 인정한 기적입니다. 하나님은 짐승까지 사용하셔서 자신의 뜻을 이루는 분입니다. 이것은 두 가지 중요한 교훈을 줍니다. 첫째, 하나님은 인간의 불순종과 실패 때문에 실패하지 않는다는 것입니다. 인간이 하나님을 찬양하지 않으면 돌들이 소리를 지를 것입니다. 둘째, 그런 하나님이 나를 선택하셔서 그분의 역사를 이루신다면 얼마나 감사하고 영광스러운 일입니까? 하나님이 나를 선택하신 것은 다른 사람의 인생에서 하나님의 섭리적 도구가 되라는 뜻일 것입니다.
2. 거룩하라는 하나님의 요구는 절대 변하지 않습니다. 우리는 대세를 운운하며 죄를 합리화합니다. 사람들이 모두 그렇다 해서 악이 선이 되지는 않습니다. 세상이 어두울수록 말씀의 정도를 지켜야 합니다. 사사 시대 말은 모두가 타락한 시대였습니다. 제사장도 율법을 지키지 않는 시대였습니다. 그러나 하나님의 거룩함은 여전히 타협의 대상이 아니었습니다. 엘리 제사장과 벧세메스 사람들을 심판했던 하나님은 오늘도 말씀의 정도에서 벗어난 백성들을 반드시 심판하십니다.

8
사사 사무엘의 사역

삼상 7:2-17

언약궤 사건 이후 20년이 흘렀다. 블레셋은 다시 이스라엘을 억압하기 시작했다. 이처럼 이스라엘이 블레셋의 억압 아래 놓인 것은 언약궤가 없어서가 아니다. 언약궤는 이미 가랏여아림에 20년째 안치되어 있다. 그들의 고통은 자신의 죄 때문이었다. 선지자 사무엘은 온 이스라엘 백성을 미스바로 불러 회개 운동을 일으킨다. 이스라엘이 온 마음으로 여호와 앞에 돌아오자 문제가 해결된다. 이것은 하나님을 움직이는 것은 성물이 아니라 회개임을 말한다. 사무엘서 저자는 하나님의 통치가 사무엘의 지도력을 통해 온전히 실현됨을 일관되게 강조한다.

사무엘의 목회 사역 7:2

2 궤가 기럇여아림에 들어간 날부터 이십 년 동안을 오래 있은지라
이스라엘 온 족속이 여호와를 사모하니라

언약궤가 기럇여아림에 안치된 지 20년이 지났다. 본문은 그동안 무슨 일이 있었는지 침묵하지만, 분명한 것은 본 장에 묘사된 '종교 개혁'의 여건이 무르익었다는 점이다. 즉 지난 20년은 회복의 시기였다. 언약궤가 탈취되었을 때와 언약궤가 돌아왔을 때 자기 소견대로 행하던 이스라엘 사람들은 20년 후 여호와를 사모하는 자들로 변했다. 이것은 분명 사무엘의 목회 사역의 결과다.

그러나 "사모하니라"로 번역된 히브리어 '나하'(*nāhāh*)는 본래 '애통하다'는 의미다. 이스라엘 백성이 하나님을 향해 "슬퍼했다"니 무슨 뜻일까? 아마 그들은 고통 중에 있었을 것이다. 그리고 이 고통은 블레셋의 억압을 말하는 것 같다. 언약궤 사건과 함께 잠시 주춤했던 블레셋의 약탈과 억압이 다시 시작되었고, 그것은 당시 이스라엘 백성이 가나안 신들을 숭배하던 사실과 관계있다. 하나님께서는 우상을 숭배하는 이스라엘 백성을 블레셋의 손에 다시 넘긴 것이다. 그러나 본문은 그들의 애통함이 "여호와를 향한" 것(아흐레이 야훼, *'ahrēy yhwh*)으로 묘사한다. 이것은 자신의 죄 때문에 억압 아래 놓인 이스라엘이 여호와 앞에 부르짖어 도움을 받은 사사 시대의 전형적 모습이다.

한편 지난 20년은 소년 사무엘이 온 이스라엘의 선지자로 권위를 세워 가는 기간이었다. 사무엘상 3장의 신현 체험으로 그는 선지자로 세움을 받았지만, 온 이스라엘의 선지자로 인정받으려면 시간과 노력이 필요했다. 그가 말씀 사역을 통해 점진적이지만 확실히 선지자로서 권위를 획득해 간 기간이 바로 20년이다. 많은 이스라엘 사람이 우상숭배에 빠졌지만, 이스라엘에는 사무엘을 통해 하나님의 말씀이

꾸준히 선포되었다. 말씀과 이상이 희귀했던 엘리 시대와는 다르다. 사무엘의 꾸준한 말씀 사역으로 사람들은 고통 가운데서 하나님을 갈망한 것이다. 히브리어 '나하'를 '(여호와를) 사모하다'로 해석할 수 있는 이유는 여기에 있다. 사무엘의 사역으로 이스라엘에는 종교 개혁의 조건이 조성되었다.

선지자 사무엘:
사무엘의 반우상숭배 메시지 7:3-4

3 사무엘이 이스라엘 온 족속에게 말하여 이르되 너희가 전심으로
여호와께 돌아오려거든 이방 신들과 아스다롯을 너희 중에서
제거하고 너희 마음을 여호와께로 향하여 그만을 섬기라 그리하면
너희를 블레셋 사람의 손에서 건져 내시리라 4 이에 이스라엘 자손이
바알들과 아스다롯을 제거하고 여호와만 섬기니라

본 단락은 사무엘의 설교를 요약한다. "너희가 전심으로 여호와께 돌아오려거든"이라는 사무엘의 말은 이스라엘 백성들이 "여호와를 향해 애통했다"(바인나후… 아하레이 아도나이 *wayyinnāhû…'aḥrēy yhwh*, 개역개정에는 "여호와를 사모하느니라")는 2절의 언급을 연상시킨다. 즉 블레셋이 주는 고통에서 나오는 수동적 애통함이 아니라, 하나님께 전심으로 돌아가려는 결단을 담은 적극적 애통함이다. 사무엘은 블레셋이 주는 고통으로 마음이 가난해진 백성들을 참된 회개로 인도하는 역할을 맡는다.

이어지는 사무엘의 메시지에 따르면 회개("하나님께 돌아오는 것")는 후회가 아니다. 사무엘은 이스라엘에게 회개의 세 가지 조건을 가르친다. 첫째, 하나님께 "전심으로" 돌아와야 한다. 히브리어 원문에서 사무엘의 메시지는 "전심으로"라는 말로 시작한다. 그만큼 사무엘은 전심을 강조한다. "전심으로"로 번역된 히브리어 '베콜 레바브켐'(*bəkōl-ləbabəkem*)을 직역하면 "온 마음으로"이다. 유대인에게 '마음'은 감정뿐만 아니라 지성과 의지를 포함한다. 따라서 전심의 회개는 통전적 회

개다. 즉 행위까지 변화되는 것이다. 회개의 둘째 조건은 이방신들(바알들과 아스다롯) 제거다. 이것은 전심의 회개가 구체적인 지침으로 표현된 것이다. 바알은 비바람을 관장하는 신으로 땅의 풍요를 책임진다. 그는 가나안 지역에서 가장 인기 있고 영향력 있는 신이었다. 아스다롯은 전쟁과 사랑, 다산의 여신으로 숭배되었다. 구약성경에서 종종 아세라와 혼동되기도 하는 아스다롯은 바알과 함께 이스라엘 백성들을 미혹한 가나안의 여신이었다. 본문에서 바알과 아스다롯은 복수로 표시되는데 백성들의 집에 둔 바알 우상과 아스다롯 우상을 제거하라는 촉구로 읽힌다. 즉 당시 이스라엘 사람들은 다산과 풍요의 신인 바알과 아스다롯을 집에 많이 두었음을 알 수 있다. 회개의 세 번째 조건은 여호와만 섬기는 것이다. 바알과 아스다롯을 모신 이스라엘이 하나님을 섬기지 않은 것이 아니다. 그들은 하나님과 우상을 겸하여 섬겼다. 다신교가 상식적인 대세였음을 고려할 때, 이스라엘 사람들이 여호와와 다른 이방 신을 겸하여 섬기는 유혹에 넘어갔을 가능성이 많다. 여호와만 섬기는 고지식한 사람보다 영험함이 검증된 바알과 아스다롯도 겸하여 섬기는 사람이 더 '국제적 감각이 있는' 사람으로 간주되었을지 모른다. 그러나 사무엘은 하나님만 섬기라고 가르친다. 이 세 조건이 충족되어야 하나님을 기쁘시게 하며, 이스라엘 백성은 블레셋의 손에서 건짐을 받을 것이다.

【바알과 아스다롯 신상】

백성들은 사무엘의 가르침에 즉각 반응하여 각자의 집에 둔 우상을 버리고 여호와만 섬겼다(4절). 이것은 사무엘의 권위가 백성들 사이에 온전히 인정되었음을 보여 준다.

제사장 사무엘: 미스바 집회 7:5-6

5 사무엘이 이르되 온 이스라엘은 미스바로 모이라 내가 너희를
위하여 여호와께 기도하리라 하매 6 그들이 미스바에 모여 물을
길어 여호와 앞에 붓고 그 날 종일 금식하고 거기에서 이르되
우리가 여호와께 범죄하였나이다 하니라 사무엘이 미스바에서
이스라엘 자손을 다스리니라

사무엘은 모든 이스라엘을 미스바로 모은다. 이 집회의 목적은 두 가지다. 하나는 제사장적 중보 사역을 수행하는 것이고(5절) 하나는 사사적 통치 사명을 수행하는 것이다(6절). 미스바 집회는 이스라엘 백성이 사무엘의 말씀 사역(3절에 묘사됨)뿐 아니라, 그의 제사장적 중보 사역과 사사적 통치도 필요함을 보여 준다.

먼저 이스라엘과 하나님의 관계를 회복하기 위해 사무엘의 중보가 필요했다. 엘리는 아들들을 꾸짖으면서 "사람이 여호와께 죄를 지

【미스바】 미스바는 이스라엘이 기도하러 자주 모인 곳이다(마카베오상 3:47). 예루살렘 북쪽으로 약 12킬로미터 지점에 있다(오늘날의 텔 엔-나스베). 사사기 20-21장에 따르면 베냐민 지파와 싸우기 위해 나머지 지파들이 모여 맹세 의식을 가진 곳도 미스바였다. 그러나 본문에서 더욱 중요한 것은 '미스바'의 의미다. 미스바는 '고대하다, 사모하다, 누군가를 기다리며 바라보다'를 의미하는 동사(짜파, *ṣāpāh*)와 연관된 지명이다. 4장 13절에서 엘리가 전쟁의 결과를 기다리는 모습도 이 동사로 표현되었다(메짜페, *məṣappēh*). 또한 1장 1절에서 '라마다임소빔'으로 번역된 히브리어 라마다임소빔(rmtym ṣpym)도 라마다이 메소빔(rmty mṣpym)으로 나누어 읽으면 사무엘의 아버지 엘가나는 '(누군가를) 고대하는 자'로 불린 셈이다. 어쨌든 지금까지 사무엘서의 인물들은 이스라엘을 영적 · 도덕적 혼란에서 구원할 누군가를 고대했음이 분명하다. 미스바, 즉 사모, 소망, 고대하는 장소에서 이스라엘이 사무엘의 사사적 통치를 받는다니 매우 흥미롭다. 이것은 이스라엘 백성이 고대하고 기다리던 바가 바로 사무엘임을 암시한다. 사무엘은 하나님의 대리 통치자이므로 그 고대는 하나님의 통치에 대한 고대이다. 게다가 사무엘은 왕에게 기름을 부을 선지자다. 따라서 이것은 왕에 대한 고대를 의미할 수도 있다. 이 두 가지는 서로 상충하는 개념인데 이는 이스라엘 역사의 아이러니다. 사사 시대 말이 영적 어둠의 시대였지만, 미스바에 모인 사람들은 '소망하고, 기대하고, 기다리는 자'들이었다. 이들의 소망과 기대 위에 하나님의 역사가 임했다.

으면 누가 그를 위해 기도해 주겠느냐"고 했는데(2:25), 지금 사무엘이 죄인과 여호와 사이에서 중보자 역할을 자처하는 것이다. "내가 너희를 위하여 여호와께 기도하리라"(5절). 이런 사무엘의 제사장적 중보 사역은 우상 숭배로 하나님께 범죄한 백성의 회개 위에서 이루어진다. 죄를 인정하지 않으면 사무엘의 제사장적 중보 사역도 의미가 없다. 백성들은 물을 길어 여호와 앞에 붓고, 금식하고 죄를 공개적으로 고백한다(6절).

집회의 다른 목적은 사사 사역이라 했다. 사무엘은 온 마음으로 하나님께 돌아온 백성을 미스바에서 다스린다. "다스린다"(6절)로 번역된 히브리어 '샤파트'(*šāpaṭ*)는 사사의 통치를 지칭한다. 사사 제도는 엄밀하게 말하면 하나님이 직접 통치하는 신정이다. 따라서 미스바에서 사사 사무엘이 행한 '다스림'은 하나님의 직접 통치의 통로다. 그리고 사사 사무엘을 통한 하나님의 직접 통치는 블레셋에게 거둔 승리를 통해 구체적으로 예증된다. 이런 관점에서 일부 학자들은 미스바 집회가 블레셋을 자극할 의도가 있었다고 주장하며, 결과적으로 이 집회가 블레셋을 도발한 것은 분명하다(7절).

사사 사무엘: 블레셋의 침공을 물리침 7:7-12

7 이스라엘 자손이 미스바에 모였다 함을 블레셋 사람이 듣고
그 방백들이 이스라엘을 치러 올라온지라 이스라엘 자손이 듣고
블레셋 사람들을 두려워하여 8 이스라엘 자손이 사무엘에게 이르되
당신은 우리를 위하여 우리 하나님 여호와께 쉬지 말고 부르짖어
우리를 블레셋 사람들의 손에서 구원하시게 하소서 하니

【물을 길어 붓는 의식】 이스라엘 백성이 미스바에 모여 "물을 길어 여호와 앞에 부었다"는 기록이 6절에 있다. 이 의식은 율법에 규정되지 않았고, 이와 동일한 의식이 구약성경에는 없기에 그 의미를 단정하기 어렵다. 엘리야가 제단에 물을 부었고(왕상 18:34)과 다윗이 부하들이 목숨을 걸고 길어 온 물을 땅에 부었지만(삼하 23:13-17) 이 두 경우는 물을 붓는 동기가 사무엘상 본문과 다르다. 다만 사무엘상에서 이 의식이 이스라엘의 회심을 상징적으로 보여 준다는 것은 확실하다. 물이 생명을 상징한다면, 물을 붓는 것은 여호와께 전인격적으로 헌신한다는 의미다. 그리고 그것은 회심의 필연적 열매다. 만약 물이 이스라엘의 죄를 상징한다면 그것은 죄와의 결정적 단절을 의미할 수도 있다. 한번 엎지른 물은 다시 담을 수 없기 때문이다. 또한 이것은 정결과 관계될 수도 있다.

9 사무엘이 젖 먹는 어린 양 하나를 가져다가 온전한 번제를
여호와께 드리고 이스라엘을 위하여 여호와께 부르짖으매
여호와께서 응답하셨더라 10 사무엘이 번제를 드릴 때에 블레셋
사람이 이스라엘과 싸우려고 가까이 오매 그 날에 여호와께서
블레셋 사람에게 큰 우레를 발하여 그들을 어지럽게 하시니
그들이 이스라엘 앞에 패한지라 11 이스라엘 사람들이 미스바에서
나가서 블레셋 사람들을 추격하여 벧갈 아래에 이르기까지 쳤더라
12 사무엘이 돌을 취하여 미스바와 센 사이에 세워 이르되
여호와께서 여기까지 우리를 도우셨다 하고 그 이름을
에벤에셀이라 하니라

본 단락은 사사 사무엘을 통한 하나님의 통치가 이스라엘을 블레셋의 위협에서 어떻게 지켜 주는지 보여 준다. 하나님이 직접 다스리는데 외적을 막아 주는 인간 왕이 굳이 필요할까.

미스바에 이스라엘 사람이 모두 모였다는 정보를 입수한 블레셋은 방백들(다섯 거점 도시의 수장)을 앞세워 이스라엘을 치러 올라온다. 미스바 모임이 순수한 종교 집회였음을 감안할 때 블레셋이 미스바 집회를 기회 삼아 침공한 이유가 궁금해진다. 이들이 미스바 집회를 군사적 성격으로 오해했을 가능성은 없을까. 이전에 이스라엘 사람들이 전쟁을 위해 미스바에 모인 적이 있었음을 고려하면(삿 20-21장), 블레셋 사람들이 금번 미스바 집회를 성전(Holy War)을 치르는 예비 집회로 오해했을 가능성은 충분하다. 그렇다면 이 공격은 이스라엘의 공격을 선제적으로 차단하려는 목적으로 보인다. 그러나 좀더 개연성이 높은 설명은 다음과 같다. 당시 이스라엘 사람들은 집회의 자유가 없었다. 블레셋 사람들이 이스라엘의 집회를 반역적이고도 위험스럽다고 간주해 금지했을 가능성이 있다. 이스라엘이 모일 때마다 블레셋은 군사적으로 대응했고 더구나 한 번의 공격으로 많은 사람을 없앨 기회를 쉽게 놓칠 리 없었을 것이다.

이런 상황에서 사무엘이 온 이스라엘 백성을 미스바로 모이게

하고 큰 집회를 열었으니 블레셋의 공격을 자연스레 촉발시킨 것이다. 블레셋이 크게 억압하는 시대에 대중 집회가 얼마나 위험한지 사무엘도 온 이스라엘 백성도 잘 알았을 것이다. 그럼에도 사무엘이 이스라엘을 모은 것은 회심한 백성을 하나님이 구원하신다고 확신했기 때문이다. 한편 일부 학자들은 미스바의 '회심 운동'의 배경이 임박한 블레셋의 공격이었다고 주장한다. 미스바에 모인 이스라엘 백성은 블레셋의 공격 가능성을 충분히 인지했기 때문에 더욱 하나님께 매달리게 되었다는 것이다.

막상 블레셋이 공격해 왔다는 소식을 듣자, 이스라엘 사람은 "블레셋 사람들을 두려워한다"(7절). 그러나 이들은 20여 년 전, 아벡-에벤에셀 전투에 임했던 이스라엘 사람과 달랐다. 20여 년 전 전투에서 그들은 자신들의 방법(실로에서 언약궤를 가져옴)으로 두려움을 해결하려 했지만, 20년이 지난 지금은 사사요 선지자이자 제사장인 사무엘을 통해 하나님께 간구한다.

> "이스라엘 백성들이 사무엘에게 말했다. '당신은 잠잠해서는 안 됩니다. 그분이 블레셋의 손에서 우리를 구원하시도록 우리의 간구를 우리 하나님 여호와께 부르짖어야 합니다'"(8절, 사역).

우상을 제거하고 온 마음으로 여호와만 섬기라는 사무엘의 목소리(3절)에 이스라엘이 순종했듯, 쉬지 말고 기도해 달라는 이스라엘의 목소리에 이번에는 사무엘이 순종한다. 그는 젖 먹는 어린 양을 잡아서 여호와께 온전한 번제로 드린 후 백성들을 위해 여호와께 부르짖는다. 왜 사무엘이 좀더 자란 동물을 드리지 않고 젖먹이 양을 드렸는지 확실하지 않지만, 젖먹이라는 말은 언약궤를 운반한 암소를 연상시키는 동시에 서원에 따라 사무엘을 성전에 바치려 젖을 뗐던 한나를 연상시킨다. 한편 적이 혼란에 빠진다는 표현("그들을 어지럽게 하시니", 11절)은 하나님이 직접 이스라엘의 적과 싸우시는 문맥에 자주 등장한다(출 24:14; 23:27; 수 10:10). 또한 우레를 발하시는 하나님은 전사로서의 모습을 연상시킨다(삼상 2:10 참고). 이 모든 것은 하나님이 직접 이스라엘을 다스리심을 나타낸다. 사무엘은 이런 하나님의 통치가 구현되는 통로가 되었다.

이스라엘 백성은 미스바에서 도망하는 블레셋 사람들을 벧갈[1] 아래까지 추격하여 죽였다(11절). 그리고 사무엘은 하나님이 주신 완벽한 승리를 기념하기 위해 미스바와 센 사이에 돌을 세운다. 센(*šēn*, 이빨)은 특정 지명이 아니라 미스바에서 벧갈로 통하는 길가에 높이 솟은 봉우리다(삼상 14:4의 절벽 이름들을 참조). 그곳에 세워진 돌은 가나안 종교의 성물인 선바위(마쩨바, *maṣṣēbāh*)가 아니다. 신의 도움을 부르는 주술적 돌이 아니라, 하나님의 구속 역사의 증거일 뿐이다. 사무엘은 미스바와 센 사이에 세운 돌에 "여호와께서 여기까지 우리를 도우셨다"는 의미로 에벤에셀이라 이름 붙인다. 이 '에벤에셀'은 4장 1절에 언급된 지명 '에벤에셀'과 다르지만, 그 돌 이름은 20여 년 전의 아벡-에벤에셀 전투를 상기시킨다. 이런 관점에서 보면 7장에 묘사된 승리는 20여 년 전 아벡-에벤에셀 전투의 치욕을 되갚는 승리였다. 당시 이스라엘은 여호와의 궤를 진영에 두고, 완전히 사기를 잃어버린 블레셋 군대와 맞섰지만 실패하였다. 그러나 지금은 여호와의 궤도 동원하지 않았고, 20년 전보다 훨씬 막강해진 블레셋 군대에게 선제공격을 당했음에도 블레셋을 대파할 수 있었다. 하나님의 통치를 담보하는 것은 종교적 성격의 물건이나 관행이 아니라 회개하는 마음임을 보여 준다.

이스라엘이 주변국들과 평화함 7:13-14

13 이에 블레셋 사람이 굴복하여 다시는 이스라엘 지역 안에
들어오지 못하였으며 여호와의 손이 사무엘의 사는 날 동안에
블레셋 사람을 막으시매 14 블레셋 사람들이 이스라엘에게서
빼앗았던 성읍이 에그론부터 가드까지 이스라엘에게 회복되니
이스라엘이 그 사방 지역을 블레셋 사람들의 손에서 도로 찾았고
또 이스라엘과 아모리 사람 사이에 평화가 있었더라

미스바 전투 후 블레셋은 더 이상 이스라엘 영토를 침범하지 못했다. 블레셋은 사무엘이 다스리는 이스라엘에 굴복하였다. 이스라엘은 블레셋 사람들에게 빼앗겼던 성읍도 되찾았다(비교. 삼상 31:7). 뿐만 아니라 이스라엘은 가나안 민족("아모리 사람")들과도 평화롭게 지내게 되었다. 이 모든 것은 사사 사무엘의 통치가 이스라엘 민족에 일시적이지만 온전한 평화를 가져왔음을 보여 준다. 즉 사사 제도가 잘 기능하고 있다. 이런 관점에서 볼 때 8장에 기록된 왕을 달라는 요구는 이해하기 힘들다. 분명 본문은 사사를 통한 하나님의 직접 통치가 사무엘을 통해 효과적으로 이루어짐을 보여 주기 때문이다. 이런 신학적 메시지는 과장법으로 표현된다. "사무엘이 사는 날 동안" 블레셋 사람들이 이스라엘을 괴롭히지 못했다는 진술은 이후의 역사와 상반된다. 왜냐하면 사무엘이 건재했던 사울 왕 시대에 블레셋은 여전히 이스라엘의 주적이었기 때문이다.

사무엘의 순회 목회 7:15-17

15 사무엘이 사는 날 동안에 이스라엘을 다스렸으되 16 해마다
벧엘과 길갈과 미스바로 순회하여 그 모든 곳에서 이스라엘을
다스렸고 17 라마로 돌아왔으니 이는 거기에 자기 집이 있음이라
거기서도 이스라엘을 다스렸으며 또 거기에 여호와를 위하여
제단을 쌓았더라

본 단락은 사무엘의 사역을 요약하기 위해 "이스라엘을 다스렸다"(15, 16, 17절)는 말을 세 번 반복한다. 이 반복은 사무엘의 사사, 선지자, 제사장 직무를 암시하는 듯하다. 15절의 "다스리다"는 정치 지도자로서 다스림(사사적 직무)을 의미한다. 이는 15절에서 사무엘의 다스림과 연결된 부사구 "사무엘이 사는 날 동안"이 13절에서는 사무엘의 군사적 지도력과 연결되었음을 통해 알 수 있다. 사사가 맡은 임무 가운데 하나가 블레셋의 군사적 위협을 막는 것이었음은 두말할 필요도 없다. 16절의

"다스리다"는 사무엘의 선지자적 직무를 지칭하는 듯하다. 사울과 사무엘이 만나는 장면(삼상 9장)에서 보겠지만 선지자들은 지역을 순회하며 목회 사역을 했다. 사람이 찾아오면 말씀과 기도, 능력으로 문제를 해결한다. 사무엘도 벧엘과 길갈, 미스바를 순회하며 목회 사역을 한 것 같다. 말씀을 전하고, 기도하며, 필요하면 능력도 행하면서 하나님의 통치가 이스라엘 백성에게 어떻게 실현되는지를 실증해 주었다.[2] 17절에 언급된 "다스리다"는 제사장 직무를 지칭하는 것 같다. 사무엘은 고향 라마에서 여호와를 위해 단을 쌓고 예배를 주도했다.

이처럼 13-14절이 사무엘의 통치가 이스라엘의 외적 문제(블

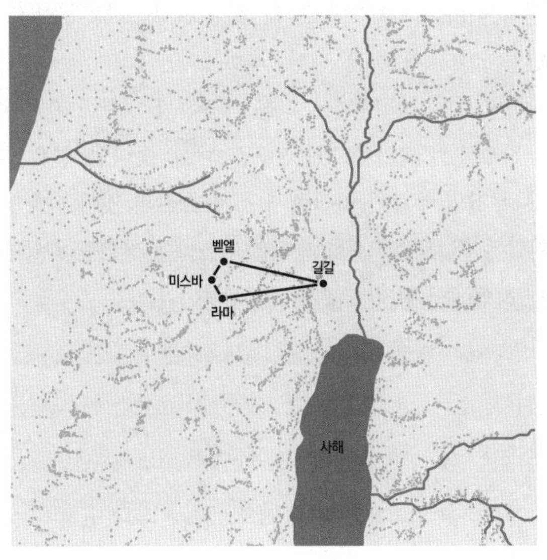

【사무엘의 순회 사역지】

레셋의 억압)를 효과적으로 제거했음을 보인다면 본 단락은 사사 사무엘의 지도력이 사사 시대 말의 내적 문제(영적·도덕적 타락)와 외적 문제(블레셋의 침략)를 해결하는 데 모두 효과적이었음을 드러낸다. 다음 단락에서 백성들이 왕을 달라고 요구하지만 이것이 불필요하며 나아가 죄악된 것임을 부각시키는 역할도 한다.

사무엘의 순회 사역 중심지로 언급된 벧엘과 길갈, 미스바는 이스라엘의 영토 중 일부만 포괄한다. 벧엘은 예루살렘 북쪽 약 15킬로

미터 지점에, 미스바는 10킬로미터 지점에, 길갈은 예루살렘 북동쪽 20킬로미터 지점(여리고 근처)에 위치했다. 이처럼 사무엘의 사역은 베냐민 지파의 북부 영토와 에브라임 지파의 남부 영토에 걸쳐 이루어졌다. 베냐민 지파는 사울이 속한 지파이며, 에브라임은 북방 지파들의 대표였음을 고려하면 이스라엘의 핵심 지역에 집중된 사역이다. 사무엘은 1년에 한 번 이들 지역에서 사역하고 라마로 돌아오곤 했다. 라마(라마다임소빔)는 미스바에서 남쪽으로 3킬로미터 정도 떨어진 도시로 사무엘의 집이 있는 곳이다. 사무엘이 1년에 한 번씩 지역을 순회하고 다시 고향 라마로 돌아오는 패턴은 사무엘상 1장의 엘가나-한나 가정이 해마다 매년제를 위해 실로를 방문하고 라마로 돌아온 사건을 연상시킨다. 특히 본 장이 "라마"를 언급하며 끝나는 것은 다음 장에 대한 자연스런 연결 고리를 제공하기 위함이다. 8장에서 이스라엘의 장로들은 라마에 있는 사무엘에게 찾아와 왕을 요구한다. 1장에서 사무엘의 부모가 라마에서 실로로 오간 것이 사무엘 탄생의 배경이 되었듯, 사무엘의 순회 사역은 이스라엘 장로들이 왕을 요구하는, 즉 이스라엘에서 왕정이 생겨나는 배경이 된다.

질문

1. 언약궤가 기럇여아림에 20년간 머무는 동안 이스라엘에 어떤 변화가 있었습니까? 이스라엘 온 족속이 "여호와를 사모하니라"라는 의미는 무엇입니까?
2. 사무엘이 이스라엘 백성에게 제시한 회개의 조건 세 가지는 무엇입니까?
3. 사무엘이 미스바에 이스라엘을 모은 이유는 무엇입니까?
4. 블레셋은 왜 종교 집회를 가지려 모인 이스라엘 사람들을 공격했을까요?
5. 사무엘은 어떻게 블레셋을 무찌릅니까?
6. 본 장이 왕을 요구하는 8장의 서론 역할을 한다면, 본 장이 강조하는 메시지는 무엇입니까?
7. 미스바는 '기다림, 고대함'을 뜻합니다. 사무엘서를 기다림의 주제로 이해한다면, 이스라엘 백성이 기다리고 고대할 것은 궁극적으로 무엇입니까?

묵상

1. 사무엘이 미스바에서 성공적으로 회심 집회를 이끈 것은 지난 20년간의 성실한 목회 때문이었습니다. 이런 의미에서 미스바 집회는 사무엘 사역의 전성기를 보여 줍니다. 우리에게도 미스바 회심 집회가 필요합니다. 대형 집회가 자주 개최되지만 나라 전체를 새롭게 하는 운동으로 이어지지 않으니 안타까운 일입니다. 그런 집회들이 이벤트로 기획되기 때문입니다. 미스바 집회 뒤에는 사무엘이 성실하고 진실되이 섬기고 목회한 20년의 세월이 있었습니다. 한국 교회의 갱신은 거대한 체육관이 아니라, 삶에서 행하는 참된 섬김과 말씀 운동에서 시작됩니다.
2. '미스바'와 사무엘상은 기다림의 정서가 담겨 있습니다. 우리의 삶에도 '기다림'의 요소가 있나 자문해 봅니다. 우리가 희망하는 바는 무엇입니까? 진정한 소원이 무엇입니까? 초대교회 성도들의 믿음에는 분명 '기다림'이 있었습니다. 예수님께서 자기 세대에 오실 것을 믿고 기다렸습니다. 이런 종말 의식은 그들의 삶에서 철저한 성결을 가능하게 했습니다. 그러나 오늘날 우리의 신앙에는 이런 기다림이 없는 것 같습니다. 우리는 어떤 자세로 '기다려야' 할까요? 토론해 봅시다.

9
왕을 달라는 백성의 요구와 사무엘의 경고

삼상 8:1-22

사사 사무엘의 통치로 유례없는 평화를 맞았음에도 이스라엘 백성은 "열방과 같이" 왕을 원한다. 우리는 왕을 세워 달라는 이스라엘 백성과 그런 요구를 못마땅하게 여긴 사무엘의 갈등을 본다. 이때 하나님께서 사무엘을 위로하셨고, 백성이 사무엘이 아니라 '나'를 버렸다고 말씀하신다. 이후 사무엘은 왕정이 가져올 폐해들을 언급한다.

이스라엘의 구속사에서 중요한 순간을 담은 본 장은 신학적으로 중요한 질문을 던진다. 이스라엘이 왕을 요구한 진짜 이유는 무엇이었을까? 하나님께서 백성들의 요구를 악하다고 하시면서도 거부하지는 않은 이유는 무엇이었을까? 왕정의 성립은 하나님의 원래 계획이었을까?

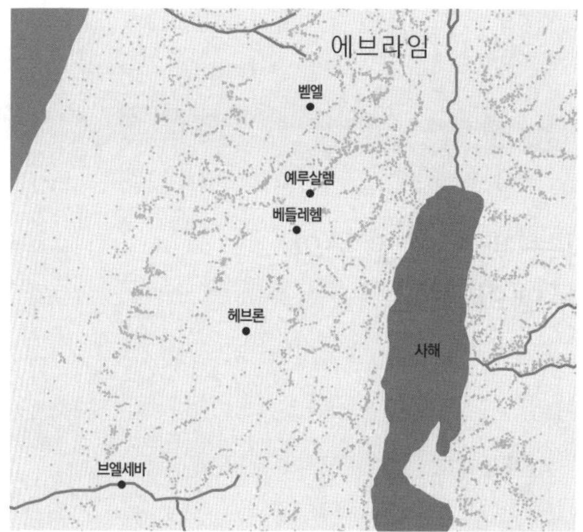

【브엘세바의 위치】

【브엘세바 유적지】

【브엘세바에서 발견된 네 뿔 제단】

【브엘세바】 고대 이스라엘의 최남단 도시로 최북단 도시인 단과 더불어 "단에서 브엘세바까지"라는 말로 유명하다. 이 숙어는 고대 이스라엘 영토 전체를 지칭한다. 지명 '브엘세바'의 유래가 창세기 21:28-31과 26:25-33에 기록되어 있다. 전자에 따르면 아브라함은 우물을 판 뒤 권리를 인정받기 위해 아비멜렉과 언약을 맺는다. 이때 일곱 암양을 아비멜렉에 주고 언약의 증표로 삼는데 이 경우 브엘세바는 "일곱 (암양)의 우물" 혹은 "맹세의 우물"이라는 의미가 될 것이다. 한편 창세기 26장에 따르면 야곱의 종들이 우물("브엘")을 판 지역에서 야곱은 아비멜렉과 불가침 조약("세바")을 맺는다. 이 본문에서는 우물과 조약 사이에 직접적 연관이 없다. 브엘세바의 유래에 대한 두 이야기는 브엘세바가 족장들에게 중요한 터전이었음을 보여 준다. 브엘세바에서는 하나님의 현현이 빈번하게 있었다. 하갈(창 21:17), 이삭(창 26:24), 야곱(창 46:2), 엘리야(왕상 19:5)가 이곳에서 하나님을 만났다. 아브라함은 이곳에 종려나무를 심고, 여호와의 이름을 부름으로써 브엘세바를 성지화했다. 8세기 선지자 아모스가 브엘세바를 벧엘, 길갈과 더불어 대표적인 우상 숭배 산당으로 지적한 것으로 보아 브엘세바는 상당히 긴 세월 동안 고대 이스라엘의 제의 중심지였던 것 같다.

사무엘이 사사직을 세습함 8:1–3

1 사무엘이 늙으매 그의 아들들을 이스라엘 사사로 삼으니
2 장자의 이름은 요엘이요 차자의 이름은 아비야라 그들이
브엘세바에서 사사가 되니라 3 그의 아들들이 자기 아버지의 행위를
따르지 아니하고 이익을 따라 뇌물을 받고 판결을 굽게 하니라

8장은 사무엘이 늙었다는 언급으로 시작한다. 본래 연로함은 지혜와 축복의 상징이 되기도 하지만(잠 16:31; 20:29), 신체적·정신적 연약함을 나타내기도 한다. 1절에서 사무엘이 늙었다는 언급은 후자에 해당한다. 사무엘은 늙었기 때문에 해서는 안 될 일을 하게 되는데, 아들들에게 사사직을 세습한다. 사사는 세습이 아니라 '은혜(카리스마)의 원리'에 따라 다음 세대로 이양된다. 즉 여호와의 영이 임한 자, 하나님이 친히 택하신 자가 사사가 된다. 그런데 사무엘은 사사직을 세습했다. 하나님이 그들을 택했다거나 여호와의 영이 임했다는 언급이 없는 것으로 보아 아들들을 세운 것은 분명한 잘못이다. 1절은 이런 실수를 사무엘의 연로함과 연결시키고 있다.

사무엘이 사사로 세운 아들은 요엘("여호와가 나의 하나님이다")과 아비야("여호와가 나의 아버지다")다. 이들은 이스라엘의 남쪽 끝 도시인 브엘세바에서 사사직을 수행했다. 그러나 그들은 "아버지의 행위를 따르지 아니하고 이익을 따라" 통치하였다. "아버지의 행위를 따르지 아니했다"는 말은 직역하면 "아버지의 길(드라카브, *dərākāyw*)로 행하지 않았다"가 되고, "이익을 따랐다"로 번역된 히브리어 '바잇투 아하레이 하바짜'(*wayyiṭṭû ʾaḥrēy habbāṣāʿ*)는 "이를 쫓아 [바른 길에서] 벗어났다"는 의미다. 3절 후반부에서 이 이탈 행위는 구체적으로 뇌물을 취하고 판결을 굽게 하는 것으로 드러난다.

사무엘의 아들들이 이스라엘의 핵심지가 아니라 브엘세바에

서 다스렸다는 사실을 이상하게 여기는 학자들이 있다. 이들은 요세푸스의 말을 빌려, 한 아들은 벧엘에서 다른 아들은 브엘세바에서 사사가 되었다고 해석한다. 즉 이스라엘 영토를 북과 남으로 분할하여 통치했다는 것이다. 그러나 그렇게 이해할 필요는 없다. 아들들이 최남단 도시 브엘세바에서 다스렸다는 언급은 이후의 사건을 이해하는 데 실마리를 제공한다. 8장을 보면 이스라엘의 장로들이 라마에 있는 사무엘에게 찾아와 왕을 달라고 요구한다. 그러나 왕을 요구할 이유는 하나도 없었다. 7장 13절에 따르면 사무엘의 통치 기간에는 블레셋이 이스라엘을 침공하지 않았고, 다른 가나안 민족도 이스라엘과 화평했기 때문이다. 즉 사무엘을 통한 하나님의 직접 통치가 완벽하게 이루어지고 있었다. 그럼에도 왕을 원하는 이스라엘 사람들과 장로들은 사무엘의 아들들을 핑계로 삼는다. 사사직을 아들에게 세습함으로써 사무엘이 그들에게 핑곗거리를 준 것은 사실이지만, 아들들의 악한 통치가 브엘세바에 국한되었다는 것은 그들의 악행이 이스라엘 전체에 끼친 영향은 미미했음을 시사한다. 그러나 보이지 않는 하나님의 통치보다 보이는 인간의 통치를 원했던 이스라엘 백성에게 요엘과 아비야의 악행은 좋은 구실이 되었다.

백성이 왕을 요구함 8:4-5

4 이스라엘 모든 장로가 모여 라마에 있는 사무엘에게 나아가서
5 그에게 이르되 보소서 당신은 늙고 당신의 아들들은 당신의
행위를 따르지 아니하니 모든 나라와 같이 우리에게 왕을 세워
우리를 다스리게 하소서 한지라

이스라엘의 장로들은 라마에 있던 사무엘에게 찾아가 "모든 나라와 같이" 왕을 세워 달라고 요구한다. "라마"에 대한 언급은 사무엘의 성공적인 사역(7장)을 상기시킨다. 사무엘은 벧엘, 길갈, 미스바의 순회 사역을 끝낸 후 언제나 라마로 돌아와 제단을 쌓았다. 사무엘의 사역은 이

스라엘에 평화(샬롬, šālôm)를 가져다주었다. 따라서 장로들이 라마까지 찾아와 왕을 요구한 것은 명분이 없어 보인다. 그러나 이미 왕정에 마음을 빼앗긴 장로들은 명분을 만들어 낸다. 먼저 사무엘의 연로함을 내세운다("당신은 늙고", 5절 상). 지금까지는 성공적으로 이스라엘을 다스렸으나 이제 늙었기 때문에 체력과 판단력이 약해졌을 것이라는 주장이다. 두 번째 명분은 사무엘이 후계자로 삼은 아들들이 정직하지도 공의롭지도 못하다는 것이다(5절 후반부). 하지만 두 번째 명분은 어디까지나 핑계에 불과하다. 아들들의 통치는 브엘세바에 국한되었기 때문에 이스라엘 전체가 고통을 받는다고 주장할 수 없다. 사무엘은 사사로서 여전히 통치하고 있으며 더욱이 이스라엘의 궁극적 통치자는 하나님이다. 하나님은 늙지도 죽지도 않으시며 부족한 사사들을 통해서 이스라엘을 완전히 통치하신다. 사무엘이 연로하다 하여 하나님의 통치에는 전혀 방해가 되지 않는다. 그럼에도 왜 장로들은 "왕"을 요구했을까? 답은 "모든 나라와 같이"(케콜-하고임, *kəkōl-haggôyim*, 5절)라는 구절에 숨어 있다.

왕정은 고대 근동 세계에서 가장 선진적인 정치 체제였다. 당시 찬란한 문명을 이룬 모든 민족이 왕정을 채택했다. 문명의 후발 주자였던 이스라엘은 왕정을 채택함으로써 열방과 같은 선진 문명을 이루려 했던 것 같다. 왕정 국가는 부족 국가들이 할 수 없는 일도 척척 해낼 수 있었다. 대규모 건설 사업에 필요한 노동력과 자원을 효과적으로 조달하는 체계 덕분에 왕정의 도시마다 하늘까지 치솟은 탑과 화려하고 거대한 궁전과 신전, 상하수도 시설, 경기장 등이 들어섰고, 농촌에는 대규모 관개 시설이 갖추어져 농산물이 안정적으로 공급되었다. 치안도 유지되니 사람들은 부도 축적할 수 있었다. 왕정이 이룬 문명을 보고 들은 이스라엘이 왕정을 선망한 것은 당연하다. 가나안 중앙 고원 지대에서 촌락 생활을 영위한 이스라엘에게 왕정은 더 나은 삶으로 가는 지름길이었다.

왕정은 적의 침입에도 효과적으로 대응할 수 있는 체제다. 왕의 명령은 강제력을 가지기 때문에 국가의 위기 때 큰 군대를 신속히 조직할 수 있고, 상비군을 두어 기본적 치안도 유지할 수 있다. 사사 시대의 이스라엘의 지파들은 국가 위기 때에도 잘 단결하지 못했다. 사사 드보라의 징집 요구에 길르앗, 단, 아셀 지파는 응하지 않았고(삿 5:17), 길르앗을 공격한 암몬 사람들을 물리치려 사사 입다가 요단 서편 지파들에게 도움을 요청했으나 군대를 보낸 지파는 므낫세뿐이었다. 징집 과정에 불만을 품은 에브라임 지파는 오히려 입다에게 싸움을 걸어온다. 이처럼 사사들의 명령은 강제력이 없어 종종 무시되었다. 그러나 왕이 생기면 사정이 달라진다. 모든 지파가 왕권에 순종할 것이고, 단결된 이스라엘은 더 이상 외적의 억압에 고통당하지 않을 것이다.

이러한 것들을 고려할 때, 이스라엘이 '원시적인' 사사 제도를 버리고 '첨단' 왕정을 받아들이는 것은 시대적 요구처럼 보인다. 이 흐름에 반대하는 것은 역사를 거꾸로 돌리는 반동이거나 판단 착오다. 왕정은 시대정신의 요청이다. "열방과 같이" 왕정을 받아들여 민족중흥의 역사적 사명을 이루어야 한다. 이런 의미에서 "열방과 같이" 되는 것이 왜 나쁜가? 민족을 부강하게 만들려는 애국심이 정당화될 수 없는가?

물론 민족중흥의 소망 자체를 탓할 수는 없다. 그러나 문제는 부국강병의 수단이 "모든 나라와 같은 왕정"이라는 데 있다. 고대 근동의 왕은 곧 신이었음을 생각하면 왕정을 요구한 것은 '돈'과 '명예'를 위해 하나님을 버리고 우상을 섬기기로 결심한 것과 같다. 이것은 이스라엘의 언약적 정체성 포기다. 이스라엘은 본래 열방과 구별된 백성이다.

【바벨탑 사건과 왕에 대한 요구】 창세기 11장은 도시를 건설하는 인간들의 노력을 하나님이 수포로 돌아가게 하는 내용이다. 에리두 창세기라는 수메르 문헌을 보면, 이와 정반대되는 내용이 나온다. 신이 인간들을 만들고, 그들에게 도시를 건설할 것을 명령했는데, 인간들이 오합지졸처럼 단결하지 못해 도시 건설에 실패한다. 이때 신은 '왕'을 창조하여 그 왕으로 하여금 도시 건설을 완성하게 한다. 왕은 백성들의 노동력을 효과적으로 활용하고, 자원을 조달하여 도시를 건설한다.
에리두 창세기에서 신들이 왕을 주어 도시를 건설하게 한 이유는 무엇일까? 도시는 신들의 거처가 되기 때문이다.
도시를 지어야, 그 안의 신전에서 신들이 쉴 수가 있다. 이런 점에서 도시 건설은 이스라엘 백성에게는 처음부터
우상 숭배적으로 인식되었던 것 같다. 하나님은 그런 도시 건설에 반대했던 것이다.
사무엘상 8장에서 이스라엘 사람들은 왕을 요구한다. 그 이유는 이방 백성처럼 도시 문명을 이루기 위함이다.
이런 점에서 왕을 달라고 요구하는 행위는 제2의 바벨탑 사건이라고 말할 수 있다. 즉 하나님을 왕으로 모시는 것이 아니라,
스스로를 왕으로 삼으려는 인간의 오만이 엿보인다.

즉 하나님이 직접 다스리는 민족이다. 그런데 왕을 요구하는 것은 언약적 정체성을 포기하는 길이다.

"모든 나라와 같은" 왕정에서는 왕이 신처럼 절대 권력을 휘두른다. 왕은 종종 신이 된다. 다신교적 배경에서는 신이 하나 더 생겨도 문제 되지 않지만, 유일신교에서는 왕정은 본질상 하나님과 이스라엘의 관계를 파괴한다. 아무리 경건한 사람이 왕이 되더라도 스스로를 "하나님처럼" 만들려는 유혹에 넘어가지 않을 수 없다. 백성들은 보이지 않는 하나님보다 보이는 인간 왕을 섬기게 된다.[1] 사사들은 부족했지만 그 부족함 때문에 하나님의 통로가 되었다. 그러나 군주는 결점 없는 완벽한 신으로 행동해야 한다. 어느 순간 왕은 신이 되고, 백성은 왕을 신으로 섬긴다. 하나님이 왕이어야 하는 교회 정치도 똑같다. 부족한 인간을 통해 나타나는 하나님의 위대함보다 카리스마적 영웅을 원한다. 보이지 않는 하나님의 통치보다 보이는 영웅을 선호한다. 언제나 영웅은 하나님의 통치를 대변한다고 공언하지만 왕정의 태생적 한계가 왕의 신격화를 부추기듯 절대 권력을 가진 영웅은 반드시 우상이 된다. 교회의 크기가 비정상적으로 커져 대기업처럼 되면 교회의 수장은 결국 우상이 될 수밖에 없다. 그러면 하나님의 통치는 사라진다.

사무엘을 위로하신 하나님 8:6-8

6 우리에게 왕을 주어 우리를 다스리게 하라 했을 때에 사무엘이
그것을 기뻐하지 아니하여 여호와께 기도하매 7 여호와께서
사무엘에게 이르시되 백성이 네게 한 말을 다 들으라 이는 그들이
너를 버림이 아니요 나를 버려 자기들의 왕이 되지 못하게 함이니라
8 내가 그들을 애굽에서 인도하여 낸 날부터 오늘까지 그들이 모든
행사로 나를 버리고 다른 신들을 섬김같이 네게도 그리하는도다

사무엘은 백성의 요구에 불쾌함을 느꼈다. 백성의 요구를 뒤집어 생각하면, 온 이스라엘 백성이 지금 실질적 통치자인 사무엘을 거부하는 것

이다. 6절에서 "왕을 주어 우리를 다스리게 하라"에서 의도적으로 사무엘의 사사 통치를 연상시키는 동사 '샤파트'(šāpaṭ, "다스리다")를 사용한다. 이것은 백성이 요구하는 왕이 사무엘의 사사적 통치를 대체한다는 분명한 이야기다. 이 말을 들은 사무엘은 백성이 자기를 버렸다고 생각했을 것이다. 지금까지 백성에게 얼마나 많은 정성과 사랑을 들였는가? 사무엘은 해마다 핵심 지역을 순회하며 사람들의 고충을 듣고, 위로하고, 중보해 주었다. 직업의식이 아니라 목자의 마음, 아버지의 마음을 가지고 목회했던 사무엘이다. 그런데 이제 왕을 요구하니 사무엘이 받은 배신감과 모멸감, 충격은 상당했을 것이다. 보통 사람 같으면 백성들을 꾸짖으며 저주를 퍼부었겠지만 사무엘은 무너진 마음을 가지고 하나님 앞에 나아간다. "사무엘이 그것을 기뻐하지 아니하여 여호와께 기도하매"(6절). 어머니의 기도로 태어나고 양육되어 기도의 사명을 감당한 사무엘답게 인생의 어려운 순간에 하나님 앞에 무릎을 꿇는다. 기도의 내용은 성경이 밝히지 않는다. 다만 7절에 기록된 하나님의 응답으로 보아 하나님께 "백성들이 나를 버렸다"고 한탄하며 기도했을 것이다. 그리고 "백성들의 요구에 어떻게 대답해야 합니까"라고도 물었을 것이다.

7절은 하나님의 응답을 기록한다. 하나님이 사무엘에게 하신 말씀이 본문에 인용된 것은 이번이 두 번째다. 3장 11-14절에 인용된 첫 번째 말씀은 엘리 제사장에 대한 심판의 메시지였으나, 이번에는 마음이 상한 사무엘에 대한 목회적 상담 내용이다. 하나님은 "그들이 너를 버림이 아니요 나를 버려 자기들의 왕이 되지 못하게 함이니라"라고 말씀하신다. 즉 장로들이 왕을 요구한 것은 사무엘 개인이 아니라 하나님과 연결된 사건이라는 것이다. 그 사건의 핵심에는 하나님의 왕되심에 대한 도전이 있다. 하나님은 사무엘에게 "사적인 감정은 일단 접고 더 큰 그림인 구속사를 살펴보라" 하시면서 8절에서 사무엘에게 '구속사 신학 입문'을 강의하신다. 역사를 보면 백성이 하나님을 버리는 것은 새삼스럽지 않다. 이스라엘 백성은 바로의 손에서 해방된 후 줄곧 하나님을 배반해 왔다. 예를 들어 7장 3절에서 사무엘이 "이방 신들과 아스다롯을 버리고 여호와만을 섬기라" 하는데, 이 말은 그만큼 많은 백성이 각자의 집에 이방 우상을 모셔 놓고 살았음을 반증한다. 하나님은 마음이 상한 사무엘에게 "이제 너는 처음으로 백성들에게 거절당한 기분을 느낀 것이다. 내가 지난 수백 년 동안 느꼈던 가슴 아픔이 어떤 것인 줄 알겠지" 하며 위로하시는 것이다.

그런데 놀랍다. 백성의 요구가 자신을 거부하는 악한 행위라고 하시면서도 "백성이 네게 한 말을 다 들으라" 하고 말씀하시니 말이다. 왜 하나님은 백성의 악한 요구를 들어주셨을까? 아마도 백성이 스스로 깨닫도록 섭리하신 것 같다. 백성이 자신의 잘못을 깨닫는 유일한 길은 요구가 관철되었을 때 발생하는 결과를 체험할 때다. 그때서야 자신들의 요구가 악함을 인정하고 하나님의 인도에 순종할 것이다. 하나님께서는 우리가 그분의 뜻을 따를 준비가 될 때까지 인내하시고 기다리신다. 억지로 우리를 '바른 길'로 인도하시지 않는다. 우리는 많은 시행착오를 거치면서 하나님의 뜻을 배워 간다. 이런 의미에서 하나님이 우리를 실패하게 하시는 것도 은혜다. 그렇다고 실패에 대한 우리의 책임이 가벼워지는 것은 아니다. 전지전능하신 하나님께서 왜 인간을 죄를 짓지 못하게 만들지 않았느냐 항변할 수도 있지만, '자유의지'를 상실한 인간은 더 이상 인간이 아니다. 하나님께서는 인간에게 자유를 주셨고 인간은 그 자유를 하나님 나라를 위해 책임 있게 사용할 의무가 있다.

왕정에 대한 경고 8:9-18

9 그러므로 그들의 말을 듣되 너는 그들에게 엄히 경고하고 그들을
다스릴 왕의 제도를 가르치라 10 사무엘이 왕을 요구하는 백성에게
여호와의 모든 말씀을 말하여 11 이르되 너희를 다스릴 왕의 제도는
이러하니라 그가 너희 아들들을 데려다가 그의 병거와 말을
어거하게 하리니 그들이 그 병거 앞에서 달릴 것이며 12 그가 또
너희의 아들들을 천부장과 오십부장을 삼을 것이며 자기 밭을 갈게

> 하고 자기 추수를 하게 할 것이며 자기 무기와 병거의 장비도 만들게
> 할 것이며 13 그가 또 너희의 딸들을 데려다가 향료 만드는 자와
> 요리하는 자와 떡 굽는 자로 삼을 것이며 14 그가 또 너희의 밭과
> 포도원과 감람원에서 제일 좋은 것을 가져다가 자기의 신하들에게
> 줄 것이며 15 그가 또 너희의 곡식과 포도원 소산의 십일조를 거두어
> 자기의 관리와 신하에게 줄 것이며 16 그가 또 너희의 노비와 가장
> 아름다운 소년과 나귀들을 끌어다가 자기 일을 시킬 것이며
> 17 너희의 양 떼의 십분의 일을 거두어 가리니 너희가 그의 종이
> 될 것이라 18 그 날에 너희는 너희가 택한 왕으로 말미암아 부르짖되
> 그 날에 여호와께서 너희에게 응답하지 아니하시리라 하니

선지자 사무엘은 이스라엘의 요구를 수락하기 전에 하나님의 말씀대로 "왕정 제도"의 위험을 경고한다. 왕정 '제도'로 번역된 히브리어 '미슈파트'(*mišpāṭ*)에는 다양한 의미가 있다. '관습'이나 '제도'의 의미도 있지만, 좀더 일상적 의미는 '정의'다. 어떤 학자들은 여기에서 '왕의 정의'라는 말이 다소 풍자적으로 사용되었다 한다. 왕의 '정의'라고는 하지만 왕정의 부정적인 측면만 담아냈기 때문이다. 백성들이 왕에게 기대할 수 있는 '정의'가 그 정도 선이라고 말하는 것 같다. 그러나 이런 풍자적 기능 이외에 '미슈파트'는 율법에 제시된 (정의로운) 왕정 제도를 연상시킨다. 즉 신명기 17장 14-20절에 제시된 제도를 본문에 제시된 제도와 대조함으로써 백성의 요청에 따라 주어질 왕은 하나님이 택하신 왕이 아니라 "백성들이 택한 왕"(18절)임을 비춘다. 그런 왕은 이스라엘의 구원자가 될 수 없다. 신명기 17장에 따르면 하나님이 택하신 왕은 "여호와 경외하기를 배우며," "율법의 모든 말과 규례를 지켜 행하는" 사람이다. 그는 "말을 많이 얻으려" 하지 않으며 "아내를 많이 두지도" 않고, "은금을 자기를 위하여 많이 쌓지"도 않는다. 즉 하나님께서 원하시는 왕은 자기 자신을 위해 '취하기'를 업으로 삼는 자가 아니라, 율법을 연구하고 그대로 실천하는 것을 업으로 삼는 자다. 그러나 위 본문에 제시된 (백성의 요구로 주어질) 왕의 제도는 자신을 위해 "취하

는 것"을 업으로 삼는 자이다. 원문을 살피면 "취하다"를 의미하는 히브리어 '라카흐'(lāqaḥ)가 반복적으로 사용됨을 알 수 있다. 개역개정은 이 동사를 문맥에 따라 "데려다가"(11, 13절), "가져다가"(14절), "끌어다가"(16절), "거두어"(15, 17절)로 번역하고 있다.

본문은 왕의 권리를 다섯 가지로 분류한다. 첫째, 왕은 전차 부대를 유지하기 위해 백성을 징집할 수 있다(11절). 왕정 이전에는 '상비군' 제도가 없었다. 전쟁이 나면 생업에 종사하던 농민들이 무기를 들고 전쟁터에 나가게 된다. 그러나 왕정에서는 상비군을 만들었다. 이 상비군의 대표 전력이 전차 부대인데, 왕은 전차를 몰고, 말을 관리하

【아시리아의 병거들】 이스라엘의 병거도 이와 비슷한 모양이었다고 추정된다.

【이스라엘의 왕과 전차 부대】 이스라엘은 산지 지형이므로 전차가 전략적으로 중요하지 않았다. 다윗은 아람 왕 하닷에셀을 무찌른 후, 약 1천7백 마리의 말을 압수했으나 전차 1백 대분(약 2백 마리)을 남기고 모두 죽였다(삼하 8:4). 다윗과 달리 솔로몬은 말과 전차를 대량으로 보유했다. 열왕기상 10장 26절에 따르면 솔로몬은 전차 1천4백 대와 말 1만 2천 마리를 보유하였으며, 9장 15-19절에 따르면 전차 부대를 위해 도시도 따로 건설했다. 전략적으로 중요하지 않은 전차를 그렇게 많이 보유한 이유에 대해 학자들도 정확하게 대답하지 못한다. 국력의 상징이었다고 주장하는 학자도 있고, 솔로몬이 중계 무역에 종사했다고 주장하는 학자도 있다. 즉 이집트에서 말과 전차를 수입하여 북방 국가에 되팔아 이윤을 챙겼다는 것이다. 그렇다면 군사적 목적이 아니라 상업적 목적으로 전차와 말을 소유한 것이다. 이스라엘이 남북으로 분열된 이후에도 이스라엘 왕들은 전차를 아꼈다. 예를 들어 아합은 백성이 기근으로 고통당했을 때에도 말을 살리기 위해 특별 조치를 지시한다(왕상 18:5). 또한 아합은 솔로몬보다 더 많은 전차를 보유했다. 주전 853년에 아시리아의 살만에셀 왕이 침입했을 때, 아합이 파견한 전차의 수는 2천 대였다. 이것은 당시 아합과 연합 병력을 이룬 다른 나라의 전차 수를 모두 합한 것보다 많다. 아합은 길르앗-라못에서 아람인들과 맞서 싸우다 부상을 입고 전차에서 마지막을 맞는다(왕상 22:29-38). 선지자들은 왕들이 이처럼 전차를 사랑하는 것을 불신앙이라며 비판했다. 전차를 신뢰한 나머지 하나님을 잃어버리는 것이다. "내가 유다 족속을 긍휼히 여겨 그들의 하나님 여호와로 구원하겠고…… 말과 마병으로 구원하지 아니하리라 하시니라"(호 1:7).

고, 전차를 수리할 인력을 징집했다. 둘째, 왕은 많은 관료를 둘 수 있다. 사사정과 달리, 중앙 집권적 왕정에서는 복잡한 관료 체제가 요구되었다. 왕을 위해 요리하는 사람부터(13절) 왕궁에 속한 토지를 경작하고(오늘날의 내무부, 재경부 공무원), 전쟁에 필요한 도구와 장비를 생산하고 관리하는 관료(오늘날의 국방부 공무원) 등이 필요했다(12절). 이들은 왕이 징집하고 녹을 주어 먹고사는 사람들이다. 그렇다면 왕은 어떻게 이 모든 비용을 감당할까? 셋째, 위 질문은 왕의 권리와 관련이 있다. 모든 토지는 원칙적으로 왕의 것이다. 따라서 왕은 자기가 원하는 어떤 토지든지 취할 수 있다. 어떤 사람이 조상 대대로 그곳에서 생계를 꾸렸다 해도, 왕은 그 땅을 가져갈 권리를 가진다. 이 때문에 왕은 자신을 위해 일하는 관료들에게 땅을 선물이나 보상으로 나누어 주곤 했다(14절). 또한 왕에게는 소득의 10분의 1을 거둘 권리가 있었다. 이렇게 거두어들인 십일조도 관료들의 녹으로 사용된다(15절). 넷째, 왕은 법을 초월하여 자신의 소욕을 채울 수 있다. 법이 정한 세금 이외에 자신의 마음에 드는 것을 취할 수 있다(16-17절). 물론 모든 왕이 폭군이 되지는 않지만, 왕에게 절대 권력을 주는 왕정이 공공의 이익보다는 왕의 사욕을 채우는 도구로 전락할 가능성은 충분하다. 그렇다면 백성은 '노예'로 전락한다. 사무엘은 왕정 제도를 부정적인 관점에서 설명하면서, 이스라엘 백성의 선택이 결국 그들을 노예로 만든다고 경고한다(17절). 신명기 17장 16절은 이것을 왕이 절대 해서는 안 될 일 가운데 하나로 언급한다. "왕 된 자는…… 그 백성을 애굽으로 돌아가게 하지 말 것이니." 이것은 백성을 노예로 만들면 안 된다는 의미다. 애굽에서 고생하던 조상들이 부르짖었을 때에는 여호와께서 들으셨지만, 스스로 선택한 왕 때문에 고통 받는 이스라엘 백성의 부르짖음에는 응답하지 않으실 것이다(18절). 그때 비로소 백성은 왕을 요구한 것이 악했음을 깨달을 것이다. 사무엘은 지금이라도 요구를 철회하라는 마음을 드러내며 경고하고 있다.

재차 왕을 요구하는 백성, 그리고 해산 8:19-22

19 백성이 사무엘의 말 듣기를 거절하여 이르되 아니로소이다
우리도 우리 왕이 있어야 하리니 20 우리도 다른 나라들같이 되어
우리의 왕이 우리를 다스리며 우리 앞에 나가서 우리의 싸움을
싸워야 할 것이니이다 하는지라 21 사무엘이 백성의 말을 다 듣고
여호와께 아뢰매 22 여호와께서 사무엘에게 이르시되 그들의 말을
들어 왕을 세우라 하시니 사무엘이 이스라엘 사람들에게 이르되
너희는 각기 성읍으로 돌아가라 하니라

사무엘이 왕정 제도라는 미명하에 왕정의 부정적인 면을 나열했음에도 백성은 요구를 철회하지 않는다. 마치 사무엘이 언급한 내용을 이미 알고 있었다는 듯 사무엘의 말을 잘라 거절한다. "아닙니다. 우리도 왕이 있어야 합니다"(19절). 그리고 왕을 요구하는 또 하나의 핑계로 사무엘이 언급하지 않은 장점을 상기시킨다. "왕이…… 우리 앞에 나가서 우리의 싸움을 싸워야 할 것이니이다." 왕이 생기면, 국가의 전쟁 능력이 월등히 향상되는 장점은 있지만, 그것이 지금 왕이 필요한 이유는 아니다. 왜냐하면 지금 이스라엘은 사사 사무엘의 통치 덕분에 평화 시기를 맞고 있기 때문이다(7:13-14). 브엘세바를 다스리던 아들들의 악행을 언급한 것이 핑계였듯 왕의 전쟁 수행 능력도 핑계다. 그들이 왕을 원한 이유는 보이지 않는 하나님의 통치보다 보이는 사람의 통치를 신뢰했기 때문이다. 자신들의 자유를 조금 양보하더라도 눈에 보이는 안정적인 무엇인가를 얻고 싶었다. 보이지 않는 것을 믿음으로 바라보기보다 보이는 무기, 제도, 문명을 신뢰한 것이다.

사사, 선지자, 제사장직을 한 몸에 짊어진 사무엘의 말이 전혀 무게 있게 받아들여지지 않는다. 지난 20년간 사무엘이 보여 주었던 목회의 열매가 고작 이것인가? 사무엘이 느낀 자괴감은 말로 다할 수 없었을 것이다. 그러나 그는 백성의 모든 말을 듣고 다시 기도한다. 그러

나 여기서도 기도의 내용은 알 수 없다. 하나님과 사무엘 사이에 어떠한 대화가 오갔을까? 22절은 하나님의 마지막 응답만을 우리에게 제시한다. "그들의 말을 들어 왕을 세우라." 분명한 것은 그들에게 주어진 왕은 '요구된 왕'이다. 이것은 하나님이 선택한 왕과는 다른 개념이다. 재미있게도 이스라엘의 첫 왕인 사울(*šāʾûl*)은 '요구된 자'라는 의미다.

한편 22절에서 사무엘은 왕을 세우라는 하나님의 명령을 받고서 이스라엘 사람들을 성읍으로 돌려보낸다. 왜 백성을 해산시켰는지는 분명하지 않다. 악한 요구를 수용하시는 하나님의 뜻을 받아들일 수 없어서 돌려보낸 것인가? 아니면 일단 백성을 해산시켜 놓고 적당한 사람을 물색하려던 것인가? 재미있게도 왕이 될 사람이 사무엘을 찾아오는 이야기가 이후 9장에서 이어진다.

질문

1. 이스라엘 백성은 왜 라마까지 사무엘을 찾아와 왕을 달라고 요구했습니까?
2. 왕을 달라는 요구에 마음이 상한 사무엘을 하나님은 어떻게 위로하십니까?
3. 하나님은 왕을 요구하는 백성이 왜 자신을 버렸다고 하십니까?
4. 백성의 요구가 악함에도 하나님께서 받아들인 이유는 무엇입니까?

묵상

이스라엘 백성이 왕을 원한 근본 동기는 왕정이 시대의 요청이라는 판단 때문입니다. 이스라엘도 열방처럼 강력한 왕을 중심으로 국경 지대 안정을 찾고, 발달된 도시 문명을 이루고 싶었습니다. 보이지 않는 하나님의 통치는 가나안 땅에서 언약 백성으로 살아갈 충분한 환경이었지만, 그들은 열방 민족과 같이 되고 싶었습니다. 자유를 포기하더라도 왕이 물질적 풍요와 보장을 주기를 원했습니다. 우리는 믿음으로 삶의 불확실성을 인정하기보다 모든 영역에 보험을 들어 놓으려 합니다. 옳지 않은 줄 알면서도 안정을 보장받기 위해 타협합니다. 타협이 불가피한 선택일 수도 있지만, 어느 순간 하나님보다 물질을 숭배하는 결정으로 발전하지 않는지 살펴야 합니다. 내 자유를 일부 포기하더라도 안정과 보장을 얻고 싶듯, 우리는 안정과 보장을 위해 주변을 통제하려는 욕구도 있습니다. 하나님이 역사하실 공간을 남겨 두기보다는, 내가 하나님이 되어 사람과 상황을 조정하고 통제하려 합니다. 전자가 내 삶에 왕을 두려는 유혹이라면, 후자는 내가 왕이 되려는 유혹입니다. 사무엘상 8장은 이런 유혹에 굴복하면 궁극적으로 하나님의 통치를 거부하게 된다고 가르칩니다. 그리고 그 삶은 결국 우리를 파멸로 이끕니다.

10
잃어버린 암나귀를 찾아 나선 사울

삼상 9:1-10:1

사무엘상 9장은 사울이 이스라엘의 왕으로 지명되는 과정을 보여 준다. 아버지의 당나귀를 찾기 위해 시작한 여행은 사울이 선지자 사무엘의 눈에 발견된 사건에서 절정에 이른다. 의도되지 않은 우연인 듯 보이지만 사무엘이 사울을 왕으로 기름 부은 것은 하나님의 보이지 않는 손이 작용한 결과다. 사무엘은 사울이 찾아올 것을 계시를 통해 미리 알고 있었고, 하나님의 명령을 따라 왕으로 기름 부을 준비를 갖추어 놓았다. 물론 사울에 대한 검증 없이 무조건 기름을 부은 것은 아니다. 그는 여러 사람이 배석한 식사 자리에 사울을 초대하여 관찰했고, 자신의 집으로 데려가 밤새도록 깊은 대화를 나누었다. 그리고 다음 날 아침 일찍, 마을 어귀에서 병에 담긴 기름을 사울의 머리에 부어 그를 왕으로 지명한다.

사울의 아버지 기스의 족보 9:1

1 베냐민 지파에 기스라 이름하는 유력한 사람이 있으니 그는
아비엘의 아들이요 스롤의 손자요 베고랏의 증손이요 아비아의
현손이며 베냐민 사람이더라

왕을 요구하는 이스라엘 백성과 그것을 자신과 하나님에 대한 반역으로 여긴 사무엘 사이의 감정 섞인 대화가 긴박하게 전개된 8장과 달리 9장은 그런 상황과 관계없어 보이는 족보로 시작한다. 보통 어떤 인물의 간단한 족보와 함께 그 사람의 일대기나 에피소드가 시작되는 (문학적) 관습을 고려할 때 9장은 일견 기스가 주인공인 이야기로 보인다. 그리고 이것은 왕을 세우라는 명령을 받은 사무엘이 어떻게 그 명령에 순종하는지 궁금해하며 9장을 펼쳐 든 독자에게 다소 뜬금없는 전개다. 왜냐하면 기스는 비록 재산가("유력한 사람")였지만 가장 문제 많은 베냐민 지파 출신이기 때문이다(삿 19-22장 참고). 베냐민 사람인 그를 후보자로 생각하는 독자는 없다. 그는 뼈대 있는 집안도 아니다. 그의 선조들은 모두 이스라엘 역사에서 전혀 알려지지 않은 무명씨들이다. 따라서 이스라엘의 왕정 성립 문맥에서 사무엘서 저자가 갑자기 화제를 바꾼다는 인상이 든다. 민족 이야기의 문맥에서 한 개인의 이야기를 삽입하는 기법은 사무엘상 1장에서도 사용되었다. 사사기를 끝내고 사무엘상을 읽는 독자(히브리어 성경에서는 사사기 다음에 사무엘상이 이어짐)도 이스라엘 민족이 어떻게 사사 시대 말의 혼란을 극복할 왕을 얻을까 관심을 가지고 사무엘상을 읽는데 사무엘상 1장은 한 개인의 특징 없는

【기스의 진짜 아버지】 사무엘상 1장 1절과 14장 50절에 따르면 기스의 아버지는 아비엘이고, 기스에게는 넬이라는 형제가 있었다. 이것이 옳다면, 넬은 사울의 삼촌이 되고, 넬의 아들 아브넬은 사울의 사촌이 된다. 아브넬은 후에 사울의 군대 장관이 된다. 한편 역대상 8장 33절과 9장 39절에 따르면, 기스의 아버지는 넬이다. 이 경우, 넬은 사울의 할아버지가 되고, 넬의 아들 아브넬은 사울의 삼촌이 되는 셈이다. 학자들은 이 둘을 조화시키기 위해 두 명의 기스를 가정하거나, 두 명의 넬을 가정한다.

족보로 시작한다.

"유력한 사람"(1절)으로 번역된 히브리어 '기보르 하일'(*gibôr hayil*)은 '용맹한 전사', '부자', '권세자', '덕인' 등 다양한 의미가 있다. 문맥상 "유력한 사람"이라는 번역은 매우 적절하다. 기스는 그다지 힘 있는 지파 출신은 아니지만 그 지파 안에서는 돈과 권세가 있었다고 추정된다. 아울러 기보르 하일은 '용맹한 전사'라는 개념도 있기 때문에, 앞으로 기스의 아들 사울이 왕이 될 것을 고려한다면 사울이 어떤 왕이 될지도 암시한다. 사울 왕의 주 업적은 군사적 면에 있었다. 사무엘상 14장 52절은 사울의 업적을 다음과 같이 요약한다. "사울이 사는 날 동안에 블레셋 사람과 큰 싸움이 있었으므로 사울이 힘 센 사람이나 용감한 사람을 보면 그들을 불러모았더라."

1절에서 사울의 아버지 기스가 베냐민 사람이라는 사실이 두 번이나 반복된다.[1] 베냐민은 당시 가장 문제 많은 지파였다. 그들은 사사 시대 말의 도덕적 타락을 대표한다. 사사기 19장에서 레위인의 첩을 윤간하고 살해한 기브아 사람들이 베냐민 지파였다. 나머지 지파들이 연합하여 베냐민 지파와 전쟁을 벌인 결과 베냐민 지파는 거의 멸절되는데(삿 21:6) 나중에 길르앗 야베스 여인들을 취하여 명맥을 유지하였

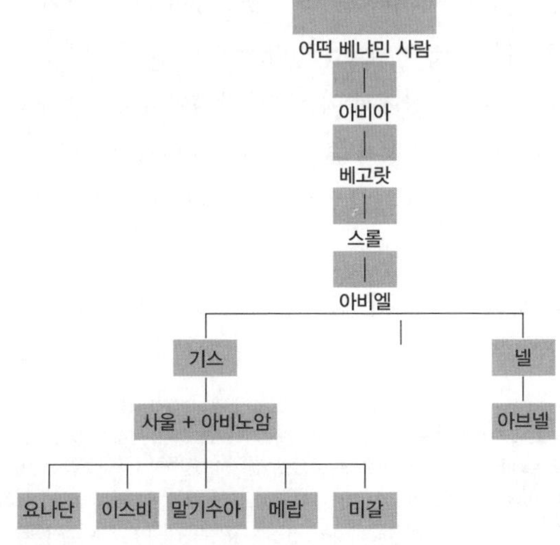

【사울의 족보】

다(삿 21:14). 싸움은 잘했는지 몰라도(삿 20:15-16) 다른 지파에게 어떤 영향력도 갖지 못한 (정치적으로) 비주류 지파였다. 이스라엘의 초대 왕 사울이 베냐민 사람이라는 것은 그 왕권이 시작부터 정당성이 결여됐음을 간접적으로 시사한다.

아버지의 길 잃은 암나귀를 찾아 여행함 9:2-4

2 기스에게 아들이 있으니 그의 이름은 사울이요 준수한 소년이라
이스라엘 자손 중에 그보다 더 준수한 자가 없고 키는 모든 백성보다
어깨 위만큼 더 컸더라 3 사울의 아버지 기스가 암나귀들을 잃고
그의 아들 사울에게 이르되 너는 일어나 한 사환을 데리고 가서
암나귀들을 찾으라 하매 4 그가 에브라임 산지와 살리사 땅으로
두루 다녀 보았으나 찾지 못하고 사알림 땅으로 두루 다녀 보았으나
그 곳에는 없었고 베냐민 사람의 땅으로 두루 다녀 보았으나
찾지 못하니라

사무엘상 1장처럼 본 장에서도 족보의 주인공이 이야기의 주인공은 아니다. 1장에서 엘가나가 아닌 한나가 주인공이었듯, 여기서는 기스가 아니라 그의 아들 사울이 주인공이다. '구하여 얻은 사람'(*šā'ûl*)이라는 의미를 지닌 '사울'은 8장에서 이스라엘 백성이 하나님께 구한 것(샤알, *šā'al*)에 대한 응답일 가능성이 높다. 한나가 하나님께 구하여 사무엘을 얻었듯 사울도 이스라엘 백성이 하나님과 사무엘에게 요구하여 얻은 왕이다.

2절을 보면 사울은 잘생긴 외모에 키가 컸다고 한다. 옛날에

【준수한 청년? 준수한 중년】 사무엘상 9장 2절은 사울을 "준수한 소년"으로 표현한다. 여기서 '소년'에 해당하는 히브리어는 바후르(*baḥûr*)로 '청년'의 의미에 가깝다. 이는 결혼이 가능하고, 군역의 대상이 되는 나이를 지칭한다. 그런데 문제는 사무엘상 13장에서 사울은 이미 성인이 된 아들, 요나단이 있었다는 것이다. 만약 사울이 기름 부음을 받은 후 수십 년이 지난 후에 왕으로 확정된 것이 아니라, 성경 본문이 암시하듯이 기름 부음 받은 후 곧 제비뽑기가 있었고(10장), 그후 바로 암몬과의 전투에서 왕으로 확증이 되었다면(11-12장), 13장에서 사울의 아들이 이미 성인이라는 사실은 9장 2절의 '준수한 청년'이라는 내용과 잘 조화되지 않는다. 아마 이것은 유대인 특유의 과장법일 가능성이 있다.

도 오늘날처럼 지도자에게는 외모가 중요했다. 사울은 당시 사람들이 왕이나 영웅에게서 기대했던 신체적 조건을 갖추었다(창 39:6; 삼상 16:12; 에 2:7). 사람의 눈에는 사울보다 적합한 후보가 없었을 것이다. 그러나 이야기가 흘러감에 따라 사울의 외모는 겉을 보는 인간의 판단을 드러내는 상징이 되고, 큰 키는 하나님 앞에선 인간의 오만함과 상징적으로 연결된다. 한나의 노래에서 "심히 교만한 말을 다시 하지 말 것이며"(2:3)라는 구절이 나오는데 여기서 "교만한 말"로 번역된 히브리어 '가보아'(*gābôah*)는 사울의 큰 키를 가리킬 때 사용된 말이다.

사울의 아버지 기스가 암나귀를 잃어버리면서 9장의 이야기가 본격적으로 시작된다. 기스는 사울에게 암나귀를 찾으라고 명령을 내린 뒤 사환 하나를 동행시킨다. 1절에 족보가 소개되지만 9장에서 기스가 감당하는 역할은 여기까지다. 이후 기스는 다시 등장하지 않는다. 그러나 "한 사환을 데려가라"는 그의 명령은 이후의 이야기 전개에 중요하다. 사환을 동행시킨 의도는 여행길에 사울의 안전을 담보하는 것이었지만, 이야기 전개상 사환의 중요한 역할은 사울을 사무엘에게 인도하는 것이다.

당시 나귀는 짐이나 사람을 나르는 용도로 말보다 선호된 동물이다. 또한 사람과 친밀한 동물이어서 절박한 상황이 아니면 잡아먹지 않았다. 나귀는 남종, 여종, 소, 낙타 등과 함께 재산 목록에 등장할 정도로 자산적 가치도 컸다. 따라서 기스가 아들과 종에게 잃어버린 암나귀를 찾게 한 것은 자연스럽다. 더구나 정이 든 암나귀라면 더욱 그렇다. 그런데 재미있게도 사울은 잃어버린 암나귀를 찾아 나섰다가 예상하지 못한 곳에 이른다.

사울의 대답이 기록되지는 않았지만 사울은 아버지의 명령에 두말없이 순종한 것 같다. 이 점에서 사울은 엘리의 두 아들, 사무엘의 두 아들과 차별된다. 사울은 암나귀를 찾아서 베냐민 지방과 에브라임 지방을 샅샅이 뒤진다. 아마도 사흘 정도 찾아다닌 것 같다(9:20). 4절을 보면 사울과 그의 종이 나귀를 찾아다닌 지명이 언급된다. 이 지명이 정확히 어디인지는 알 수 없다. 특히 살리사와 사알림은 각각 '세 고

개'와 '여우 길'을 의미하는데 특정한 지명이라기보다는 동화 속 배경 같은 인상을 준다. 암나귀를 찾는 사울의 여행이 의도와 달리 전혀 예상하지 못한 여행이 될 것임을 암시한다.

사울이 사무엘을 찾아감 9:5-10

5 그들이 숩 땅에 이른 때에 사울이 함께 가던 사환에게 이르되
돌아가자 내 아버지께서 암나귀 생각은 고사하고 우리를 위하여
걱정하실까 두려워하노라 하니 6 그가 대답하되 보소서 이 성읍에
하나님의 사람이 있는데 존경을 받는 사람이라 그가 말한 것은
반드시 다 응하나니 그리로 가사이다 그가 혹 우리가 갈 길을
가르쳐 줄까 하나이다 하는지라 7 사울이 그의 사환에게 이르되
우리가 가면 그 사람에게 무엇을 드리겠느냐 우리 주머니에 먹을
것이 다하였으니 하나님의 사람에게 드릴 예물이 없도다 무엇이
있느냐 하니 8 사환이 사울에게 다시 대답하여 이르되 보소서
내 손에 은 한 세겔의 사분의 일이 있으니 하나님의 사람에게
드려 우리 길을 가르쳐 달라 하겠나이다 하더라
9 (옛적 이스라엘에 사람이 하나님께 가서 물으려 하면 말하기를
선견자에게로 가자 하였으니 지금 선지자라 하는 자를 옛적에는
선견자라 일컬었더라) 10 사울이 그의 사환에게 이르되 네 말이
옳다 가자 하고 그들이 하나님의 사람이 있는 성읍으로 가니라

사울이 암나귀를 찾다가 도착한 땅은 5절에서 "숩"으로 불린다. "숩"은 여기서는 지명으로 쓰였지만 사무엘상 1장에서는 엘가나의 가장 오래된 조상으로 나온다. 사무엘의 아버지 엘가나의 고향 '라마'가 그의 현조할아버지의 이름("숩")으로도 불렸던 것 같다.[2] 여하튼 잃어버린 암나귀를 찾아 여행하다가 사무엘이 살고 있던 숩에 이르자 사울은 사환에게 다음과 같이 말한다. "돌아가자 내 부친이 암나귀 생각보다 오히려 우리를 위하여 걱정하실까 두려워하노라." 성경에서는 종종 등장인물

의 첫 대사가 그 인물의 성격을 드러내는 실마리가 된다. "돌아가자"는 말을 통해 사울의 성격을 짐작할 수 있다. 그는 목표한 바를 집요하게 이루지 못하는 사람이었다. 즉 결단력과 확신이 부족해 보인다. 이와 같은 성격은 10절의 "네 말이 옳다. 가자"라는 말에서도 드러난다. 사울은 자신이 주인임에도 종의 말에 순종하는 입장을 보인다. "돌아가자"와 "네 말이 옳다. 가자"는 사울의 우유부단함을 보여 준다. 그러나 아버지를 염려하는 효자인 것을 알 수 있는데 돌아가려는 이유가 아버지가 염려할 것이라는 생각 때문이었다. 아버지에 대한 사울의 배려는 지금까지 이스라엘의 지도자들이 자식과의 관계에서 실패했던 점을 고려하면 흥미롭다. 엘리의 두 아들과 사무엘의 두 아들 모두 아버지의 말씀에 불순종하는 악한 자들이었는데 사울은 아버지의 말에 순종했을 뿐 아니라(3절), 그를 진심으로 배려했다(5절). 이런 점에서 왕이 된 후에 사울의 성격이 정반대로 바뀐다는 사실은 흥미롭다.

"돌아가자"고 말하는 사울에게 사환은 "이 성읍"에 있는 "하나님의 사람"에게 "우리의 갈 길"을 물어보자고 제안한다(6절). "이 성읍"이 5절에 언급된 "숩"을 지칭한다면, 사환이 "하나님의 사람"이라고 부르는 인물은 사무엘이다. 그럼에도 구체적 이름을 언급하지 않은 것으로 보아 사환이 그의 이름을 정확히 몰랐을 가능성이 있다. 한편 사울은 사무엘의 이름은커녕 라마에 선지자가 있다는 사실조차 모르는 듯하다. 이때 자연스럽게 질문이 든다. 사무엘과 같이 유명한 선지자, 제사장, 사사(8장 참조)를 어떻게 사울과 그 사환이 모를 수 있었을까. 이런 의문을 품은 일부 학자는 사무엘서 본문이 본래 독립적 사료들이 느슨하게 편집되어서 그렇다고 한다. 그러나 다르게 해석할 수도 있다. 사무엘이 영향력 있는 선지자였지만 모든 이스라엘 사람이 그를 안다고 주장할 근거는 없다. 정보가 개방되고 대중매체가 발달한 시대가 아니었고, 중앙 정부의 통제 없이 지파들이 가족별로 독립적인 삶을 꾸린 시대였기 때문이다. 베냐민의 촌에 살던 사울이 사무엘의 얼굴은 물론, 그가 어디에 사는지도 몰랐을 가능성은 충분하다. 마찬가지로 사울의 사환도 영험한 하나님의 사람이 있다는 소문만 들었을 뿐이다.

한편 6절에서 사환의 말 중 "우리가 갈 길"이라는 부분은 문자적 의미와 은유적 의미를 모두 담고 있다. 문자적 의미에는 두 가지 가능성이 있다. 우선 사무엘이 갈 길을 가르쳐 줄 것이라는 말은 암나귀의 행방을 알려 줄 것이라는 의미일 수 있다. 이것이 문맥상 가장 적절하다. 그러나 "우리가 갈 길"로 번역된 히브리어 원문(다르케누 아쉐르-하라크누 알레하, *darkēnû 'ăšer−hālakənû 'āleyhā*)이 "우리가 걸었던 길"로 직역될 수 있으므로 사울이 사무엘에게 묻고자 했던 것이 집으로 돌아가는 방법이었을 가능성도 배제할 수 없다. 그러나 선물을 들고 찾아간다고 하므로 단순히 돌아갈 길을 물으려는 의도는 아닌 듯하다. 한편 9장 전체의 맥락에서 볼 때 "우리가 갈 길" 혹은 "우리가 걸었던 길"은 이런 문자적 의미에만 머무는 것이 아니다. 잃어버린 암나귀를 찾아 헤매는 개인의 이야기가 다른 차원에서는 왕을 찾는 민족의 이야기이듯, 우리의 갈 길/우리가 걸었던 길에 대한 사울의 질문도 더 큰 의미를 내포한다. 즉 자기 소견대로 사는 시대를 고민하며 해답을 찾아 헤매었던 사울의 질문일 수도 있다. 사울에게는 '걸어왔던 길'을 정리하고 '앞으로 가야 할 길'을 보여 줄 스승이 필요했다. 이런 은유적 의미를 파악한 독자들은 사울이 평소 고민해 왔던 문제의 답을 사무엘에게서 들으리라 예상할 수 있다. 물론 이것이 본문의 표면적 의미는 아니라는 것을 말해 둔다. 사무엘상 9장이 표면적으로는 한 개인의 이야기이지만, 그 이면은 왕을 찾는 이스라엘의 이야기라고 가정할 때 가능한 독해다. 이런 관점에서 보면 "그 사람에게 무엇을 드리겠느냐"(7절)라는 사울의 질문에도 이중적 의미가 있음이 보인다. 표면적으로는 선견자에게 가져갈 예물 이야기이지만 히브리어 '마 나비'(*māh nābî'*)는 "선지자가 무엇이냐"라는 의미로도 들린다. 이것은 초대 왕인 사울의 성공은 선지자에 대한 그의 이해에 달려 있음을 암시한다. 앞으로 계속 반복되는 주제가 이것이다. 즉 이스라엘의 왕은 선지자(를 통한 하나님)의 말씀을 '듣는 자'가 될 때 통치의 정당성을 인정받는다는 것이다. 따라서 사울의 질문 '마 나비'("무엇을 드릴까" 혹은 "선지자가 무엇이냐")는 그가 선지자 사무엘과 맺을 복잡한 관계의 복선이다.

사환이 하나님의 사람을 찾아가 보자고 권유한 이유는 그가 암나귀의 행방을 말해 줄지 모른다고 생각했기 때문이다. 사환은 하나님의 사람이 누구인지 몰랐지만 매우 영험한 사람임은 소문을 통해 알고 있었다. 그러나 사환의 제안에 사울은 그에게 드릴 "예물"이 없음을 걱정한다. 하나님의 사람을 찾아갈 때 빈손으로 가지 않았던 관습이 있었던 것 같다. 즉 하나님의 사람은 '돈'을 받고 영험한 능력을 발휘한다. 때마침 종에게 은 4분의 1 세겔이 있었고, 사울과 사환은 하나님의 사람을 찾아가기로 결정한다. 이 짧은 대화는 당시 하나님의 사람이 어떤 일을 했는지를 보여 준다. 하나님의 사람은 선지자 혹은 선견자를 우회적으로 일컫는 말이다. 9절을 보면 '선견자'와 '선지자'는 시대에 따른 어법 차이인 듯하다. 과거에는 '선견자'라 불렀지만, 오늘날에는 '선지자'로 부른다. 구체적으로 말하면 선견자는 왕정 이전의 용어며, 선지자는 왕정 이후에 사용된다. 그러나 용어상의 차이를 넘어 선견자와 선지자의 기능은 왕정을 전후로 크게 변한다. 용어 변화는 이런 기능의 변화와 관련이 있다. 왕정 이전의 하나님의 사람, 즉 선견자는 고대 근동의 점술가와 유사했다. 그들은 개인의 문제를 초월적 능력으로 해결해 주는 사람들이었다. 잃어버린 물건의 행방을 알려 주고, 어떤 병에 걸린 사람이 살지 죽을지 여부를 가르쳐 주거나, 불임 등을 해결해 주곤 했다. 그리고 그 대가로 선물을 받아 생계를 유지했다. 이런 기능이 오늘날의 점술가와 같다고 해서 무조건 나쁘다고 치부해서는 안 된다. 그들은 의학이나 과학 기술이 발달하지 않은 고대 시대에 찾아갈 수 있는 거의 유일한 전문인이었다. 선견자는 문제를 가지고 찾아온 사람들을 위해 기도하고, 때로는 능력을 행함으로써 그들을 섬긴 것이다. 그러나 왕정 이후에는 기능이 완전히 전환된다. 이전의 점술가적 성격이 완전히 사라지지는 않았지만, 왕정 이후의 하나님의 사람, 즉 선지

【은 4분의 1 세겔】 구약 시대까지 이스라엘은 동전을 사용하지 않았다. 거래할 때는 은이나 금 등을 무게로 달아 사용했다. 이때 표준 도량은 세겔이었는데, 1세겔은 약 13그램이다. 4분의 1 세겔은 3그램쯤 된다. 은 3그램은 5천 원 정도다. 그다지 크지 않은 돈이나 조그마한 감사의 표시는 될 것이다. 참고로 출애굽기에 기록된 노예의 가격이 은 30세겔(출 21:32)이었다.

자는 주로 왕과 백성을 대상으로 말씀 사역을 펼친다. 왕이나 백성이 언약을 어기면, 말씀으로 지적하고 심판을 선포하였다. 신학자들은 왕정 이후의 선지자들을 '언약 소송 검사'(covenant prosecutor)로 부르기도 한다. 사사정에서 왕정으로 넘어가는 과도기를 산 사무엘은 선견자와 선지자의 중간 지점에 서 있다.

지금까지의 이야기 가운데 하나님의 섭리가 감지된다. 잃어버린 암나귀를 찾아 나선 사울을 사무엘에게 인도하시는 하나님의 간섭이 본문 곳곳에 스며 있다. 기스가 사울에게 사환 하나를 데려가라고 명한 점(3절), 그 사환이 하나님의 사람이 있다는 소문을 알았기에 그를 찾아가자고 제안할 수 있었던 점(6절), 은 4분의 1 세겔이 사환에게 있었다는 점(7-8절)은 모두 동일한 목적에 기여하며 우연으로 치부하기 힘들다. 사울을 사무엘에게 인도하려는 섭리적 역사로 볼 수밖에 없다. 하나님이 사무엘에게 나타나셔서 "내가 베냐민 땅에서 한 사람을 네게 보낸다"고 계시한 사실(16절)도 이 점을 확증한다. 우연처럼 보이는 사건이 성도의 삶에서 구원을 이루어 가시는 하나님의 섭리인 경우가 많다.

사울과 물 긷는 여인들의 대화 9:11-14

11 그들이 성읍을 향한 비탈길로 올라가다가 물 길으러 나오는
소녀들을 만나 그들에게 묻되 선견자가 여기 있느냐 하니
12 그들이 대답하여 이르되 있나이다 보소서 그가 당신보다 앞서
갔으니 빨리 가소서 백성이 오늘 산당에서 제사를 드리므로 그가
오늘 성읍에 들어오셨나이다 13 당신들이 성읍으로 들어가면 그가
먹으러 산당에 올라가기 전에 곧 만나리이다 그가 오기 전에는
백성이 먹지 아니하나니 이는 그가 제물을 축사한 후에야 청함을
받은 자가 먹음이니이다 그러므로 지금 올라가소서 곧 그를
만나리이다 하는지라 14 그들이 성읍으로 올라가서 그리로
들어갈 때에 사무엘이 마침 산당으로 올라가려고 마주 나오더라

사울과 그의 사환은 사무엘이 있는 성읍(라마)으로 올라가던 도중 물 길러 나오는 젊은 여자들을 만난다. 당시 우물은 보통 성 밖에 위치했고, 물 긷는 일은 여자들의 몫이었다. 사울은 여인들에게 "선견자가 어디 있느냐"라고 묻는다. 사무엘서 저자는 이에 대한 여인들의 대답을 비교적 길게 기록한다(12-13절). 여인들의 대답은 매우 장황하며, 중언부언한다는 느낌마저 든다. 어떤 유대인 학자는 여자들이 수다쟁이였다고 하지만, 좀더 설득력 있는 설명은 사울의 외모다. 키 크고 준수한 사울이 묻자 여인들이 서로 대답하려는 상황이다. 즉 13-14절은 여러 여인이 돌아가며 한 마디씩 거든 대답을 모은 것이다. 그러나 이야기의

【산당의 모습】

【산당】 산당은 도시나 촌락에 설치된 제단을 지칭한다. 촌락의 산당은 산이나 구릉 같은 고지대에 설치되지만, 도시의 산당은 인공적으로 조성한 단 위에 설치된다. 즉 산당이 반드시 산이나 구릉에 있는 것은 아니다. 산당은 사무엘이 사울에게 기름 붓는 장면에서 가장 자세히 묘사된다. 사무엘상 9장 22절을 보면 산당의 일부로 "큰 방"(리슈카, *liškāh*)이 언급된다. "큰 방"은 희생 제물을 먹는 장소다. 다윗과 솔로몬 시대에는 산당이 이스라엘의 합법적 성소로 기능하였다. 특히 기브온에 있는 산당은 다윗과 솔로몬이 직접 제사를 드리던 곳이었다. 역대상 16장 39-40절은 다윗이 어떻게 기브온에 있는 산당들을 운영했는지 보여 준다. "제사장 사독과 그의 형제 제사장들을 기브온 산당에 있던 여호와의 성막 앞에 섬기게 하여 항상 아침 저녁으로 번제단 위에 여호와께 번제를 드리되 여호와의 율법에 기록하여 이스라엘에게 명령하신 대로 다 준행하게 하였다." 솔로몬도 기브온의 산당에서 제사를 지냈다. 열왕기상 3장 3-4절은 다음과 같이 말한다. "솔로몬이 여호와를 사랑하고 그의 아버지 다윗의 법도를 행하였으나 산당에서 제사하며 분향하더라. 이에 왕이 제사하러 기브온으로 가니 거기는 산당이 큼이라 솔로몬이 그 제단에 일천 번제를 드렸더니." 3절의 "행하였으나"라는 우리말 번역은 솔로몬의 제사가 신학적으로 문제 있다고 생각한 한글 번역가들의 의도가 반영된 것이다. 히브리어를 직역하면 "다윗의 법도를 행하였다. 산당에서 제사하며……"이다. 이사야 15장 2절에서 모압 왕도 산당에서 제사를 드린 것으로 보아 산당은 당시 가나안 민족의 제의 중심에 있었다. 산당의 긍정적 이미지가 8세기 히스기야 왕으로 가면 부정적 이미지로 바뀐다. 또한 7세기 요시야의 개혁 정책으로 이스라엘 민족의 예배가 예루살렘으로 국한되고 전국의 산당은 제거된다. 최근 고고학자들이 산당으로 추정되는 성소를 발견했는데 이 성소의 핵심은 나무(아세림)와 선바위(마쩨봇), 그리고 제단이었다. 산당은 일종의 공동 제단으로 여러 신들을 그곳에서 제사했다.

전개상 중요하지 않은 여인들의 대답을 이렇게 길게 기록한 것은 분명 이례적이다. 여기에는 저자의 의도가 있는데, 그중 하나가 '약혼 전형 장면'(bethroal type-scene)과 유사하게 만드는 것이다.

'약혼 전형 장면'은 낯선 땅에 들어선 남자가 마을의 물 긷는 여인들과 만나는 장면이 주가 된다. 이런 만남이 보통 약혼이나 결혼으로 이어지기 때문에 '약혼 전형 장면'으로 불린다. 이삭과 리브가, 야곱과 라헬, 모세와 십보라의 만남이 이렇게 기술되었다. 리브가, 라헬, 십보라 모두 우물가에서 낯선 남자와 대화하다가 미래의 남편감을 만난다. 따라서 2절에서 '청년'으로 묘사된 사울이 낯선 숩 땅에서 물 길러 나온 젊은 여인들과 만나 대화하는 장면은 그가 그곳에서 아내를 만날지도 모른다는 기대를 준다. 그러나 사울이 그곳에서 만나는 사람은 선지자 사무엘이다(14절). 물 긷는 여인들과 헤어지고 성읍에 들어가려던 사울은 마침 산당에 가기 위해 성 밖으로 나오는 사무엘과 만난다. 이처럼 사울과 사무엘의 첫 만남을 '약혼 전형 장면'으로 기술한 것은 사울과 사무엘의 이상적인 관계가 어떤 것인지 암시한다. 이스라엘의 왕은 선지자와 긴밀해야 한다. 왕은 아내처럼 선지자를 곁에 두고 늘 그 말에 귀를 기울여야 한다. 이것은 이스라엘과 하나님 사이의 이상적인 관계를 암시하기도 한다.

사울의 방문을 하나님이 계시함 9:15-17

15 사울이 오기 전날에 여호와께서 사무엘에게 알게 하여 이르시되
16 내일 이맘 때에 내가 베냐민 땅에서 한 사람을 네게로 보내리니
너는 그에게 기름을 부어 내 백성 이스라엘의 지도자로 삼으라
그가 내 백성을 블레셋 사람들의 손에서 구원하리라 내 백성의
부르짖음이 내게 상달되었으므로 내가 그들을 돌보았노라 하셨더니
17 사무엘이 사울을 볼 때에 여호와께서 그에게 이르시되 보라
이는 내가 네게 말한 사람이니 이가 내 백성을 다스리리라 하시니라

여인들과 헤어진 사울과 그의 사환은 성읍으로 올라가 성으로 들어간다. 때마침 사무엘이 산당에 올라가기 위해 나오다가 그들과 마주쳤다. 사무엘은 눈앞에 서 있는 키 크고 준수한 사람이 하나님이 보내신 사람임을 알았다. 왜냐하면 사울과 마주치자 여호와께서 "이는 내가 네게 말한 사람이다"라고 말씀하셨기 때문이다. 15절에 따르면 사울이 오기 하루 전 여호와께서 사무엘에게 계시를 주셨다. 여호와께서 베냐민 사람 하나를 사무엘에게 보내니 그에게 기름을 부어 이스라엘의 왕으로 삼으라는 내용이다. 이것은 기스가 암나귀를 잃어버린 것, 그가 사무엘의 소문을 들은 사환을 동행시킨 것, 그 사환이 은 4분의 1 세겔을 마침 갖고 있던 것이 우연이 아님을 입증한다. 그러나 한편 사무엘이 왕을 세우라는 하나님의 명령을 매우 소극적으로 대했다는 사실도 짐작할 수 있다. 8장 22절에서 "너는 그들의 말을 들어주어 그들을 위해 왕을 세워라"는 여호와의 명령이 있었음에도 사무엘은 백성들을 집으로 돌려보낸 후 왕이 될 사람을 찾아다니지 않고, 일상의 직무로 돌아간 것 같다. 하나님이 사울을 사무엘에게 보내신 것은 이 때문인 것 같다.

이 계시에서 몇 가지 흥미로운 사실이 언급된다. 첫째, 당시 이스라엘의 가장 큰 골칫거리가 블레셋 민족이었다. 사무엘이 늙자 블레셋이 다시 이스라엘을 괴롭혔던 것 같다. 블레셋이 주는 고통으로 이스라엘이 부르짖자 하나님은 왕을 주시기로 결정한다. 둘째, 따라서 이 왕의 임무는 이스라엘을 블레셋의 손에서 구원하는 것이다. 이 두 사실은 당시 역사적 상황과 잘 조화된다. 이스라엘 사람과 비슷한 시기에 블레셋 사람들도 가나안에 이주한 민족이다. 이스라엘이 정복 전쟁을 마치고 정착 시대, 즉 사사 시대에 접어들자 블레셋은 이스라엘에게 위협적인 세력으로 성장해 간다. 특히 사사 시대 말, 블레셋이 내륙 지방으로 확장하려 들면서 이스라엘과 자주 충돌하였고 이스라엘이 왕을 요구하게 된 계기가 블레셋의 군사적·정치적 위협이었을 가능성이 크다. 그렇다면 이스라엘 왕의 시급한 과제는 블레셋 문제 해결이다. 이것이 계시의 내용에 정확하게 반영되어 있다. 셋째, 하나님의 계시는 사울의 통치가 억압적일 것을 암시한다. 17절 마지막의 "(그가 내 백성을) 다스리리라"로 번역된 히브리어 아짜르(*'āṣar*)는 부정적인 뉘앙스, 즉 '억압하다'라는 의미를 가진다. 구체적으로 말하면 사울 왕의 통치는 8장 11-17절에 묘사된 그런 통치가 될 것이다. 즉 백성들을 노예로 만들고, 착취(라카흐, *lāqaḥ*)를 업으로 삼는 왕이 될 것이다.

사울과 사무엘의 첫 대면 9:18-21

18 사울이 성문 안 사무엘에게 나아가 이르되 선견자의 집이
어디인지 청하건대 내게 가르치소서 하니 19 사무엘이 사울에게
대답하여 이르되 내가 선견자이니라 너는 내 앞서 산당으로
올라가라 너희가 오늘 나와 함께 먹을 것이요 아침에는 내가 너를
보내되 네 마음에 있는 것을 다 네게 말하리라 20 사흘 전에 잃은
네 암나귀들을 염려하지 말라 찾았느니라 온 이스라엘이 사모하는
자가 누구냐 너와 네 아버지의 온 집이 아니냐 하는지라 21 사울이
대답하여 이르되 나는 이스라엘 지파의 가장 작은 지파 베냐민
사람이 아니니이까 또 나의 가족은 베냐민 지파 모든 가족 중에
가장 미약하지 아니하니이까 당신이 어찌하여 내게 이같이
말씀하시나이까 하니

성문에서 마주친 선견자 사무엘을 알아보지 못한 사울은 그에게 "선견자의 집"이 어디인지 묻는다. 일부 학자들은 사무엘이 제사 때문에 성읍에 왔다는 여인들의 말(9:12)을 근거로 사무엘의 '집'은 성읍에 없었다고 주장한다. 그렇다면 "선견자의 집"이 어디냐는 사울의 질문은 무의미하다. 그러나 사울 일행이 찾아온 성이 사무엘의 고향인 라마임을 생각해 보자. 사무엘상 7장 17절에 따르면 사무엘은 자신의 고향 라마에 돌아와 제단을 쌓는 일을 주기적으로 반복했다. 따라서 사무엘이 제사를 드리러 성읍에 왔다는 여인의 말은 그 성읍이 사무엘의 고향인 라마라는 의미다.

이 젊은이가 하나님이 보내신 자임을 파악한 사무엘(17절 참고)은 사울에게 자신이 선견자임을 밝히고는 산당으로 앞서 올라가라는 지시와 함께 그곳에서 함께 식사하게 될 것이며, 내일 아침 배웅할 때는 사울의 마음에 있는 것을 말해 주겠다고 한다(19절). 그리고 사흘 전에 잃어버린 암나귀들은 이미 집에 돌아갔으니 염려하지 말라면서 "온 이스라엘의 사모하는 자"가 사울과 그 아비의 집이 아니냐고 반문한다(20절). 19-20절의 말씀은 사무엘이 사울에게 처음 건넨 말인데 놀랍게도 사울의 운명에 대한 다양한 암시가 들어 있다. 먼저 "내 앞서 산당으로 올라가라"는 명령은 사무엘에게 특별한 용무가 있기 때문에 먼저 산당으로 가라는 의미가 아니다. 사울을 앞세우고 자신은 그 뒤를 따라 올라가겠다는 것이다. 이것은 사울이 "앞서 행하는" 왕이 된다는 상징이다. 적어도 정치적으로 왕은 선지자 앞에 있다. 제사 후에 자신과 함께 음식을 나눈다는 사무엘의 말도 단순한 교제 이상의 의미가 있다. 선지자 사무엘이 한 상에서 미래의 왕과 밥상 교제를 하는 것이다. 고대 이스라엘에서 식사 교제는 친밀한 관계를 전제한다. 사무엘의 초대는 미래의 왕 사울을 자신과의 친밀한 관계로 초대하는 것이다. 왕과 선지자의 관계는 이스라엘에서 왕정이 성공하느냐 실패하느냐를 결정한다. "아침에는 내가 너를 보내되 네 마음에 있는 것을 다 네게 말하리라"라는 사무엘의 말도 사울의 미래를 암시한다. 여기에서 "네 마음에 있는 것"은 잃어버린 암나귀가 아니다. 왜냐하면 사흘 전에 잃어버린 암나귀는 찾았다고 바로 이어서 말해 주기 때문이다. 다음 날 아침 사무엘이 사울에게 기름을 부으면서 그의 사명을 들려준 점을 고려할 때 "네 마음에 있는 것"은 사울의 우국지정(憂國之情)을 지칭하는

【고대 이스라엘의 사회 구성: 지파-족속-가족】 이스라엘 사회는 친족 관계를 기반으로 구성되었다. 가장 큰 사회적 단위는 지파(세벳/맛테)이며, 그다음 단위가 족속(미스파하), 가장 작은 사회적 구성 단위는 가족(벳 아브)이다. 이것은 아이성 이야기에서 가장 잘 드러난다. "너희는 아침에 너희 지파별로 나와라. 여호와께 뽑히는 지파는 그 족속별로 가까이 나오고, 여호와께 뽑히는 족속은 그 가족별로 가까이 나오며, 여호와께 뽑히는 가족은 그 개인별로 가까이 나아와라"(수 7:14, 저자 사역). 여기서 가족은 확대 가족을 의미한다. 많게는 3대가 한 가족을 구성한다. 할아버지, 할머니, 아버지, 어머니, 결혼한 남자와 아내, 결혼하지 않은 형제자매 등이 한 가족을 이룬다. 이들은 한 집, 혹은 오늘날 다세대 주택 같은 곳에서 생활했다. 가족의 최고 권위는 가장 나이 많은 남자인 할아버지에게 있었다. 그러나 고대 이스라엘의 평균 수명이 40세에 불과했기 때문에 3대가 모여 사는 집이 많지는 않았을 것이다.

것 같다. 이것은 사울이 평소 나라에 대해 진지하게 고민하던 사람임을 보여 준다. 종교적·도덕적으로 타락한 이스라엘을 염려하고 어떻게 하면 이스라엘이 다시 선민답게 회복될지 기도하던 사울의 마음을 간파한 것이다. 다음 날 아침 사무엘은 사울의 깊은 고민에 답을 줄 것이다. 이런 관점에서 20절에 기록된 사무엘의 말, "온 이스라엘의 사모하는 자가 누구냐 너와 네 아비의 온 집이 아니냐"도 이해할 수 있다. 물론 이 말이 암나귀를 찾았다는 진술과 함께 쓰였고, 또한 "사모"로 번역된 히브리어 '헴다'(*ḥemdāh*)가 '보물'로도 번역되기 때문에, 그 표면적인 의미는 '온 이스라엘의 보물이 너와 네 아버지의 집에 속했는데, 암나귀 하나 때문에 걱정하느냐'의 의미일 것이다. 이것은 기스가 유력자였다는 1절의 진술과도 부합된다. 그러나 사무엘의 말에는 더 깊은 의미가 있다. "온 이스라엘의 사모하는 자가 누구냐"라는 말은 사울의 왕권을 염두에 둔 것이다.

이런 사무엘의 의도를 읽었을까? 사울은 자신을 낮춘다. "나는 이스라엘 지파의 가장 작은 지파 베냐민 사람이 아니오며, 나의 가족은 베냐민 지파 모든 가족 중에 가장 미약하지 아니하니이까? 당신이 어찌하여 내게 이같이 말씀하시나이까?"(21절) 사울의 말은 절반은 사실이고 절반은 사실이 아니다. 베냐민 지파는 이스라엘 지파 중 가장 미약했다. 지파들의 연합 공격을 받아 거의 멸절하다시피 하였다. 그러나 사울의 아버지 기스는 유력자였다. 자신의 가족이 베냐민 지파 중에 가장 미약하다는 말은 자신을 낮추는 과장법이다. 그러나 진정성이 없는 말은 아닌 것 같다. 사울은 아버지에게 순종적이며, 다소 우유부단하지만 마음이 여리고 착한 젊은이다. 적어도 엘리의 아들들과 사무엘의 아들들에 비하면 이스라엘의 지도자가 될 인격을 갖추었다. 그의 잘생긴 외모와 큰 키를 고려하면 가장 이상적인 후보인 셈이다.

사울과 사무엘이 손님들과 함께 식사함 9:22-24a

22 사무엘이 사울과 그의 사환을 인도하여 객실로 들어가서 청한

자 중 상석에 앉게 하였는데 객은 삼십 명 가량이었더라 23 사무엘이
요리인에게 이르되 내가 네게 주며 네게 두라고 말한 그 부분을
가져오라 24a 요리인이 넓적다리와 그것에 붙은 것을 가져다가
사울 앞에 놓는지라 사무엘이 이르되 보라 이는 두었던 것이니
네 앞에 놓고 먹으라 내가 백성을 청할 때부터 너를 위하여 이것을
두고 이때를 기다리게 하였느니라

22절 이하는 제사를 지낸 후의 상황이다. 18-21절에 수록된 대화와 22-24절에 묘사된 장면 사이에 시간 차가 있다. 제사가 끝난 후 사무엘은 사울과 그 사환을 "객실"(리슈카)로 안내한다. 산당의 객실은 성소 옆에 설치된 다용도실이다. 제사 후 식사나 교제 장소로 사용되었고, 밤에는 손님들이 묵는 장소가 되기도 했다. 사람들이 30명가량 앉아 있었는데, 사무엘은 사울을 "청한 자 중" 가장 상석에 앉게 하였다. 객실에 앉아 있던 사람들("청한 자")은 도대체 누구인가? 본문에 따르면 그들은 사무엘이 초대한 자들이다(24a절). 사무엘은 왜 그들을 초대했을까? 사무엘이 준비한 식사의 의미는 무엇일까? 그 답은 23-24절에 암시된다. 23절에서 사무엘은 요리하는 사람에게 준비시킨 부분을 가져오라고 말한다. 24절에서 요리인은 "넓적다리와 그것에 붙은 것"을 가져온다. 그리고 사무엘은 사울에게 "네 앞에 놓고 먹으라 내가 백성을 청할 때부터 너를 위하여 이것을 두어서 이때를 기다리게 하였느니라"고 말한다. 사무엘은 30명의 손님들을 청할 때 이미 사울을 염두에 두

【넓적다리 고기】 레위기 7장 32-33절에 따르면 오른쪽 넓적다리는 제사장의 몫이다. "그것에 붙은 것"은 넓적다리에 더 많은 살이 붙도록 고기를 잘랐음을 암시한다. 즉 사무엘은 자신의 몫을 사울에게 줌으로 그를 최대한의 예우로 모시는 것이다.

【요리인】 '요리인'이라는 말은 오해를 사기 쉽다. 산당에 전문 요리인이 있었을 가능성은 없다. 히브리어 '타바흐'(*ṭabbāḥ*)는 본래 '도살자'라는 의미다. 이 말이 '요리인'으로 번역된 이유는 당시 섭생과 관련되어 있다. 당시 이스라엘 사람들(가나안 사람들도 마찬가지다)은 제사로 드려진 고기만을 먹었다. 다시 말해 개인적 도살은 허용되지 않았다. 따라서 고기를 먹으려면 제단이 있는 산당에 가서 제사를 드려야 했다. 사적인 도살이 허용된 때는 예루살렘 성전이 완공된 이후다. 그때부터는 산당에서의 제사가 금지되었고, 고기를 먹으려면 예루살렘까지 와야 하기에 제사와 관계없는 도살, 즉 사적 도살을 허용한 것이다. 그러나 사무엘상의 배경인 사사 시대에는 고기 잔치를 하려면 반드시 제사를 드려야 했다. 산당에서 도살하는 사람이 곧 요리하는 사람이 될 수 있었던 것이다.

고 넓적다리를 준비시킨 것이다. 그렇다면 이 잔치는 사무엘이 의도를 가지고 준비한 것이다. 사무엘이 계시를 통해 사울의 도착을 미리 통지받았음을 생각하면, 이 잔치는 사울을 왕으로 환영하는 의미가 크다. 성경을 보면 압살롬과 아도니야도 자신이 왕이 되었음을 선포할 때 손님들을 초청하고 만찬을 베푼다(삼하 15:1-12; 왕상 1:1-10; 대상 12:38-40). 즉 제사와 만찬의 맥락에서 왕이 되었음을 선포하는 것이다. 이런 관점에서 보면 초대받은 30명이 이스라엘과 유다 왕들의 친위대 수(삼하 23:13, 18)와 동일한 것은 우연이 아니다. 지금 라마의 산당에서 미래의 왕, 선지자, 왕의 친위대가 첫 대면을 하는 것이다.

정리해 보자. 사무엘은 하나님의 계시를 받고 사울을 맞이하기 위해 손님 30명을 초청하고 특별한 고기를 준비한다. 당시 고기는 반드시 제사를 드린 후에 먹었기에 일반 사람들은 이 특별한 만찬을 여는 사무엘의 제사를 통상적이라고 생각했을 가능성이 크다(참조. 9장 12절에 묘사된 여인들의 말). 백성의 요구를 들어 왕을 세우라는 하나님의 명령에도 백성을 돌려보낸 사무엘이지만 하나님이 계시를 통해 왕 될 사람을 지명하고 그에게 기름을 부으라고 하자 성실하고 용의주도하게 명령을 받든다. 그러나 이 잔치가 사울을 왕으로 환영하는 의미라는 것을 아는 사람은 사무엘과 하나님뿐이다. 사울과 그 자리에 참석한 30명은 잠시 후에 벌어질 엄청난 일을 전혀 모르는 상태다. 한편 이 만찬은 분명 사울을 왕으로 환영하는 의미이지만, 동시에 그를 시험하는 무대이기도 하다. 사무엘은 이런 자리를 통해 사울이 어떻게 행동하는지, 왕으로서 소양과 자질이 있는지를 확인하고 싶었을 것이다. 그 자리에서 사울과 손님들과 사무엘 사이에 어떤 이야기가 오갔는지 기록되지는 않았지만, 이 함께 먹는 자리는 사울을 가까이서 관찰할 기회를 주었을 것이다.

사울에게 기름을 부음 9:24b-10:1

24b 그 날에 사울이 사무엘과 함께 먹으니라 25 그들이 산당에서
내려 성읍에 들어가서는 사무엘이 사울과 함께 지붕에서 담화하고

26 그들이 일찍이 일어날새 동틀 때쯤이라 사무엘이 지붕에서
사울을 불러 이르되 일어나라 내가 너를 보내리라 하매 사울이
일어나고 그 두 사람 사울과 사무엘이 함께 밖으로 나가서 27 성읍
끝에 이르매 사무엘이 사울에게 이르되 사환에게 우리를 앞서게
하라 하니라 사환이 앞서 가므로 또 이르되 너는 이제 잠깐 서
있으라 내가 하나님의 말씀을 네게 들려 주리라 하더라
1 이에 사무엘이 기름병을 가져다가 사울의 머리에 붓고 입맞추며
이르되 여호와께서 네게 기름을 부으사 그의 기업의 지도자로
삼지 아니하셨느냐

24b절에서 저자는 사무엘과 사울의 이름을 언급하며 그들이 함께 먹었다고 이야기한다. 단순히 한자리에서 식사했다는 의미가 아니라 사무엘과 사울 사이에 친밀한 교감이 있었음을 의미한다.[3] 앞서 언급했듯 고대 이스라엘에서 함께 먹는 행위는 매우 가까운 관계임을 나타낸다. 사무엘과 사울이 선지자와 미래의 왕이며, 이스라엘의 왕정은 둘의 관계에 달렸음을 고려할 때 이 친밀함은 왕정 형성에 긍정적인 지표가 된다. 공식 만찬에서 발생한 사울과 사무엘의 교감은 자리를 옮겨 지붕 위까지 이어진다. 지붕 위에서 사무엘과 사울은 밤새도록 담화한다(25절). 처음 만난 사울과 사무엘에게 무슨 할 말이 그렇게 많았을까? 그들의 대화가 밤새도록 지속되었음을 알려 주는 힌트는 26절의 "일찍이 일어날새"(바야쉬키무, *wayyaškimû*)라는 구절이다. 이 구절은 밤사이 발생한 사건을 마무리하고 새로운 사건의 시작을 알리는 관용구다(이 구절은 한나 이야기에서 이미 나왔다. 한나의 성전 철야 기도 직후, 사무엘서 저자는 "그들이 아침에 일찍이 일어나"라고 묘사한다). 추측건대 사울과 사무엘은 밤이 늦도록 시국에 대해 토론한 것 같다. 사울이 선지자 사무엘과 국가 중대사를 토론할 수 있었던 것은 그가 평상시 이스라엘 민족의 죄악을 가슴 아파하고 민족의 미래를 염려하던 청년이었기 때문이다. 그리고 사무엘이 성문에서 사울을 처음 만났을 때 내일 아침 "네 마음속에 있는 것"(19절)을 다 말해 주겠다고 말한 이유가 여기에 있다. 사환이 하나

님의 사람을 찾아가자며 "우리의 길을 가르쳐 달라고 하겠습니다"(8절) 라고 했듯 사무엘은 이스라엘 민족이 갈 길을 가르쳐 주었을지 모른다.

여기서 두 사람이 대화한 장소에 주목해 보자. 당시 이스라엘의 전형적인 집은 2층 집이다. 1층에는 짐승 우리와 각종 가사 공간이 있고 2층과 지붕은 거실 겸 침실로 쓰는 휴식과 오락 공간이었다. 지붕은 주로 오락과 담화의 공간이지만 계절에 따라서는 잠을 자는 곳도 된다. 사무엘이 지붕에서 사울과 담화하다가 자신은 2층 침실에서, 사울은 지붕에서 재운 것으로 보아 여름일 가능성이 높다. 재미있는 것은 지붕이 오락과 담화, 휴식의 장소이지만 경우에 따라서는 예배도 드려진다는 점이다(렘 19:13 참고). 고대 근동에서 지붕은 제의가 이루어지는 거룩한 장소로 인식되었다. 이곳에서 미래의 왕과 하나님의 선지자가 중요한 담화를 나눈 것이다.

【사울에게 기름을 붓는 사무엘】 슈노어 폰 카롤스펠트(1794~1872) 작.

【어떤 기름이 사용되었을까】 현대인들은 '기름'하면 식용유를 떠올리기 쉽다. 식용유를 머리에 부으면 그다지 유쾌하지 않을 것이다. 고대 이스라엘에서 기름을 부을 때 사용한 기름은 오늘날의 향수에 가깝다. 이 향수는 올리브기름으로 만들었다. '향기름'이라고 생각하면 될 것이다. 향기름은 매우 비싼 향장품이었다. 사우디아라비아나 소말리아 같은 먼 지역에서 재료를 생산하여, 진액을 추출해 내는 과정 역시 길고 추출된 양도 적기 때문에 주로 왕이나 귀족들의 사치품으로 수입되었다. 평민들은 결혼식이나 장례식 등 특별한 경우에만 향기름을 사용한다. 고대 이스라엘에서는 왕(왕하 11:12)이나 대제사장(시 133:2)을 공식적으로 임관할 때 올리브기름을 머리에 부었는데 때로는 귀중한 손님을 예우할 때도 쓰곤 했다. 예수께서 바리새인 시몬의 집에 초청받으셨을 때, "너는 내 머리에 감람유도 붓지 아니하였다" 하시며 시몬의 무례함을 지적하신 사건은 이 관습을 예증한다. 일부 학자들은 머리에 기름을 부어 이를 잡는 관습에서 기름 부음의 유래를 찾는다.

다음 날 일찍 사무엘은 사울을 깨워 함께 밖으로 나간다. 성읍 끝에 이른 사무엘은 사울에게 사환을 앞서 보내도록 요청한다. 사울과 단둘이 남은 사무엘은 기름병을 가져다가 사울의 머리에 붓고 입을 맞추며 "여호와께서 당신에게 기름을 부어 그분의 유업의 주권자로 삼지 않으셨습니까"라고 한다(10:1). 이 장면은 여러 질문을 낳는다. 먼저 비밀스럽게 기름을 붓는다는 점을 주목하자. 동틀 무렵인 이른 아침(사람들이 자고 있을 시간)에 사울을 깨운 점, 그를 인적이 드문 성읍 끝으로 데려가 사환마저 앞서 보낸 점 등은 사무엘이 아무에게도 기름 붓는 장면을 보이고 싶지 않았다는 것을 시사한다. 왜 그래야 했을까? 사람들이 왕을 달라고 요구하지 않았는가?(8장 참고) 하나님은 사울에게 기름을 부으라고 했지 비밀스럽게 하라고 명하시지는 않았다(9:16). 이 질문에는 여러 대답이 가능하다. 사무엘이 그때까지도 왕정을 반대하고 있거나, 베냐민 출신의 이 젊은 청년이 왕이 될 만한지 의구심을 가지고 있었을 수 있다. 또 하나의 가능성이 있는데 그것은 이스라엘 깊숙이 블레셋 군대가 주둔한 상황(10:5)에서 사울의 존재가 알려지면 암살될 가능성이 있었기 때문이다. 사울이 권력을 완전히 장악하기까지 기름 부음 받은 사실을 숨기는 것이 좋다고 판단했을 수 있다(11장 참조).

또한 기름을 부을 때 뿔이 아니라 병을 사용했다는 점도 흥미롭다. 보통 왕에게 기름을 부을 때는 뿔에 담긴 기름을 사용한다. 한나의 노래에서 한나는 앞으로 세워질 왕을 찬양할 때 뿔을 언급한다(2:1, 10). 다윗(삼상 16:13)과 솔로몬(왕상 1:39) 때도 뿔에 담긴 기름을 머리에 붓는다. 사무엘이 병을 사용했다는 것은 어떤 의미일까? 30명의 손님을 초청하고 넓적다리 고기를 준비할 만큼 용의주도했다면 뿔도 준비할 수 있었을 것이다. 북이스라엘의 왕에게는 병을 사용했다는 사실(왕하 9:1)을 보자. 그렇다면 그것은 사울이 남왕조가 아닌 정통성을 상실한 북왕조의 왕들과 같은 운명에 처하리라는 암시인 듯하다.

이와 관련해 사무엘이 기름을 붓고 입 맞추며 사울에게 준 말씀을 주목해 보자. "여호와께서 당신에게 기름을 부어 그분의 유업의 주권자로 삼지 않으셨습니까." 이것은 왕에게 기름을 붓는 선지자의 말이라고 보기에는 너무 자신이 없는 선언이다. 사무엘은 그것이 "하나님의 말씀"(27절)이라고 하지만, 실제 하나님의 말씀은 9장 16절에 나온다. 즉 사울을 이스라엘의 주권자가 되게 하셨고, 그가 이스라엘 백성을 블레셋의 손에서 구원하리라는 것이다. 10장 1절에서 사무엘은 부정 의문문보다 더 단정적인 어조를 사용할 수 있었을 것이다. 또한 블레셋을 빠뜨린 것도 의도적인 것 같다. 이 때문에 칠십인역은 10장 1절의 사무엘의 대사를 다음과 같이 고친다. "주께서 당신에게 기름을 부어 그의 백성 이스라엘의 주권자로 삼으셨습니다. 당신은 주의 백성을 다스릴 것이고 그들을 사방의 적들의 손에서 구원할 것입니다." 칠십인역을 번역한 사람들은 사무엘의 말이 이상하다고 판단해 그 말을 좀더 확신 있게 번역했다. 그러나 이 본문의 경우에는 칠십인역보다 히브리어 본문이 더 정확한 듯하다. 사무엘이 사울에게 전한 말은 사무엘에 대한 사울의 의심 혹은 사울에 대한 저자(독자)의 의심을 부각시키려는 의도가 있다.

이상하게도 사울의 반응은 본문에서 찾을 수 없다. 사무엘서는 사울이 어떻게 모든 과정에 임했는지 알려 주지 않는다. 그것은 성경을 읽는 독자들이 상상해야 할 몫이다.

질문

1. 사울은 사무엘과 조우하기 전 물 긷는 여인들을 만납니다. 사울과 사무엘이 만나는 장면 직전에 사울이 우물가에서 여인들과 대화하는 장면이 삽입된 이유는 무엇이겠습니까? '약혼 전형 장면'의 의미와 선지자와 왕의 관계를 염두에 두고 이야기해 봅시다.
2. 사울의 큰 키와 준수한 외모는 종종 그의 '내실'에 대한 오해를 불러 일으킵니다. 그러나 본문을 볼 때 사울은 영적·도덕적으로 총체적 혼란에 빠진 민족을 생각하는 '우국 청년'이었습니다. 이 사실의 근거들을 논의해 봅시다.
3. 사무엘이 비밀스럽게 사울에게 기름을 부은 이유는 무엇입니까? 백성이 왕을 드러내 놓고 요구했고, 사울에게 기름을 부으라는 하나님의 명시적 계시가 있었음에도 사무엘은 왜 이 기름 부음을 철저히 비공개에 부칠까요?
4. 9장의 진정한 주인공은 하나님인 듯합니다. 사울은 왕이 되기 위해 사무엘을 찾아간 것이 아니며, 사무엘도 왕을 세우는 일에 적극적이지 않았습니다. 그럼에도 사울과 사무엘이 만나 이스라엘의 초대 왕이 내정된 것은 하나님의 보이지 않는 역사였습니다. 9장에서 하나님의 보이지 않는 손이 작용한 사건들을 찾아 이야기해 봅시다.

묵상

사울은 비주류 지파인 베냐민 지파였고, 시골 동네 기브아에 숨어 있었지만 혼란한 시대를 마음 아파한 청년이었습니다. 지도자의 위치에 있었지만 율법과 아버지의 말씀에 순종하지 않은 엘리의 아들들이나 사무엘의 아들들과 달리 사울은 아버지에게 순종하고 희망 없어 보이는 민족의 미래를 품었습니다. 하나님이 사울을 사무엘에게 인도한 것도 그런 모습을 주목하셨기 때문이리라 생각됩니다. 하나님이 부르신 사람들은 자기에게 주어진 작은 도전에 믿음으로 반응하는 연습을 한 사람들입니다. 위대한 삶을 사는 사람은 작은 일에 충성합니다. 내가 서 있는 땅 한 평을 변화시킬 수 있어야 전 세계를 변화시킬 수 있습니다.

11
불순종한 사울과 두 번째 기회

삼상 10:2-27

사무엘은 기브아로 돌아가는 사울에게 세 가지 징조를 예언하고, 두 가지 명령을 내린다. 세 가지 징조는 하나님의 지명에 대한 사울의 확신을 돕는 것이고, 두 가지 명령은 사울이 왕으로서 자신의 능력을 증명하고, 공식적으로 왕으로 확증받기 위해 수행해야 할 일들이었다. 그러나 사울은 세 가지 징조가 다 성취되어 하나님의 지명이 확실해졌음에도 왕위를 증명하고 확증하라는 사무엘의 두 가지 명령을 수행하지 못한다. 이 때문에 사무엘 선지자는 미스바에서 지명, 증명, 확증으로 이어지는 왕정 성립 과정을 새롭게 시작한다. 미스바 집회에서 사울은 제비뽑기를 통해 다시 왕으로 지명된다. 그러나 이때 일부 사람들의 반대가 일어난다. 왕으로 지명된 사울이 공적으로 자신의 왕 됨을 '증명'할 필요가 있음을 방증한다.

징조를 확인해 주는 사무엘 10:2-6

2 네가 오늘 나를 떠나가다가 베냐민 경계 셀사에 있는 라헬의 묘실
곁에서 두 사람을 만나리니 그들이 네게 이르기를 네가 찾으러 갔던
암나귀들을 찾은지라 네 아버지가 암나귀들의 염려는 놓았으나
너희로 말미암아 걱정하여 이르되 내 아들을 위하여 어찌하리요
하더라 할 것이요 3 네가 거기서 더 나아가서 다볼 상수리나무에
이르면 거기서 하나님을 뵈오려고 벧엘로 올라가는 세 사람을
만나리니 한 사람은 염소 새끼 셋을 이끌었고 한 사람은 떡 세
덩이를 가졌고 한 사람은 포도주 한 가죽부대를 가진 자라 4 그들이
네게 문안하고 떡 두 덩이를 주겠고 너는 그의 손에서 받으리라
5 그 후에 네가 하나님의 산에 이르리니 그 곳에는 블레셋 사람들의
영문이 있느니라 네가 그리로 가서 그 성읍으로 들어갈 때에
선지자의 무리가 산당에서부터 비파와 소고와 저와 수금을
앞세우고 예언하며 내려오는 것을 만날 것이요 6 네게는 여호와의
영이 크게 임하리니 너도 그들과 함께 예언을 하고 변하여
새 사람이 되리라

평범한 사람이 어느 날 왕으로 기름 부음을 받았다. 목격자는 없지만 사무엘은 사울에게 기름을 부었고, 사울은 하나님의 사람 사무엘의 선포를 분명히 들었다. "여호와께서 네게 기름을 부으사 그의 기업의 지도자로 삼지 아니하셨느냐." 이 선포를 듣는 사울의 마음은 어떠했을까? 본문은 사울의 반응을 기록하지 않는다. 아마도 왕이 되었다는 사실이 아직 현실로 다가오지 않았을 것이다. 사울은 왕정을 경험해 본 적이 없다. 자신이 왕이라는 사실이 자신의 삶과 동료 이스라엘인들에게 무엇을 의미하는지 정확히 알지 못했을 것이다. 또한 사람들이 문제 많은 베냐민 지파 출신의 왕을 따를 것인가라는 의심도 사울의 마

음에 있었을 것이다. 사무엘 선지자와 밤늦도록 나눈 대화와 다음 날의 기름 부음이 사울에게는 벅차고 감동적인 사건이었겠지만, 홀로 다시 고향으로 돌아가는 사울은 하나도 변하지 않은 주변(세상)을 보고, 다시 평범한 일상으로 돌아가고픈 유혹을 느꼈을 것이다. 기름 부음이 사울에게 영원한 비밀로 남을 수도 있다. 사무엘이 세 가지 징조를 말한 것은 이 때문일 것이다. 보이지 않는 임명장은 받았지만 사울 스스로 그 엄청난 소명을 확신하지는 못한 것 같다.

첫 번째 징조는 사무엘과 헤어진 후 사울이 베냐민 땅 경계에 위치한 라헬의 묘실 곁에서 두 사람을 만난다는 예언이다. 사무엘은 그 두 사람이 무슨 말을 할지도 정확히 알려 준다. "네가 찾으러 갔던 암나귀들을 찾은지라 네 아비가 암나귀들의 염려는 놓았으나 너희로 말미암아 걱정하여 이르되 내 아들을 위하여 어찌하리요"(2절).

이 베냐민 사람들이 기스 집안의 식솔이 아니라면 기스가 암나귀를 잃어버린 사건은 베냐민 지파 내에서 큰 이야깃거리였음을 짐작할 수 있다. 이와 관련해 기스가 베냐민 지파의 유력자였다는 9장 1절을 상기해 보자.

【다볼의 상수리나무】 나무 아래는 신성한 곳이라는 의식은 고대 근동에 널리 퍼져 있었다. 나무는 천상계와 인간계의 경계점으로 여겨졌다. 사람들은 나무 아래서 제사를 드리거나, 신과 만나는 체험을 한다. 성경에서도 비슷한 예가 있다. 아브라함이 천사들을 만나 음식을 대접한 곳도 나무 아래다(창 18:4). 기드온이 여호와의 사자를 만난 곳도 상수리나무 아래이며(삿 6:11), 드보라가 재판을 한 장소도 "종려나무 아래"이다(삿 4:5). 또한 기드온의 아들 아비멜렉을 불법적으로 왕 삼은 장소도 상수리나무 아래다(삿 9:6). 사사기에서 나무 아래가 하나님과의 만남이 발생하는 신성한 장소였다면, 후대에는 우상숭배의 장소로 전락한다. 선지자들은 가나안 종교를 따라 나무 아래서 우상(아세라)에게 예배하는 이스라엘 사람들을 몸을 파는 매춘부에 비유한다(렘 2:20; 3:6, 13; 겔 6:13).

두 번째 징조는 벧엘의 산당으로 예배하러 올라가는 세 사람이다. 한 사람은 염소 새끼 셋을, 또 한 사람은 떡 세 덩이를, 나머지 한 사람은 포도주 한 가죽부대를 들고 가는데, 사무엘은 그들이 다볼의 상수리나무에서 사울에게 문안하고 떡 두 덩이를 바칠 것이라고 예언한다. 다볼의 상수리나무는 신성시된 장소였을 가능성이 높다. 그 세 사람이 자발적으로 사울에게 다볼의 상수리나무 아래에서 떡 두 덩이를 바친 것은 사울의 대관식을 미리 구현하는 듯하다. 그 세 사람은 사울이 온 이스라엘 앞에서 제비를 통해 왕으로 선출되었을 때, 사울을 멸시하며 그에게 어떤 선물도 주지 않는 불량배(10:27)와 대조된다.

세 번째 징조는 5-6절에 기록되어 있다. 사울이 자신의 고향인 기브아(개역개정, "하나님의 산")에[1] 도착할 때 산당에서 내려오는 선지자 무리를 만날 것인데 하나님의 영이 강하게 임하여 선지자들과 함께 예언할 것이라는 내용이다. 세 번째 징조는 사울이 이전과는 달라질 것임을 보여 준다. 저자는 6절 마지막에서 "변하여 새사람이 되리라"라는 말을 덧붙인다. "새사람"으로 번역된 히브리어 원문 '이쉬 아헤르'('îš 'aḥēr)는 '다른 사람'의 의미에 가깝다. 즉 사울은 이전과 완전히 다른 사람이 되어야 한다는 말이다. 그는 왕으로서 필요한 기질과 능력을 갖추어야 한다. 지금까지는 사환의 말에 끌려다니는 우유부단한 모

【라헬의 묘실】 창세기 35장 19-20절과 48장 7절에 따르면 라헬의 묘실은 베들레헴으로 가는 길 에브랏에 위치한다. 야곱은 라헬을 묻은 후 큰 돌을 세워 무덤을 표시하였다. 그러나 에브랏이 오늘날 어디인지는 정확히 모른다. 사진은 이스라엘 사람들이 라헬의 무덤으로 여긴 곳으로 1930년대 사진이다.

습이었지만 이제는 달라져야 한다.

이 세 가지 징조는 사울을 위한 것이다. 왕으로 세웠음을 확신시키려는 것이다. 한 번의 징조는 우연으로 치부할 수 있지만, 세 번의 징조는 절대 우연일 수 없다. 사무엘이 예언한 세 가지 징조가 모두 성취되는 것을 보면 사무엘의 기름 부음이 하나님으로부터 온 것임을 의심할 수 없을 것이다. 아울러 징조의 내용들도 사울의 왕권에 대한 긍정적인 암시들—유력한 가문, 대관식 선물, 통치에 합당한 인격 변화—을 담고 있다.

그러나 본문을 더 들여다보면 사울 왕정의 실패를 암시하는 실마리도 보인다. 첫 번째 징조에서 언급된 "라헬의 묘실"이 그렇다. 창세기 36장 16-20절에 따르면 라헬은 베냐민을 출산하다가 죽는다. "라헬의 묘실(죽음)"은 베냐민 사람인 사울 왕의 '탄생'과 상징적으로 연결된다. 사무엘상 저자는 사무엘상 1장에서 아들의 탄생과 왕의 탄생을 문학적으로 연결시킨 바 있다. 또한 베냐민을 낳다가 죽은 라헬은 이가봇을 출산하다 죽은 비느하스의 아내를 연상시킨다(삼상 4:19-22). 여기서 베냐민 사람 사울과 이가봇이 문학적으로 연결되는데, 라헬의 '아들,' 즉 베냐민의 후손인 사울도 결국 이가봇과 같은 운명을 맞는다는 것을 암시한다. 이가봇이 멸망의 운명 가운데 태어났듯, 사울 '왕'도 마찬가지라는 것이다.

증명과 확증에 대한 지시 10:7-8

7 이 징조가 네게 임하거든 너는 기회를 따라 행하라 하나님이 너와
함께 하시느니라 8 너는 나보다 앞서 길갈로 내려가라 내가 네게로
내려가서 번제와 화목제를 드리리니 내가 네게 가서 네가 행할 것을
가르칠 때까지 칠 일 동안 기다리라

성서학자들은 고대 근동에서 왕이 되는 과정을 '지명-증명-확증'의 도식으로 설명한다. 즉 신이 왕으로 지명한 사람은 통치 능력(혹은 신의 특별한 임재)을 구체적인 사건에서 증명해야 한다. 전쟁에서 공을 세우는

것이 이에 해당한다. 그 후 공식적 의식을 통해 왕권이 확증된 뒤에야 진정한 의미에서 왕이라 할 수 있다. 사울이 기름 부음을 받은 것은 '지명'에 해당한다. 그다음은 자신의 통치 능력을 증명하고, 왕권을 공식적으로 확증받을 차례다. 7-8절에서 사무엘은 왕이 되는 다음 단계인 '증명'과 '확증'을 지시하고 있다. 오늘날의 소명도 마찬가지다. '하나님이 나를 부르셨다'는 주관적 확신만으로 하나님께 쓰임 받을 수는 없다. 나의 소명이 현장에서 증명되어야 한다. 하나님이 함께하신다는 증거가 사역 현장에서 나타나야 한다. 그러나 그것만으로도 부족하다. 공식적인 임명을 통한 확증이 필요하다. 이 단계를 모두 거쳤을 때 하나님의 부르심이 온전히 성취되는 것이다. 본 단락에 기록된 사무엘의 명령들은 바로 이런 맥락에서 이해되어야 한다.

전 단락(2-6절)에서 사울에게 하나님이 지명하셨다는 확신을 주려 했던 사무엘은 이제 본 단락에서 '증명'과 '확증'의 단계를 설명한다. 전 단락이 사무엘의 예언인 반면 본 단락은 사무엘의 명령이다. 사무엘이 말한 징조적 예언이 다 성취되면 사울은 자신의 소명을 확신하고, 왕으로서의 첫 임무(사무엘의 첫째 명령)를 수행해야 한다. 성공적 임무 수행은 온 이스라엘에게 사울의 통치 능력을 '증명'해 줄 것이다. 7절은 사무엘의 첫 번째 명령을 기록하고 8절은 첫 번째 명령에 대한 사울의 순종을 전제로 내린 두 번째 명령이다. 7절의 명령에 사울이 순종했다면 이제 길갈로 내려가라는 다른 명령도 순종해야 한다. 그곳에서 7일을 기다리면, 사무엘이 와서 왕위를 '확증'하여 줄 것이다. 다시 말해, 7-8절은 두 단계에 걸쳐 순종할 명령으로, 두 번째 명령(8절)은 첫 번째 명령(7절)을 성공적으로 수행했을 때 발효되는 것이다. 이것들은 사울의 왕위를 증명하고 확증해 줄 것이다. 이제 각 단계를 자세히 살펴보자.

7절의 "기회를 따라 행하라"는 말은 순리에 따라 행하라는 의미가 아니다. 히브리어 문장을 직역하면 "네 손이 발견하는 것을 하라"(*ʿăśēh ləkā ʾăšer timṣāʾ yādekā*)인데, 이것은 '네가 옳다고 생각하는 것을 주저 없이 하라'는 뉘앙스다. 신중하게 행동하라고 주문하는 것이 아니라, 하나님의 지명이 세 가지 징조로 확정되면 왕으로서 할 바를 머뭇거리지 말고 행하라는 것이다. 이 명령이 사울에게는 어떤 구체적 행동을 의미하는 것일까? 이에 대한 답은 5절의 "하나님의 산에 이르리니 그곳에는 블레셋 사람의 영문이 있느니라"라는 구절에 암시되어 있다. 여기서 "하나님의 산"은 지명 '기브아-엘로힘'을 풀어 쓴 것이다. 똑같은 장소가 10절에서는 '기브아'(개역개정, "산")로 언급된 것으로 보아, 기브아-엘로힘은 사울의 고향을 지칭하는 다른 이름인 것 같다. 그러면 왜 사무엘은 5절에서 사울의 고향 마을을 기브아-엘로힘이라는 다소 생소한 지명으로 불렀을까? 그리고 그곳을 블레셋 군대가 상주하는 주둔지("블레세 사람의 영문")로 소개한 이유가 무엇일까?

우선 이것은 이스라엘 민족의 슬픈 현실을 보여 준다. 기브아는 분명 하나님의 땅("기브아-엘로힘")임에도 블레셋 군대가 상주하고 있다. 블레셋 사람들은 이스라엘 영토에 상주하면서 이스라엘 사람들의 재산을 약탈하고 자유를 억압했을 것이다. 그런 일이 사울의 고향에서 벌어진다. 사울이 민족의 미래를 염려한 이유도 이것과 관계있다. 그는 민족의 고통을 눈앞에서 목격했다. 그런 사울이 비밀스럽게 사무엘 선지자에 의해 "블레셋의 손에서 구원할 왕"(9:16)으로 지명되었고, 그 지명을 확인해 주는 징조들도 체험했다. 그렇다면 "네가 옳다고 생각하는 것을 주저 없이 하라"는 사무엘의 명령은 기브아에 있는 블레셋의 주둔지를 공격하라는 의미일 가능성이 높다. 사울이 그 일에 성공하면 왕으로서 자신의 능력과 하나님이 자신과 함께하고 계심을 사람들 앞에 증명할 수 있다. 그러나 사울이 과연 이 증명 단계를 성공적으로 통과할 것인가?

"기회를 따라 행하라"는 사무엘의 명령이 블레셋 주둔지 공격을 의미한다는 또 하나의 증거는 "하나님이 너와 함께하신다"는 사무엘의 축복(7절 후반부)이다. 이 축복은 다윗의 기름 부음을 증명하는 사건에서도 사용된다. 다윗도 기름 부음을 받은 후 자신의 왕 됨을 증명할 필요가 있었다. 다윗에게 "증명"의 사건은 사무엘상 17장에 묘사된 골리앗과의 전투이다. 모든 이스라엘 백성이 골리앗 앞에 두려워 떨

【사무엘상의 최대 난해 구절 10:7-8】 사무엘상 10장 7-8절을 곤란히 여기는 학자가 많다. 7-8절은 상치되는 내용을 담고 있는 듯하다. 7절에서는 원대로 하라고 하지만 8절에서는 길갈로 내려가서 추가 지시가 있을 때까지 기다리라고 하기 때문이다. 그러나 이것보다 심각한 문제는 그것이 이후의 문맥에서 성취되지 않는다는 것이다. 이 구절을 연상시키는 사건이 13장에 나오는데, 그것은 사울이 왕이 되고 적어도 2년(13:1)이 지난 후의 일이다. 7-8절의 명령은 사무엘과 헤어진 후 2주 이내에 발생해야 하는 사건이기에 많은 학자들은 사울의 왕위 등극에 관한 사무엘상 본문이 조야하게 편집되었다고 결론을 내린다. 그러나 앞에서 설명했듯 7-8절이 단계적 명령을 가리킨다고 생각하면 학자들이 지적한 모순이 사라진다. 즉 8절의 명령은 7절의 명령이 수행되었을 때 유효하다. 또한 7-8절의 명령이 성취되었다는 이야기가 이후의 본문에서 기록되지 않는 이유는 사울이 사무엘의 명령을 수행하지 않았기 때문이다. 완벽해야 했던 사울의 왕위 등극 과정에 큰 오류가 들어왔고, 이 오류는 사울 왕조의 실패를 암시한다. 이후 사무엘은 지명-증명-확증으로 이어지는 과정을 다시 시작해야 했다. 두 번째 과정에서 지명의 사건은 10장 후반부에 기록된 제비뽑기 사건이다. 이전에는 사울과 사무엘 사이의 밀도 있는 만남 이후 기름 부음으로 지명이 이루어졌지만, 이번에는 주로 범죄자 색출에 사용된 방법인 제비뽑기를 통해 사울이 왕으로 지명된다. 불완전한 지명이다. 곧이어 암몬과의 전쟁을 통해 자신의 왕 됨을 증명하지만, 이것도 불완전한 증명이다. 왜냐하면 사울의 사명은 본래 이스라엘 백성을 블레셋의 손에서 구하는 것(삼상 9:16)이기 때문이다. 이후 길갈에서의 제사와 집회를 통해 자신의 왕권을 온 이스라엘 앞에서 확증받지만, 사무엘이 사울과 백성들의 기쁨에 동참하지 않는다는 점에서 이것도 불완전한 확증이 된다(11:15에 대한 해설 참조). 첫 번째 지명-증명-확증으로 이어지는 왕위 등극에 실패한 사울이 두 번째 기회를 얻지만, 그 과정은 모두 불완전하였다. 이것은 사울 왕국의 어두운 미래를 암시한다. 본래 의도된 증명 사건(사무엘의 첫째 명령)이 13장에서 비로소 실현되는데 아이러니하게도 사울이 아니라 그의 아들 요나단에 의해 실현된다. 요나단은 블레셋의 주둔지를 선제공격함으로 사울이 실패했던 사무엘의 명령에 순종한다. 그러나 이어지는 길갈 집회에서 사울은 사무엘을 기다리지 못하고 스스로 제사를 집행함으로써 왕권을 박탈당한다. 다음은 이것을 도표로 그린 것이다(도표 출처—성경적 역사, 430-431쪽).

단계	본문	내용
본래의 지명, 증명, 확증	9:1-10:13	사울의 기름 부음, 그러나 블레셋 진영을 공격하지 않음으로 증명 실패
간주	10:14-16	증명에 실패한 사울은 삼촌에게 왕권에 대해 언급하지 않음
불완전 지명	10:17-27	범죄자 색출을 연상시키는 제비 뽑기를 통해 왕으로 선출됨
불완전 증명	11:1-13	사울이 야베스-길르앗을 암몬 사람들로부터 구함으로써 자신의 군사적 능력을 증명하지만, 왕은 본래 블레셋 문제를 해결함으로써 자신의 능력을 증명해야 한다
불완전 확증	11:14-15	사울의 왕권이 확증되고 사울과 사람들이 기뻐하지만, 사무엘이 이 기쁨에 동참했다는 언급은 없음
간주	12:1-25	사무엘이 아직 시험이 끝나지 않았음을 경고함: 왕과 백성들은 여전히 여호와에게 신실함을 증명해야 함
본래 의도된 증명	13:1-3	요나단이 블레셋의 주둔지를 공격함(참고. 10:7)
취소된 확증	13:4-5	사울이 길갈에 가지만(참고. 10:8) 사무엘을 기다리지 못하여 그의 왕권이 확증되지 못함

고 있을 때 다윗은 블레셋 장수 골리앗과 싸우겠다고 자원한다. 그 말을 들은 사울이 그의 출정을 허락하면서 한 말이 "하나님이 너와 함께 하시기를 원하노라"이다. 즉 다윗의 왕위 증명 사건에서도 하나님의 임재에 대한 축복이 블레셋 전투와 연결되어 나타난다. 다윗은 하나님의 임재에 대한 축복을 듣고 블레셋 사람 앞에 나아갔지만, 사울은 그러지 못했다는 차이가 있다.

7절이 왕권 성립의 증명 단계와 관련되었다면 8절은 확증 단계에 관한 명령이다. 사무엘은 사울에게 앞서 길갈로 내려가 그곳에서 자신이 올 때까지 7일 동안 기다리라고 명령한다. 물론 이 명령은 사울이 사무엘의 첫 번째 명령에 따라 블레셋 진영을 선제공격했다는 것을 전제한다. 사울이 기브아의 주둔군을 공격한다면 블레셋은 이스라엘에 전면전을 시도해 올 것이다. 이때 사울과 사무엘은 힘을 합쳐 행동해야 한다. 사무엘은 길갈에서 번제와 화목제를 드리고, 온 이스라엘이 보는 앞에서 사울을 왕으로 확증할 계획이었다. 또한 앞으로 어떻게 행해야 할지 사울에게 가르칠 것이다. 즉 사울은 사무엘과 연합하여 오래 묵은 블레셋 문제를 완전히 해결할 것이다.

이처럼 사무엘은 사울에게 기름을 부은 후 사울을 고향 땅으로 돌려보내면서 하나님의 지명에 대한 사울의 주관적 확신을 돕는 세 가지 징조를 제시하고, 그 징조가 이루어졌을 때 주저 없이 블레셋의 주둔지를 공격함으로써 왕으로서의 능력을 증명한 후 길갈로 내려가 기다리면 자신이 왕권을 온 이스라엘 앞에서 확증할 것이라고 약속한다. 그러나 사울은 사무엘의 명령에 순종하지 못한다.

사무엘의 명령에 순종하지 못한 사울 10:9-16

9 그가 사무엘에게서 떠나려고 몸을 돌이킬 때에 하나님이 새
마음을 주셨고 그 날 그 징조도 다 응하니라 10 그들이 산에 이를
때에 선지자의 무리가 그를 영접하고 하나님의 영이 사울에게 크게
임하므로 그가 그들 중에서 예언을 하니 11 전에 사울을 알던 모든

사람들이 사울이 선지자들과 함께 예언함을 보고 서로 이르되
기스의 아들에게 무슨 일이 일어났느냐 사울도 선지자들 중에
있느냐 하고 12 그 곳의 어떤 사람은 말하여 이르되 그들의 아버지가
누구냐 한지라 그러므로 속담이 되어 이르되 사울도 선지자들 중에
있느냐 하더라 13 사울이 예언하기를 마치고 산당으로 가니라
14 사울의 숙부가 사울과 그의 사환에게 이르되 너희가 어디로
갔더냐 사울이 이르되 암나귀들을 찾다가 찾지 못하므로
사무엘에게 갔었나이다 하니 15 사울의 숙부가 이르되 청하노니
사무엘이 너희에게 이른 말을 내게 말하라 하니라 16 사울이 그의
숙부에게 말하되 그가 암나귀들을 찾았다고 우리에게 분명히
말하더이다 하고 사무엘이 말하던 나라의 일은 말하지 아니하니라

9절은 사무엘이 예언한 징조가 모두 성취되었다고 하지만 사울이 사무엘의 명령(7-8절)을 어떻게 이행했는지는 침묵한다. 사무엘상 본문이 조야하게 편집된 결과라는 학자도 있지만 저자의 침묵은 의도적으로 보인다. 즉 사울은 징조가 모두 성취되었음에도 사무엘의 명령을 따르지 않은 것이다. 자기 고향 기브아에 있던 블레셋의 주둔군을 공격하지 않은 것이다. 하루아침에 너무 큰 사명을 받아 용기가 없어진 것일까? 결국 암나귀를 찾다가 포기하고, "돌아가자"라고 했던 사울이 아닌가? 그는 기름 부음을 받기 이전의 삶으로 다시 돌아가기를 원했던 것 같다. 이미 말라 버린 머리의 기름이 블레셋의 군사들 앞에서 효과를 내지 못한 것 같다. 얼떨결에 사무엘 선지자의 축복과 기도는 받았지만, 현실은 녹록지 않았을 것이다. 믿음으로 블레셋을 공격했으면 분명 하나님이 함께하시는 역사가 있었을 것이지만 사울에게는 그 믿음이 없었다. 평소 주둔군을 보면서 민족의 미래를 가슴 아파했지만, 막상 역사의 현장에 던져지자 다시 구경꾼과 토론자의 입장으로 돌아가고 싶었나 보다.

산당에서 만난 숙부가 "사무엘이 너희에게 이른 말을 내게 말하라"라고 하자 사울은 "사무엘이 말하던 나라의 일"—자신에게 기름 부은

사실(지명), 그 후 기브아의 블레셋 진영에 대한 공격을 명한 것(증명), 공격 후 길갈에서 기다리면 그곳에서 대관식을 거행할 것(확증)이라는 이야기—을 모두 생략한다. 단지 암나귀의 행방에 대한 사무엘의 말만을 전달한다. 블레셋 공격 명령을 실천하지 못한 사울은 모든 것을 머릿속에서 지우고 싶었던 것이다. 이런 사울의 실패가 9절에 암시되어 있다.

"사무엘에게서 떠나려고 몸을 돌이킬 때에 하나님이 새 마음을 주셨다."

9절의 미세한 뉘앙스를 간파하려면 몇 가지 사실에 주목할 필요가 있다. 먼저 9절에서 "새 마음"으로 번역된 히브리어 '레브 아헤르'(*lēb 'aḥēr*)는 '딴 마음'으로 번역될 수 있다. 또한 주목할 사실은 "몸을 돌이키다"로 번역된 히브리어 '케하프노토 쉬크모'(*kəhapnōtô šikmô*)도 단순히 '뒤로 도는' 행위가 아니라 '등을 돌리다'라는 뉘앙스가 있다는 점이다. 나아가 9절의 표면적 의미가 예언 성취의 문맥과 잘 안 맞는다는 점도 기억하자. 즉 사무엘을 떠나는 사울을 하나님께서 새롭게 하셨다는 것은 사무엘의 징조적 예언과 일치하지 않는다. 예언에 따르면 사울이 하나님의 영을 받아 새사람이 되는 때는 그가 기브아 산당에서 내려오는 선지자들을 만날 때이다. 즉 세 번째 징조의 때다. 그런데 9절은 사울이 사무엘과 헤어질 때 새 마음을 얻었다는 것 같다. 이것을 어떻게 이해해야 할까? 일부 학자들은 표현상의 오류를 지적한다. 즉 사울이 새 영을 입고 새 마음을 얻은 것은 사울이 기브아에 도착한 후이지만 저자가 그것을 강조하기 위해 성취 단락의 가장 앞에 기술했다고 주장한다. 그러나 9절의 숨은 뉘앙스는 '사울이 새 사람이 되었다'는 것이 아니라, '사울이 딴 마음을 품었다'이다. 사울이 사무엘과 헤어질 때 이미 그에게는 딴 마음(개역개정, "새 마음")이 있었고, 이후 사울의 행위는 사무엘에게 등을 돌리는 일(개역개정, "몸을 돌이키다")이 될 것이다. 이런 이해는 성취 단락의 문맥과 갈등하지 않고 9절의 히브리어적 뉘앙스도 살리는 것이다. 따라서 9절은 왕정에 대한 사울과 사무엘 사이의 암묵적 동의가 곧 깨질 것임을 미리 보여 준다.

"그날 징조가 다 응했다"는 주장(9b절)을 기록했음에도 사무엘서 저자는 라헬의 묘실에서 사울이 두 사람과 만나는 이야기, 벧엘 산당으로 올라가는 세 사람이 사울에게 떡을 주는 이야기를 모두 생략하고는 사울이 기브아 선지자들과 만나 예언하는 이야기로 넘어간다. 기브아의 산당에서 내려온 이 선지자들의 무리가 누구인지 정확히 알 수 없다. 왕정 이전의 선지자들은 점술적 선지자였다는 사실을 고려할 때 이들도 하나님의 영에 사로잡혀 점술적으로 예언하는 자들이었을 것이다. 이들의 예언은 왕정 시대 선지자들의 예언처럼 율법에 근거한 하나님의 심판 (혹은 구원) 선포가 아니었다. 그들의 예언 행위를 가리키는 히브리어 '히트나베'(*hitnabbē'*, 5절)는 무아지경에 빠진 사람의 주술적 선언을 가리킨다. 이 때문에 고대 이스라엘 사회에서는 예언하는 사람들이 종종 '미친 놈' 취급을 받았다(참조. 호 9:7). 그러나 이들이 악령에 사로잡힌 자들은 아니었다. 10절은 분명히 "하나님의 신"이 사울에게 임했다고 한다. 사울의 예언하는 모습을 기록한 10절은 표면적으로 하나님의 신에 잡힌 사울이 이전과는 다른 새사람이 되었음을 말해 주지만 상징적으로는 사울의 통치가 일으킬 문제를 보여 준다.

징조가 다 이루어진 이후에 사울이 사무엘의 명령에 순종했다는 기록이 없는 것으로 보아 사울이 예언하면서 새사람이 되었다 해서 긍정적인 느낌은 아닌 것 같다. 그것이 좋은 변화였다면, 즉 우유부단하고 결단력 없던 사울이 용기 있는 믿음의 사울, 하나님이 주신 목표를 향해 믿음으로 모험하는 사울로 변화됐다면 명령을 따라 기브아의 블레셋 진영을 공격했을 것이다. 사울이 그러지 않았다는 사실은 그의 변화가 좋은 쪽으로의 변화가 아님을 암시한다. 오히려 이후 사울의 통치를 보면 나쁜 쪽으로의 변화였던 것 같다. 우유부단했지만 겸손한 효자 사울이 자신의 이익과 목표를 이루기 위해 수단과 방법을 가리지 않는 포악한 사울로 변한 것이다.

사울이 선지자가 된 사건이 그의 통치를 부정적으로 암시하는 또 하나의 이유는 이스라엘의 왕정에서 선지자가 차지하는 독특한 지위와 관계가 있다. 선지자는 왕과 유일하게 '맞설 수 있는' 사람이었다. 선지자는 왕이 하나님의 뜻을 거스르면 그에게 하나님의 심판을 선포할 수 있었다. 이스라엘 왕정의 성패는 선지자 제도가 얼마나 효과적으로 기능하는지에 달렸다. 따라서 이스라엘의 왕에게 요구되는 최고의 덕목은 선지자를 통한 하나님의 말씀을 '듣는 것'이다. 이스라엘의 왕은 이방 왕들처럼 자기 이익을 극대화시키기 위해 모든 것—여기에는 선지자도 포함됨—을 수단화해서는 안 된다. 이방 왕들처럼 선지자가 자기 뜻만 대변해 주기를 바라서는 안 된다. 그런데 사울의 왕위 등극을 묘사하는 본문에서 사울 자신이 선지자가 되어 예언한 것은 사울이 선지자를 통한 하나님의 말씀을 '듣는 자'가 아니라 자신이 선지자인양 하나님인 양 행동할 가능성을 시사한다. 사울이 패망한 근본 원인이 사무엘의 말에 순종하지 않고 스스로 선지자의 역할을 수행한 것(참조. 13장)이었음은 주지의 사실이다.

사울의 예언 행위가 그의 통치에 대한 부정적 암시가 되는 세 번째 이유는 이후 사울 이야기에서 사울의 예언 행위는 언제나 부정적이기 때문이다. 하나님이 부리신 악신에 사로잡히자 사울은 "예언한다". 개역개정은 이것을 "정신 없이 떠들어대므로"라고 번역하지만(삼상 18:10), 원문 '히트나베'(*hitnabbē'*)의 문자적 의미는 "예언하다"이다. 또한 다윗을 잡기 위해 라마나욧으로 찾아왔을 때에도 사울은 옷을 벗고 다른 선지자들과 함께 "예언한다"(삼상 19장 참조). 왕이 왕권을 상징하는 관복을 벗는다는 것은 왕에게 좋은 이미지를 주지 않는다.

이 모든 것을 고려하면 숙부를 만난 사울이 취한 행동을 깊이 이해할 수 있다. 이 숙부가 사울 정권의 군대 장관 아브넬일 가능성이 있다. 그렇다면 사울이 블레셋 주둔지를 공격하기 위해서는 숙부 아브넬의 도움이 절대적으로 필요했을 것이다. 그러나 사울은 사무엘이 자신에게 기름 부은 이야기, 기브아의 블레셋 주둔지를 공격하라고 명령한 이야기를 모두 생략한다. 이처럼 사울은 라마에서 기름 부음으로 시작한 왕위 등극 과정을 완수하지 못하고 고향 기브아에서 숨어 지내게 된다. 그러나 사무엘은 그에게 두 번째 기회를 준다.

제비를 통해 사울이 왕으로 뽑힘 10:17-19

17 사무엘이 백성을 미스바로 불러 여호와 앞에 모으고 18 이스라엘
자손에게 이르되 이스라엘 하나님 여호와께서 이같이 말씀하시기를
내가 이스라엘을 애굽에서 인도하여 내고 너희를 애굽인의 손과
너희를 압제하는 모든 나라의 손에서 건져내었느니라 하셨거늘
19 너희는 너희를 모든 재난과 고통 중에서 친히 구원하여 내신
너희의 하나님을 오늘 버리고 이르기를 우리 위에 왕을 세우라
하는도다 그런즉 이제 너희의 지파대로 천 명씩 여호와 앞에
나아오라 하고 20 사무엘이 이에 이스라엘 모든 지파를 가까이 오게
하였더니 베냐민 지파가 뽑혔고 21 베냐민 지파를 그들의 가족별로
가까이 오게 하였더니 마드리의 가족이 뽑혔고 그 중에서 기스의
아들 사울이 뽑혔으나 그를 찾아도 찾지 못한지라 22 그러므로
그들이 또 여호와께 묻되 그 사람이 여기 왔나이까 여호와께서
대답하시되 그가 짐보따리들 사이에 숨었느니라 하셨더라
23 그들이 달려 가서 거기서 그를 데려오매 그가 백성 중에 서니
다른 사람보다 어깨 위만큼 컸더라 24 사무엘이 모든 백성에게
이르되 너희는 여호와께서 택하신 자를 보느냐 모든 백성 중에
짝할 이가 없느니라 하니 모든 백성이 왕의 만세를 외쳐 부르니라
25 사무엘이 나라의 제도를 백성에게 말하고 책에 기록하여 여호와
앞에 두고 모든 백성을 각기 집으로 보내매 26 사울도 기브아 자기
집으로 갈 때에 마음이 하나님께 감동된 유력한 자들과 함께
갔느니라 27 어떤 불량배는 이르되 이 사람이 어떻게 우리를
구원하겠느냐 하고 멸시하며 예물을 바치지 아니하였으나
그는 잠잠하였더라

사무엘이 다시 한 번 백성을 미스바로 불러 모은다. 이전의 미스바 집회(참조. 7장)가 사사 사무엘을 통한 하나님의 직접 통치를 증명하였다면 이번 집회는 하나님의 통치를 거부한 이스라엘 백성에게 인간 통치자를

세워 주는 데 목적이 있다. 왕을 세우는 방식으로 사무엘이 제비뽑기를 선택했음을 주목하자. 마치 죄인을 색출하듯이 이스라엘의 왕을 세우면서 제비를 뽑는다. 이것은 인간 왕을 세우는 것 자체가 그들의 죄(하나님의 통치를 거부한 죄)에 대한 심판임을 보여 준다. 이런 관점에서 보면 미스바 집회가 이스라엘의 죄를 상기시키며 시작하는 것은 적절하다.

사무엘은 출애굽 사건에서 시작하는 하나님의 구원 역사를 회고한다(18절). 하나님의 통치는 이집트를 비롯한 온갖 외적의 손에서 이스라엘을 구원하는 역사에서 분명히 나타났는데, 이스라엘이 인간 통치자를 요구하는 것은 왕 되신 하나님에 대한 심각한 배신이다(19절). 그리고 여기에는 사무엘 개인의 경험이 녹아 있다. 그도 지난 수십 년간 이스라엘 각지를 순회하면서 백성들을 가르치고 사랑으로 섬기고 도왔지만, 어느 순간 자신의 통치를 거부하고 왕을 요구하는 백성에게 무한한 배신감을 느꼈을 것이다.

사무엘은 하나님의 명령에 순종해 사울을 왕으로 지명하지만 사울은 사무엘의 명령을 어기고 스스로 선지자의 지명을 무효화시킨 후 고향 기브아에 숨어 지낸다. 사무엘은 이때부터 사울의 왕정이 실패한다는 것을 알았을 것이다. 그러나 이스라엘 백성은 여전히 그들의 요구가 죄악이며, 그들이 원하는 왕정이 실패한다는 사실을 인정하려 하지 않는다. 그들의 행위가 죄악 된 것임을 인정하게 하는 유일한 방법은 그들의 요구를 들어주는 것이다. 따라서 하나님은 사무엘을 통해 다시 한 번 왕을 지명하게 한다. 이전의 지명이 비밀스럽게 이루어졌다면 이번의 지명은 아주 공개적으로 진행된다. 사무엘은 제비를 통해 왕을 선출하고 그를 온 이스라엘 백성 앞에 드러낼 것이다. "이제 너희의 지파대로 천 명씩[2] 여호와 앞에 나아오라"(19b절).

문맥상 사무엘이 왕을 선출한 방식은 제비뽑기가 분명하지만 히브리어 원문에는 '제비'라는 용어가 사용되지 않는다. 단지 "뽑혔다"라는 말이 사용된다. 따라서 어떤 식으로 제비뽑기를 진행했는지는 명확하지 않다. "뽑혔다"로 번역된 히브리어 '힐라케드'(*hillāqēd*)는 '잡히다, 딱 걸리다'의 의미로, 죄인을 색출할 때 사용되는 제비뽑기 방식을 연상시키는 동사다(수 7:13-14 참조). 죄인을 색출하는 방식으로 왕을 뽑는다는 것은 이 요구가 죄악임을 보여 줄 뿐 아니라, 사울 자신도 죄인임을 암시한다. 기름 부음을 통해 왕으로 지명되었음에도 선지자의 명령에 불순종하여 '증명'과 '확증'의 단계를 포기하고 왕위 성립 과정을 완수하지 못한 것이 사울의 죄다. 도둑이 제 발 저리다고 죄인 사울이 제비 뽑는 자리에 나갔을 리가 없다. 그는 보따리 뒤에 숨어 필연적 운명을 회피하려 하고 있다. 이전의 실패에 대한 부끄러움 때문에, 혹은 내성적 성격 때문에 그럴 것이다. 그러나 하나님이 사울을 지목하셨고 백성들은 짐 보따리들 뒤에 숨어 있던 사울을 사무엘 앞으로 데리고 나왔다. 둘은 구면이다. 사울은 사무엘의 낯을 볼 면목이 없었을 것이다. 그러나 분명한 것은 제비를 통해 하나님의 뜻을 다시 한 번 확인했다는 것이다. 이제 사울은 더 이상 하나님의 뜻을 거부할 수 없다.

사무엘도 백성들 앞에서 사울을 "여호와의 택하신 자"라고 부른다(24절). 물론 그 문맥적 의미는 "제비를 뽑아 선출된 자"라는 뜻이다. 사울이 백성 앞에 서자 그의 잘생긴 외모와 큰 키는 사람들의 즉각적인 호의를 이끌어 낸다. 사울은 경쟁자가 없는 독보적인 존재, 즉 "모든 백성 중에 짝할 이"가 없는 인물이었다(24절). 그는 이상적인 조건을 갖춘, 사람들이 원하는 왕이다. 즉 백성들의 죄악 된 욕망이 그대로 투영된 왕이다. 사무엘은 백성들의 만세 소리를 듣고, 다시 한 번 왕정이 무엇인지 백성들에게 설명한다(25절). 이때 사무엘이 설명한 것이 8장 11-17절에 기록된 내용(왕정의 부정적인 면)인지 신명기 17장 14-20절에 기록된 내용(이상적인 왕에 관한 율법)인지 확실하지 않다. 이후 백성들이 각자의 집으로 돌아가자 사울도 고향 기브아로 돌아간다. 이때 "유력자들"

【불량배】 성경에 '불량배' 혹은 '비류'로 번역된 히브리어 브네 블리야알을 직역하면 '무가치한 사람들' 혹은 '벨리알의 아들들'이라는 의미이다. 오늘날의 용어로 환언하면 '쓰레기 같은 존재' 혹은 '사탄의 자식'이라는 의미이다. 성경은 우상 숭배자(신 13:14) 혹은 율법을 어기고 자기 소견대로 행하는 무법자들(왕상 21:10), 도덕적으로 방탕한 사람들(삿 19:22; 삼상 2:12)을 브네 블리야알, 즉 '불량배'라고 부른다. 열왕기상 21장에서 나봇을 거짓으로 고소한 사람들이 "불량배"로 불렸고, 사사기 19장에서는 레위인의 첩을 윤간 살해한 기브아 사람들이 "불량배"였고, 사무엘상 2장에서는 성전에서 여인들과 동침한 제사장 엘리의 아들들도 "불량배"로 불렸다. 또한 다윗의 왕권에 반대하는 자들도 "불량배"로 불렸다. 다윗을 멸시한 나발이 "불량배"로 불렸고(삼상 25:17), 다윗의 군대에 화합을 해치는 자들도 "불량배"였고(삼상 30:22), 다윗에게 반란한 세바도 "불량배"로 불렸다(삼하 20:1, 2).

이 사울을 호위하는데 해당하는 히브리어 단어 '하일'(*ḥayil*)은 '군대'를 의미한다(9장 1절에서 기스에 대해 사용된 "유력자"와 다름). 하나님이 감동시킨 사람들이 자발적으로 군대를 만든 것 같다. 이들은 블레셋의 손에서 이스라엘을 구원하는 일에 사울을 보필할 사람들이다.

그러나 모든 사람이 사울의 왕위를 인정한 것은 아니다. 사울은 당시 정치·종교 지도자인 사무엘의 주관하에 제비를 통해 선출되었지만, "불량배"(브네 블리야알, *bənēy bəliya'al*, 27절)는 사울을 멸시하고 그에게 예물을 가져오지 않았다. 사울을 보필하는 "유력자들"과 달리 이 불량배는 "이 사람이 어떻게 우리를 구원하겠느냐" 하고 사울에 대한 충성을 거부한다. 이것은 당시 이스라엘에 사울의 왕 됨에 대한 반대가 있었음을 보여 준다. 국가의 형태가 바뀌는 역사적 전환점에서 이스라엘 백성 사이에 다양한 의견이 존재했음은 말할 필요도 없다. 왕정 자체에 대해서도 찬성과 반대가 있었을 텐데 누가 왕이 되어야 하는지에 대해서 왜 이견이 없었겠는가? 사울도 이렇게 자신을 반대하는 자들의 존재를 알았을 것이다. 그러나 그는 그들에 대해 "잠잠하였다". 사울의 침묵이 정치적이라고 생각하는 학자들도 있지만 오히려 이 시점에서 반대자들의 의심이 정당하다고 생각했을 수도 있다. 왜냐하면 자신의 약점을 너무나 잘 알기 때문이다. 그는 믿음과 용기 부족으로 시험에 이미 실패했다. 이런 자신이 어찌 백성들의 전적인 헌신을 기대할 수 있겠는가? 11장에서 암몬과의 전쟁에서 대승을 거둔 백성이 사울을 반대한 자들을 정치적으로 처단하자고 요청하지만 사울은 그들을 용서하는 사건도 이런 점에서 이해할 수 있다.

질문

1. 사무엘이 사울에게 준 세 가지 징조는 무엇입니까? 징조들을 준 이유는 무엇입니까?
2. 세 가지 징조가 모두 이루어졌음에도 사울이 블레셋의 주둔군을 공격하지 않은 이유는 무엇입니까?
3. 사울이 선지자들과 함께 예언한 사건이 사울의 운명에 대한 부정적인 뉘앙스를 준다면, 그 이유는 무엇이겠습니까?
4. 사울은 기름 부음 받은 사건을 왜 삼촌에게 말하지 않았을까요?
5. 미스바에서 왕을 지명하는 장면은 죄인 색출 장면들(예를 들어 아간)을 연상시킵니다. 사무엘서 저자가 이 장면을 그렇게 구성한 이유는 무엇이라고 생각합니까?

묵상

사울이 기름 부음을 받았음에도 그에 합당하게 살지 못한 이유는 하나님보다 현실의 블레셋이 더 크게 보였기 때문입니다. 우리도 예배를 통해 하나님의 음성을 듣고도 마치 아무 일 없었다는 듯 살아가는 죄를 짓지 않는지 돌아봅시다.

12
사울의 첫 승리와 왕권 확증

삼상 11:1-15

미스바 집회에서 왕으로 지명된 사울은 이제 암몬과의 전쟁을 통해 자신의 왕 됨을 증명한다. 그는 암몬 왕 나하스의 공격으로 위험에 처한 길르앗 야베스를 구원한다. 사울은 군대를 소집하고, 밤새 전쟁터까지 행군하여 성을 포위한 나하스 군대를 기습 공격한다. 전쟁은 사울의 대승으로 끝나고, 사울을 반대한 자들을 처벌하자는 여론이 일었지만 사울은 승리의 공을 여호와께 돌리며 백성 통합을 꾀한다. 사무엘은 길갈에서 사울의 왕위를 확증하는 의식을 집행한다.

암몬 왕 나하스가 길르앗 야베스를 포위함 11:1-3

1 암몬 사람 나하스가 올라와서 길르앗 야베스에 맞서 진 치매
야베스 모든 사람들이 나하스에게 이르되 우리와 언약하자
그리하면 우리가 너를 섬기리라 하니 2 암몬 사람 나하스가 그들에게
이르되 내가 너희 오른 눈을 다 빼야 너희와 언약하리라 내가 온
이스라엘을 이같이 모욕하리라 3 야베스 장로들이 그에게 이르되
우리에게 이레 동안 말미를 주어 우리가 이스라엘 온 지역에
전령들을 보내게 하라 만일 우리를 구원할 자가 없으면 네게
나아가리라 하니라

당시 암몬 왕은 길르앗 지역을 남북으로 관통하는 왕의 도로를 통제해 무역을 독점 관리했다. 블레셋이 해안 도로(The Way of the Sea)를 통제하면서 많은 수익을 얻었듯 암몬 왕도 왕의 도로를 지나는 대상들의 신변을 보호해 주고, 음식과 잠자리 등을 제공함으로써 부를 축적했다. 암몬 왕과 이스라엘이 갈등하게 된 이유는 이스라엘 사람들이 종종 왕의 도로를 사용하는 대상들을 약탈했기 때문이다(삿 5:6). 특히 사사 시대 말의 이스라엘은 같은 민족도 약탈하고 죽일 정도로 영적·도덕적 무정부 상태였기에, 외국 대상들이 마을 가까이를 지나면 그들을 신사적으로 보내 주었을 리 없다. 대상들의 안전을 책임지는 암몬 왕은 이 상황을 곱게 보지 않았다. 암몬 왕은 약탈에 대한 보복으로 길르앗 지방에 사는 이스라엘 마을을 공격하기 시작했다. 이 군사 작전의 목적은 이스라엘 마을 전멸이 아니라, 그들이 대상인들을 약탈하지 못하도록 남자들의 전투 능력을 약화시키는 것이었다. 이를 위해 암몬 왕은 이스라엘 남자들의 오른쪽 눈을 뽑았다. 한쪽 눈이 없어도 일상에 문제는 없지만 대신 거리감이 사라지기 때문에 활이나 창, 투석기

를 정확히 조준할 수 없고 싸움에서 매우 불리하다. 한편 눈을 뽑는 행위에는 상징적 의미도 있었다. 고대 세계에서 눈을 뽑는 행위는 거세의 의미를 가지므로 암몬 왕 나하스는 이스라엘에 큰 수치도 안겨 주려는 것이었다.

사무엘상 11장의 마소라 본문과 그것을 원본으로 한 개역개정은 전쟁 배경을 모두 생략하고, 나하스가 길르앗 야베스로 도망간 이스라엘 부대와 대치하는 장면에서 이야기를 시작한다.

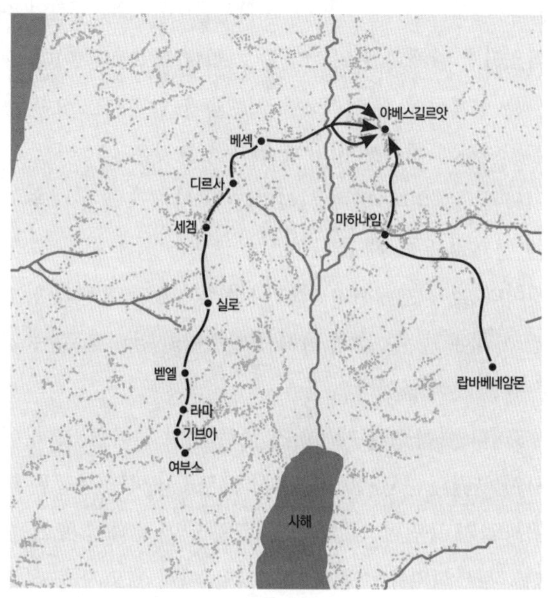

【암몬 왕 나하스와 사울 왕의 전쟁】

하지만 쿰란 동굴에서 발견된 사해 본문을 보면 전쟁의 배경이 자세히 나온다. 이에 따르면 미스바 집회에서 사울이 왕으로 지명된 지 한 달 후에 암몬 왕 나하스가 길르앗 지역을 침공하였고, 이를 피해 일부 이스라엘 병사들이 길르앗 야베스에 은신하였다. 나하스는 그들의 오른 눈도 뽑기 위해 길르앗 야베스를 포위한 것이다.

이때 암몬 왕과의 전면전을 피하기 위해 길르앗 야베스의 장로들은 나하스와 협정을 시도한다. 나하스는 협정에 원칙적으로 동의하면서도 치욕적인 조건을 제시한다. 그것은 장로들이 길르앗 야베스

성 안으로 도망간 이스라엘 병사들을 모두 넘겨주어 나하스가 그들의 오른쪽 눈을 뽑게 만드는 것이다. 앞서 설명한 대로 이는 그들의 전투 능력을 무력화하여 더 이상 대상인들을 약탈하지 못하게 하려는 것이었다. 그러나 뾰족한 대안이 없었던 길르앗 야베스 장로들은 이 수치스러운 조건에 원칙적으로 합의한다. 그리고 일주일 안에 구원할 자가 오지 않으면 요구대로 시행하겠다고 약속한다.

흥미롭게도 암몬 왕 나하스는 길르앗 야베스 장로들의 요청을 받아들인다. 나하스는 왜 요청을 수락했을까? 그는 길르앗 야베스의 수치를 이스라엘 전체의 수치로 만들 기회로 보았을 것이다. 길르앗 야베스에 사는 형제들이 큰 어려움에 처했음을 알면서도 요단 동편의 사람들이 무기력하게 지켜볼 수밖에 없다면 그것은 이스라엘 전체의 아픔과 수치임에 틀림없다. 만에 하나 길르앗 야베스를 돕기 위해 누군가가 군대를 일으켜 온다 해도 나하스는 그들을 쉽게 이길 수 있다고 확신했을 것이다. 그 전쟁에서 이기면 나하스는 요단 동편의 땅까지 자신의 영향권 아래에 둘 수 있다. 이처럼 일주일의 말미를 주는 것이 나하스에게 손해될 것이 없었다.

그러나 나하스가 계산하지 못한 것이 하나 있었다. 이제 이스라엘에 왕이 생겼다는 사실이다. 사사 제도하에서는 복잡한 의견 수렴 절차와 지파들의 독립적 성향 때문에 7일 안에 군대를 모으는 일이 쉽지 않았다. 장로 회의를 소집하여 전쟁을 이끌 지도자를 선출해야 한다. 그러면 선출된 지도자는 각 지파에게 군대를 보낼 것을 요청하지만 지파들이 요청에 응할 의무는 없다. 그러나 왕정이라면 신속하게 군대를 일으킬 수 있었다. 백성들의 순종을 이끌어 낼 강제적 수단이 왕에게 허용되었다. 암몬 왕 나하스는 이스라엘에 왕이 있다는 사실을 몰랐다. 이스라엘의 왕으로 지명된 사울은 군대를 일으켜 길르앗 야베스 사람들을 도우러 갈 것이다.

사울이 군대를 모음 11:4-8

4 이에 전령들이 사울이 사는 기브아에 이르러 이 말을 백성에게
전하매 모든 백성이 소리를 높여 울더니 5 마침 사울이 밭에서 소를
몰고 오다가 이르되 백성이 무슨 일로 우느냐 하니 그들이 야베스
사람의 말을 전하니라 6 사울이 이 말을 들을 때에 하나님의 영에게
크게 감동되매 그의 노가 크게 일어나 7 한 겨리의 소를 잡아 각을
뜨고 전령들의 손으로 그것을 이스라엘 모든 지역에 두루 보내어
이르되 누구든지 나와서 사울과 사무엘을 따르지 아니하면 그의
소들도 이와 같이 하리라 하였더니 여호와의 두려움이 백성에게
임하매 그들이 한 사람 같이 나온지라 8 사울이 베섹에서 그들의
수를 세어 보니 이스라엘 자손이 삼십만 명이요 유다 사람이
삼만 명이더라

전령들이 사울의 고향 기브아에 이르러 길르앗 야베스 사람들이 처한 상황을 설명하자 온 기브아 사람들이 통곡한다. 전령들이 기브아로 간 것은 기브아와 길르앗 야베스 사이의 특별한 관계 때문인 것 같다. 온 이스라엘 백성이 베냐민 지파와 맞설 때 길르앗 야베스 사람들은 반(反) 베냐민 연합군에 참여하지 않았다. 또한 베냐민 지파가 전쟁에 져서 멸절의 위기에 놓이자 길르앗 야베스의 처녀들이 베냐민 지파 남자들과 결혼해 베냐민 지파의 명맥이 유지되었다(삿 21장). 이제는 베냐민 지파의 중심 도시 기브아가 길르앗 야베스를 도울 차례다. 또한 사울은 이 보은의 기회를 이용해 통치 능력을 증명할 수도 있다. 사울은 왕으로 지명된 후, 기브온에 있는 블레셋의 주둔지를 공격하라는 사무엘의 명령에 순종하지 못했다. 자신의 통치 능력을 증명할 첫 번째 기회를 놓친 것이다. 한 달 전 사울은 미스바 집회를 통해 다시 한 번 왕으로 지명받았다. 사무엘에게 기름 부음을 받을 때와 달리, 온 지파들 앞에서 왕으로 지명된 것이다. 이제 모든 이스라엘의 이목이 사울에 집중되어 있다. 그의 자질과 능력은 반드시 행동을 통해 증명되어야 한다.

5절에서 재미있게도 사울은 "밭에서 소를 몰고 오다가" 백성들의 곡소리를 듣는다. 그는 한 달 전에 온 이스라엘이 보는 앞에서 왕으로 지명되지 않았는가? 충성된 사람들의 무리와 함께 기브아에서 통치해야 하지 않을까? 왕이 밭에서 소를 몰고 온 것을 어떻게 설명할 수 있을까? 어떤 학자들은 이 구절을 근거로 암몬과의 전쟁 이야기(11장)가 제비뽑기를 통해 왕으로 지명된 이야기(10장)와 별개의 사료에서 추출되었다고 주장한다. 즉 암몬과의 전쟁 이야기에서 사울은 자신을 왕으로 생각하지 않았다는 주장이다. 물론 10장과 11장이 서로 다른 사료에서 왔을 가능성은 부정할 수 없지만, 저자가 그 둘을 하나의 이야기로 구성하였다면 다음과 같이 통합적인 해석이 가능하다.

10장의 미스바 집회 후 이스라엘에 왕이 세워졌지만 왕정을 뒷받침하는 관료 체제가 확립된 것은 아니었다. 이스라엘 사람들의 삶은 사울이 왕으로 뽑힌 이후에도 그다지 변하지 않았다. 여전히 삶의 중요한 축은 지파와 족속, 그리고 가족이었다. 평시에 왕이 이스라엘 전체에 미치는 행정적, 경제적, 군사적 영향은 미미했을 것이다. 왕이 된 사울이 소를 몰며 밭에서 일한 것은 이스라엘의 왕정 성립 초기에 왕이 수행한 일상의 한 단면을 잘 보여 주는 것 같다. 더구나 당시 농업은 왕정의 최첨단 산업이었다. 가족 중심 산업인 목축에 비해, 농업은 국가 산업이었다. 관개 시설 같은 사회 간접 자본에 대한 투자가 필요했고, 정확하게 강우량을 예상하고, 땅에 알맞은 종자를 선택하려면 전문지식이 필요하였다. 고대 세계에서 왕은 농사를 장려하여 도시 시민이 안정적으로 식량을 공급받도록 해야 했다. 이런 관점에서 보면 농사를 돌보는 것이 왕의 중요한 업무 중 하나였을 가능성을 배제할 수 없다.

그러나 국가 위기 상황이 오면 달라진다. 기브아에는 정치·행

【소를 통한 경작】 사울 시대에 소의 가치를 정확히 추정하는 것은 매우 힘들다. 그러나 주전 1800년 경의 마리 문서를 보면 소가 얼마나 귀한 동물이었는지를 짐작할 수 있다. 마리 왕국에서는 소를 한 마리 이상 보유한 마을이 거의 없었다고 한다. 농사는 대개 손으로 지었고, 특별한 경우 국가로부터 소를 임대해 밭을 경작하였다. 이스라엘에서도 소를 통한 농사가 일반화된 것은 왕정 성립 이후이다. 따라서 마리의 상황이 사울의 상황에 직접 적용되지 않지만, 사울 시대에도 소가 매우 귀했고 소를 통한 농업이 아주 드문 일이었을 가능성이 있다. 사울이 소를 몰고 농사를 지은 것은 당시 평범한 농부의 모습은 아니었다.

정 관료는 없었지만 사울에게 충성을 맹세한 "유력자들"(*ḥayil*), 즉 군대가 있었다. 사사 제도 아래에서는 모든 것이 장로들의 회의를 거쳐야 하기에 적의 침입에 신속히 대처하기 힘들지만, 왕정에서는 왕의 명령으로 군대가 하루아침에 일어날 수 있다. 전령에게서 상황을 들은 사울이 처음으로 왕다운 면모를 보이며 군대를 소집한다. 사사 때와 달리 이스라엘 지파들은 사울의 징병 명령을 거부할 수 없었다. 사사들의 요청과 달리 사울의 명령은 강제성을 띠었기 때문이다. 사울은 자신의 명령에 따르지 않는 자가 받게 될 형벌을 '시청각' 자료를 통해 설명한다. 자신이 몰고 오던 두 마리의 소("한 겨리 소")를 잡아 토막을 내고, 그것을 전령들의 손을 통해 이스라엘 전역에 보내며 "누구든지 사울과 사무엘을 따라 나오지 않으면, 그의 소도 이와 같이 만들 것이다"라고 경고한다. 당시 소는 매우 귀했다. 이는 길르앗 야베스 사람들을 돕겠다는 사울의 의지가 가벼운 것이 아니며, 소집 명령을 따르지 않는 사람은 그에 상응하는 대가를 치를 것을 경고한다. 고대 세계에서는 군대를 모집할 때 토막 시체를 종종 사용했다. 사사기 19장에 그 한 예가 나온다. 자신의 첩이 기브아 사람에게 처참히 살해당하자, 레위인이 첩의 몸을 조각내어 각 지파에게 보내 군대를 모집한다. 마리의 짐리-림(주전 1779~1745년)은 절단된 머리를 장대에 꽂아 도시를 돌면서 군대를 모집했다고 한다. 이런 행위들은 백성들에게 분노 혹은 두려움을 심어주는 것이다. 7절은 "여호와의 두려움"이 백성에게 임했고, 그들은 사울의 명령에 즉각 반응했다고 기록한다. 소를 잡아 토막을 내고 그것을 지파들에게 보내자 큰 효과를 거둔 것 같다. 사울의 명령에 응답해 베섹에 모인 사람의 수는 이스라엘 자손이 30만 명이고 유다 사람이

【베섹】 사울이 길르앗 야베스를 돕기 위해 군대를 소집한 곳이 베섹이다. 본래 베섹은 가나안 사람들의 도시였으나, 유다와 시므온이 이스라엘 영토로 정복하였다. 사사기 1장 4-5절에 따르면, 유다와 시므온 지파가 베섹에서 가나안 사람 1만 명을 죽였다. 이때 생포된 아도니 베섹("베섹의 왕")은 예루살렘에서 처형당한다. 재미있는 점은 유다와 시므온 지파가 생포한 아도니 베섹이 후에 사울이 아말렉과의 전투에서 생포할 아각을 연상시킨다는 점이다. 베섹은 길르앗 야베스까지 군대가 밤새 이동할 수 있는 거리에 있다. 사무엘상 11장 9절에서 사울은 "내일 해가 더울 때 너희가 구원을 받으리라" 했다. 아마도 길르앗 야베스에서 20~30킬로미터 정도 떨어진 지역일 것이다. 사울의 마을 기브아에서 요단강으로 통하는 도로상에 위치한 도시 중 이 조건에 부합한 곳이 있는데 키르벳 이브직(Khirbet Ibzik)으로 불리는 마을이다.

3만 명이었다. 이 두 숫자의 비율(10대 1)은 당시 북방 지파와 남방 지파의 대략적 인구 비율과 일치한다. 이스라엘 모든 지파가 연합하여 전쟁에 참여한 것이다.

사울의 첫 번째 전쟁(통치 능력을 증명하는 전쟁)이 좋은 결과로 이어질 것이라는 실마리로 다음의 세 가지를 지적할 수 있다. 첫째, 길르앗 야베스의 수치와 곤경에 대한 사울의 분노는 진정성이 있다. 그는 당시 자산적 가치가 컸던 소 두 마리를 주저 없이 희생시켜 강한 참전 의지를 보였다. 둘째, 이스라엘 백성이 연합하여 사울의 명령에 답했다. 물론 소집이 강제적 성격은 있었지만, 남북 지파 모두 "한 사람처럼"(7절) 사울에게 나아왔다는 것은 의미가 있다. 셋째, 이 모든 과정에 하나님과 사무엘 선지자가 함께했다. 사울 안에 거룩한 분노를 일으킨 것이 하나님의 영이고(6절), 백성에게 두려움을 넣어 사울의 리더십에 순종하게 한 것도 여호와다(7절). 또한 사울은 백성을 독려할 때, 자신의 이름과 선지자의 이름을 함께 거론함(7절)으로써 정당성을 확보한다. 이 모든 것은 사울이 전쟁에서 승리하여 자신의 통치 능력을 증명할 것임을 암시한다.

사울이 암몬 왕을 무찌름 11:9-11

9 무리가 와 있는 전령들에게 이르되 너희는 길르앗 야베스 사람에게
이같이 이르기를 내일 해가 더울 때에 너희가 구원을 받으리라 하라
전령들이 돌아가서 야베스 사람들에게 전하매 그들이 기뻐하니라
10 야베스 사람들이 이에 이르되 우리가 내일 너희에게 나아가리니
너희 생각에 좋을 대로 우리에게 다 행하라 하니라 11 이튿날
사울이 백성을 삼 대로 나누고 새벽에 적진 한가운데로 들어가서
날이 더울 때까지 암몬 사람들을 치매 남은 자가 다 흩어져서 둘도
함께한 자가 없었더라

베섹에 군대를 집결시킨 사울은 전령들을 통해 길르앗 야베스 사람들

에게 “내일 해가 더울 때에 너희가 구원을 받으리라”는 메시지를 전한다(9절). 이 말에 큰 용기를 얻은 길르앗 야베스 사람들은 암몬 왕 나하스에게 “내일 너희에게 나아가리니”라고 거짓말을 하여 시간을 번다(10절). 시간을 벌어야 했던 이유는 이미 약속한 7일이 지났기 때문이고—고대 이스라엘 사람들은 일몰부터 그다음 일몰까지를 하루로 계산했기 때문에, 마지막 7일은 일몰에 끝난다—거짓말한 이유는 암몬 왕이 내일 새벽에 있을 사울의 공격을 눈치채지 못하게 하기 위함이다. 재미있는 것은 내일 암몬 사람들에게 “나아가리니”라는 말에는 이중의 의미가 있다. 문맥적으로는 항복하겠다는 말이지만, ‘공격할 것’이라는 뜻도 된다. “나아가다”로 번역된 히브리어 ‘야짜’(*yāṣā’*)는 공격과 항복 모두를 의미하기 때문이다.

길르앗 야베스 사람들이 나하스에게 연막작전을 편 것처럼 사울의 군대도 밤새 행군하여 새벽에 나하스를 기습 공격한다. 길르앗 야베스의 항복을 기대하던 나하스는 기습 공격에 크게 당황했을 것이다. 사울은 병력을 세 부대로 나누어 암몬 군대의 측면과 정면을 동시에 공격한다. 측면과 정면을 기습당한 암몬 군대는 흩어져 도망한다. 사무엘상 저자는 암몬 군대가 뿔뿔이 흩어져 도망하는 모습을 “다 흩어져서 둘도 함께한 자가 없었더라”는 과장법을 사용해 표현한다. 이 전쟁에서 사울은 성공적으로 왕으로서의 자질을 증명하였다.

사울의 백성 통합 11:12-13

12 백성이 사무엘에게 이르되 사울이 어찌 우리를 다스리겠느냐
한 자가 누구니이까 그들을 끌어내소서 우리가 죽이겠나이다
13 사울이 이르되 이 날에는 사람을 죽이지 못하리니 여호와께서
오늘 이스라엘 중에 구원을 베푸셨음이니라

사울이 암몬 왕 나하스를 무찌르자 사울의 지지자들은 사울의 왕 됨을 인정하지도 않고 선물도 가져오지 않은 “불량배”(10:27)를 처단하려

한다. 그런데 그 처단을 사울 왕이 아니라 사무엘에게 부탁한다. 사무엘은 왕정 자체를 반대한 인물이다. 사람들은 불량배 처단을 사무엘에게 강요함으로 왕에 대한 그의 충성심을 시험하려는 듯하다. 그러나 이 상황을 사울이 나서서 해결한다. 사울은 승리의 공을 여호와께 돌리며, 불량배의 불충을 용서한다. 이 단계에서 사울은 자신의 전쟁 능력을 입증할 뿐 아니라 백성 통합에 필요한 통치자로서의 덕도 보여 준다. 비록 이전에는 "너는 기회를 따라 행하라"(10:7)라는 사무엘의 명령에 순종하지 못했지만, 암몬과의 전쟁을 성공적으로 이끌면서 자신의 왕 됨을 증명했다. 성경에 기록된 사울의 통치 기간 전체를 볼 때 이 순간이 사울의 전성기라 해도 과언이 아니다. 이때처럼 사울이 아름답고 영광스럽게 묘사된 적은 없다. 암몬 왕 나하스의 손에서 이스라엘을 구하여 자신의 왕 됨을 실력으로 증명한 사울은 이제 온 백성과 사무엘 선지자 앞에서 공식적으로 왕으로 취임하는 일만 남겨 두었다.

사울이 길갈에서 왕으로 확증됨 11:14-15

14 사무엘이 백성에게 이르되 오라 우리가 길갈로 가서 나라를
새롭게 하자 15 모든 백성이 길갈로 가서 거기서 여호와 앞에서
사울을 왕으로 삼고 거기서 여호와 앞에 화목제를 드리고 사울과
이스라엘 모든 사람이 거기서 크게 기뻐하니라

길갈에서 사무엘은 제사를 통해 사울을 왕으로 확증한다. 기름 부음을 통해 왕으로 지명된 사울이 블레셋 주둔지를 공격하라는 사무엘의 명령에 순종했다면 길갈에서 이미 왕위 확증 의식이 열렸을 것이다(10:8 참조). 길갈의 정확한 위치는 모르지만, 학자들은 여리고 근처일 것으로 추정한다. 가나안에 입성한 이스라엘 백성들이 이곳에서 하나님과 언약을 갱신했을 정도로(수 5:1-9) 길갈은 이스라엘에게 종교적으로 중요한 장소였다. 사무엘은 사람들을 길갈로 모으고 즉위식을 거행한다(14절). 제사를 통해 사울의 왕 됨이 공식적으로 확증되자 "사울과 이

스라엘 모든 사람"이 기뻐했다(15절).

사무엘상 11장에서 사울은 자신의 왕권을 증명하고 확증받은 듯하다. 암몬과의 전투를 승리로 이끌면서 자신의 능력을 성공적으로 증명한 듯 보인다. 그러나 더 넓은 문맥에서 볼 때 사울의 왕위 증명 과정이 이상적인 것은 아니다. 당시 이스라엘의 진짜 문제는 암몬이 아니라 블레셋이었다. 하나님은 사울을 "블레셋의 손"에서 이스라엘을 구원할 자로 부르셨다(9:16). 사무엘이 사울에게 기름 부으며 처음 내린 명령도 기브아에 있는 블레셋 주둔군을 공격하라는 것이었다. 그러나 사울은 자신에게 주어진 첫 사명이자, 선지자의 첫 명령에 순종하지 못한다. 그리고 10장 17절부터 지명-증명-확증의 왕위 등극 과정이 다시 시작된다. 미스바에서 제비를 통해 왕으로 지명되지만, 마치 죄인을 색출하는 장면을 연상시켰고, 암몬 왕 나하스를 무찌름으로 통치 능력을 증명하는 듯하지만 이스라엘의 진정한 위협은 블레셋이었다는 점을 고려할 때 11장의 증명 단계도 이상적인 것은 아니다. 사울은 블레셋에 맞설 수 있는 배짱과 실력이 있다는 것을 보여 주어야 했다.

또한 11장에 묘사된 길갈 집회도 이상적인 장면은 아니다. 15절 후반부에 사울 왕의 등극을 기뻐한 사람들 가운데 사무엘이 없다. 암몬과의 전쟁에서는 사무엘의 역할이 분명하지 않았음에도 군사를 모집하는 대목에서 그의 이름이 언급되었다(7절). 그러나 사무엘이 주도적 역할을 하는 길갈 집회에서 사무엘이 언급되지 않는 것(15절)은 시사하는 바가 크다. 사무엘은 사울의 왕 됨을 기뻐한 무리 중 하나가 아니었다. 이것은 12장에 기록된 사무엘의 (반 왕정) 연설이 사울을 왕으로 확증한 길갈 집회에서 이루어진 것임을 통해 입증된다. 이 모든 것은 사울의 왕 되는 과정(9-11장)이 겉보기와 달리 완벽하지 않았음을 보여 주며, 사울 왕의 통치도 그다지 성공적이지 못할 것임을 암시한다.

질문

1. 암몬 왕 나하스가 길르앗 지역의 이스라엘 백성을 공격한 이유는 무엇입니까? 그는 왜 남자들의 오른쪽 눈을 뽑으려 했을까요?
2. 암몬 왕이 야베스 사람들에게 7일 간의 말미를 허락하여 다른 형제들에게 도움을 청할 시간을 준 이유는 무엇이라고 생각합니까? 그는 왜 바로 공격하지 않았을까요?
3. 사울이 길르앗 야베스를 구원하기 위해 군대를 모은 방법을 정리해 보고, 그 방법이 이전의 어떤 사건을 연상시키는지 이야기해 봅시다.
4. 본 장은 사울의 통치 능력을 증명하는 사건과 그의 왕권이 확증되는 장면을 기록하고 있습니다. 전체적으로 사울에게 매우 호의적인 분위기이지만, 사울의 왕권이 불완전하다는 것을 보여 주는 실마리가있다면 무엇이겠습니까?

묵상

본 장에서 사울이 왕으로서 성공할 수 있었던 비결은 형제들에 대한 진정성 있는 사랑과 선지자 사무엘과의 동역, 그리고 지파들의 온전한 연합입니다. 특히 사울은 자기를 반대했던 사람들까지도 품는 넓은 마음을 보여 줍니다. 이후에는 악신에 사로잡혀 딴 사람이 되어 버리지만, 적어도 하나님의 영에 사로잡힌 사울은 지도자로서 갖추어야 할 덕목들을 모두 보여 주었습니다. 사울의 초심은 아름다웠습니다. 우리가 잃어버린 '초심'은 무엇인지 이야기해 봅시다.

13
사무엘의 연설

삼상 12:1-25

사무엘상 12장은 보통 '사무엘의 고별 연설'로 불리지만 몇몇 이유로 부적절하다. 첫째, 12장은 사무엘의 작별 인사가 아니다. 사무엘은 이스라엘이 왕을 요구하여 하나님을 배반했음을 지적하고, 백성과 왕에게 여호와를 경외하고 그분의 계명을 철저히 지킬 것을 촉구한다. 그렇지 않으면 하나님이 그들의 조상을 치셨던 것같이 그들도 심판할 것이다. 둘째, 본 장에서 사무엘은 은퇴하는 것이 아니라 자신의 사역을 새롭게 정의한다. 그는 이스라엘 백성들을 위해 기도하는 일과 가르치는 일에 전념할 것이다. 셋째, 13장, 15장, 16장, 19장에서 우리는 선지자로서 왕성히 활동하는 사무엘을 만난다. 심지어 그는 죽은 후(25장 참고)에도 사울에게 나타나 심판의 말씀을 전한 듯하다(28장 참고).

이처럼 사무엘은 사무엘상의 마지막 지점까지 활동을 멈추지 않지만, 그럼에도 본 장은 사무엘의 사역에서 중요한 전환점에 해당한다. 먼저 본 장에서 사무엘은 공식적으로 통치 권력을 사울에게 이양한다. 이제부터 사사 사무엘 대신 사울 왕이 이스라엘을 다스린다. 마지막 사사가 된 사무엘은 이후의 이야기에서 더 이상 핵심 인물은 아니다.

아울러 사무엘상 12장은 사무엘의 인간적인 면모도 알려 준다. 선지자 직이 주는 위엄과 권위 때문에 사무엘의 말과 행동은 언제나 정답일 것 같다는 생각이 든다. 이 때문에 일부 학자는 사무엘의 행위와 말에는 오류가 없다고 생각한다. 그러나 모든 영적 지도자가 그렇듯 선지자도 "타락한 세상에 사는 구속받은 죄인"이라는 점을 기억해야 한다. 선지자 사무엘도 매우 복잡한 인간이다. 비록 성경 저자가 사무엘의 '죄'를 노골적으로 드러내지는 않지만, 사무엘서 본문에는 타락한 세상에서 살아가는 실제 인물의 복잡성이 녹아들어 있다. 8장 6절에서 왕을 달라는 백성들의 요구에 '빈정 상한' 사무엘의 모습을 보았듯 12장에서도 사무엘의 인간적인 측면을 볼 수 있다.

나아가 12장은 신학적으로 중요한 몇 가지 질문을 던진다. 이스라엘에게 왕정은 어떤 의미인가? 왕을 세우고도 여호와께 충성할 수 있는가? 배타적인 개념인 왕정과 신정이 공존할 수 있는가? 하나님과의 관계에서 왕의 역할은 무엇인가?

해설

너희 앞에 왕이 출입한다 12:1-2

1 사무엘이 온 이스라엘에게 이르되 보라 너희가 내게 한 말을 내가
다 듣고 너희 위에 왕을 세웠더니 2 이제 왕이 너희 앞에
출입하느니라 보라 나는 늙어 머리가 희어졌고 내 아들들도 너희와
함께 있느니라 내가 어려서부터 오늘날까지 너희 앞에
출입하였거니와

"사무엘이 온 이스라엘에게 이르되"라는 구절은 사무엘의 연설이 사울의 대관식, 즉 길갈 집회 중에 행해졌음을 보여 준다. 11장 14-15절에 묘사된 사건(사울의 왕위 확증을 위한 길갈 집회)으로부터 시간이나 장소가 변했다는 표시가 본문에 없다. 따라서 사무엘이 길갈 집회에 모인

"온 이스라엘"에게 연설했다고 보는 것이 자연스럽다. 굳이 시간을 따지자면 "사울과 이스라엘 모든 사람들이 기뻐한" 직후(11:15)에 연설이 시작되었다고 볼 수 있다. 사울의 왕위 확증을 기뻐한 무리 중에 사무엘의 이름이 빠진 것은 사무엘의 연설 내용을 암시한다. 백성들의 축제 분위가 잦아든 후 사무엘은 단상에 올라 입을 연다. 그는 통치권이 자신에게서 사울로 넘어갔다는 말로 연설을 시작한다. "내가 어려서부터 오늘까지 너희 앞에 출입하였지만…… 이제부터는 왕이 너희 앞에 출입하느니라."(2절)

이 말은 권력 이양을 공식적으로 선언하는 것이다. 마치 결혼식에서 주례가 "이제 부부가 되었습니다"라고 하여 부부 관계가 성립되듯 "이제 왕이 너희 앞에 출입하느니라"는 이스라엘의 왕정을 성립하는 말이 된다. 이것은 사무엘의 연설이 사울의 왕권을 확증하는 의식의 일부였음을 확인시켜 준다. 사무엘은 권력을 양보해야 하는 사사이자 왕을 세우는 선지자 역할을 하는 것이다.

사사와 왕의 통치 행위를 지칭하는 표현인 "너희 앞에 출입한다"를 주목하라. 어떤 학자들은 이 표현이 전쟁 지도자 역할을 강조하는 것이라 한다. 즉 전쟁에 나갈 때, 왕이나 사사가 선봉에서 서서 성(城)을 나가고 들어오는 모습에서 유래했다는 것이다. 그러나 "출입한다"로 번역된 히브리어 '히트할레크'(*hithallek*)는 모든 일상에 적용되는 동사다. 그것은 우리말 "행하다"의 의미에 가깝다. 전쟁에서만 사용되는 단어가 아니다. 그렇다면 왕이 너희 "앞에 행한다"는 말은 이상적인 지도자의 모습을 암시한다. 먼저, 강제적 힘에 근거하는 세속적 지도력과 반대로 이스라엘의 지도력은 지도자의 솔선수범에 근거한다. 지도력의 정당성은 지도자가 솔선수범하여 언약에 순종하는가에 달렸다. 말씀에 순종하지 않을 때 왕은 통치의 정당성을 상실한다. 왜냐하면 그는 "백성들 앞에 행하는 자"로서의 소명에 충실하지 못했기 때문이다. 둘째, 이스라엘의 지도력은 목자적 지도력이다. 민수기 27장 17절은 백성 앞에 출입하는 것과 목자적 지도력을 연결시킨다. "그[여호수아]로 그들 앞에 출입하며 그들을 인도하여 출입하게 하사 여호와의 회중이 목자 없는 양과 같이 되지 않게 하옵소서." 이것은 나를 위해 양 떼를 죽이는 것이 아니라, 양 떼를 위해 나를 희생하는 지도력이다. 참된 목자는 양 떼를 위해 목숨을 바치나, 삯꾼은 양 떼를 돈벌이 수단으로 생각한다.

통치권을 넘겨준 사무엘은 왕을 세운 직접적 동기가 백성의 요구임을 분명히 한다. "너희가 내게 한 말을 내가 다 듣고 너희 위에 왕을 세웠더니."(1절) 사울은 백성이 요구하고 선택한 왕이다(13절). 그들의 기대와 욕망을 채워 줄 것으로 기대되는 왕이다. "사울"(*šāʾûl*)이라는 이름의 의미도 '요구하여 얻은 사람'이다. 1절에서 사무엘은 사울이 하나님에 의해 선택된 왕(참조. 신 17:15)은 아니라고 암시하는 듯하다. 지금까지의 이야기로 판단할 때 이런 사무엘의 암시가 그릇된 것은 아니지만 그렇다고 완전한 사실도 아니다. 분명히 8장에 따르면 사람들이 열방과 같이 되고 싶은 욕심 때문에 왕을 달라고 요구했고 그 요구에 따라 주어진 왕이 사울이다. 그럼에도 성경은 하나님께서 블레셋의 손에서 이스라엘을 구원할 왕으로 사울을 선택하셨다는 점도 분명히 한다(9:16). 즉 어떤 의미에서 사울은 하나님이 선택한 왕이다. 그러나 사무엘의 연설에서 이 말은 찾아볼 수 없다. 이것은 왕정에 대한 사무엘의 감정이 어떠했는지를 짐작하게 한다.

사무엘의 인간적 연약함과 관련해 2절의 "내 아들들도 너희와 함께 있느니라"도 주목할 만하다. 이 구절은 사무엘이 사사정을 변호하는 문맥(3-5절)에 등장한다. 사무엘은 사사정에 미련을 버리지 못하고 백성들에게 왕(사울) 대신 사사(사무엘의 아들들)를 선택할 마지막 기회를 주고 있는 듯하다. 그러나 문제는 사무엘의 아들들이 공의롭고 정직하지 못했다는 사실(8:3 참고)이다. 아들들에 대한 언급은 사사정이 좋은 제도라는 주장을 반박하는 근거임에도 사무엘이 아들들을 언급한 이유는 무엇인가? 그 이유는 사무엘이 자기 아들들의 죄를 심각하게 생각하지 않았기 때문이다. 8장 5절에서 "당신은 늙고 당신의 아들들은 당신의 행위를 따르지 않습니다"라고 장로들이 불평했지만 사무엘은 그 불평을 왕을 요구하려는 핑계 정도로 생각했을 수 있다(8:5의

해설 참조). 사무엘상 저자가 왕정을 아들 출산에 비유한 점을 고려하면, 남의 아들(사울 왕)의 약점은 잘 간파한 사무엘이 자기 아들(세습 사사)의 약점은 간파하지 못했다고 비판받을 수 있다. 이것은 사무엘 선지자의 인간적인 측면을 보여 준다.

사무엘이 자신의 결백을 증거함 12:3-5

3 내가 여기 있나니 여호와 앞과 그의 기름 부음을 받은 자 앞에서
내게 대하여 증언하라 내가 누구의 소를 빼앗았느냐 누구의 나귀를
빼앗았느냐 누구를 속였느냐 누구를 압제하였느냐 내 눈을 흐리게
하는 뇌물을 누구의 손에서 받았느냐 그리하였으면 내가 그것을
너희에게 갚으리라 하니 4 그들이 이르되 당신이 우리를 속이지
아니하였고 압제하지 아니하였고 누구의 손에서든지 아무것도
빼앗은 것이 없나이다 하니라 5 사무엘이 백성에게 이르되 너희가
내 손에서 아무것도 찾아낸 것이 없음을 여호와께서 너희에게
대하여 증언하시며 그의 기름 부음을 받은 자도 오늘 증언하느니라
하니 그들이 이르되 그가 증언하시나이다 하니라

사무엘은 사울에게 통치권을 넘기면서 자신은 정직하고 공의롭게 사사직을 수행했다고 주장한다. 이를 통해 왕정의 성립이 자신의 실패도, 사사정(사사를 통한 하나님의 통치)의 실패도 아님을 이해시키려 했던 것 같다. 백성이 왕을 요구한 것은 사사를 통한 하나님의 직접 통치에 대한 반역임을 암시한다.

3절에서 사무엘은 다음과 같이 질문한다. "내가 누구의 소를 빼앗았느냐(라카흐, *lāqaḥ*)? 누구의 나귀를 빼앗았느냐(라카흐, *lāqaḥ*)? 누구를 속였느냐? 누구를 압제하였느냐? 내 눈을 흐리게 하는 뇌물을 누구의 손에서 받았느냐(라카흐, *lāqaḥ*)?" 이 다섯 질문은 8장 11-17절에 기록된 세속 왕정의 모습을 상기시킨다. 이에 따르면 왕들은 자신을 위해 백성에게서 세금, 군역, 부역 등 여러 가지를 "취하는 자"(라카흐,

lāqaḥ)다. 사무엘의 질문이 강조하는 것은 그가 열방의 왕과 달리 백성에게서 아무것도 취하지 않았다는 것이다. 여기서 사무엘은 사사를 통한 하나님의 통치를 8장 11-17절에 기록된 왕정의 폐해와 의도적으로 대비시킨다. 그는 왕을 세워 달라는 백성의 요구가 여호와 앞에 죄일 뿐 아니라, 실용적 관점에서도 어리석은 행동임을 암시한다.

사무엘의 질문에 백성은 사무엘이 아무것도 부당하게 취하지 않았다고 대답한다. 3절과 5절에서 사무엘이 여호와 하나님과 "그의 기름 부음을 받은 자"(마시아, *māšîaḥ*)를 증인으로 세운다는 점을 주목하자. 사무엘상 저자는 "그의 기름 부음을 받은 자"로 사울을 지칭함으로써 사무엘의 연설이 사울을 왕으로 확정하는 문맥에서 행해졌음을 암시한다. "왕이 너희 앞에 출입하느니라"(2절)라는 사무엘의 선언으로 실질적인 왕권을 획득한 사울은 공식 업무를 수행하기 전에 사무엘의 긴 설교를 듣고 있어야 했다. 다소 불편한 설교를 듣고 있던 사울의 심경은 어떠했을까.

구속사를 회고함: 출애굽 12:6-8

6 사무엘이 백성에게 이르되 모세와 아론을 세우시며 너희 조상들을
애굽 땅에서 인도하여 내신 이는 여호와이시니 7 그런즉 가만히 서
있으라 여호와께서 너희와 너희 조상들에게 행하신 모든 공의로운
일에 대하여 내가 여호와 앞에서 너희와 담론하리라 8 야곱이
애굽에 들어간 후 너희 조상들이 여호와께 부르짖으매 여호와께서
모세와 아론을 보내사 그 두 사람으로 너희 조상들을 애굽에서
인도해 내어 이 곳에 살게 하셨으나

6-15절에서 사무엘은 이스라엘 역사를 신학적으로 요약한다. 6-8절은 출애굽의 역사, 9-11절은 사사 시대의 역사, 12-15절은 왕정 전환기의 역사를 요약한다. 사무엘이 이렇게 과거를 회고한 것은 이스라엘이 왕을 요구한 것이 하나님의 왕 되심을 거절하는 우상숭배적 행위임을 증

명하기 위함이다.

사무엘의 연설이 다소 즉흥적이었음을 보여 주는 몇몇 실마리가 있다. 먼저 모세와 아론 이야기를 특별한 이유 없이 두 번 반복한다(6절과 8절). 문법적으로 느슨한 표현도 사용된다. 예를 들어 6절에서 "(모세와 아론을) 세우시며"로 번역된 히브리어 '아사'(āśāh)는 본래 '만들다, 하다'의 의미로 번역되지만, 문맥에 따라서 다양한 동작을 표현할 수 있다. 사무엘은 6절에서 그것을 '세우다, 지명하다'의 의미로 사용한다. 이것은 원고 없이 즉흥적인 연설을 하고 있음을 보여 준다. 구어에서는 어휘 사용이 엄밀하지 못하여 넓은 의미 영역을 가진 단어가 다양한 뉘앙스로 사용되는 경향이 있기 때문이다. 또한 사사 시대에 대한 설명에서도 이스라엘을 괴롭힌 적들의 순서와 그에 대응한 사사들의 순서가 뒤죽박죽이다(9-11절 참조). 원고가 있었다면 사사 시대의 적들과 사사들의 순서가 좀더 정리되었을 것이다.

이런 특징에도 불구하고 사무엘이 말하려는 신학적 메시지는 분명하다. 즉 하나님은 백성들의 반복적인 불순종에도 그들이 회개하면 구원자를 보내주셨다. 하나님의 통치가 실패한 적은 없다. 따라서 하나님이 직접 다스리는 사사 제도는 이스라엘에 충분히 평화를 가져온다. 굳이 왕정을 도입할 필요가 없다는 것이다.

사무엘의 연설은 법정에 선 검사의 고발을 연상시킨다. "담론하리라"(7절)로 번역된 히브리어 '이샤프타'('iššāpəṭāh)는 법정에서 검사가 피고인의 잘못을 따지는 상황을 가리킨다. 하나님이 판사석에, 이스라엘은 피고인석에 앉아 있다. 사무엘 선지자는 검사의 역할을 수행한다. 선지자 사무엘은 재판장 앞에서 이스라엘의 죄를 고발한다. 이런 의미에서 사무엘은 왕정 이후에 활동할 참 선지자의 전형을 보여 준다. 왕정 때 선지자들은 언약 소송 검사의 역할을 했다. 하나님과 이스라엘 백성 혹은 왕 사이에 언약 위반 사례가 발생하면 언약 위반자를 하나님께 고발하는 것이 선지자의 임무였다. 특히 왕이 율법에 순종하지 않을 때 왕을 말씀으로 책망하고, 회개하지 않을 때는 심판을 선포하였다.

사무엘의 고발은 출애굽 역사에서 시작한다. 8절에서 사무엘은 억압 아래 고통당하는 이스라엘이 언약을 기억하고 그분께 부르짖을 때 하나님이 모세와 아론을 세워 그들을 구원하신 역사를 회고한다. 여기에서 핵심은 이스라엘 백성의 구원이 하나님이 '선택한' 사람(모세와 아론)을 통해 온다는 것이다. 이 원리는 9-11절에 묘사된 사사 시대 역사에도 그대로 적용된다.

구속사를 회고함: 사사 시대 12:9-11

9 그들이 그들의 하나님 여호와를 잊은지라 여호와께서 그들을 하솔
군사령관 시스라의 손과 블레셋 사람들의 손과 모압 왕의 손에
넘기셨더니 그들이 저희를 치매 10 백성이 여호와께 부르짖어 이르되
우리가 여호와를 버리고 바알들과 아스다롯을 섬김으로
범죄하였나이다 그러하오나 이제 우리를 원수들의 손에서
건져내소서 그리하시면 우리가 주를 섬기겠나이다 하매
11 여호와께서 여룹바알과 베단과 입다와 나 사무엘을 보내사
너희를 너희 사방 원수의 손에서 건져내사 너희에게 안전하게
살게 하셨거늘

사무엘은 이제 사사 시대를 회고한다. 여러 적의 공격과 억압적 통치하에 고통을 겪은 이스라엘 백성이 회개할 때 여호와께서는 때에 따라 적합한 사사를 세워 그들을 구원하셨다. 즉 사사 시대에도 군사적 위협이 상존했지만 하나님은 사사를 통하여 이스라엘이 평화롭게 살도록 통치하셨다.

9절에서 언급된 하솔 군장 시스라, 블레셋 사람 그리고 모압 왕은 당시 이스라엘을 위협한 적들을 대표한다. 하솔은 갈릴리 바다 북쪽에 위치한 가나안 도시로 오래전부터 그 지역의 정치·종교 중심지였다. 여호수아가 가나안 정복 전쟁을 수행할 때, 북쪽 도시 연합군을 구성하여 여호수아 군과 맞섰던 것이 하솔이다(수 11장). 여호수아 군이

하솔을 완전히 파괴했지만 그 후 작은 규모의 도시가 하솔에 재건된 것 같다. 하솔 왕 야빈은 사사 시대에 다시 이스라엘을 공격하고 억압하였다(삿 4:1-3). 한편 블레셋은 이스라엘의 남서쪽 지중해 해안 지역을 거점으로 끊임없이 이스라엘 영토를 잠식하려 하였다. 사사정에서 왕정으로 넘어가는 과도기에 이스라엘에게 가장 큰 위협을 가한 것은 바로 이 블레셋이다. 이스라엘에서 왕이 되려는 자는 무엇보다도 블레셋 문제를 해결해야 했다. 모압은 이스라엘의 동쪽, 요단 건너편 지역의 적들을 대표한다. 암몬, 모압, 에돔은 모두 요단 동쪽 지역에서 호시탐탐 이스라엘을 노렸다. 이들은 연합과 동역에 실패하고 찢어진 이스라엘의 열두 지파를 사방에서 괴롭혔다.

사무엘은 외적의 침입이 이스라엘의 죄 때문임을 지적한다. 그것도 "여호와를 잊은" 죄이다. 사람은 예나 지금이나 크게 다르지 않다. 보이지 않는 하나님을 매 순간 기억하며 산다는 것이 쉽지 않다. 더구나 하나님 없이 찬란한 문명을 이룬 주변 왕국들은 하나님보다 더욱 큰 영향을 이스라엘에 주었을 것이다. 하나님께서는 이런 이스라엘의 불신앙을 심판하기 위해 그들을 외국의 억압적인 통치에 두셨다. 그때마다 이스라엘은 회개하고 하나님의 자비를 구했고, 하나님은 다양한 사사들을 통해 평화(샬롬)를 회복시키셨다. 즉 이스라엘의 구원은 하나님이 '선택한' 사람들로부터 왔다.

11절에서 여룹바알, 베단, 입다, 사무엘은 사사 시대의 대표적 구원자이자 사사로 언급된다. "여룹바알"은 기드온의 다른 이름으로(삿 7:1), '바알이 직접 싸울지니라'를 의미한다. 그것은 바알의 단을 훼파한 기드온을 죽이려는 사람들에게 "바알이 신이라면 그 단을 훼파한 자와 직접 싸울지니라"라고 요아스가 말한 데서 유래했다. 기드온은 미디안의 위협으로부터 이스라엘을 구했으며 가장 모범적인 사사로 손꼽힌다. 사무엘이 그를 언급할 때 '여룹바알'이라는 이름을 사용한 이유는 사사들의 사역이 정치·군사적 의미만 아니라 종교적 의미도 포함한다는 것을 말하기 위해서다. 즉 사사들은 이스라엘이 우상숭배와 싸우도록 솔선수범한 사람이다.

두 번째로 언급된 사사, 베단의 정체는 베일에 가려져 있다. 사무엘이 사사 시대를 요약하면서 그의 이름을 언급한 것으로 보아 그는 당시 잘 알려진 사사였을 것이다. 그렇다면 왜 사사기에는 언급되지 않았을까? 베단이 사사 시대를 대표하는 사사라면 분명 사사기에 언급되었을 것이라는 가정에서 칠십인역은 베단을 "바락"으로 고쳐 읽는다. 바락은 9절에 언급된 가나안의 하솔 왕과 전쟁하여 이스라엘을 구원한 장수이다. 그러나 문제는 사사기에서 바락을 사사로 부르지 않는다는 것이다. 바락은 여선지자이자 사사였던 드보라를 도운 이스라엘의 장수다(삿 4장). 어떤 학자는 베단을 '단 출신(*bədān*)'의 사사로 이해하고 삼손을 지칭한다고 주장한다. 그러나 이것도 어디까지나 추정일

【바알들과 아스다롯】 가나안 사람들에게 가장 인기 있었던 두 신은 바알과 아세라였다. 가나안 만신전의 최고신은 엘(El)이었지만, 당시 가나안 지역에서 엘은 상징적인 최고신에 불과했다. 실질적 주권을 행사하는 것으로 여겨진 신은 바알(Baal)이었다. 주전 13세기 시리아 해안 도시 우가릿에서 발견된 바알 신화 문서는 바알이 어떻게 라이벌들을 무찌르고 이 땅의 주권 왕이 되었는지를 보여 준다. 바알의 원래 이름은 폭풍의 신을 의미하는 하닷(Hadad)이었지만, 주권 왕이 되면서 '주인'을 의미하는 바알로 불린다. 바알은 비를 관장하는 신으로 농부와 어부, 해상 무역을 업으로 하는 사람들에게 절대적 영향력을 행사하였다. 이스라엘도 가나안에서 정착 생활을 시작하면서 토속 신앙인 바알 종교에 노출되었다. 고대 근동 사람들은 신마다 구역이 있다고 생각했기 때문에 광야에서 이스라엘을 인도한 여호와가 가나안 땅에서도 비슷한 힘을 행사한다고 믿지 않았다. 가나안 땅에서 성공하며 살려면 토속 신 바알을 섬겨야 했다. 더구나 바알을 섬긴다고 여호와를 포기할 필요가 없기 때문에 이스라엘 사람들은 바알 우상들을 집에 두기 시작했다. "바알들"이라는 표현은 바알 우상들을 뜻한다. 바알과 함께 가나안 사람들에게 인기 있었던 신은 그의 아내로 여겨지는 아세라 혹은 아스다르트였다. 가나안의 신화에서는 엘의 아내가 아세라이며 바알의 누이이자 아내는 아스다르트였지만 이스라엘 사람들은 그 두 여신을 혼동하는 경우가 많았다. 그래서 바알의 아내로 어느 때는 아세라가 언급되고, 또 어느 때는 아스다르트가 언급된다. 아스다롯은 아스다르트의 우상을 의미한다. 여하튼 이 두 여신은 모두 다산의 신으로 여자 혹은 암컷의 임신을 관장한다고 믿었다. 이 여신들의 인기는 예루살렘의 주거지에서 엄청난 숫자의 아세라 신상이 발견되었다는 사실에 의해 잘 증명된다.

【그 여자가 내 눈에 좋으니】 사사기에서는 사사들의 영웅성보다 그들의 인간적 연약함이 자주 부각된다. 이스라엘의 통치자가 사사가 아니라 하나님임을 부각시키는 것이다. 하나님은 연약하고 죄 많은 사사들을 통해서 이스라엘을 완벽히 통치하신다. 사사 제도는 본질적으로 하나님이 직접 통치하는 신정이다. 이런 메시지를 가장 선명하게 보여 주는 것이 삼손 이야기다. 삼손은 사사기에서 가장 나중에 언급된 사사로 가장 영웅답지 못한 인물이다. 어떤 학자들은 삼손의 장점이라곤 힘이 센 것과 여자를 좋아한 것밖에 없다고 한다. 삼손은 마지막 한 번을 제외하면 언제나 자신의 이익을 놓고 블레셋과 싸웠다. 그는 무엇이든지 자기 소견대로 행하는 이스라엘 사람들과 달라 보이지 않는다. 삼손의 모습을 가장 잘 보여 주는 에피소드가 사사기 14장 1-3절에 나온다. 삼손은 블레셋 여인과 사랑에 빠져 그녀와 결혼하기 위해 부모를 설득한다. 그러자 부모는 "내 백성 중에 어찌 여자가 없어서 네가 할례 받지 아니한 블레셋 사람에게 가서 아내를 취하려 하느냐"라고 책망한다. 이때 삼손은 "내가 그 여자를 좋아하오니 나를 위하여 그를 데려오소서"라고 한다. 이 대답의 히브리어 원문은 "그 여자가 내 눈에 좋으니 나를 위하여 그를 데려오소서"로 직역할 수 있다. 이 표현은 삼손도 당시 사람들과 마찬가지로 율법이 아니라, 자기 소견에 옳은 대로 행하는 자임을 잘 보여 준다. 즉 삼손은 신앙의 영웅이 아니라 당시 이스라엘 백성들의 자화상이다. 그러나 놀랍게도 그런 삼손을 사용하여 하나님께서 이스라엘을 구원하신다. 즉 사사 시대의 참 통치자는 사사가 아니라 하나님이다.

뿐이다. 사사기에 기록되지는 않았지만 당시 잘 알려진 "베단"이라는 사사가 있었다는 가정이 전혀 터무니없지는 않다. 물론 베단이 어느 지파 출신인지, 어떤 적과 싸웠는지는 정보가 없다.

세 번째로 언급된 입다는 창기 어머니에게서 태어나, 이복 형제들에게 버림받고 돕이라는 곳에서 약탈 강도들의 두목 노릇을 한 사람이다. 길르앗에 살던 이스라엘 사람들이 암몬의 공격을 받아 어려움에 처하자, 입다는 암몬을 물리치고 그들을 구원한다(삿 11장). 네 번째로 언급된 사사 '사무엘'을 칠십인역은 '삼손'으로 고쳐 읽는다. 아마 칠십인역 번역자들은 사무엘이 사사 시대를 요약하면서 자신을 대표적인 사사로 언급하지는 않았을 것이라 생각한 듯하다. 그러나 사무엘은 미스바 전투에서 이스라엘을 구원했을 뿐 아니라, 주변의 가나안 민족과 평화의 시대를 연 사사(7장)이다. 객관적 관점에서 그는 사사 시대를 대표하는 인물로 간주할 수 있다.

9절에 기록된 외적들과 11절에 기록된 사사들은 별로 연관이 없어 보인다. 기드온이 무찌른 "미디안"과 입다가 무찌른 "암몬"은 9절에 언급되지 않는다. 또한 9절에 언급된 외적을 무찌른 사사 에훗도 11절의 사사 명단에 누락되어 있다. 이와 같은 혼란스러운 언급은 사무엘 연설의 즉흥적 분위기를 잘 반영한다. 잘 구성된 교향곡이 아닌 재즈를 듣는 느낌이다. 산만한 전개 때문에 혼란스럽다가도 분위기와 주제가 잡히고 뚜렷해진다. 이러한 회고를 통해 사무엘이 말하려는 요점은 과거에도 적의 위협이 있어 왔으며 그 위협은 언제나 하나님을 잊어버린 백성의 죄와 관계가 있었다는 것이다. 그러나 백성이 회개하고 하나님께 도움을 구하면 언약에 신실한 하나님이 사사를 통해 그 문제를 해결해 오셨다. 다시 말해 사사 제도가 지금까지 효과적이었으며 적의 위협을 핑계로 왕을 세워 달라는 이스라엘의 요구는 죄악이라는 것이다. 나아가 10절에 언급된 바알과 아스다롯은 이스라엘의 현재의 범죄, 즉 왕을 달라는 요구에는 우상숭배적인 요소가 있음을 암시한다. 왕의 통치를 원한 이스라엘은 실질적으로 하나님의 통치를 거부한 것이다!

구속사를 회고함: 왕정 전환기의 역사 12:12-13

12 너희가 암몬 자손의 왕 나하스가 너희를 치러 옴을 보고 너희의
하나님 여호와께서는 너희의 왕이 되심에도 불구하고 너희가 내게
이르기를 아니라 우리를 다스릴 왕이 있어야 하겠다 하였도다
13 이제 너희가 구한 왕, 너희가 택한 왕을 보라 여호와께서 너희
위에 왕을 세우셨느니라

전 단락에서 사사 시대를 설명한 사무엘은 본 단락에서 좀더 최근의 사건들, 즉 왕정 전환기의 역사를 회고한다. 사무엘에 따르면 이스라엘 백성이 왕을 달라고 요구한 이유는 암몬 왕 나하스의 위협 때문이었다(12절). 그러나 이 내용은 8장의 내용과 상충된다. 8장에 따르면 사무엘의 아들들의 부정직한 통치가 직접적 계기인 것이다. 더구나 사무엘의 통치 동안 이스라엘이 "아모리 사람"(가나안 사람들을 통칭하는 말)과 평화를 이루었다는 기록(7:14-15)은 암몬 왕 나하스의 군사적 위협 때문에 왕을 요구했다는 사무엘의 말을 더욱 이해하기 어렵게 만든다.[1] 따라서 일부 학자들은 암몬 왕의 위협 때문에 백성들이 왕을 요구했다는 사무엘의 말이 꾸며진 것이라고 주장한다. 이것은 백성을 설득하기 위해 사무엘이 역사적 사실을 왜곡한 것이며, 여기에서 선지자 사무엘이 아닌 인간 사무엘의 단면이 드러난다는 것이다.

그러나 사무엘이 자신의 주장에 설득력을 더하려고 사실을 "왜곡"했다는 주장은 설득력이 없다. 모든 역사 서술이 그렇듯 성경 역사도 선택적으로 서술한다. 역사가의 목적에 맞추어 사건들이 선택되고 배열된다. 당시 이스라엘 백성들은 선진 국가 제도인 왕정을 부러워했다. 자신들도 왕을 가지면 강한 나라를 이룩해 더 이상 외국의 침략과 지배를 받지 않는다고 생각했을 것이다. 이것은 왕정에 대한 지파들의 공통된 열망을 만들어 냈고, 그들은 당시 사사였던 사무엘을 설득할 여러 논리를 고안했을 것이다. 그중 대표적인 두 가지가 사무엘의

아들인 요엘과 아비야의 악행과 암몬 왕 나하스의 임박한 공격이다. 사무엘서 저자가 8장에서 요엘과 아비야의 악행을 선별해 언급한 것과 12장의 사무엘 연설에서 암몬 왕 나하스의 위협을 언급한 것은 저자가 각 장에서 의도한 문학적 혹은 신학적 메시지가 달랐기 때문이다.

8장에서 저자가 백성이 왕을 요구한 이유로 사무엘의 아들들의 악행을 언급한 이유를 먼저 생각해 보자. 8장의 배경이 되는 7장 14절은 사무엘의 사사적 통치 때문에 이스라엘이 주변국(블레셋과 가나안)과 평화를 이루었다고 주장함으로써 8장에서 장로들이 왕을 요구할 시급한 이유가 없음을 암시한다. 이 때문에 사무엘서 저자는 임박한 암몬의 위협과 사무엘 아들들의 악행 중 후자를 이스라엘 장로들이 왕을 요구한 이유로 제시한다. 또한 그 아들들의 악행을 브엘세바에 한정시킴으로써, 저자는 장로들의 요구가 근거 없음을 비판하는 것이다.

지금까지의 연설에서 사무엘은 이스라엘이 외적에게 업악당할 때마다 하나님이 구원자를 보내주셨다고 주장했다. 이런 문맥에서 이스라엘 백성이 왕정을 요구하기 위해 암몬 왕 나하스의 공격을 언급한 것으로 저자는 전한다. 이것은 왕에 대한 그들의 요구가 정당하지 못한 것임을 드러내려는 것이다. 지금까지 이스라엘을 건지신 하나님이 암몬 왕 나하스의 손에서도 그들을 건지실 것이기 때문이다. 왜 나하스의 위협에 대해서만 왕이 필요한가?

지금까지의 논의를 정리해 보면 다음과 같다. 왕정 전환기에 이스라엘 백성이 왕을 요구한 여러 이유가 있었을 것이다. 8장은 그중 사무엘의 아들들의 불의한 통치를 언급했고, 12장에서는 외적의 위협, 그중에서도 암몬의 위협을 언급했다. 그러나 사무엘서 저자는 이 모든 것이 그들의 우상 숭배적 욕망을 감추려는 핑계임을 보여 주고 있다. 왕을 가지려는 이스라엘 백성의 마음 깊은 곳에는 보이지 않는 하나님의 통치보다 보이는 것을 붙들려는 우상 숭배적 욕구가 자리 잡고 있었다.

우상 숭배의 본질이 자신의 욕망을 형상화하여 섬기는 것이라면 사무엘이 백성들의 욕망이 형상화된 사울을 "너희가 구한 왕, 너희가 택한 왕"이라고 소개한 것은 의미심장하다(13절). 즉 이스라엘의 최초 왕은 백성들의 우상 숭배적 욕망에 맞추어진 왕이다. 문명의 후발 주자였던 이스라엘은 주변의 강대국들을 보면서 그들과 같은 문명을 원했을 것이다. 주변의 강대국들은 강력한 군대, 관개 수로를 통한 농업, 화려한 신전과 경기장, 세련된 도시 등 수준 높은 문명을 이룩하였다. 이것이 왕의 강력한 지도력 때문이라고 생각한 이스라엘은 왕정이야말로 국제 사회에서 살아남고 국운을 융성하는 길이라고 생각했을 것이다. 그때까지 이스라엘은 열두 지파가 산지에 흩어져 살며, 제대로 연합하지 못하여 늘 외국에 약탈당하는 약소국가가 아니었던가? 이스라엘이 대세를 따라 왕정을 요구한 것은 당연한 것일지도 모른다. 왕정이 가져올 부정적 변화들, 즉 세금과 군역, 부역 때문에 자유가 어느 정도 제한될 것을 알았지만 자유를 좀 양보하더라도 왕정이 약속하는, 혹은 약속한다고 생각한 번영과 안전, 자긍심을 원했을 것이다. 보이지 않는 하나님의 통치, 예측할 수 없는 하나님의 역사보다 덜 자유롭지만 예측 가능하고 안정적인 삶이 훨씬 매력적이었다. 즉 왕정을 통해 자신들의 욕망을 이루려 했던 것이다. 그리고 그런 왕정을 이루기 위해 그들은 여론을 형성하고 사무엘을 압박했을 것이다.

왕정 허락의 조건 12:14-15

14 너희가 만일 여호와를 경외하여 그를 섬기며 그의 목소리를 듣고
여호와의 명령을 거역하지 아니하며 또 너희와 너희를 다스리는
왕이 너희의 하나님 여호와를 따르면 좋겠지마는 15 너희가 만일
여호와의 목소리를 듣지 아니하고 여호와의 명령을 거역하면
여호와의 손이 너희의 조상들을 치신 것같이 너희를 치실 것이라

지금까지의 연설에서 우리는 사무엘이 사사를 통한 하나님의 직접 통치(신정)를 선호하고 왕정을 못마땅하게 여겼음을 보았다. 그럼에도 사무엘은 왕정이 신정과 공존할 수 있는 길을 일러 준다. 여기서 핵심어

는 "듣다"(샤마, šāma')이다. 이 말은 '순종하다'라는 말로 번역될 수 있다. "듣다"는 출애굽기 19장 5-6절에 요약된 시내산 언약의 핵심이다. 여호와의 목소리를 듣는다는 것은 그분께 순종한다는 의미다. 성경은 '들어도 순종하지 않는 자'를 "들을 귀가 없는 자"라고 한다(신 29:2-4).

14절 마지막에 있는 "좋겠지마는"은 히브리어 원문에 없다. 히브리어 구문에서는 조건절(~하면)과 주절(~할 것이다)의 경계가 불분명한 경우가 종종 있다. 이 경우 주절이 어디서부터 시작하는지는 문맥이 결정한다. 14절은 분명 조건절로 시작하지만 주절이 어디서 시작하는지 혼란스러운 경우이다. 그래서 많은 학자들이 14절 전체가 조건절이며 주절은 생략된 것으로 파악한다. 따라서 (원문에 없는) "좋을 것이다"가 주절이 되어 첨가된 것이다. 그러나 "너희와 너희를 다스리는 왕이 여호와 너희 하나님을 좇으면"으로 번역된 히브리어 문장(*yihəyitem gam-'attem wəgam-hammelek...'aḥar yhwh 'ĕlōhēykem*)을 주절로 이해하면 14절은 신정과 왕정이 공존하는 길을 가르치는 본문이 된다. 이때 그 히브리어 문장은 "너희와 너희를 다스리는 왕이 하나님의 통치를 받을 것이다"로 번역될 수 있다.[2] 이렇게 14절을 다시 해석하면 다음과 같다.

"너희가 만일 여호와를 경외하여 그를 섬기며 그 목소리를 듣고 여호와의 명령을 거역하지 아니하면, 너희와 너희를 다스리는 왕이 너희 하나님 여호와의 통치(신정)를 받을 것이다."

즉 14절은 이스라엘에서 왕정과 신정이 공존하는 길이 여호와의 목소리(말씀)를 이스라엘이 청종하느냐에 달려 있음을 보여 준다.

15절은 이스라엘 백성이 여호와의 목소리를 듣지 않을 때 발생할 심판을 이야기함으로써 14절의 메시지를 강화한다. 만일 이스라엘이 여호와의 명령에 순종하지 않으면, "여호와의 손"이 이스라엘 백성들을 칠 것이다. 여기에서 "여호와의 손"을 언급한 것이 흥미롭다. 왜냐하면 여호와의 손을 언급하지 않고 적의 "손에 붙이실 것이라"고 말할 수도 있었기 때문이다(참조. 9절). 여호와의 손은 출애굽 사건에서 이집트 사람들에게 나타났고 사무엘상 5장에서는 블레셋 사람들에게 나타났다. 하나님의 백성이 아닌 이방 백성들을 심판하실 때 여호와의 손이 나타난다. 이스라엘에 대한 심판의 문맥에서 "여호와의 손"을 언급한 것은 이스라엘과 그 왕이 하나님의 명령에 순종하지 않을 때, 그들조차도 이방인(하나님의 통치 밖에 있는 민족)으로 취급하겠다는 것을 경고한다. 왕이 하나님의 말씀에 순종하면 그는 하나님의 통치를 받지만, 순종하지 않으면 하나님 통치 밖에 있는 이방인으로 취급된다.

여호와의 말씀에 대한 청종이 이스라엘에 왕정과 신정이 공존하는 비밀인 것이다. 왕이 "취하는 자"가 아니라 "듣는 자"가 될 때 이스라엘에 왕정과 신정이 공존한다. 왕이 선지자를 통해 주어지는 하나님의 말씀에 순종할 때, 이스라엘 왕정은 하나님의 통치 아래 놓인다. 이런 관점에서 솔로몬의 기도가 이해된다. "누가 주의 이 많은 백성을 재판할 수 있사오리까? 지혜로운 듣는 마음을 종에게 주사 주의 백성을 재판하여 선악을 분별하게 하옵소서"(왕상 3:9). 이것은 솔로몬이 꿈에서 하나님께 기도한 내용이다. 여기에서 "재판"을 "통치"로 고치는 것이 원문의 의미에 가깝다. "누가 주의 이 많은 백성을 통치할 수 있사오리까? 듣는 마음을 주사 이 백성을 통치하고 선악을 분별하게 하옵소서."

솔로몬은 통치에 있어 '듣는 것'이 중요하다는 것을 알았다. '듣는다'는 것은 율법에 순종한다는 것이며, 선지자를 통해 주시는 말씀에 순종한다는 것이다.

왕을 요구한 죄에 대한 심판의 징조 12:16-18

16 너희는 이제 가만히 서서 여호와께서 너희 목전에서 행하시는 이
큰 일을 보라 17 오늘은 밀 베는 때가 아니냐 내가 여호와께 아뢰리니
여호와께서 우레와 비를 보내사 너희가 왕을 구한 일 곧 여호와의
목전에서 범한 죄악이 큼을 너희에게 밝히 알게 하시리라 18 이에
사무엘이 여호와께 아뢰매 여호와께서 그 날에 우레와 비를
보내시니 모든 백성이 여호와와 사무엘을 크게 두려워하니라

말씀 선포 후 사무엘은 이적을 행한다. 이 이적은 사무엘의 말이 한 인간의 불평이 아니라 하나님의 말씀임을 증명한다.

"가만히 서서…… 보라"(16절)는 이방인에 대한 하나님의 심판을 가리킬 때 사용되는 숙어다. 하나님께서 적들과 직접 싸우실 때 쓰는 표현이다. 이 표현은 홍해를 가르고 이집트 군대를 전멸시키는 장면에 사용되었고(출 14:13), 여호사밧이 요단 동편 족속들에 거둔 승리를 지칭할 때 사용되었다(대하 20:17). 여호사밧이 찬양대를 앞세워 전쟁터에 나가자 여호와가 직접 적들과 싸워 승리하였다. 이 두 사건이 하나님의 직접적 심판이었듯 16절의 "가만히 서서…… 보라"는 이후에 묘사된 우레와 비도 하나님의 직접적 심판임을 가리키는 말이다.

밀 베는 때에 폭풍이 오면 농부에게는 재앙이다. 이스라엘의 비는 주로 12월에서 2월까지 겨울에 온다. 10월에 오는 이른 비와 4~5월에 오는 늦은 비는 파종(가을 파종과 봄 파종) 전에 땅을 부드럽게 해주기에 꼭 필요한 비다. 건기인 여름은 보리와 밀을 수확하는 시기로 이때는 비가 드물 뿐 아니라 폭풍이 분다면 그해 농사를 망치게 된다. 사무엘이 여호와께 기도하여 밀 베는 수확기에 "우레와 비"를 내린 것은 왕을 요구한 이스라엘의 죄를 심판하는 성격이 있다. 아울러 '수확 중의 폭풍' 모티브는 선지자의 사역과 왕의 사역의 한 측면을 부각시킨다. 수확기의 비가 이스라엘 백성의 오랜 수고를 송두리째 빼앗듯 왕은 백성에게서 많은 것을 취하여 갈 것이다. 선지자는 이스라엘 백성과 왕이 여호와의 명령을 거역할 때 수확기에 발생하는 폭풍처럼 이스라엘에 심판의 이적을 행할 것이다.

"우레"라는 표현(17절)은 브닌나의 도발로 한나가 크게 우는 장면(1:7)과, "하늘에서 우레로 그들을 치시리로다"라는 한나의 기도(2:10)를 연상시킨다. 또한 블레셋과의 전투에서 사무엘의 기도로 하나님이 "블레셋 사람에게 큰 우레를 발하여"(7:10) 그들을 혼란에 빠뜨린 사건도 상기시킨다. 그중 한나의 기도에 언급된 "우레"는 본문 해석에 통찰을 제공한다. 한나의 기도에서 "하늘에서 우레로 그들을 치시리로다"(2:10a)라는 구절은 "자기 왕에게 힘을 주시며 자기의 기름 부음을 받은 자의 뿔을 높이시리로다"(2:10b)라는 구절로 이어지지만, 사무엘의 기도에서는 "우레"만 언급될 뿐 왕에 대한 보호와 축복은 생략된다.

이 연설의 배경이 왕위를 선포하는 길갈 집회였음을 고려하면 흥미로운 상상이 가능하다. 길갈 집회의 초점이 '왕'에 있어야 하는데 왕을 요구한 백성의 '죄악'에 초점이 있다. 사무엘은 "우레"를 언급한 후 "기름 부음을 받은 자"에 대한 축복을 생략했다. 사무엘의 설교를 듣는 사울의 마음에 어떤 감정이 일어났을까? 자신의 즉위식에서 백성들을 책망하는 사무엘을 어떻게 생각했을까? 성경은 사울의 감정에 대한 어떤 실마리도 주지 않는다. 사울은 조용히 설교를 들은 듯하다. 그의 침묵은 무엇을 의미할까? 11장에 불량배가 제비로 뽑힌 사울을 왕으로 인정하지 않을 때 사울이 "잠잠하였더라" 하는데 그때의 감정과 여기서 품은 감정이 유사하지는 않을까?

이스라엘의 죄 고백과 사무엘의 조언 12:19-22

19 모든 백성이 사무엘에게 이르되 당신의 종들을 위하여 당신의
하나님 여호와께 기도하여 우리가 죽지 않게 하소서 우리가 우리의
모든 죄에 왕을 구하는 악을 더하였나이다 20 사무엘이 백성에게
이르되 두려워하지 말라 너희가 과연 이 모든 악을 행하였으나
여호와를 따르는 데에서 돌아서지 말고 오직 너희의 마음을 다하여
여호와를 섬기라 21 돌아서서 유익하게도 못하며 구원하지도 못하는
헛된 것을 따르지 말라 그들은 헛되니라 22 여호와께서는 너희를
자기 백성으로 삼으신 것을 기뻐하셨으므로 여호와께서는 그의
크신 이름을 위해서라도 자기 백성을 버리지 아니하실 것이요

사무엘의 말씀과 기적에 사람들은 두려움으로 반응하고 죄를 고백하기에 이른다. "우리가 우리의 모든 죄에 왕을 구하는 악을 더하였나이다"(19절). 사무엘이 지금까지의 연설을 통해 듣고 싶어 했던 말일 것이다. 이스라엘은 온갖 핑계를 대며 왕정의 정당성을 항변했지만 그 마음

에는 하나님의 통치를 벗어 버리고 자신들의 욕망을 대변할 왕을 원하는 우상 숭배적 동기가 있었다. 그것은 분명 죄이다. 죄의 고백과 함께 백성들은 사무엘에게 기도를 요청한다. 이 기도는 심판의 기도가 아니라 구원의 기도다. 수확기에 우레와 비를 내렸으니 분명 구원도 가져오리라고 생각했던 것이다. 왕에 눈이 멀어 사무엘을 보지 못했던 백성들이 다시 중보자 사무엘을 주목하기 시작한다. 그들이 다시 하나님의 다스림에 대해 경외심을 가지게 되었다.

백성들의 죄 고백을 들은 사무엘은 그들을 격려한다. 이것이 아버지 하나님의 마음인 것 같다. 끊임없이 잘못하는 이스라엘이지만 그들이 깨닫고 회개할 때 하나님의 마음은 녹아내린다. 사무엘도 인간적 상처가 남아 있었겠지만 올바르게 회개하는 이스라엘 백성을 목자의 마음으로 격려한다. "두려워하지 말라…… 너희가 온 마음으로 여호와를 섬기면, 그분이 절대로 너희를 버리지 않으실 것이다." 이런 위로의 말 가운데 사무엘은 그들의 죄의 성격을 다시 한 번 상기시킨다. 21절에서 사무엘은 "유익하게도 못하며 구원하지도 못하는 헛된 것"을 따르지 말라고 한다. 이것은 우상들을 우회적으로 표현한 것인데 이스라엘이 왕을 구한 것이 우상 숭배와 동일한 죄임을 지적한다.

이스라엘이 사는 길 12:23-25

23 나는 너희를 위하여 기도하기를 쉬는 죄를 여호와 앞에 결단코
범하지 아니하고 선하고 의로운 길을 너희에게 가르칠 것인즉
24 너희는 여호와께서 너희를 위하여 행하신 그 큰 일을 생각하여
오직 그를 경외하며 너희의 마음을 다하여 진실히 섬기라 25 만일
너희가 여전히 악을 행하면 너희와 너희 왕이 다 멸망하리라

23절은 왕과 선지자의 역할 분담을 보여 준다. 왕에게 통치의 사명이 있다면 선지자는 기도와 말씀 선포의 사명이 있다. 사울이 왕으로 세워질 때 사무엘의 통치직, 즉 사사직은 끝났지만 아직 은퇴하지는 않

았다. 여전히 왕과 백성을 위한 중보와 가르침의 사역을 감당할 것이다. 사무엘의 가르침에 왕은 듣고 순종해야 한다. 왕의 통치적 정당성은 '들음'에서 나온다.

하나님을 경외하고 전인격으로 그분을 섬기는 것은 하나님이 우리를 위해 하신 일에 대한 자발적 반응이다. 그분의 은혜를 생각하면 그 명령에 전심으로 순종하지 않을 수 없다. 사무엘은 24절에서 언약에 충실하라고 이스라엘 백성을 권면한다. 동시에 25절에서는 그렇지 않을 때 이스라엘과 그의 왕에게 임할 궁극적 운명을 경고한다. 왕이 멸망할 것이라는 왕조 파산 선고가 즉위식 연설에서 행해진다. 어떤 의미에서 즉위식이 폐위식의 예행연습처럼 되어 버렸다. 이것은 사울 왕조의 운명을 단적으로 암시한다. 나아가 한나의 개인 이야기에 이스라엘 민족의 이야기가 얽혀 있듯이, 사울 개인의 이야기에 이스라엘 민족의 이야기가 섞여 있음을 볼 수 있다. 사울은 북이스라엘 왕조의 운명을 미리 보여 준다. 그의 실패한 통치는 북방 지파가 겪을 왕정 경험을 미리 보여 준다. 유다 지파를 중심으로 한 남왕조와 달리 북왕국에는 수많은 왕조가 생몰하며 150년 정도 지속하다 역사에서 흔적을 감추어 버린다. 반면 사무엘은 불순종의 자녀를 둔 부모의 갈등과 번뇌를 상징한다. 사무엘서 저자가 왕을 얻는 일을 아들을 얻는 일에 비유했다면, 사무엘이 부모로서 경험한 고난은 이스라엘의 부모로서 하나님이 겪는 고통을 상징한다고 할 수 있다. 사무엘의 두 아들이 아버지의 도를 따라 행하지 않았듯 이스라엘은 하나님의 도를 따라 행하지 않고 아버지를 거부하고 다른 아버지를 달라고 요구한다.

질문

1. "너희 앞에 출입하느니라"(2절)의 의미는 무엇이며, 이 말에서 지도력에 대해 얻을 수 있는 교훈은 무엇입니까?
2. 사무엘이 사사 제도를 변호하면서 불의한 사사인 자신의 아들들을 언급한 이유(2절)가 무엇입니까?
3. 6-12절에 요약된 이스라엘의 구속사가 주는 핵심 메시지는 무엇입니까?
4. 바알과 아스다롯은 어떤 신입니까?
5. 12절에서 사무엘은 암몬 왕의 위협 때문에 이스라엘 백성들이 왕을 요구했다고 하는데, 이것은 8장의 내용과 상충하는 듯 보입니다. 이스라엘이 왕을 요구한 것은 사무엘 아들들의 불의한 통치 때문입니까, 암몬의 위협 때문입니까? 이스라엘이 왕을 요구한 이유가 8장과 12장에서 다르게 서술된 이유는 무엇일까요?
6. 이스라엘에서 왕정과 신정이 공존할 수 있는 길은 무엇입니까?
7. 이스라엘이 사사정에서 왕정으로 전환한 이후 사무엘은 자신의 사역을 어떻게 정의하고 있습니까?

묵상

이스라엘의 왕은 하나님의 말씀에 순종할 때 통치의 정당성을 가집니다. 이 원리는 영적 지도력의 원리입니다. 모든 지도자는 하나님께 순종할 때 정당성을 가집니다. 가장이 가족 구성원의 순종을 요구하려면 먼저 하나님께 무릎 꿇는 자가 되어야 합니다. 교회 공동체의 지도자가 구성원의 순종을 요구하려면 자신이 하나님의 말씀을 '듣는' 자가 되어야 합니다.

14
사울과 사무엘의 첫 번째 갈등

삼상 13:1-22

사무엘의 연설은 "너희 왕이 다 멸망하리라"로 끝난다(12:25). 시작하자마자 사울의 통치는 사망 선고를 받는 듯하다. 사울의 통치는 13장 1절의 "이 년"에 함축된 듯하다. 사무엘상 13장은 사울이 순종하지 못한 명령, 즉 기브아에 주둔한 블레셋 수비대를 아들 요나단이 공격하는 것으로 시작한다. 그 후 사울은 사무엘의 명령대로(참조. 10:8) 길갈로 내려가 사무엘을 기다린다. 그러나 약속한 이레가 지나도 사무엘이 오지 않자 자신이 직접 제사를 드린다. 사울은 사무엘을 통한 하나님의 말씀을 의존해 통치해야 함을 여전히 깨닫지 못한다. 이에 사무엘은 하나님께서 사울을 버리셨고 그분의 마음에 맞는 다른 왕을 세우셨다고 선포한다. 본 장의 마지막에는 하나님과 사무엘에게 버림받은 사울에게서 많은 병사들이 떠난 후 남은 병사 600명을 데리고 기브아로 이동한 사울이 믹마스 어귀까지 진출한 블레셋 본진과 대치하는 장면이 묘사된다.

사울의 통치 연수 13:1

1 사울이 왕이 될 때에 사십 세라 그가 이스라엘을 다스린 지 이 년에

길갈에서 대관식을 마친 사울은 13장부터 본격적인 왕으로서 활동을 시작한다. 따라서 13장이 사울의 통치 연수를 요약하며 시작하는 것은 적절하다. 문제는 1절의 문자적 의미가 터무니없다는 것이다. 1절의 히브리어 원문은 "사울이 왕이 될 때에 한 살이었고, 그는 이스라엘을 2년간 다스렸다"로 번역된다. 많은 학자들은 1절의 히브리어 본문이 전승 과정에서 훼손되었다고 여긴다. 그들은 1절을 해석할 때 역사적으로 좀더 개연성 있는 숫자들을 삽입한다. 최소한의 본문 훼손만을 인정하려는 개역개정은 왕이 될 때의 나이가 훼손되었다고 여겨 "사십 세"로 수정하지만, 통치 연수를 가리키는 숫자는 마소라 본문 그대로 "이 년"을 유지한다. 그리고 개역개정역에 따르면 "이 년"은 사울의 통치 연수가 아니라 그가 왕이 된 후 13장의 사건이 발생한 때까지의 시간을 가리킨다. 그러나 히브리어 원문은 분명히 즉위 연도와 통치 연수를 알려 주는 전형적인 "왕조 실록 형식구"(regnal formula)로 이후에 기술된 사건의 시간적 배경을 제공하는 기능은 하지 않는다. 따라서 "그가 이스라엘을 다스린 지 이 년에"라고 번역함으로써 13장에 기술된 내용이 마치 사울 통치 2년에 발생한 것처럼 만드는 것은 오역에 가깝다. 즉위 연도를 "한 살"에서 사십 세로 바꾼 것처럼 통치 연도도 '이 년'이 아닌 합리적인 숫자로[1] 바꾸는 것이 히브리어 원문의 의미를 곡해하지 않는 것이다.

NIV 성경은 즉위 연도를 사울이 "삼십 세" 되던 때로 추정하지만 필자는 개역개정이 말하는 대로 사울이 "사십 세"에 왕이 되었을 가능성이 높다고 생각한다. 그 이유는 다음과 같다. 다윗이 30세에 유다의 왕이 되었고, 이스보셋이 죽자 37세에는 온 이스라엘의 왕이 된

다(삼하 5:4-5). 이스보셋이 죽을 때 나이가 42세였으므로(삼하 2:10), 다윗은 이스보셋보다 약 다섯 살 정도 어린 셈이다. 요나단은 이스보셋보다 형이라고 가정하면(삼상 14:49; 20:31), 다윗과 요나단의 나이 차이를 열 살 정도로 생각할 수 있다. 그리고 사무엘상 13장의 사건이 사울이 왕이 된 지 얼마 되지 않아 발생했고, 이때 사울의 군대 장군이었던 요나단이 최소한 스무 살은 되었다면, 이때 요나단의 아버지 사울은 마흔 정도 되었을 것이다. (NIV처럼 "삼십 세"로 계산하면, 사울이 열 살 때 요나단을 낳았다는 이야기가 된다.) 그리고 요나단보다 열 살 어린 다윗은 이때 열 살 정도의 소년이었을 것이다. 나아가 다윗이 30세에 유다의 왕이 되었을 때 사울이 죽었으므로, 사울의 통치 연수는 20년 정도(30-10=20)라는 계산이 가능하다. 그렇다면 1절을 다음과 같이 고쳐 번역할 수 있을 것이다. "사울이 왕이 되었을 때 사십 세라, 그리고 이십이 년 동안 이스라엘을 다스렸다."[2]

이와 같은 번역은 1절의 원문이 훼손되어 본래 숫자가 유실되었다고 가정한다. 그러나 일부 학자들은 1절의 원문이 전혀 훼손되지 않았으며, 저자가 의도를 가지고 사울이 왕이 된 나이를 "한 살"로, 그가 통치한 기간을 "이 년"으로 규정했다고 주장한다. 그들의 주장에 따르면 "한 살"이라는 숫자는 사울이 기름 부음을 받고 하나님의 영을 받아 "새 사람"이 되었던 때(탄생)로부터 길갈에서 왕으로 확정되던 때까지의 기간을 가리킨다. 또한 통치 기간 2년은 사울이 왕이 된 후 사무엘상 15장 사건을 통해 하나님에게 결정적으로 버림받은 기간을 가리킨다. 실제로 15장 이후 하나님께 사울은 더 이상 왕이 아니다. 따라서 1절은 사울이 매우 짧은 기간을 다스렸다는 뜻이다. 물론 이미 논의한 것처럼 사울은 적어도 20년은 왕위를 지키고 있었지만 하나님의 관점에서 사울의 통치는 길갈 집회로부터(11장) 사무엘에게서 '폐위 선고'를 들은 때까지(15장) 2년이 전부였다.

요나단의 선제공격과 길갈 집회 13:2-4

2 이스라엘 사람 삼천 명을 택하여 그 중에서 이천 명은 자기와 함께
믹마스와 벧엘 산에 있게 하고 일천 명은 요나단과 함께 베냐민
기브아에 있게 하고 남은 백성은 각기 장막으로 보내니라 3 요나단이
게바에 있는 블레셋 사람의 수비대를 치매 블레셋 사람이 이를
들은지라 사울이 온 땅에 나팔을 불어 이르되 히브리 사람들은
들으라 하니 4 온 이스라엘이 사울이 블레셋 사람들의 수비대를
친 것과 이스라엘이 블레셋 사람들의 미움을 받게 되었다 함을 듣고
그 백성이 길갈로 모여 사울을 따르니라

사무엘상 13장에 묘사된 사건이 사울의 즉위 후 얼마 만에 발생했는지는 분명하지 않다. 그러나 사울 통치 초기에 일어난 일이라는 데 많은 학자가 의견을 같이한다. 제비뽑기를 통해 왕으로 선출된 사울에게 제일 먼저 충성된 군인들이 생겼는데 사울이 왕이 된 후 새롭게 출범한 제도 중 하나가 '상비군'이었다. 사울이 이스라엘 사람들 가운데서 택한 3천 군사(2절, 이들을 11장 8절의 전시에 모인 군인들의 수와 비교할 것)는 상비군들이다. 이들은 일종의 직업 군인이었다. 이스라엘 영토에 블레셋의 수비대가 주둔하고 있었기 때문에, 최소한의 방어를 위한 상비군이 필요했을 것이다.

3천 명의 상비군 중 2천은 사울과 함께 믹마스와 벧엘 산을 방어하고, 1천은 요나단의 지휘 아래 베냐민의 기브아를 지켰다. 벧엘과 믹마스는 아벡(참조. 삼상 4장)을 통해 북에서 침입하는 블레셋 본진으로부터 베냐민 지방과 유다 지방을 지키는 마지막 보루였다. 이미 블레셋은 이스라엘의 영토 깊숙이 군대를 상주시킬 정도로 이스라엘 지배를 구체화하였다. 사울이 처음 왕이 되었을 때 이스라엘의 대외적 상황은 그리 좋지 않았다. 사울이 암몬 사람들에게 거둔 승리는 이스라엘에게 근본적 해답이 되지 못했다. 이스라엘의 진짜 문제는 블레셋의 억압이었기 때문이다. 과연 사울이 블레셋의 손에서 이스라엘을 구원

할 것인가? 사무엘이 사울에게 기름 부을 때부터 이 사명은 이스라엘 왕의 성공을 가늠하는 중요한 잣대가 되었다. 사울은 사무엘이 내린 첫 번째 사명에 이미 실패한 경험이 있다. 자신의 고향 기브아에 있는 블레셋 진영을 공격하지 못했다.

재미있는 것은 사울의 아들 요나단이 기브아(3절의 "게바"는 기브아와 같은 지명임)에 내려가 군인 1천 명으로 블레셋의 주둔지를 공격했다는 것이다. 비록 늦었지만 사무엘 선지자의 명령을 사울의 아들 요나단이 성취한 것이다. 본문에서 요나단이 사울의 장군 역할을 하는 것으로 보아 적어도 스무 살은 되었을 것이다. 그는 아버지께 충성하면서도 다윗이 하나님이 세운 왕임을 깨달아 그와 우정을 나누었다. 다윗이 선택된 왕임을 알아볼 만큼 영적 분별력이 있었던 요나단은 기브아의 블레셋 진영을 선제공격하는 것이 하나님의 뜻임을 깨달았던 것 같다. 블레셋 본진과의 전면전으로 이어질 것을 예상했음에도 요나단은 과감히 기브아의 블레셋 주둔지를 공격했다.

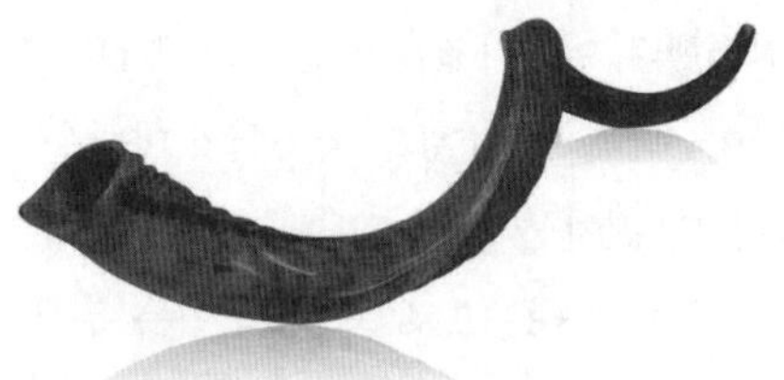

【쇼파르】 "나팔"로 번역된 쇼파르는 양 뿔로 만든 나팔을 지칭한다. 이 양각 나팔은 예배 때 사용되기도 하지만 사람들에게 위험을 알리거나 혹은 집회를 소집할 때 사용된다. 오늘날의 트럼펫처럼 다양한 음계를 내지는 못하지만, 소리의 피치를 조정하여 다양한 상황을 표현할 수 있다.

요나단의 공격 소식이 곧 블레셋 사람들에게 전해졌다. 그들은 본진을 이끌고 사울을 치기 위해 북쪽, 동쪽, 남쪽 방향에서 사울의 고향 기브아로 모여든다. 사울도 즉각 양각 나팔(쇼파르, *šōpār*)을 불어 군대를 길갈로 집결시킨다. 길갈은 기브아에서 서쪽 방향 25킬로미터 지점에 위치하며, 그 뒤로는 요단강이 흐른다. 블레셋의 본진이 북쪽, 동쪽, 남쪽 방향에서 올라오기 때문에 서쪽의 길갈이 군대를 모을 수 있는 유일한 장소였을지 모른다. 또한 이곳은 여호수아의 언약 갱신

의식이 있었던 곳으로 종교적으로도 의미 있는 장소였다. 아울러 사울은 길갈로 내려가 자신을 7일 동안 기다리라고 했던 사무엘의 처음 명령(10:8)을 상기했을 가능성도 있다.

블레셋 군대 앞에 숨고 도망하는 히브리인들 13:5–7

5 블레셋 사람들이 이스라엘과 싸우려고 모였는데 병거가 삼만이요
마병이 육천 명이요 백성은 해변의 모래 같이 많더라 그들이 올라와
벧아웬 동쪽 믹마스에 진 치매 6 이스라엘 사람들이 위급함을 보고
절박하여 굴과 수풀과 바위 틈과 은밀한 곳과 웅덩이에 숨으며
7 어떤 히브리 사람들은 요단을 건너 갓과 길르앗 땅으로 가되
사울은 아직 길갈에 있고 그를 따른 모든 백성은 떨더라

요나단이 기브아의 블레셋 주둔지를 선제공격한 것을 빌미로 블레셋 본진이 이스라엘을 침공했다. 이스라엘을 전멸시킬 기세다. "해변의 모래 같이" 많은 병사들이 3만의 전차("병거")와 6천의 마병을 끌고 이스라엘의 산지까지 올라왔다. 전차는 오늘날의 탱크 같은 위력을 가진 무기로, 평지 전투에서 보병들을 대량으로 죽일 수 있는 무시무시한 무기였다. 전차는 보통 말 두세 마리가 끌며 말을 모는 사람, 활을 쏘는 사람, 방패를 드는 사람이 탑승했다. 블레셋이 전차를 썼다는 것은 군사력에 있어서 최고 수준이었음을 보여 준다. 그러나 "병거가 삼만"이라는 말은 과장이다. 주전 853년 카르카르 전투에서 반아시리아 연합군—여기에는 다마스쿠스의 왕과 아합도 포함됨—이 보유한 전차 수가 5천 대 정도였음을 고려할 때 당시 블레셋이 3만의 전차를 끌고 왔다는 진술은 분명히 과장이다.[3] 블레셋 보병의 수를 "해변의 모래"에 비유한 것도 역시 사무엘서 저자의 표현이다. 이것은 고대인의 역사 서술이 신문기사처럼 정확한 사실 보고에 목적이 있지 않음을 상기시킨다. 이러한 표현은 이스라엘 사람들이 보기에 블레셋 본진의 규모가 어마어마하

여 도저히 상대가 되지 않아 보였다는 뜻이다. 사기충천한 군인들이라면 적들이 메뚜기 떼처럼 보이겠지만, 겁에 질린 군인들에게 적군들은 언제나 바다의 모래처럼 많아 보이는 것이다.

이스라엘 병사들은 전세가 불리함을 보고 몸을 숨긴다. "굴," "수풀," "바위 틈," "은밀한 곳," "웅덩이" 등 숨을 수 있는 곳이라면 가리지 않고 숨어 버린다(6절). 두려움에 질린 이스라엘 병사들은 블레셋 사람들의 조롱거리가 된다(참조. 14:11). 일부 이스라엘 사람들은 요단강을 건너 갓과 길르앗 지방으로 도망했다. 일종의 탈영이다. 배수진이라는 말이 무색할 정도이다. 이때 도망한 사람들을 저자는 "히브리" 사람이라고 표현하는데 일반적으로 "히브리"라는 말은 이방인들이 이스라엘 백성들을 비하할 때 쓰는 말이다. 한때 노예였던 사람들, 소외되고 가난한 사람들을 지칭하는 말이 "히브리"였다. 이스라엘 백성은 대부분 아브라함의 혈통적 후손이었지만, 그중 일부는 당시 가나안 사회의 소외 계층—도주한 노예, 범법자, 가난한 사람—으로 이스라엘의 '하나님 나라 운동'에 동참한 자들이다. 사울이 국가의 위기시 이들의 충성을 요구했던 것도 무리는 아니다("히브리 사람들은 들어라", 3절). 그러나 목숨이 걸린 중대한 상황에 처하자 그들은 군대를 이탈하여 강 건너편으로 도망한 것이다. 이것은 사울 왕이 자신의 지도력 아래 백성들을 규합하지 못했음을 보여 준다. 사울과 함께 길갈에 남아 있었던 사람들도 사기가 높아 보이지 않는다. 그들은 두려움에 떨고 있다. 재미있는 것은 7절 마지막 구절인 "그를 따른 모든 백성은 떨더라"가 "모든 백성이 그(사울)를 따라 떨더라"로도 해석될 수 있다는 것이다. 백성들만 블레셋 군대에 겁을 집어먹은 것이 아니라 그들의 지도자 사울도 두렵기는 마찬가지였다. 사울이 사무엘의 명령을 따라 기브아에 있던 블레셋 진영을 공격하지 못했던 이유가 드러나는 순간이다. 그는 블레셋을 두려워했던 것이다.

사울의 번제 집행 13:8-9

8 사울은 사무엘이 정한 기한대로 이레 동안을 기다렸으나 사무엘이
길갈로 오지 아니하매 백성이 사울에게서 흩어지는지라 9 사울이
이르되 번제와 화목제물을 이리로 가져오라 하여 번제를 드렸더니

사울은 길갈에서 "사무엘이 정한 기한대로" 7일을 기다렸다. "사무엘이 정한 기한대로"라는 말은 무엇을 가리키는가? 사무엘이 언제 사울에게 7일 동안 길갈에서 기다리라고 했는가? 많은 사람들은 10장 8절의 내용을 상기한다.

"너는 나보다 앞서 길갈로 내려가라 내가 네게로 내려가서 번제와 화목제를 드리리니 내가 네가 가서 네가 행할 것을 가르칠 때까지 칠 일 동안 기다리라."

그러나 본문은 10장 8절의 명령에 대한 성취가 될 수 없다. 사무엘이 사울에게 기름을 부은 때로부터 이미 상당한 시간이 흘렀다. 사울이 기름 부음을 받을 때 성경 저자는 그를 "준수한 소년"이라고 소개한다. 그러나 본 장에서 사울은 이미 성인이 된 아들 요나단이 있다. 또한 개역개정 13장 1절대로 13장의 사건이 사울의 즉위 2년에 발생한 것이라면 더더욱 10장 8절의 "칠 일"과 본 절의 "이레"를 연결시키는 것은 역사적으로 무리다. 10장 8절과 본 절이 말하는 "사무엘이 정한 기한" 사이의 연관은 역사적이라기보다 문학적이고 심리적이다. 심리적이라 함은 사무엘서를 읽는 독자들의 마음속에서 맺어진 연관이며, 문학적이라 함은 저자가 연상을 의도했다는 것이다. 이런 연상 작용을 통해 독자들은 사울이 순종하지 못한 사무엘의 첫 명령(10:7-8)을 요나단이 대신 순종했음을 깨닫게 된다.

사울은 기름 부음을 통해 왕으로 '지명'되었지만(10:1), 그 후 사무엘이 제시한 '증명'(기브아의 블레셋 진영을 공격하는 일, 10:7)과 '확증'(길갈에서 사무엘의 제사를 통한 확증, 10:8)의 과정을 완수하지 못했다. 블레셋을 두려워한 결과였을 것이다. 그 후에 발생한 제비뽑기 사건(지명,

10:20-27)과 암몬과의 전투(증명, 11:1-13), 그리고 길갈 집회(확증, 11:14-15, 12장)로 이어지는 대안적 왕위 등극 과정은 사울이 얻은 두 번째 기회이다. 그러나 이 대안적 왕위 등극 과정은 여러 가지 면에서 불완전했다. 10장 20-27절에 기록된 두 번째 '지명'은 죄인을 색출하듯이 이루어졌고, 11장 1-13절에 기록된 대안적 증명 과정은 이스라엘의 진정한 위협인 블레셋이 아닌 암몬과의 싸움을 통해 이루어졌으며, 11장 14-15절과 12장에 기록된 확증 단계에서 사무엘은 이스라엘 백성들과 함께 왕을 환영하는 대신, 왕을 요구한 이스라엘의 죄를 꾸짖는다. 이 모든 것은 사울의 통치가 온전치 못할 것임을 암시한다. 사울이 왕은 되었지만, 아직 선지자에게 완전히 인정받지 못했다. 여전히 이스라엘의 영토 곳곳에는 블레셋 군대가 주둔하여 이스라엘을 억압했다. 심지어 왕이 사는 기브아에도 블레셋의 주둔지가 있었다. 기브아에 위치한 블레셋의 주둔지는 이스라엘에 왕이 생겼지만, 실제로는 변한 것이 아무것도 없음을 보여 준다.

이러던 차에 요나단이 기브아에 있던 블레셋의 주둔지를 공격한 것이다. 사울이 오래전에 했어야 할 일을 아들이 수행한 것이다. 그리고 사무엘이 예상한 대로 그 공격은 블레셋과의 전면전을 촉발시켰다. 아마도 사울은 지난 날 사무엘이 자신에게 내린 첫 번째 명령을 기억했을 것이다. 그리고 명령대로 길갈로 내려가 블레셋과의 전면전을 대비했다. 그는 이로써 자신이 진정한 왕으로 인정받으리라 기대했을지도 모른다. 그러나 이레를 기다려도 사무엘은 오지 않았다. 설상가상으로 블레셋 본진의 위력에 사기를 잃은 백성들은 몸을 숨기거나 탈영을 한다. 사울은 '에잇, 사무엘이 올 리가 없지' 생각했을지 모른다. 그리고 고대 근동 왕들의 특권 중 하나인 제사를 집행함으로써 전쟁 태세에 들어가려 한다. 고대 사회에서는 전쟁 전에 제사를 통해 신의 호의를 구하고 뜻을 찾는 것이 필수적인 의례였다.

사무엘이 사울에게 심판을 선언함 13:10-14

10 번제 드리기를 마치자 사무엘이 온지라 사울이 나가 맞으며
문안하매 11 사무엘이 이르되 왕이 행하신 것이 무엇이냐 하니
사울이 이르되 백성은 내게서 흩어지고 당신은 정한 날 안에 오지
아니하고 블레셋 사람은 믹마스에 모였음을 내가 보았으므로
12 이에 내가 이르기를 블레셋 사람들이 나를 치러 길갈로
내려오겠거늘 내가 여호와께 은혜를 간구하지 못하였다 하고
부득이하여 번제를 드렸나이다 하니라 13 사무엘이 사울에게 이르되
왕이 망령되이 행하였도다 왕이 왕의 하나님 여호와께서 왕에게
내리신 명령을 지키지 아니하였도다 그리하였더라면 여호와께서
이스라엘 위에 왕의 나라를 영원히 세우셨을 것이거늘 14 지금은
왕의 나라가 길지 못할 것이라 여호와께서 왕에게 명령하신 바를
왕이 지키지 아니하였으므로 여호와께서 그의 마음에 맞는 사람을
구하여 여호와께서 그를 그의 백성의 지도자로 삼으셨느니라 하고

사울이 제사 드리기를 기다리기라도 한듯 번제가 끝나자마자 사무엘이 나타난다. 사울이 나가 맞으며 "축복합니다"(레바라코, *ləbārăkô*, 개역개정에는 "문안하매")라고 인사했지만 사무엘은 인사도 받지 않고 사울을 꾸짖기 시작한다. "왕이 행한 것이 무엇이뇨"(11절). 사울은 제사를 드릴 수밖에 없었던 상황을 설명한다.

'병사들이 두려움 때문에 탈영하기 시작하고, 블레셋 본진은 믹마스에 집결한 상태다. 빨리 제사를 통해 하나님의 호의를 획득하여 군사들의 사기를 높이지 않으면 전쟁이 매우 어려워질 것이다. 그런데 제사장 사무엘은 약속한 7일이 지나도 오지 않았다'(12절).

사울은 자신의 잘못을 인정하기보다 책임을 다른 사람에게 전가한다. 처음에는 탈영하는 백성과 믹마스에 집결한 블레셋 병사에게 잘못을 돌리더니 나중에는 사무엘에게까지 그 책임을 돌린다. 이렇듯 사무엘의 지적에 죄를 고백하고 회개하는 대신 다른 이에게 책임을

돌리는 모습은 15장에 다시 한 번 등장한다.

그러나 사무엘은 왕이 "어리석게"(니스칼타, *niskāltā*, 개역개정에는 "망령되이") 행동하였고, "여호와의 명령"을 지키지 않았다고 꾸짖는다(13절). 여기서 사울이 지키지 않은 "여호와께서 왕에게 내리신 명령"(13절)이 무엇인지는 확실하지 않다. 갑작스러운 언급이다. 독자들은 그 명령이 언제 어떻게 내려졌으며, 그것의 내용이 무엇인지 전혀 모르기 때문이다. 그러나 지금까지의 우리의 해석이 옳다면, '여호와의 명령'은 이전에 사무엘이 사울에게 기름을 부은 직후 내린 그 명령(10:7-8)을 지칭할 것이다. 그 명령은 사울이 앞으로 하나님께 순종하는 왕으로 살아갈 것인지 시험하는 명령이다. 이런 의미에서 선악과 명령과 유사하다. 선악과 명령이 대리 통치자로서 아담의 정체성을 시험했듯, 사무엘이 사울에게 내린 첫 명령도 하나님의 통치 아래 있는 이스라엘 왕들의 정체성 시험이었다. 자신이 곧 신(神)인 고대 근동의 왕들과 달리, 이스라엘 왕들은 여호와께 순종해야 하는 종속 왕이다. 고대 근동의 왕들은 자신을 위해 무엇이든지 '취하는' 왕이라면, 이스라엘의 왕은 선지자를 통한 하나님의 말씀을 '듣는' 왕이다. 사무엘이 사울에게 내린 명령의 핵심(10:8)은 블레셋의 공격에 어떻게 대처해야 할지 스스로 결정하지 말고 하나님께 물으라는 것이다. 그리고 하나님의 말씀은 사무엘 선지자를 통해서만 전달되기 때문에 사울은 사무엘이 올 때까지 무조건 기다려야 했다. 어떤 학자들은 "칠 일"을 문자적으로 해석하여, 사울이 10장 8절의 명령을 지킨 것이라고 주장한다. 그러나 방금 설명한 대로 명령의 핵심은 "칠 일"이 아니라 '하나님의 말씀을 전할 사무엘'을 기다리는 것이다. 사울은 사무엘을 통해 전해지는 하나님의 말씀을 따라 행하는 존재임을 처음부터 모르고 있었다. 왕이라는 엄청난 직책을 자기 힘으로 감당해야 한다고 느낀 것 같다. 큰일을 감당할 자신이 없었던 사울은 블레셋이라는 천적 앞에서 완전히 무너져 버린다. 쥐구멍이라도 있으면 숨으려 했던 백성들, 요단강을 건너 도망했던 백성들은 사울의 자화상이다.

왕을 꾸짖은 사무엘은 사울 왕조에 심판을 선고한다. "너의 나라가 서지(개역개정에는 "길지") 못할 것이다"(*mamlaktəka lō'-tāqûm*, 14절). 사울에 대한 하나님의 약속은 쌍방적 언약에 근거한다. 즉 언약에 충실할 때 하나님은 사울 왕조를 이스라엘 위에 영원히 세우실 것이지만(13절), 사울 왕이 하나님의 명령을 지키지 않았기에 그의 나라가 영원하리라는 약속은 자동으로 무효가 된다. 이제 사울 왕조는 자기 세대에서 끝날 것이다. 백성이 선택한 사울 대신 하나님께서는 이제 자신의 "마음에 맞는 사람"(이쉬 킬르바보, *'îš kiləbābô*)을 찾으시고 그를 이스라엘 백성의 "지도자"로 임명하셨다. 사울("구하여 얻은 왕")이 백성들의 마음에 맞았다면 앞으로 세워질 왕은 하나님의 마음에 맞는 사람, 그분이 직접 선택한 인물일 것이다.

"지도자"로 번역된 히브리어 '나기드'(*nāgîyd*, 14절)는 이중적 의미가 있다. 1차적으로는 '앞에 있는 자', 즉 지도자라는 의미이지만, '명령받는 자'라는 의미도 가진다. 하나님이 이스라엘의 왕을 나기드로 칭하는 이유는 왕의 본질이 하나님의 명령을 받드는 데 있기 때문이다. 이런 관점에서 사울이 사무엘의 첫 번째 명령에 불순종한 사건을 되짚어 볼 수 있다. 사무엘이 사울에게 기름을 부었을 때 하나님은 사울을 이스라엘의 나기드(9:16; 10:1)로 삼으셨다. 그러나 이후 사울은 하나님의 명령에 불순종함으로 나기드로서의 시험에 실패했다. 대안적 지명 사건인 제비뽑기에서는 사울이 명백하게 "왕"(멜레크)으로 세워진다. '멜레크'는 이스라엘 왕정의 특징을 전혀 반영하지 못하고 다른 고대 근동 왕들을 연상시킨다. 즉 사울의 대안적인 왕위 등극 과정은 하나님이 의도한 왕(나기드)이 아닌 이방 민족과 같은 왕(멜레크)으로 등극하는 과정이다. 어차피 사울은 이방 민족과 같은 왕을 원한 이스라엘의 소원이 투영된 왕 아닌가? 아울러 사울이 직접 제사를 집행한 것도 이스라엘의 왕에게는 금지된 행동이지만, 고대 근동의 왕들에게는 특권이었다. 즉 사울은 이러한 일련의 사건을 통해 자신이 하나님의 대리 통치자가 아니라, 즉 '듣는 왕'이 아니라 이방 민족과 같은 왕, 절대 통치자, '취하는 왕'이었음을 보여 준다. 다음 본문은 이런 결론을 지지하는 것 같다.

"사울이 죽은 것은 여호와께 범죄하였기 때문이라 그가 여호와의 말씀을 지키지 아니하고…… 여호와께 묻지 아니하였으므로 여호와께서 저를 죽이시고 그 나라를 이새의 아들 다윗에게 넘겨 주셨더라"(대상 10:13-14).

블레셋의 노략질 13:15-18

15 사무엘이 일어나 길갈에서 떠나 베냐민 기브아로 올라가니라
사울이 자기와 함께한 백성의 수를 세어 보니 육백 명 가량이라
16 사울과 그의 아들 요나단과 그들과 함께한 백성은 베냐민 게바에
있고 블레셋 사람들은 믹마스에 진 쳤더니 17 노략꾼들이 세 대로
블레셋 사람들의 진영에서 나와서 한 대는 오브라 길을 따라서
수알 땅에 이르렀고 18 한 대는 벧호론 길로 향하였고 한 대는
광야 쪽으로 스보임 골짜기가 내려다 보이는 지역 길로 향하였더라

사무엘이 사울에게 심판을 선고하고 "길갈에서 떠나 베냐민 기브아로 올라가니라"라는 우리말 번역은 마소라 본문을 반영한 것이다. 그러나 사무엘이 사울의 군대가 있는 기브아로 갔을 가능성은 희박하다. 본문은 사무엘과 사울이 결별하여 사무엘은 고향 라마로 갔고 사울은 남은 군사 6백 명과 함께 기브아로 돌아갔음을 표현하는 것 같다. 이런 해석을 반영하는 것이 칠십인역이다. 이 본문에서는 칠십인역이 훨씬 자연스러운 본문을 제공한다.

"사무엘이 일어나 길갈에서 떠나 자기 길을 갔고, 나머지 백성들은 사울을 따라 베냐민 기브아로 올라갔다" (삼상 13:15, 칠십인역).

사무엘의 심판 선고에 사울은 어떤 반응을 보였을까? 애석하게도 성경은 사울의 반응을 기록하지 않는다. 다만 기브아에서 사울이 군사를 계수했다는 사실은 그가 여전히 자신의 죄를 깨닫지 못함을 보여 준다. 즉 사울은 여전히 자신의 힘, 즉 군대의 힘으로 이스라엘 백성을 블레셋의 손에서 구원하려 한다. 그러나 그에게 남은 군사의 수는

6백 명에 불과하다. 어떤 사람들은 2절에 기록된 2천 명의 군사 중 1천 4백 명 정도가 이탈했다고 생각한다. 그러나 2절에 기록된 군사 숫자는 상비군의 숫자임을 기억해야 한다. 실제 전쟁에서 동원된 숫자는 훨씬 많았다. 11장의 암몬과의 전투 때 동원된 병사의 수가 3만 3천 명이었고, 15장의 아말렉과의 전쟁시 동원된 숫자가 21만 명임을 고려하면, 본 장에서 블레셋과의 전쟁을 앞두고 사울의 부대를 이탈한 사람들의 숫자는 수만에 이르렀던 것 같다. 블레셋과 전면전에 나서는 사울의 군대가 6백 명에 불과하다는 사실은 가히 충격적이다. 과장된 숫자라고 생각하더라도 그것은 사무엘에게 버림받은 사울의 군대가 거의 와해되었음을 여실히 보여 준다.

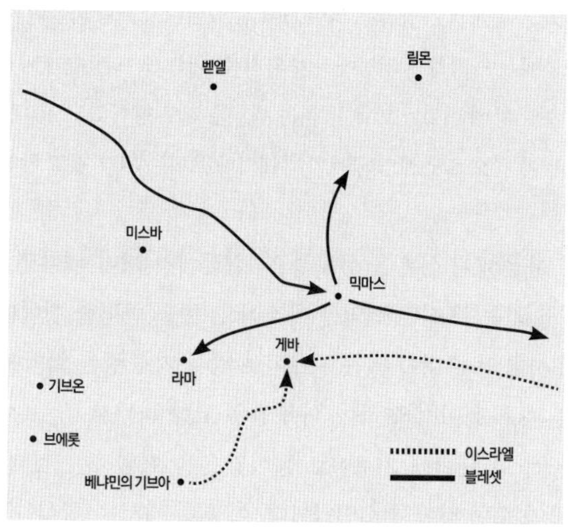

【블레셋의 노략질 경로(삼상 13장)】

이제 사울과 요나단의 부대는 게바에, 블레셋 본진은 맞은 편 믹마스에 진을 치고 대치하고 있다. 블레셋 "노략군"(마슈히트, *mašḥīʸt*, "파괴자")들은 세 대로 나뉘어 북쪽의 오브라 길, 서쪽의 벧 호론 길, 그리고 광야로 통하는 남동쪽 길로 이동하며 마을들을 약탈하기 시작한다. 사울과 요나단 부대는 게바에서 이스라엘 마을들이 약탈당하는 것을 지켜보아야만 했다. 암몬 왕 나하스가 길르앗 야베스 사람들에게 모욕을 주려 할 때, 모든 이스라엘 사람들을 하나로 묶어 전쟁했던 사울

(11장 참고)은 어디에 갔는가? 블레셋 앞에서 사울과 그의 군대는 한없이 무력해 보인다.

철기를 독점한 블레셋 13:19-22

19 그 때에 이스라엘 온 땅에 철공이 없었으니 이는 블레셋 사람들이
말하기를 히브리 사람이 칼이나 창을 만들까 두렵다 하였음이라
20 온 이스라엘 사람들이 각기 보습이나 삽이나 도끼나 괭이를
벼리려면 블레셋 사람들에게로 내려갔었는데 21 곧 그들이 괭이나
삽이나 쇠스랑이나 도끼나 쇠채찍이 무딜 때에 그리하였으므로
22 싸우는 날에 사울과 요나단과 함께한 백성의 손에는 칼이나 창이
없고 오직 사울과 그의 아들 요나단에게만 있었더라

사울의 군대 중 쇠칼이나 쇠창이 있었던 사람은 사울과 요나단뿐이었다. 나머지 사람들은 청동이나 돌 무기를 가졌을 것이다. 반면 블레셋은 일찍이 철 제련 기술을 독점해, 전차 같은 첨단 무기를 소유했다. 이스라엘은 다양한 농기구를 손질할 때도 적대국인 블레셋의 기술에 의존해야 했다. 이것은 이스라엘 사람들이 쇠칼이나 쇠창으로 무장하는 것을 두려워한 블레셋 사람들의 전략이었다. 수적으로도, 무기 면에서도 이스라엘은 블레셋의 상대가 되지 못했다. 많은 사람들이 블레셋의 군사력 앞에서 두려워하며 진영을 이탈한 것도 이런 관점에서 이해할 만하다.

사무엘서 저자는 사울 군대의 무기가 블레셋의 것보다 현저히 뒤떨어짐을 보이기 위해 블레셋이 철 제련 기술을 독점하고 있음을 말하고 있다. 아울러 사무엘 선지자의 말을 경청하지 않은 사울도 비판하고 있다. 아무리 적국이지만, 블레셋이 철을 제련하는 기술을 가졌기 때문에 사울은 철 제련을 위해 블레셋의 도움을 받아야 했을 것이다. 그런데 왜 사울은 하나님 말씀의 대언자인 사무엘의 도움 없이, 스스로 블레셋에 대한 전쟁을 감행하려 했는가? 아무리 사무엘에 대

한 개인적 감정이 좋지 않더라도 하나님께서 사무엘을 통해서만 말씀하신다는 점을 상기했다면, 사울은 사무엘의 말씀에 철저히 순종했어야 한다. 사무엘서 저자는 블레셋의 철 제련 기술을 이야기하면서, 간접적으로 말씀의 전문가 사무엘의 말을 소홀히 한 사울의 실패도 지적하고 있다.

21절에 대한 개역개정의 번역("곧 그들이 괭이나 삽이나 쇠스랑이나 도끼나 쇠채찍이 무딜 때에 그리하였으므로")은 오역이다. 바른 번역은 다음과 같다. "괭이나 삽이나 삼지창, 도끼나 쇠채찍 등을 벼리는 데 삼분의 이 세겔이다." 농기구 하나 벼리는 데 3분의 2 세겔은 무척 비싸다. 모든 독과점이 폭리를 취하듯, 블레셋 사람들도 이스라엘 사람들에게 경제적 폭리를 취하였다.

블레셋 부대의 전진 13:23

23 블레셋 사람의 부대가 나와서 믹마스 어귀에 이르렀더라

블레셋의 노략꾼들이 북쪽, 서쪽, 남동쪽 길로 다니면서 이스라엘 군대의 동향을 파악하고 주변 마을을 약탈할 동안 블레셋 본진은 믹마스 어귀까지 부대를 이동시켰다. 믹마스 어귀는 믹마스와 게바를 가르는 깊은 협곡 길을 의미한다. 요나단의 군대가 게바에 진을 치고 있었기 때문에(16절), 블레셋인들의 이런 움직임은 매우 위협적인 것이었다. 이스라엘이 이 전쟁에서 승리한다면 그것은 전적인 하나님의 은혜일 것이다. 사울과 요나단에게는 6백여 군사들만이 남았으며, 왕과 왕자를 제외하고 제대로 된 무기를 가진 사람도 없었다. 더구나 이 전쟁에서 왕은 사무엘의 도움을 받지 못한다. 사울이 이 전쟁에서 이길 가능성은 없어 보인다.

질문

1. 기브아에 상주하는 블레셋의 수비대를 요나단이 선제공격한 이유는 무엇입니까?
2. 사울은 길갈에서 사무엘을 7일 동안 기다리다가 제사를 직접 집행합니다. 사울은 정확히 무엇을 잘못한 것일까요?
3. 본문에서 '지도자'와 '왕'이 가지는 뉘앙스의 차이를 설명해 봅시다.
4. 사무엘서 저자가 본 장 끝에 블레셋의 철기 독점에 관한 이야기를 첨가한 이유는 무엇이라고 생각합니까?
5. 8절에서 "사무엘이 정한 기한"이 가리키는 사건은 무엇입니까? 그것과 사무엘상 10장 8절의 관계를 어떻게 설명할 수 있습니까?

묵상

요나단이 기브아의 블레셋 주둔군을 공격한 것은 사울이 사무엘에게 받은 명령을 대신 수행했다는 의미가 있습니다. 사명 앞에 두려움으로 반응한 사울과 달리 요나단은 무모함에 가까운 용기를 보입니다. 요나단의 선제공격으로 블레셋과 전면전이 벌어지자 사울은 사무엘의 이전 명령을 기억하고 길갈로 내려가지만 다시 두려움에 사로잡힙니다. 이레를 기다려도 사무엘이 오지 않자 그는 주변국의 왕처럼 직접 제사를 집행합니다. 두려움은 믿음의 반대입니다. 왜냐하면 두려움은 하나님보다 사람이나 사건이 더 크게 느껴지는 순간 생겨나기 때문입니다. 사울에게는 자기 고향 기브아에 주둔한 블레셋 군대가 (자신을 왕으로 세운) 하나님보다 크게 보였습니다. 이스라엘을 침략한 블레셋 병거가 (길갈에서 기다릴 것을 명령한) 하나님보다 더 크게 보였습니다. 그러나 믿음은 하나님이 이 세상 어느 문제보다 크게 보일 때 생겨납니다. 하나님께서 우리에게 명령하셨다면, 그것을 행할 능력도 주신 것입니다. 사명을 믿음으로 실천할 때 불가능을 가능케 하시는 하나님을 체험할 것입니다.

15
아들의 용맹과 아버지의 경솔한 서원

삼상 14:1-52

길갈에서 사무엘에게 버림받은 사울의 군대는 6백 명으로 줄어들었다. 해변의 모래처럼 많은 블레셋 군대에게 이길 승산이 없어 보인다. 이때 요나단의 믿음과 용기에서 반전이 일어난다. 기브아의 블레셋 수비대를 선제공격함으로써 전쟁을 유발시킨 요나단은 그것을 마무리하기 위해 결정적인 작전을 감행한다. 요나단과 사울이 이끄는 이스라엘과 블레셋의 믹마스 전투를 자세히 묘사하는 사무엘상 14장은 요나단의 영웅성을 부각시키는 동시에 사울 왕의 통치가 실패할 수밖에 없었던 이유들을 설명한다.

요나단이 공격을 계획함 14:1

1 하루는 사울의 아들 요나단이 자기의 무기를 든 소년에게 이르되
우리가 건너편 블레셋 사람들의 부대로 건너가자 하고 그의
아버지에게는 아뢰지 아니하였더라

요나단은 여기에서 처음으로 "사울의 아들"로 불린다. 이미 사울 왕조에 대한 사무엘의 심판이 선포된 지금(13:14 참조), 아들의 미래가 그다지 밝아 보이지는 않는다. 그럼에도 요나단이 앞으로 펼쳐질 이야기의 주인공이라는 사실은 흥미롭다. 요나단은 사울의 아들이긴 하지만 사울과 구별되는 면모를 가졌다. 첫째, 등장인물의 첫 대사가 그 인물의 성격을 규정한다 할 때 블레셋 진영으로 "건너가자"(14:1)가 첫 대사임을 주목할 필요가 있다. 이것은 사울의 첫 대사 "돌아가자"(9:5)와 대조를 이룬다. 요나단은 사울보다 진취적이고 용맹했던 것 같다. 요나단의 용맹은 바위 속에 숨은 자들, 도망한 자들, 블레셋에 망명한 자들이 다시 사울의 군대로 "건너오게" 하는 역사(21-22절)도 일으킨다. 둘째, 요나단이 자신의 계획을 아버지에게 알리지 않은 것은 (사울이 무모한 계획을 분명 허락하지 않았을 것이기에) 사울과 요나단 사이에 문제가 발생할 것을 암시한다. 요나단은 아버지를 끝까지 배반하지 않지만 하나님이 다윗을 왕으로 선택하였음을 인정하고 다윗을 돕는다.

석류나무 아래 있는 사울 14:2-3

2 사울이 기브아 변두리 미그론에 있는 석류나무 아래에 머물렀고
함께한 백성은 육백 명 가량이며 3 아히야는 에봇을 입고 거기
있었으니 그는 이가봇의 형제 아히둡의 아들이요 비느하스의 손자요
실로에서 여호와의 제사장이 되었던 엘리의 증손이었더라 백성은

요나단이 간 줄을 알지 못하니라

요나단이 블레셋 부대를 공격하려고 계획할 때, 사울은 6백 명의 병사들과 함께 기브아에 있었다. 기브아 변경 미그론에서 사울은 무엇을 하고 있었을까? 어떤 학자들은 사울이 그곳에서 재판 일을 보고 있었다고 주장한다(삿 4:5 참고). 그 근거는 두 가지다. 어떤 고대 전승에 따르면 미그론은 기브아 성문 밖에 위치한 타작마당을 지칭한다. 주지하다시피 이스라엘에서는 타작 마당에서 종종 마을의 공무가 처리되었다. 두 번째 근거는 "석류나무 아래 머물렀다"는 표현이 드보라가 상수리나무 아래에서 재판을 수행한 것을 상기시키기 때문이다. 그러나 그곳에 에봇을 입은 제사장 아히야도 있었다는 사실은 사울이 재판을 하고 있었다는 주장과 잘 어울리지 않는다. 에봇은 종종 하나님의 뜻을 묻는 도구로 사용되었기 때문이다. 또한 국가의 운명이 풍전등화와 같은 상황에서 한가하게 백성들의 문제를 처리하고 있었을 리도 없다. 혹시 그곳에서 에봇을 가지고 점술 행위를 하고 있었던 것은 아닐까? 사울은 사무엘과 결별한 후 하나님의 계시를 받을 통로를 상실했기 때문에 지속적으로 점술에 의존한다. 6백여 명을 데리고 해변의 모래처럼 많은 블레셋 군대를 이기려면 '주술'이 필요했을 수도 있다. 이것은 이후에 블레셋과의 마지막 전쟁인 길보아 전투에서 사울이 엔돌의 무당을 찾아가 죽은 사무엘의 혼과 교통하려 했던 사실을 연상시킨다.

3절은 사울을 수행하는 제사장 아히야의 족보를 소개한다. 아히야는 엘리의 증손, 비느하스의 손자, 이가봇의 형 아히둡의 아들이다. 이 족보는 사무엘상 1-4장에 기록된 엘리 가문의 비극적 역사를 파노라마처럼 상기시킨다. 엘리 가문도 (사울 가문처럼) 사무엘 선지자를 통해 하나님의 심판을 선고받았다(3:12-14). 본문은 버림받은 제사장 가문과 버림받은 왕의 가문이 함께 일하는 장면을 보여 주는 것이다. 엘리 가문의 제사장 아히야가 여기에서 처음으로 언급되는 이유는 13장에서 제사장 사무엘이 사울을 버리고 갔기 때문일 것이다. 사무엘에게 버림받은 사울은 아히야를 사무엘을 대신하는 제사장으로 곁에 둔 것이다. 그러나 이들에게는 미래가 없다. 에봇은 있지만 하나님은 아히야를 통해 말씀하지 않으실 것이다(37절 참조). 3절 마지막에 "백성은 요나단이 간 줄을 알지 못하니라"라는 구절이 있는데, 그 백성에 사울도 포함된다. 이처럼 사울은 지속적으로 하나님의 계시로부터 소외된다.

보세스와 세네 14:4-5

4 요나단이 블레셋 사람들에게로 건너가려 하는 어귀 사이 이쪽에는
험한 바위가 있고 저쪽에도 험한 바위가 있는데 하나의 이름은
보세스요 하나의 이름은 세네라 5 한 바위는 북쪽에서 믹마스 앞에
일어섰고 하나는 남쪽에서 게바 앞에 일어섰더라

본문은 요나단의 부대와 블레셋 부대가 대치한 지역의 지형을 자세히 설명한다. 이는 요나단의 계획이 인간적으로 얼마나 무모하고 불가능한 일인지를 보여 준다. 블레셋이 진을 친 믹마스와 요나단의 군대가 주둔한 게바 사이에는 깊은 협곡이 지나며, 각각의 군대는 그곳의 가장 높은 봉우리—이들은 각각 보세스(빛나는 봉우리)와 세네(가시 봉우리)로 불릴 정도로 눈에 두드러지는 지형이었음—에 진을 쳤다. 두 진영은 서로를 볼 수 있었으며, 소리를 지르면 들릴 정도로 가까운 거리에 있었다.

요나단이 병기 든 소년을 설득함 14:6-7

6 요나단이 자기의 무기를 든 소년에게 이르되 우리가 이 할례 받지
않은 자들에게로 건너가자 여호와께서 우리를 위하여 일하실까
하노라 여호와의 구원은 사람이 많고 적음에 달리지 아니하였느니라
7 무기를 든 자가 그에게 이르되 당신의 마음에 있는 대로 다 행하여
앞서 가소서 내가 당신과 마음을 같이 하여 따르리이다

협곡을 건너 바위를 타고 올라가는 전략은 사실상 자살 행위다. 적들

은 요나단의 움직임을 위에서 내려다볼 것이다. 정상적인 사람이라면 협곡을 통과해 바위를 오르는 전략이 아니라, 협곡을 돌아 뒤에서 블레셋 진영을 기습 공격할 것이다. 이런 무모한 시도를 따를 사람이 누가 있겠는가? 만약 이 시도가 성공한다면 그것은 여호와께서 친히 역사하신 증거가 될 것이다.

6절에서 요나단은 자신의 무기를 든 소년을 설득한다. 그 작전에 여호와께서 함께하신다고 말한다. 하나님께서 함께하시면 사람의 많고 적음은 문제가 아니다. 요나단의 이 말은 기드온을 통한 하나님의 승리를 연상시킨다. 유다 마카비우스도 셀레우코스 왕조와 독립 전쟁을 수행할 때(주전 165년), 다음의 말로 군사들을 독려했다.

"소수가 다수를 이기는 것은 쉽습니다. 왜냐하면 하늘이 보시기에는 많은 군사를 통해 승리를 주나 적은 군사를 통해 승리를 주나 큰 차이가 없기 때문입니다. 전쟁의 승리는 군대의 크기에 있는 것이 아닙니다. 힘은 하늘로부터 옵니다."

무기 든 자의 대답은 앞으로의 이야기 전개에 중요한 복선을 제공한다. 무기를 든 자는 요나단과 완전히 한마음이 되어 행동한다. "앞서 가소서 내가 당신과 마음을 같이 하여 따르리이다." 성경은 이 소년의 이름을 밝히지 않지만 앞으로 요나단은 또 다른 무기를 든 소년—다윗—과 깊은 우정을 나누게 될 것이다. 요나단의 무모한 계획에 전적으로 동의해 준 이 무명의 소년은 앞으로 요나단과 다윗과의 관계에 중요한 복선이 된다.

【무기를 든 자】 성경에 보면, '무기를 든 자'가 종종 등장한다. 아비멜렉(삿 9:54), 사울(삼상 16:12), 요나단(삼상 14:6-7), 요압(삼하 18:15)은 모두 '무기를 든 자'를 두었다. 이들은 장수를 위해 다양한 무기들을 나르는 종이었다. 또한 무기를 든 자는 장수가 넘어뜨린 적을 죽일 책임도 가졌다. 장수가 창이나 활로 적에게 치명상을 입히면, 무기를 든 자는 칼이나 곤봉으로 마무리한다. 다윗 이후로 무기 든 자는 성경에서 사라진다. 이는 그 후 장수가 전차를 타고 전쟁을 지휘했기 때문인 것 같다(왕상 12:18; 20:33). 오늘날 일부 교회에서 무기 든 자들을 고용하는 사례가 늘고 있다. 그들의 일은 매우 다양하지만 어떤 경우에는 성직자의 보디가드 역할을 한다고 한다. 흔히 말하는 '용역'이다. 즉 용역을 성경으로 정당화하는 것이다. 그러나 무기를 든 자에게 맡겨진 일이 복음의 메시지에 합당한지에 대해 고민해야 할 것이다.

상서로운 징조와 그에 따른 승리 14:8-15

8 요나단이 이르되 보라 우리가 그 사람들에게로 건너가서 그들에게
보이리니 9 그들이 만일 우리에게 이르기를 우리가 너희에게로
가기를 기다리라 하면 우리는 우리가 있는 곳에 가만히 서서
그들에게로 올라가지 말 것이요 10 그들이 만일 말하기를 우리에게로
올라오라 하면 우리가 올라갈 것은 여호와께서 그들을 우리 손에
넘기셨음이니 이것이 우리에게 표징이 되리라 하고 11 둘이 다 블레셋
사람들에게 보이매 블레셋 사람이 이르되 보라 히브리 사람이 그들이
숨었던 구멍에서 나온다 하고 12 그 부대 사람들이 요나단과 그의
무기를 든 자에게 이르되 우리에게로 올라오라 너희에게 보여 줄
것이 있느니라 한지라 요나단이 자기의 무기를 든 자에게 이르되
나를 따라 올라오라 여호와께서 그들을 이스라엘의 손에
넘기셨느니라 하고 13 요나단이 손발로 기어 올라갔고 그 무기를 든
자도 따랐더라 블레셋 사람들이 요나단 앞에서 엎드러지매 무기를
든 자가 따라가며 죽였으니 14 요나단과 그 무기를 든 자가 반나절
갈이 땅 안에서 처음으로 쳐죽인 자가 이십 명 가량이라 15 들에 있는
진영과 모든 백성들이 공포에 떨었고 부대와 노략꾼들도 떨었으며
땅도 진동하였으니 이는 큰 떨림이었더라

8-10절은 요나단이 하나님께 구한 징조("표징")를 설명한다. 요나단은 이 징조를 통해 하나님이 그의 공격을 도울 것인지 알아보려 한다. 징조의 내용은 다음과 같다. 요나단과 그의 무기 든 자는 협곡 바닥으로 내려가 블레셋 보초들의 주목을 끌 것이다("그들에게 보이리니", 9절). 만약 그들이 '올라와 싸우자'고 도전하면, 요나단은 그것을 상서로운 징조—즉 하나님이 그를 도우실 것임을 보여 주는 징조—로 생각할 것이다. 그러나 블레셋 보초들이 '우리가 너희에게 내려갈 것이니 기다리라'고 말하면, 요나단은 그것을 상서롭지 못한 징조로 간주하고, 계획한 공격을 감행하지 않을 것이다.

11절에 따르면 요나단과 그의 무기 든 자가 협곡에 모습을 드러냈을 때, 블레셋 보초들은 "보라 히브리 사람이 그 숨었던 구멍에서 나온다"라고 말하며 조롱한다("히브리 사람"이라는 말은 이스라엘 사람을 폄하하는 말이다. 요나단이 블레셋 사람을 "할례 없는 자들"이라고 말하는 것과 유사하다). 이 조롱은 블레셋 군대에 겁먹은 사울의 군사들이 굴, 수풀, 웅덩이 할 것 없이 몸을 가릴 수 있는 곳이라면 어디로나 숨어 들어간 사건을 상기시킨다(13:6-7). 요나단의 용기와 믿음의 행위는 그런 사울의 군사들과 뚜렷이 대조된다. 이제 협곡 아래서 요나단과 그의 부하를 발견한 블레셋 보초들은 "올라오라! 너희에게 본때를 보이리라"고 말한다(개역개정의 번역 "너희에게 보여 줄 것이 있느니라"는 오역이다). 이것을 하나님이 도우신다는 징조로 인식한 요나단은 "나를 따라오라 여호와께서 그들을 이스라엘의 손에 붙이셨다"라고 말하며 그의 무기 든 자를 독려한다(12절).

한편 블레셋 사람들은 요나단을 무모하게 까부는 철없는 청년이라고 생각했던 것 같다. 그리고 두 청년과의 전투를 보초 업무의 무료함을 달래 줄 스포츠 정도로 여겼던 것 같다. 수년 전 여호와의 궤의 능력을 과소평가했듯 지금 블레셋 사람들은 하나님이 함께하는 요나단의 능력을 과소평가하고 있다. 그러나 요나단은 장비 없이 그 험하고 높은 바위 봉우리를 기어 올라가서(13절) 방심한 블레셋 보초들을 넘어뜨렸다. 요나단의 뒤를 따른 그의 무기 든 자는 요나단의 1차 공격에 넘어진 자들을 마무리하였다(13-14절). 어떤 사람들은 요나단과 블레셋 병사와의 싸움이 바위 사이의 좁은 길을 두고 벌어졌다고 상상한다. 좁은 길을 따라 일렬로 이동해야 했던 블레셋 병사들을 요나단이 일대일로 쓰러뜨렸다는 것이다. 그러나 사무엘서 저자는 요나단의 승리가 하나님의 역사임을 분명히 한다. 요나단이 승리한 것은 여호와가 그와 함께하셨기 때문이다. 14절은 요나단의 첫 공격에서 죽은 병사의 수를 다음과 같이 표현한다. "반나절 갈이 땅 안에서 처음으로 쳐죽인 자가 이십 명 가량이라." "반나절 갈이 땅"이라는 것은 "소 두 마리가 반나절 동안 갈 수 있는 밭의 면적"이라는 의미이다. 그러나 이 의미가 매우 어색하기 때문에 많은 학자들은 칠십인역을 따라 그것을

"활과 들의 돌들로"로 번역한다. 그러면 14절은 "요나단과 그 병기 든 자가 활과 들의 돌들로 처음에 쳐죽인 자가 이십 명 가량이라"로 번역될 수 있다.

요나단과 병기 든 자의 성공적인 선제공격은 블레셋 진영 전체에 두려움을 불러일으켰다. 블레셋 사람들은 요나단이 그렇게 이긴 것은 이스라엘의 신 여호와가 그들과 함께 싸우기 때문임을 깨달았다. 그런 깨달음과 함께 찾아온 두려움은 들의 보초 부대뿐 아니라 본진의 모든 병사들에게, 또한 정예부대인 노략꾼들에게까지 퍼졌다. 때마침 일어난 큰 지진("땅도 진동하였으니", 15절)은 요나단의 공격에 신적인 힘이 작용하고 있다는 사실을 블레셋 사람들에게 더욱 확신시켰다. "큰 떨림"이라고 번역된 히브리어 '헤르닷 엘로힘'(*ḥerdat 'elōhîm*)을 직역하면 "하나님의 떨림"인데, 이것은 당시 블레셋 병사들이 느꼈던 두려움이 요나단과 그의 병기 든 자 때문만이 아니라, 그 뒤에서 역사하시는 이스라엘의 하나님 때문임을 암시한다.

사울이 요나단의 습격을 알게 됨 14:16-19

16 베냐민 기브아에 있는 사울의 파수꾼이 바라본즉 허다한 블레셋
사람들이 무너져 이리 저리 흩어지더라 17 사울이 자기와 함께한
백성에게 이르되 우리에게서 누가 나갔는지 점호하여 보라 하여
점호한즉 요나단과 그의 무기를 든 자가 없어졌더라 18 사울이
아히야에게 이르되 하나님의 궤를 이리로 가져오라 하니 그 때에
하나님의 궤가 이스라엘 자손과 함께 있음이니라 19 사울이
제사장에게 말할 때에 블레셋 사람들의 진영에 소동이 점점
더한지라 사울이 제사장에게 이르되 네 손을 거두라 하고

기브아에 있는 사울의 파수꾼이 요나단이 블레셋 진영에 일으킨 혼란을 목격한다. 블레셋 진영이 무너지고 병사들은 여기저기에서 서로 싸우고 있다. "이리 저리 흩어지더라"(16절)의 칠십인역(*hē parembolē tetaragmenē enthen kai enthen*)은 블레셋인들이 서로를 공격하고 있다는 뉘앙스이다(참조. 14:20). 사울은 블레셋 진영의 혼란이 이스라엘 병사에 의해 유발된 것인지, 아니면 알지 못하는 다른 원인이 있는지 궁금했다. 아마 이 시점에서 사울은 요나단의 공격을 의심했을 수 있다. 블레셋과의 이 전쟁을 유발한 장본인은 요나단이 아닌가?(삼상 13장) 사울은 자기 병사 중에서 사라진 자가 있는지 조사한다. 조사 결과 요나단과 그 병기 든 자가 없는 것을 알게 되었다. 그러나 사울의 이후 행보는 조금 이상하다. 요나단과 그의 병기 든 자가 적진에서 홀로 싸우고 있음을 알았다면 군사를 일으켜 그들을 지원했어야 하는데 그는 제사장 아히야에게 하나님의 궤를 가져오라고 명령한다.

언약궤를 가져오라는 이유가 무엇일까? 이 질문에 대답하기 전에 먼저 짚고 넘어가야 할 사실이 있다. 첫째, 여호와의 궤는 블레셋에서 돌아온 후 기럇여아림에 머물다가 다윗 때에 예루살렘으로 이전되었다. 따라서 사울과 블레셋이 대치하던 때에 궤가 (기럇여아림이 아니라 그곳에서 직선으로 약 15킬로 떨어진) 기브아에 있었다는 사실(18절)은 잘 이해가 되지 않는다.[1] 둘째, 칠십인역에 따르면 사울이 가져오라고 한 것은 하나님의 궤가 아닌 에봇이었다. 에봇은 하나님의 뜻을 묻는 도구로 제사장들에 의해 사용되었다. 이 두 가지 사실을 볼 때 사울이 언약궤가 아니라 에봇을 가져오라고 명령했을 가능성이 있다. 만약 에봇을 가져오라고 했다면 그 이유는 하나님의 뜻을 묻기 위함이었을 것이다. 이것은 사울이 왕으로서 자신감을 완전히 상실했음을 보여 준다. 하나님의 함께하심을 확신하고 적진에서 용기 있게 싸우는 요나단과 대조적으로 사울은 자신의 행동과 결정 하나하나에 확신이 없다. 늘 '남'의 의견을 묻는다. 13장에서 사무엘과 결별한 후 사울은 더욱 자신을 잃은 듯하다. 지푸라기라도 잡고 싶은 심정으로 사울은 하나님으로부터 버림받은 엘리 가문의 제사장 아히야의 도움을 청한다. 그러나 아히야가 하나님의 뜻을 물은들 하나님이 응답할 리가 없다. 설혹 응답하셔도 그것이 좋은 결론으로 이어질 리가 없다. 완전히 왕으로서의 자신감을 상실한 사울은 썩은 동아줄을 붙잡고 있다. 본 장의 후반부에서 (금식 맹세를 어긴 자를 색출할 때) 사울은 다시 한 번 에봇을 통해 신탁을 받는데, 그 신탁은 자신의 왕권을 더욱 약화시키는 결과로 이어진다(45절 해설 참조). 많은 학자들은 사무엘상의 사울 이야기에서 버림받은 사울 가문과 엘리 가문이 서로의 심판을 확증한다고 분석한다. 엘리 가문의 제사장 아히야의 잘못된 신탁 때문에 사울의 권위가 더욱 추락되듯, 사울은 놉 성소에 있던 엘리 가문의 제사장들을 멸절시킴으로써 그들에 대한 하나님의 심판을 실천한다.

본문은 사울이 구체적으로 무엇을 알고 싶어 했는지 기록하지 않는다. 다만 적진의 상황이 더욱 급박하게 돌아가자 우림과 둠밈을 꺼내려 하던 제사장 아히야에게 "네 손을 거두라"(신탁 행위를 중단시킴) 하고는 군대를 출발시킨다.

사울의 승리 14:20-23

20 사울과 그와 함께 한 모든 백성이 모여 전장에 가서 본즉 블레셋
사람들이 각각 칼로 자기의 동무들을 치므로 크게 혼란하였더라
21 전에 블레셋 사람들과 함께하던 히브리 사람이 사방에서 블레셋
사람들과 함께 진영에 들어왔더니 그들이 돌이켜 사울과 요나단과
함께한 이스라엘 사람들과 합하였고 22 에브라임 산지에 숨었던
이스라엘 모든 사람도 블레셋 사람들이 도망함을 듣고 싸우러
나와서 그들을 추격하였더라 23 여호와께서 그 날에 이스라엘을
구원하시므로 전쟁이 벧아웬을 지나니라

길갈에서 사무엘이 사울을 버리고 떠날 때만 해도 사울이 블레셋과의 전쟁에서 승리할 가능성은 없어 보였다. 이스라엘 군대에 철제 무기를 가진 사람은 사울과 요나단뿐이었고, 블레셋 본진을 보고 많은 군인들이 두려움에 사로잡혀 숨거나 탈영해 버려, 사울에게는 고작 6백여 명의 군사만 남은 상태다. 그러나 요나단의 기습 공격은 이 모든 전세를 뒤집어 놓았다.

먼저 요나단의 기습 공격이 일으킨 두려움과 혼란은 블레셋 사람이 철제 칼들로 서로를 치도록 만들었다. 사울이 믹마스의 블레셋 진영에 도착했을 때 블레셋 사람들이 서로 싸우는 것을 목격한다. 적들이 혼란 가운데 서로 싸우는 것은 하나님이 이스라엘을 위해 친히 싸우실 때 나타나는 현상이다(대하 20:22-23 참조). 특히 이스라엘에 철제 무기가 없었기 때문에 하나님은 철제 무기를 가진 블레셋 사람들끼리 싸우도록 만든 것이다. 또한 사울을 버리고 블레셋 군대에 합류한 히브리 사람들이 방향을 바꾸어 블레셋 사람을 공격하기 시작했다. 사무엘서 저자가 사울의 군대를 탈영한 자들과 블레셋의 용병 된 자들을 "히브리 사람"으로 부른 것에 주목하라. 본래 이 단어는 이방인들이 이스라엘인들을 폄하할 때 사용하는 말이다. 또한 이 단어는 도망한 노예이나 도적 등의 반사회적 사람들을 총칭하는 고대 근동어 아피루(하비루)와 발음이 유사하다. 아마 이집트에서 가나안 땅으로 탈출해 온 이스라엘 사람들이 가나안 원주민의 입장에서는 아피루 같은 존재들이었을 것이다. 따라서 이스라엘 사람들에 대한 총칭인 "히브리"라는 말이 아피루와 동의어처럼 사용되었을 가능성이 있다. 즉 "히브리"라는 말에는 믿을 수 없고, 언제나 주인을 배반하고 도망하는 노예나 도적이라는 뉘앙스가 첨가되었다. 사무엘서 저자가 사울의 군대에서 탈영하여 블레셋 군대의 용병이 되었다가 다시 사울의 군대에 복귀한 자들을 "히브리" 사람이라고 부른 것을 이런 관점에서 이해할 수 있다.

탈영한 자들뿐 아니라 산의 바위나 동굴에 숨었던 자들도 전

【벧아웬은 어디인가】 벧아웬은 사무엘상 13장 5절과 14장 23절에 언급된다. 이 지명이 현재 어디를 지칭하는지는 확실하지 않다. 여러 가능성 중 두 가지만 언급해 보자. 첫째, 벧아웬이 벧엘의 다른 이름일 가능성이 있다. '하나님의 집'을 의미하는 벧엘에서 우상 숭배가 이루어졌기 때문에 후대의 선지자들은 그것을 "죄의 집"을 의미하는 벧아웬(*bêt-'āwen*)으로 개명해 불렀다. 벧아웬이 벧엘이라는 이론은 칠십인역과 잘 조화된다. 칠십인역에 따르면 블레셋과의 전투가 벧아웬(벧엘)을 지나 에브라임의 산지 마을들까지 번져 나갔다. 실제로 벧엘은 베냐민과 에브라임의 국경에 위치한 도시다. 둘째, 벧아웬이 믹마스로부터 서쪽 1킬로미터 지점에 있는 조그마한 산을 지칭한다는 주장도 있다. 이 주장은 벧아웬과 벧엘을 다른 지역으로 상정하는 여호수아 7장 2절과 잘 조화되고, 블레셋과의 전투가 벧아웬을 지나 아얄론까지 퍼졌다는 마소라 본문(과 개역개정)과도 잘 조화된다. 이 경우 블레셋은 아얄론을 거쳐 에그론까지 도망갈 생각이었을 것이다. 정황상 두 번째 주장이 더 합당하다. 블레셋이 벧엘을 거쳐 에브라임에 들어갔다면 본국으로의 퇴로가 너무 험난하다. 그러나 믹마스 길을 따라 서쪽으로 이동, 벳호론을 거쳐, 아얄론과 에그론에 이르는 길은 비교적 쉽게 블레셋 병사들을 본국으로 돌려보내 준다.

세가 이스라엘에 유리하다는 소식을 듣고 숨어 있던 곳에서 나와 전투에 동참한다(22절). 사울이 요나단을 돕기 위해 끌고 간 군대는 6백여 명에 불과했지만, 탈영했던 병사들의 복귀와 숨었던 병사들의 참여로 이스라엘 군대는 상당한 규모로 늘어났다. 칠십인역은 "사울과 함께한 군사가 만 명 정도가 되었다"(23절)고 진술한다. 그러나 블레셋에 대한 승리는 절대로 병사의 숫자가 늘어났기 때문이 아니다. 23절에서 사무엘서 저자는 그날의 승리를 여호와의 구원으로 규정한다. 블레셋의 군대는 흩어져 벧아웬을 거쳐 에브라임으로 도망친다. 그들은 궁극적으로 아얄론을 거쳐 블레셋 땅(에그론)으로 돌아갈 계획이었다. 이에 사울의 군대는 도망치는 블레셋 사람들을 추격한다. 블레셋 사람들이 자기 땅으로 도망하기 전에 그들을 전멸시키기 위해서이다.

사울이 금식을 맹세시킴 14:24-26

24 이 날에 이스라엘 백성들이 피곤하였으니 이는 사울이 백성에게
맹세시켜 경계하여 이르기를 저녁 곧 내가 내 원수에게 보복하는
때까지 아무 음식물이든지 먹는 사람은 저주를 받을지어다
하였음이라 그러므로 모든 백성이 음식물을 맛보지 못하고
25 그들이 다 수풀에 들어간즉 땅에 꿀이 있더라 26 백성이 수풀로
들어갈 때에 꿀이 흐르는 것을 보고도 그들이 맹세를 두려워하여
손을 그 입에 대는 자가 없었으나

블레셋이 벧아웬을 지나 에브라임 산지로 후퇴하자 이스라엘과 블레셋의 전투는 주력 부대끼리의 전면전이 아닌, 흩어진 블레셋 군대와 추격하는 이스라엘 병사들의 각개 전투의 형식을 띠었다. 칠십인역(14:22)에 따르면 이때 사울의 군대는 1만 명에 육박하였다. 그러나 요나단의 기습 공격 후 벌어진 믹마스 전투 때와는 달리 전세가 사울에 불리하게 진행되었다. "(이스라엘 백성이) 피곤하였으니"라고 번역된 히브리어 '니가스'(*niggāś*)는 13장 6절에서 "절박하여"라고 번역되기도 한다. 이 단

어는 전세가 불리함을 표현할 때 사용된다. 따라서 "이스라엘 백성이 피곤하였으니"라는 표현은 에브라임 산지 마을들에서의 전투가 요나단의 선제공격 직후 매우 불리하게 진행됨을 표현한다. 이렇게 된 이유는 사울의 맹세 때문이었다. 사울은 무슨 이유인지 모르지만 병사들에게 다음과 같이 금식을 맹세시킨다. "저녁 곧 내가 내 원수에게 보복하는 때까지 아무 식물이든지 먹는 사람은 저주를 받을지어다." 25-26절은 병사들이 얼마나 철저히 사울의 명령을 지켰는지를 보여 준다. 전투가 벌어진 에브라임 산지에는 야생 꿀이 많았다. 그들은 흘러 떨어지는 먹음직한 야생꿀을 보고도 사울의 맹세를 두려워하여 그것을 먹지 않았다. 하루 종일 금식하며 전투한 그들이 피곤해진 것은 당연하다.

칠십인역 성경은 사울의 맹세를 잘못으로 규정한다. 24절에 대해 칠십인역은 다음과 같이 시작한다. "그날 사울은 사람들에 대해 저주 맹세를 함으로써 큰 죄를 지었다." 사울의 맹세가 어떤 점에서 잘못되었나? 금식을 명했다고 잘못이라고 할 수는 없다. 왜냐하면 금식하면서 싸울 때, 그만큼 적을 섬멸하겠다는 열망이 강해질 수 있기 때문이다. 먹는 것보다는 블레셋 사람들이 자기 영토로 돌아가 훗날 이스라엘을 다시 침공하는 것을 막는 것이 훨씬 중요하다. 사울의 저주 맹세가 잘못되었다면 그 이유는 맹세 자체보다 맹세의 동기와 관계가 깊을 것이다. 사울은 자신의 소욕을 이루기 위해 하나님과 백성들을 이용했다. 사울은 그 전쟁에서 반드시 승리하고 싶었다. 그것을 위해 하나님의 저주를 사용해 백성들의 행위를 제어하려 하였다. 자신은 사무엘 선지자를 통해 전해진 하나님의 말씀에 순종하지 않으면서, 백성들을 하나님의 저주로 얽어매려 하였다. 그의 맹세는 자신의 소욕을 위해 하나님과 백성을 이용한 것과 다름없다.

요나단이 사울의 맹세를 어김 14:27-30

27 요나단은 그의 아버지가 백성에게 맹세하여 명령할 때에 듣지
못하였으므로 손에 가진 지팡이 끝을 내밀어 벌집의 꿀을 찍고

> 그의 손을 돌려 입에 대매 눈이 밝아졌더라 28 그 때에 백성 중 한
> 사람이 말하여 이르되 당신의 부친이 백성에게 맹세하여 엄히
> 말씀하시기를 오늘 음식물을 먹는 사람은 저주를 받을지어다
> 하셨나이다 그러므로 백성이 피곤하였나이다 하니 29 요나단이
> 이르되 내 아버지께서 이 땅을 곤란하게 하셨도다 보라 내가 이 꿀
> 조금을 맛보고도 내 눈이 이렇게 밝아졌거든 30 하물며 백성이
> 오늘 그 대적에게서 탈취하여 얻은 것을 임의로 먹었더라면 블레셋
> 사람을 살륙함이 더욱 많지 아니하였겠느냐

사울의 저주로 인하여 사람들은 에브라임 산지에 널린 꿀에도, 블레셋 사람들이 남기고 간 짐승에도 손을 댈 수 없었다. 그런데 사울의 맹세를 듣지 못한 요나단은 꿀을 보자 주저 없이 막대기를 숟가락 삼아 맛있게 먹었다(사울의 맹세는 요나단이 믹마스에서 블레셋과 전투하고 있을 때 이루어진 것 같다). 그때에 군사 하나가 사울의 저주를 이야기하자, 요나단은 아버지의 명령에 대해 공개적으로 불만을 표시한다. 만약 병사들이 음식을 먹었다면 더욱 효과적으로 전투할 수 있었을 것이라고.

요나단이 꿀을 찍어 먹자 나타난 효과는 "눈이 밝아졌더라"(27절)이다. 이 표현은 사울의 저주와 의도적 대조를 이룬다. "저주"(ʾrr)와 "밝아졌더라"(ʾwr)는 히브리어에서 발음이 유사하다. 여기에 아이러니가 있다. 사울은 저녁이 되기 전까지 먹는 자를 저주했지만, 사울의 명령을 어긴 요나단은 (저주는커녕) 오히려 눈이 밝아졌다는 것이다.

사울의 저주를 모르고 꿀을 먹은 요나단에게 병사가 고한 말을 분석해 보면 병사들의 불만도 알 수 있다. 그는 사울이 음식을 먹지 못하게 하여 군인들이 매우 지쳐 있다고 고한다. "그러므로 백성이 피곤하였나이다"라는 말에는 저주를 어긴 요나단에 대한 책망이 아니라 자신도 요나단처럼 꿀을 먹고 싶다는 마음이 들어 있다.

요나단이 병사의 마음을 읽었을까? 그는 공개적으로 부친 사울의 명령을 비난한다. "내 아버지께서 이 땅을 곤란하게 하셨도다"(29절). "곤란하게 하다"로 번역된 히브리어 '아카르'(ʿākar)는 현 본문을 두 개

의 다른 본문에 연결시킨다. 첫째, 이 단어는 아간의 행위에 사용되었다. 성경은 아간이 성전(Holy War) 명령을 어김으로써 이스라엘을 "괴롭게 했다"(ʿākar)고 한다(수 7:25). 그리고 아간의 이야기에서 제비뽑기가 행해지듯 본문에서도 제비뽑기가 행해진 것(41절)이 흥미롭다. 둘째, 이 단어는 입다 이야기에서도 사용된다. 입다는 집에서 자신을 맞으러 나오는 첫 번째 사람이 딸임을 알고는 "너는 나를 괴롭게 하는 자"(ʿākar)라고 말한다(삿 11:35). 입다 이야기에서 아버지의 경솔한 서원 때문에 자식이 죽어야 했던 것처럼 본문에서도 사울의 경솔한 맹세는 자식을 죽음의 위기에 몰아넣는다.

백성들이 피째 고기를 먹음 14:31–35

31 그 날에 백성이 믹마스에서부터 아얄론에 이르기까지 블레셋
사람들을 쳤으므로 그들이 심히 피곤한지라 32 백성이 이에 탈취한
물건에 달려가서 양과 소와 송아지들을 끌어다가 그것을 땅에서
잡아 피째 먹었더니 33 무리가 사울에게 전하여 이르되 보소서
백성이 고기를 피째 먹어 여호와께 범죄하였나이다 사울이 이르되
너희가 믿음 없이 행하였도다 이제 큰 돌을 내게로 굴려 오라 하고
34 또 사울이 이르되 너희는 백성 중에 흩어져 다니며 그들에게
이르기를 사람은 각기 소와 양을 이리로 끌어다가 여기서 잡아
먹되 피째로 먹어 여호와께 범죄하지 말라 하라 하매 그 밤에 모든
백성이 각각 자기의 소를 끌어다가 거기서 잡으니라 35 사울이
여호와를 위하여 제단을 쌓았으니 이는 그가 여호와를 위하여
처음 쌓은 제단이었더라

31절은 그날의 전투 결과를 요약한다. 믹마스에서 시작된 전투는 도망가는 블레셋을 따라 아얄론까지 확장되었다. 6백 명의 군사로 전쟁에 임한 이스라엘이 하루 만에 이렇게 대승을 거두리라고는 누구도 예상하지 못했다. 요나단의 용맹과 하나님의 도우심이 이런 결과를 가져온

것이다. 그러나 '옥의 티'는 사울의 경솔한 맹세였다. 요나단의 주장대로 사울이 백성들로 하여금 탈취물을 먹을 수 있도록 했다면, 블레셋에 대한 "살육함"(30절)이 더 컸을 것이다. 이스라엘 백성들은 배고픔에 지쳐 지구력을 요하는 추격전에서 잘 싸울 수 없었고, 블레셋 군인들은 블레셋의 영토와 매우 가까운 아얄론까지 도망할 수 있었다. 이제 저녁이 되었고, 이스라엘 군인들은 피로와 배고픔 때문에 크게 고통스러워했다.

32절에 시간을 나타내는 구절은 없지만, 백성이 탈취물을 먹기 시작한 것은 저녁이 되어 사울의 저주에서 풀려났을 때일 것이다. 왜냐하면 사울이 문제 삼은 것은 탈취물을 먹는 것 자체가 아니라 피와 함께 먹는, 즉 율법에서 금한 행위였기 때문이다. 히브리어 원문(이트, *'yt*)을 보면 백성들이 탈취한 물건에 달려가는 모습이 매나 독수리가 먹이를 덮치는 모양에 비유되고 있다. 여기에는 백성들의 행위에 대한 성경 저자의 부정적인 평가가 담겨 있다. 그런 부정적 평가에 부응이라도 하듯이 그들은 가축들을 잡아 피째 먹는다. 성경은 피에 생명이 깃들었다고 말하며 피째 고기를 먹는 것을 금한다(창 9:4; 레 3:16-17; 7:22-26; 17:11, 14; 신 12:23).

33절에 따르면 군인들이 율법을 어기면서 피째 고기를 먹는다는 사실이 익명의 제보자—개역개정역에서 제보자로 소개된 "무리"는 원문에 없음—에 의해 사울에게 전달된다. 익명의 제보자는 사실에 대한 평가도 함께 전달한다. "백성이…… 여호와께 범죄하였나이다." 익명의 제보자가 누구인지 정확히 알 수 없으나 백성이 피째 고기를 먹는 행위에 주목하고 그것을 여호와께 범죄한 행위라고 규정한 것으로 보아 사울과 동행하는 제사장 중 하나였을 가능성도 있다. 사울은 다음의 말로 백성을 꾸짖는다. "너희가 믿음 없이 행하였도다." 이 말은 병사들이 하나님의 언약을 위배하고 (즉 율법을 어기고) 있다는 꾸지람이다. 그리고 그들에게 큰 돌을 굴려 오라고 명한다. 이것은 백성들이 고기를 피째 먹지 못하게 하기 위한 전략이다. 땅에서 짐승을 도살하면, 피를 완벽히 빼낼 수 없다. 그러나 돌 위나 제단 위에서는 효과적으로 도살한 짐승의 피를 뺄 수 있다.

돌을 굴려 오라는 명령이 고기를 피째 먹는 군인들에게 내린 것이라면, "백성 중에 흩어져 다니며 이르라"라는 34절의 명령은 제사장들에게 내린 것 같다. 제사장들은 백성들 사이에 흩어져 고기를 땅에서 도살하여 피째 먹지 말고 사울에게 가져와 돌 위에서 도살함으로써 여호와께 범죄하지 말도록 설득한다. 백성들의 범죄를 최초로 사울에게 알린 익명의 제보자가 제사장이라면, 백성의 죄를 중단시킬 방법을 알려 준 사람들도 제사장이었을 것이라는 추론도 가능하다. 한 가지 아이러니는 이 제사장들이 아히야를 포함한 엘리 가문의 제사장이라는 사실이다. 그들은 제물과 관련해 여호와 앞에 범죄함으로써 하나님께 버림받은 제사장 가문에 속했다. 그런 그들이 이스라엘의 범죄함을 지적하고 회복의 길을 연다는 것은 분명 아이러니이다.

식용을 목적으로 짐승을 도축하는 문맥에서 사울의 제단이 언급된 이유는 무엇일까?(35절) 그것은 고대 이스라엘의 고기 섭취 관습과 관련 있다. 고대 이스라엘에서 도축은 제사를 드린 후에만 허락되었다. 제물로 쓰이는 짐승은 완전히 피가 제거되고 기름은 모두 태워지기 때문에, 제물로 드려진 고기를 먹는 사람들은 피째 고기를 먹어 율법을 어기거나 하나님의 몫(기름)을 도적질할 위험에서 벗어난다. 예루살렘 성전이 세워진 후 산당 제사가 금지되면서, 순수 식용을 위한 사적 도살이 허용되었지만 그 이전의 고기 섭취는 반드시 짐승을 여호와께 제물로 드린 후에 가능했다. 사울이 가져오라고 명령했던 큰 돌도 제단 구조물의 일부로 사용되었을 것이다.

사무엘서에서 제단을 쌓은 대표적 인물이 사무엘과 다윗이다. 사무엘은 라마에 제단을 쌓았고(7:17), 다윗은 아라우나의 타작마당에 제단을 쌓았다(삼하 24장). 특히 아라우나의 타작마당에는 솔로몬 성전이 세워지게 된다. 일부 학자들은 제단을 쌓는 일에 있어, 사울이 사무엘이나 다윗과 동급으로 취급되는 것에 불편함을 느낀다. 그들은 35절을 다음과 같이 이해한다. "사울이 여호와를 위해 단을 쌓기 시작했(으나 완성하지 못했)다." 개역개정역에서 "처음 쌓은 단이었더라"로 번역된 히브리어 원문(헤헬 리브놋 미즈베아 라도나이, *hēḥēl libnôt mizbēaḥ lyhwh*)은 그렇게 해석될 가능성이 있다. 그리고 본문이 단을 쌓은 장소를 언급하지 않는다는 사실은 그런 해석을 지지하는 것 같다. 사울이 단을 쌓기 시작했지만 완성하지 못했기 때문에 성경 저자는 그 지역을 언급하지 않은 것이다. 이런 해석이 옳다면 사울은 사무엘-다윗으로 이어지는 영적 계보로부터 소외된 인물임이 더욱 확실해진다.

사울에게 응답하지 않으시는 하나님 14:36-39

36 사울이 이르되 우리가 밤에 블레셋 사람들을 추격하여 동틀
때까지 그들 중에서 탈취하고 한 사람도 남기지 말자 무리가 이르되
왕의 생각에 좋은 대로 하소서 할 때에 제사장이 이르되 이리로
와서 하나님께로 나아가사이다 하매 37 사울이 하나님께 묻자오되
내가 블레셋 사람들을 추격하리이까 주께서 그들을 이스라엘의
손에 넘기시겠나이까 하되 그 날에 대답하지 아니하시는지라
38 사울이 이르되 너희 군대의 지휘관들아 다 이리로 오라 오늘
이 죄가 누구에게 있나 알아보자 39 이스라엘을 구원하신
여호와께서 살아 계심을 두고 맹세하노니 내 아들 요나단에게
있다 할지라도 반드시 죽으리라 하되 모든 백성 중 한 사람도
대답하지 아니하매

사울이 제사와 관련해서는 많은 실수를 저질렀지만 전쟁에 능한 사람이었음은 분명하다. 그는 남은 적을 소탕하기 위한 야간 공격을 제안한다. "우리가 밤에 블레셋 사람들을 추격하여 동틀 때까지 그들 중에서 탈취하고 한 사람도 남기지 말자." 이런 제안에 병사들도 동의한다. "왕의 생각에 좋은 대로 하소서." 그러나 예기치 않은 반대자가 등장한다. 제사장이다. 아마 이 제사장은 14장 18절에 언급된 아히야일 것이다. 아히야는 왕에게 "하나님께 나아가사이다"라고 하는데, 이 말의 뜻은 에봇을 통해 하나님의 뜻을 구해 보자는 것이다. 그리고 고대 근

동의 왕들이 전쟁에 나가기 전 관례적으로 신의 뜻을 구한 점을 고려하면 이런 제사장의 제안이 특별한 것은 아니다. 그러나 문제는 사울이나 아히야 제사장의 진정한 관심이 하나님의 뜻에 있지 않았다는 것이다. 즉 그들은 자신들의 정치적 목적—사울에게는 블레셋에 대한 완승, 아히야에게는 사무엘을 대체하는 제사장 직—을 하나님을 통해 '보장'받으려 했다.

제사장은 하나님의 뜻을 물을 때 에봇의 흉패에 담긴 우림과 둠밈을 사용했다. 에봇을 통한 계시는 "예" 혹은 "아니오"의 두 가지 형태로 주어진다. 37절에 기록된 사울의 질문은 바로 에봇을 통해 하나님의 뜻을 물으려고 맞추어진 것이다. "내가 블레셋 사람을 쫓아 내려가리이까? 주께서 그들의 이스라엘의 손에 붙이시겠나이까." 제사장은 이런 사울의 질문에 우림과 둠밈으로 "예" 혹은 "아니오"라고 대답해 주어야 했다. 제사장들이 우림과 둠밈으로 어떻게 응답을 얻는가는 잘 알려져 있지 않다. 그러나 우림과 둠밈을 통한 응답이 "예" 혹은 "아니오"에만 국한된 것은 아니다. 본문의 경우처럼 응답이 없을 수도 있었다. 하나님이 사울에게 꿈으로도 우림으로도 선지자로도 응답하지 않으셨다는 사무엘상 28장 6절을 참조하자.

에봇을 통해 하나님의 뜻을 듣지 못하자 사울은 이 상황을 모면하기 위해 백성 중 누군가가 죄를 지었다며 '죄인'을 색출하기 위해 다시 한 번 하나님께 묻기로 결정한다. 그리고 하나님께 묻기 전에 또다시 맹세한다. "이스라엘을 구원하신 여호와께서 살아 계심을 두고 맹세하노니 내 아들 요나단에게 있다 할찌라도 반드시 죽으리라"(39절). 이 시점에서 사울은 그 죄인이 아들 요나단임을 몰랐을 것이다. 그러나 그 사실을 알고 있던 백성은 아무 대답도 하지 않는다. "왕의 생각에 좋은 대로 하소서"라고 말한 36절에서와 달리 여기에서는 백성들이 왕의 행위를 긍정해 주지 않은 것은 의미심장하다. 사울이 저주 가운데 요나단을 언급한 것은 그 저주가 가지는 경고의 힘을 극대화시키는 것이었지만 이미 그 죄인이 누구인지 알았던 백성들(혹은 독자들)에게 사울의 저주는 공포탄에 불과하다. 요나단을 언급한 사울의 저주는 백성들에게 두려움을 주는 데 실패했을 뿐 아니라, 사울 자신을 백성들 앞에 웃음거리로 만들었다. 사울은 하나님과 백성들에게 아무런 대답도 듣지 못한다. 하나님과 사람 모두에게 무시당한 셈이다.

요나단이 제비 뽑힘 14:40-44

40 이에 그가 온 이스라엘에게 이르되 너희는 저쪽에 있으라 나와 내
아들 요나단은 이쪽에 있으리라 백성이 사울에게 말하되 왕의
생각에 좋은 대로 하소서 하니라 41 이에 사울이 이스라엘의 하나님
여호와께 아뢰되 원하건대 실상을 보이소서 하였더니 요나단과
사울이 뽑히고 백성은 면한지라 42 사울이 이르되 나와 내 아들
요나단 사이에 뽑으라 하였더니 요나단이 뽑히니라 43 사울이
요나단에게 이르되 네가 행한 것을 내게 말하라 요나단이 말하여
이르되 내가 다만 내 손에 가진 지팡이 끝으로 꿀을 조금 맛보았을
뿐이오나 내가 죽을 수밖에 없나이다 44 사울이 이르되 요나단아
네가 반드시 죽으리라 그렇지 않으면 하나님이 내게 벌을 내리시고
또 내리시기를 원하노라 하니

사울이 말한 '죄인'을 뽑는 과정은 우림과 둠밈을 이용한 방법은 아니었을 것이다. 칠십인역 성경에 따르면 사울이 우림과 둠밈을 사용하여 누구에게 잘못이 있는지를 알아냈다고 하지만, 우림과 둠밈을 통하여 하나님이 응답하지 않은 상황에서 같은 방법을 통해 다시 응답을 구한다는 것은 설득력이 없어 보인다. 우림과 둠밈 대신 제비뽑기가 사용되었을 가능성이 높다. 사울은 백성들을 한쪽에 자신과 아들 요나단을 다른 한쪽에 세우고 제비를 뽑았다. 그러자 사울과 요나단이 뽑혔다. 다시 사울과 요나단 사이에 제비를 뽑자 요나단이 뽑혔다. 사울은 요나단에게 무슨 죄를 지었는지 이실직고하라고 추궁한다. 요나단은 손에 있던 지팡이 끝으로 꿀을 조금 맛보았을 뿐이라고 설명하고 그것 때문에 자신이 정말 죽어야 하냐며 항변한다. 개역개정의 "내가 죽을 수밖에 없나이다"라는 번역이 나쁘지는 않지만 "보십시오, 정녕 내가 죽

어야 합니까"라는 번역이 요나단의 감정을 더 잘 살려 준다. 이에 사울은 세 번째 맹세를 통해 요나단이 반드시 죽어야 한다고 말한다. 이것은 하나님을 향한 열심이 아니라 잘못된 맹세를 합리화하는 말이다. 자신의 체면을 위해 백성들의 목숨은 말할 것도 없고 아들의 목숨마저 희생시킨다. 이런 비정한 모습은 불량자들이 사울의 왕권을 노골적으로 무시하자 그들을 용서하고 한 공동체로 품은 초창기의 모습과 크게 대조된다(11:13).

백성들이 사울의 명령을 어기고 요나단을 구함 14:45-46

45 백성이 사울에게 말하되 이스라엘에 이 큰 구원을 이룬 요나단이
죽겠나이까 결단코 그렇지 아니하니이다 여호와의 살아 계심을 두고
맹세하옵나니 그의 머리털 하나도 땅에 떨어지지 아니할 것은 그가
오늘 하나님과 동역하였음이니이다 하여 백성이 요나단을
구원하여 죽지 않게 하니라 46 사울이 블레셋 사람들 추격하기를
그치고 올라가매 블레셋 사람들이 자기 곳으로 돌아가니라

지금까지 백성은 사울의 명령에 철저히 순종하였다. 저녁이 될 때까지 금식하라는 사울의 명령을 지켰고, 도망가는 블레셋 군사들을 섬멸하기 위해 밤새도록 적을 추격하자는 사울의 제안에 "왕의 생각에 좋은 대로 하소서"라고 말하며 동의했다. 또한 에봇이 왕의 질문에 대답하지 않은 이유를 사울이 백성의 죄에서 찾으려 할 때도 "왕의 생각에 좋은 대로 하소서"라고 한다. 그러나 그들은 요나단을 죽이라는 명령에 대해서만은 수동적인 찬동자가 되기를 거부하며 다음과 같이 말한다.

"이스라엘에 이 큰 구원을 이룬 요나단이 죽겠나이까 결단코 그렇지 아니하니이다. 여호와의 살아 계심을 두고 맹세하옵나니 그의 머리털 하나도 땅에 떨어지지 아니할 것은 그가 오늘 하나님과 동역하였음이니이다."

이처럼 백성들은 사울의 맹세를 자신들의 맹세를 통해 무효화시킨다. 그리고 요나단을 "구원하여(45절)" 죽지 않도록 했다. 여기서 "구원하다"로 번역된 히브리어 '파다'(*pādāh*)는 몸값을 치른다는 말이다. 백성 중 누군가가 요나단 대신 죽은 것은 아니겠지만 요나단 대신 짐승을 정하여 그것을 하나님께 바쳤을 가능성이 있다. 이처럼 백성들의 개입은 매우 적극적이고 합리적이었다. 자신의 목적과 체면을 위해 하나님의 이름을 남발하며 경솔한 맹세를 한 사울과 대조적으로 백성은 사울의 행동에 냉정하고 합리적으로 대응한다. 사울은 경솔한 맹세로 자존심에 상처를 입었을 뿐 아니라, 목표한 바를 이루는 데도 실패한다. 그는 블레셋 사람들을 섬멸하지 못했다. 이로서 요나단의 선제공격으로 시작된 전장의 긴 하루가 끝났다.

사울의 통치 업적 14:47-48

47 사울이 이스라엘 왕위에 오른 후에 사방에 있는 모든 대적 곧
모압과 암몬 자손과 에돔과 소바의 왕들과 블레셋 사람들을 쳤는데
향하는 곳마다 이겼고 48 용감하게 아말렉 사람들을 치고
이스라엘을 그 약탈하는 자들의 손에서 건졌더라

지금까지 본문은 사울이 버림받을 수밖에 없는 이유를 설명하는 데 초점을 맞추었다. 즉 사울이 통치한 약 20년을 '공정하게' 서술한 것은 아니다. 그러나 47-48절은 사울의 통치 업적을 좀더 큰 그림으로 보여 준다. 이 그림에 따르면 사울은 사무엘과의 관계를 포함해 신앙 문제에서는 서툰 행보를 보였지만, 전쟁 수행 능력만은 탁월했던 것 같다. 아마 그가 처음에 왕으로 추대된 것도 암몬 왕 나하스와의 전쟁에서 보여 준 전쟁 수행 능력 때문이었을 것이다. 그는 20여 년간 이스라엘의 왕으로 있으면서 주변의 적들과 끊임없이 전쟁하였으며 상당한 전과도 올렸다.

사울의 족보 14:49-52

49 사울의 아들은 요나단과 리스위와 말기수아요 그의 두 딸의
이름은 이러하니 맏딸의 이름은 메랍이요 작은 딸의 이름은

【아브넬】 사무엘상 14장 50절에 따르면 넬의 아들 아브넬은 사울의 사촌이다. 그런데 역대하 8장 33절에 따르면 넬의 아들 아브넬은 사울의 숙부이다. 아브넬은 사울이 죽을 때까지 사울의 군대에서 장군으로 섬겼다. 사울이 죽자 아브넬은 사울의 아들, 이스바알(이스보셋)을 왕위에 앉힌다(삼하 2:8). 그러나 이스바알은 아브넬이 자신의 첩 중 하나인 리스바와 관계를 맺었다고 비난한다(삼하 3:7). 왕의 첩과 관계를 맺는 것은 반역죄에 해당한다(삼하 16:21; 20:3의 압살롬과 왕상 2:13-25의 아도니야를 상기하라). 이 때문에 아브넬은 다윗에게로 망명하여 이스보셋의 왕국을 다윗에게 통째로 넘긴다. 군대를 통제하는 위치였기에 가능했던 것 같다(3:9-10). 다윗은 그를 반갑게 맞이했지만 요압은 아브넬을 미워했다. 왜냐하면 그가 자신의 동생(아사헬)을 전장에서 살해했기 때문이다. 요압은 아브넬을 다윗 몰래 죽인다(삼하 2:18-23; 3:26-30 참조).

【사울이 버림받을 수밖에 없었던 이유】 14장은 블레셋과 이스라엘 간의 일촉즉발 상황에서 출발했다. 블레셋은 수많은 전차와 마병, 보병을 거느리고 수도 기브아가 내려다보이는 믹마스에 진을 쳤고, 불과 6백여 명밖에 남지 않은 사울의 군대는 믹마스와 계곡을 사이에 둔 게바(기브아 근처)에 진을 쳤다. 사울의 군대가 블레셋에 의해 완전히 정복당하는 것은 시간문제처럼 보인다. 한편 요나단은 블레셋 진영에 선제공격을 계획하지만, 사울은 기브아 성문 밖 타작마당에서 버림받은 제사장 아히야의 에봇을 붙들고 불안한 마음을 주술적 힘으로 위로하려 한다. 바로 그때 요나단의 선제공격이 블레셋 진영에 일으킨 큰 혼란과 두려움을 보고, 사울도 자신의 군사를 이끌고 믹마스로 건너가 전투에 동참한다. 그러나 이때도 하나님의 승리를 믿음으로 기대하는 것이 아니라 자신이 원하는 결과를 보장받고 싶어서 백성들의 목숨을 담보로 한 맹세(금식)를 선포한다. 이 경솔한 맹세 때문에 (결과적으로) 이스라엘은 더 큰 승리를 놓쳤고 백성들은 크게 지친다. 한편 요나단은 부지중에 맹세를 어기게 된다. 저녁이 되자 허기가 진 백성들은 짐승들을 피째 잡아먹는 죄를 짓는다. 사울이 제단을 설치하여 이 죄가 확장되는 것을 막지만, 그것은 사울의 경솔한 맹세가 요나단을 포함한 온 백성을 죄인으로 만든 후였다.
사울의 잘못은 여기서 끝나지 않는다. 야간 공격을 지시하기 전 사울은 에봇을 통하여 하나님의 뜻을 구한다. 왕이 전쟁에 나가기 전에 신의 뜻을 구하는 것은 고대 근동의 일반적 관행이지만, 사울의 관심은 하나님의 뜻이 아니었다. 그는 자신의 성공을 하나님이 보장해 주기를 원했다. 에봇이 응답하지 않자, 사울은 그 원인을 자신에게서 찾는 대신 다시 한 번 온 백성을 죄인 취급하며 제비뽑기를 감행한다. 요나단이 뽑히자 사울은 요나단의 죽음을 맹세로 다짐한다. 그러나 백성들은 합리적인 논지와 용기 있는 조치로 사울의 맹세를 무효화시킨다. 사울은 고비마다 맹세나 주술에 의존했다. 자신의 목적을 이루기 위해 다른 사람의 목숨을 수단으로 삼았다. 하나님의 주권적인 역사를 믿음으로 기대하기보다는 자신의 성공을 종교적 맹세로서 '보장' 받으려 한다. 이 모든 것은 사울이 버림받을 수밖에 없었던 이유를 간접적으로 보여 준다.

【요나단의 믿음】 요나단은 14장의 진정한 영웅이다. 그는 믿음으로 블레셋을 선제공격하였다. 그의 승리는 하나님께서 그와 함께 계심을 보여 주었다. 사울이 버림받은 제사장 아히야에게 의존하여 에봇을 통해 묻고, 자신의 목적을 위해 백성들의 목숨을 담보로 한 주술적 맹세를 남발할 때 요나단은 믿음으로 하나님의 승리를 기대하며 합리적으로 전략을 통해 전쟁을 수행한다. 요나단이 선제공격 전에 구했던 징조는 주술적 징조가 아니라 합리적인 전술의 일환이었다. 무기와 병사 수에서 절대적으로 열세인 이스라엘 군대가 블레셋을 이길 수 있는 유일한 방법은 선제적 기습 공격이다. 적들이 공격해 오는 것을 기다리다가 적의 공격을 받으면 승산이 전혀 없다. 문제는 그 선제적 기습 공격이 성공할 것인가이다. 요나단은 하나님께서 함께하시면 승리한다는 믿음을 가졌다. 그리고 하나님의 함께하심에 대한 징조를 구하는데 이것은 합리적 사고에 근거한 것이다. 기습 공격이 성공하고 전쟁이 에브라임 산지로 퍼져 나갔을 때도 요나단은 행동하는 믿음을 보여 주었다. 그의 믿음은 맹목이나 주술에 빠지지 않고, 언제나 합리적인 실천으로 이어졌다. 비록 사울의 맹세를 들었다면 다르게 행동했을 수 있지만 요나단이 금식하지 않고 전투를 한 것도 그런 맥락에서 합리성을 보여 준다. 그는 유일하게 사울 왕의 명령에 이의를 제기하는 영웅이었다. 그리고 그는 백성들의 마음을 얻었다. 이상의 내용을 고려할 때 사무엘상 14장의 진정한 영웅이 요나단임을 부정하는 사람은 없을 것이다. 그럼에도 요나단은 하나님께 버림받은 사울 왕의 아들이라는 점에서 통치자로서의 가능성은 처음부터 제한된다.

미갈이며 50 사울의 아내의 이름은 아히노암이니 아히마아스의
딸이요 그의 군사령관의 이름은 아브넬이니 사울의 숙부 넬의
아들이며 51 사울의 아버지는 기스요 아브넬의 아버지는 넬이니
아비엘의 아들이었더라 52 사울이 사는 날 동안에 블레셋 사람과
큰 싸움이 있었으므로 사울이 힘 센 사람이나 용감한 사람을 보면
그들을 불러 모았더라

전체적으로 사울의 실패한 지도력을 보여 주는 14장이 사울의 통치에 대한 긍정적 요약과 사울의 족보로 끝나는 이유는 무엇일까? 13-14장을 읽은 독자들은 사울의 통치가 곧 끝날 것이라고 기대하지만, 사울의 통치는 한동안 지속된다. 실제로 사울은 사무엘의 지지 없이 권력을 유지하는 능력을 소유했다. 14장이 사울 통치에 대한 긍정적 요약과 함께 앞으로의 이야기에서 중요한 역할을 할 인물들을 포함한 족보로 끝난 것은 한동안 사울이 성공적으로 이스라엘의 왕위를 유지한다는 것을 암시한다. 즉 사무엘에게 버림받은 왕임에도 사울은 그런대로 나라를 잘 꾸려 간다. 한편 52절에서 "사울이 힘 센 사람이나 용감한 사람을 보면 그들을 불러모았더라"라는 언급은 사울을 대신할 왕의 출현을 암시한다. 앞으로 한 용감한 전사가 사울의 군대에 들어와 그의 무기 드는 자가 될 것인데, 그는 사울을 대신해 이스라엘을 다스릴 왕이 될 것이다.

질문

1. "히브리"는 이방인이 이스라엘 사람들을 지칭하는 말이었습니다. 이 말의 뉘앙스는 무엇입니까?
2. 6백 명의 군사로 모래같이 많은 블레셋 군대와 싸워야 하는 상황에서 요나단은 어떤 전술을 택하였습니까? 요나단이 구한 징조는 무엇을 위한 것입니까?
3. 요나단이 게바에서 혈혈단신으로 적군과 대치할 때 사울은 기브아에서 무엇을 하고 있었을까요?
4. 사울은 전투가 발발하자 몇 차례 맹세를 합니다. 그 내용은 무엇이었습니까? 왜 사울은 자주 맹세에 호소했을까요?
5. 앞으로 전개될 이야기에서 사울과 요나단의 관계가 그다지 조화롭지 못할 것임을 암시하는 내용이 있다면 무엇이겠습니까?
6. 사울의 통치가 실패할 수밖에 없는, 본 장에 암시된 이유들은 무엇입니까?

묵상

이스라엘의 왕에게 가장 중요한 질문은 전제적 왕이 될 것인가 선지자를 통해 하나님의 말씀에 순종하는 왕이 될 것인가였습니다. 전자는 고대 근동 왕들의 이상형이고 후자는 이스라엘의 독특한 왕의 모습입니다. 사울은 스스로 전자가 되기를 결정한 듯 보입니다. 오늘날 우리도 비슷한 문제에 직면해 있습니다. 인생의 주인이 되어 살 것인가, 말씀에 순종하는 삶을 살 것인가? 하나님 나라의 대리 통치자가 될 것인가, 내 왕국을 위해 하나님을 이용할 것인가? 요나단은 사울이 가지지 못한 믿음을 가졌습니다. 불가능한 일이라도 그것이 하나님의 뜻이라면 할 수 있다는 믿음입니다. 요나단은 믿음으로 자신의 몸을 적진에 던졌습니다. 그의 믿음의 행위는 큰 기적을 일으켰고 이스라엘은 구원을 얻었습니다. 이와 같이 하나님 나라의 역사는 한 사람의 과감한 헌신과 순종 위에 일어납니다.

16
사울과 사무엘의 두 번째 갈등

삼상 15:1-35

사무엘상 15장은 사무엘이 아말렉의 진멸을 명령하는 장면으로 시작한다. 오래전 예언된 아말렉 심판을 성취하려는 것이다. 사울은 하나님의 말씀이 성취되는 역사에 통로적 도구로 부름을 받았다. 따라서 아말렉을 진멸하라는 명령은 하나님께 순종하는 왕인지 시험하는 의미도 있다. 사울이 하나님 말씀 성취의 충실한 통로가 되면, 그에 대한 하나님의 심판(13:13-14)은 유보될지도 모른다. 그러나 사울은 아말렉의 왕 아각과 일부 가축을 살려 둠으로써 하나님의 말씀을 온전히 이루지 못했다. 사무엘이 찾아와 여러 차례 회개의 기회를 주었으나 사울은 자신의 잘못을 회개하지 않고 하나님의 최종 심판 선고를 듣게 된다. 하나님은 죄인의 멸망을 기뻐하시지 않는다. 늘 죄인이 돌아오기를 기다린다. 사울에게도 여러 번 회개의 기회를 주셨으나 회개하지 않은 사울은 자신의 죄 때문에 멸망에 이르렀다.

아말렉의 진멸을 명하심 15:1-3

1 사무엘이 사울에게 이르되 여호와께서 나를 보내어 왕에게 기름을
부어 그의 백성 이스라엘 위에 왕으로 삼으셨은즉 이제 왕은
여호와의 말씀을 들으소서 2 만군의 여호와께서 이같이
말씀하시기를 아말렉이 이스라엘에게 행한 일 곧 애굽에서 나올
때에 길에서 대적한 일로 내가 그들을 벌하노니 3 지금 가서 아말렉을
쳐서 그들의 모든 소유를 남기지 말고 진멸하되 남녀와 소아와
젖 먹는 아이와 우양과 낙타와 나귀를 죽이라 하셨나이다 하니

길갈에서 "왕의 나라가 길지 못할 것이다"(13:14)라고 선포한 후 고향 라마로 돌아간 사무엘이 다시 사울을 찾아온다(1절). 하나님께서 사울에게 다시 한 번 기회를 주시기 위해 사무엘을 그에게 보내신 듯하다. 하나님은 죄인이 회개하고 돌아오기를 원하신다. 멸망할 죄인에게는 하나님께서 주시는 갱생의 기회가 자기의 죄악을 더욱 확증하는 계기가 되는 반면, 구원 받을 죄인에게는 하나님께서 주시는 새로운 기회가 하나님께 돌아오는 계기가 된다. 사울은 자신에게 주어진 기회에 어떻게 반응할까.

사무엘은 하나님의 '진멸' 명령을 전하기 전에 사울에게 다시 한 번 애정 어린 충고를 한다. "여호와께서 나를 보내어 왕에게 기름을 부어 그의 백성 이스라엘 위에 왕으로 삼으셨은즉 이제 왕은 여호와의 말씀을 들으소서"(1절). 여기에서 강조되는 것은 사무엘의 중보적 역할이다. 히브리어 원문에서는 "나를"(오티, 'ôtî)이 문장의 맨 앞에 위치하는데 강조를 위한 것이다. "나를"이 강조된 것은 사무엘이 사울의 왕위 등극에 중보적 역할을 했음을 암시한다(알터, 87쪽). 뿐만 아니라 사울 왕의 성공 여부는 사무엘을 통해 들려지는 하나님의 말씀에 얼마나 잘 순종하는가에 달려 있다. 그러나 사울은 사무엘이 지시한 바를

이미 두 번이나 어겼다(10:7-8, 13:9-10). 블레셋의 수비대를 공격하라는 명령을 어겼고, 길갈에서 사무엘을 기다리라는 명령도 어겼다. 이 때문에 사무엘은 1절에서 "이제 왕은 여호와의 말씀(*qôwl*)을 들으소서"라고 권면한다. 사무엘은 이스라엘의 왕이 본질상 "(하나님의 말씀을) 듣는 자"임을 사울에게 상기시킨다.

하나님이 사울에게 전쟁을 명한 것이 처음은 아니지만 이번 전쟁은 특별하다. 하나님은 아말렉을 진멸(헤렘, *ḥerem*)할 것을 명한다. 즉 남자와 여자, 어린이, 젖먹이까지 죽이라는 것이다. 소, 양, 낙타, 나귀 등 짐승조차 남기지 말아야 한다. 현대 독자에게 이 명령은 받아들이기 힘들다. 하나님이 어떻게 그런 잔인한 명령을 내릴 수 있는가? 젖먹이까지 죽이라고 명령하는 하나님은 그들이 믿고 예배하는 하나님, 즉 사랑과 용서의 하나님이 아닌 듯하다. 진멸 전쟁을 명령한 하나님을 야만적인 사막의 신으로 매도하는 사람들도 있다. 이 본문은 기독교인에게나 비기독교인에게나 이해하기 어렵다. 그러나 섣불리 결론을 내리기 전에 왜 하나님이 진멸 전쟁을 명했는지 차분히 살필 필요는 있다.

2절에서 하나님은 "아말렉이 이스라엘에게 행한 일 곧 애굽에서 나올 때에 길에서 대적한 일"을 말씀하신다. 이 말을 이해하기 위해서는 신명기 25장 17-19절을 살필 필요가 있다. "너희는 애굽에서 나오는 길에 아말렉이 네게 행한 일을 기억하라 곧 그들이 너를 길에서 만나 네가 피곤할 때에 네 뒤에 떨어진 약한 자들을 쳤고 하나님을 두

【말씀을 들으소서!】 여기서 "말씀"으로 번역된 히브리어 '콜'(*qôwl*)은 "들려진 것"의 뉘앙스를 가지고 있기 때문에, "여호와의 말씀(*qôwl*, 들려진 것)을 들으소서(*qôwl*)"라는 말은 의미 중복으로 다소 어색한 구문이 된다. 그러나 사무엘서 저자는 본 장의 핵심 주제인 "들음(=순종)"을 강조하기 위해 어감이 다소 어색한 중복 구절을 의도적으로 사용하고 있다(알터, 87쪽). 사무엘이 본격적으로 하나님의 말씀을 대언하는 단락(2-3절)은 "만군의 여호와께서 이같이 말씀하시기를"이라는 메신저 형식구(messenger formula)로 시작한다. 지금까지 사무엘은 하나님의 말씀을 전할 때 이런 형식구를 사용하지 않았는데 메신저 형식구는 이번 사명의 중요성—즉 이번 사명의 성패 여부가 사울 왕의 미래를 결정할 것임—을 암시하는 동시에, 이미 두 번이나 실패한 사울에게 또 한 번의 기회를 주시는 하나님의 사랑도 보여 준다.

【메신저 형식구】 고대 근동의 나라들이 서로 소통하는 가장 일반적인 방법은 사신(Messenger)을 교환하는 것이다. 사신은 왕의 편지를 전달하기 위해 멀고 위험한 길을 여행했다. 일단 다른 나라의 궁에 도착하면 사신은 편지의 내용을 소리 내어 낭독한 후 편지를 전달한다. 사신의 편지는 언제나 "○○○ 왕은 이같이 말하노라"로 시작한다. 따라서 학자들은 이것을 메신저 형식구로 부른다. 성경의 선지자들이 하나님의 말씀을 전할 때 이 형식구를 사용한다는 것은 흥미롭다. "여호와 하나님께서 이같이 말씀하시느니라." 이 때문에 선지자들은 하나님의 사자 혹은 하나님의 사신으로 간주된다.

【진멸 전쟁은 이스라엘만 행했을까】

성전(Holy War)을 잘 이해하려면 고대 근동의 전쟁 유형을 이해해야 한다.
주전 8세기 이전의 고대 근동에서 전쟁은 크게 두 가지로 나뉜다.
가장 일반적인 것인 '경제 전쟁' 즉 물질적 이익이 목적인 전쟁이다.
고대 전쟁의 가장 일반적인 동기는 '돈'이었다.
즉위한 왕은 국정 쇄신을 위해 궁전을 신축하거나 신전을 보수하는 등
다양한 건축 사업을 추진했고 이때 많은 재원이 필요했다.
재원을 가장 쉽게 충당하는 방법은 주변국들에게서 빼앗아 오는 것이다.
궁전이나 신전 건축에 목재가 필요하면 아시리아 왕들은
수천 킬로미터 떨어진 페니키아의 레바논 숲까지 원정을 갔다.
아울러 경제적 전쟁은 값싼 노동력, 각종 보화, 진귀한 동물 등을 획득하는 수단이었다.
이러한 전쟁이 고대 근동 전쟁의 대부분을 차지한다. 이스라엘과 블레셋과의 전쟁은 경제 전쟁이었다.
블레셋은 노략꾼들을 내보내 이스라엘의 마을들을 약탈했다.
그들과 맞서 싸운 이스라엘도 적으로부터 탈취물들을 취했다는 점에서 '경제 전쟁'을 수행한 것이다.
한편 성전(Holy War), 즉 신을 위한 전쟁도 존재했다.
이 전쟁의 특징은 탈취물을 취하지 않는 것이다.
전쟁한 인간이 전쟁을 통해 경제적 이익을 보는 순간 그 전쟁은 성전에서 경제적 전쟁으로 강등된다.
신을 위한 전쟁이기 때문에 모든 탈취물은 신께 드려야 했다.
호흡을 가진 모든 것이 죽임을 당했고, 금과 은과 같은 귀중품들은 신전에 드려졌다.
따라서 진멸 전쟁은 성전이 행해지는 합법적인 방법이었고, 이스라엘 백성에 국한된 것도 아니다.
모압인들도 그모스의 명령을 받아 당시 이스라엘 도시 중 하나를 진멸했다.
즉 사막에서 유래한 '야만스러운' 여호와만이 야만적 전쟁을 명령한 것은 아니다.

【모압 석비】 그모스가 모압 왕에게 이스라엘 도시 느보를 진멸하라고 명령하는 내용이다.

려워하지 아니하였느니라 그러므로 네 하나님 여호와께서 네게 기업으로 주어 차지하게 하시는 땅에서 네 하나님 여호와께서 사방에 있는 모든 적군으로부터 네게 안식을 주실 때에 너는 천하에서 아말렉에 대한 기억을 지워 버리라 너는 잊지 말지니라."

아말렉 사람들은 출애굽한 이스라엘이 광야를 지날 때, 뒤에 처진 가장 약한 이들을 공격했다. 전쟁에도 법도가 있는데 아말렉은 가장 비열하고 야만적인 방법으로 이스라엘을 괴롭혔다. 하나님께서는 이스라엘에 안정된 왕조가 들어서면 아말렉의 이름을 "천하에서 도말하라"고 (모세를 통해) 명령하셨다. 사울이 왕이 되고 어느 정도 이방 민족과의 전쟁에서 성과도 내어(14:47-48 참조) 국내외적으로 안정이 찾아오자 사울에게 명령을 수행하라고 하신 것이다. 즉 사울에게 명령한 아말렉과의 전쟁은 하나님의 말씀을 성취하는 전쟁이다. 사울이나 이스라엘 백성을 위한 (경제적) 전쟁이 아니라 하나님의 말씀과 하나님의 명예를 위한 성전(Holy War)이다. 물질이 동기이자 목적인 경제적 전쟁과는 달리 신을 위한 성전에서는 병사들이 아무것도 취할 수 없었다. 이런 관점에서 하나님께서 사울에게 명하신 진멸 전쟁을 이해해야 한다. 이것은 하나님께서 모세를 통하여 하신 말씀을 성취하는 전쟁이다. 따라서 사울의 순종은 그 전쟁의 성패를 가름하는 중요한 기준이다. 아울러 지금까지 사울이 저지른 실수를 만회할 수 있는 기회이자 하나님이 사울에게 주신 마지막 기회다.

겐 사람에 대한 사울의 호의 15:4-6

4 사울이 백성을 소집하고 그들을 들라임에서 세어 보니 보병이
이십만 명이요 유다 사람이 만 명이라 5 사울이 아말렉 성에 이르러
골짜기에 복병시키니라 6 사울이 겐 사람에게 이르되 아말렉 사람
중에서 떠나 가라 그들과 함께 너희를 멸하게 될까 하노라 이스라엘
모든 자손이 애굽에서 올라올 때에 너희가 그들을 선대하였느니라
이에 겐 사람이 아말렉 사람 중에서 떠나니라

사울은 즉각 전쟁 준비에 착수한다. 먼저 군사를 소집한다. '소집하다'로 번역된 히브리어 '바예삼마'(*wayəšamma'*)는 본래 '듣게 하다'의 의미다. 소집된 군사는 사울의 명령을 '듣는 자'들이다. 이것은 성전을 수행하는 사울도 하나님의 말씀을 들어야 하는 자임을 상기시킨다. 들라임에 모인 군사의 수는 모두 21만 명이었다. "보병이 이십만 명이요"(4절)에서 "보병"은 북방 지파들이 파견한 군사를 지칭하는데, 그들은 유다 지파가 파병한 1만 명의 군사와 더불어, 21만 명의 대군을 이루어 사울을 따랐다. 21만이라는 숫자는 암몬 왕과 싸울 때의 숫자인 3만 3천의 일곱 배에 해당하며, 블레셋과 믹마스에서 싸울 때의 숫자인 1만 명의 21배에 달하는 숫자로 진멸 전쟁, 즉 성전의 중요성을 상징적으로 보여 준다.

아말렉과의 전쟁에서 사울은 암몬과의 전쟁 때처럼 복병 전술(11장 참조)을 사용한다. 사울이 복병했던 장소는 "아말렉 성"(5절)인데, 아말렉 성이 오늘날 어디 위치해 있는지는 확실치 않다. 아말렉이 유목 민족임을 고려할 때 그들에게 도시(성)가 있었다는 사실은 어색하다. 어쩌면 벽으로 둘러싸인 성이 아니라 아말렉 족속의 상징적 중심지를 가리키는 용어일 가능성이 있다. 사울의 군대는 아말렉 사람들을 토벌하기 위해 그들의 근거지 근처 골짜기에 매복한다. 여기서 주목할 만한 것은 사울이 겐 족속에게 취한 조치이다. 전쟁이 시작되기 전에

【아말렉은 누구인가】 이스라엘의 오랜 원수이자 에서의 후손인 아말렉은 목축을 업으로 삼은 민족이다(창 36:9-12). 그들은 에돔 지역에서 생활하다가 유목을 주로 한 탓에 주변 지역으로 퍼져 나갔다. 이들은 정착지와 사막의 경계 지역을 따라 가축을 먹이다가 정착민의 도시들을 약탈하곤 했다. 사사기는 이들이 에브라임 산지까지 침투했다고 하고(삿 12:15), 사무엘상에 따르면 블레셋의 영토인 시글락도 아말렉 사람들의 약탈 대상이 되었다(삼상 30:1-2). 이들은 유다 남방의 네게브 지역을 근거로 이집트 동쪽과 아라비아 반도까지 가축을 몰고 돌아다녔던 것 같다(삼상 15:7). 성경에서 아말렉과 이스라엘의 관계는 언제나 적대적이었다. 출애굽기 17장 8-13절은 이스라엘과 아말렉의 첫 적대적 만남을 기록한다. 아말렉은 르비딤에 있던 이스라엘을 선제공격한다. 아마 아말렉은 자신들이 선점한 광야의 우물들을 이스라엘이 빼앗는다고 생각했던 것 같다. 신명기 25장 17-18절에는 아말렉과 이스라엘의 관계가 결정적으로 나빠진 사건이 나온다. 아말렉 사람들은 행군에서 처진 힘없는 사람들을 공격하여 이스라엘에 괴로움을 안겼다. 전쟁에도 규칙과 법도가 있는데 이들은 무장하지 않은 연약한 백성들을 공격한 것이다. 이때 생긴 감정은 사무엘과 사울 시대까지 이어진다(삼상 15:2-3). 성경 저자는 사울의 자살을 도운 사람이 아말렉 사람이라고 증언한다. 이런 아말렉을 결정적으로 응징한 사람은 다윗이다(삼상 30장 참고). 다윗이 정복한 외적들의 명단에 아말렉이 들어 있다(삼하 8:12). 다윗 이후 아말렉은 더 이상 이스라엘에 심각한 위협이 되지 못했다.

사울은 아말렉 지역에 거주하는 겐 사람들과 접촉하여 공격 계획을 알리고 속히 그곳을 떠나라고 한다.

왜 사울은 겐 사람들에게 호의를 베풀었을까? 사울의 말에 따르면 겐 사람들은 아말렉 사람과는 달리 "이스라엘 모든 자손이 애굽에서 올라올 때에" 이스라엘 사람들을 선대하였다. 더구나 관자놀이에 못을 박아 가나안의 장군 시스라를 죽인 야엘의 남편도 겐 사람이 아닌가? 사울이 이스라엘에 은혜를 베푼 겐 사람들을 원수 아멜렉 사람들과 구분하려는 것은 당연해 보인다. 그러나 사울의 이런 행동은 하나님이 사무엘을 통해 명령한 바는 아니다. 일종의 돌출 행동이다. 하나님은 사울에게 아말렉뿐만 아니라 그들의 "모든 소유"를 진멸하라고 하셨다. 당시 겐 사람과 아말렉 사람들의 관계가 어떠했는지 확실하지는 않지만 겐 사람들이 아말렉의 도시 안에 거했다면 아말렉의 종으로 살았을 가능성이 높다. 그렇다면 겐 사람도 아말렉과 함께 진멸했어야 했다. 사울이 호의를 베푼 이 사건은 그가 하나님의 진멸 명령을 온전히 이행하지 않을 것을 암시한다.

사울이 진멸 명령에 불순종함 15:7-9

7 사울이 하윌라에서부터 애굽 앞 술에 이르기까지 아말렉 사람을
치고 8 아말렉 사람의 왕 아각을 사로잡고 칼날로 그의 모든 백성을
진멸하였으되 9 사울과 백성이 아각과 그의 양과 소의 가장 좋은 것

【겐 족속은 누구인가】 '겐'은 '쟁이', 즉 전문가라는 뜻이다. 특히 금속술과 음악에 전문성을 보였다. 시내 반도 북쪽의 구리 광산에 거주한 것으로 보아 이들은 금속 가공을 업으로 삼았던 것 같다. 아울러 겐 족속은 가인을 자신들의 시조로 생각했을 가능성이 있다. 창세기 15장 19절이 암시하는 바처럼 이들은 본래 이스라엘 사람이 아니었다. 그러나 모세 때부터 이스라엘과 긴밀한 관계를 맺는다. 모세의 장인 이드로는 겐 사람이었다(삿 1:16; 4:11). 일부 학자는 모세가 여호와를 처음 알게 된 것이 이드로를 통해서이며 모세 종교의 원천은 겐 족속의 종교임을 주장한다. 그러나 그 증거는 매우 희박하다. 성경은 겐 족속이 이스라엘 백성들과 밀접한 관계를 유지했음을 알려준다. 먼저 이스라엘의 광야 여정 중 겐 족속의 일부가 종려나무 성읍(여리고)에서 아랏 남방 유다 광야까지 이스라엘과 함께했다. 또한 네게브 지역에 살던 겐 족속 헤벨의 아내는 가나안 장군 시스라를 죽임으로 이스라엘의 승리를 도왔다. 이에 대한 감사의 표시로 사울은 아말렉 성에 대한 진멸 전쟁에서 겐 족속을 살려 주었고 다윗도 시글락에서 생활할 때 탈취물 중 일부를 유다 남방의 겐 족속들에게 선물로 주었다. 예레미야 35장에 언급된 장막 생활하는 레갑 자손도 겐 족속이었다(대상 2:55).

또는 기름진 것과 어린 양과 모든 좋은 것을 남기고 진멸하기를 즐겨 아니하고 가치 없고 하찮은 것은 진멸하니라

사울은 아말렉과의 전쟁에서 대승한다. 14장의 믹마스 전투 때와 달리 사무엘서 저자는 매우 간단하게 사울의 승리를 기술한다. 하윌라의 현 위치에 대해서는 논란이 많다. 창세기 2장 11절에 따르면 비손 강이 둘러싼 지역이 하윌라이다. 그곳에 금과 수정과 호마노가 많았다는 기록으로 보아 일부학자들은 아라비아 반도의 남쪽(오늘날의 예멘)에 하윌라가 있었다고 주장한다. 그러나 사울이 아라비아 남부까지 군대를 이끌고 갔을 가능성은 희박하다. 하윌라의 위치에 대한 또 하나의 힌트는 창세기 25장 18절이다. 이 구절에 따르면 이스마엘 사람들이 거주했던 지역이 하윌라로부터 이집트 앞의 술까지이다. 그렇다면 하윌라는 아라비아 남부의 국가들이 이집트나 시리아와의 무역을 위해 아라비아 반도 북서쪽에 건설한 식민지였을 가능성이 있다. 한편 술은 이집트와 유다 남부 지역을 연결하는 땅이다. 즉 하윌라로부터 술까지의 영역은 아말렉 사람들의 전 활동 영역을 의미하고, 사울은 아말렉 사람들을 그들의 전 활동 영역에서 토벌하는 데 성공한다.

문제는 사울이 아말렉 왕 아각을 생포했다는 것이다. 그는 아각을 살려두었다. 이것은 아말렉에 속한 모든 것("그들의 모든 소유")을 진멸하라는 하나님의 명령에 위배된다. 모든 백성은 진멸하였으나 왕만은 살려둔 것이다. 왜 그랬을까? 사무엘과 좋은 관계에 있지 않았던 사울은 자신의 왕권에 대해 늘 불안했을 것이다. 백성들 앞에 자신의 건재함을 보여 줄 수 있는 볼거리가 필요했는데, 아각의 생포가 그 일에 매우 적합했을 것이다. 아각은 이미 이스라엘 백성들에게 잘 알려진 왕이다. 발람 선지자의 예언 중에 이스라엘의 왕이 "아각보다 위대하여질 것이다"(민 24:7)는 대목이 있다. 아각을 생포한 사울은 그 유명한 예언을 사람들이 보는 앞에서 성취하려 했을 것이다.

그러나 문제는 사울에게 국한된 것이 아니었다. 사울이 아말렉 사람들 중 왕은 진멸치 않고 살려두었다면 백성들은 짐승들 중 가장 좋

은 것들을 진멸치 않고 살려두었다. 그들이 진멸한 것은 가치 없는 것들이었다. 거룩한 전쟁에서 진멸이 하나님께 드리는 희생 제사의 의미가 있다면, 그들은 하나님께 가치 없고 천한 것들만을 제물로 바친 셈이 된다. 사무엘이 사울에게 '진멸'을 명령할 때(3절), 2인칭 복수형 동사 '베하하람므템'(*wəhaḥăramtem*, "너희들은…… 진멸하라")을 사용했다. 이것은 진멸의 명령이 사울에게만 주어진 것이 아니라 백성에게도 주어졌음을 의미한다(알터, 87쪽). 이런 면에서 백성도 책임을 면하기 어렵다. 그러나 백성이 짐승들 중 가장 좋은 것을 죽이지 않은 이유가 사울의 지시 때문임을 암시하는 실마리가 있다. 9절에서 사무엘서 저자는 "남겼다"는 동사를 단수(바야흐몰, *wayaḥmōl*)로 사용한다. 내용상으로는 사울과 백성이 동사의 주어이기 때문에 복수 형태를 가져야 하지만 저자는 단수 동사를 사용한다. 이것은 아각과 제일 좋은 짐승들을 남긴 이유가 사울의 결정 때문이었음을 간접적으로 보여 준다. 하나님은 3절에서 분명히 "남기지 말라"고 명령하셨다. 그러나 사울은 자신의 종들에게 아각과 좋은 가축들을 "남기도록"(9절) 명령했다. 하나님의 말씀을 정면으로 위배한 것이다. "남기다"(3절, 9절)로 번역된 히브리어 '하말'(*ḥāmal*)은 "아까워하다"의 의미도 있다. 좋은 가축들을 남긴 이유는 아까워서일 수도 있다. 하나님께 드리기 위해 남겼다는 것은 핑계였던 것이다.

사무엘이 계시를 받고 밤새 부르짖음 15:10-11

10 여호와의 말씀이 사무엘에게 임하니라 이르시되 11 내가 사울을 왕으로 세운 것을 후회하노니 그가 돌이켜서 나를 따르지 아니하며 내 명령을 행하지 아니하였음이니라 하신지라 사무엘이 근심하여 온 밤을 여호와께 부르짖으니라

사울의 고의적 불순종은 변명의 여지가 없었다. 그는 자신에게 주어진 마지막 기회마저 날려 버렸다. 하나님도 더 이상 사울을 붙들 수 없었다. 이제 여호와의 말씀이 사무엘에게 임한다. "내가 사울을 세워 왕

삼은 것을 후회한다." 이 말씀은 심판의 선언이다. 하나님은 더 이상 사울과 동역하지 않을 것이다. 대리 통치자—하나님의 뜻대로 통치하는 종—에 불과한 사울이 주인 되신 하나님께 순종하지 않았기 때문이다. 하나님의 마음은 이미 결정되었다. 한편 "하나님이 후회한다"는 표현은 많은 사람들을 곤혹스럽게 만든다. 하나님도 잘못하시는가? 그래서 후회하시는가? 하나님도 변심하는가? 등 신학적 질문들이 쏟아진다. "후회하다"로 번역된 히브리어 '니함티'(*niḥamtî*)의 뉘앙스를 바꾸어 하나님의 '후회'는 없다고 주장한다면 이것은 신학적 확신을 말씀보다 중요시하는 것으로 바람직하지 못하다. 니함티는 "후회하다"는 의미를 담고 있다. 그러나 하나님의 성품에 대한 조직신학적인 맥락이 아니라 이야기에 사용된 것임을 생각하면 하나님에 대한 다른 신인동형론적 표현들(하나님께 눈이나 손 등이 있는 듯한 표현과 인간처럼 질투하고, 분노하고, 슬퍼하고, 후회하는 듯한 표현)처럼 이해할 수 있을 것이다. 그렇다면 '후회하다'가 성경 이야기에서 어떤 문학적 기능을 하는지 살필 필요가 있다. 이 단어가 하나님에 대해 쓰일 때는 '잘못된 과거'가 아니라 '새로운 미래'에 초점이 있다. 성경에서 하나님의 후회가 언급될 때마다 하나님의 새로운 역사가 시작된다(보드너, 153쪽). 노아 당시의 세상을 보시고 하나님께서는 땅 위에 사람을 지으셨음을 후회하셨다(개역개정, "한탄하사"). 후회와 함께 하나님의 새로운 역사, 즉 노아 방주 계획—홍수 멸망 후 새로운 인류를 시작하시는 계획—이 시작된다. 저주 가운데 가장 큰 저주는 '하나님이 당신을 멸망시키시되 절대로 후회치 않으실 것이다'는 저주다. 예레미야는 자신을 핍박하던 자들에게 그런 저주를 던진다(렘 20:16). 하나님이 후회하지 않으시면 멸망당한 사람에게는 희망이 없다. 후회하지 않으시는 하나님은 새로운 역사를 이루지 않을 것이기 때문이다. 반면 재앙을 내리신 하나님이 후회하시면 희망이 있다(렘 26:13). 하나님께서 새로운 역사를 이루실 것이기 때문이다. 요나서 4장에 따르면 후회하시는 하나님은 은혜로우시며 자비로우시며 노하기를 더디하시는 하나님이다. 이처럼 하나님의 후회는 늘 새로운 역사의 전주곡이었다. 사울에 대한 하나님의 후회도 '사울'이 아니라 '사울 이후'에 초점이 있다. 하나님의 후회와 함께 왕정에 관한 하나님의 새로운 계획이 시작된 것이다. 이런 점에서 "내가 사울을 왕으로 세운 것을 후회하노니"라는 말은 사울에 대한 심판인 동시에 새로운 하나님의 역사, 다시 말해, 새로운 왕조에 대한 복선이다(보드너, 154쪽).

하나님께서 사울에게 마음을 접으시고 새로운 역사를 시작하시는 이유는 하나님의 잘못된 선택에 책임이 있지 않다. '후회'라는 말을 잘못 해석하면 하나님에게 책임이 있다고 주장할 것이나 본문은 그 책임이 사울에게 있음을 분명히 한다. 사울은 하나님을 등지고 떠났으며 하나님의 "명령을 행하지 않았다". 여기서 "명령을 행하지 않았다"는 구절(11절)에 주목할 필요가 있다. '행하다'로 번역된 히브리어 원문 '헤킴'(*hēqîʸm*)은 '성취한다'는 의미에 가깝다. 즉 이 구절에서 명령은 성취되어야 할 것이다. 그 '명령'이 가리키는 바는 하나님이 아말렉에 관해 (모세를 통해) 이스라엘 백성들에게 주신 예언적 명령이다. 따라서 사울이 아말렉을 진멸하라는 하나님의 '명령'을 어긴 것은 사울 개인의 실패만을 의미하지 않는다. 사울의 실패는 하나님의 명예에 손상을 가져오는 것이다. 왜냐하면 그 명령은 사울이 하나님의 예언 성취의 통로로 기능하라는 것이었기 때문이다. 이스라엘의 왕은 하나님의 뜻에 따라 통치하는 종이다. 왕의 통치는 자신의 뜻이 아닌 하나님의 뜻을 이루어야 한다. 자신의 명예보다 하나님의 명예가 중요하다. 이런 관점에서 개역개정의 '명령을 행하지 않았다'는 번역보다 개역한글의 '명령을 이루지 않았다'는 번역이 바람직하다. 이것은 사울이 왕의 본질적인 직무—하나님의 말씀을 성취함—에 실패했음을 고발한다.

사울에 대한 하나님의 심판 선고를 들은 사무엘은 "근심하여 온 밤을 여호와께 부르짖었다". 개역개정이 "근심하여"라고 번역한 히브리어 '바이하르'(*wayyiḥar*)은 '분노하여'라는 말에 가깝다. 사무엘은 왜 하나님의 말씀을 듣고 분노했을까? 그 분노는 무엇을 혹은 누구를 향한 것일까? 세 번이나 기회를 주었는데도 끝까지 불순종한 사울에게 화가 난 것일까, 자신에게 찾아와 왕을 달라고 요구한 백성들에게 화가 난 것일까? 아니면 백성들의 요구를 들어주라고 말씀하신 하나님에게 화가 났을까? 이 점에 대해 본문은 구체적인 답을 주지 않는다. 그러나 사울 왕정이 사무엘 개인에게 있어서도 (왕정 선지자) 사역의 유일한 무대였음을 고려할 때 사무엘의 감정은 하나님을 향했을 가능성이 높다. 사무엘은 본래 왕정에 반대했다. 그러나 하나님은 사울에게 기름을 부으라고 사무엘에게 명했다. 사울 왕정에서 사무엘이 담당할 새 역할을 설명하시고, 왕과 선지자의 동역이 하나님 통치 실현의 통로가 될 것이라는 비전을 하나님께서 주셨을 것이다. 사무엘은 새 비전을 품고 사울을 왕으로 세웠다. 그런데 사울은 너무 빨리 실패했다. 사울의 실패는 사무엘의 새 비전의 실패다. 하나님이 너무 빨리 '후회하신' 것이다. 새로운 비전으로 자신을 설득하시더니 이렇게 빨리 마음을 돌이키시니 하나님이 원망스러웠을 것이다. 사무엘은 다윗에게 기름을 부어 왕을 삼지만, 다윗 왕정에서 사무엘의 역할은 거의 없다. 사울이 왕정하에서 사무엘의 유일한 동역자였다. 어쨌든 사무엘은 사울을 향한 심판 선고를 듣고 격분하여 밤새도록 하나님께 기도한다. 사무엘과 하나님 사이에 긴박한 대화가 오갔을 것이다. 어떤 대화가 오갔는지 상상하는 것은 독자의 몫이다.

한편 "근심하여"라는 개정개역의 번역은 사무엘이 사울을 불쌍히 여겨 기도했을 가능성도 열어 둔다. 사무엘과 사울이 최근에 여러 일로 대립했지만 사울에게 기름을 부은 사람은 결국 사무엘이 아닌가? 암나귀를 찾겠다고 베냐민에서 라마까지 찾아온 젊은 청년, 그리고 그 청년과 지붕에서 밤새 나눈 대화들, 그리고 다음 날 아침 성문 어귀에서 그에게 기름 부으며 미래를 다짐했던 순간들이 주마등처럼 사무엘을 스쳐 지나갔을 것이다. 타인의 연약함을 안타까워하는 사무엘의 목자적 마음이 엿보인다.

갈멜에 기념비를 세운 사울 15:12

12 사무엘이 사울을 만나려고 아침에 일찍이 일어났더니 어떤
사람이 사무엘에게 말하여 이르되 사울이 갈멜에 이르러 자기를

위하여 기념비를 세우고 발길을 돌려 길갈로 내려갔다 하는지라

사울을 만나려는 다급한 마음에 사무엘은 아침 일찍 일어났다. 밤새 제대로 못 잤을 것이다. 그런데 뜻밖의 소식이 사무엘에게 들려온다. 사울이 기브아에 없다는 것이다. 사무엘이 사는 라마와 사울이 살던 기브아는 직선으로 약 4킬로밖에 떨어져 있지 않아 사무엘이 금방 갈 수 있는 거리였다. 익명의 보고자에 따르면 사울은 갈멜로 내려갔다가 그곳에서 자기를 위해 기념비를 세우고, 다시 올라와 길갈로 내려갔다는 것이다. 익명의 보고자는 사울의 기념비 부분을 말할 때는 마치 자신이 목격한 듯 이야기한다. "보십시오! 사울이 자기 자신을 위해 기념비를 세우고 있습니다!"(브힌네 마찌브 로 야드, *wəhinneh maṣṣîb lō*^{w} *yad*)

"갈멜"은 이스라엘 북부 해안의 갈멜산(오늘날의 하이파 근처)이 아니라 헤브론 근처 유대 광야에 있는 마을을 지칭한다. 사울이 직선거리로 40킬로미터나 떨어진 갈멜까지 내려간 이유는 승전비를 세우기 위함이었다. 아말렉과의 치열한 전투가 벌어졌던 갈멜에 승전비를 세우는 것은 어쩌면 당연할 수도 있다. 그런데 문제는 이 전투가 사울 자신이 아니라 하나님을 위한 성전(聖戰)이었다는 사실에 있다. 사울이 자기를 위하여 승전비를 세우는 것은 전쟁의 성격에 위배된다.

이런 관점에서 승전비로 번역된 히브리어 '야드'(*yad*)가 본래 '손'을 의미함에 주목할 필요가 있다. 승전비를 지칭하기 위해 '손'을 의미하는 단어를 사용한 이유가 무엇일까? 사울은 하나님의 손이 아닌 자신의 손으로 이스라엘을 구원했다고 주장하는 것 같다. 지금까지 이스라엘과 블레셋과의 대결은 하나님의 '손'과 블레셋의 '손'의 대결이었다. 여호와의 궤가 블레셋에 의해 탈취되자 하나님이 손이 블레셋에 임했고 그들은 역병으로 쓰러졌다. 그 후 사무엘의 통치 기간 동안 하나님의 손이 블레셋 사람을 막았다(7:13). 한편 블레셋 사람의 억압도 그들의 '손'에 비유되었는데, 왕은 이스라엘을 '블레셋 사람들의 손'에서 구원할 사명을 가졌다. 그러나 이때 왕이 의지해야 하는 것은 하나님의 손이지 자신의 손이 아니다. 그런데 사울은 자신의 '손'(승전비)을 세운

것이다. 이 '손'은 하나님의 손을 대체하는 것이다. 하나님을 의존한다는 정체성을 집어 던지고 독립적인 통치자로의 출발을 선언하는 행위가 바로 자신을 위해 '손'(기념비)을 세운 것이다.

사울은 갈멜에서의 일을 마치고 방향을 바꾸어 베냐민 땅으로 건너와서 길갈로 내려갔다. 익명의 보고자가 사무엘과 만나 이야기할 때에 이미 사울은 길갈에 있었다. 이제 사무엘과 사울은 길갈에서 마지막 운명적 대면을 앞두고 있다. 이 마지막 만남이 길갈에서 이루어진 것은 의미가 있다. 사울이 기름 부음을 받았을 때 사무엘이 선지자로서 그에게 내린 최초의 명령이 기브아에 있는 블레셋 수비대를 공격하고 길갈에서 기다리라(9:7-8 해설 참조)는 것이었다. 그러나 사울은 블레셋 진영을 공격하지 않았고 7일 후의 길갈 회합은 성사되지 않았다. 사울이 선지자 사무엘의 첫 번째 명에 불순종한 것이다. 왕이 된 사울은 요나단의 선제공격으로 유발된 블레셋과의 전면전을 대비하려고 군대를 모아 길갈로 내려간다. 그러나 이때도 사무엘을 기다리라는 명령을 순종하지 못한다. 말씀에 순종하는 왕임을 증명해야 할 두 번째 시험에서도 실패했다. 그리고 아말렉을 진멸하지 않음으로 세 번째 기회마저 날려 버린 사울은 길갈에서 사무엘과의 마지막 만남만을 앞두고 있다. 즉 길갈은 사울의 반복적인 실패의 현장이다.

사울의 첫 번째 변명 15:13-16

13 사무엘이 사울에게 이른즉 사울이 그에게 이르되 원하건대
당신은 여호와께 복을 받으소서 내가 여호와의 명령을 행하였나이다
하니 14 사무엘이 이르되 그러면 내 귀에 들려오는 이 양의 소리와
내게 들리는 소의 소리는 어찌 됨이니이까 하니라 15 사울이 이르되
그것은 무리가 아말렉 사람에게서 끌어 온 것인데 백성이 당신의
하나님 여호와께 제사하려 하여 양들과 소들 중에서 가장 좋은 것을
남김이요 그 외의 것은 우리가 진멸하였나이다 하는지라 16 사무엘이
사울에게 이르되 가만히 계시옵소서 간 밤에 여호와께서 내게

사무엘은 길갈에 있는 사울을 찾아갔다. 사울은 사무엘을 보자마자 마치 살가운 사람을 대하듯 "당신은 여호와께 복을 받으소서"라고 인사한다(13a절). 그리고 사무엘이 묻기도 전에 "내가 여호와의 명령을 행하였나이다"라고 한다(13b절). 갑자기 사울의 말이 많아졌다. 왕을 선출하기 위한 미스바 집회에서 행구 뒤에 숨어 있던 사울과는 다른 모습이다. 도둑이 제 발 저리는 격이다. 그러나 사무엘은 사울의 인사에 대꾸도 않고 "내 귀에 들려오는 이 양의 소리와 내게 들리는 소의 소리는 어찌이니이까"(14절)라고 묻는다. 여기서 사무엘은 일부러 "소리"(콜, *qōwl*, 2절 해설 참조)라는 말을 반복한다. 사울은 본디 하나님의 소리, 즉

【사울을 꾸짖는 사무엘】 한스 홀바인(1497~1543) 작.

말씀(2절 참조)을 듣도록 부름 받았다("소리"와 "말씀"은 모두 '콜'*qōwl*의 번역어다). 하나님의 말씀(콜)에 따르면 아말렉에 속한 모든 '소리'(콜)는 잠잠케 되었어야 한다. 그러나 사울은 아말렉의 왕 아각과 좋은 가축들을 살려두어 그들의 울음소리(콜)로 하나님의 목소리(콜)를 사장시켰다. '소리'라는 말의 반복은 사울이 하나님의 말씀을 청종하지 못했음을 강하게 시사한다.

그러나 사울은 사무엘의 의도를 눈치 채지 못하고 자신이 한 일을 장황하게 늘어놓는다. 15절에서 사울은 책임을 남에게 떠넘긴다. 일부 양과 소를 남긴 것은 자신이 아니라 백성들이라고 하며, 남겨진 동물들은 "당신의 하나님" 여호와께 제사하기 위한 것이라고 말하면

서 백성들의 잘못도 합리화시켜 버린다. 나아가 이 모든 것이 사무엘과 "당신의 하나님" 여호와를 위한 것이라고 주장한다. 여기서 생각해 보자. 사울은 자신의 행위가 하나님의 명령에 위배된 것임을 알기에 합리화하고 있는가, 아니면 하나님의 명령을 잘 순종했다고 정말로 믿고 있는가? 많은 학자들은 사울이 이 대목에서 자신의 죄를 감추려고 변명을 늘어놓고 있다고 본다. 이 주장에는 일리가 있다. 9절에서 살핀 바처럼, 양과 소의 좋은 것들을 남기도록 사울이 백성에게 직접 지시했을 가능성이 있다("남기다"의 단수 형태에 대한 9절의 해설 참조). 따라서 백성이 남겼다는 것은 핑계며 거짓말이다. 아울러 남겨진 짐승들이 여호와께 드릴 제사용이라는 것도 상황을 모면하기 위한 핑계일 뿐이다. 그러나 또 다른 가능성으로 사울이 자신의 잘못을 전혀 인식하지 못했을 수도 있다. 13절의 "내가 여호와의 명령을 행하였나이다"라는 말은 거짓말이 아닐 수도 있다. 영적인 촉이 무뎌졌으니 아각 왕과 좋은 가축 몇 마리를 남겨 둔 것은 하나님의 말씀에 위배되지 않는다고 보았을지도 모른다. 어차피 아각 왕은 백성이 보는 앞에서 처형당할 것이고, 남겨진 양과 소는 감사제 때 희생될 것이 아닌가? 이 대화가 오가는 장소가 이스라엘의 제의 중심지인 '길갈'이라는 점도 사울이 양과 소를 제사를 위해 남겨 두었을 가능성을 시사한다. 또한 이미 사울은 아말렉에 속한 모든 것을 진멸하라는 명령을 '탄력적으로' 해석하여 겐 족속에게 면죄부를 주었다. 자기 나름대로 하나님의 명령을 충실히 따랐다고 생각할 가능성도 있는 것이다. 이런 점에서 "그 외의 것은 우리가 진멸하였나이다"라는 사울의 말 속에서 자신감마저 엿볼 수 있다.

사울이 여호와를 "당신의 하나님"이라고 부른 점은 흥미롭다. 이 말에는 이중적 뉘앙스가 있다. 선지자와 대화하는 문맥에서 하나님을 지칭할 때, "당신의 하나님"이라는 말을 사용하기도 한다(사 37:4 참조)는 것을 기억하자. 즉 "당신의 하나님"이 반드시 냉소적인 의미인 것은 아니다. 사울이 양질의 가축을 남겨 둔 것은 이기적 동기가 아니라 선지자와 선지자의 하나님을 위한 것임을 뜻한다. 그러나 "당신의 하나님"은 사울과 여호와 사이의 멀어진 관계를 암시하기도 하는데, 사울은 사무엘뿐 아니라 여호와로부터도 멀어졌다. 영적인 촉이 완전히 무뎌진 것이다. 이 때문에 하나님의 명령을 어겼음에도 그것을 깨닫지 못하는 것이다. 그리고 아무런 죄책감 없이 자신이 한 일을 사무엘에게 주저리주저리 이야기하고 있다.

이에 사무엘은 사울을 진정시킨다. "가만히 계시옵소서!" 얼마나 사울이 흥분하며 말했으면 그런 말을 했을까? 흥분한 사울과 달리 사무엘은 차분히 간밤에 여호와께서 자신에게 이르신 것을 전하기 시작한다.

사무엘의 첫 번째 고발 15:17-19

17 사무엘이 이르되 왕이 스스로 작게 여길 그 때에 이스라엘 지파의
머리가 되지 아니하셨나이까 여호와께서 왕에게 기름을 부어
이스라엘 왕을 삼으시고 18 또 여호와께서 왕을 길로 보내시며
이르시기를 가서 죄인 아말렉 사람을 진멸하되 다 없어지기까지
치라 하셨거늘 19 어찌하여 왕이 여호와의 목소리를 청종하지
아니하고 탈취하기에만 급하여 여호와께서 악하게 여기시는
일을 행하였나이까

사울을 버리시겠다는 하나님의 계시를 받은 전날 밤, 사무엘은 여러 가지 감정과 생각 때문에 잠을 이룰 수 없었다. 하나님의 말씀에 순종하지 않은 왕이기는 하나 자신이 직접 기름 부어 세운 자가 아닌가? 아버지의 암나귀를 찾아 라마까지 온 청년, 그와 밤새 지붕에서 나눈 대화들, 성문 어귀에서 그에게 기름 붓고 미래를 다짐했던 기억이 사무엘을 스쳐 지나갔을 것이다. 사무엘은 아침 일찍 일어나 사울을 만나러 갈 때만 해도 일말의 희망을 가졌을지 모른다. 그러나 사울의 변명은 사무엘의 남은 연민의 정마저 사라지게 했다. 이제 사무엘은 사울에게 마지막 심판을 선고해야 한다.

사무엘은 먼저 사울이 어떻게 왕이 되었는지 설명한다(17절).

여호와께서 사울에게 기름을 부어 왕으로 삼으신 이유는 사울이 스스로를 작게 여겼기 때문이다. 사울은 큰 키에 자랑할 만한 외모를 가졌지만 자신을 작게 생각하는 사람이었다. 그리고 사울이 스스로를 작게 여길 때 하나님은 그를 이스라엘 지파의 머리로 삼으셨다. 많은 사람이 사울을 따랐다. 18절은 사울에 대한 하나님의 판단이 바뀐 결정적인 사건을 묘사하는데 하나님을 대신해 '죄인' 아말렉 사람들을 심판하는 전쟁에서 사울은 명령에 순종하지 않았다. 이 전쟁은 사울이 아니라 하나님을 위한 전쟁이다. "다 없어지기까지 치라"는 하나님의 명령은 모든 것을 죽이라는 뜻이다. 그러나 사울은 이 명령을 '탄력적으로' 해석하여 아말렉 왕과 가축 일부를 살려 두었다. 사울은 진멸하라는 명령을 어긴 것이 아니다. 왜냐하면 아말렉 왕은 곧 공개 처형할 것이고 짐승들은 여호와께 바칠 것이기 때문이다. 그러나 이것은 "다 없어지기까지 치라"는 말씀에 불순종한 것이다. 19절은 사울의 죄를 고발한다. 사무엘에 따르면 사울은 하나님의 목소리(말씀)를 듣지 않았다. 순종의 사명에 실패한 것이다. 사무엘은 사울이 순종하지 못한 것은 탈취물을 욕심내었기 때문이라고 고발한다. 그러나 사울은 이런 고발에 동의하지 않는 것 같다.

사울의 두 번째 변명과 사무엘의 두 번째 고발/심판 15:20–23

20 사울이 사무엘에게 이르되 나는 실로 여호와의 목소리를
청종하여 여호와께서 보내신 길로 가서 아말렉 왕 아각을 끌어
왔고 아말렉 사람들을 진멸하였으나 21 다만 백성이 그 마땅히 멸할
것 중에서 가장 좋은 것으로 길갈에서 당신의 하나님 여호와께
제사하려고 양과 소를 끌어 왔나이다 하는지라 22 사무엘이 이르되
여호와께서 번제와 다른 제사를 그의 목소리를 청종하는 것을
좋아하심 같이 좋아하시겠나이까 순종이 제사보다 낫고 듣는 것이
숫양의 기름보다 나으니 23 이는 거역하는 것은 점치는 죄와 같고

완고한 것은 사신 우상에게 절하는 죄와 같음이라 왕이 여호와의 말씀을 버렸으므로 여호와께서도 왕을 버려 왕이 되지 못하게 하셨나이다 하니

사울은 여호와의 명령을 그대로 수행했음을, 즉 여호와의 명령대로 군대를 일으켜 아말렉 사람을 진멸하였다고 주장한다. 아무런 거리낌 없이 아각의 생포를 언급하는 점으로 보아 사울은 명령을 어겼다고 생각하지 않은 것 같다. 많은 백성이 보는 앞에서 그를 공개 처형하면 사울의 위엄을 한층 높여 줄 것이다. 한편 사울은 양과 소에 대해서는 다른 입장을 취하는데, 양과 소를 취한 잘못은 사울 자신과 관계없이 발생한 것이다. 하나님께 예배하려는 순수한 마음으로 백성이 그렇게 한 것이다. 그러나 사울의 이런 변명이 거짓이라는 것은 9절에 사용된 '남기다'(*ḥāmal*)라는 동사가 단수로 사용된 점을 통해 확인할 수 있다(9절 해설 참조). 백성들이 제사를 위해 가장 좋은 양과 소를 '남긴 것'은 사울의 지시에 의한 것일 가능성이 높다. 사울의 입장에서 아말렉의 탈취물 중 가장 좋은 것으로 승전 감사 예배를 드린다면 백성에게 큰 볼거리를 제공할 것이다. 자신의 행위가 하나님의 명령에 부합한다고 진정으로 믿고 있는지, 아니면 자신의 죄를 인정하지 않기 위해 핑계를 대고 있는지는 확실하지 않다. 겐 족속을 미리 대피시킨 것과 아각을 생포한 일에 어떤 죄책감도 느끼지 않았으니 자신이 여호와의 명령을 진정으로 지켰다고 믿었을지도 모른다. 그러나 아각을 공개 처형하고, 탈취물로 번제를 드려 사울 개인의 입지를 다질 수 있음을 생각할 때 내면의 악한 동기를 감추기 위해 우기는 듯한 인상도 지울 수 없다. 이에 사무엘은 다시 한 번 사울의 잘못이 무엇인지 알려 준다.

사울이 20-21절에서 매우 설득력 있는 논조로 자신의 입장을 밝혔듯이 22절에서 사무엘도 뒤지지 않는 논조로 사울의 잘못을 지적한다. "여호와의 목소리를 청종하는 것만큼 하나님께서 번제와 제사를 기뻐하시겠습니까? 보십시오. 순종이 제사보다 낫고, 주의 깊게 귀를 기울이는 것이 양의 기름보다 낫습니다"(22절, 바른성경).

사무엘은 사울의 죄가 근본적으로 "여호와의 목소리를 청종하지 않은 것"임을 지적한다(사 1:10-17; 호 6:6; 암 5:21-24 참조). 사울은 하나님의 소리에 귀 기울이지 않고 자의적으로 말씀을 해석하여 행동했다. 이것은 하나님의 말씀을 청종할 의도가 있었느냐 없었느냐를 떠나 죄이다. 나아가 사무엘은 이런 불순종이 점술이나 우상숭배와 같다고 한다(23절, "사신 우상"=드라빔 우상). 하나님의 대리 통치자가 절대로 저질러서는 안 되는 죄가 우상숭배이다. 우상을 숭배한 왕이 받을 벌은 멸망밖에 없다. 이후에 이스라엘과 유다 왕들이 우상숭배를 하자 하나님은 그들을 멸망시키셨다. 23절에서 사무엘은 사울에게 "왕이 여호와의 말씀을 버렸으므로 여호와께서 왕을 버려 이스라엘 왕이 되지 못하게 하셨음이니다"라고 선포한다. 일부 학자들은 사울의 잘못에 비해 벌이 너무 과중하다고 하지만 이것은 사울이 반복적으로 하나님의 말씀에 순종하지 않았음을 간과한 것이다. 불순종의 죄는 우상숭배에 해당하며, 우상숭배는 대리 왕에게 치명적인 죄이다. 사울에 대한 하나님의 심판은 정당한 것이었다.

사울의 거짓된 회개와 사무엘의 세 번째 고발/심판 15:24-30

24 사울이 사무엘에게 이르되 내가 범죄하였나이다 내가 여호와의
명령과 당신의 말씀을 어긴 것은 내가 백성을 두려워하여 그들의
말을 청종하였음이니이다 25 청하오니 지금 내 죄를 사하고 나와
함께 돌아가서 나로 하여금 여호와께 경배하게 하소서 하니
26 사무엘이 사울에게 이르되 나는 왕과 함께 돌아가지 아니하리니
이는 왕이 여호와의 말씀을 버렸으므로 여호와께서 왕을 버려
이스라엘 왕이 되지 못하게 하셨음이니이다 하고 27 사무엘이
가려고 돌아설 때에 사울이 그의 겉옷 자락을 붙잡으매 찢어진지라
28 사무엘이 그에게 이르되 여호와께서 오늘 이스라엘 나라를
왕에게서 떼어 왕보다 나은 왕의 이웃에게 주셨나이다

29 이스라엘의 지존자는 거짓이나 변개함이 없으시니 그는 사람이
아니시므로 결코 변개하지 않으심이니이다 하니 30 사울이 이르되
내가 범죄하였을지라도 이제 청하옵나니 내 백성의 장로들 앞과
이스라엘 앞에서 나를 높이사 나와 함께 돌아가서 내가 당신의
하나님 여호와께 경배하게 하소서 하더라

하나님이 왕을 버렸다는 말이 사울을 잠에서 깨웠을까? 지금까지 무죄를 주장하던 사울이 "내가 여호와의 명령과 당신의 말씀을 어겼습니다"라고 고백한다. 사울은 여호와의 명령과 사무엘의 말을 동일시하고 있다. 지금까지는 하나님의 말씀에 대한 자신의 해석이 사무엘의 해석보다 낫다고 주장한 사울이 이제 사무엘의 해석이 하나님의 말씀임을 인정한 것이다. 그리고 하나님의 말씀을 순종하지 않은 이유를 다음과 같이 고백한다. "내가 백성을 두려워했습니다." 돌이켜 보면 13장에서 사무엘이 사울을 버리고 떠난 후 사울은 많은 병사를 잃었다. 병사 없는 왕은 아무 힘이 없다. 14장에 묘사된 블레셋에 대한 승리 후에도 병사들은 요나단을 죽이라는 사울의 명령에 순종하지 않는다. 사울은 이런 사건들을 통해 사람들이 두려워졌을 것이다. 더욱이 선지자 사무엘로부터 버림받자 통치의 정당성은 백성들의 지지에 있음을 깨닫게 되었다. 아말렉을 진멸하는 전쟁에서 아각을 죽이지 않고 공개 처형식에서 없애려 한 것도 자신의 왕권을 극대화시키는 방편이었다. 아말렉의 가장 좋은 양과 소로 하나님께 감사 예배를 드리려 했던 것도 백성들 앞에 자신의 성과를 극대화하려는 목적이었다. 즉 사울이 하나님의 말씀을 100퍼센트 순종하지 못한 동기는 백성들이 보는 앞에서 자신의 왕위를 확고히 하기 위함이다. 이것은 사울이 하나님보다 백성을 더 두려워했음을 의미한다.

죄를 고백한 사울은 사무엘에게 용서를 구한다. 그리고 자신을 위해 '승전 감사 제사'를 인도해 달라고 요청한다. 이 요청은 사울이 얼마나 영적으로 우둔한지 단적으로 보여 준다. 사울은 하나님이 맡기신 성전(Holy War)에 실패했다. 아각과 일부 가축을 살려 둠으로 성전을

사울 자신을 위한 전쟁으로 전락시켰다. 그럼에도 사울은 불순종의 열매들로 감사 예배를 드리려는 것이다. 사무엘이 승낙할 리가 없다. 30절에서 분명해지지만 사울이 사무엘에게 제사 집행을 요청한 이유는 수치를 면하기 위해서다. 사무엘이 국가 제사를 집전하지 않으면 사울 왕을 부끄럽게 하는 것이다. 사무엘은 사울의 요청을 거부하면서 하나님이 사울 왕을 버리셨음을 다시 한 번 선포한다.

사무엘이 가려고 몸을 돌리자 사울이 사무엘의 겉옷 자락을 붙잡아 옷자락이 찢어진다. 사무엘은 이것을 기회 삼아 이후 이야기에 가장 중요한 복선을 제공한다. "여호와께서 오늘 이스라엘 나라를 왕에게서 떼어서 왕보다 나은 왕의 이웃에게 주셨나이다." 지금까지는 사울 왕의 실패와 하나님이 사울을 버렸음에 초점이 있었다면, 이제부터는 사울에게서 왕위를 이어받을 "왕보다 나은 왕의 이웃"으로 초점이 옮겨 간다. 그가 누구일까? 그가 어떻게 왕위를 이어받을까 등이 앞으로 펼쳐질 이야기의 관심사가 된다. 하나님의 새로운 역사에 대한 복선과 함께 또다시 하나님의 '후회'가 언급된다. 개역개정 29절에서 '변개'로 번역한 히브리어 '인나헴'(*yinnāhēm*)은 '후회'의 의미다. 앞서 언급한 것처럼 하나님의 후회는 '잘못된 과거'가 아니라 '새로운 역사'에 초점이 있다. 이스라엘 나라를 사울에게서 빼앗아 더 나은 이웃에게 주셨다는 28절의 선포 직후 사무엘이 29절에서 하나님은 후회치 않으시는 분이라고 말한 것은 더 나은 이웃에 대한 하나님의 계획에 변화가 없을 것을 의미한다. 개역개정에서 '후회'를 의미하는 인나헴을 '변개'로 번역한 이유는 바로 이런 문맥적 의미를 살리기 위함이다.

사울은 24절에서 이미 죄를 인정했다. 이것은 하나님이 왕을 버렸다는 사무엘의 선고를 들은 직후다. 그러나 사울의 고백에 진정성이 있는지는 의심스럽다. 30절에서 사울은 다시 한 번 죄를 고백하지만 그가 요청한 내용을 볼 때 사울이 영적으로 무지할 뿐 아니라 여전히 자기애가 가득함을 알 수 있다. 사울은 사무엘에게 예배를 집행해 줄 것을 요구하면서 그것이 백성들 앞에서 자신을 높이기 위한 것임을 감추지 않는다.

사무엘이 아각을 죽임 15:31-33

31 이에 사무엘이 돌이켜 사울을 따라가매 사울이 여호와께
경배하니라 32 사무엘이 이르되 너희는 아말렉 사람의 왕 아각을
내게로 끌어 오라 하였더니 아각이 즐거이 오며 이르되 진실로
사망의 괴로움이 지났도다 하니라 33 사무엘이 이르되 네 칼이
여인들에게 자식이 없게 한 것같이 여인 중 네 어미에게 자식이
없으리라 하고 그가 길갈에서 여호와 앞에서 아각을 찍어 쪼개니라

31절에 기록된 사무엘의 반응은 혼란스럽다. 개역개정에 따르면 사무엘은 사울의 요구대로 백성들 앞에서 예배를 집행한다. 그 예배에 아말렉의 양과 염소가 제물로 사용되었을 가능성을 생각하면 사무엘의 반응은 더욱 이해하기 어렵다. 사무엘은 사울의 요구를 거절하지 않았는가? 왜 갑자기 태도를 바꾸었을까? 그 답은 쉽지 않다. 대부분의 학자들은 사무엘이 제사에 따라갔지만 제사를 집례하지는 않았다고 한다. 사무엘이 따라간 이유는 아각을 없앰으로써 하나님의 성전에 마침표를 찍으려고 갔다는 것이다. 그러나 31절을 다음과 같이 번역하는 학자들도 있다. "이에 사무엘이 사울로부터 떠났고, 사울은 여호와께 경배하였다."(알터, 93쪽). 이 번역이 옳다면 사무엘은 사울이 길갈에서 제사할 때 그곳에 있지 않았다. 사무엘을 모시지 못한 사울은 아마 엘리 가문의 제사장에게 제사를 집행하게 했을 것이다. 그리고 사무엘은 제사가 끝나기를 기다렸다, 제사가 끝나자마자 다시 나타났을 것이다.

사무엘이 사울을 따라가 예배에 참석했든 아니했든 32절은 제사가 끝난 후의 상황을 묘사한다. 사무엘은 아각을 데려오라고 명한다. 아각을 처형하기 위해서이다. 사무엘 앞으로 나오는 아각의 마음은 어떠했을까? 마소라 본문(개역개정)에 따르면 아각은 목숨을 부지했다는 안도감에 마음이 가벼워졌던 것 같다. 그러나 이런 아각의 생각은 고대 근동 성전의 관행을 생각할 때 이해하기 어렵다. 진멸하는 성전에서 생포된 왕은 제사 후에 신 앞에서 공개 처형 당한다. 사울이 아

각을 생포했음에도 진멸 명령을 위배했다고 생각하지 않은 이유는 제사 후에 공개 처형을 고려했기 때문이다. 따라서 아각이 "사망의 괴로움이 지났도다"라고 생각할 근거는 없다. 그 때문일까? 칠십인역은 번역이 다르다. "아각이 두려움으로 사무엘에게 나아왔다. 아각은 죽음이라는 것이 이렇게도 괴로운가라고 말했다." 칠십인역이 문맥에 더 적합한 듯하다.

【아각이 사무엘에게 끌려옴】 마카이요프스키 성경(Maciejowski bible)의 삽화.

여하튼 사무엘은 아각을 참수시키면서 이 전쟁의 의미를 다시 상기시킨다. "네 칼이 여인들에게 자식이 없게 한 것같이 여인 중 네 어미에게 자식이 없으리라." 아말렉의 왕 아각의 죽음으로 하나님의 정의가 실현된 것이다. 출애굽한 이스라엘 백성들이 광야를 통과할 때, 뒤에 처진 연약한 지체들, 여인들과 아이들만을 공격한 아말렉 사람들이 이번 전쟁에서 그들의 악행에 심판을 받는 것이다. 하나님은 여자와 어린이, 짐승을 포함해 아말렉에 속한 모든 것을 진멸하셨다. 그리고 아각의 참수는 이 진멸 전쟁의 마침표가 되었다.

버림받은 왕 사울은 아각을 죽이는 영광을 누리지 못했다는 점을 주목하자. 사무엘이 아각을 참수시켰다. 사울이 어떤 심정으로 그 광경을 지켜보았는지는 모르지만 사무엘의 영향력은 이때에도 사울과 동등할 정도로 막강했음을 알 수 있다. 그러나 사무엘은 이런 행동으로 자신을 사울의 적으로 돌려 놓는다(16:2 참조).

사무엘과 사울의 결별 15:34-35

34 이에 사무엘은 라마로 가고 사울은 사울 기브아 자기의 집으로
올라가니라 35 사무엘이 죽는 날까지 사울을 다시 가서 보지
아니하였으니 이는 그가 사울을 위하여 슬퍼함이었고 여호와께서는
사울을 이스라엘 왕으로 삼으신 것을 후회하셨더라

사무엘과 사울은 부부처럼 동역하는 관계로 부름 받았다. 사무엘이 최초의 왕정 선지자라면 사울은 최초의 왕이었다. 하나님께서 이스라엘에 왕을 주시면서 그를 말씀으로 인도할 선지자도 함께 주셨다. 그 둘이 한마음이 될 때 왕정은 성공할 것이다. 사울이 사무엘과 조우하기 전, 우물에서 물 길러 나온 여인들과 만난 사건은 사울과 사무엘의 관계가 신랑과 신부의 그것처럼 친밀한 것이어야 함을 암시한다(9:11-14절의 해설 참조). 그 정도로 친밀해야 할 관계가 이제 깨어졌다. 부부 관계로 비유하자면 이혼한 것이다. 34절은 깨져 버린 왕과 선지자의 관계를 상징적으로 보여 준다. "사무엘은 라마로 가고 사울은 사울 기브아 본집으로 올라가니라." 그 후 사무엘은 죽는 날까지 사울을 "다시 보지 아니하였다"(벨로-야사프 슈무엘 리르옷 엣-사울, *wəlô'-ʾāsap šəmûʾēl lirʾōt ʾet-šāʾûl*, 35절). 길갈에서의 만남이 마지막 만남이 되었다(삼상 19:24 참조). 개역개정이 "다시 보지 아니하였다"를 "다시 가서 보지 않았다"로 번역한 것은 이후(19장)에 사울이 사무엘을 찾아가 만난 사건을 염두에 둔 의역이다.

35절 후반부는 사무엘이 사울을 다시 찾지 않은 이유를 다음과 같이 설명한다. "이는 그가 사울을 위하여 슬퍼함이었고 여호와께서는 사울을 이스라엘 왕으로 삼으신 것을 후회하셨더라." 문자적으로 생각하면 사무엘이 사울을 슬퍼했기 때문에 다시 만나지 않았다

는 주장이 잘 이해되지 않는다. 그러나 '슬퍼한다'는 말(히트아벨, *hit'abbēl*)이 죽은 자를 애도하는 문맥에서 쓰인다는 점을 고려하면 이해가 된다. 사무엘이 슬퍼한다는 것은 왕으로서의 사울의 죽음을 의미한다. 더 이상 왕이 아니므로 사무엘은 사울을 찾아갈 필요가 없는 것이다. 하나님의 후회의 개념도 앞서 설명했듯 새로운 역사에 초점을 맞추면 하나님의 후회는 곧 그를 대신할 "왕보다 나은 왕의 이웃"(15:28) 혹은 "그 마음에 맞는 사람"에 대한 관심으로 연결된다. 사무엘의 관심도 죽은 왕 사울이 아니라 그를 대신할 왕에 있다. 다음 장은 바로 이 주제를 다룬다.

질문

1. 사울이 갈멜에 세운 기념비를 사무엘서 저자가 '손'을 의미하는 히브리어 '야드'(*yad*)로 표현한 이유는 무엇입니까?
2. 성전(Holy War)은 어떤 전쟁입니까? 경제 전쟁과 비교해 봅시다.
3. 하나님이 후회하셨다는 표현이 반복됩니다. 이 표현은 어떤 메시지를 담고 있습니까?
4. 사울이 아각을 살려 둔 이유는 무엇입니까?
5. 사울은 왜 겐 사람들을 미리 대피시켜 진멸을 면하게 합니까?
6. 사울이 진멸하라는 명령을 어기자 하나님은 사무엘에게 사울의 왕위가 서지 못할 것이라고 하셨습니다. 이제 사무엘이 울분으로 밤을 지새운 까닭은 무엇이라고 생각합니까?
7. 본문을 통해 볼 때 사울이 하나님께 버림받은 이유는 결국 무엇이라고 생각합니까?

묵상

본문을 살펴보면 사울이 하나님의 명령을 충실히 따랐다고 생각해 볼 가능성이 있습니다. 다 없어질 때까지 공격하라는 하나님의 명령을 사울이 속했던 세대의 관습 안에서 해석하여 공개 처형할 왕과 제사에 사용할 동물들을 죽이지 않은 것입니다. 우리가 사는 세계, 세계관, 문화, 관습 등이 우리의 말씀 순종에 방해가 될 수도 있습니다. 특히 그것이 교회의 관행이라면 죄로 인식되기는 더욱 힘듭니다. 기독교는 변화의 종교라고 합니다. 늘 말씀에 비추어 새롭게 되지 않으면 사울과 같이 하나님의 말씀과 '나의 해석'을 구분하지 못하게 됩니다. 사울처럼 하나님 '손'의 역사를 자기 '손'의 역사로 대체하게 됩니다. 한국 교회가 돈과 권력의 우상을 부수고 말씀 위에 굳게 설 수 있도록 기도합시다.

17
다윗에게 기름을 부음

삼상 16:1-23

사무엘상 16장부터는 이야기의 초점이 사울 왕에게서 "왕보다 나은 왕의 이웃"(15:28)의 출현으로 이동한다. 사울 왕에게 '사망' 선고를 내린 사무엘은 새로운 왕을 찾아 베들레헴으로 내려가 이새의 막내아들 다윗에게 기름을 붓는다. 그는 사울과는 다른 왕이 될 것이다. 한편 사울은 악령의 역사에 번민하고 있었다. 신하들의 제안에 따라 수금 잘 타는 자를 고용하기로 결심한 그는 적격자를 수소문한다. 이때 추천을 받아 사울의 궁에 들어간 사람이 다윗이다. 다윗은 궁에서 사울의 사랑을 받으며 그의 무기 드는 자가 된다. 다윗은 사울의 궁에서 일하며 훗날을 위한 교두보를 확보한다.

해설

이새의 집으로 갈 것을 명함 16:1

1 여호와께서 사무엘에게 이르시되 내가 이미 사울을 버려 이스라엘
왕이 되지 못하게 하였거늘 네가 그를 위하여 언제까지
슬퍼하겠느냐 너는 뿔에 기름을 채워 가지고 가라 내가 너를
베들레헴 사람 이새에게로 보내리니 이는 내가 그의 아들 중에서
한 왕을 보았느니라 하시는지라

15장에서 하나님은 사울을 왕으로 세운 것을 후회한다고 세 번 말씀하신다(11, 29, 35절). 이것은 새로운 왕을 세우시겠다는 하나님의 의지를 표명한다(15:10-11절 해설 참조). 본 단락은 그런 의지를 실천하는 첫 행보다. 하나님은 사무엘을 가볍게 꾸짖는 것으로 시작한다. "네가 그를 위하여 언제까지 슬퍼하겠느냐."

15장 35절에 대한 해설에서는 "슬퍼하다"로 번역된 히브리어 '히트아벨'(*hit'abbēl*)이 죽은 사람을 위해 애곡한다는 의미임을 보았다. 사무엘의 슬픔은 망자에 대한 애도이다. 그 망자는 미운 정 고운 정이 다 든 베냐민 사람 사울이다. 하나님이 사울을 버리고 새로운 왕을 세우겠다고 계시하셨을 때 사무엘은 무척 화를 냈다(15:11 해설 참조). 사무엘이 화를 낸 이유는 왕을 세워 달라는 백성들의 요구를 들어주신 하나님이 이제 금방 마음을 바꾸셔서 사울 왕을 버렸기 때문이다. 자신의 반대에도 왕을 세울 때는 언제이고 이제 와서 그렇게 쉽게 버리는가라는 원망이 사무엘에게 있었다. 1절에 기록된 왕의 죽음에 대한 사

【사울을 위해 애곡하는 사무엘】 사무엘은 왕정에 반대했지만 하나님의 말씀에 순종하여 사울을 왕으로 세웠다. 그리고 사울과의 동역을 기대하는 마음도 가졌다. 그러나 너무 빨리 하나님이 마음을 바꾸셔서 사울이 왕으로 사형선고를 받게 되자 여러 감정이 북받쳐 사울을 애도한다. 특히 사무엘의 사역도 사울 왕의 폐위와 함께 마지막에 이르렀음을 고려할 때 사무엘의 심경을 더 이해할 수 있다. 사무엘은 다윗에게 기름을 부어 왕으로 세우지만 다윗 곁에서 하나님의 말씀을 대언하지는 않는다. 사무엘에게 사울 왕정은 자신의 활동 무대였다. 그러나 사울 왕정이 너무 일찍 끝나 버렸다. 왕정에 대해 가졌던 비전이 너무 쉽게 무너진 것이다.

무엘의 애도에는 그런 원망이 드러나 있다('사울을 위해 애곡하는 사무엘' 참조). 그러나 하나님은 그런 사무엘의 애곡 혹은 원망에 화가 나신 것 같다. "언제까지 슬퍼하겠느냐? 사울을 버려 이스라엘의 왕이 되지 못하게 한 것은 바로 나 여호와다!"

한편 하나님은 사울을 택하고 버림이 자신의 주권이었음을 분명히 한 후 사무엘에게 새로운 사명을 주신다. 기름을 뿔에 채워 베들레헴 사람 이새에게로 가라고 지시하신다. 이새의 아들 중 하나를 하나님이 "보았기"(라아, *rāʼah*) 때문이다. 여기서 "보았다"는 의미는 '점찍다', '예선(豫選)해 두셨다'는 의미이다.[1]

하나님은 사무엘을 이새의 집으로 보내시면서 기름을 "뿔"에 채워 갈 것을 명하신다. 사울에게 기름을 부을 때는 그런 지시가 없었다. 사울에게는 기름 병을 사용했다(10:1). 그리고 이것은 사울의 왕 됨이 온전한 것이 아님을 암시하는 문학적 장치였다(10:1 해설 참조). 이런 관점에서 하나님이 새로운 왕을 찾아 나서는 사무엘에게 기름을 뿔에 채우라고 하신 것은 이새의 아들은 기스의 아들과 다른 왕이 될 것임을 드러낸다. 또한 '뿔'은 한나의 노래를 상기시킨다. "여호와께서…… 자기의 기름 부음을 받은 자의 뿔을 높이시리로다"(2:10). 한나의 노래에서 "뿔"은 힘을 상징하는 은유이지만, 뿔에 담긴 기름을 머리에 뒤집어 쓸 이새의 아들도 가리키는 듯하다.

하나님이 사무엘에게 할 일을 가르쳐 줌 16:2-3

2 사무엘이 이르되 내가 어찌 갈 수 있으리이까 사울이 들으면 나를
죽이리이다 하니 여호와께서 이르시되 너는 암송아지를 끌고 가서
말하기를 내가 여호와께 제사를 드리러 왔다 하고 3 이새를 제사에
청하라 내가 네게 행할 일을 가르치리니 내가 네게 알게 하는 자에게
나를 위하여 기름을 부을지니라

베들레헴 사람 이새에게로 가라는 여호와의 말씀에 사무엘은 즉각 순

종하지 못한다. 사무엘은 "내가 어찌 갈 수 있겠습니까? 사울이 알면 나를 죽일 것입니다"라고 한다. 길갈 집회에서 "순종이 제사보다 낫다"고 설교한 사무엘이 자기 목숨이 두려워 하나님의 명령에 즉각 순종하지 못하는 모습은 역설적이다. 이스라엘 백성과 사울 왕 앞에서는 하나님의 말씀을 대변하지만 하나님 앞에서는 불순종하는 이스라엘 백성과 같이 사무엘 역시 실수하는 죄인일 뿐이다. 이 본문은 지금까지 묘사된 이미지와 다른 사무엘의 모습을 보여 준다.

인간적으로 생각하면 사무엘의 말에는 일리가 있다. 하나님께서 사울을 버리셨다고 하지만 사울은 여전히 이스라엘의 왕이다. 그는 여전히 군대를 관할하며 사울 밑에서 기득권을 가진 많은 사람들이 그를 지지하고 있다. 그런데 킹메이커 사무엘이 특별한 이유 없이 베들레헴이라는 작은 마을을 방문한다면 사람들은 그것을 예사로 보지 않을 것이다. 나아가 사무엘이 누군가에게 기름을 붓는다는 소문이 사울의 귀에 들어가면 분명 사무엘은 체포, 처형될 것이다. 더구나 사울이 사무엘에게 고운 마음을 갖고 있을 리도 없다. 사무엘은 사울을 위해 제사를 집행하지도 않았고(31-33절 해설 참조) 제사 후에 아각의 공개 처형을 주도함으로써 사울이 왕의 위엄을 보일 기회마저 빼앗아 버렸다. 자신을 버린 데다가 백성들 앞에서 모욕까지 한 사무엘에게 사울이 좋은 감정이 가졌을 리가 없다. 사울은 반역의 기미만 있어도 사무엘을 잡아들여 처형할 준비가 되어 있었다. 사무엘의 걱정은 기우가 아니다.

하나님은 사무엘이 납득할 만한 계획을 제안한다. 제사 집행을 목적으로 베들레헴을 방문하는 것같이 꾸미라는 지시이다(2절). 사무엘의 친척이 베들레헴에 살고 있었다면 사무엘이 매년제 집행을 위해 그곳을 방문하는 것은 자연스러운 일이었을 것이다('사무엘은 베들레헴에 친척이 있었을까'를 참조). 또한 하나님은 이새의 가족을 제사에 청하라고 지시한다. 그다음부터는 하나님께서 사무엘에게 해야 할 바를 알려 줄 것이다(3절). 사무엘은 하나님의 지시를 따라 기름만 부으면 된다.

이 대목에서 이새의 아들 중 하나를 기름 붓는 과정에 하나님이 일일이 간섭하신다는 것을 주목하자. 선지자는 꼭두각시처럼 그분이 말씀하는 바대로 순종하면 된다. 이것은 사울에게 기름을 부은 과정과 다르다. 사울의 경우에는 하나님이 꿈에 나타나 사울을 보낼 것이니 기름을 부으라고만 말씀하셨을 뿐, 기름을 어디에 담을지, 언제, 어떤 상황에서 기름을 부을지도 지시하지 않으셨다. 사울 때에 선지자는 하나님의 뜻을 수행하는 방식에 있어 재량권을 가졌다. 사무엘은 환영 제사와 만찬을 준비했고 사울과 지붕에서 밤샘 대화를 했으며 아침 일찍 아무도 보지 않는 곳에서 기름을 부은 후, 왕위를 증명하고 확증할 방식까지 가르쳐 주었다. 이 모든 것은 하나님의 계시를 일일이 따른 것이 아니라 선지자 사무엘의 창조적 사역처럼 보인다. 사울과의 관계에서 사무엘이 하나님의 계시 전달자 이상의 역할(월권)을 한 부분이 있다고 주장하는 학자가 있을 정도이다. 즉 사울과 백성들에게 사무엘의 권위는 하나님의 권위와 동등했다. 그러나 이번 일에서는 하나님이 일일이 간섭하고 지시하신다. 오히려 이번에는 사무엘이 바로 순종하지 못하고 머뭇거리고, 하나님의 뜻을 오판하는 실수를 범한다. 지금까지의 이미지와는 다른 모습이다. 사무엘 대신 부각되는 것은 새로운 왕이다. 새로운 왕의 탄생은 철저히 하나님께서 주도하신다.

다윗이 이스라엘 역사의 가장 큰 영웅임에도 그의 탄생에 관한 에피소드가 없다는 것은 놀랍다. 우리에게 남은 것은 다윗이 '왕으로' 탄생하는 에피소드다. 그리고 이 에피소드에는 하나님의 '초자연적 개입'이 강조된다. 이것은 (기적적으로 태어난 아이가 비범하게 사는 영웅이 되듯)

【사무엘은 베들레헴에 친척이 있었을까】 사무엘의 베들레헴 방문은 매우 이례적이었을 것이다. 사무엘은 이미 온 이스라엘이 아는 선지자이고, 그의 순회 사역은 이스라엘 영토의 핵심부인 미스바, 벧엘, 길갈에 국한되었다. 그 이외의 지역을 방문했다는 기록이 성경에 없다. 따라서 사무엘이 제사를 드리기 위해 유다 땅 베들레헴에 간다는 것은 매우 이례적인 일이다. 사울과의 관계가 나빠진 상태에서 베냐민과 라이벌 관계인 유다 땅에 간다는 것은 의심을 받을 수밖에 없다. 그런데 베들레헴에서의 제사가 사무엘의 의도를 숨기는 좋은 방편인 것처럼 성경이 기록한 이유는 무엇일까? 이 수수께끼를 푸는 한 가지 방법은 사무엘이 베들레헴에 친척이 있었고, 그가 매년제를 드리려 베들레헴에 가려 했다는 가정이다. 매년제는 가족, 친족 중심의 제사로 1년에 한 번 드린다. 사무엘은 1장 1절에서 에브라임 사람이라고 기록되었는데, 일부 "에브라임 사람"은 원문상 "에브라다 사람"으로도 번역된다. 에브라다는 유다 베들레헴 지역이다. 이런 언어적 용법은 에브라임 사람과 유다 베들레헴 사이에 존재했을 친족 관계를 의미할 수 있다. 베들레헴에 제사를 드릴 수 있는 성소가 있었음은 고고학 발굴을 통해 증명되었다(히스, 266).

다윗이 앞으로 비범한 왕국을 이룰 것임을 부각시킨다. 하나님의 초자연적인 개입을 부각시키는 다른 측면은 다음과 같다. 사울의 이야기에서는 미래의 왕이 숨어 있는 선지자 사무엘을 우연히 찾아가지만, 다윗의 경우에는 하나님이 숨어 사는 미래의 왕에게 선지자를 직접 보낸다. 사울은 자원하여 왕이 된 것처럼 그려지고, 다윗은 하나님의 의지에 의해 왕으로 선택된 것으로 묘사된다.

베들레헴에 도착한 사무엘 16:4-5

4 사무엘이 여호와의 말씀대로 행하여 베들레헴에 이르매 성읍
장로들이 떨며 그를 영접하여 이르되 평강을 위하여 오시나이까
5 이르되 평강을 위함이니라 내가 여호와께 제사하러 왔으니 스스로
성결하게 하고 와서 나와 함께 제사하자 하고 이새와 그의 아들들을
성결하게 하고 제사에 청하니라

사무엘의 베들레헴 방문은 그다지 환영받지 못했다. 사무엘과 사울의 갈등은 그곳까지 소문이 난 것 같다. 베냐민과 라이벌 관계에 있는 유다 땅 베들레헴에 온 것이 자칫 반역 행위로 몰려 베들레헴 마을 사람에게까지 화가 미칠 것을 염려하는 분위기다. 뿐만 아니라 사무엘은 온 백성이 보는 가운데 아말렉 왕 아각을 죽인 사람이 아닌가? 베들레헴 장로들이 사무엘의 방문을 두려워 할 이유들이 많았다. 그래서 사무엘을 맞으며 그들은 "평강을 위하여 오십니까"라고 묻는다.

【성결하게 되는 법】 이스라엘 백성들은 여호와의 전에 제사(=예배)를 위해 나아오기 전 반드시 "거룩해야 한다". 거룩하지 못한 자는 하나님 앞에 설 수 없었다. 따라서 제사나 예배에 참석하기 며칠 전부터 백성들은 자신을 거룩하게, 즉 성결케 해야 한다. 그러면 어떻게 성결케 하는가? 이것을 다루는 율법이 레위기 17-26장이다. 보통은 성결 법전 혹은 거룩 법전으로 불린다. 이 성결 법전에는 이스라엘 백성을 더럽히는 내용들이 나열되어 있다. 성결을 원하는 사람이 피해야 할 것들이다. 예를 들어 고기를 먹지 말고, 부적절한 성관계를 가지지 말라는 것이다. 적극적인 방법도 있는데 그것은 어려운 이웃에게 자비를 베푸는 것이다(레 19:10). 이와 같은 내용들이 성결 법전에 기록되어 있지만, 지역과 시대마다 성결의 방법이 조금씩 달랐던 것 같다. 시내 산에서 하나님을 만나기 전 이스라엘 백성은 자신의 옷을 빨아 성결케 되었다. 모세는 떨기나무에서 하나님과 대면하기 전 신발을 벗음으로 성결하게 되었다. 그러나 베들레헴 사람들이 제사를 위해 어떻게 스스로 성결케 했는지는 확실하지 않다.

사무엘은 그들을 안심시키고 방문한 목적이 제사 때문이라고 말한다. 사무엘이 베들레헴 사람들과 친족 관계에 있었다면 베들레헴 성소에서 벌어지는 매년제(1:3의 해설 참조)에 방문을 맞추었을 가능성이 있다. 매년제는 3대 절기와 달리 가족과 친족 중심의 제사이며 각 지방 성소에서 행해진다. 사무엘은 장로들에게 스스로 성결케 하고 제사에 나올 것을 명한 후 "이새와 그의 아들들을 성결하게 하고 제사에 청했다". 왜 장로들에게는 스스로 청결케 한 후에 나오라고 하면서 이새와 그 아들들에 대해서는 사무엘이 직접 성결하게 한 후 제사에 청했을까? 매우 어려운 질문이지만 다음의 시나리오가 문맥에 적합한 것 같다.

이새는 사무엘을 맞이한 베들레헴 성읍 장로 중에 하나였을 뿐 아니라 사무엘의 숙박과 호위를 담당했을 가능성도 있다. 그렇다면 장로들과 접견한 후 사무엘은 제사 날까지 이새의 집에 머물렀을 것이다. 이것은 사무엘이 이새와 그의 아들들을 접견할 자연스러운 기회를 제공했고, 그들의 성결 의식을 돕고 제사 참석을 다시 한 번 명했을 가능성이 있다. 따라서 6절부터 벌어지는 기름 붓는 장면은 성소가 아니라 이새의 집이 그 배경이다. 이것은 다윗이 "형제들 가운데" 기름 부음을 받았다는 16절의 내용과 맞아떨어진다. 만약 성소에서 다윗이 이새의 일곱 아들들을 접견하고, 다윗이 오기를 한참 기다린 후 그에게 기름을 부었다면 제사에 참여한 모든 사람들의 이목을 끌었을 것이다. 더구나 그들은 바로 이런 일을 예상하여 염려한 사람들이 아닌가? 그랬다면 사무엘이 염려한 대로 사울의 귀에 이 소식이 들어갔을 것이다. 그러나 본문은 기름 부음을 철저히 가족 내의 사건으로 그린다.

일곱 아들 중 택한 자가 없음 16:6-10

6 그들이 오매 사무엘이 엘리압을 보고 마음에 이르기를 여호와의
기름 부으실 자가 과연 주님 앞에 있도다 하였더니 7 여호와께서
사무엘에게 이르시되 그의 용모와 키를 보지 말라 내가 이미 그를
버렸노라 내가 보는 것은 사람과 같지 아니하니 사람은 외모를

보거니와 나 여호와는 중심을 보느니라 하시더라 8 이새가
아비나답을 불러 사무엘 앞을 지나가게 하매 사무엘이 이르되
이도 여호와께서 택하지 아니하셨느니라 하니 9 이새가 삼마로
지나게 하매 사무엘이 이르되 이도 여호와께서 택하지
아니하셨느니라 하니라 10 이새가 그의 아들 일곱을 다 사무엘
앞으로 지나가게 하나 사무엘이 이새에게 이르되 여호와께서
이들을 택하지 아니하셨느니라 하고

본 단락에서는 여호와 하나님이 사무엘에게 "행할 일을 가르치겠다"는 3절 말씀이 성취된다. 하나님은 사무엘과 긴밀한 대화를 나누면서 누구에게 기름을 부어야 할지 가르치신다.

사무엘은 이새의 아들들을 접견하는데 그들 중 하나에게 기름을 부어 왕으로 세우는 것이 접견의 목적이다. 앞서 설명한 대로 사건이 벌어지는 장소는 이새의 집이다. 이새의 집에 묵었던 사무엘은 다른 사람의 의심을 받지 않고 이새의 아들들을 만날 수 있었다. 그리고 사무엘이 다윗에게 기름을 부은 후 바로 라마로 돌아간 것(13절)으로 보아, 매년제를 마친 사무엘과 이새의 가족이 집으로 돌아온 후 접견을 한 것 같다. 지금 사무엘은 하나님의 음성을 따라 한 걸음씩 움직이고 있다. 이새는 사무엘이 베들레헴을 방문한 진짜 이유를 아는 듯하다. 이새가 아들을 한 명씩 사무엘 앞에 서게 한 것은 사무엘이 그들 중에서 왕을 뽑도록 하기 위한 것이다.

사무엘 앞에 제일 먼저 선 아들은 엘리압이다. 엘리압은 사울처럼 잘생겼고 키도 컸다. 이새도 장남인 엘리압을 가장 적합한 후보로 생각하고 사무엘 앞에 세웠을 것이다. 사울의 실패를 경험한 사무엘이

【이새의 아들은 몇 명일까】 역대상 2장 13-15절에 따르면 이새의 아들은 모두 일곱이다. 그러나 사무엘상 16장 10절과 17장 12절은 다윗에게 일곱 형제가 있다고 한다. 다윗은 일곱 번째 아들인가? 아니면 여덟 번째 아들인가? 어떤 학자들은 다윗이 여덟 번째 아들인데 역대상 저자가 그를 일곱째로 만들었다고 주장한다. 이것은 역대서 저자의 족보에 대한 관심과 일치하는데, 보통 족보에서 일곱 번째로 언급되는 사람이 중요하기 때문이다. 한편 다윗이 본래 일곱째 아들인데, 사무엘서 저자가 문학적 메시지를 위해 여덟째로 만들었다고 주장하는 학자들도 있다. 그들에 따르면 다윗이 일곱 아들에 속하지 않았다는 말은 '기대 밖의 인물' 혹은 '뜻밖의 인물'이라는 인상을 주는 동시에 특별한 존재임을 뜻한다.

지만 이번에도 사울과 같은 인물에 마음이 끌린다. "여호와의 기름 부으실 자가 과연 주님 앞에 있도다"(6절). 이 본문이 사무엘의 생각인지, 소리 내어 말한 것인지는 확실하지 않다. 그러나 사무엘이 오판했다는 것은 분명하다. 그때 하나님께서 하신 말씀은 그 후 유대-기독교 역사에서 자주 인용되는 명언이 된다. "내가 보는 것은 사람과 같지 아니하니 사람은 외모를 보거니와 나 여호와는 중심을 보느니라"(7절).

하나님은 엘리압의 용모와 신장을 보지 말라고 하시면서 "내가 그를 버렸노라"라고 덧붙인다. 이것은 엘리압을 사울에 빗대는 표현이다. 선택된 적도 없는 엘리압을 "버린다"는 것은 어불성설이다. 그러나 엘리압의 외모와 신장이 사울을 강하게 연상시키기 때문에, 그를 "버렸다"라는 표현은 사울에 대한 하나님의 판결을 다시 확증하는 효과를 지닌다. 새롭게 기름 부을 사람은 전혀 다른 기준에 따라 선택될 것이다. 사울이 '외모'로 뽑혔다면, 그는 '중심'으로 뽑힐 것이다. 사람들이 요구한 왕이자 자원한 왕이 사울이었다면 새 왕은 하나님이 선택하는 동시에 하나님이 직접 찾아낼 왕이다. 엘리압은 17장에서 잠시 다시 등장하는데 이때 다윗에게 한 말은 다윗에 대한 사울의 평가를 예언적으로 대변한다. "그[엘리압]가 다윗에게 노를 발하여 이르되…… 나는 네 교만과 네 마음의 완악함을 안다"(17:28).

이어 이새는 아비나답과 삼마를 사무엘 앞에 서게 한다. 하나님은 사무엘에게 그들도 택하지 않았다고 말씀한다. 엘리압의 경우처럼 "버렸도다"가 아니라 "택하지 아니했다"라고 하신 것이 재미있다. 이름이 언급되지 않은 나머지 아들들도 모두 사무엘 앞을 지나갔지만 하나님께서는 전과 동일한 응답을 주셨다. 일곱 명이 다 지나갔다는 말과(10절), 숫자 7이 주는 완전성의 이미지 때문에 이새가 보여 줄 아들이 이젠 남지 않은 듯하다. 그러나 하나님은 분명 이새의 아들 가운데 하나를 왕으로 예선하셨다고 하지 않으셨는가?(1절) 정말 이 아들들이 전부인가? 사무엘도 우리와 똑같은 생각을 했나 보다. 그의 질문이 11절에 기록되어 있다.

사무엘이 다윗에게 기름을 부음 16:11-13

11 또 사무엘이 이새에게 이르되 네 아들들이 다 여기 있느냐 이새가
이르되 아직 막내가 남았는데 그는 양을 지키나이다 사무엘이
이새에게 이르되 사람을 보내어 그를 데려오라 그가 여기
오기까지는 우리가 식사 자리에 앉지 아니하겠노라 12 이에 사람을
보내어 그를 데려오매 그의 빛이 붉고 눈이 빼어나고 얼굴이
아름답더라 여호와께서 이르시되 이가 그니 일어나 기름을 부으라
하시는지라 13 사무엘이 기름 뿔병을 가져다가 그의 형제 중에서
그에게 부었더니 이 날 이후로 다윗이 여호와의 영에게 크게
감동되니라 사무엘이 떠나서 라마로 가니라

사무엘은 이새에게 다른 아들이 없는지 묻는다. 이때 이새가 "막내"를 언급한다. 사무엘은 "막내가 남았다"는 말에 사라졌던 희망이 되살아나는 것을 느꼈을 것이다. "막내"로 번역된 히브리어 '카탄'(qāṭān)을 직역하면 '작은 자'다. 사울이 처음 소개될 때 '큰 자'로 소개된 것과 대조적이다. 그 '작은 자'는 왕이 될 가능성이 거의 없는 사람 같다. 이것을 잘 반영하는 것이 "그는 양을 치고 있습니다"라는 이새의 말이다. 현대인의 낭만과 달리 고대 이스라엘에서 목동은 오늘날의 3D 업종이었다. 목동은 더럽고 냄새나는 직업이다. 당시 목축은 자급자족이 목적이었기에 소규모였고 여자나 소년들이 담당했다. 가정 내에서 기대를 받는 '유망주'는 첨단 산업인 농사를 짓거나 관직에 진출했다. 다윗은 평생 부모 곁에서 잔심부름이나 하고 목축을 할 인물 정도로 여겨졌다. 그는 형들에 비해 '작은 자'였다. 사울의 직업이 '농부'로 그려졌음을 상기하면 재미있다. 사울은 왕으로 지명받고도 소를 몰며 밭에서 일했다. 고대에서 농업은 최첨단 산업이다. 목축과 달리 농업을 하려면 관개 시설 등 사회 간접 자본이 확보되어야 하고 강우량을 예측하고 각종 병충해에 대비해야 하기 때문이다. 농업이 발달해야 왕이 도시를 건설할 수 있었다. 농업에 해박한 사울의 이미지는 그를 당시 관점에서 최고의

후보로 만든다. 그러나 다윗은 당시 도시인들이 뒤떨어진 산업으로 인식한 목축 일을 했다. 이런 직업의 차이도 다윗이 사울과 전혀 다른 왕이 될 것임을 시사한다. 그러나 다윗을 목동으로 소개하는 이새의 말은 아이러니하게도 그가 이상적인 왕이 될 것도 암시하는데 성경에서 이상적인 지도자는 목자에 비유되기 때문이다. 고대 근동의 왕들도 자주 자신을 목자에 비유했다. 목자가 양의 필요를 채우고 지키듯이 왕은 백성을 지키고 돌보는 사람이라는 이념을 반영하는 것이다.

사무엘은 "막내"의 존재를 듣자마자 그를 데려오라고 강하게 요구한다. 다윗이 목동이라는 사실이 갖는 예언적 의미를 사무엘이 간파했는지는 확실하지 않다. 그러나 이새의 "아들 가운데 한 왕을 보았다"(1절)는 하나님의 말씀이 옳다면 "막내"가 하나님이 선택한 왕임이 분명하다. 이런 확신과 기대 때문일까? 그는 막내가 오기 전까지 "식사 자리에 앉지 않겠노라"고 한다. 원문에는 "식사 자리"도, "앉는다"는 말도 없다. 히브리어 원문 '키로-나소브'(*kî lōʾ-nāsōb*)는 "우리가 돌아가지 않겠노라"라는 의미이다. 다만 혼자 베들레헴에 찾아온 사무엘이 "우리"가 돌아간다는 말을 하였다는 것을 문맥적으로 이해하기 힘들기에 개역개정은 칠십인역을 따라 히브리어 원문을 수정해 "우리가 식사 자리에 앉지 않겠노라"(*hoti ou mē katalithōmen*)로 번역한 것이다. 그러나 다윗에게 기름 부은 후 사무엘이 앉아 식사했다는 기록이 없고, 라마로 갔다는 언급만 나오는 것으로 보아 히브리어 원문의 "우리가 돌아가지 않겠노라"가 문맥에 적합한 것 같다. 사무엘에게 일행이 있음을 암시하는 것은 아니다. 일인칭 단수보다 복수 대명사를 사용하는 것이 말하는 사람의 위엄을 높여 주기도 한다.

여하튼 사무엘과 나머지 형제들은 다윗이 올 때까지 기다려야 했다. 얼마나 지났을까? 막내가 드디어 들어온다. 그런데 놀라운 것은 그의 외모다. 하나님은 외모가 아니라 중심을 보신다고 하시며, 이새의 일곱 아들 모두를 거절하셨다. 그런데 성경 저자가 다윗의 눈부신 외모를 처음 언급하는 것은 역설적이다. "그는 피부가 붉고 눈이 아름답고 외모가 준수했다." 신장에 대한 언급만 없었을 뿐 오히려 외모에 대한 칭찬은 사울 때보다 더 자세하다. 외모를 보지 않는다는 말은 '키'를 보지 않는다는 뜻인가? 붉은 피부, 아름다운 눈, 그리고 준수한 외모가 (하나님께서 보시겠다던) '중심'과 무슨 관계가 있는가? 사무엘도 다윗을 보는 순간 이런 생각이 스쳐 갔을 것이다. 그러나 하나님은 즉각 사무엘에게 "이가 그니 일어나 기름을 부으라"고 명하신다. 이에 사무엘은 기름 뿔을 취하여 다윗에게 기름을 부었는데, 이 광경을 목격한 사람은 이새와 그 아들들뿐이었다(13절). 즉 비밀리에 기름 부음이 이루어진다. 이것이 알려지면 다윗은 물론 이새의 집안 전체가 몰살당할 것이기 때문이다.

【사무엘이 다윗에게 기름을 부음】 시리아의 두라-에우로포스 회당 벽화.

이날 이후 하나님의 신이 다윗에게 크게 임했다. 사울도 기름 부음을 받고 여호와의 신에 사로잡혔다(삼상 10:10; 11:6). 사사들도 하나님의 신에 사로잡힌 사람들이다. 성령의 임재는 하나님께서 그의 종들에게 사명을 감당할 능력을 주시는 것을 의미한다. 그러나 다윗에게 임한 여호와의 신은 사사들이나 사울의 경우와 조금 다르다. 다윗에 임한 성신은 지속적으로 역사한다. 13절은 "이날 이후로 계속적으로(메하욤 하후 바마을라, *mēhayyôm hahû' wāmā'lāh*)" 하나님의 신이 다윗에게 강하게 임했다고 증거한다. 다윗은 이제 하나님의 신이 깃든 특별한 존재이다. 또 하나 재미있는 것은 사울의 기름 부음 장면과 달리 사무엘은 다윗 왕위의 '증명'과 '확증'에 대해 특별한 지시를 내리지 않는다는 것이다. 사무엘은 추가적 지시 없이 바로 라마로 돌아간다. 이것은 사무엘이 다윗 왕을 섬길 선지자는 아니라는 사실과 관계있다. 사무엘의 사명은 다윗에게 기름을 붓는 데까지다. 사울과는 달리 하나님이 직접 왕위 등극 과정을 지시하고 이끌어 가신다. 다윗은 직접 하나님께 응답을 받으며 그 과정을 진행해 간다.

사울에게 악령이 역사함 16:14

14 여호와의 영이 사울에게서 떠나고 여호와께서 부리시는 악령이 그를 번뇌하게 한지라

14절 전반부의 히브리어 문장(*wərûaḥ yhwh sārāh mē'îm šā'ûl*, "여호와의 신이 사울에게서 떠나고")은 대과거 문장이다. 이것은 여호와의 신이 다윗에게 임하는 사건(13절)과 그 신이 사울에게서 떠나는 사건(14절)이 동시적으로 일어난 것임을 가르쳐 준다. 사울에게서 여호와의 신이 떠난 후 여호와의 부리시는 악령이 그 자리를 채웠다(14b절). 악령은 사울을 "번

【여호와의 부리신 악령】 하나님이 악령의 원인이라는 사실은 충격적이지만, 본문은 악령의 유래가 여호와임을 분명히 하고 있다. 이 사실을 어떻게 이해할 수 있을까? 우선 구약성경은 다신교에 반대할 뿐 아니라 이원론적 세계관에도 반대함을 주목하자. 하나님은 모든 것의 창조주이시므로 악이나 시험조차도 하나님이 사용하시는 도구일 뿐이다(신 13:2-4; 암 3:6; 삼하 24:1; 왕상 21:1). 여기서 '악령'은 존재론적으로 악한 신이 아니라 악한 역할을 담당하는 천사로 보아야 한다. 하나님께서 맡기시는 일이 악역이더라도 그것에 순종하는 영물은 분명히 천사일 것이다. 물론 이런 설명이 하나님을 악의 근원으로 만드는 것을 피할 수는 있지만, 신약에 나타난 사탄, 즉 하나님께 불순종할 뿐 아니라 대적하는 악의 근원은 설명할 수 없다. 종교사학적인 관점에 따르면 악의 근원으로서 사탄의 개념은 구약 시대 말, 정확하게 말하면, 제2성전기의 유대교에서 크게 발달한다. 아마 유배 중에 있던 유대인들이 페르시아의 조로아스터교에 영향을 받은 것 같다. 종교적 진리가 처음부터 '완전한 세트'로 구비되어 전승되지 않고 역사적으로 조금씩 발달해 갔다는 사실에 놀랄 필요는 없다. 성경 계시는 점진적 발전을 이루는 계시이기 때문이다.

뇌하게" 했다. 많은 학자들이 악령 들린 사울을 심리학적으로 분석하고 설명하려고 한다. 사울의 번뇌가 어떤 상태였는지 모르지만, 성경은 그 원인이 외부로부터 온 것임을 분명히 한다. "하나님께서 보내신" 악령이 사울을 번뇌케 하였다. "번뇌케 하다"로 번역된 히브리어 '비아트'(*bi'at*)는 욥기에 집중적으로 사용된 단어다. 욥에게 닥친 환란, 신체적 고통, 친구들의 몰이해, 그리고 침묵하시는 하나님 때문에 생기는 정신적, 신학적 혼란이 비아트라는 용어로 표현된다(욥 7:14; 9:34; 13:11; 15:24; 18:11; 33:7). 이것은 악령이 사울에게 주었던 고통의 깊이와 크기를 암시해 준다.

사울의 치료를 위해 천거된 다윗 16:15-19

15 사울의 신하들이 그에게 이르되 보소서 하나님께서 부리시는
악령이 왕을 번뇌하게 하온즉 16 원하건대 우리 주께서는 당신
앞에서 모시는 신하들에게 명령하여 수금을 잘 타는 사람을 구하게
하소서 하나님께서 부리시는 악령이 왕에게 이를 때에 그가 손으로
타면 왕이 나으시리이다 하는지라 17 사울이 신하에게 이르되 나를
위하여 잘 타는 사람을 구하여 내게로 데려오라 하니 18 소년 중 한
사람이 대답하여 이르되 내가 베들레헴 사람 이새의 아들을 본즉
수금을 탈 줄 알고 용기와 무용과 구변이 있는 준수한 자라
여호와께서 그와 함께 계시더이다 하더라 19 사울이 이에 전령들을
이새에게 보내어 이르되 양 치는 네 아들 다윗을 내게로 보내라 하매

사울이 이상하게 행동하자 신하들은 진단과 함께 처방도 제안한다. 사울이 어떤 행동을 했는지 기록되지 않았지만 신하들이 선제적 조치를 취할 만큼 염려스러운 것이었다. 그들은 사울의 이상한 행동을 하나님께서 부리시는 악령의 활동으로 진단한다. 신하들이 그것을 어떻게 알았을까라는 질문은 차치하자. 신하들은 하나님께서 부리신 악령이 왕

에게 임할 때 수금을 연주하면, 왕의 상태가 호전될 것이라고 믿었다. 음악과 입신 혹은 축사의 관계는 성경 여러 곳에서 증거된다. 사무엘상 10장 5절에 따르면 비파와 작은북과 피리와 수금을 연주하는 예언자들과 만난 사울에게 여호와의 신이 임한다. 열왕기하 3장 14-16절에 따르면 엘리사는 예언하기 위해 아합에게 수금 타는 자를 불러 달라고 요청했다. 그리고 수금이 연주될 때, 여호와의 신이 엘리사에게 임했다. 사울의 신하들도 수금 연주가 여호와의 신을 불러들여 악령을 몰아낼 것이라고 믿었던 것 같다.

사울은 신하들의 제안을 받아들여 자신을 위하여 수금 "잘" 타는 사람을 "구하라"고 명령한다. 사울의 말 가운데 "잘"(토브, *ṭôb*)이라는 말과 "구하라"(라아, *rāʾah*)는 말은 모두 사울을 대체할 새 왕에 대한 예언에서 핵심어로 사용된 어휘들이다. 먼저 자기 겉옷을 붙잡아 찢은

【수금】 대영박물관 소장.

【고대 이스라엘에서 악사의 위치】 다윗과 솔로몬 때부터 이스라엘에는 전문적인 음악가, 즉 악사들이 생겨났다. 이들은 주로 성전 예배와 관련된 일을 맡았다. 왕에게 고용되었기 때문에 안정적 생활이 가능했으나 전문적인 훈련이 필요한 직업이었기 때문에 숙련된 음악가는 '국가의 보물'로 인정되었다. 주전 701년 예루살렘을 침공한 산헤립의 전시 비문에 따르면 히스기야는 "남자와 여자 음악가들"을 아시리아의 수도 니느웨로 보냈다. 산헤립의 비문은 음악가들을 "온갖 귀중한 보물" 가운데 하나로 언급한다. 이처럼 숙련된 음악가들은 고대 사회에서 매우 높이 평가되었다.

사울에게 사무엘이 한 말, "여호와께서 오늘 이스라엘 왕국을 왕에게서 찢어 내어 그것을 왕보다 나은 왕의 이웃에게 주셨습니다"라는 구절에 주목하자(삼상 15:28). 이때 "왕보다 나은 왕의 이웃"(레아카 하토브 밈메카, *rēʿăkā haṭṭôb mimmekā*)이라는 표현에 히브리어 '토브'가 사용되는데, 동일한 히브리어가 "수금 잘 타는 사람"(이쉬 메이티브 레나겐, *ʾîš mêṭib lənaggēn*)이라는 표현에도 사용되었다(메이티브*mêṭîb*는 히브리어 '토브'에서 유래한 형태이다). 또한 하나님이 사무엘을 이새의 집으로 보내시면서 "내가 그의 아들 중에 한 왕을 보았다"라고 하신 말씀에 주목해 보자(삼상 16:1). 여기서 "보았다"로 번역된 히브리어 '라아'(*rāʾāh*)는 사울이 수금 잘 타는 자를 "구하라"(레우, *rəʾû*)고 명령할 때도 사용된 동사이다(레우는 히브리어 '라아'에서 유래한 형태이다). 이처럼 사울이 신하들의 제안을 받아들여 내린 명령—"수금 잘(토브) 타는 사람을 구하라(라아)"—은 자신을 대체할 왕에 대한 예언을 연상시키는 어휘들[왕보다 나은(토브) 이웃 한 왕을 보았다(라아)]을 포함한다. 문학적인 관점에서 수금 잘 타는 사람을 구하라는 사울의 명령이 자신을 대체할 새 왕을 구하라는 의미를 포함한다.

사울의 명령이 떨어지자마자 "소년 중 한 사람"(18절)이 대답한다. 그는 이새의 아들을 소개하고 추천한다. 그 이새의 아들은 수금을 잘 타는 것은 물론 "용기와 무용과 구변이 있는 준수한 자"였다. 여기서 "용기"로 번역된 히브리어 '기보르 하일'(*gibbōr hayil*)은 고대 이스라엘 사회에서 이상적인 남자를 지칭할 때 사용하는 말이다. 본 문맥에서는 '덕인'으로도 번역될 수 있다. "무용"(이쉬 밀하마, *ʾîš milḥāmāh*)은 전쟁 수행 능력을 뜻하고 "구변"(나본 다바르, *nābôn dābār*)은 지혜롭게 말하는 능력이다. 나아가 그는 용모도 뛰어나다(이쉬 토아르, *ʾîš tōʾar*). 한마디로 지덕체(知德體)를 겸비한 사람이다. 그리고 무엇보다도 여호와께서 그와 함께 계신다. 특히 마지막 항목은 사울 왕에게는 없는 것이다. 단순한 왕궁 음악가 후보치고는 다윗은 지나치게 화려한 '스펙'을 가졌다. 이것은 다윗이 음악가로서 사울의 궁에 입성하지만, 그의 역할이 음악가에 국한되지 않을 것임을 암시한다.

한편 다윗을 이처럼 소개한 소년의 행동에 몇 가지 이상한 점이 있다. 첫째, 수금 잘 타는 자를 구하라는 사울의 명령이 떨어지자마자 곧바로 이새의 아들을 추천했다는 것이다. 정상적인 상황이라면 적임자를 찾는 데 시간이 걸렸을 것인데 명령이 떨어지자마자 바로 후보가 추천된 것처럼 묘사한다. 둘째, 그 소년은 누구이기에 베들레헴 촌에 사는 이새의 아들, 아무도 주목하지 않는 막내아들을 그렇게 잘 알고 있는가? 다소 이상한 이 두 상황은 본문이 다큐멘터리라기보다는 (역사에 대한) 사무엘서 저자의 문학적 구성임을 암시한다. 저자는 다윗의 왕위 등극을 향한 하나님의 섭리적 사건을 보여 주기 위해 사울과 익명의 소년 간의 대화를 본문에서 문학적으로 구성했을 가능성이 높다 (보드너, 173쪽).

아울러 "소년 중에 하나"라는 표현(18절)은 사울이 왕으로 기름 부음을 받은 사건에서 사울과 동행한 종을 연상시킨다. 본 단락의 소년과 사무엘상 9장의 종은 모두 원문 상에서 "소년 중의 하나"(에하드 메하느아림, *'ehad mēnə'ārîm*)로 표현되었다(삼상 9:3 참조). 또한 소년과 종은 모두 자신의 처소에서 멀리 떨어져 사는 사람들(각각 사무엘과 다윗)에 대해 비교적 자세한 정보를 가지고 있다. 또한 이들은 이름조차 알 수 없음에도 중요한 위치를 차지한다. 사무엘상 9장의 종은 사울을 사무엘에게 이끄는 데 적극적인 역할을 했고, 16장의 종은 다윗을 사울의 궁에 들이는 데 결정적인 역할을 한다. 이 두 무명의 종들은 사무엘상 9장에서나 16장에서 모두 하나님의 통로로 작용한다. 그들은 하나님이 구속 역사에 적극적으로 개입하심을 보여 주는 예이다.

소년의 제안대로 사울은 부하를 이새의 집에 보내어, "양 치는 네 아들 다윗을 내게로 보내라"라고 명령한다(19절). 이 명령에서 사울은 소년이 언급하지 않는 두 가지 사실, 즉 그 이새의 아들이 목동이며 그의 이름이 다윗이라는 사실을 언급한다. 다윗을 추천한 소년이 그의 이름과 직업을 몰랐을 리는 없다. 그러나 사무엘상 저자는 사울이 다윗을 왕궁으로 초청하는 문맥에서 다윗의 이름과 직업을 밝힌다. 그 이유가 무엇일까? 아마도 사울 자신의 능동적인 초청에 따른 것임을 강조하는 듯하다. 부지중에 사울도 다윗에 대한 하나님의 섭리에

도구로 사용된 것이다. 무명 소년을 사용하여 다윗을 추천한 하나님이 이번에는 사울을 사용하여, 다윗을 궁으로 초청한 것이다. 하나님의 주권적 섭리라는 관점에서 사울 사건도 이스라엘 왕정 역사에 불필요한 사건이 아니라 다윗 왕의 등장을 준비시키는 하나의 과정이었음을 깨달을 수 있다.

다윗이 사울의 사랑을 받음 16:20-22

20 이새가 떡과 한 가죽부대의 포도주와 염소 새끼를 나귀에 실리고
그의 아들 다윗을 시켜 사울에게 보내니 21 다윗이 사울에게 이르러
그 앞에 모셔 서매 사울이 그를 크게 사랑하여 자기의 무기를 드는
자로 삼고 22 또 사울이 이새에게 사람을 보내어 이르되 원하건대
다윗을 내 앞에 모셔 서게 하라 그가 내게 은총을 얻었느니라 하니라

사울 왕의 요구에 이새는 아무런 반발 없이 순종한다. 왕의 요구는 실질적 명령에 해당하기 때문에 요구를 거절할 수 없었겠지만 그에게는 "왜 왕이 막내아들 다윗을 원할까"라는 의문이 있었을 것이다. 그리고 이새가 다윗을 허락한 결정적 이유는 다윗이 기름 부음을 받은 사건과 왕의 소환 사이에 연관이 있다고 믿었기 때문일 것이다. 그러나 이 단계(20절)에서 사울이 다윗의 고용을 확정한 것은 아니었다. 다윗이 사울에게 가는 것은 일종의 오디션이다. 다윗의 재능이 사울과 신하들 앞에서 입증될 때(21절), 사울은 다윗을 궁에 머물게 하고 이새에게 다시 사람을 보내어 허락을 구할 것이다(22절 참조). 이새는 다윗을 보낼 때 떡과 포도주와 염소 새끼를 들려 보낸다(20절). 이것들은 베들레헴 촌부가 쉽게 구할 수 없는 품목으로 사울 왕에 대한 예우이다.

궁에 입성한 다윗은 즉각적으로 사울의 사랑을 받는다. 나중을 생각하면 다윗을 사랑한 최초의 인물이 사울이라는 사실은 흥미롭다. 사울을 시작으로 궁에 사는 사울의 가족(요나단과 미갈)과 신하들이 모두 다윗("사랑스러운 자")을 사랑하게 될 것이다. 사람들이 다윗을 사

랑할수록 사울은 다윗을 점점 질투하게 된다. 어떤 학자는 이것을 다음과 같이 표현한다. "다윗 때문에 찢어진 것은 사울의 왕국만이 아니다. 사울의 가슴도 갈기갈기 찢어졌다." 사울의 사랑을 받은 다윗은 단순한 악사에 머물지 않고 왕의 무기 드는 자로 승진한다. 병기 드는 자는 일종의 경호원으로, 용기 있고 재능 있는 전사들 가운데 선발되었다. "용감한 자를 보면 모두 자기에게로 불러 모았던"(14:52) 사울이 "용

【다윗과 사울】 율라우스 크론버그(1850~1921) 작.

기와 무용"을 겸비한 다윗을 그냥 지나칠 리 없었다. 이제 다윗의 재능과 사랑스러움을 확인한 사울은 다윗의 아버지 이새에게 다시 사람을 보내어 다윗이 자신을 위해 일하도록 정식으로 요청한다. "그가 내게 은총을 얻었느니라"라는 표현은 다윗이 사울의 마음에 쏙 들었다는 뜻이다.

다윗이 사울의 악령을 쫓아냄 16:23

23 하나님께서 부리시는 악령이 사울에게 이를 때에 다윗이
수금을 들고 와서 손으로 탄즉 사울이 상쾌하여 낫고 악령이
그에게서 떠나더라

신하들의 진단과 처방(16절)대로 다윗은 수금 연주로 사울에게서 악령을 쫓아냈다. 이 장면은 세계 문학에서 가장 아이러니한 장면 중 하나다. 비밀스럽게 왕으로 지명된 신하 다윗이 하나님께 공식적으로 버림받은 사울 왕을 위해 수금을 연주하고 있다. 그리고 이 상황의 백미는 다윗과 사울 모두 서로에게 닥칠 운명을 전혀 모른다는 사실이다.

"하나님이 부리신 악령"은 '루아흐 엘로힘'(*rûaḥ 'elōhîm*), 즉 하나님의 신에 대한 의역이다. 앞서 설명했듯('여호와의 부리신 악령' 참조) 사무엘상에서 '악령'은 사탄이 아니라 하나님의 명령을 따라 악역('고소하는 일', '병을 주는 일' 등)을 하는 천사를 지칭한다. 이는 악령과 관련한 모든 사건이 하나님의 목적을 이루는 계획 가운데 벌어짐을 보여 준다. 악령이 사울에게 임했을 때부터 신하들이 그 대책으로 다윗을 추천하고 다윗이 수금을 타자 악령이 떠난 사건 모두 하나님의 계획하심 가운데 있다. 사울의 왕위 등극 과정과 달리 다윗의 왕위 등극 과정에서는 하나님의 직접적 개입이 강조되며, 악령의 역사도 하나님의 주권적 개입의 구체적 예가 된다.

질문

1. 사무엘이 베들레헴으로 왔을 때 장로들이 두려움 가운데 그를 영접한 이유는 무엇입니까?
2. 베들레헴으로 가라는 하나님의 명령에 사무엘이 주저하자 하나님은 어떤 묘책을 알려 주십니까? 그 묘책은 사무엘의 진짜 목적을 숨길 자연스러운 핑계를 제공합니까?
3. 사무엘이 다윗에게 기름 붓는 장면은 사울에게 기름 붓는 장면과 어떤 점에서 다릅니까?
4. 사울을 괴롭힌 '악령'은 어떤 존재입니까? 신약의 사탄과 같은 존재일까요?
5. 다윗을 궁으로 보내라는 사울의 요구를 이새가 수락한 이유는 무엇입니까?
6. 익명의 소년은 다윗을 조금 지나칠 정도로 화려하게 추천합니다. 이런 화려한 '스펙'은 이야기에 어떤 복선으로 작용합니까?

묵상

1. 사무엘이 새로운 왕을 찾아 떠난 여행은 쉬운 길이 아니었습니다. 사무엘은 뜻을 바꾸신 하나님을 이해할 수 없었습니다. '이렇게 사울을 버릴 거면 왜 처음에 사울을 택해 동역자로 세우셨을까'라는 원망이 들었을 것입니다. 그러나 원망의 마음을 이기고 사무엘은 순종했습니다. 이것은 사무엘에게 큰 훈련이 되었습니다. 우리도 때로 하나님 역사 안에서 그분의 뜻을 온전히 이해할 수 없습니다. 그럼에도 믿음으로 순종해야 할 때가 있습니다. 이런 순종을 통해 우리는 하나님의 절대 주권이 의미하는 바를 더욱 깊이 깨닫게 될 것입니다.

2. 하나님의 역사는 이름 없이 빛도 없이 섬기는 자들에 의해 가장 아름답게 일어납니다. '내' 이름이 드러나면 하나님의 이름이 가려집니다. '내' 빛이 드러나면 하나님의 '빛'이 가려집니다. 진정한 신앙의 영웅은 이름 없이 빛도 없이 섬기는 자들입니다. 사울이 사무엘을 만날 수 있었던 것은 그를 사무엘에게 인도한 무명의 '소년' 때문이었고, 다윗이 사울의 궁에 들어간 것도 그를 사울에게 추천한 무명의 '소년' 때문이었습니다. 이들의 역할이 매우 중요함에도 그 이름이 기록되지 않았기 때문에 신학자들은 그들이 하나님이 이야기에 개입한 문학적 통로라고 주장합니다. 즉 그들의 일이 곧 하나님께서 하신 일이라는 뜻입니다. 이처럼 인간의 이름이 드러나지 않은 만큼 하나님의 역사하심이 뚜렷해집니다. 한국 교회는 '이름 내는' 일에 분주합니다. 한국 교회의 부흥이 몇몇 인물의 성공 이야기로 환원되는 느낌입니다. 그러나 이름 없이 섬기는 사람들의 역사가 진정한 하나님의 역사입니다. 각자의 위치에서 이름 없이 감당하는 섬김이 하나님의 역사에서 중요한 것입니다.

18
다윗이 골리앗을 무찌름

삼상 17:1-58

사무엘상 17장은 다윗이 골리앗을 무찌르는 장면을 묘사한다. 아무도 주목하지 않았던 막내아들 목동 다윗이 전쟁으로 잔뼈가 굵은 블레셋의 거인을 이긴 것이다. 이 승리의 원동력은 무엇이었을까?

이스라엘과 블레셋의 군사 대치 17:1-3

1 블레셋 사람들이 그들의 군대를 모으고 싸우고자 하여 유다에
속한 소고에 모여 소고와 아세가 사이의 에베스담밈에 진 치매
2 사울과 이스라엘 사람들이 모여서 엘라 골짜기에 진 치고 블레셋
사람들을 대하여 전열을 벌였으니 3 블레셋 사람들은 이쪽 산에
섰고 이스라엘은 저쪽 산에 섰고 그 사이에는 골짜기가 있었더라

왕이 된 사울의 가장 중요한 사명은 블레셋의 손에서 이스라엘을 구원하는 것이었다(9:16 참조). 그리고 14장은 군사적 지도자로서 사울이 그 사명에 어느 정도 성공적이었음을 보여 준다. 사울은 믹마스 전투에서 열세를 극복하고 블레셋을 물리쳤다. 그러나 이날의 경솔한 맹세 때문에 결정적인 승리는 거두지 못했다. 많은 블레셋 병사가 자기 땅으로 도망갔다. 본 장에서 블레셋 사람들은 믹마스 전투의 빚을 갚으려는 것처럼 이스라엘을 공격해 온다. 이번에는 남쪽 유다 지방을 침공한다. 사울도 미완성으로 남겨 둔 과업을 완수하려는 듯 군대를 일으켜 블레셋 군대를 맞는다.

전선이 형성된 곳은 유다 서부에 있는 엘라 골짜기이다. 블레셋 군은 아세가의 서쪽 마을들을 점령한 후 소고를 향하여 진군하려 했다. 블레셋의 소고 점령을 차단하기 위해 사울의 군대는 엘라 골짜기에 진을 쳤다. 이에 블레셋 사람들은 사울의 진영이 내려다보이는 에베스담밈에 진을 치고 이스라엘 군대와 대치했다. 소고는 베들레헴에서 서쪽으로 20킬로미터 정도 떨어진 마을이다.

블레셋 장수 골리앗의 갑옷과 무기 17:4-7

4 블레셋 사람들의 진영에서 싸움을 돋우는 자가 왔는데 그의

이름은 골리앗이요 가드 사람이라 그의 키는 여섯 규빗 한 뼘이요
5 머리에는 놋 투구를 썼고 몸에는 비늘 갑옷을 입었으니 그 갑옷의
무게가 놋 오천 세겔이며 6 그의 다리에는 놋 각반을 쳤고 어깨
사이에는 놋 단창을 메었으니 7 그 창 자루는 베틀 채 같고 창 날은
철 육백 세겔이며 방패 든 자가 앞서 행하더라

블레셋과 이스라엘은 비슷한 군사력을 가지고 대치했던 것 같다. 만약 블레셋이 이길 수 있다고 확신했다면 시간을 끌지 않고 바로 공격을 감행했을 것이다. 현재 전세는 소강상태다. 이 국면을 타파하기 위해 블레셋 사람들은 심리전을 시도한다. "싸움을 돋우는 자"(4절)로 골리앗을 보내 일대일 싸움을 제안한다. "싸움을 돋우는 자"로 번역된 히브리어 '이쉬-하베나임'(*'îš habbênayim*)을 직역하면 "남을 위해 대신 싸우는 사람"이다. 골리앗은 고대 근동의 전쟁 관행 중 하나인 '대표전'을 제안한 것이다. 대표전이란 전사자를 최소화하면서 국가 간 분쟁을 해결하기 위해 양 진영의 대표 장수가 일대일로 맞붙는 전투다. 대표전에서 진 쪽은 이긴 쪽의 요구를 들어주어야 한다. 대표전의 가장 유명한 예는 일리아드에 기록된 파리스와 메넬라오스 사이의 전투다. 그러나 많은 경우 대표전에서 진다고 무조건 항복하는 것은 아니다. 따라서 이러한 제안은 이스라엘과의 분쟁을 한 번에 끝낼 수 있다는 기대보다 본격적 전투에 앞서 이스라엘을 심리적으로 압박하기 위한 것 같다.

블레셋 진영의 대표로 나온 골리앗은 아낙 거인들이 많은 가

【도량형(길이)】 성경의 길이 단위는 대개 인간의 신체가 기준이다. 가장 많이 쓰이는 단위인 규빗("팔")은 팔꿈치 끝에서부터 중지 손가락 끝까지의 길이에 해당한다. 규빗에는 표준 규빗과 긴 규빗이 있다. 표준 규빗은 약 45센티미터이며, 큰 규빗은 표준 규빗에 한 손바닥의 길이가 더해져 약 53센티미터에 해당한다. "뼘"(제렛, *zeret*)은 엄지에서 새끼손가락까지 최대한 펼친 길이로 규빗의 절반 정도인 약 22.2센티미터다. "손바닥"(테파흐, *ṭepaḥ*)은 네 손가락이 손바닥과 만나는 지점의 폭을 가리키며, 규빗의 6분의 1 길이인 약 7.4센티미터에 해당한다. 마지막으로 "손가락"(에쯔바, *'eṣbā'*)은 가장 짧은 길이 단위로, 1.85센티미터다. 성경의 길이 단위 중 가장 긴 것은 "장대"(카네, *qāneh*)이며, 규빗의 여섯 배다.

길이 단위 환산

(표준) 규빗: 45센티미터　(긴) 규빗: 53센티미터　뼘: 22.2센티미터(1/2 규빗)
손바닥: 7.4센티미터(1/6 규빗)　손가락: 1.85센티미터(1/24 규빗)　장대: 319센티미터(6 규빗)

드 출신이다. 가드 출신답게 그의 신장은 "여섯 규빗 한 뼘"이다. 규빗이 성인의 팔꿈치에서 손끝까지의 길이를 말하고 뼘이 편 손의 엄지에서 새끼 손가락까지의 길이를 말하므로 "여섯 규빗 한 뼘"은 대략 3미터다. 이처럼 골리앗의 키가 구체적으로 나와 있지만 학자들은 골리앗의 정확한 키는 알 수 없다고 주장한다. 왜냐하면 성경은 자주 과장법을 사용할 뿐 아니라 칠십인역은 골리앗의 키가 "네 규빗 한 뼘"(약 2.1미터)이라고 증언하기 때문이다. 어느 것이 정확한지 확실히 알 수 없지만 어쨌든 당시 기준으로 볼 때 골리앗이 거인이었음은 확실하다.

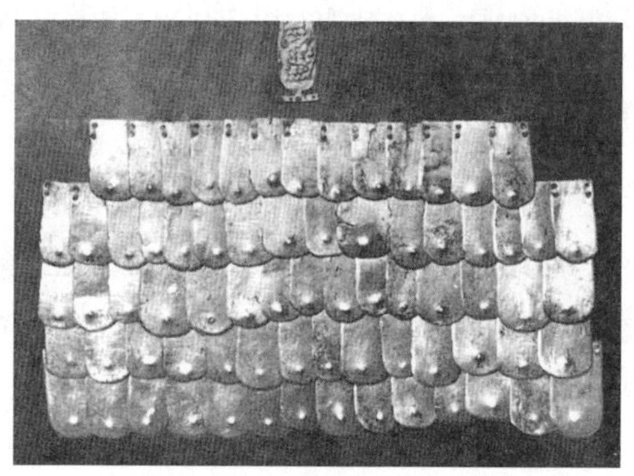

【이집트 왕 쇼셍크의 갑옷】 고대 세계에서 갑옷을 만들려면 상당한 수준의 제련 기술이 있어야 했다. 튼튼하면서도 가벼워야 했고, 입은 사람이 자유롭게 움직이도록 유연해야 했다.

골리앗은 위협적인 거인이었지만 죽음이 두려웠는지 자신의 온몸을 갑옷으로 감싼다. 뿐만 아니라 방패 든 자를 앞세워 적의 공격에 한 치의 틈도 주지 않는다. 사무엘서 저자는 실제 전투보다 골리앗의 갑옷을 더 자세히 설명한다. 이것은 전투 장면의 긴장감을 극대화시키려는 의도 같다. 머리, 몸, 다리 순으로 골리앗이 입은 갑옷을 묘사한 후 골리앗의 무기—놋 단창, 창, 그리고 방패—도 하나하나 설명한다. 사무엘상 저자는 특히 갑옷과 무기의 무게까지 자세히 기록하고 있다. 주목할 사실은 골리앗의 다리를 두른 놋 각반은 구약성경에서 한 번밖에 언급되지 않지만 그리스 세계에서는 매우 흔했다는 것이다. 또한 "베틀 채와 같은" 놋 창도 고대 이스라엘에서는 발견되지 않으나 그리스 세계에서는 자주 발견된다. 실제로 골리앗의 갑옷과 무기는 일리아드에 묘사된 그리스 영웅들의 그것과 일치한다. 이것은 골리앗에 대한 묘사에 가드 지방의 거인 전통과 그리스의 군대 전통이 통합되어 있음을 보여 준다. 즉 골리앗은 가나안 지방과 그리스 지방의 장점을 통합한 영웅이다.

골리앗의 신장과 외모는 빈틈이 없어 보이나 이처럼 엄청난 장구를 갖추고 나왔다는 것은 그가 물질적 요건에 의존하고 있음을 보여 준다. 잠시 후 다윗이 고백하지만 전쟁의 승리는 창과 칼에 있는 것이 아니며 또한 하나님이 주목하는 것은 외모가 아니다(16:7 참조). 겉으로는 정복 불가능한 거인처럼 보이지만 외모에 압도당하지 않는 믿음의 눈으로 보면 거인의 약점이 보이기 시작한다. 그의 갑옷과 무기에 대한 설명에서 사무엘서 저자는 골리앗의 약점과 종말을 두 가지로 암시한다. 하나는 골리앗이 머리와 온몸과 다리까지 놋을 둘렀지만 얼굴은 가리지 않았다는 것이다. 다윗이 던진 돌은 골리앗의 유일한 약점인 이마에 박힌다. 또 골리앗의 무기 중 "검"을 언급하지 않는데, 그 검은 지금 골리앗의 몸에 있지만 다윗의 무기가 되기 때문이다. 그 검이 골리앗의 목을 벨 것이다.

골리앗이 이스라엘 백성을 모욕함 17:8-11

8 그가 서서 이스라엘 군대를 향하여 외쳐 이르되 너희가 어찌하여
나와서 전열을 벌였느냐 나는 블레셋 사람이 아니며 너희는 사울의
신복이 아니냐 너희는 한 사람을 택하여 내게로 내려보내라 9 그가
나와 싸워서 나를 죽이면 우리가 너희의 종이 되겠고 만일 내가
이겨 그를 죽이면 너희가 우리의 종이 되어 우리를 섬길 것이니라
10 그 블레셋 사람이 또 이르되 내가 오늘 이스라엘의 군대를
모욕하였으니 사람을 보내어 나와 더불어 싸우게 하라 한지라
11 사울과 온 이스라엘이 블레셋 사람의 이 말을 듣고 놀라 크게
두려워하니라

골리앗의 겉모습이 이스라엘을 압도했다면 이제 그의 연설이 이스라엘을 공포로 몰아넣는다. 골리앗은 비교적 긴 연설에서 일대일 싸움을 제안한다. 이때 골리앗은 자신을 "블레셋 사람"으로 소개하고 이스라엘을 "사울의 신복"으로 규정한다. 즉 자신은 자유인이고 이스라엘은 왕의 노예라는 뜻이다. 이것은 사무엘상 4장에서 블레셋의 장군이 여호와의 궤로 인해 사기가 떨어진 병사들에게 "자유를 위해 대장부답게 싸우라"고 격려한 연설을 상기시킨다. 이런 식의 연설은 미케네 시대 그리스 영웅들의 특징이다. 골리앗의 결투 조건에 따르면 패자의 백성이 승자의 백성을 주인으로 섬겨야 한다. 그러나 골리앗이 진다면 블레셋 사람들이 순순히 이스라엘의 종이 되었을지는 확실하지 않다. 골

【시리아에서 발견된 일대일 대표전의 부조】 아브넬의 군대와 요압의 군대가 기브온 연못에서 벌인 대표전을 상기시킨다. "그들이 각기 상대방의 머리를 잡고 칼로 상대방의 옆구리를 찌르매……"(삼하 2:16).

【대표전】 대표전은 두 군대 간의 무력 충돌로 생기는 전사자를 최소화하기 위해 종종 제안되었다. 전쟁에는 언제나 이유가 있기 때문에 그 이유를 해소한다는 조건으로 결투가 제안된다. 결투는 일대일 혹은 소수의 정예 부대 간의 전투로 치른다. 이런 대표전은 고대 근동 전쟁에서 종종 행해졌다. 바빌론의 서사 문학에서 마르둑은 티아맛과 일대일 싸움을 벌인다. 헬라 서사 문학에서도 비슷한 전투가 있다. 파리스와 메넬라오스, 아킬레스와 헥토르가 그렇다. 두 경우 모두 패배한 쪽의 진영이 항복하지는 않았다. 성경에서도 다윗과 골리앗 이외에 열왕기상 11장 23절과 사무엘하 2장 12-17절에서 그 예를 찾을 수 있다. 특히 사무엘하 2장 12-17절에 증거된 전투는 열두 명으로 구성된 소수 정예 부대 간에 이루어졌다.

리앗의 제안은 어디까지나 이스라엘의 사기를 꺾기 위한 심리전이다.

골리앗의 제안(8-9절)에 이스라엘은 아무 대꾸도 하지 않는다. 이스라엘이 느꼈던 공포가 침묵으로 표현된다. 대꾸가 없자 골리앗은 다시 입을 열어 노골적으로 이스라엘 군대를 모욕한다(10절). 구체적으로 어떻게 모욕했는지 기록되지 않았으나, '나는 자유인, 너희는 왕의 노예'(8절)라는 말 자체가 이스라엘 사람들에게는 모욕이었을 수 있다. 그런 모욕에도 불구하고 이스라엘 백성은 골리앗과 맞서 싸울 용사를 구할 수 없었다. 골리앗의 도발이 계속될수록 이스라엘의 사기는 떨어져 가고, 전쟁과 죽음에 대한 두려움은 더욱 커져 갔다. 블레셋은 전쟁 초반의 심리전에서 완전히 기선을 장악한 것이다. 여기서 주목할 것은 사울의 반응이다. 사울은 블레셋의 손에서 이스라엘을 구원하도록 부름 받은 왕이다. 그런데 그도 다른 병사들처럼 골리앗을 두려워한다(11절).

이새가 다윗을 심부름 보냄 17:12-19

12 다윗은 유다 베들레헴 에브랏 사람 이새라 하는 사람의
아들이었는데 이새는 사울 당시 사람 중에 나이가 많아 늙은
사람으로서 여덟 아들이 있는 중 13 그 장성한 세 아들은 사울을
따라 싸움에 나갔으니 싸움에 나간 세 아들의 이름은 장자
엘리압이요 그 다음은 아비나답이요 셋째는 삼마며 14 다윗은
막내라 장성한 세 사람은 사울을 따랐고 15 다윗은 사울에게로
왕래하며 베들레헴에서 그의 아버지의 양을 칠 때에 16 그 블레셋
사람이 사십 일을 조석으로 나와서 몸을 나타내었더라 17 이새가
그의 아들 다윗에게 이르되 지금 네 형들을 위하여 이 볶은 곡식
한 에바와 이 떡 열 덩이를 가지고 진영으로 속히 가서 네 형들에게
주고 18 이 치즈 열 덩이를 가져다가 그들의 천부장에게 주고 네
형들의 안부를 살피고 증표를 가져오라 19 그 때에 사울과 그들과
이스라엘 모든 사람들은 엘라 골짜기에서 블레셋 사람들과

본 단락에서는 이야기의 초점과 분위기가 확 바뀐다. 골리앗에서 이새의 아들 다윗으로 초점이 이동하면서 전장터의 긴장감에서 베들레헴의 목가적 평온함으로 분위기가 바뀐다. 사무엘서 저자는 12절에서 마치 새로운 이야기를 시작하듯 다윗과 그 가족을 소개한다. 다윗의 아버지 이새는 유다 베들레헴 출신, 에브랏 사람으로 소개된다. 특히 그의 연로함에 대한 언급은 이새가 직접 군역을 감당할 수 없음을 시사한다. 연로한 이새가 군역을 직접 감당할 수 없기 때문에, 이새의 여덟 아들 중 세 아들이 사울을 따라 전쟁터에 나갔다(13절).

특히 엘리압, 아비나답, 삼마(장성한 세 아들)가 전쟁터에 나간 것은 이새의 배려 때문일 것이다. 고대 세계에서는 상비군 제도가 있었지만 국가 간 전쟁이 발발하면 대부분의 병력이 비(非)상비군으로 보충된다. 평시에는 생업에 종사하던 백성들이 전시에는 무기를 들고 전쟁에 나가는 것이다. 그리고 전쟁 참여는 명예로운 것으로 생각되어 가문에서 '기대주'들이 기회를 얻는다. 왜냐하면 전쟁에서 공을 세우면 관직에 진출할 기회가 열리기 때문이다. 사울을 따라 나간 엘리압과 아비나답과 삼마는 사무엘이 이새의 집에 방문했을 때도 그 이름이 언급될 정도로 주목을 받은 아들들이다.

14절에서 사무엘서 저자는 전장에 나간 세 아들과 목동 다윗을 의도적으로 대조한다. 전쟁에 나간 세 아들과 대조적으로 다윗은 전쟁에서 공을 세울 가능성이 전무(全無)해 보이는 작은 자였다. "장성한" 세 아들에 비해 다윗은 "막내"다. "막내"로 번역된 히브리어 '카탄'(*qāṭan*)은 앞서 언급했듯 '작다, 어리다'의 의미가 있다. 다윗의 신체적, 사회적 위상, 가문 내의 위상을 간접적으로 보여 준다. 반면에 "장

【에브랏 사람】 에브라다는 유다 지파의 한 족속이다(창 35:16, 10; 48:7). 에브랏 사람은 에브라다 족속에 속한 사람을 의미하며, 그들은 베들레헴과 그 주변 지역에 거주했다. 에브라다 족속이 유명해진 이유는 다윗이 그 족속 출신이기 때문이다. 에브랏 사람과 에브라임 사람은 동일한 히브리어 '에프라티'(*'eprātî*)로 표현된다. 이 때문에 이 둘 사이에 친족 관계가 있다고 믿는 학자도 있다.

성한"으로 번역된 히브리어 '가돌'(*gādôl*)은 직역하면 '큰, 위대한'의 의미이다. 이것도 세 아들이 가지는 신체적, 사회적, 가문 내 위상을 시사한다. 이 세 아들이 사울을 따라 전쟁터에 나가고, 다윗은 집에서 양을 돌보는 것은 당연한 일이었다. 당시 목동 일은 농사나 전쟁과 달리 비숙련 노동, 즉 여자나 청소년도 감당할 수 있는 일이었다. 다윗은 이새의 여덟 아들 중 가장 기대를 받지 않던 아들이었다.

그런데 이새가 다윗을 심부름 보낸다. 형들에게 식량을 전달하는 임무다. 사울 왕정 초기에는 행정 체계가 확립되지 않았기 때문에 전쟁 중인 군인들에게 국가가 체계적인 배급을 줄 수 없었다. 각자 나름대로 음식을 조달해야 했다. 따라서 이새가 다윗을 통해 "볶은 곡식 한 에바(약 20 리터, 아래 '성경의 도량형'을 참조)"와 "떡 열 덩이"를 보낸 것이다. 이새가 보낸 두 음식("볶은 곡식"과 "떡")은 베들레헴 시골 사람들의 주식이었다. 한편 특식인 치즈 열 덩이는 "천부장"에게 드릴 선물이다. 천부장은 그 선물을 받고, 다윗이 형들과 직접 만나 식량을 전달하고 그들이 잘 있다는 증표를 얻도록 허락할 것이다.

다윗이 전쟁터에서 골리앗의 목소리를 들음 17:20-25

20 다윗이 아침에 일찍이 일어나서 양을 양 지키는 자에게 맡기고
이새가 명령한 대로 가지고 가서 진영에 이른즉 마침 군대가 전장에

【성경의 도량형(곡물의 부피)】 곡물 측량 단위 중 가장 큰 것은 '호멜'(*ḥōmer*)로 약 150리터에 해당한다. 호멜은 본래 '당나귀'(하몰, *ḥămôr*)가 나를 수 있는 부피를 가리켰다. 호멜과 같은 부피를 가리키지만 곡물 이외에 기름을 측량할 때도 사용된 단위는 '고르'이다. 호멜과 고르보다 작은 단위로 '에바'가 있다. 이것은 호멜의 10분의 1로 약 15리터에 해당한다. 에바는 곡물의 부피를 잴 때 가장 많이 사용되었다. '세아'는 에바의 3분의 1에 해당하며 약 5리터 정도다. '잇사론'은 에바의 10분의 1로 개역개정에서는 '십분의 일 에바'로 번역되었다(참조. 출 29:40). '잇사론'처럼 '오멜'도 에바의 10분의 1을 가리키며, 약 1.5리터에 해당한다.

도량형 리터 환산

호멜: 150리터　고르: 150리터　에바: 15리터

세아: 5리터　잇사론("십분의 일 에바"): 1.5리터　오멜: 1.5리터

나와서 싸우려고 고함치며, 21 이스라엘과 블레셋 사람들이 전열을
벌이고 양군이 서로 대치하였더라 22 다윗이 자기의 짐을 짐 지키는
자의 손에 맡기고 군대로 달려가서 형들에게 문안하고 23 그들과
함께 말할 때에 마침 블레셋 사람의 싸움 돋우는 가드 사람
골리앗이라 하는 자가 그 전열에서 나와서 전과 같은 말을 하매
다윗이 들으니라 24 이스라엘 모든 사람이 그 사람을 보고 심히
두려워하여 그 앞에서 도망하며 25 이스라엘 사람들이 이르되
너희가 이 올라 온 사람을 보았느냐 참으로 이스라엘을 모욕하러
왔도다 그를 죽이는 사람은 왕이 많은 재물로 부하게 하고 그의
딸을 그에게 주고 그 아버지의 집을 이스라엘 중에서 세금을
면제하게 하시리라

식량을 가지고 떠나기 전에 다윗은 아침 일찍 일어나 자신의 양들을 양 지키는 자에게 맡긴다. "맡긴다"는 말로 번역된 히브리어 '나타쉬'(*nāṭaš*)는 '버린다'의 뉘앙스다. 일부 학자들은 이 말에서 상징적 의미를 찾아낸다. 즉 이번 심부름과 함께 다윗은 목동 일은 '버릴' 것이다. 더 이상 양을 치러 돌아오지 않을 것이다.

다윗이 전쟁터에 이르러 보니 형들은 막사에 없었다. 이미 두 군대는 전투 진영을 갖추고 서로 대치하고 있었다. 막사에 형들이 없다는 사실을 확인한 다윗은 자신의 짐(형들의 식량과 천부장을 위한 치즈)을 짐 지키는 자의 손에 맡기고 달려가 전투 진에 합류한다. "짐"(켈림, *kēlîm*)은 사무엘상 10장 22절에서 "보따리"(켈림) 사이에 숨은 사울을 연상시킨다. 켈림, 즉 "보따리" 속에 숨은 사울과 대조적으로 다윗은 켈림은 짐꾼에게 맡기고 (숨지 않고) 현장으로 달려간다. 막내 다윗이 어느 순간 "장성한" 형들과 나란히 전투 진에 서 있다. 물론 여기에 오기까지 그는 적어도 두 가지를 벗어 버려야 했다. 하나는 목동 일("양을 양 지키는 자의 손에 맡기고")이고 다른 하나는 아비의 심부름꾼이라는 낮은 자존감("짐을 짐 지키는 자의 손에 맡기고")이다. 골리앗과 일대일로 맞서기 전 다윗은 사울의 갑옷마저 벗어 버려야 한다.

형들을 만난 다윗은 그들의 안부를 묻는다. 이제 징표만 얻으면 다윗의 임무는 끝난다. 그런데 이 단순한 다윗의 사명을 복잡하게 만든 일이 발생하는데 다윗이 골리앗의 도발을 들을 것이다. 23절에 골리앗의 이름과 함께 그의 별명들, 즉 "싸움 돋우는 사람", "가드 사람," "블레셋 사람"이 등장하는데, 이 별명들은 각각 골리앗의 임무, 신체적 특징, 소속을 가리킨다. 골리앗의 도발 목적이 싸움을 돋우는 데 있다는 점에서 "싸움 돋우는 사람"이라는 번역이 나쁘진 않지만, 히브리어 원문 '이쉬 하베님'(*ʾîš habbênîm*)은 '중간자'라는 의미에 더욱 가깝다. 전쟁에서 그의 임무는 싸움을 돋우는 것이 아니라, 자기 진영을 대표하여 일대일 대표전을 수행하는 것이다. "가드 사람"은 골리앗의 거대한 신장을 연상시키고, "블레셋 사람"은 그리스 정신을 구현한 전사임을 말해 준다. 다윗이 도착한 날도 골리앗은 여느 때와 같이 이스라엘을 모욕하고 도발했다. 이스라엘 사람 역시 아무도 골리앗에 맞서는 사람이 없었다. 그러나 그날은 다른 점이 하나 있었다. 다윗이 이스라엘의 전투 진에 있었고 그가 골리앗의 도발을 들었다는 것이다.

그날 다윗이 들은 것은 그것뿐만이 아니었다. 골리앗을 죽인 자를 사울 왕이 후히 보상한다는 소문도 듣는다. 다윗이 들은 소문은 매우 구체적이다. 첫째, 골리앗을 죽인 사람에게 왕이 많은 재물을 하사할 것이다. 둘째, 딸을 주어 사위로 삼을 것이다. 셋째, 아비의 집[가족]의 세금을 면제해 줄 것이다. 고대 이스라엘 사회의 가장 기본 단위는 개인이 아니라 가족이었기 때문에 세금도 개인별이 아니라 세대별로 매겨졌다. 이 때문에 "아비의 집"(베이트 아브, *bêt ab*)이 언급된 것이다. "아비의 집"은 이스라엘을 구성하는 가장 기본적인 사회 단위이다. 이 세 가지 약속은 병사들의 입소문이므로 과장되었거나 부정확한 내용이 있다고 의심할 수 있으나 이후의 이야기 전개를 볼 때 상당히 정확하게 사울의 약속을 반영하고 있음을 알 수 있다. 베들레헴 에브랏 사람 이새의 막내아들 다윗에게는 귀가 솔깃한 제안이다. 골리앗에 도전하는 것은 위험하지만 사울이 제안한 상은 그 위험을 감수할 만한 가치가 있었다. 그러나 다윗의 일차적 관심은 사울 왕이 제안한 포상이 아니었는데 이는 26절에서 잘 드러난다. 26절을 보면 상급보다 이스라엘에 대한 모욕이 크게 부각되어 있다. 다윗이 골리앗과 맞서는 일차적 동기는 이스라엘의 치욕이다. 골리앗을 제거한 사람에게 주어지는 '대우'는 두 번째 관심사다.

다윗이 사울의 보상을 확인함 17:26-27

26 다윗이 곁에 서 있는 사람들에게 말하여 이르되 이 블레셋 사람을
죽여 이스라엘의 치욕을 제거하는 사람에게는 어떠한 대우를
하겠느냐 이 할례 받지 않은 블레셋 사람이 누구이기에 살아 계시는
하나님의 군대를 모욕하겠느냐 27 백성이 전과 같이 말하여 이르되
그를 죽이는 사람에게는 이러이러하게 하시리라 하니라

다윗이 사무엘상 16장에 처음 소개된 이후 아직까지 다윗의 말은 기록되지 않았다. 26절은 성경에 기록된 다윗의 첫 대사다. 사울과 요나단이 그랬듯 등장인물의 첫 대사는 그 사람의 성격을 단적으로 암시하는데 이런 의미에서 26절은 인간 다윗을 이해하는 핵심적 구절이다.

26절에서 다윗은 골리앗을 죽인 자에 대한 보상의 내용을 재확인하려 한다. 베들레헴 촌부의 막내아들에게는 사울이 약속한 것들이 매력적으로 들렸을 것이다. 그러나 다윗이 골리앗을 죽이려 한 더 큰 이유는 그가 이스라엘, 즉 하나님의 군대를 모욕했기 때문이다. 26절은 '모욕'을 두 번이나 반복한다. 다윗은 이스라엘을 모욕하는 할례 받지 못한 블레셋 사람들에게 거룩한 분을 품었다.[1] 그럼에도 다윗이 물질적 보상에 관심이 없었던 것은 아니었고, 이는 분명한 사실이다. 그는 골리앗을 죽이고 받는 보상에 관해 이미 들었음에도(25절), 다시 확인하려 한다. 이것은 다윗이 세속적이면서 영적인 사람이었음을 보여 준다. 보상과 출세에 관심이 있으면서도 다른 한편 어떤 이스라엘 백성보다 하나님에 대한 열심이 강했다. 다윗 안에 존재한 이 상충적인 두 측면은 복잡한 다윗의 생애를 묘사하는 문학적 복선이 된다.

엘리압의 꾸중과 다윗의 반응 17:28-30

28 큰형 엘리압이 다윗이 사람들에게 하는 말을 들은지라 그가
다윗에게 노를 발하여 이르되 네가 어찌하여 이리로 내려왔느냐
들에 있는 양들을 누구에게 맡겼느냐 나는 네 교만과 네 마음의
완악함을 아노니 네가 전쟁을 구경하러 왔도다 29 다윗이 이르되
내가 무엇을 하였나이까 어찌 이유가 없으리이까 하고 30 돌아서서
다른 사람을 향하여 전과 같이 말하매 백성이 전과 같이 대답하니라

다윗이 사람들과 나누는 이야기를 들은 엘리압은 다윗을 크게 꾸짖는다. 본문은 어떤 이야기를 듣고 엘리압이 그토록 분노했는지 말해 주지 않지만, "교만"과 "마음의 완악함"이라는 엘리압의 지적(28절)을 보면 짐작이 간다. 엘리압은 골리앗이 이스라엘을 모욕하고 있다며 분을 내는 다윗이 주제넘는다고 생각했을 것이다. 다른 이스라엘 병사들도 예외 없이 아침저녁으로 듣는 모욕에 분노하고 있다. 그러나 거인 골리앗이라는 현실 앞에서 괴로운 것이다. 하나님에 대한 믿음, 민족에 대한 애정이 없어서 가만히 있는 것이 아니다. 그런데 갓 도착한 심부름꾼이 그 문제에 쉽게 말하니 '교만'이라고 느끼기에 충분하다. 또한 엘리압은 골리앗을 죽인 자에 대한 보상에 지나치게 관심 갖는 다윗이 '마음의 완악함'을 보여 준다고 생각했다. 엘리압은 막내 다윗이 늘 재물욕과 출세욕이 있었지만 내면에 감추고 있다고 생각했다. 이제 그 욕구가 엘리압이 보기에 드러난 것이다.

다윗에 대한 엘리압의 평가는 어떤 면에서 충분히 공감할 수 있다. 즉 호기심 많은 막내에 대한 맏형의 애정 어린 충고의 문맥에서 이해가 된다. 그럼에도 다윗에 대한 엘리압의 평가—"교만"과 "마음의 완악함"—는 잘못된 것이다. 먼저 우리는 하나님께서 다윗의 중심을 인정하셨음을 기억해야 한다. 엘리압이 보기에 주제넘은 다윗의 자신감이 하나님 보시기에는 믿음의 표현일 수 있다. 또한 엘리압에게는 재물욕과 명예욕으로 보이더라도 그것은 하나님이 주신 '비전'일 수 있다. 이 때

문일까? 다윗은 엘리압에게 자신의 무죄를 항변한 후 다른 사람들과 대화를 이어 간다. "돌아서서 다른 사람을 향하여"라는 구절에서 우리는 등을 돌려 엘리압을 외면하는 다윗의 모습을 보는데 형에 대한 다윗의 섭섭한 마음마저 엿보인다. 물질적 보상에 관심이 있었기에 엘리압의 꾸중이 완전히 빗나간 것은 아니다. 다윗의 신앙은 높았지만 그가 물질적-육체적 유혹에서 완전히 자유로웠던 것은 아니다. 밧세바를 탐하고, 그것을 가리기 위해 우리야를 죽인 것은 이 '완악함'이 여실히 드러난 예이다. 재미있는 것은 엘리압이 꾸중할 때 사용한 핵심어들이 '밧세바 사건' 본문(삼하 11장)과 '나단의 책망' 본문(삼하 12장)에서도 사용된다는 것이다.

사울 앞에 선 다윗 17:31-37

31 어떤 사람이 다윗이 한 말을 듣고 그것을 사울에게 전하였으므로
사울이 다윗을 부른지라 32 다윗이 사울에게 말하되 그로 말미암아
사람이 낙담하지 말 것이라 주의 종이 가서 저 블레셋 사람과
싸우리이다 하니 33 사울이 다윗에게 이르되 네가 가서 저 블레셋
사람과 싸울 수 없으리니 너는 소년이요 그는 어려서부터
용사임이니라 34 다윗이 사울에게 말하되 주의 종이 아버지의 양을
지킬 때에 사자나 곰이 와서 양 떼에서 새끼를 물어가면 35 내가
따라가서 그것을 치고 그 입에서 새끼를 건져내었고 그것이 일어나
나를 해하고자 하면 내가 그 수염을 잡고 그것을 쳐죽였나이다
36 주의 종이 사자와 곰도 쳤은즉 살아 계시는 하나님의 군대를
모욕한 이 할례 받지 않은 블레셋 사람이리이까 그가 그 짐승의
하나와 같이 되리이다 37 또 다윗이 이르되 여호와께서 나를 사자의
발톱과 곰의 발톱에서 건져내셨은즉 나를 이 블레셋 사람의
손에서도 건져내시리이다 사울이 다윗에게 이르되 가라 여호와께서
너와 함께 계시기를 원하노라

병사들의 입에서 입으로 퍼져 나간 다윗의 말은 마침내 사울의 귀에까지 들어간다. 31절에는 다윗의 말이 구체적으로 언급되지 않지만 사울이 다윗을 소환한 것으로 보아 블레셋 장수와 싸우겠다는 다윗의 의지가 분명히 담긴 것 같다. 엘리압이 다윗을 교만하다고 꾸중한 것도 다윗의 대화 속에서 그런 뉘앙스를 읽었기 때문일 것이다.

다윗이 사울을 설득하는 본 단락은 다윗이 얼마나 '구변'에 능한 자(16:18)인지를 보여 준다. 먼저 다윗은 사울에게 낙담하지 말라(32절)고 권면한다. "사람이 낙담하지 말 것이라"로 번역된 히브리어는 '알 이폴 레브-아담'(ʿal yippōl lēb-ādām)인데 직역하면 "사람의 마음이 떨어지지 않도록 하십시오"이다. 우리말에서는 즉 '낙심'(落心, '심장이 떨어지다') 혹은 '낙담'(落膽, '쓸개가 떨어지다')이 자연스런 표현이지만 히브리어에서는 그렇지 않다. 성경에서 마음이 '떨어지다'(나팔, nāpal)라는 표현은 여기에만 나온다. 즉 다윗이 사용한 표현은 매우 독특하다. 이것은 앞으로의 이야기 전개에 대한 저자의 복선이다. 이 독특한 다윗의 말 속에 독자들은 그의 돌에 맞아 '엎드려질'(나팔, 49절) 골리앗을 보게 되고, 이스라엘 군대의 칼에 의해 쓰러질(나팔, 52절) 블레셋 병사들도 보게 된다. 나아가 사울의 마음이 '떨어질' 필요가 없는 것처럼 다윗과 이스라엘 군대도 전장터에서 '쓰러지지' 않을 것이다.

낙심하지 말라며 사울을 격려한 다윗은 골리앗과 싸우겠다(32절)고 한다. 그러나 사울은 다윗이 "소년"(나아르, naʿar)에 불과하기 때문에 "어려서"(느우림, nəʿārîm)부터 전쟁터에서 자란 골리앗을 이길 수 없다고 말한다. 사울은 언어유희—나아르와 느우림—를 통해 다윗의 전투 경험 부족을 지적하고 있다. 그리고 비록 다윗이 "호기와 무용"(16:18)을 가졌지만, 사울이 지적한 대로 다윗은 싸워 본 경험이 없는 소년에 불과했다. 그때 다윗은 자신의 목동 생활을 말한다. "주의 종이 아버지의

【사자와 곰】 현재 이스라엘에는 사자가 살지 않지만 다윗 시대(약 주전 1000년)를 포함한 성경 시대에는 이스라엘에 사자들이 번성하였다. 이것은 성경에 사자가 150회나 언급된 것으로 추정할 수 있다. 그러나 인구가 늘면서 사자들의 서직지가 줄어들어 지금은 멸종한 상태다. 곰은 아직도 레바논 산지에 서식한다. 사자와 더불어 곰은 야생 동물 중 가장 위험한 동물로 인식되었다.

양을 지킬 때에 사자나 곰이 와서 양 떼에서 새끼를 물어가면 내가 따라가서 그것을 치고 그 입에서 새끼를 건져내었고 그것이 일어나 나를 해하고자 하면 내가 그 수염을 잡고 그것을 쳐죽였나이다."

그리고 양을 지킨 자신의 경험이 하나님의 군대를 모욕한 블레셋 사람 골리앗을 물리치는 데 충분하다고 주장한다. "주의 종이 사자와 곰도 쳤은즉 살아 계시는 하나님의 군대를 모욕한 이 할례 받지 않은 블레셋 사람이리이까 그가 그 짐승의 하나와 같이 되리이다"(36절).

사울은 청년 다윗의 대담한 주장에 아무 말도 하지 못한다. 그러자 다윗이 말을 이어 간다. "또 다윗이 이르되 여호와께서 나를 사자의 발톱과 곰의 발톱에서 건져내셨은즉 나를 이 블레셋 사람의 손에서도 건져내시리이다"(37절). 결국 사울은 다윗의 '능한 구변'(16:18, '칼 바호메르' 참조)에 설득되고, "하나님이 너와 함께 계시기를 원하노라"라고 축복하며 다윗의 출정을 허락한다.

여기서 다윗이 사울에게 한 말을 되새겨 보자. 이에 따르면 다윗의 직업은 목자였다. 아무도 주목하지 않는 직업이었지만 다윗은 그 일에 최선을 다했다. 목자의 사명을 감당하기 위해 죽음도 각오하고 때로는 사자와 곰과 맞서 싸웠다. 다윗은 아무도 주목하지 않는 목자 일에도 최선을 다하는 인물이었다. 오늘날 세상이 인정하지도 않고 경제적 보상이 크지도 않은 일을 열심히 할 사람이 몇 명이나 될까? 이런 점에서 다윗은 남달랐다. 다윗은 작은 일에 충성하는 자였기 때문에

【칼 바호메르(*qāl waḥōmer*)】 다윗이 사울을 설득할 때 사용한 수사법이 '칼 바호메르'어법이다. 어떤 원리가 A에 적용된다면 하물며 B에는 적용되지 않겠는가라는 논증이다. '하물며' 논증이 사용된 대표적인 구절은 잠언 11장 31절이다. "보라 의인이라도 이 세상에서 심판을 받겠거든 하물며 악인과 죄인이리요." 예수님도 안식일에 병을 고치신 일을 '하물며' 어법을 사용해 정당화한다. "모세의 율법을 범하지 아니하려고 사람이 안식일에도 할례를 받는 일이 있거든, (하물며) 내가 안식일에 사람의 전신을 건전하게 한 것으로 너희가 내게 노여워하느냐"(요 7:23). 히브리서 기자는 구약의 희생 제물의 피와 그리스도의 피를 '하물며' 어법으로 연결시킨다. "염소와 황소의 피와 및 암송아지의 재를 부정한 자에게 뿌려 그 육체를 정결하게 하여 거룩하게 하거든, 하물며 영원하신 성령으로 말미암아 흠 없는 자신을 하나님께 드리신 그리스도의 피가 어찌 너희 양심을 죽은 행실에서 깨끗하게 하고 살아 계신 하나님을 섬기게 하지 못하겠느냐"(히 9:13-14). 한편, 이사야는 바벨론에 사는 유대인들에게 아브라함에 대한 하나님의 언약을 상기시키면서 바빌로니아를 떠나 유다로 돌아올 것을 촉구한다(사 51:2). 이때 사용한 성경 해석법도 '하물며' 어법이다. '아브라함 한 사람이 하나님의 부르심에 순종하여 바벨론을 떠나 가나안으로 왔을 때도 그에게 복을 주어 번성하게 하셨는데, 하물며 한 민족 이스라엘이 하나님의 부르심에 순종하여 바벨론에서 떠나 가나안으로 간다면 어찌하시겠느냐? 더 많은 축복을 주시지 않겠느냐.'

일생일대의 중대한 기회가 왔을 때 그것을 자기 것으로 만들 수 있었다. 평소에 사자와 곰과 싸우지 않았다면 절대로 골리앗과 싸울 수 없었을 것이다. 수천 명에게 복음을 전하고 싶은 목회자는 한 명에게 복음을 전하는 데 성공해야 할 것이다. 내가 사는 '한 평' 공간을 변화시킨다면 온 세상을 변화시킬 수 있다. 다윗은 이 비밀을 깨달은 사람이었다. 그는 사람의 눈이 아니라 하나님의 눈을 의식했다. 보잘것없는 목동 일이지만 하나님께서 그 일에 주목하고 계심을 의심치 않았다. 이것은 하나님이 사자와 곰의 손톱에서 자신을 구했다는 고백에서 단적으로 드러난다. 다윗은 하나님 앞에서 일했다. 그런데 하나님의 섭리는 놀랍다. 고대 근동 사상에서 이상적인 왕은 목자와 같은 왕이었다. 좋은 왕은 좋은 목자와 같다는 것이다. 좋은 목자로서 자신을 준비한 다윗은 좋은 왕이 되기 위한 첫 걸음을 성공적으로 내딛게 된다.

사울의 갑옷을 사양하고 목동의 무기를 가지고 나감 17:38-40

38 이에 사울이 자기 군복을 다윗에게 입히고 놋 투구를 그의
머리에 씌우고 또 그에게 갑옷을 입히매 39 다윗이 칼을 군복 위에
차고는 익숙하지 못하므로 시험적으로 걸어 보다가 사울에게
말하되 익숙하지 못하니 이것을 입고 가지 못하겠나이다 하고 곧
벗고 40 손에 막대기를 가지고 시내에서 매끄러운 돌 다섯을 골라서
자기 목자의 제구 곧 주머니에 넣고 손에 물매를 가지고 블레셋
사람에게로 나아가니라

본 단락은 17장에서 가장 익살스러운 부분이다. 사울은 다윗에게 자기의 "군복"과 "투구", "갑옷"을 입힌다. 나아가 자신의 "칼"도 다윗에게 준다. 사울은 다른 사람보다 어깨 위나 더한 사람이었기 때문에 그의 장비들이 왜소한 몸집의 다윗에게 맞을 리가 없다. 히브리 원문을 보면 다윗이 "놋 투구"를 먼저 썼음을 알 수 있다. 투구는 가장 나중에 쓰는

것인데 장비에 익숙하지 않았던 다윗이 실수로 먼저 썼을 가능성이 크다. 사울의 큰 투구는 다윗의 머리에 푹 들어갔을 것이고 다윗은 앞을 제대로 볼 수 없는 상태에서 군복과 갑옷을 입고 칼을 찼을 것이다. 몸에 맞지 않는 군복, 갑옷, 칼이 주는 부자연스러움에다가 큰 투구 때문에 시야가 가려지니 걷는 것조차 힘들었다. 37절에서 사울은 다윗의 말에 설득되어 "여호와"의 이름을 언급하며 다윗을 축복하지만 승리가 인간의 무기에 달렸다고 생각한 듯 다윗을 무장시킨다.

다윗은 익숙하지 않은 갑옷을 벗어 버리고 "막대기", "물매", "조약돌" 다섯 개만 가지고 골리앗과 맞서기로 한다. 막대기는 목자들이 양을 몰 때 사용하는 것이고, 물매는 목자들뿐만 아니라 군인들도 사

【물매 던지는 사람】 시리아 북부 텔 할라프의 궁전에서 발견된 주전 10세기 건물 기념비.

용하는 것이다. 가죽이나 천 조각의 양 끝에 두 줄이 부착된 무기로서 물맷돌을 천 조각에 장전하고 두 줄을 한 손에 쥔 채 공중에서 회전시키다가 한쪽 줄을 놓으면 물맷돌이 빠르게 날아가 적을 쓰러뜨린다. 물론 물매를 정확하게 조준하려면 기술이 필요하다. 다윗은 평소 양을 치면서 잠재적 위험에 대비해 물매를 연습했던 것 같다. 다윗이 왜 돌 다섯 개를 취했는가에 대해서 모세오경을 상징한다, 골리앗이 다섯 형제였다, 첫 번째 시도에 실패할 경우를 대비한 것이다 등 여러 주장이 있다. 그러나 정확한 이유는 알기 어려우므로 '다섯'이라는 숫자에 큰

의미를 두지 않는 것이 좋겠다.

곧 벌어질 일대일 싸움에 임하는 두 사람이 극명하게 대조된다. 골리앗은 거인이자 숙련된 전사로서 최첨단 보호 장비와 무기로 무장하고 있다. 반면 다윗은 어리고, 전쟁 경험도 없고, 최소한의 보호 장비도 없다. 무기라고는 물매뿐이었다. 그러나 다윗은 믿음으로 무장하였고, 만군의 주 여호와가 주시는 용기와 배짱으로 골리앗에게 나아간다.

골리앗과 다윗이 서로를 위협함 17:41–47

41 블레셋 사람이 방패 든 사람을 앞세우고 다윗에게로 점점 가까이
나아가니라 42 그 블레셋 사람이 둘러보다가 다윗을 보고
업신여기니 이는 그가 젊고 붉고 용모가 아름다움이라 43 블레셋
사람이 다윗에게 이르되 네가 나를 개로 여기고 막대기를 가지고
내게 나아왔느냐 하고 그의 신들의 이름으로 다윗을 저주하고
44 그 블레셋 사람이 또 다윗에게 이르되 내게로 오라 내가 네 살을
공중의 새들과 들짐승들에게 주리라 하는지라 45 다윗이 블레셋
사람에게 이르되 너는 칼과 창과 단창으로 내게 나아 오거니와 나는
만군의 여호와의 이름 곧 네가 모욕하는 이스라엘 군대의 하나님의
이름으로 네게 나아가노라 46 오늘 여호와께서 너를 내 손에
넘기시리니 내가 너를 쳐서 네 목을 베고 블레셋 군대의 시체를
오늘 공중의 새와 땅의 들짐승에게 주어 온 땅으로 이스라엘에
하나님이 계신 줄 알게 하겠고 47 또 여호와의 구원하심이 칼과 창에
있지 아니함을 이 무리에게 알게 하리라 전쟁은 여호와께 속한
것인즉 그가 너희를 우리 손에 넘기시리라

블레셋 군과 이스라엘 군은 지휘 본부와 막사가 있는 봉우리에서 조금 내려간 곳에 진을 펼치고 있었다. 이제 두 진에서 각각 누군가가 나와 서로를 향해 다가간다. 다윗은 홀몸으로, 골리앗은 방패 든 자를 앞세우고 접근해 온다. 둘은 대화가 가능한 거리까지 이른다. 골리앗은

멀리서 다가오는 이스라엘 진영의 대표 전사를 '응시'하다가(바야베트, *wayyabbēt*, 개역개정은 '둘러보다'로 번역), 그가 어리고 예쁘장한 것을 보고(바이르에, *wayir'eh*, 42절) 업신여긴다. 더욱이 그의 한 손에 목동의 막대기가 들린 것을 보게 된다. 예상치 못한 무기(?)에 '나를 무엇으로 보는 건가'라고 생각했을 수 있다. 골리앗은 제대로 무장도 하지 않고 자신에게 달려드는 애송이를 보고 스스로 '무장해제'했을 가능성이 있다. "나를 개로 여기느냐"라는 말에는 '승자'의 위트마저 보인다. 그러나 다윗이 노린 것이 바로 그것이다. 다윗이 막대기를 들고 간 것은 골리앗을 방심하게 하는 동시에 진짜 무기인 물매를 감추려는 것이다.

골리앗은 다윗이 어리다는 이유로, 그가 막대기만 들었다는 이유로 봐줄 수는 없었다. 골리앗은 그 애송이를 겁주기 위해 "그의 신", 즉 다곤의 이름으로 다윗을 저주한다(43절, 여기서 저자가 골리앗의 저주를 구체적으로 언급하지 않은 것은 독자들에 대한 배려다. 오늘날 공중파에서 비속어를 신호음으로 처리하는 것과 유사하다). 그리고 "내가 네 살을 공중의 새들과 들짐승들에게 주리라"고 겁을 준다(44절). "공중의 새와 들짐승"들은 독수리나 하이에나와 같이 죽은 고기를 먹는 동물들을 지칭한다. 시체를 깨끗이 청소하는 독수리와 하이에나를 자주 목격하는 당시 사람들에게 골리앗의 말은 등골을 오싹하게 하는 생생한 표현이다.

그러나 다윗도 그에 못지않은 말솜씨(?)를 가졌다(16:18). 다윗의 '저주'에는 다음과 같은 풍성한 전쟁 신학이 있다. '전쟁은 여호와께 속한 것이기 때문에 인간의 무기가 아니라 하나님이 승패를 결정한다. 골리앗이 만군의 하나님의 이름을 모욕하였으므로 여호와께서 골리앗을 다윗에게 붙이시기로 결정하셨다'(46-47절). 뿐만 아니라 저주에 걸맞게 다윗의 말은 골리앗과 블레셋 사람들의 등골을 오싹하게 하는 강펀치였다. 골리앗의 저주에는 언급되지 않은 "목을 베겠다"(46절)는

【공중의 새와 땅의 들짐승】 죽은 시체를 처리하는 '공중의 새'에 대한 언급은 저주의 문맥에서 자주 등장한다(신 28:26; 삼상 17:44; 17:46; 렘 7:33; 15:3; 16:4; 19:7; 34:20). 죽은 고기를 먹고 사는 독수리들은 주로 낮에 활동한다. 낮에 독수리들이 남겨 둔 고기는 밤에 들짐승들이 와서 처리하는데 하이에나가 그러하다. 하이에나는 사무엘상 13장 18절에 언급된 '스보임' 골짜기에서 언급된다. 스보임은 하이에나를 뜻한다.

위협이 다윗의 저주에 있고, 골리앗은 다윗만을 저주했지만 다윗은 골리앗을 비롯한 모든 블레셋 군대를 공중의 새와 들짐승의 밥으로 만들겠다고 한다(46절). 실제 전투뿐 아니라 말싸움에서도 이미 다윗은 블레셋의 장수를 압도했다.

골리앗은 자기 신, 즉 다곤의 이름으로 다윗을 저주했지만(43절) 다윗은 여호와의 이름으로 골리앗에게 나아간다. 이미 사무엘상 4장에서 다곤이 여호와 앞에 엎드러진 사건을 기억하는 독자들은 이번에도 다곤의 이름으로 오는 골리앗이 여호와의 이름으로 나아오는 다윗 앞에 엎드러질 것임을 기대하게 된다.

다윗이 골리앗을 쓰러뜨림 17:48-53

48 블레셋 사람이 일어나 다윗에게로 마주 가까이 올 때에 다윗이
블레셋 사람을 향하여 빨리 달리며 49 손을 주머니에 넣어 돌을
가지고 물매로 던져 블레셋 사람의 이마를 치매 돌이 그의 이마에
박히니 땅에 엎드러지니라 50 다윗이 이같이 물매와 돌로 블레셋
사람을 이기고 그를 쳐죽였으나 자기 손에는 칼이 없었더라
51 다윗이 달려가서 블레셋 사람을 밟고 그의 칼을 그 칼 집에서
빼내어 그 칼로 그를 죽이고 그의 머리를 베니 블레셋 사람들이
자기 용사의 죽음을 보고 도망하는지라 52 이스라엘과 유다
사람들이 일어나서 소리 지르며 블레셋 사람들을 쫓아 가이와
에그론 성문까지 이르렀고 블레셋 사람들의 부상자들은
사아라임 가는 길에서부터 가드와 에그론까지 엎드러졌더라
53 이스라엘 자손이 블레셋 사람들을 쫓다가 돌아와서 그들의
진영을 노략하였고

다윗의 도발에 흥분한 골리앗이 일어나 다윗에게로 성큼성큼 나아간다. 다윗도 그 블레셋 사람을 향하여 달려간다. "블레셋 사람을 향하여"(48절)로 번역된 히브리어 '하마아라카'(*hammaʿărākāh*)는 "일대일로

맞붙기 위해"라고 번역될 수 있다(칠십인역). 그렇다면 골리앗은 다윗이 육박전을 하기 위해 달려온다고 생각했을 가능성이 있다. 다윗의 기세를 보아도 그러하다. 어떤 사람들은 골리앗이 던진 창을 피하기 위해 달려갔다고도 하는데 이것은 문맥과 잘 맞지 않는다. 골리앗은 막대기를 들고 오는 다윗을 얕보고 있다. 그와 육박전을 해도 철제 칼을 가진 자신이 나무 막대기를 가진 상대를 쉽게 제압하리라고 확신했을 것이다. 이 상황에서 골리앗이 부상을 입혀 싸움에 우위를 선점하려는 듯 다윗에게 창을 던졌을 리가 없다. 오히려 그는 달려오는 다윗을 보고 방패 드는 자를 한쪽으로 물렸을지도 모른다. 이때 사정거리 안에 골리앗이 든 것을 본 다윗이 걸음을 멈추더니, 들고 있던 막대기를 버리

【골리앗의 머리를 든 다윗】 카라바지오(1571~1610) 작.

【가이와 샤아라임 가는 길】 개역개정 52절에서 "가이"로 번역된 히브리어 '가예'(*gayəh*)는 '골짜기'를 뜻하는 일반명사다. 가예가 개역개정역이 제안하듯 단독 지명(地名)으로 사용된 적은 없다. 즉 '가이'라는 지명은 개역개정에만 나온다. 많은 학자들은 칠십인역을 따라 '가예'를 블레셋의 도시 '가드'로 대체한다. 그렇다면 개역개정역에서 "쫓아 가이와 에그론 성문까지 이르렀고"로 번역된 히브리어 원문(바이르데푸 엣-하플리슈팀 아드-보아카 가예 베아드 샤아레이 에크론)은 "가드의 초입과 에그론 성문까지 쫓아갔고"로 바꾸는 것이 좋다. 한편 "사아라임 가는 길"로 번역된 히브리어 '베데렉 샤아라임'(*bəderek šaʻărayim*)은 '도중에, 즉 샤아라임부터'로 번역될 수 있다. 이스라엘인들이 블레셋 사람들을 가드와 에그론까지 추격했고, 도주하다가 죽임당한 블레셋 사람들의 시체가 "길 가운데(道中)에" 널려 있었다는 것이다. "사아라임에서부터 가드와 에그론까지"는 "도중에"를 부연하는 것(참조. *šaʻărayim wəʻad-gat wəʻad-ʻeqrôn*)으로 볼 수 있다. 한편 '사아라임'은 블레셋과 대치하던 소고와 아세가에서 블레셋 영토 방향으로 얼마 떨어지지 않은 곳에 위치한 유다 도시다. 골리앗이 쓰러지자 블레셋 사람들이 도망한 경로를 가리키기 위해 사무엘서 저자는 "사아라임에서부터 가드와 에그론까지"라는 표현을 썼다. 추격하는 이스라엘 군대의 공격에 쓰러진 블레셋 병사의 시체는 도주 경로에 널려 있었다. 52절에 대한 필자의 사역은 다음과 같다. "이스라엘과 유다 사람들이 일어나 소리 지르며 가드의 초입과 에그론 성문까지 블레셋 사람들을 쫓아갔고, 칼에 맞은 블레셋 사람들은 사아라임에서부터 가드와 에그론에 이르는 길 위에 넘어져 (죽었다)."

고, 물매와 돌을 꺼내 골리앗을 향하여 던졌다. 기습 공격이다. 돌이 골리앗의 이마—유일하게 갑옷으로 보호되지 않았던—에 정확하게 박히고 골리앗은 쓰러졌다. 기회를 놓치지 않고 다윗은 달려가 골리앗을 밟고 서서 골리앗의 칼로 목을 베어 죽인다(50절의 "죽였으나"는 사무엘서 저자 특유의 과장법이다). 다윗의 물매에 골리앗이 쓰러질 때까지만 해도 숨죽여 지켜보던 블레셋 군사들이 다윗이 골리앗의 머리를 베어 들자 일제히 도망하기 시작한다. 애초에 그들에게는 약속을 지킬 의향이 없었다. 이스라엘 군대는 "가드"(칠십인역과 개역개정, "가이", 52절)의 초입과 에그론 성문까지 쫓아가 블레셋 사람들을 친다. 그렇게 죽은 블레셋 사람의 시체가 사아라임(개역개정, "사아라임 가는 길")으로부터 가드와 에그론까지 널렸다(52절). 블레셋 군대의 시체가 새와 짐승의 밥이 될 것이라는 다윗의 저주가 성취된 것이다. 이스라엘은 블레셋의 거점 도시인 에그론과 가드까지 쫓아가 블레셋 사람들을 도륙한 후에야 다시 엘라 골짜기로 돌아와 블레셋 사람들의 진영을 약탈하였다.

다윗이 골리앗의 목을 벤 사건은 사무엘상 4장에서 다곤이 여호와의 궤 앞에 넘어져 목이 잘린 장면을 연상시킨다. 골리앗이 다곤의 이름으로 다윗을 저주했음(43절)을 상기하면 다윗의 승리에는 분명 종교적 의미가 있다. 다윗 아래에서 이스라엘 군대는 하나님의 군대가 되었고, 하나님의 군대를 모욕하는 모든 이방 세력은 하나님의 진노의 대상이 된다. 만군의 여호와를 모신 이스라엘 군대에 최첨단 무기가 없는 것은 더 이상 문제가 안 된다. 다윗이 골리앗을 이겼던 것처럼 변변한 검 하나 없던 이스라엘이지만 어떤 전투에서도 승리할 것이다.

골리앗의 목을 예루살렘으로 가져감 17:54

54 다윗은 그 블레셋 사람의 머리를 예루살렘으로 가져가고
갑주는 자기 장막에 두니라

많은 학자들이 이 구절을 당혹스러워한다. 당시 예루살렘은 여부스 사

람들의 통제 아래 있었다. 예루살렘이 이스라엘의 영토로 편입되는 것은 다윗이 왕이 된 후의 일이다. 그런데 다윗이 블레셋 사람의 머리를 이방 도시로 가져간다니 어떻게 이해해야 할까? 또 한 가지 문제는 "자기 장막"이다. 다윗은 아버지의 심부름 때문에 전쟁터에 왔다가 다소 우발적으로 골리앗과의 전투에 참여한 것이다. 그의 장막이 있을 리가 없다. 이 문제에 두 가지 해석이 있다. 첫째 해석은 골리앗의 머리를 "예루살렘"으로 가져갔다는 구절은 후대에 첨가된 것으로 이해하고, "자기 장막"은 "여호와의 장막"으로 고쳐 읽는 것이다. 골리앗의 머리를 예루살렘으로 가져갔다는 말에는 예루살렘이 다윗의 수도가 될 후대의 상황이 반영된 것이고, "여호와의 장막"으로 고쳐 읽으라는 제안은 골리앗의 칼이 놉의 성전에 보관되었다는 사무엘상 21장 10절을 염두에 둔 것이다.

두 번째 해석은 54절을 문자 그대로 받아들이고 다윗의 행동에서 상징적 혹은 문학적 의미를 찾아내는 해석이다. 다윗이 골리앗의 머리를 여부스 사람들의 도시로 가져갔다는 사실을 인정하고, 그 상징적 의미를 생각해 보자. 그렇다면 다윗의 행위는 그가 예루살렘을 수도로 정하는 것과 무관하지 않다. 다윗의 능력에 대한 결정적 증거인 골리앗의 머리를 미래의 수도로 가져간다는 것은 의미 있다. 이때부터 다윗이 예루살렘을 눈여겨보지 않았을까? 여부스 사람들은 골리앗의 머리를 들고 찾아온 다윗을 영웅으로 기억했을 것이다. 한편 다윗은 골리앗의 갑주를 "자기 장막"—그것이 어디에 있었는지는 알 수 없지만—에 보관했다. 그러나 어떤 이유에서든 나중에 놉의 성전으로 옮겨졌다고 가정할 수 있다. 하나님의 심판의 상징인 골리앗의 칼이 놉으로 옮겨진 것은 놉에서 벌어질 학살을 암시한다. 놉 제사장들의 학살은 엘리 가문에 대한 하나님의 심판으로 예언되었다. 하나님의 사람이 엘리에게 한 예언이 사울을 통해 놉에서 성취된다. 골리앗의 칼이 놉에 설치된 것은 이런 의미에서 학살의 암시다.

사울과 다윗의 대화 17:55-58

55 사울은 다윗이 블레셋 사람을 향하여 나아감을 보고 군사령관
아브넬에게 묻되 아브넬아 이 소년이 누구의 아들이냐 아브넬이
이르되 왕이여 왕의 사심으로 맹세하옵나니 내가 알지 못하나이다
하매 56 왕이 이르되 너는 이 청년이 누구의 아들인가 물어보라
하였더니 57 다윗이 그 블레셋 사람을 죽이고 돌아올 때에 그 블레셋
사람의 머리가 그의 손에 있는 채 아브넬이 그를 사울 앞으로
인도하니 58 사울이 그에게 묻되 소년이여 누구의 아들이냐 하니
다윗이 대답하되 나는 주의 종 베들레헴 사람 이새의 아들이니이다
하니라

본 단락에서 저자는 시간을 잠시 거꾸로 돌린다. 55-56절은 다윗이 골리앗과 싸우러 나갈 때의 장면을, 57-58절은 다윗이 블레셋 사람을 죽이고 돌아올 때의 장면을 서술한다. 그런데 이 장면에서 사울이 다윗이 누구인지 모르는 듯하다. 17장 15절과 18장 2절이 암시하는 바처럼 다윗은 사울의 음악가로 일했을 뿐 아니라 사울은 다윗을 사랑하여 자기의 무기 드는 자로도 삼았다. 사울이 다윗을 몰랐을 가능성이 없다. 그럼에도 사울은 "이 소년이 누구의 아들이냐"라고 반복적으로 묻는다. 어떤 학자들은 사울이 일시적 기억 장애를 겪고 있다고 본다. 또 다른 학자들은 본 단락이 다른 사료에서 온 것이라고 해명한다. 이 문제를 해결하려면 세 가지 요소를 기억하자(성경적 역사, 450-455쪽). 첫째, 사울이 "이 소년이 누구의 아들인가"라고 물었다 해서 그가 다윗을 몰랐다고 단정할 수는 없다. 그의 질문은 "이 소년이 누구인가"가 아니라 "누구의 아들인가"이다. 사울은 이 질문을 세 번이나 반복한다. 이는 골리앗을 죽인 이에게 주겠다고 약속한 포상과 관계가 있다. 사울은 누구든지 골리앗을 죽이면 그 "아비의 집"에 세금을 면제하겠다고 약속했다. 그러므로 다윗의 이름이 아닌, 그 아버지를 묻는 것은 자연스럽다.

둘째, 사울이 전령을 보내어 이새에게 다윗의 입궁을 허락받았다(16:19) 해서 사울이 다윗의 아버지에 대해 보고를 받거나, 그 내용을 기억해야 할 이유는 없다. 다윗의 입궁을 허락받기 위해 다윗을 발견하고 추천한 관리 중 하나에게 그 일을 맡겼을 가능성이 높기 때문이다. 설사 다윗의 아버지에 대해 직접 보고받았다 하더라도 사울이 그 이름을 관심을 가지고 기억한다는 것은 현실적이지 않다. 따라서 본 단락에서 사울이 다윗의 아버지에 대해 묻는 것과 16장 18-22절의 내용—사울이 전령을 보내어 이새에게 다윗의 입궁을 허락받았다는 사실—은 모순되지 않는다. 백 보 양보해 사울이 이새의 이름을 기억하고 있었다 해도 사울의 질문은 문맥상 의미가 있다. 본 문맥에서 사울은 다윗의 아버지가 누구인지에만 관심을 가진 것은 아니다. 골리앗을 죽이는 자에게 딸을 아내로 줄 것이라고 약속한(17:25) 사울은 골리앗을 무찌르고 귀환한 다윗의 모든 것에 관심을 가졌을 것이다. 왜냐하면 이제 다윗의 가문은 왕의 사돈이 되기 때문이다. 따라서 사울은 다윗의 아버지만이 아니라 아주 자세한 정보를 요구하는 것이다.

마지막으로 사울이 이 질문을 아브넬에게 묻고 있다는 사실에 주목해 보자. 다윗이 국민적 영웅으로 떠오른다면 제일 먼저 기득권을 위협받을 인물이 아브넬이다. 사울이 아브넬을 특정하여 다윗의 아버지가 누구인지 물은 것은 아브넬에게 경고를 준 것이다. '이 아이를 조심하라'는 메시지다. 그러나 아브넬은 사울의 이런 의도를 알아채지 못한다. 사울의 경고를 뒤집어 해석하면 사울 자신도 다윗의 출현에 위기감을 느꼈음을 알 수 있다. 사울은 이미 사무엘에게서 두 차례나 새로운 왕의 출현을 예언받았다. 다윗이 골리앗의 목을 베자 사울은 그가 사무엘이 예언한 바로 그 사람일지 모른다고 생각했을 것이다. 그러니 다윗에 대해 더 자세히 알고 싶은 것은 당연하다.

다윗은 사울의 질문에 공손히 "나는 주의 종 베들레헴 사람 이새의 아들이니이다"라고 대답한다(58절). 그러나 이런 공손한 청년의 손에는 골리앗의 머리가 들려 있음을 기억하자. 그의 손에는 부정할 수 없는 비범함의 증거가 있다.

질문

1. "싸움을 돋우는 자"(4절)는 전쟁에서 어떤 역할을 하는 사람입니까?
2. 블레셋 장수 골리앗을 이긴 자에게 사울이 약속한 상은 무엇입니까?
3. 다윗이 골리앗과 싸우려 했던 주된 이유는 무엇입니까?
4. 다윗이 성공적으로 골리앗을 물리칠 수 있었던 이유는 무엇입니까?
5. 사울이 개선하는 다윗을 보며 "이 소년이 누구의 아들이냐"라고 아브넬에게 물은 이유는 무엇입니까?

묵상

1. 목동 다윗이 전사 다윗이 되기까지 다윗은 여러 가지를 버려야 했습니다. 옛 생활("양을 양 지키는 자의 손에 맡기고")을 버려야 했고, 심부름꾼으로서의 낮은 자존감("짐을 짐 지키는 자의 손에 맡기고")도 버려야 했으며 인간적인 수단(사울의 갑옷)도 버려야 했습니다. 하나님께 쓰임을 받으려면 우리는 무엇을 버려야 할까요?
2. 다윗은 목자였습니다. 아무도 주목하지 않는 사람입니다. 그러나 다윗은 그 일에 최선을 다했습니다. 좋은 목자가 되기 위해 날마다 물매를 연습하고, 사자나 곰이 나타나면 죽음을 각오하고 싸웠습니다. 그는 아무도 주목하지 않아도 충성을 다하는 인물이었습니다. 하나님 나라의 큰 역사는 내 삶의 작은 순종에서 시작합니다. 다윗은 이 비밀을 깨달았습니다. 그는 사람의 눈이 아니라 하나님의 눈을 의식했습니다.

19
사울의 궁에 거하는 다윗

삼상 18:1-31

다윗은 사울의 궁에서 거하며 궁에 있는 모든 사람의 마음을 얻는다. 사울의 장남 요나단이 다윗에게 충성을 맹세하고, 사울의 신하들도 전쟁터에서 승승장구하는 다윗을 존경하고 사랑하게 된다. 사울의 주변 인물들이 다윗을 사랑하면 할수록 사울의 두려움도 커져 간다. 그는 기회가 있을 때마다 다윗을 죽이려 한다. 특히 악령이 임할 때면 살해 의도를 노골적으로 드러낸다. 사울은 자신 앞에서 무방비 상태로 수금을 연주하는 다윗에게 두 번이나 창을 던졌다. 악령의 영향에서 벗어나 있을 때에도 사울은 음모를 꾸며 다윗을 죽이려 한다. 심지어 사울은 가족들도 자신의 음모를 위한 수단으로 삼는다. 그러나 결국 사울은 다윗이 사위가 되는 것을 막을 수 없었고 이에 다윗을 더더욱 두려워하게 된다.

요나단과 다윗의 언약 18:1-5

1 다윗이 사울에게 말하기를 마치매 요나단의 마음이 다윗의
마음과 하나가 되어 요나단이 그를 자기 생명같이 사랑하니라
2 그 날에 사울은 다윗을 머무르게 하고 그의 아버지의 집으로 다시
돌아가기를 허락하지 아니하였고 3 요나단은 다윗을 자기 생명같이
사랑하여 더불어 언약을 맺었으며 4 요나단이 자기가 입었던 겉옷을
벗어 다윗에게 주었고 자기의 군복과 칼과 활과 띠도 그리하였더라
5 다윗은 사울이 보내는 곳마다 가서 지혜롭게 행하매 사울이 그를
군대의 장으로 삼았더니 온 백성이 합당히 여겼고 사울의 신하들도
합당히 여겼더라

사무엘상 17장과 18장은 이야기의 전개상 하나의 연속된 이야기이다. 18장 1절의 첫 구절 "다윗이 사울에게 말하기를 마치매"에 주목하라. 17장의 마지막 장면에서 사울은 골리앗을 죽인 소년이 "누구의 아들"인지 반복해서 묻는다. 그때 사울이 다윗의 이름을 언급하지 않고 "소년"으로 다윗을 지칭한 것은 경계심 때문이었다. 사울은 다윗의 승리를 보면서 사무엘이 예언한 "왕보다 나은 왕의 이웃"(15:28)이 저 소년일지도 모른다고 생각했다. 골리앗을 이긴 기쁨은 잠시였고, 다윗을 잠재적 왕위 찬탈자로 보았을 가능성이 있다. 그는 다윗을 "소년"이라고 부름으로써 그를 폄하한다.

그에 비해 "요나단의 마음(네페쉬, *nepeš*)은 다윗의 마음(네페쉬)과 하나가 되어, 다윗을 자기 생명(네페쉬) 같이 사랑"한다(1b절). "마음"과 "생명"으로 번역된 히브리어 '네페쉬'는 인간의 본질을 지칭하는 단어다. 인간을 영과 육으로 구분하고 영이 인간의 본질이라고 본 헬라 사람과 달리 히브리 사람들은 인간을 영육 통일체로 보았다. 이 통일체 개념을 잘 보여 주는 말이 네페쉬다. 따라서 네페쉬를 육과 구분되는

'혼'이나 '영'으로 생각하면 안 된다. 네페쉬는 'self'의 의미에 가깝다. 1절은 요나단이 다윗과 전인격적인 우정을 맺고, 그를 '자신의 몸(self)과 같이' 사랑했다는 것을 알려 준다.

요나단은 왜 다윗을 자기 몸처럼 사랑하게 되었을까? 요나단이 다윗의 용맹에 반했다고 많은 사람들이 추측한다. 물론 골리앗을 무찌른 모습이 멋있게 보일 수는 있지만 사울의 뒤를 이어 왕이 될 요나단이 자기보다 열 살이나 어린 목동을 자기 생명처럼 사랑한 이유가 '한 번의 멋진 승리'라면 설득력이 부족하다. 더구나 요나단은 자신의 예복을 다윗에게 벗어 주었다. 옷은 그 사람의 신분을 상징하기에 요나단의 행위는 다윗을 왕위 계승자로 간주하는 행동으로 해석될 수 있다. 이것은 분명 한 번 전공을 세운 소년에 대한 애정 이상을 의미한다.

요나단이 다윗을 보면서 "왕보다 나은 왕의 이웃"(15:28)을 상기했을 가능성을 생각해 보자. 사울과 함께 사무엘의 예언을 들은 요나단은 자신이 왕이 되지 못한다는 사실에 실망하면서도 여호와께서 선택한 새 왕이 누구인지 궁금했을 것이다. 사울처럼 그 인물을 무조건 경계하고 시기하지는 않았겠지만 그렇다고 잘 알지 못하는 상태에서 전폭적으로 지지할 마음도 아니었을 것이다. 그러던 가운데 골리앗을 앞세운 블레셋 군대와 이스라엘 군대의 전면전이 벌어졌다. 요나단은 이 위기가 그 사람이 출현할 장이 될지 모른다고 판단한 듯하다. 요나단은 14장에서 홀몸으로 바다 모래같이 많은 블레셋 사람들을 선제공격한 겁 없는 영웅이었다. 그런 용맹한 요나단이 17장에서 골리앗의 도전을 보고만 있었다면 이유가 있었을 것이다. 그 이유는 "왕보다 나은 왕의 이웃"의 출현이 아니었을까. 비무장한 다윗이 골리앗을 쓰러뜨리자 요나단은 다윗이 바로 사무엘이 예언한 그 사람이라는 확신을 가졌을지 모른다. 다윗이 사울과 접견을 끝내자 요나단이 바로 다윗에게 접근한 것은 이런 관점에서 설명할 수 있다. 다윗에 대한 요나단의 중립적 호기심은 이미 열렬한 지지로 변해 있었다.

요나단과 다윗과의 관계를 동성애적 관계로 이해하는 사람들도 있지만 그렇지는 않다. 1절의 두 동사 '하나가 되다'(니크샤르, *niqšar*)

와 '사랑하다'(아헤브, *'āhēb*)는 모두 정치적 충성을 의미하는 고대인들의 숙어였다. 고대 근동의 조약문에서 약소국의 왕은 강대국의 왕을 '사랑할'(아헤브) 의무가 있었다. 여기서 '사랑'은 '충성'과 동의어처럼 쓰였다. '하나가 되다'로 번역된 히브리어 '니크샤르'도 정치적 연대 혹은 음모의 문맥에 자주 사용된다.

다윗과 요나단의 관계가 일차적으로 정치적 충성의 관계임—이런 정치적 충성 관계가 인간적인 우정으로 발전했을 가능성은 충분히 있다—을 보여 주는 확실한 증거가 3-4절에 제시되어 있다. 다윗을 '사랑'한 요나단은 다윗과 조약을 맺는다. 조약 문서에서 사랑은 곧 충성이다. 그리고 조약의 비준으로 요나단은 자기가 입었던 겉옷, 군복, 칼, 활, 띠를 벗어 다윗에게 주었다(4절). "겉옷"으로 번역된 '므일'(*mə'îl*)은 왕이나 제사장이 입는 의복으로 신분을 표시한다. 요나단이 사울의 뒤를 이어 왕이 될 인물임을 고려하면 자신의 신분을 상징하는 의복을 다윗에게 준 것은 자신의 왕위 계승권을 포기하고 다윗에게 넘겨준다는 상징이다. 이런 행위는 골리앗을 이긴 신하에 대한 호감으로는 설명되지 않는다. 요나단은 다윗이 거둔 승리를 징조로 받아들인 것 같다. 사울이 자신의 군복을 벗어 다윗에게 입히려 했던 장면을 생각해 보면, 다윗은 사울의 군복은 거부하였지만 요나단의 의복은 받는다. 이것은 앞으로 이야기가 어떻게 전개될지를 시사한다.

한편 5절은 골리앗 사건 직후의 상황을 말하는 것이 아니라 상당한 기간에 걸친 다윗의 행적을 요약적으로 진술한다. 사울의 궁과 베들레헴을 왕래하며 일했던 다윗은 골리앗 사건을 계기로 사울의 궁에서 붙박이로 일하게 되었다. 사울에게 악령이 역사할 때는 궁중 음악가로, 그렇지 않을 때는 사울의 무기 드는 자로 자신의 입지를 높여 갔다. 사울은 다윗을 여러 전선에 내보냈던 것 같다. 그때마다 지혜로운 다윗은 일을 성공적으로 처리하였다. 마침내 사울은 다윗을 "군대의 장"으로 승진시킨다. 여기서 "군대"로 번역된 히브리어 '안쉐이 하밀하마'(*'anšēy hammilḥāmāh*)는 엘리트 부대를 지칭하는 말이다. 다윗은 이로써 사울의 엘리트 부대를 책임지는 권력의 핵심부에 진입했다. 온 백성은 혜성처럼 등장한 다윗을 좋아하였고 심지어 (다윗을 잠재적 라이벌로 간주할 이유가 충분한) 사울의 신하들조차도 다윗을 좋아했다. 그러나 6-9절이 암시하듯 사울은 편안한 마음으로 다윗의 성공을 지켜본 것은 아니었다.

앞서 우리는 왕위 등극 과정이 지명-증명-확증 단계임을 언급했다. 사무엘이 다윗에게 기름을 붓는 행위는 지명에 해당한다(16장). 지명되었다고 바로 왕이 되는 것은 아니다. 다윗은 왕임을 현장에서 증명해야 한다. 그런 후에야 공식적으로 사람들 앞에서 대관식을 치르고 왕으로 확증된다. 다윗의 경우 왕으로 지명된 후 공식적으로 확증받기까지 오랜 세월이 흘러야 했다. 그 사이의 기간은 모두 다윗에게 '증명'의 시간이었다. 골리앗을 무찌른 것(삼상 17장)은 분명히 다윗이 왕임을 증명하는 사건이었지만 그것이 끝은 아니었다. 이후 다윗은 고난의 시간들을 통해 그가 하나님의 대리 통치자가 될 자격이 있는지 증명해 낸다. 다윗에게 증명 과정은 군사적 업적뿐 아니라 고난까지 포함한다. 고난은 그가 참 왕인지 아니면 거짓 왕인지 가려내는 역할을 한다. 그 고난의 시작은 여인들이 길에서 부르는 순수한 노래에서 시작된다.

여인들의 노래 18:6-9

6 무리가 돌아올 때 곧 다윗이 블레셋 사람을 죽이고 돌아올 때에
여인들이 이스라엘 모든 성읍에서 나와서 노래하며 춤추며 소고와
경쇠를 가지고 왕 사울을 환영하는데 7 여인들이 뛰놀며 노래하여
이르되 사울이 죽인 자는 천천이요 다윗은 만만이로다 한지라
8 사울이 그 말에 불쾌하여 심히 노하여 이르되 다윗에게는 만만을
돌리고 내게는 천천만 돌리니 그가 더 얻을 것이 나라 말고
무엇이냐 하고 9 그 날 후로 사울이 다윗을 주목하였더라

골리앗 사건 이후 상당한 기간에 걸친 다윗의 행적을 요약적으로 진술한 5절과 달리 본 단락(6-9절)은 다시 골리앗 사건 직후의 상황으로 돌

아온다. “무리가 돌아올 때”(6절)는 이스라엘 군대가 17장에 묘사된 전투에서 귀환할 때를 지칭한다. 이는 바로 이어지는 구절 “곧 다윗이 블레셋 사람을 죽이고 돌아올 때에”라는 구절에서 더욱 분명해진다. 여기서 “블레셋 사람”은 골리앗을 지칭한다.

사울이 다윗과 함께 수도 기브아로 개선 행차를 하자 지나는 성읍마다 여인들이 나와 귀환하는 군대를 환영했다. 이 환영의 분위기를 잘 나타내 주는 것들이 노래, 춤, 타악기(소고), 현악기(“경쇠”)와 같은 단어다(6절). 이때 여인들 사이에서 유행한 노래는 다음과 같다. “사울을 죽인 자는 천천이요 다윗은 만만이로다.” 이 노래의 의미는 무엇일까? 사울을 폄하하고 다윗을 높이려고 이 노래를 불렀을까? 나아가 사울의 왕권을 거부하고 다윗을 왕으로 세우려는 음모가 담겼는가? 이 질문에 답하려면 히브리어 운문의 구조를 이해할 필요가 있다. 히브리어 운문은 평행법이 그 특징인데 평행법이란 첫 행에서 표현된 내용과 유사한 내용을 다음 행에서 다시 표현하는 수사법이다. 이때 첫 행에서 숫자가 사용되면 그다음 행에서는 첫 행에서 사용된 숫자보다 큰 숫자가 사용되는 것이 상례이다. 따라서 첫 행에서 사울을 죽인 자가 “천천이요”라고 노래했다면 다음 행에서는 “천천”보다 높은 수인 “만만”이 나오는 것이 자연스럽다. 그리고 이와 같은 ‘숫자’ 평행법에서 첫째 행과 둘째 행은 협력하여 하나의 메시지를 준다. 다음의 잠언은 숫자 평행법의 대표적인 예이다.

> “내게 기이한 것들이 셋,
>
> 내가 이해 못하는 것이 넷 있으니”(잠 30:18, 바른성경).
>
> “세상을 떠들썩하게 하는 것이 셋,
>
> 세상을 견딜 수 없게 하는 것이 넷이 있으니”(잠 30:21, 바른성경).
>
> “당당하게 행진하는 것이 셋,
>
> 늠름하게 걷는 것이 넷이 있으니”(잠 30:29, 바른성경).

위의 잠언은 첫 행에서 셋, 둘째 행에서 넷을 사용한다. 이때 첫 행과

【줄이 셋인 중국의 현악기】

【시스트룸을 들고 있는 이집트 사람】

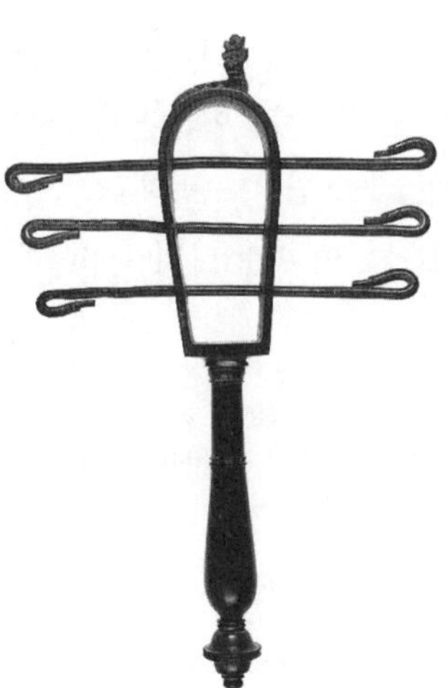

【봉이 셋인 타악기(시스트룸)】

【경쇠】 우리말 '경쇠'(6절)는 막대로 소리를 내는 작은 종이지만 본문에서 '경쇠'로 번역된 히브리어 '샬리쉼'(*šālīšîm*)은 숫자 '3'에서 파생된 단어로 구약성경에 딱 한 번 등장하는 단어이다. 이 때문에 이 악기의 정확한 성격은 거의 알려진 바가 없다. 학자들은 두 가지 가능성을 제안하는데 줄이 셋인 현악기일 가능성과 봉이 셋인 타악기일 가능성이다. 현이 셋인 현악기는 이스라엘에서 발견되지 않았지만 세계 곳곳에서 발견되며, 봉이 셋인 타악기도 이스라엘에서는 발견되지 않았지만 이집트 벽화에 자주 등장한다. 위 도판을 참조하라.

둘째 행의 메시지는 유사하다. 유사한 메시지가 숫자의 증가를 통해 강화된다. 개역개정에서는 위의 잠언들을 모두 하나의 행으로 번역한다.

> "내가 심히 기이히 여기고도 깨닫지 못하는 것 서넛이 있나니"
>
> (잠 30:18, 개역개정).
>
> "세상을 진동시키며 세상이 견딜 수 없게 하는 것 서넛이 있나니"
>
> (잠 30:21, 개역개정).
>
> "잘 걸으며 위풍 있게 다니는 것 서넛이 있나니"
>
> (잠 30:29, 개역개정).

첫 행과 둘째 행이 대조 관계가 아니라 한 메시지를 강화하는 관계임을 알 수 있다. 여인들이 부른 노래도 마찬가지다. 그 메시지는 이스라엘이 블레셋을 대파했다는 것이다. 따라서 여인들에게는 사울을 다윗과 비교하여 그를 폄하하거나 사울의 왕권을 거부하려는 의도가 없었다.

문제는 사울이었다. 사울은 다윗이 골리앗을 무찌르는 모습에 환희를 느끼면서도 두려움도 느꼈다. 사무엘이 예언한 "왕보다 나은 왕의 이웃"이 바로 다윗일지 모른다는 생각 때문이다. 그렇다면 다

【평행법】 히브리 시에는 운율이 없는 대신 평행법이 있다.
평행법은 같은 이야기를 두 번 반복하는 듯한 어법인데 다음 예를 보자.

"여호와여 내 기도를 들으시고
나의 부르짖음을 주께 상달하게 하소서"(시 102:1).

평행법의 본질은 똑같은 이야기를 반복하는 것이 아니다. 일부 학자들은 평행법을 단순한 반복이라고 생각해, 두 행으로 된 시편의 절들을 하나의 행으로 단축시켜 번역해 버렸다. 그러나 그렇게 하면 히브리 시의 묘미를 살리지 못한다. 유대인 구약학자 쿠걸에 따르면 평행법의 본질은 "A, what's more B"이다. 즉 한 행이 다른 행의 의미를 확장하거나 강화시킨다는 것이다. 따라서 시편을 읽는다면 한 행이 다른 행의 의미를 어떻게 확장, 강화시키는지 염두에 두며 읽어야 한다. 시인이 의미를 확장하는 기법 중 하나가 숫자이다. 사무엘상 18장에서 여인들이 부른 노래가 대표적이다. "사울이 죽인 자는 천천이요 다윗이 죽인 자는 만만이라." 다윗에게 '천'보다 큰 '만'을 돌렸다는 점에서 이 시의 초점은 다윗에게 있다고 할 수 있다. 첫 행이 블레셋에 대한 이스라엘의 대승을 노래했다면, 둘째 행은 그 주제를 이어 가면서 초점을 다윗에게 둔다. 그러나 절대 사울을 폄하하는 것은 아니다. 다윗에 대한 초점이 구체적으로 어떤 시적 메시지로 이어지는가는 독해하는 사람에 따라 다를 수 있다. 예를 들어 정식 군사 훈련을 받지 않은 다윗이 블레셋 사람을 만만이나 죽였다는 것은 그만큼 이스라엘 군대가 블레셋 군대를 압도했다는 의미도 된다. 자신을 몰아내고 다윗을 왕으로 세우려는 의도를 읽어 낸 사울의 독해는 주해가 아닌 곡해였다.

윗은 잠재적 왕위 찬탈자가 된다. 그런데 이제 저잣거리의 여인들이 "사울이 죽인 자는 천천이요 다윗이 죽인 자는 만만이요"라고 노래하고 있다. '왜 저들이 나에게 만만을 돌리고 다윗에게 천천을 돌리지 않았을까'라고 사울은 생각했을 것이다. 그리고 여인들의 순박한 찬양을 음모를 품은 정치적 노래로 판단해 버린다. 사울이 다윗을 "왕보다 나은 왕의 이웃"(기름부음 받은 자, 메시아)과 연결시키지 않았다면 여인들의 노래에 그토록 화가 나지는 않았을 것이다. 다윗에게 "만만"의 공을 돌린 것도 국민 영웅에 대한 예우의 측면에서 아량 넓게 이해했을 수 있다. 국가에 큰 업적을 세운 사람에게는 왕의 의복을 입혀 도시를 행차하게 하는 관습도 고대 근동에 있었다. 행차 때 왕의 의복을 입었다고 그가 왕이 되는 것도 아니고, 그에게 왕위 찬탈의 의도가 있는 것도 아니다. 사울이 여인들의 유행가에 민감하게 반응한 것은 결국 '그 사람'이 다윗일지도 모른다는 두려움 때문이었다. "그가 얻을 것이 나라밖에 무엇이냐"(8절)는 사울의 말도 이런 관점에서 예언적이라고 말할 수 있다. 그날부터 사울은 다윗을 "주목한다"(9절). '주목한다'로 번역된 히브리어(ʿōwēn)는 '눈여겨보기 시작했다'는 의미뿐 아니라 '죄' 혹은 '악'의 의미도 가진다. 성경 저자는 다윗에 대한 사울의 주목이 악한 것(죄)임을 암시하는 듯하다.

왜 사무엘서 저자가 노래를 부른 주체로 일반 백성이 아닌 "여인들"을 특정했을까 생각해 보자. 왜 하필 "여인들"이 노래를 불렀다고 했을까? 앞으로 다윗의 이야기에서 여인들이 담당하는 역할을 암시하는 것 아닐까. 여인들의 노래 때문에 결국 다윗이 사울의 미움을 샀듯 다윗의 삶에서 여인들이 중요한 역할을 한다. 성경 인물 가운데 다윗만큼 여성과 에피소드를 만든 사람도 없다.

사울이 다윗을 향해 창을 던짐 18:10–11

10 그 이튿날 하나님께서 부리시는 악령이 사울에게 힘 있게 내리매
그가 집 안에서 정신 없이 떠들어대므로 다윗이 평일과 같이 손으로

수금을 타는데 그 때에 사울의 손에 창이 있는지라 11 그가 스스로
이르기를 내가 다윗을 벽에 박으리라 하고 사울이 그 창을 던졌으나
다윗이 그의 앞에서 두 번 피하였더라

다음 날, 하나님의 악령이 다윗에 대한 두려움에 잡힌 사울에게 임하고, 사울은 궁에서 미친 듯 난동을 부렸다. "정신없이 떠들어 대다"로 번역된 히브리어 '히트나베'(*hitnabbē'*)는 몰아적 예언 행위를 지칭한다. 사무엘상 10장에서 사울은 여러 선지자들과 함께 예언한(히트나베) 인물이다. 그러나 10장과 달리 여기서는 자기 집에서 홀로 '예언'했다. 다윗은 여느 때와 같이 사울 앞에서 수금을 탄다. 수금을 잡은 다윗의 손과 대조적으로 사울의 손에는 창이 들려 있었다. 사울이 창을 손에 든 채 다윗의 수금 연주를 듣는 모습은 앞으로도 여러 번 나온다(19:9; 21:9; 22:6). 이 모습을 이상히 여긴 일부 학자들은 창이 홀—왕위 권위를 상징하는 장식용 막대기—기능을 했다고 주장하나 근거 없는 주장이다. 오히려 다윗을 죽이려는 의도를 가졌다고 보아야 정확하다.

여느 때와 다르게 다윗의 연주가 이번에는 효력을 발휘하지 못한다. 이미 전날 여인들의 음악에 마음이 상한 사울이었기에 다윗의 수금 선율이 그를 치유할 수 없었다. 사울은 들고 있던 창을 던져 다윗을 벽에 꽂으려 했다. 성경 저자는 사울의 속마음을 다음과 같이 기록한다. "내가 다윗을 벽에 박으리라."(나카, *nākāh*) 이때 사용된 동사 '박으리라'는 여인들의 노래에 쓰인 동사 '죽이다'(나카)와 동일한 단어이다. 아마 사울이 창을 던질 때, 여인들의 노래 가사가 마음속에서 맴돌았을 가능성이 있다.

다윗은 악령 들린 사울 앞에서 홀로 연주했다. 그것도 창을 손에 든 사울 앞에서! 다윗은 자신의 생명을 위험에 노출시킨 것이다. 사울이 악령에 시달릴 때 수금을 타는 것이 다윗의 일이었지만, 손에 창을 든 사울 앞에서 무방비 상태로 수금을 연주한다는 것은 전혀 다른 문제다. 사울은 자신을 위해 수금을 연주하는 다윗을 겨누고 두 번이나 창을 던지지만 그때마다 다윗은 몸을 돌려 창을 피하였다(11절).

이 부분에 대한 히브리어 원문(바이소브 다비드 미파나브, *wayyissōb dāwid mipānāw*)은 수금을 연주하던 다윗이 날아오는 창을 앉은 채로 피하는 뉘앙스를 가진다. 아주 간발의 차이로 죽음을 모면한 것이다. 다윗이 근거리에서 날아온 창을 두 번이나 피할 수 있었던 것은 하나님의 도우심이었다. 다윗도 그것을 잘 알고 있었을 것이다. 이때부터 다윗은 기름 부음 받은 자(마시아, *māšîaḥ*)를 하나님이 보호하신다는 것을 확신했을지 모른다. 이 장면은 후일에 사울을 죽일 기회가 두 번이나 있었음에도 하나님의 '기름 부음 받은 자'를 해할 수 없다면서 사울을 살려 준 사건들과 연결된다.

【다윗에게 창을 던지는 사울】 조지 틴워스(1843~1913) 작.

다윗이 온 이스라엘과 유다의 사랑을 얻음 18:12-16

12 여호와께서 사울을 떠나 다윗과 함께 계시므로 사울이 그를
두려워한지라 13 그러므로 사울이 그를 자기 곁에서 떠나게 하고
그를 천부장으로 삼으매 그가 백성 앞에 출입하며 14 다윗이 그의
모든 일을 지혜롭게 행하니라 여호와께서 그와 함께 계시니라
15 사울은 다윗이 크게 지혜롭게 행함을 보고 그를 두려워하였으나
16 온 이스라엘과 유다는 다윗을 사랑하였으니 그가 자기들 앞에
출입하기 때문이었더라

근거리에서 던진 창을 다윗이 두 번이나 피하자 사울은 여호와께서 자신이 아닌 다윗의 편임을 직감했다. 그리고 다윗을 두려워하였다. 이에 사울은 다윗을 전사시킬 계획으로 그를 천부장에 임명하고 전쟁에 내보냈다. 13절의 "백성 앞에 출입한다"는 말은 백성 즉 군대를 이끌고 전쟁에 다닌다는 뜻이다. 본래 사울이 백성들 앞에 "출입하기 위해"(삼상 12:2) 왕으로 임명되었음을 고려하면, 다윗을 천부장으로 세워 백성 앞에 출입시킨 사울 왕은 자신의 사명을 다윗에게 위임한 셈이다.

다윗은 사울이 보낸 모든 전쟁에서 승리한다. 14절에서 '지혜롭게 행하다'로 번역된 히브리어 '마스킬'(*maśkîl*)은 '형통하다'로도 이해될 수 있다. 이렇게 형통하는 다윗에 대한 사울 왕의 반응은 백성들의 반응과 대조적이다. 사울은 다윗을 두려워하였지만(15절), 온 "이스라엘과 유다"는 다윗을 사랑하였다(16절). 우리는 "온 이스라엘과 유다"라는 표현에서 다윗을 중심으로 연합된 12지파의 모습을 볼 수 있다. 이것은 12지파가 한 번도 제대로 연합하지 못했던 사사 시대와 대조를 이룬다. 갈기갈기 찢겨졌던 이스라엘 지파가 이제 다윗을 중심으로 하나로 뭉친 것이다. 왕의 중요한 자질 중 하나가 12지파의 연합을 이끌어내는 일이라는 점에서 "온 이스라엘과 유다가 다윗을 사랑했다"는 구절은 다윗이 성공적인 왕이 될 것임을 암시한다. 한편 이미 설명한 바대로 '사랑하다'라는 말에는 정치적 충성의 의미도 포함되어 있음을 기억하자.

본 단락에서 주목해야 할 것은 사울이 다윗을 해하려고 취한 행동 하나하나가 결국 다윗의 왕위 등극을 돕는 결과로 이어졌다는 것이다. 사울은 다윗을 죽이기 위해 천부장으로 임명하고 전쟁에 내보냈지만 하나님은 그 위기를 기회로 바꾸셨다. 다윗은 전쟁 수행 능력을 백성들에게 입증할 수 있었고 백성들은 다윗을 왕처럼 따르게 된다.

메랍을 통한 사울의 음모 18:17-19

17 사울이 다윗에게 이르되 내 맏딸 메랍을 네게 아내로 주리니

오직 너는 나를 위하여 용기를 내어 여호와의 싸움을 싸우라 하니
이는 그가 생각하기를 내 손을 그에게 대지 않고 블레셋 사람들의
손을 그에게 대게 하리라 함이라 18 다윗이 사울에게 이르되 내가
누구며 이스라엘 중에 내 친속이나 내 아버지의 집이 무엇이기에
내가 왕의 사위가 되리이까 하였더니 19 사울의 딸 메랍을 다윗에게
줄 시기에 므홀랏 사람 아드리엘에게 아내로 주었더라

본 단락은 골리앗을 죽인 사람이 왕의 사위가 될 것이라는 사울의 약속(17:25)이 배경이다. 사울에게는 약속을 지킬 의무가 있지만 다윗이 먼저 약속의 이행을 요구하는 것은 관행에 어긋났을 것이다. 다윗은 왕이 약속을 이행할 때까지 기다려야 한다. 17절은 다윗이 기다려 왔던 사울의 말로 시작한다. "내가 내 맏딸 메랍을 네게 아내로 주리니." 사울은 다윗에게 맏딸 메랍을 아내로 주겠다고 하지만 그것은 약속 이행이 아니라 음모였다. 딸을 주겠다는 사울의 말에는 다음과 같은 조건이 붙는다. "나를 위해 용맹을 내어 여호와의 싸움을 싸우라." 메랍과 결혼하려면 블레셋 사람들과 전쟁을 치르라는 것이다. 어떤 의미에서 사울은 지금 약속을 위반하고 있다. 다윗은 골리앗을 죽임으로써 이미 사울의 사위가 될 자격을 얻었다. 그런데도 약속 이행에 추가적 조건을 붙인 것은 다윗을 죽이려는 음모일 뿐이다. 사울은 다윗을 전쟁에 보냄으로써 그곳에서 전사하기를 바랐다. 그러나 사울은 아직 다윗을 잘 모르는 것 같다. 다윗은 이미 골리앗을 이겼고 그 후 사울이 보낸 모든 전쟁에서 승리하였다. 사울이 이번에는 다를 것이라고 믿을 근거는 없어 보인다. 그러나 사울은 절박하다. 다윗을 죽일 기회라면 무엇이든지 활용하려 한다. 심지어 자신의 딸에게 상처를 줄지라도 말이다. 무엇이

【메랍의 남편 아드리엘】 메랍의 남편은 바르실래의 아들 아드리엘로, 요단 동편의 아벨-므홀라 지방 사람이다. 이 지역은 사울과 정치적으로 긴밀한 관계를 가진 지역이다. 메랍과 아드리엘 사이에는 다섯 아들이 태어났는데 후에 이 아들들은 사울이 저지른 죄 때문에 모두 살해당한다. 기브온 사람들은 여호수아와 맺은 언약 때문에 이스라엘의 보호를 받는 이방인들이었는데 사울이 그 언약을 깨고 그들을 학살했다. 사울의 악행 때문에 기근이 들자 다윗은 기브온 사람들에게 사울의 손자들을 넘겨주고 그들에게 사울에 대한 복수를 허용한다. 그리고 기브온 사람들은 사울의 학살에 대한 복수로 이들을 산에서 목을 매달아 죽였다(삼하 21:8-9).

사울을 절박하게 만들었을까? 15절에 기록된 대로 다윗에 대한 두려움 때문일 것이다.

사울의 제안에 다윗은 "내가 누구며 이스라엘 중에 내 친속이나 내 아버지의 집이 무엇이기에 내가 왕의 사위가 되리이까"라고 대답한다(18절). 이 대답은 사울의 제안에 대한 공손한 거절인가 겸손한 수락인가? 다윗의 대답은 자신에 대한 사울의 두려움과 의심을 완화시키는 현명한 대답이었다. 다윗이 왕의 사위가 되고자 적극적 관심을 보였다면 사울의 의심, 즉 다윗이 왕위를 찬탈하려 한다는 의심을 확증해 주었을 것이다.

19절의 "사울의 딸 메랍을 다윗에게 줄 시기에"라는 기록으로 보아 18절의 대답은 사울의 제안에 대한 겸손한 수락의 의미였음을 알 수 있다. 또한 다윗은 사울이 보낸 블레셋과의 전투에서 승리하고 돌아왔던 것 같다. 그러나 막상 딸을 주겠다고 약속한 날짜가 되자 사울은 므홀랏 사람 아드리엘에게 맏딸 메랍을 시집보낸다(19절). 므홀랏 사람 아드리엘이 다윗보다 정치적으로 안전하다고 생각했는지 모른다. 므홀라 지방은 정치적으로 사울과 각별한 관계에 있었다('메랍의 남편 아드리엘' 참조).

사무엘상 저자가 사울의 속마음은 자주 공개하지만 다윗의 속마음은 전혀 공개하지 않는다는 점에 주목하자. 사울의 사위가 되는 것에 대해 다윗이 어떻게 생각했는지 알 수 없다. 맏딸을 주겠다는 사울의 제안에 대한 다윗의 대답도 '예'인지 '아니오'인지 분명하지 않다. 반면에 사울의 속마음은 그대로 드러난다. 맏딸을 주겠다고 제안할 때 사울이 품은 검은 의도도 본문에 노출되어 있다. 어떤 학자들은 이런 서술 방식이 사울과 다윗의 정치 성향을 보여 준다고 믿는다. 즉 자신의 카드를 정적에게 모두 보여 주는 사울은 정치판에서 살아남을 만큼 지혜롭지 못했던 반면, 자신의 카드를 철저히 숨기는 다윗은 현실 정치의 달인이었다는 것이다.

다윗이 미갈과 결혼함 18:20-27

20 사울의 딸 미갈이 다윗을 사랑하매 어떤 사람이 사울에게
알린지라 사울이 그 일을 좋게 여겨 21 스스로 이르되 내가 딸을
그에게 주어서 그에게 올무가 되게 하고 블레셋 사람들의 손으로
그를 치게 하리라 하고 이에 사울이 다윗에게 이르되 네가 오늘
다시 내 사위가 되리라 하니라 22 사울이 그의 신하들에게 명령하되
너희는 다윗에게 비밀히 말하여 이르기를 보라 왕이 너를
기뻐하시고 모든 신하도 너를 사랑하나니 그런즉 네가 왕의 사위가
되는 것이 가하니라 하라 23 사울의 신하들이 이 말을 다윗의 귀에
전하매 다윗이 이르되 왕의 사위 되는 것을 너희는 작은 일로
보느냐 나는 가난하고 천한 사람이라 한지라 24 사울의 신하들이
사울에게 말하여 이르되 다윗이 이러이러하게 말하더이다 하니
25 사울이 이르되 너희는 다윗에게 이같이 말하기를 왕이 아무 것도
원하지 아니하고 다만 왕의 원수의 보복으로 블레셋 사람들의
포피 백 개를 원하신다 하라 하였으니 이는 사울의 생각에 다윗을
블레셋 사람들의 손에 죽게 하리라 함이라 26 사울의 신하들이 이
말을 다윗에게 아뢰매 다윗이 왕의 사위 되는 것을 좋게 여기므로
결혼할 날이 차기 전에 27 다윗이 일어나서 그의 부하들과 함께 가서
블레셋 사람 이백 명을 죽이고 그들의 포피를 가져다가 수대로 왕께
드려 왕의 사위가 되고자 하니 사울이 그의 딸 미갈을 다윗에게
아내로 주었더라 28 여호와께서 다윗과 함께 계심을 사울이 보고
알았고 사울의 딸 미갈도 그를 사랑하므로

사울이 다윗에게 약속한 맏딸 메랍을 마지막 순간에 아드리엘에게 시집보낸 이유가 본문에는 나오진 않지만, 메랍이 아드리엘과 이미 사랑하는 관계였을 가능성이 있다. 그렇다면 자신의 목적을 이루기 위해 딸의 감정을 고려하지 않고 다윗에게 결혼을 제안한 것이다. 메랍과의 혼인을 계기로 다윗을 전쟁에 보내고 그곳에서 그를 죽이려 했던 계획

이 실패하자 사울은 메랍을 그녀의 연인인 아드리엘에게 주었다. 그러던 차에 사울은 미갈이 다윗을 사랑한다는 이야기를 전해 듣고 "그 일을 좋게 여긴다"(20절). 이번에는 미갈을 올무 삼아 다윗을 죽일 수 있으리라고 판단했기 때문이다. "스스로 이르되 내가 딸을 그에게 주어서 그에게 올무가 되게 하고 블레셋 사람들의 손으로 그를 치게 하리라"(21절).

미갈을 "올무"가 되게 한다는 말은 미갈과의 결혼을 미끼로 다윗을 블레셋의 손에 죽게 할 것이라는 뜻이다(21절). 이런 음모를 가지고 사울은 다윗에게 "네가 오늘 다시 내 사위가 될 것이다(21절)"라고 한다. 그런데 다윗은 사울의 사위였던 적이 없기 때문에 "다시 사위가 될 것이다"라는 말에 어폐가 있다. 개역개정에서 "다시"라고 번역된 히브리어 '비슈타임'(*bištayim*)은 엄밀하게 말하면, "다시"를 의미하지 않는다. 그것은 직역하면 "둘을 통해서"라는 의미다. 따라서 그 구절은 "네가 오늘 '둘을 통해서' 내 사위가 될 것이다"라는 의미다. 그러나 이것의 문맥적 의미는 분명하지 않다. 학자들은 세 가지 정도의 의미를 제안한다. 첫째, 비슈타임을 '두 딸을 통해'라고 번역하는 학자들은 맏딸이 아니면 다른 딸을 통해서 사위가 된다는 의미로 그 구절을 이해한다. 이것이 개역개정이 의도한 바일 수 있다. 둘째, 비슈타임을 '두 조건을 통해'라고 해석하는 학자도 있다. 이들은 다윗이 먼저 블레셋을 죽이고, 그다음에 포피를 벗겨 옴으로 사울의 사위가 된다는 의미로 해석한다. 셋째로 비슈타임을 '두 가지 이유 때문에'라고 해석하는 학자는 '왕이 너를 기뻐하고,' '모든 신하도 너를 사랑하기' 때문에(22절) 다윗이 사위가 될 것이라는 의미로 그 구절을 이해한다. 비슈타임의 문맥적 의미가 무엇이든지 사울 왕은 다시 한 번 다윗에게 접근해 사위가 될 것을 제안한다. 그러나 신용을 잃은 사울에게 다윗은 아무 대답도 하지 않는다. 지난번(18절)에 다윗이 사울의 제안에 겸손히 대답했던 것과는 매우 대조적이다.

그러자 사울은 우회적인 소통 방법을 선택한다. 신하들을 통해 다윗과의 대화를 시도하는 것이다. 사울은 신하들에게 "비밀히" 다윗에게 말하라고 명한다(22절). 이것은 신용을 잃은 사울이 자신의 말의 무게를 늘리기 위한 전략이다. 아무래도 궁전 신하들을 통해 이야기를 전하면 '공신력'이 생기게 마련이다. "비밀히"라는 번역은 다소 부정확한 번역이다. 다윗에게 주는 메시지는 비밀스러운 것이 아니라 진짜 의도가 발각되지 않도록 다윗에게 말하라는 뜻이다. 신하들은 사울의 말대로 다윗에게 다음과 같이 거짓말을 한다. "왕이 너를 기뻐하시고 모든 신하도 너를 사랑하나니 그런즉 네가 왕의 사위가 되어라"(22절). 분명히 왕의 의도가 감추어진 메시지이다. 23절의 "다윗의 귀에 전한다"는 말은 귀에 대고 속삭였다는 뜻이 아니라 직접 얼굴을 보고 말을 전했다는 의미다. 그들은 다윗을 직접 만나 사울의 말을 전한 것이다.

다윗은 신하들을 통한 사울 왕의 제안에 "왕의 사위가 되는 것이 그렇게 쉬운 일인가? 나는 가난하고 천한 사람이다"라고 대답한다. 메랍과의 혼담 때와 마찬가지로 다윗은 이번에도 사위가 되라는 제안을 선뜻 받아들이지 않는다. 그러나 아비 집안의 미천함을 들며 공손하게 제안을 사양했던 이전과는 달리(18절), 여기에서는 자기 개인의 부족함을 든다(23절). 특히 '가난'에 대한 언급을 통해 다윗은 두 가지 메시지를 사울 왕에게 전달한다. 첫째, 사울 왕은 골리앗을 죽인 장수에게 많은 재물로 보상한다고 약속했었다(17:25). 그러나 아직 사울은 다윗에게 그 약속을 이행하지 않고 있다. 그 때문에 다윗은 아직 가난한 것이다. 둘째, 다윗은 메랍과의 혼담 때 오갔던 폐백 문제를 미연에 방지하기 위해 자신의 가난을 들어 폐백은 지불할 수 없다고 선언한다.

신하들로부터 다윗의 대답을 전해 듣자마자 왕은 예상했다는 듯 폐백에 관심 없다는 뜻을 다윗에게 전한다("아무것도 원하지 아니하고", 25절). 당시 일반적인 폐백값은 은 50세겔이었지만 구체적으로는 결혼 과정에서 양가의 부모가 결정한다. 당연히 귀족이나 왕족과 결혼한다면 평균보다 높아진다. 베들레헴 촌 출신일 뿐 아니라 여덟 형제 중 막내였던 다윗은 그 많은 돈을 감당할 수 없었다. 이것을 잘 알고 있던 사울은 미갈이 다윗을 좋아한다는 소식을 전해 들었을 때 그것을 염두에 두고 다윗을 블레셋의 손에 쓰러뜨릴 묘안을 생각한 것이다.

왕은 폐백을 받는 대신 블레셋 사람의 포피 100개를 요구했다(25절). 그것도 포피 100개에 왕의 적들에 대한 '피의 복수'의 의미를 부여했다. 본래 피의 복수는 친족들 사이의 의무이기 때문에 이것은 다윗을 가족의 하나로 받아들이겠다는 의지의 표현이다. 다윗이 이 고마운 제안을 마다할 이유가 없다. 왕이 다윗에게 요구하는 것은 결혼 지참금이 아니라 가족의 의무인 피의 복수이다. 그러나 이런 달콤한 사울의 말 뒤에는 다윗을 블레셋의 손에 넘어뜨리려는 검은 의도가 숨어 있었다(25절). 아이러니한 것은 지속적으로 다윗을 블레셋의 손에 넘어뜨리려고 노력한 사울 자신이 나중에 블레셋의 손에 죽게 된다는 것이다.

26절에서 사울의 신하들이 블레셋 사람의 포피 100개에 관한 이야기를 다윗에게 전하자 다윗은 왕의 사위가 되는 것에 동의하였다. 사울의 의도에 대해서는 전지적 관점에서 말해 주는 사무엘서 저자가 미갈에 대한 다윗의 감정에 대해서는 아무 말도 하지 않는다는 점을 잠시 생각해 보자. 일부 학자들은 이런 침묵을 근거로 다윗은 왕의 사위가 되는 일에 관심을 가졌지만 미갈을 사랑하지는 않았으며 다윗이 정치적인 인물이라고 비판한다. 그러나 설령 다윗이 미갈에 대한 감정 없이 결혼하려 했다 하더라도 그런 결정을 오늘날의 윤리 기준으로 판단하는 것은 옳지 않다. 대부분의 결혼이 정치적으로 정해진 고대 세계에서는 오히려 연애 감정을 개입시키는 것이 합당하지 않을 수 있다. 따라서 다윗이 출세욕이나 야망이 남달리 강한 사람이라고 판단하는 것은 옳지 않다. 오히려 다윗은 "내 사위가 되라"는 사울 왕의 제안을 하나님의 섭리로 받아들였을 가능성이 높다. 그는 이미 왕으로 기름 부음 받은 사람이다. 아직 공식적으로 왕이 된 것은 아니지만 하나님의 관점에서 다윗의 신분은 이미 왕이다. 사무엘을 통한 사울의 왕위 증명 과정과 달리 다윗의 왕위 증명 과정에는 하나님이 다양한 사람과 사건을 통해 직접 개입하셨다. 이것을 잘 알았던 다윗은 왕의 사위가 되라는 사울의 제안도 하나님의 인도하심의 일부로 생각했을 수 있다.

이제 다윗은 사울의 요구를 이루기 위해 부하들과 함께 블레셋 땅으로 건너간다. 그리고 약속된 기일이 다 차기도 전에(개역개정, "결혼할 날이 차기 전에") 블레셋 사람 2백 명을 쳐 죽였다(27절). 사울이 100개의 포피만을 요구했음에도 불구하고 다윗이 2백 명을 죽인 이유는 무엇일까? 칠십인역에는 다윗이 100명의 블레셋 사람을 죽인 것으로 기록되어 있다. 몇 명을 죽였는지 확실하지 않지만 다윗은 분명히 사울이 요구한 블레셋인의 포피들을 가져다가 사울 앞에서 그것들을 일일이 세어 건넸다(27절). 이처럼 다윗이 사울의 요구를 충족했음이 명백해지자 사울은 자기 딸 미갈을 다윗에게 아내로 주었다.

그렇다면 사울은 왜 포피를 요구했을까? 원수들에 대한 증표로 두피가 사용됨에도 포피를 증표로 요구한 이유는 무엇일까? 아마도 그 이유는 이스라엘을 포함한 가나안 사람들과 달리 블레셋 사람은 할례를 하지 않았다는 사실과 관계가 있을 것이다. 따라서 포피야말로 다윗이 블레셋 사람들을 죽였다는 확실한 증거가 된다.[1]

다윗을 더욱 두려워하게 된 사울 18:28-30

28 여호와께서 다윗과 함께 계심을 사울이 보고 알았고 사울의 딸
미갈도 그를 사랑하므로 29 사울이 다윗을 더욱더욱 두려워하여
평생에 다윗의 대적이 되니라 30 블레셋 사람들의 방백들이 싸우러
나오면 그들이 나올 때마다 다윗이 사울의 모든 신하보다 더
지혜롭게 행하매 이에 그의 이름이 심히 귀하게 되니라

본 단락은 사무엘상 18장 전체의 결론이다. 다윗에게 여호와의 도움이 있고 자기 딸조차도 다윗을 사랑한다는 사실을 깨달은 사울은 다윗을 더욱 두려워하게 된다. 이제 사울은 공식적으로 다윗의 "대적"이다(28절). 사울에게 다윗은 블레셋과 다름없다. 이것은 30절에서 다윗과 "사울의 신하"가 구분된 점에서 더욱 분명해진다. 다윗은 "사울의

신하"가 아닌 것이다. 그러나 다윗은 블레셋 방백(지도자)들과의 전투에서 가장 높은 성과를 올린다. 어떤 신하들보다 전쟁에서 성공한다. "지혜롭게 행하다"로 번역된 히브리어 '사칼'(*śākal*)은 '성공하다', '형통하다'로 번역되어야 한다. 전쟁터에서 다윗이 세운 공로 때문에 그의 이름이 존귀해진다. 다윗의 몸값이 치솟는다. 이것은 사위가 되라는 제안을 받고 사울에게 다윗이 한 말, 즉 "저는 가난하고 천합니다"(23절)와 극명하게 대조된다. 다윗은 하나님의 함께하심으로 조금씩 자신의 가치를 증명해 간다.

질문

1. 요나단은 왜 다윗을 자기 생명처럼 사랑하게 되었을까요?
2. 요나단이 자신의 의복과 무기를 다윗에게 준 의미는 무엇입니까?
3. "사울이 죽인 자는 천천이요 다윗이 죽인 자는 만만"이라는 아낙들의 노래는 어떤 의미입니까? 사울은 그 말을 어떻게 오해합니까?
4. 사울이 메랍을 다윗에게 주겠다고 공언해 놓고 아드리엘에게 준 이유는 무엇이라고 생각합니까?
5. 다윗이 미갈을 사랑하지도 않으면서 왕의 사위가 되기 위해 결혼했다고 비난하는 주장이 있습니다. 여러분의 생각은 어떠합니까?

묵상

요나단은 사울의 아들이었지만 하나님의 뜻이 다윗에게 있다는 것을 확인한 후 다윗에게 충성을 맹세합니다. 요나단은 아버지가 다윗을 미워하고, 자신에게 왕위를 물려주려 한다는 것을 알았지만 자신의 특권을 모두 포기하는 용기가 있었습니다. 하나님의 뜻을 위해 사랑하는 사람을 실망시킬 때가 있습니다. 불편한 결정이 주는 고통은 더 큰 은혜의 날들을 위한 산고일 것입니다.

20
사울의 암살 계획과 도주하는 다윗

삼상 19:1-24

사울은 다윗을 죽이고 싶도록 미워했지만 그의 아들 요나단은 다윗을 심히 좋아했다. 요나단은 사울을 설득하여 다윗을 암살하라는 명령을 철회하도록 하고, 다윗이 궁에서 사울을 섬길 수 있도록 한다. 그러나 쌓여 가는 다윗의 업적과 백성들의 사랑 때문에 사울은 다시 다윗을 증오하게 된다. 악령에 시달리던 사울은 수금을 연주하는 다윗을 향해 세 번째 창을 던진다. 그날 밤 다윗은 사울의 궁을 빠져나가고 사울은 다윗의 집까지 군사를 보내어 다윗을 죽이려 한다. 미갈의 도움으로 죽음을 모면한 다윗은 라마에 있는 사무엘을 찾아간다. 그는 이 모든 환란의 이유를 사무엘에게 묻고 싶었는지 모른다. 그러나 사울의 추격은 사무엘의 고향 라마에까지 이어진다. 세 차례나 군사를 보내어 다윗을 체포하려 하였으나 실패한 사울은 직접 라마 나욧을 찾아간다. 그러나 앞서 보낸 군대처럼 자신도 사무엘 앞에서 벌거벗은 채 예언한다. 다윗을 죽이려 할 때마다 사울은 백성들 앞에서 위엄을 잃어 가고 다윗은 존귀하게 된다.

사울이 다윗의 암살을 명령함 19:1-3

1 사울이 그의 아들 요나단과 그의 모든 신하에게 다윗을 죽이라
말하였더니 사울의 아들 요나단이 다윗을 심히 좋아하므로 2 그가
다윗에게 말하여 이르되 내 아버지 사울이 너를 죽이기를
꾀하시느니라 그러므로 이제 청하노니 아침에 조심하여 은밀한 곳에
숨어 있으라 3 내가 나가서 네가 있는 들에서 내 아버지 곁에 서서
네 일을 내 아버지와 말하다가 무엇을 보면 네게 알려 주리라 하고

사울은 "대적"(18:29)이 된 다윗을 죽이기로 결심하고 아들 요나단과 "그의 모든 신하"에게 다윗을 살해할 것을 명한다. 다윗을 증오한 사울과 대조적으로 요나단은 다윗을 "심히 좋아한다(하페츠 베다비드 메오드, *ḥāpēṣ bədāwid mə'ōd*)." 18장 22절에서 사울도 신하들을 보내 '그가 다윗을 기뻐한다'(하페츠 베다비드, *ḥāpēṣ bədāwid*)는 말을 전한 바 있지만 그것은 다윗을 죽이려는 계획을 감추기 위한 거짓말이었다. 본 단락에서 사울은 노골적으로 다윗을 암살하라는 지시를 내린다(1절). 한편 요나단은 아버지의 명을 어기고 다윗을 살리기 위해 계획을 수립한다. 다윗에 대한 요나단의 충성과 사랑을 특별하게 만드는 것은 1절에 두 번이나 언급된 "사울의 아들"이라는 말이다. 그렇다! 요나단은 사울의 아들로서 왕위를 이을 사람이다. 다윗의 인기가 못마땅해야 할 사람은 요나단인데 오히려 그가 다윗을 돕는 것이다. 일부 학자들은 이런 요나단의 이타적 행위에 사실적 개연성이 없다고 생각한다. 그러나 다음 두 가지는 다윗에 대한 요나단의 충성과 사랑을 어느 정도 설명하는 문맥을 제공한다. 첫째, 사울은 자신의 왕권을 위해서라면 아들도 죽이려 했다(14장). 둘째, 요나단은 다윗이 사무엘 선지자가 예언한 "왕보다 나은 왕의 이웃"이라 확신했던 것 같다(18:1-5 해설 참조).

요나단은 다윗에게 사울의 암살 명령을 알린 후 집에 있지 말

고 들에 나가 은밀한 곳에 숨을 것을 지시한다. 2절의 개역개정역 "아침에 조심하여 은밀한 곳에 숨어 있으라"는 "특히 아침에 몸조심하라. 은밀한 곳에 머물며 숨어 있으라"로 번역되어야 한다. 개역개정 번역은 "아침에…… 숨어 있으라"로 오해되기 쉽다. 그러나 히브리어 원문은 "아침에 몸조심하라"는 말과 "은밀한 곳에 머물며 숨어 있으라"는 말을 구분한다. 후자는 아침에 국한되는 말이 아니다. 요나단이 특히 아침에 몸조심하라고 한 이유는 본 장의 후반부에서 명확해지듯 사울의 신하들은 아침에 다윗을 기습하려는 계획을 세웠기 때문이다.

한편 요나단은 다윗이 숨어 있는 들에서 부친 사울을 만나 다윗 이야기를 꺼내려 한다. 그것은 다윗으로 하여금 자신의 진정성을 알게 하기 위함이다. 즉 다윗에게 자신이 아버지를 설득하는 모습을 '생중계하는' 것이다. 다윗은 약간의 거리를 두고 사울과 요나단의 대화를 지켜보았을 것이다. 그러나 "무엇을 보면"—즉 대화 중에 중요한 내용이 나오면—"네게 알려 주리라"(3절)고 요나단이 말한 것으로 보아 다윗이 사울과 요나단의 이야기를 직접 들을 수는 없었던 것 같다.

요나단이 사울을 설득함 19:4-7

4 요나단이 그의 아버지 사울에게 다윗을 칭찬하여 이르되 원하건대
왕은 신하 다윗에게 범죄하지 마옵소서 그는 왕께 득죄하지
아니하였고 그가 왕께 행한 일은 심히 선함이니이다 5 그가 자기
생명을 아끼지 아니하고 블레셋 사람을 죽였고 여호와께서는 온
이스라엘을 위하여 큰 구원을 이루셨으므로 왕이 이를 보고
기뻐하셨거늘 어찌 까닭 없이 다윗을 죽여 무죄한 피를 흘려
범죄하려 하시나이까 6 사울이 요나단의 말을 듣고 맹세하되
여호와께서 살아 계심을 두고 맹세하거니와 그가 죽임을 당하지
아니하리라 7 요나단이 다윗을 불러 그 모든 일을 그에게 알리고
요나단이 그를 사울에게로 인도하니 그가 사울 앞에 전과 같이
있었더라

사울의 불안정한 정신 상태와 다윗을 향한 증오를 고려할 때 요나단이 비록 아들이지만 다윗을 변호하는 것은 위험한 일이었다. 그러나 골리앗과 싸우기 위해 사울을 설득한 다윗처럼 요나단은 아버지 사울을 설득한다. 그는 아버지를 극존칭(멜레크, *melek*, "왕")으로 부르며 이야기를 시작한다. "원컨대 왕은 신하 다윗에게 범죄하지 마옵소서." 이것은 사울의 암살 명령(1절)을 염두에 둔 말이다. 요나단이 그것을 "범죄"라고 한 이유는 두 가지다. 다윗은 사울에게 죄를 지은 적이 없고, 다윗이 한 일은 왕에게 좋은 것뿐이었다. 요나단은 골리앗 사건을 언급한다. 다윗은 목숨을 걸고 골리앗과 맞섰고 하나님은 다윗을 이스라엘의 구원의 통로로 삼으셨다. 또한 요나단은 사울도 다윗의 승리를 "기뻐했음"을 상기시킨다(5절). 요나단의 마지막 말—왕은 무죄한 피를 흘릴 분이 아닙니다—은 사울의 명예에 호소하는 것이다. 재미있게도 17장에 따르면 사울은 다윗의 승리를 기뻐한 적이 없다. 오히려 그날부터 다윗을 두려워하고 경계하기 시작한다. 이런 17장의 기록이 사울의 속내를 반영한다면 본 단락에서 요나단이 말한 것은 이스라엘 군대의 수장으로 신하 다윗의 승리를 기뻐했을 사울의 겉모습이다. 사울의 속내를 알았다 할지라도 지금 요나단은 사울의 명예심에 호소함으로 사울이 다윗에 대한 '합리적' 결단을 내리도록 촉구하고 있다.

이런 요나단의 논리에 사울도 승복한다. 그는 요나단의 말에 설득되었을 뿐 아니라 "맹세"로 다윗의 안전을 약속한다. "여호와께서 살아 계심을 두고 맹세하거니와 그가 죽임을 당하지 아니하리라." 사울의 이 말은 마치 예언처럼 작용한다. 사울이 다윗을 죽이려 해도 다윗은 결코 죽임을 당하지 않을 것이다. 한편 다윗은 이 모든 대화를 직접 듣지는 못했던 것 같다. 7절에 따르면 요나단이 다윗을 불러 이 모든 것을 이야기해 준다. 앞서 언급했지만 다윗은 요나단과 사울의 모습을 멀리서 지켜보면서 요나단의 진정성을 다시 한 번 확인했을 것이다. 요나단은 다윗을 사울에게 데려가고 다윗은 전처럼 사울의 궁에서 일하게 된다. 사울이 요나단에게 설득당한 것으로 보아 악령의 직접적 영향을 받지 않을 때면 양심과 이성에 따라 판단할 능력이 있었던 것 같다.

요나단이 아버지 사울을 설득해 다윗과의 관계 회복을 중재한 것은 다윗을 사랑해서만은 아니다. 요나단은 다윗을 사랑한 만큼 아버지도 사랑했다. 요나단은 아버지가 하나님의 뜻을 거스르지 않도록 최대한 노력한다. 그는 평생 사울 곁에 머물면서 아버지가 더 악해지지 않도록 지켜 준 아들이다.

사울이 수금 타는 다윗을 죽이려 함 19:8-10

8 전쟁이 다시 있으므로 다윗이 나가서 블레셋 사람들과 싸워
그들을 크게 쳐죽이매 그들이 그 앞에서 도망하니라 9 사울이 손에
단창을 가지고 그의 집에 앉았을 때에 여호와께서 부리시는 악령이
사울에게 접하였으므로 다윗이 손으로 수금을 탈 때에 10 사울이
단창으로 다윗을 벽에 박으려 하였으나 그는 사울의 앞을 피하고
사울의 창은 벽에 박힌지라 다윗이 그 밤에 도피하매

사울 시대에 블레셋은 끊임없이 이스라엘을 괴롭혔다. 다시 사울의 신하가 된 다윗은 전쟁이 나자 사울의 군대를 이끌고 나간다. 다윗은 블레셋을 크게 무찌른다. 다윗의 승리(8절)와 사울의 악령(9절)을 연속 배치함으로써 저자는 다윗의 승리에 대한 사울의 질투와 악령의 역사가 연관되었음을 암시한다. 전쟁에서 돌아온 다윗은 여느 때처럼 악령이 역사하는 사울 앞에서 수금을 연주한다. 사울은 창을 손에 쥔 채 음악을 들었다. 다윗에게 창을 던지기로 작정한 것 같다.

다윗에 대한 질투와 악령의 역사로 사울은 창을 던져 다윗을 벽에 꽂으려 했다. 본 단락은 미움의 감정과 악령의 역사를 동시적인 것으로 그린다. 둘 사이에 인과 관계가 있음을 알 수 있다. 악령의 역사 때문에 질투하고, 질투하기 때문에 악령이 역사하는 셈이다. 즉 인간의 책임과 하나님의 주권이 오묘하게 결합되었다. 이것은 다윗으로의 권력 이동이 사울 개인의 내면적 유약함과 하나님의 주권적 역사

("악령"을 여호와가 부리신다)가 동시에 작용함을 보여 준다. 한편 사울이 창을 던질 때 다윗은 재빠르게 몸을 돌려 피하였다. 다윗은 그날 밤 궁을 빠져나갔다. 10절의 "박다"(나카, *nākāh*)와 "도피하다"(말라트, *mālaṭ*)는 8절의 "크게 쳐죽이다"(나카)와 "도망하다"(말라트)와 같은 히브리어 동사다. 다윗은 이스라엘의 원수 블레셋과 전투하는데 사울은 다윗과 전투하는 셈이다. 얼마나 아이러니한가? 사울은 본래 블레셋의 손에서 이스라엘을 구원하도록 왕으로 기름 부음을 받았는데 블레셋으로부터 이스라엘을 구원하는 다윗과 싸우고 있으니 말이다! 학자들은 사울이 다윗을 죽이는 데 집착해 국력을 소비하여 훗날 정작 블레셋과의 전투에서 패한다고 분석한다.

미갈의 도움 19:11-12

> 11 사울이 전령들을 다윗의 집에 보내어 그를 지키다가 아침에 그를
> 죽이게 하려 한지라 다윗의 아내 미갈이 다윗에게 말하여 이르되
> 당신이 이 밤에 당신의 생명을 구하지 아니하면 내일에는 죽임을
> 당하리라 하고 12 미갈이 다윗을 창에서 달아 내리매 그가 피하여
> 도망하니라

다윗은 사울의 궁에서 빠져나와 집으로 갔다. 다음 날 아침 사울이 제정신을 찾기를 바랐을 것이다. 그러나 그날 밤 사울은 달랐다. 끝장을 보려 하였다. 그는 사람들을 다윗의 집으로 보내어 매복시킨 후 아침에 그를 죽이라고 명령했다. 얼마 전 사울의 아들 요나단이 지혜로운 말로 사울을 설득하여 다윗을 위험에서 구했듯이 이번에는 사울의 딸 미갈이 다윗을 구하려 한다. "당신이 이 밤에 당신의 몸을 피하지 않으면, 내일에는 죽임을 당할 것입니다"(11절). 미갈은 어떻게 사울의 부하가 매복 중이라는 사실을 알았을까? 사울의 신하들 중 다윗을 좋아하는 사람이 사실을 알렸을까. 여하튼 미갈은 다윗을 창에 달아내려 도망가게 한다. 아마도 남편을 다시 보지 못할 것을 알았을지도 모른다.

다윗을 떠나보내는 여인 미갈의 심정은 어떠했을까?

다윗은 사울의 궁을 떠나고 이제 도망자가 되었다. 사울 군대의 수장으로 누리던 명성 대신 도적 떼의 수장이라는 새로운 이름도

【다윗을 창으로 달아 내리는 미갈】 구스타브 도레(1832~1883) 작.

얻는다. 그는 추격하는 사울을 피해 겨우 연명하며 살게 된다. 사무엘의 기름 부음이 이런 도망자의 삶으로 다윗을 내몰 것이라고는 아무도 예상하지 못했다. 골리앗을 물리치고 사울의 사위가 되었을 때만 해도 사무엘의 기름 부음이 성취되는가 싶었지만 다윗의 왕위 등극 과정에는 예상치 못한 단계, 즉 고난이 있었던 것이다. 다윗은 오랜 고난의 삶을 통해 '말씀에 순종하는 통치자'로서의 자질을 증명한다.

미갈이 사울을 속임 19:13-17

13 미갈이 우상을 가져다가 침상에 누이고 염소 털로 엮은 것을
그 머리에 씌우고 의복으로 그것을 덮었더니 14 사울이 전령들을
보내어 다윗을 잡으려 하매 미갈이 이르되 그가 병들었느니라
15 사울이 또 전령들을 보내어 다윗을 보라 하며 이르되 그를 침상째
내게로 들고 오라 내가 그를 죽이리라 16 전령들이 들어가 본즉
침상에는 우상이 있고 염소 털로 엮은 것이 그 머리에 있었더라
17 사울이 미갈에게 이르되 너는 어찌하여 이처럼 나를 속여 내
대적을 놓아 피하게 하였느냐 미갈이 사울에게 대답하되 그가 내게
이르기를 나를 놓아 가게 하라 어찌하여 나로 너를 죽이게 하겠느냐
하더이다 하니라

다윗을 떠나보낸 후 미갈은 드라빔(우상)을 침상에 누이고 염소 털을 머리에 씌운 후 옷으로 덮어 다윗이 침대에 누워 있는 것처럼 위장한다. 다윗을 위해 시간을 벌어 주려는 것이다. 사울이 신하들을 보내어 다윗을 잡으려 하자 미갈은 다윗이 병들어 누워 있다고 거짓말한다. 이때가 언제였는지 정확히 표시되어 있지 않지만 문맥상 다음 날 이른 아침이었을 가능성이 있다. 마찬가지로 15절에서 사울이 다시 신하들을 들여보냈을 때도 정확하지 않으나 다윗이 아프다는 미갈의 말을 듣고 밖에서 상당 시간 기다렸을 가능성이 있다. 즉 미갈의 지연작전이 성공한 것이다. 인내심의 한계에 도달한 사울은 신하들에게 침상째 다윗을 데려오라고 명령한다. 그러나 미갈의 집에 들어가 보니 다윗은 없고 드라빔 우상과 염소 털, 그의 의복만이 발견되었다. 사울의 부하들이 미갈에게 속았음을 깨달았을 때는 다윗이 멀리 도망간 후였다.

전령들의 보고를 받은 사울은 미갈을 꾸짖는다. "너는 어찌하여 이처럼 나를 속여 내 대적을 놓아 피하게 하였느냐"(17절). 사울의 꾸지람은 왕의 대적을 도운 반역죄라는 뉘앙스를 풍긴다. 이것은 미갈에게 심각한 결과를 가져올 수도 있다. 아들 요나단도 죽이려 했던 사울

이 미갈을 죽이지 못할 리는 없기 때문이다. 이때 미갈은 다시 한 번 거짓말을 한다. "그가 내게 이르기를 나를 놓아 가게 하라 어찌하여 나로 너를 죽이게 하겠느냐 하더이다." 첫 번째 거짓말이 다윗을 위한 것이었다면 두 번째 거짓말의 동기는 다소 복잡하다. 생명에 위협을 느낀 미갈이 자신을 보호하기 위해 거짓말을 했을 수 있다. 이 경우 다윗이 거짓말의 아이디어를 제공했을 가능성도 있다. 그러나 좀더 개연성이 높은 것은 미갈이 아버지 사울을 위해 거짓말을 했을 가능성이다. 다

【미갈이 취한 '우상'은 무엇일까】 미갈이 취한 우상은 히브리어로 '드라빔'(*tərāpîm*)이다. 이것은 고대 이스라엘 사람들의 가족 수호신, 즉 죽은 조상들이 깃들었다고 여겨진 우상이다. 라헬이 야곱과 함께 도망할 때 아버지 라반의 드라빔을 가지고 갔다(창 31장). 미가의 개인 성소에 설치된 물건들 중 에봇과 새긴 우상, 부어 만든 우상과 더불어 드라빔이 언급된다(삿 17:4-5). 사무엘 선지자는 사울의 죄를 지적하면서 완고한 것은 사신 우상에게 절하는 죄와 같다고 말했는데, "사신 우상"도 드라빔이다(삼상15:23). 이 드라빔은 이후에 개혁의 대상이 된다. 요시아는 신접한 자, 박수와 함께 드라빔을 언급하며 이들을 이스라엘의 가증한 것이라고 말한다(왕하 23:24). 드라빔 숭배는 율법으로 금지됐지만 이스라엘 사람들은 여전히 드라빔 우상을 즐겨 섬겼다. 드라빔은 조그마한 신상의 형태로 만들어지기도 하지만 (라반의 드라빔), 실제 얼굴 크기의 마스크로 만들어지기도 한다. 미갈이 다윗의 침대에 설치한 드라빔은 후자에 해당한다.

【드라빔】 터키 산르우르파 박물관 소장.

【라헬, 라반, 야곱 대 미갈, 사울, 다윗】 미갈이 남편 다윗을 위해 드라빔으로 사울을 속이는 장면은 라헬이 야곱과 함께 도망할 때 라반에게 거짓말하는 장면을 연상시킨다. 미갈과 라헬, 라반과 사울, 다윗과 야곱은 여러 면에서 닮았다. 미갈이 다윗을 구하기 위해 그가 병들어 누워 있다고 거짓말했듯 라헬도 드라빔을 감추기 위해 자신이 월경 중이어서 낙타에서 내려오지 못한다고 거짓말을 했다. 라헬이 오랫동안 불임이었듯 미갈도 후에 아기를 갖지 못한다. 라헬이 "드라빔이 발견된 자는 저주를 받을 지어다"라는 야곱의 저주 때문이라면 미갈은 다윗이 의도적으로 잠자리를 같이하지 않은 결과였다. 여호와의 궤가 예루살렘으로 들어올 때 기뻐 춤추던 다윗의 모습을 내려 보던 미갈은 핀잔 섞인 조언을 했는데 이것이 다윗의 분노를 샀던 것 같다. 라반과 사울도 하나님이 함께하시는 사위들과의 대결에서 패배한다는 점에서 닮았다. 야곱도 다윗도 장인의 손에서 오랜 세월 고생하지만 결국 승리할 것이다. 야곱이 열두 지파의 조상이 되어 '이스라엘'의 토대를 놓았다면 다윗은 열두 지파를 연합시켜 '이스라엘'이라는 유일무이한 신정 국가를 건설할 것이다.

윗이 자신을 죽이겠다고 협박했기 때문에 어쩔 수 없이 그를 도망가게 했다고 거짓말하는 것이다. 즉 아버지의 뜻을 거스를 의도가 없었다는 것이다. 딸이 남편을 위해 자기를 배반했다는 말은 사울에게 큰 상처를 주었을 것이다. 이처럼 미갈의 거짓말은 아버지의 마음을 배려한 것이었을 가능성이 있지만 그 거짓말이 결과적으로 미갈의 생명도 구했음은 말할 것도 없다.

라마 나욧으로 도피한 다윗 19:18-20

18 다윗이 도피하여 라마로 가서 사무엘에게로 나아가서 사울이
자기에게 행한 일을 다 전하였고 다윗과 사무엘이 나욧으로 가서
살았더라 19 어떤 사람이 사울에게 전하여 이르되 다윗이 라마
나욧에 있더이다 하매 20 사울이 다윗을 잡으러 전령들을 보냈더니
그들이 선지자 무리가 예언하는 것과 사무엘이 그들의 수령으로
선 것을 볼 때에 하나님의 영이 사울의 전령들에게 임하매 그들도
예언을 한지라

사울의 궁을 탈출한 다윗은 사무엘이 있던 라마로 향한다. 사울이 그를 죽이려고 작정하였기 때문에 고향 베들레헴은 더 이상 안전한 곳이 아니었다. 다윗은 자기에게 벌어진 모든 문제의 시발점인 사무엘에게로 찾아간다. 사무엘이 다윗에게 기름을 붓지만 않았어도 이렇게 생명의 위협을 느끼며 도망 생활을 하지 않아도 되었을 것이다. 요청한 것도 아닌데 어느 날 사무엘이 찾아와 양을 치던 자신을 불러 왕으로 세우지 않았는가? 다윗은 이 시점에서 하나님의 계획이 무엇인지 알고 싶었을 것이다. 아니 원망하고픈 마음도 있었을 것이다. 다윗은 사무엘을 만나자 사울이 자신에게 행한 것들을 모두 말하였다(18절). 그러나 사무엘이 다윗에게 어떤 조언을 했는지는 기록되지 않았다. 다만 다윗의 이야기를 들은 사무엘은 다윗과 함께 나욧으로 간다. 나욧은 라마에서 북쪽으로 수 킬로미터 떨어진 마을로 사무엘이 선지자들을 훈련시키던 학

교가 있었다. 사울과 결별하고(15장), 다윗에게 기름을 부은 후(16장) 사무엘은 고향에서 선지자들을 양성하며 시간을 보냈던 것 같다.

한편 다윗이 라마의 나욧에 있다는 첩보를 입수한 사울은 다윗을 체포하기 위해 신하들을 보낸다. 다윗이 궁을 빠져나간 시점부터 사울은 다윗에 대해 광적으로 집착하기 시작한다. 많은 학자들은 사울 왕국이 급격히 약화된 원인을 사울의 광적인 집착에서 찾는다. 이 때문에 사울은 국사를 제대로 처리할 수 없었다. 이런 집착은 다윗에 대한 라이벌 의식을 넘어 예언에 대한 저항으로 간주될 수 있다. 사울은 하나님이 자신을 버렸다는 사무엘의 말을 분명히 들었음에도 선택받은 자가 왕이 되는 것을 온몸으로 막으려 하고 있다.

나욧에 도착한 신하들이 목격한 것은 일군의 선지자들이 예언하고 사무엘이 기둥처럼 우뚝 서서 그들을 내려다보는 광경("수령으로 선 것")이다. 이 광경이 연출된 것인지 평상시 수업의 광경인지 확실하지는 않다. 그러나 분명한 것은 그 광경을 지켜보던 사울의 신하들도 하나님의 신에 사로잡혀 예언을 했다는 것이다. 사울의 명령에 따르는 신하가 아니라 사무엘의 권위에 순종하는 선지자가 된 것이다. 본문은 사울 신하들의 예언과 선지자 무리들의 예언을 구분하는 듯하다. 사울 신하들의 예언은 여호와의 신을 처음 받은 사람들이 몰아의 상태에서 주절거리는 듯한 예언인 반면(히트나베, *hitnabbē'*)에 선지자 무리의 예언은 보다 정돈된 형태(니베, *nibbē'*)였다.

사울이 벌거벗고 예언함 19:21-24

21 어떤 사람이 그것을 사울에게 알리매 사울이 다른 전령들을
보냈더니 그들도 예언을 했으므로 사울이 세 번째 다시 전령들을
보냈더니 그들도 예언을 한지라 22 이에 사울도 라마로 가서 세구에
있는 큰 우물에 도착하여 물어 이르되 사무엘과 다윗이 어디 있느냐
어떤 사람이 이르되 라마 나욧에 있나이다 23 사울이 라마 나욧으로
가니라 하나님의 영이 그에게도 임하시니 그가 라마 나욧에

이르기까지 걸어가며 예언을 하였으며 24 그가 또 그의 옷을 벗고
사무엘 앞에서 예언을 하며 하루 밤낮을 벗은 몸으로 누웠더라
그러므로 속담에 이르기를 사울도 선지자 중에 있느냐 하니라

사울은 그 후 두 번이나 더 신하들을 보내지만 그들도 사무엘의 '제자'가 되어 버린다. 앞서 보낸 세 무리의 신하들이 임무를 완수하지 못하자 사울이 직접 다윗을 체포하기 위해 길을 떠난다. 사울이 라마로 찾아간 것은 이번이 처음이 아니다. 암나귀의 행방을 묻기 위해 사울은 라마에 있는 사무엘을 찾아간 적이 있다. 그때와 같이 지금도 사울은 마을에 이르기 전 마을 어귀에 있는 우물가에서 길을 묻는다("세구"는 기브아와 라마 사이에 위치한 지역으로 오늘날 정확한 위치는 잘 모른다). 9장에서는 물 길러 나오는 여인들에게 묻지만 본문에서는 누구에게 묻는지 명확하지 않다. 9장의 장면은 '약혼 전형 장면'에 가까운데 사울과 사무엘이 새로 생길 왕정에서 가져야 하는 친밀한 관계를 암시한다. 그러나 사울의 두 번째 라마 방문을 그리는 본문에서는 '약혼 전형 장면'의 흔적만 남아 있다. 즉 이전의 본문을 연상시키지만 그 반대의 효과를 유발한다. 이 반대 효과, 즉 파혼의 이미지는 24절의 사울이 옷을 벗는 장면에서 더욱 분명해진다. 고대 이스라엘에서 파혼은 신랑이 신부의 예복을 벗기는 것으로 형상화되었다. 사울의 의복이 벗겨진 것은 사울과 사무엘과의 관계가 완전히 끝났음을 알려 준다.

사울이 기름 부음을 받는 장면과 본 장면의 또 다른 공통점은 사울의 예언 행위이다. 기름 부음을 받은 후 라마를 떠난 사울은 곧 여호와의 신에 사로잡혀 예언한다. 본문에서도 사울은 라마로 가는 도중에 여호와의 신에 사로잡혀 예언을 한다. 우물가에서 길을 물어보는 장면이 9장과 본 장에서 정반대의 효과를 냈듯, 사울이 예언하는 장면도 정반대의 효과를 가진다. 앞서 갔던 신하들처럼 사울도 사무엘 앞에서 예언하지만 그들과 달리 사울은 벌거벗은 채 밤낮으로 예언한다. 기름 부음 받을 당시의 예언이 사울을 선지자의 반열에 올려놓는 명예로운 것이었다면 본문의 예언은 사울이 미쳐 버렸다는 소문으로 이어

진다. 사울은 많은 사람 앞에서 수치를 경험한 것이다. 다윗을 죽이려 시도할 때마다 사울은 사람들 앞에서 수치를 당하고 다윗은 점점 사람들 앞에서 존귀해진다.

질문

1. 요나단이 다윗을 죽이라고 명령한 아버지의 행위를 '죄'로 규정한 이유는 무엇이었습니까?
2. 다윗을 피신시키는 과정에서 미갈이 한 거짓말들은 무엇이었습니까? 왜 거짓말들을 했다고 생각합니까?
3. 다윗이 라마에 있는 사무엘에게 찾아간 이유는 무엇이라고 생각합니까?
4. 사울이 벌거벗고 예언한 사실은 어떤 의미가 있습니까?

묵상

하나님께서는 고난과 연단을 통해 다윗을 합당한 인격자로 길러 내셨습니다. 다윗이 연단 가운데 있을 때 하나님께서는 다윗을 보호하셨습니다. 요나단을 통해, 미갈을 통해, 사무엘을 통해 다윗을 보호하셨습니다. 연단 가운데 승리하는 다윗을 보고 사람들은 다윗의 권위를 인정합니다. 삶의 어려움은 우리가 '왕족'으로 변해 가는 과정에 필연적으로 찾아오는 검증의 과정입니다. 좌절하지 말고 크고 넓은 하나님의 뜻을 깨달아야겠습니다. 하나님은 절대 우리를 해하는 분이 아닙니다. 그분은 우리를 세우시고 아름답게 만드시는 분입니다.

21
다윗과 요나단

삼상 20:1-42

사무엘상 20장은 요나단과 다윗의 우정을 감동적으로 묘사한다. 이 장면이 감동적인 이유는 그들이 비로소 서로의 마음을 온전히 이해하게 되었기 때문이다. 전부터 요나단은 다윗을 존경하고 사모했지만 아버지 밑에서 당하는 다윗의 고난을 완전히 이해하지는 못했다. 아버지에 대한 애정이 있었기에 사울의 사악함을 정확히 간파하지 못한 것이다. 그러나 월삭 잔치에 벌어진 사건을 계기로 사울의 사악함을 몸소 체험한 요나단은 다윗의 곤경을 더 이해하게 되고 그는 다윗이 숨은 장소로 나아가 다윗을 축복하며 작별을 고한다.

다윗과 요나단의 만남 20:1-2

1 다윗이 라마 나욧에서 도망하여 요나단에게 이르되 내가 무엇을
하였으며 내 죄악이 무엇이며 네 아버지 앞에서 내 죄가 무엇이기에
그가 내 생명을 찾느냐 2 요나단이 그에게 이르되 결단코 아니라
네가 죽지 아니하리라 내 아버지께서 크고 작은 일을 내게 알리지
아니하고는 행하지 아니하나니 내 아버지께서 어찌하여 이 일은
내게 숨기리요 그렇지 아니하니라

19장에서 요나단은 다윗을 죽이려는 사울을 논리적으로 설득한 바 있다. 당시 사울은 다윗을 죽이려는 마음을 접은 듯했다. 그러나 요나단의 중재로 사울의 궁으로 돌아간 다윗은 사울이 여전히 자신을 죽이려 한다는 사실을 확인한다. 사울은 수금 타는 다윗에게 창을 던지고, 그것도 모자라 집까지 암살단을 보냈다. 또한 라마 나욧으로 피난한 다윗을 체포하기 위해 여러 차례 군대도 보낸다. 그러나 그는 사무엘과 함께 있는 다윗을 해할 수 없었다. 오히려 사울이 사람들 앞에서 부끄럼을 당한다. 20장 1절은 다윗이 라마 나욧에서 도망 나왔다는 말로 시작한다. 이는 사울을 알몸으로 예언시킨 사무엘의 기적이 일시적이나마 군대의 진입을 막았음을 암시한다. 다윗은 사무엘이 사울을 제어하는 틈을 타 라마 나욧을 빠져나와 요나단을 찾아간다.

다윗이 요나단과 만나 이야기하는 장소는 본문에 의도적으로 언급되어 있지 않다. 즉 은밀한 장소에서 만난 것임을 암시한다. 다윗이 요나단을 찾아간 이유는 무엇일까? 첫째, 요나단은 사울의 아들이다. 사울을 막을 수 있는 유일한 사람이다. 따라서 다윗은 자신의 결백을 믿는 요나단에게 다시 한 번 사울을 설득해 달라고 요청하려 했던 것 같다. 둘째, 본격적인 도망자 생활을 앞두고 요나단에게 다시 한 번 자신의 결백을 주장하고, 훗날을 위해 충성 언약을 맺으려 했을 수 있다.

본 단락에서 우리는 요나단과 다윗이 사태를 조금 달리 이해하고 있음을 알게 된다. 다윗은 사울이 자신을 죽이려 한다는 사실을 절대 확신한다. 체험에 의한 확신이다. 반면 요나단은 아버지에 대해 여전히 희망을 품고 있다. 아버지가 자신의 말을 들을 것이며, 설사 다윗을 죽이려 계획했더라도 그 계획을 자신에게 알릴 것이라고 믿는다. 그러나 이런 요나단의 입장은 다윗이 보기에 순박하고 안일한 현실 인식에 근거한 것이다. 사울은 아들 요나단도 죽이려 했던 인물이다. 자신의 권력을 유지하기 위해 목동 하나를 죽이는 것은 쉬운 일이다. 그러나 요나단은 아버지에 대한 희망을 버리지 않고 있다.

다윗의 현실 인식:
"나와 사망 사이는 한 걸음뿐" 20:3-4

3 다윗이 또 맹세하여 이르되 내가 네게 은혜 받은 줄을 네
아버지께서 밝히 알고 스스로 이르기를 요나단이 슬퍼할까
두려운즉 그에게 이것을 알리지 아니하리라 함이니라 그러나 진실로
여호와의 살아 계심과 네 생명을 두고 맹세하노니 나와 죽음의
사이는 한 걸음 뿐이니라 4 요나단이 다윗에게 이르되 네 마음의
소원이 무엇이든지 내가 너를 위하여 그것을 이루리라

다윗은 자신의 의견을 맹세를 통해 피력한다. 다윗은 "여호와의 살아 계심"과 "네(요나단의) 생명"으로 맹세한다. 우리는 맹세할 때 자기 신체의 일부나 생명을 걸고 맹세하지만 고대 이스라엘에서는 상대방의 신체나 생명으로, 나아가 (매우 중대한 사안일 경우) 하나님의 살아 계심으로 맹세한다. 본문에서 다윗이 여호와의 사심과 요나단의 생명으로 맹세한 것은 그 둘을 '걸고' 맹세한다는 의미가 아니다. 다윗의 말이 여호와의 살아 계심처럼, 요나단이 숨을 쉬고 있는 것처럼 확실하다는 뜻이다. 이스라엘 사람 중에 하나님의 살아 계심과 자신이 현재 숨 쉬고 있음을 의심할 사람은 없기 때문에 이런 어법이 사용된 듯하다.

이같은 맹세를 통해 다윗은 사울이 크고 작은 일을 자신에게 알리지 않고는 행하지 않는다(2절)는 요나단의 주장을 반박한다. 다윗에 따르면 사울은 요나단에게 자신의 진짜 의도(다윗을 죽이려는 의도)를 절대 알리지 않는다. 왜냐하면 그는 요나단이 다윗을 사랑하는 줄 알기 때문이다. 다윗은 사울이 자신을 죽이려고 결심했으며 자신은 지금 죽음의 문턱에 있음을 확신하고 있다. "나와 죽음의 사이는 한 걸음뿐"이라는 말(3절)은 다윗이 문자 그대로 간발의 차이로 창을 피했던 상황을 상기시킨다. 즉 창을 들고 있는 사울 앞에서 수금을 들고 연주하는 상황이다. 이런 다윗에게 삶과 죽음은 한 걸음 차이일 뿐이다. 요나단은 이런 다윗의 말을 이해하고 다윗의 의견을 따르겠다고 한다. 개역개정에서 "네 마음의 소원"(4절)으로 번역된 히브리어 '마 토마르 나프쉐카'(*māh-tōʾmar napšekā*)는 "네 자신이 말하는 바"로 해석되어야 한다('나프쉐카'는 '너 자신'의 의미이기 때문이다). 4절에서 요나단은 다윗의 의견 혹은 지시에 따르겠다는 뜻을 전하고 있다.

사울의 속내를 밝혀 줄 다윗의 계획 20:5-8

5 다윗이 요나단에게 이르되 내일은 초하루인즉 내가 마땅히 왕을
모시고 앉아 식사를 하여야 할 것이나 나를 보내어 셋째 날 저녁까지
들에 숨게 하고 6 네 아버지께서 만일 나에 대하여 자세히 묻거든
그 때에 너는 말하기를 다윗이 자기 성읍 베들레헴으로 급히 가기를
내게 허락하라 간청하였사오니 이는 온 가족을 위하여 거기서
매년제를 드릴 때가 됨이니이다 하라 7 그의 말이 좋다 하면 네 종이
평안하려니와 그가 만일 노하면 나를 해하려고 결심한 줄을 알지니
8 그런즉 바라건대 네 종에게 인자하게 행하라 네가 네 종에게
여호와 앞에서 너와 맹약하게 하였음이니라 그러나 내게 죄악이
있으면 네가 친히 나를 죽이라 나를 네 아버지에게로 데려갈 이유가
무엇이냐 하니라

다윗은 요나단에게 사울의 속내를 판단할 실험을 제안한다. 그 실험은 초하루 잔치가 그 배경인데 초하루 잔치란 한 달에 한 번 초승달이 뜨는 날에 행해지는 예배와 축제이며 안식일보다 중요한 절기이다. 왕의 사위이자 군대의 수장이며 왕립 음악가인 다윗이 왕이 여는 초하루 잔치에 참여하는 것은 의무였을 것이다. 따라서 자신이 불참하면 사울이 어떻게 반응하는지 보고 사울의 속내를 알라는 것이다.

만약 사울이 다윗의 부재에 관해 물으면 요나단은 다윗이 매년제를 위해 베들레헴으로 갔다고 대답해야 한다. 그리고 자신이 다윗의 간청을 허락한 사실도 잊지 말고 이야기해야 한다(6절). 매년제는 1년에 한 번 가족 중심으로 드려지는 예배다. 초하루 축제와 매년제가 겹치면 대부분의 사람들이 매년제에 참석했을 정도로 매년제는 비중이 있는 행사였다. 따라서 다윗이 매년제에 참석하기 위해 초하루 축제에 불참한 것은 이해 가능한 상황이다. 더구나 사울은 다윗의 생명을 세 번이나 해하려 하지 않았는가? 이런 다윗이 왕자 요나단의 허락을 받고 매년제를 지키기 위해 베들레헴으로 갔다면 사울에게는 다윗의 부재를 나무랄 아무런 법적, 심리적 근거가 없는 것이다. 적어도 정상적인 상태라면 그렇다. 따라서 사울이 다윗의 부재에 이성적으로 반응하면 요나단의 생각이 옳은 것이고, 다윗의 부재에 악령 들린 듯 노를 발하면 다윗을 해하려는 생각이 병적인 집착이 되었음을 보여 주는 것이다.

만약 다윗의 판단이 옳다면 요나단은 다윗에게 "인자히"(헤세드, *ḥesed*) 행해야 한다(8절). "인자히"라는 말은 다윗과 요나단 사이에 맺어진 언약을 염두에 둔 말이다(18장). 다윗은 요나단이 다윗을 사랑해서 먼저 언약을 제안했음을 상기시킬 뿐 아니라(18:3), 그 언약을 "여호와의 언약"(베리트 아도나이, *bərît yhwh*, 개역개정은 "여호와 앞에서…… 맹약"이라고 번역)이라고 부른다(8절). 즉 다윗과 요나단의 우정 언약이 구속사의 흐름에 기여하는 여호와의 언약으로 승화된 것이다. 따라서 요나단은 아버지와 아들 간의 통상적 신의를 저버리는 한이 있더라도 다윗과 맺은 언약을 지켜야 한다.

"만일 내게 죄악이 있거든 네가 친히 나를 죽이라"(8절)에서 죄악이 구체적으로 어떤 상황을 지칭하는지 분명하지 않다. 사울이 다윗을 죽이려는 표면적 이유는 '반역'이다. 사울은 다윗이 자신을 죽이고 자기 자리를 차지하려 든다고 믿었는지 모른다. 그렇다면 여기서 다윗은 사울 왕을 죽이고 스스로 왕이 될 의도가 전혀 없음을 요나단에게 분명히 하고 있는 것이다. 그리고 이후의 이야기에서 사무엘서 저자는 다윗이 사울 왕을 죽일 의도가 없었고 죽이지 않았음을 증명하는 일에 많은 노력을 기울인다.

그러나 다윗에게 왕이 될 마음이 없었다는 것은 아니다. 다윗은 사울을 죽이고 왕이 될 마음이 없었던 것이지 자신을 왕으로 세운 하나님의 섭리를 거부한 것은 아니다. 다윗에게 확실한 것은 사울 이후의 왕은 요나단이 아니라 자신이며, 따라서 요나단의 충성이 다윗에게는 그만큼 중요했던 것이다.

다윗의 제안을 수용하는 요나단 20:9-11

9 요나단이 이르되 이 일이 결코 네게 일어나지 아니하리라 내
아버지께서 너를 해치려 확실히 결심한 줄 알면 내가 네게 와서
그것을 네게 이르지 아니하겠느냐 하니 10 다윗이 요나단에게
이르되 네 아버지께서 혹 엄하게 네게 대답하면 누가 그것을 내게
알리겠느냐 하더라 11 요나단이 다윗에게 이르되 오라 우리가
들로 가자 하고 두 사람이 들로 가니라

"이 일이 결코 네게 일어나지 아니하리라"(할릴라 라크, *ḥālîlāh lāk*, 9a절)는 두 가지 의미를 내포한다. 첫째, 요나단은 다윗의 범죄 가능성—즉 다윗이 사울을 죽이고 스스로 왕이 될 가능성—을 강하게 부정한다. 둘째, 요나단이 사울을 대신해서 다윗의 죄를 물을 일은 더더욱 없을 것이다. 9절 후반부에서 요나단은 다윗이 제안한 대로 초하루 잔치 때 다윗의 부재에 대한 사울의 반응을 (사울의 속내에 대한) 징조로 삼을 것이라고 하

며, 만약 사울이 다윗을 죽이려 작정했다는 징조가 나오면 그것을 알려 주겠다고 약속한다. 그런데 여기서 기억할 것은 다윗이 제안한 징조는 요나단을 위한 것이지 다윗 자신을 위한 것이 아니라는 점이다. 다윗은 이미 사울이 자신을 죽이려고 작정했음을 알고 있다. 징조가 필요한 쪽은 요나단이다. 그렇다면 요나단이 다윗에게 징조의 결과를 알려 준다는 것은 무슨 의미일까? 다윗도 확실한 답이 필요했을까? 장인인 사울에 대한 미련이 남아 있었던 것일까?

"누가 그것을 내게 고하겠느냐"라는 다윗의 말(10절)에 요나단의 선의를 의심하는 뉘앙스는 없다. 다윗은 단지 기술적 어려움을 지칭하고 있다. 다윗은 '공식적으로는' 베들레헴에 간 상태이기 때문에 요나단이 아무도 모르게 다윗에게 결과를 전달하는 것은 쉬운 일이 아니다. 다윗의 질문에 답하기 위해 요나단은 다윗을 들로 데리고 나간다. 지난 장에서도 "들"은 사울의 속내를 시험하는 현장이었다. 사울과 요나단이 들에서 대화했고 그 광경을 다윗이 지켜보았다. 다행히 그때는 사울이 요나단에게 설득되어 다윗을 죽이지 않겠다고 약속했었다. 다시 사울의 속내가 들에서 밝혀진다. 고대 히브리인들에게 "들"은 경계 지역이다. 문명과 죽음을 연결하는 지역이다. 이 경계 지역에서 계시될 사실은 다윗이 다시 도시로 가느냐 광야로 가느냐를 결정할 것이다.

요나단과 다윗의 언약 갱신 20:12–17

12 요나단이 다윗에게 이르되 이스라엘의 하나님 여호와께서
증언하시거니와 내가 내일이나 모레 이맘때에 내 아버지를 살펴서
너 다윗에게 대한 의향이 선하면 내가 사람을 보내어 네게 알리지
않겠느냐 13 그러나 만일 내 아버지께서 너를 해치려 하는데도 내가
이 일을 네게 알려 주어 너를 보내어 평안히 가게 하지 아니하면
여호와께서 나 요나단에게 벌을 내리시고 또 내리시기를 원하노라
여호와께서 내 아버지와 함께하신 것 같이 너와 함께하시기를
원하노니 14 너는 내가 사는 날 동안에 여호와의 인자하심을 내게

베풀어서 나를 죽지 않게 할 뿐 아니라 15 여호와께서 너 다윗의
대적들을 지면에서 다 끊어 버리신 때에도 너는 네 인자함을 내
집에서 영원히 끊어 버리지 말라 하고 16 이에 요나단이 다윗의 집과
언약하기를 여호와께서는 다윗의 대적들을 치실지어다 하니라
17 다윗에 대한 요나단의 사랑이 그를 다시 맹세하게 하였으니 이는
자기 생명을 사랑함같이 그를 사랑함이었더라

요나단은 초하루 잔치 때의 징조를 알려 주는 방법을 말하기에 앞서 다윗 집안과의 언약을 갱신한다. 언약의 내용은 요나단이 다윗에게 베풀 선('헤세드')과 다윗이 요나단에게 베풀 선('헤세드')으로 구성된다. 전자는 12-13절에, 후자는 14-15절에 기록되어 있다.

먼저 요나단이 다윗에게 베풀 헤세드는 다음과 같다. 요나단은 사울의 속내—좋은 것이든 나쁜 것이든—를 다윗에게 알려 줄 것이다(12-13절). 또한 사울이 다윗을 해할 의향이 있다면 다윗이 무사히 도망가도록 도와줄 것이다(13절). 다음의 말로 판단하건대 요나단은 다윗이 왕이 될 것이라는 사실을 의심하지 않은 것 같다. "여호와께서 내 부친과 함께하신 것같이 너와 함께하시기를 원하노라." 이 말은 모세와 여호수아의 후계 관계를 표현할 때 사용된 구절로 다윗이 사울의 뒤를 이을 것임을 암시한다. 반면 다윗이 요나단에게 행할 헤세드를 묘사하는 14-15절의 히브리어 본문은 다소 혼란스럽다. 부정어와 가정법이 혼용되고 있다. 마소라 본문에 근거한 개역개정 번역이 나쁘지는 않으나 칠십인역이 좀더 논리적인 듯하다.

"내가 사는 날 동안 여호와의 인자를 내게 베풀어 주시기를 바랍니다.
내가 죽더라도,[1] 당신의 인자를 나의 가문에서 영영히 끊어지지
않게 하십시오.
여호와께서 다윗의 대적들을 지면에서 다 끊어버리시기를
구합니다."(14-15절, 칠십인역)

다윗과 요나단 사이의 관계로 보아 다윗이 왕이 되었을 때, 다윗이 요나단을 죽일 이유는 없는 것 같다. 따라서 14절의 "내가 사는 날 동안에…… 나를 죽지 않게 할 뿐 아니라"라는 개역개정역은 문맥과 잘 조화되지 않는다. 오히려 칠십인역이 제시하는 것처럼 요나단이 살아 있을 때("내가 사는 날 동안", 벨로 임 오데니 하이, *wəlōʾ ʾim-ʿôdenî ḥay*)와 죽었을 때("내가 죽더라도", 벨로 임-아무트, *wəlōʾ ʾim-ʾāmût*)로 나누어 이해하는 것이 문맥에 더 적합하다. 16절의 "이에 요나단이 다윗의 집과 언약하기를"이라는 구절은 다윗과 요나단의 언약이 개인 대 개인이 아니라 다윗의 집안과 요나단의 집안 사이의 언약임을 분명히 한다. 요나단이 아버지 사울 대신 다윗을 지지하기로 한 결정은 아버지의 악행을 제어하는 효과와 후손들의 미래를 확보하는 결과도 가져왔다. 자신의 야망과 가족의 온정보다 하나님의 뜻을 우선시한 요나단은 결국 아버지의 더 큰 범죄를 막고 후손들도 살리게 된다.

요나단이 다윗의 대적들에 대한 저주(15b절, 16b절)를 언급할 때 그는 분명 아버지를 염두에 두었을 것이다. 그러나 많은 학자들이 이런 요나단의 태도를 비역사적인 것으로 이해한다. 즉 요나단이 실제 인물이라면 아버지 대신에 자신의 왕위 승계권을 빼앗아 간 다윗을 지지할 가능성이 없다는 것이다. 물론 이 세상에 피 한 방울 섞이지 않은 사람 때문에 자신의 특권을 포기하고 가족을 배반할 사람은 거의 없겠지만 요나단이 다윗에게 이처럼 충성을 맹세할 수 있었던 것은 사무엘이 예언한 "왕보다 나은 왕의 이웃"이 바로 다윗이라는 확신에서일 것이다. 신앙인은 세상 사람들이 도저히 할 수 없는 일들을 해내기도 한다.

개역개정에서는 요나단이 다윗을 사랑했다는 말을 17절에서 두 번 반복하지만 다윗이 요나단을 사랑했다고는 말하지 않는다. 그러나 히브리어 원문은 조금 다르게 번역될 수 있다.

> 요나단은 다윗이 자신(요나단)을 사랑하도록 맹세시켰다.
>
> 왜냐하면 그는 다윗을 생명처럼 사랑했기 때문이다.

개역개정이 옳다면 다윗과 요나단 사이의 관계는 짝사랑에 가깝다. 그러나 언약의 내용을 보더라도 요나단이 다윗에게 이행해야 할 '헤세드'가 명시되었을 뿐 아니라 다윗이 요나단에게 이행해야 할 헤세드도 명시되었다. 모든 언약이 그렇듯이 다윗과 요나단 사이의 언약도 쌍방적이다. 이 언약은 다윗이 요나단을 사랑하고 요나단이 다윗을 사랑할 때 유지된다. 심지어 하나님과 이스라엘의 관계도 쌍방적임을 고려할 때 위의 번역이 좀더 문맥에 맞다. 칠십인역 역시 그러하다.

비밀 접선 계획 20:18-23

18 요나단이 다윗에게 이르되 내일은 초하루인즉 네 자리가 비므로
네가 없음을 자세히 물으실 것이라 19 너는 사흘 동안 있다가 빨리
내려가서 그 일이 있던 날에 숨었던 곳에 이르러 에셀 바위 곁에
있으라 20 내가 과녁을 쏘려 함같이 화살 셋을 그 바위 곁에 쏘고
21 아이를 보내어 가서 화살을 찾으라 하며 내가 짐짓 아이에게
이르기를 보라 화살이 네 이쪽에 있으니 가져오라 하거든 너는
돌아올지니 여호와께서 살아 계심을 두고 맹세하노니 네가 평안
무사할 것이요 22 만일 아이에게 이르기를 보라 화살이 네 앞쪽에
있다 하거든 네 길을 가라 여호와께서 너를 보내셨음이니라
23 너와 내가 말한 일에 대하여는 여호와께서 너와 나 사이에
영원토록 계시느니라 하니라

5-7절에서 다윗은 자신에 대한 사울의 속내를 확인하기 위한 '징조적 사건', 즉 실험을 제안했다. 그 내용은 다음과 같다. 초하루 잔치 때 다윗은 짐짓 결석할 것이다. 사울이 다윗의 불참을 인지하고 그에 관해

【초하루】 고대 이스라엘에서는 안식일, 초하루, 농사 절기 등을 지켰다(스 3:5; 사 66:23). 초승달이 뜨는 초하루에 지켜진 '초하루'는 안식일과 더불어 정기적인 제사일이었다(민 29:6). 수넴 여인이 죽은 아들의 문제로 엘리사를 찾아가려 하자 그녀의 남편이 "안식일도 아니고 초하루도 아닌데 왜 선지자에게 찾아가는가"라고 질문했는데(왕하 4:23), 이것은 초하루의 중요성을 간접적으로 시사한다. 안식일에 매매가 금지되었던 것처럼 초하루에도 매매가 금지되었던 것 같다(암 8:5)

물으면 요나단은 다윗이 매년제를 위해 베들레헴에 내려갔다고 대답할 것이다. 그때 사울이 "좋다"하면 사울에게 다윗을 죽일 의도가 없는 것이고, 만약 사울이 분노하면 다윗을 죽이려고 결심한 것이다. 그러나 문제는 어떻게 징조의 결과를 다윗에게 알리는가이다. 본 단락에서 요나단은 아무에게도 들키지 않고 다윗에게 알릴 방도를 제안한다.

18절은 방금 설명한 징조의 내용을 축약적으로 진술한 것이다. 이미 5-7절에서 징조의 내용이 기술되었기 때문에 사무엘서 저자는 그것을 요나단의 입을 통해 반복하지는 않는다. 그리고 바로 19절부터 징조의 결과를 다윗에게 어떻게 알릴 것인지를 설명한다. 요나단은 다윗에게 초하루 하루 전 '지금 들에 내려가 에셀 바위 곁에서 사흘 동안 잠복하라'고 한다. 19절에 "사흘 동안 있다가 빨리 내려가서"라고 번역된 히브리어 원문(베쉘라쉬타 테레드 메오드, *wəšillaštā tērēd mə'ôd*)의 의미는 명확하지 않다. 그러나 분명한 것은 개역개정의 내용은 5절이나 24절의 내용과 모순된다는 점이다. 5절과 24절에 따르면 다윗은 초하루 하루 전, 들에 가서 사흘 동안 잠복할 계획이다. 그러나 19절의 개역개정역("사흘 동안 있다가 빨리 내려가서")은 초하루 후 사흘째 되는 날 들로 내려가라는 지시이다. 히브리어 원문의 의미를 정확히 파악하기 어렵지만 문맥에 합당한 번역은 "사흘 동안 내려가 있으라"로 해석하는 것이다(맥카터, 337쪽). 한편 "그 일이 있었던 날"(베욤 하마아세, *bəyôm hamaʿăśeh*, 19절)이 지칭하는 바는 요나단이 들에서 사울을 설득한 사건(19:1-7)을 지칭한다. 다윗이 숨어 있어야 하는 바위는 "에셀 바위"인데 '돌아다니는 바위'로 해석될 수 있다. 즉 이 바위는 다윗과 요나단만이 아는 장소다. 요나단은 이곳에서 다윗에게 징조의 결과를 전해 주기 위해 활을 쏜다.

활이 떨어지는 위치를 통해 점을 치는 관습이 있었기에 어떤 학자들은 이것이 일종의 점술 행위라고 주장한다. 그러나 요나단은 남에게 의심받지 않고 다윗과 접선할 방도로 활을 활용한 것이다. 활의 명수인 요나단은 정확하게 에셀 바위 근처에 활이 떨어지게 할 것이다. 만약 결과가 다윗에게 좋은 징조이면, 즉 사울 왕이 다윗의 부재를 너그럽게 이해한다면 에셀 바위에 못 미치도록 쏠 것이나, 다윗에게 나쁜 징조라면 에셀 바위를 넘어가도록 쏠 것이다. 요나단이 시종에게 '활이 이쪽에 있으니 주워라' 하면 다윗은 상황이 유리함을 알게 될 것이다. 반면 요나단이 '활이 저쪽에 있으니 가라' 하면 상황이 안 좋으므로 도망가야 할 것이다. 22절에 "네 길을 가라"로 번역된 히브리어 '레크'(lēk)는 단순히 "가라"이다. 히브리어 원문상 요나단이 시종에게 하는 말로도 이해될 수 있고 다윗에게 하는 말로도 이해될 수 있다. 즉 요나단이 종에게 활이 저쪽에 있으니 "가라" 한다면 다윗에게는 도망 "가라"는 명령이 되는 셈이다.

다윗을 죽이려는 아버지의 의지를 확인하면 요나단은 다윗의 도망을 도울 것이다. 그리고 요나단은 그것이 육신의 아버지의 뜻을 거스르는 것이지만 하늘 아버지의 뜻을 이루는 것임을 알고 있다. 다윗과 요나단은 서로 각자의 길을 가지만 둘은 하나님의 언약으로 맺어져 있다. 그리고 이 일에 여호와께서 증인이시다. 23절의 "여호와께서 너와 나 사이에 영영토록 계시느니라"(23절)라는 개역개정 번역은 "여호와께서 너와 나 사이에 영영한 증인이시니라"로 바꾸는 것이 원문의 의미를 분명히 할 것이다(12절 참조).

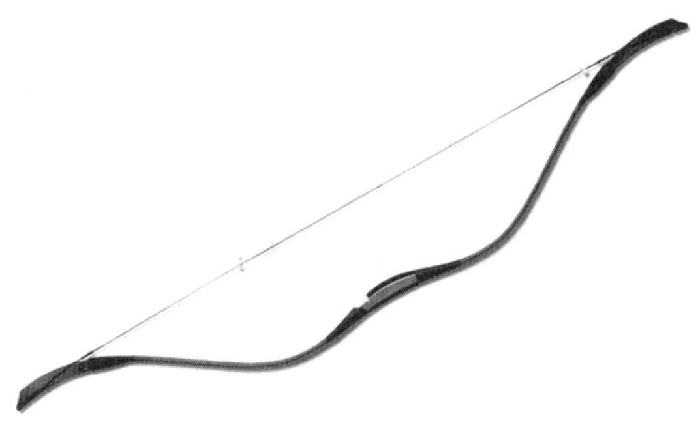

【아시리아의 복합 활】 활은 가장 위협적인 무기였다. 시리아 팔레스타인 지역에서는 주전 1800년경부터 활이 널리 사용되기 시작했다. 활에는 여러 종류가 있는데 가장 강력한 것은 복합 활이다. 복합 활은 유연성을 위해 여러 결의 목재를 사용했으며 동물의 뿔, 힘줄 등으로 만들었다. 시위를 당기면 성인의 머리에서 허리까지 활이 펼쳐진다. 이 복합 활의 사정거리는 무려 200미터나 된다. 고대 이스라엘 왕정 시대에 이 활이 사용되었기 때문에 요나단이 사용한 활도 복합 활로 추정된다. 이 활은 먼 거리의 표적물을 비교적 정확하게 조준할 수 있는 무기로 사울의 궁에서 적당히 떨어진 곳으로 요나단을 유도하기에 안성맞춤이었다.

초하루 첫날 사울이 다윗의 부재를 눈치챔 20:24-26

24 다윗이 들에 숨으니라 초하루가 되매 왕이 앉아 음식을 먹을 때에
25 왕은 평시와 같이 벽 곁 자기 자리에 앉아 있고 요나단은 서 있고
아브넬은 사울 곁에 앉아 있고 다윗의 자리는 비었더라 26 그러나
그 날에는 사울이 아무 말도 하지 아니하였으니 이는 생각하기를
그에게 무슨 사고가 있어서 부정한가 보다 정녕히 부정한가 보다
하였음이더니

다윗은 이미 5절에서 상관인 요나단에게 들에 숨을 수 있도록 허락을 구했다. 요나단은 그것을 허락했고(19절), 이제 다윗이 계획을 행동으로 옮겨 초하루 바로 전날 약속된 장소에 매복했다(24절). 다윗이 그렇게 일찍부터 들에 나가 매복한 이유는 매년제를 위해 베들레헴에 갔다는 알리바이를 철저히 맞추기 위함 같다.

초하루 날, 제사 후 음식을 나눌 때 왕은 여느 때처럼 "벽 곁 자기 자리"(25절)에 앉았고, 요나단은 "섰고", 아브넬은 사울 곁에 앉았다. 그러나 다윗의 자리는 비어 있었다. "요나단은 서 있고"라는 번역은 마소라 본문에 근거한 것이나 칠십인역을 따라 "요나단은 왕의 맞은편에 앉았다"로 번역하는 것이 옳다["서 있다"로 번역된 히브리어 '바야콤'(*wayyāqom*)은 동작 동사로 "(앉았다가) 일어서다"라는 뜻이므로 식탁의 자리 배치를 설명하는 25절에는 적절하지 않은 동사이다]. 이 해석에 따르면 사울과 아브넬이 한쪽에, 요나단과 다윗이 맞은편에 자리를 배정받았던 것 같다. 그렇다면 다윗의 빈자리가 눈에 띄는 것은 당연하다.

한편 다윗의 부재에 대한 사울의 반응은 조금 이해하기 힘들다. 여러 차례 다윗을 죽이려 했는데도 다윗이 자신 앞에 나타날 것이라고 기대한 이유는 무엇일까. 사무엘상의 저자가 정확하게 사울의 마음을 전달해 주었다면 사울은 첫날 다윗의 부재를 제의적 부정과 연결시킨다(26절). 즉 초하루 만찬에 참석하려 했으나 예기치 않은 일로 몸

이 부정하게 되었기 때문에 첫날 참석할 수 없었다고 생각한 것이다. 고대 이스라엘인들은 안식일, 초하루, 농사 절기 등에 참석하기 위해서 며칠 전부터 자신을 성결하게 유지한다. 그러나 그런 성결의 노력에도 불구하고 예기치 않게 몸이 부정해지는 일이 있다. 그렇게 우연히 일어난 부정은 그날 해가 지면서 소멸되기 때문에 초하루 날 예기치 않게 부정해졌더라도 다음 날에는 만찬에 참석할 수 있다. "그[다윗]에게 무슨 사고가 있어 부정한가 보다"라는 사울의 생각(26절)에는 다음 날에는 참석할 것이라는 기대가 숨어 있다. 그런데 세 번이나 창을 던져 다윗을 죽이려 했고, 도망간 다윗을 암살하기 위해 군대도 여러 번 파견한 사울이 초하루 만찬에 다윗이 참석할 것이라고 기대한 이유는 분명치 않다. 사울이 정신 분열에 가까운 정서적 불안을 경험하고 있었던 것은 아닐까?

요나단의 설명에 대노하는 사울 20:27-31

27 이튿날 곧 그 달의 둘째 날에도 다윗의 자리가 여전히 비었으므로
사울이 그의 아들 요나단에게 묻되 이새의 아들이 어찌하여 어제와
오늘 식사에 나오지 아니하느냐 하니 28 요나단이 사울에게
대답하되 다윗이 내게 베들레헴으로 가기를 간청하여 29 이르되
원하건대 나에게 가게 하라 우리 가족이 그 성읍에서 제사할 일이
있으므로 나의 형이 내게 오기를 명령하였으니 내가 네게 사랑을
받거든 내가 가서 내 형들을 보게 하라 하였으므로 그가 왕의 식사
자리에 오지 아니하였나이다 하니 30 사울이 요나단에게 화를 내며
그에게 이르되 패역무도한 계집의 소생아 네가 이새의 아들을 택한
것이 네 수치와 네 어미의 벌거벗은 수치 됨을 내가 어찌 알지 못하랴
31 이새의 아들이 땅에 사는 동안은 너와 네 나라가 든든히 서지
못하리라 그런즉 이제 사람을 보내어 그를 내게로 끌어 오라 그는
죽어야 할 자이니라 한지라

둘째 날에도 다윗이 만찬에 나타나지 않자 사울은 다른 이유가 있을 것이라고 판단하고 요나단에게 묻는다. "이새의 아들이 어찌하여 어제와 오늘 식사에 나오지 아니하느냐" 사울은 이 장면에서 일관되게 다윗의 이름 대신 "이새의 아들"이라는 명칭을 사용한다. 이 명칭은 성(姓)과 같은 것으로 약간의 거리감과 함께 문맥에 따라서는 경멸의 의미도 가진다("어이, 김씨!"라고 부르는 경우). 요나단은 다윗이 지시한 대로 대답한다. 5-6절에 기록된 다윗의 지시와 요나단의 실제 대답을 비교해 보면 요나단이 다윗의 핑계를 더욱 그럴듯하게 만들기 위하여 다윗이 지시한 것보다 더 많은 말을 하고 있음을 알 수 있다. 특히 두 가지가 눈에 띈다. 하나는 다윗의 형제에 대한 언급이다(29절). 다윗은 그런 언급을 하지 않았다. 요나단은 형제들이 다윗이 매년제 제사에 참석하기를 권했다는 내용을 추가시킨다. 요나단의 의도는 다윗이 형제들의 강권에 못 이겨 어쩔 수 없이 베들레헴에 돌아갔음을 말하려는 것이었다. 그러나 이것은 사울에게 정반대 효과를 냈는데 다윗와 유다 지파 형제들과의 연대는 사울에게 정치적 의미로 받아들여질 수 있다. 자신에 대한 충성보다 자기 부족에 대한 충성을 우선시한다고 오해를 산 것이다. 나아가 자기 부족을 기반으로 삼아 자신에게 도전할 수도 있다는 생각이 사울의 마음을 스쳐 지나갔다. 요나단이 첨가한 또 한 가지 말은 "나로 가서"이다(29절). 히브리어 원문을 직역하면 "나로 도망가게 해서"(임말르타 나, *'immālṭāh-nā'*)이다. 즉 다윗은 매년제 때문에 왕의 만찬에 참석하지 못한 것이 아니라 도망간 것이다. 그리고 요나단은 다윗을 도망가도록 방조 내지 협력한 공모자가 되는 셈이다.

이런 요나단의 설명에 사울은 크게 화를 낸다. 그런데 재미있는 것은 다윗이 아니라 요나단에게 성을 낸다는 것이다. 요나단에게 사울이 던진 말은 지금까지 사울의 입에서 나왔던 어떤 말보다도 저급하고 거친 말이었다. "패역무도한 계집의 소생아 네가 이새의 아들을 택한 것이 네 수치와 네 어미의 벌거벗은 수치됨을 내가 어찌 알지 못하랴"(30절). 요나단의 어머니이자 자신의 아내를 "패역무도한 계집"이라고 부를 뿐 아니라, 그녀의 성기를 암시하는 "벌거벗음"(에르바, *'erwāh*)을 언급한다. 물론 자기 아들이 천한 이새의 아들을 선택했다는 실망감에서 나온 말이라 할지라도 이 말은 요나단 자신만큼이나 독자들에게도 충격적이다.

사울이 요나단의 행위에 화를 낸 이유 중 일부가 31절에 등장한다. 요나단의 행위는 "너와 네 나라"를 무너뜨리는 것이다. 사울은 요나단을 통해 왕조를 이어 가기를 원했다. 비록 사무엘이 "여호와께서 오늘 이스라엘 나라를 왕에게서 떼어 왕보다 나은 왕의 이웃에게 주셨나이다"(15:28)라고 선포했지만, 아들을 통해 왕조를 지속하고 싶은 욕심이 사울을 사로잡았다. 한편 그런 자신의 생각과 정반대로 행동하는 아들 요나단에 대해서 사울은 다윗에게 만큼이나 배신감을 느꼈던 것 같다. 그는 요나단에게 "이새의 아들이 땅에 사는 동안은 너와 네 나라가 든든히 서지 못할 것"이라고 경고한 후 당장 군사를 보내어 다윗을 체포하라고 명령한다. 그리고 다윗에 대한 자신의 생각도 감추지 않는다. "그는 죽어야 할 자(벤 마벳, *ben-māwet*, "죽음의 아들")이니라"(31절). 다윗이라는 이름 대신 "이새의 아들"(벤-이사이, *ben-yiśay*)이라는 호칭을 사용함으로써 그를 은근히 경멸해 왔던 사울이 이번에는 그를 "죽음의 아들"로 부름으로써 다윗에 대한 살의를 여과 없이 드러낸다.

사울이 요나단에게 창을 던짐 20:32-34

32 요나단이 그의 아버지 사울에게 대답하여 이르되 그가 죽을 일이
무엇이니이까 무엇을 행하였나이까 33 사울이 요나단에게 단창을
던져 죽이려 한지라 요나단이 그의 아버지가 다윗을 죽이기로
결심한 줄 알고 34 심히 노하여 식탁에서 떠나고 그 달의 둘째 날에는
먹지 아니하였으니 이는 그의 아버지가 다윗을 욕되게 하였으므로
다윗을 위하여 슬퍼함이었더라

아버지로부터 뜻밖의 모욕을 당했지만 요나단은 침착하게 다윗을 변호한다. "그가 죽을 일이 무엇이니이까 무엇을 행하였나이까." 그러나

지난번(19:1-7)과 달리 사울이 이번에는 요나단의 말에 귀를 기울이지 않는다. 오히려 창을 던져 요나단을 죽이려 한다. 요나단이 피했다는 말이 없고, 사울과 요나단이 매우 가까이 있었던 점으로 보아 사울은 겁을 주기 위해 창을 던졌던 것 같다. 그러나 이것을 통해 요나단은 비로소 다윗의 마음을 이해하게 된다. 지금까지는 아버지를 최대한 좋게 생각하려 했으나 이 사건을 통해 사울의 본모습을 파악한 것이다. 요나단은 다윗을 죽이려는 사울의 마음이 변하지 않을 것임을 비로소 깨닫는다.

요나단은 자신에 대한 아버지의 모욕적 언사와 다윗에 대한 무조건적 증오에 크게 격분하여 만찬 자리를 떠났고 그날에 아무것도 먹을 수 없었다. 요나단이 아무것도 먹을 수 없을 정도로 괴로웠던 이유는 두 가지다. 첫째, 아버지에게 모욕을 당했기 때문이다. 34절의 "그 부친이 다윗을 욕되게 하였으므로"는 "그 부친이 요나단을 욕되게 하였으므로"로 번역되어야 한다. 히브리어 원문 '키 히클리모 아비브'(*kî hiklimô 'ābiyw*)는 "그의 아버지가 그를 욕되게 하였다"로 직역된다. 여기서 "그를"은 다윗이 아니라 요나단을 지칭한다. 초하루 잔치에서 사울이 다윗을 모욕한 사실은 두드러지지 않았다는 점에서 개역개정의 "다윗을 욕되게 하였으므로"(34절)는 부적절한 번역이다. 요나단이 아무것도 먹을 수 없었던 두 번째 이유는 "다윗을 위하여 슬퍼했기 때문이다". 그는 비로소 다윗의 심정을 체휼했다. 다윗과 깊은 우정을 나누었지만 아버지 밑에서 다윗이 겪은 모욕과 위협을 전부 이해할 수는 없었을 것이다. 지금까지는 아버지에 대한 정과 신뢰로 다윗의 고통에 충분히 공감하지 못했지만, 이번 일로 요나단은 다윗의 심정을 이해하게 되었다.

다윗의 도망을 돕는 요나단 20:35-42

35 아침에 요나단이 작은 아이를 데리고 다윗과 정한 시간에 들로
나가서 36 아이에게 이르되 달려가서 내가 쏘는 화살을 찾으라 하고

아이가 달려갈 때에 요나단이 화살을 그의 위로 지나치게 쏘니라
37 아이가 요나단이 쏜 화살 있는 곳에 이를 즈음에 요나단이 아이
뒤에서 외쳐 이르되 화살이 네 앞쪽에 있지 아니하냐 하고
38 요나단이 아이 뒤에서 또 외치되 지체 말고 빨리 달음질하라 하매
요나단의 아이가 화살을 주워 가지고 주인에게로 돌아왔으나
39 그 아이는 아무것도 알지 못하고 요나단과 다윗만 그 일을
알았더라 40 요나단이 그의 무기를 아이에게 주며 이르되 이것을
가지고 성읍으로 가라 하니 41 아이가 가매 다윗이 곧 바위 남쪽에서
일어나서 땅에 엎드려 세 번 절한 후에 서로 입 맞추고 같이 울되
다윗이 더욱 심하더니 42 요나단이 다윗에게 이르되 평안히 가라
우리 두 사람이 여호와의 이름으로 맹세하여 이르기를 여호와께서
영원히 나와 너 사이에 계시고 내 자손과 네 자손 사이에 계시리라
하였느니라 하니 다윗은 일어나 떠나고 요나단은 성읍으로
들어가니라

요나단은 초하루 만찬 세 번째 날 '다윗과 정한 시간에'(레모엣 다빗, *ləmô'ēd dāwid*) 들에 나간다. 숫자 '3'이 본 단락을 지배한다. 초하루 만찬 세 번째 날, 세 사람이 들에 있다. 그리고 요나단은 화살을 세 발 쏜다. 다윗도 요나단에게 세 번 절한다. 특히 들에서 다윗과 요나단이 어린 시종이 모르는 지식을 공유하는 구도(39절)는 다윗-요나단-사울의 삼각관계를 연상시킨다. 이후 여러 차례 요나단은 사울 몰래 다윗을 만나 도움을 준다.

다윗과의 접선을 위해 요나단은 아이를 앞으로 달려가게 하고 그 위로 활을 쏜다. 이것은 20절에서 요나단이 말했던 것과 조금 다른 계획이다. 20절에서 요나단은 활을 쏜 후에 아이를 보내 활을 찾도록 하겠다고 했다. 하지만 실제로는 아이를 먼저 앞으로 달려가게 한 후 활을 쏜다(36절). 그렇게 한 이유는 아이의 움직임을 좀더 많이 조정할 여지를 두기 위함이다. 활이 떨어지는 지점을 본 후 아이가 출발하면 요나단의 지시보다 자신의 눈을 더 신뢰할 것이지만, 뒤에서 넘어오

는 활의 낙하지점을 찾으려면 요나단의 구두 지시에 더욱 의존해야 하기 때문이다. 다윗과 요나단 사이의 암호는 활의 낙하지점과 관계된 것이므로 아이에게 들키지 않고 다윗과 소통하려면 낙하지점에 관해 아이보다 정확하게 알 수 있어야 했다.

요나단이 몇 개의 화살을 쏘았는지는 논쟁이 있다. 20절에 언급된 요나단의 계획에 따르면 그는 세 발을 발사하게 되어 있다. 그러나 36절에서는 "활"의 단수와 복수가 혼용된다.

"달려가서 내가 쏘는 화살(복수, ḥiṣṣîm)을 찾으라 하고 아이가 달려갈 때에 요나단이 화살(단수, ḥēṣ)을 그의 위로 지나치게 쏘니라."

일부 학자들은 복수형 화살을 단수로 고쳐 읽은 후 요나단이 한 발을 쏜 것으로 이해하지만 히브리어 내러티브 기법을 이해하지 못한 데서 연유한 오해이다. 문맥상 요나단은 자신이 계획한 대로 세 발을 쏘았을 가능성이 높다. 왜냐하면 세 발의 화살이 요나단과 다윗에게 더 많은 시간을 벌어 주기 때문이다. 구약 내러티브 장르는 종종 여러 번 발생한 사건을 단회적인 것처럼 묘사한다. 36절의 "달려가서 나의 쏘는 화살(히찜, ḥiṣṣîm)을 찾으라"에서 복수가 사용된 반면(이것은 요나단이 활을 두 발 이상 쏠 것임을 명시한 것임), 그것에 대한 해설 부분인 "요나단이 화살(헤찌, ḥēṣî)을…… 쏘니라"(36절)에서는 단수가 사용되는데 이는 여러 번 발생한 사건 중 결정적 하나에 집중하는 성경 내러티브의 특징이다.

앞으로 달려가면서 뒤에서 날아오는 활을 쫓아가야 했던 아이가 정확한 위치를 파악하기는 힘들었을 것이다. 특히 복합 활의 사정거리가 200미터라면 실제 날아가는 거리는 훨씬 길다는 점을 고려하자. 아이가 정확한 낙하 위치를 파악하려면 요나단의 말에 의존할 수밖에 없다.

요나단은 다윗이 숨어 있는 장소에 도착하자 아이에게 "화살이 네 앞쪽에 있지 아니하냐"라고 외친다(37절). 다윗도 들을 수 있도록 큰 소리로 외쳤을 것이다. 22절에 언급된 바처럼 화살이 "네 앞에 있다"는 말은 다윗을 죽이려는 사울의 마음이 확고하다는 의미의 암호이다. 이 말을 들은 다윗은 사울 왕에게 두었던 일말의 희망마저 버렸을 것이다. 이제부터는 '도망자'라는 정체성에 익숙해져야 한다. '사울의 사위'라는 동아줄이 왕이 되는 길이 아님을 깨닫는 순간이다.

한편 요나단의 화살을 찾는 아이가 35절에서 "작은 아이"(나아르 카톤, *na'ar qāṭōn*)로 불린다는 점에 주목하자. "작은 아이"는 다윗의 별명이기도 하다(17:14, "막내"). 따라서 요나단이 아이에게 내리는 명령이 다양한 측면에서 다윗에게도 적용된다. 38절에서 요나단은 아이에게 "지체 말고 빨리 달음질하라"고 한다. 표면적으로 화살이 떨어진 낙하지점으로 곧장 달려가라는 의미이지만 다윗에게 뒤를 돌아보지 말고 하나님께서 정하신 길로 달음질하라는 의미도 있다. 40절에서 화살을 가지고 돌아오는 아이에게 요나단이 자신의 활을 주면서 한 명령 역시 다윗에게 적용된다. "이 무기[요나단의 활]를 성읍으로 가져가라." 요나단이 자신의 병기를 아이에게 준 행위는 이전에 요나단이 자신의 의복을 다윗에게 입힌 사건을 연상시킨다. 또한 그 병기—요나단이 준 '의복'과 마찬가지로 병기도 왕위 계승자를 상징함—를 궁으로 가져가라는 명령도 앞으로 다윗이 왕위 계승자로서 궁에 입성하게 될 것임을 암시하는 것이다.

아이가 멀리 사라지자 다윗이 숨어 있던 곳에서 일어나 땅에 엎드려 세 번 절한다. 생명의 은인이자 언약 당사자인 요나단에게 다윗은 최고의 예우를 한다. 그리고 서로 입 맞추며 운다. 지금까지 감정 표현을 절제해 왔던 다윗이 처음으로 자신의 감정을 마음껏 표출한다. 다윗은 이 장면에서 요나단보다 더 많이 운다(41절). 그들은 서로 헤어지며 언약을 다시 한 번 확인한다. 그 언약은 다윗과 요나단을 대표로 한 집안 사이의 언약, 즉 다윗의 집안과 요나단의 집안 사이의 언약이다(12-17절 참조). 요나단은 그 언약의 증인이 하나님이심을 다시 고백한다. 42절에 "여호와께서 영원히 나와 너 사이에 계신다"는 "여호와께서 영원히 나와 너 사이에 증인이다"로 번역해야 한다. 히브리어 원문에는 '증인'이라는 말이 없지만 언약 체결의 문맥상 후자의 번역이 더 적합하다. 칠십인역 역시 이 번역을 지지한다. 심지어 일부 학자들은 "하나님이 나와 너 사이에 영원히 계시다"라는 구문이 하나님이 영원한 증인이라는 뜻의 히브리적 숙어라고까지 주장한다(알터, 130쪽).

"다윗은 일어나 떠나고 요나단은 성읍으로 들어가니라." 사무엘상 20장의 이 마지막 구절은 비록 다윗과 요나단이 여호와를 증인으로 하나의 언약을 맺었지만 그들의 정치적 길은 서로 방향이 다름을 보여 준다. 요나단은 사울에 대한 정치적 충성을 끝까지 지켜 그와 함께 같은 전쟁터에서 전사한다. 반면 다윗은 도망자의 삶을 살면서 사울과 맞설 수 있는 군사적·정치적 힘을 키운다.

질문

1. 다윗이 라마 나욧에서 도망하여 요나단에게 찾아간 이유는 무엇입니까?
2. 고대인들은 맹세할 때 자신의 신체나 생명이 아닌 다른 사람의 신체나 생명으로 맹세합니다. 그 이유는 무엇입니까?
3. 사울이 다윗을 죽이려고 결심했다는 사실을 요나단에게 증명해 보이기 위해 다윗이 제안한 방법은 무엇입니까?
4. 20장 12-17절에 기록된 다윗과 요나단의 언약을 내용적으로 분석해 봅시다.

묵상

요나단은 사울의 장남이었고 사울을 이어 왕이 될 사람이었습니다. 만약 다윗이 왕이 될 인물이라면 다윗은 요나단의 정적이 되는 셈입니다. 그러나 요나단은 하나님의 뜻이 다윗에게 있다는 것을 알았고 아버지의 명령을 거스르고 다윗의 도망을 돕습니다. 사울은 다윗이 사무엘이 예언한 왕임을 알았지만 그를 죽이려 했기에 요나단은 매우 난처한 입장이었습니다. 아버지에게 순종하면 하나님의 뜻을 거스르기 때문입니다. 그러나 아버지가 죄인이더라도 아들이 아버지를 함부로 할 수는 없는 것 아닐까요. 요나단은 매우 어려운 결정을 합니다. 하나님의 뜻을 따라 다윗을 지지하는 반면 증오로 가득한 아버지 곁에 머물면서 하나님께 더 크게 범죄하지 않도록 돕습니다. 겉으로는 사울의 신하였던 요나단은 하나님의 나라를 위해 일하는 첨병이었습니다. 때로 교회나 단체가 의롭지 못한 것에 절망하고 교회나 단체를 쉽게 떠나는 사람들이 많습니다. 그러나 요나단의 예는 우리의 존재 자체가 그 교회나 단체에 구속적 효과를 가질 수 있음을 보여 줍니다. 하나님의 진리를 잘 분별해야 하지만, 사람들을 쉽게 정죄하고 버리는 일도 좋지는 못합니다.

22
블레셋으로 망명을 시도한 다윗

삼상 21:1-15

다윗을 죽이겠다는 사울의 결의를 전해 들은 다윗은 망명을 결정한다. 다윗은 사울의 주권이 미치지 않는 곳으로 망명해야 살 수 있다고 여겼다. 그는 블레셋을 선택하는데 블레셋 사람들이 정치적 이용 가치가 있는 다윗을 해하지 않을 것이라는 판단 때문이다. 골리앗을 죽인 이스라엘의 최고 장수 다윗이 골리앗의 칼을 들고 블레셋으로 망명해 온다면 블레셋은 이전의 수치를 씻고 이후 이스라엘과의 투쟁에서 더 큰 자신감을 가질 것이다. 망명을 결심한 다윗은 먼저 놉 성소에 들른다. 다윗의 친구였던 제사장 아히멜렉은 그를 기꺼이 도우려 하지만 그곳에는 사울이 심어 놓은 첩자 도엑이 상주하고 있었다. 다윗과 아히멜렉은 도엑의 귀를 염두에 둔 일종의 '연극'을 진행한다.

다윗이 놉에 도착함 21:1

1 다윗이 놉에 가서 제사장 아히멜렉에게 이르니 아히멜렉이 떨며
다윗을 영접하여 그에게 이르되 어찌하여 네가 홀로 있고 함께하는
자가 아무도 없느냐 하니

요나단과 헤어진 후 다윗은 놉으로 간다. 놉으로 간 이유는 확실치 않다. 블레셋으로 망명할 계획(10절 참조)을 품었다면 굳이 놉에 들를 필요가 없다. 왜냐하면 기브아를 중심으로 놉은 블레셋 영토에서 멀어지는 방향이기 때문이다. 그럼에도 놉으로 간 것은 그곳에 안치된 골리앗의 칼을 가져오기 위함이다. 다윗이 사울로부터 피할 수 있는 유일한 방법이 블레셋으로 망명하는 것이었다면, 골리앗의 칼을 가져가는 것이 정치적 가치를 높이는 좋은 방법이다. 블레셋이 가장 두려워하는 장수 다윗이 골리앗의 칼을 들고 망명했다는 소식은 블레셋의 사기를 높여줄 것이기 때문이다.

다윗의 갑작스러운 방문에 아히멜렉은 두려움에 떨며 "어찌하여 네가 홀로 있고, 함께하는 자가 아무도 없느냐"라고 질문한다. 아히멜렉이 두려워한 것은 무엇이며, 아히멜렉이 다윗에게 던진 질문의 의도는 무엇일까. 아히멜렉이 두려워한 것은 사울 왕이다. 그가 다윗을 두려워할 이유는 없다. 다윗은 블레셋 사람들에게 무자비했지만 동족을 향해 폭력을 휘두른 적은 없기 때문이다. 반면 사울은 아들 요나단조차 죽이려 한 사람이다. 충성했던 많은 신하들이 사울의 광기에 희생되었을 것을 쉽게 예상할 수 있다.

아히멜렉의 두려움을 정당화시키는 것은 그때 놉에 상주했

【놉】 놉은 실로의 성소가 파괴된 후 이스라엘의 제의 중심지였다. 놉에는 엘리의 증손인 아히멜렉이 제사장으로 있었다. 예루살렘의 바로 북쪽에 위치했기 때문에 예루살렘을 침공하는 적들은 언제나 놉을 예루살렘 침공을 위한 전진 기지로 삼았다(사 10:32).

던 에돔 사람 도엑이다. 그는 사울이 정보 수집을 위해 전국에 심어 놓은 첩자 중 하나이다. 아히멜렉이 다윗과 내통했다는 소문이 사울에게 들어가는 것은 시간문제다. 만약 다윗이 여전히 사울의 충성된 신하라면 문제가 없겠지만 다윗이 도망하는 중이라면 아히멜렉은 은닉죄로 형벌을 면치 못할 것이기 때문이다. 때문에 아히멜렉은 "어찌하여 네가 홀로 있고 함께하는 자가 아무도 없느냐"라고 질문한다. 정상적인 군사 작전 중이라면 군대와 함께 이동했어야 할 것이다.

비밀 작전 중이라고 거짓말을 함 21:2-3

2 다윗이 제사장 아히멜렉에게 이르되 왕이 내게 일을 명령하고
이르시기를 내가 너를 보내는 것과 네게 명령한 일은 아무것도
사람에게 알리지 말라 하시기로 내가 나의 소년들을 이러이러한
곳으로 오라고 말하였나이다 3 이제 당신의 수중에 무엇이 있나이까
떡 다섯 덩이나 무엇이나 있는 대로 내 손에 주소서 하니

다윗은 아히멜렉의 질문에 거짓말로 답한다. 사울 왕이 다윗에게 비밀 작전을 명했다는 것은 사실과 다르다. 다윗이 "이러이러한 곳"(2절)에서 합류하기로 했다는 부하들도 존재하지 않는다. 그러나 왕이 다윗에게 이 비밀 작전을 직접 명령했다면 말의 진위를 확인할 방법도 없다. "이러이러한 곳"으로 번역된 히브리어 '메콤 플로니 알모니'(*məqôm pəlônî ʾalmônî*)도 의도적인 표현이다. 이것은 다윗이 수행중인 비밀 작전의 신비감을 증대시켜 준다. 아히멜렉이 다윗의 거짓말을 알았는지에 대해

【다윗의 놉 방문과 사무엘의 베들레헴 방문】 다윗이 놉을 방문하는 장면은 사무엘의 베들레헴 방문(16장)과 여러 면에서 유사하다. 베들레헴 장로들이 떨며 사무엘 선지자를 맞았던 것처럼, 아히멜렉도 떨며 다윗을 영접한다. 사무엘이 그들을 안심시키기 위해 "제사를 위해" 왔다고 거짓말을 했듯, 다윗도 아히멜렉에게 작전 수행 중이라고 거짓말을 한다. 16장에서 성결과 음식의 모티브가 사용되었듯, 본문에서도 성결과 음식의 모티브가 등장한다. 사무엘의 베들레헴 방문 이야기에 이어 곧 골리앗 이야기가 등장하는데 다윗의 놉 방문 장면에서도 골리앗이 언급된다. 이는 사무엘의 베들레헴 방문이 다윗의 인생에서 중요한 전환점이 되었듯 다윗의 놉 방문이 다윗의 왕정 등극 과정에서 하나의 이정표가 됨을 암시한다. 실제로 다윗의 놉 방문은 다윗의 도망 생활이 돌이킬 수 없는 다리를 건넜음을 알린다.

학자들의 의견은 분분하다. 아마도 아히멜렉은 다윗의 거짓말을 알았을 것이다(보드너, 225쪽). 그럼에도 아히멜렉이 속아 준 것은 자신과 다윗 모두에게 유익이 된다고 생각했기 때문이다. 지금 성전에는 사울의 목자장인 도엑이 있다. 그는 이 일을 사울에게 보고할 사람이다. 지금 아히멜렉과 다윗의 대화는 도엑의 귀를 염두에 둔 것이다(22:22 참조). 즉 다윗은 사울의 비밀 작전을 수행하던 도중 아히멜렉의 도움을 얻기 위해 찾아왔고, 아히멜렉도 사울의 충성된 종 다윗을 돕고 있는 것이다.

아히멜렉이 다윗의 거짓말과 공모한다는 사실은 지금까지의 패턴과도 맞아떨어진다. 다윗이 사울의 손아귀를 벗어나 놉으로 오기까지 두 명의 도움이 절대적이었다. 먼저 사울의 딸 미갈이 아버지에게 거짓말을 함으로써 다윗의 도망을 도왔고, 사울의 아들 요나단도 다윗이 매년제에 참석하러 갔다고 거짓말을 했다. 이제 제사장 아히멜렉이 다윗의 거짓말에 공모자가 됨으로써 사울의 신하 도엑—결국 사울—을 속이고 있다. 미갈과 요나단처럼 아히멜렉도 사울 정권의 핵심 인물이지만 다윗과의 우정 때문에 그의 탈출을 돕는다. 아히멜렉과 다윗과의 우정은 다윗이 골리앗의 검을 놉 성전에 안치하기로 결정하면서부터 시작된 것 같다(17:54 해설 참조).

아히멜렉의 질문에 거짓말로 대답한 다윗은 본격적인 용건을 꺼낸다(3절). 먹을 것을 요청하는 것이다. 그러나 이번에도 다윗은 비밀 작전을 수행 중인 부하들과 함께 먹을 것처럼 말한다. 실제로 구하는 것은 여행 식량이지만. 특히 "당신[아히멜렉]의 수중에 있는" 것을 구하는 것으로 보아 오래 머무를 시간이 없는 것 같다. 왜 떡 "다섯" 덩이를 요구했는지 궁금해하는 사람도 있지만(왜 다윗이 매끄러운 돌 "다섯"을 취했는지와 아울러) 다섯이라는 숫자에 큰 의미를 부여할 필요는 없다. 종종 히브리어에서 숫자 다섯은 '약간, 조금'의 의미로 사용된다(알터, 131쪽).

거룩한 떡을 받는 다윗 21:4-6

4 제사장이 다윗에게 대답하여 이르되 보통 떡은 내 수중에 없으나

거룩한 떡은 있나니 그 소년들이 여자를 가까이만 하지
아니하였으면 주리라 하는지라 5 다윗이 제사장에게 대답하여
이르되 우리가 참으로 삼 일 동안이나 여자를 가까이 하지
아니하였나이다 내가 떠난 길이 보통 여행이라도 소년들의 그릇이
성결하겠거든 하물며 오늘 그들의 그릇이 성결하지 아니하겠나이까
하매 6 제사장이 그 거룩한 떡을 주었으니 거기는 진설병 곧 여호와
앞에서 물려 낸 떡밖에 없었음이라 이 떡은 더운 떡을 드리는 날에
물려 낸 것이더라

제사장 아히멜렉은 사울의 비밀 작전을 수행 중인 다윗을 기꺼이 도울 기세다. 물론 비밀 작전이라는 것은 아히멜렉과 다윗 사이에 합의된 거짓말이지만 적어도 둘을 관찰하는 제3자 도엑이 듣기에 다윗은 사울의 비밀작전을 수행 중이며 아히멜렉은 그런 다윗을 돕는 것이다. 그러나 아히멜렉에게는 "거룩한 떡"밖에 없었다. 본래 "거룩한 떡"은 제사장만 먹을 수 있지만 아히멜렉은 율법 규정을 느슨하게 적용하여 다윗의 부하들이 여자와 동침하지 않았다면 거룩한 빵을 허락하겠다고 제안한다. 이 제안은 엘리 아들들의 두 가지 죄—제물을 소홀히 취급한 것과 성전에서 일하는 여인들과 동침한 죄—를 모두 연상시킨다. 역설적인 것은 엘리 가문의 제사장 아히멜렉이 거룩한 음식에 대해 '유연한' 태도를 취한 것이 본문에서는 긍정적으로 서술된다는 것이다. 오히려 사울은 다윗

【예수님과 안식일】 마태복음 12장 1-8절은 예수님과 바리새인들 사이에 벌어진 안식일 논쟁이다. 사건의 발단은 제자들이 안식일에 밀밭 사이를 지나가다가 이삭을 잘라 먹은 것이다. 이것을 본 바리새인은 예수님의 제자들이 안식일의 비노동 규정을 어겼다고 지적한다. 그러나 예수님은 다윗이 놉 '성전'에 들러 '제사장'만이 먹을 수 있는 진설병을 식량으로 취한 사실을 인용하신다. 문제는 제자들이 안식일의 비노동 규정을 어긴 것과 다윗이 제사장만이 취할 수 있는 진설병을 취한 것 사이에 논리적인 연관이 없어 보인다는 것이다. 바리새인이 죄로 지적한 것은 제자들이 이삭을 먹었다는 사실 자체가 아니라 안식일에 밀을 자른 행위이다. 왜냐하면 비노동 규정을 위반한 것이기 때문이다. 따라서 다윗이 놉 성소에서 진설병을 취하여 성결 규정을 어긴 것은 안식일 논쟁과 연관이 없어 보인다. 그럼에도 예수님이 다윗의 예를 인용한 것은 그 이야기의 소재가 '성전'과 '제사장'이기 때문이다. 그리고 '성전'과 '제사장'은 안식일 비노동 규정의 적용을 받지 않는다. 이것이 예수님께서 "성전보다 큰 이가 여기 있느니라(마 12:6)"라고 말씀하신 의도이다. 예수님은 자신이 사람의 손으로 지은 성전보다 크다고 주장하신다. 즉 예수님은 참 성전이다. 그렇다면 예수님의 제자들은 제사장이다. 제사장들이 참 성전에서 혹은 참 성전을 위해 일하는 것은 안식일 규정에 구애받지 않는다. 제사장들은 안식일에도 일할 수 있고, 일해야 한다. 따라서 제자들은 율법을 어긴 것이 아니다.

이 초하루 첫날 만찬에 나오지 않았을 때에 그가 부정하게 되었기 때문이라고 생각하고 다윗의 부재를 용인했었다. 즉 사울은 제의적 성결에 대해 비교적 철저했던 것 같다. 이것은 제의적 성결에 대한 아히멜렉의 유연성과 대조를 이룬다. 제의적 성결, 즉 율법에 집착하는 쪽이 사울이고 그렇지 않은 쪽이 다윗임에도 하나님이 후자의 행보를 인정하신다는 점은 시사하는 바가 크다('예수님과 안식일' 참조).

다윗은 아히멜렉의 제안을 기쁘게 받아들였고, 자신과 부하들이 사흘 동안 여자와 동침하지 않았다고 한다. 이어 "보통 여행"('작전')에서도 군인들의 "그릇"이 성결한데 하물며 특별 작전을 수행하는 그들의 "그릇"이 성결치 않겠느냐고 설명한다('칼 바호메르' 어법 참조). 여기서 "그릇"은 음식을 담는 용기, 무기, 의복, 몸 등을 포함한다. 몸을 성결하게 유지하는 방법은 여자와 동침하지 않는 것이고, 용기와 무기 혹은 의복을 성결하게 하는 방법은 특정한 방식에 따라 씻는 것이다. 군인들이 전쟁에 나갈 때마다 그들의 '그릇'을 성결케 하는 이유는 '이스라엘 군대는 여호와의 군대'이기 때문이다. 이런 점에서 이스라엘이 수행하는 모든 전쟁은 성전의 성격을 가진다. 여하튼 다윗이 아히멜렉의 제안에 자세히 대답한 이유는 자신이 평소 임무를 성실하고 정확하게 수행했음을 강조하는 것이다. 물론 이런 강조는 사울의 부하 도엑의 귀를 염두에 둔 것이다.

다윗의 대답에 만족한 제사장은 그에게 "거룩한 떡"을 내어준다. 그리고 사무엘서 저자는 거룩한 떡이 무엇인지 구체적으로 설명한다. 아히멜렉이 거룩한 떡이라고 말한 것은 진설병이다. 진설병은 성소 안, '여호와 앞'에 즉 지성소 휘장 앞의 상 위에 전시된 열두 개의 빵을 지칭한다. 이 빵은 하나님과 열두 지파가 맺은 언약을 상징한다. 안식일마다 새롭게 만든 빵이 상에 오른다. 상에서 내려온 빵은 제사장만이 먹을 수 있다.

목자장 도엑 21:7

7 그 날에 사울의 신하 한 사람이 여호와 앞에 머물러 있었는데
그는 도엑이라 이름하는 에돔 사람이요 사울의 목자장이었더라

사무엘서 저자는 놉 성소에 있던 한 사람을 소개한다. 성소에 도엑이 있다는 사실은 지금에야 나오지만 아히멜렉과 다윗은 이미 도엑을 염두에 둔 대화를 하고 있다. 도엑이 다윗과 아히멜렉의 대화를 엿듣고 있다는 가정하에 1-6절을 읽으면 새로운 느낌과 의미들을 발견할 것이다. 이 사람은 "사울의 신하"로 소개되며 그의 측근 중 하나였다(22장 참조). 그는 "여호와 앞에" 있었다. '여호와 앞'이라는 말은 성소를 가리키는 숙어이다. 도엑이 놉 성소에 있었던 이유를 암시하는 말은 "머물러 있었다"이다. "머물러 있었다"로 번역된 히브리어 '아짜르'(ʿāṣar)는 "강제되다"의 의미에 가깝다. 이 단어는 하나님이 사울의 통치를 두고 사용한 말이기도 하다. "이는 내가 네게 말한 사람이니 이가 내 백성을 다스리리라(아짜르)"(9:17). 이런 관점에서 우리는 도엑이 놉의 성소에 머문 것은 사울의 통치의 일환임을 알 수 있다. 즉 도엑은 사울을 위해 놉의 제사장들을 감시하고 있었다. 그리고 에돔 사람이었기 때문에 제사장의 반역 행위를 고발하는 데 안성맞춤이었을 것이다. 때문에 아히멜렉과 다윗은 도엑을 의식하지 않을 수 없었다. 실제로 도엑은 사울이 다윗과 요나단과의 관계에 대해 아무도 말해 주지 않았다고 측근들을 꾸중하자 놉 제사장 아히멜렉과 다윗 사이에 있었던 모든 것을 자원하여 보고한다.

도엑이 에돔 사람이었다는 사실과 사울의 목자장이라는 사실은 구속사적으로 의미가 있다. 고대 근동 문헌에서 목자는 이상적인 왕에 대한 은유로 자주 사용되었다. 다윗도 목자였음을 고려하면 놉 성소에는 현재 목자가 두 명 있는 셈이다. 하나는 유다 베들레헴 사람이고, 다른 하나는 에돔 사람이다. 이것은 예수님이 태어났을 때의 상황을 연상시킨다. 당시 이스라엘의 왕은 헤롯이었다. 헤롯은 도엑처럼

에돔 사람이었고 그는 이스라엘의 목자를 자처하였다. 그때 예수님께서 참 목자로 오신 것이다. 도엑이 다윗을 도운 놉 제사장들을 죽였듯, 헤롯도 예수님을 경배하러 온 박사들을 죽이려 했고 그 일이 실패하자 두 살 이하 아이들을 모두 죽였다. 도엑과 다윗의 만남이 우연이라고 보기에는 이런 구속사의 그림이 너무 선명하다.

다윗이 골리앗의 칼을 취함 21:8-9

8 다윗이 아히멜렉에게 이르되 여기 당신의 수중에 창이나 칼이
없나이까 왕의 일이 급하므로 내가 내 칼과 무기를 가지지
못하였나이다 하니 9 제사장이 이르되 네가 엘라 골짜기에서 죽인
블레셋 사람 골리앗의 칼이 보자기에 싸여 에봇 뒤에 있으니 네가
그것을 가지려거든 가지라 여기는 그것밖에 다른 것이 없느니라
하는지라 다윗이 이르되 그 같은 것이 또 없나니 내게 주소서 하더라

도엑을 언급한 후 사무엘서 저자는 다시 다윗과 아히멜렉의 대화로 돌아온다. 이것은 둘 사이의 대화가 도엑을 염두에 두고 이루어짐을 확인해 준다. 다윗은 이제 무기를 요구한다. "당신의 수중에 창이나 칼이 없나이까." 다윗이 제사장 아히멜렉에게 무기를 구하는 것은 은행에 가서 장난감을 찾는 격이다. 더욱 이상한 것은 왕의 비밀 작전을 수행 중인 장군에게 무기가 없다는 것이다. "왕의 일이 급하다"고 핑계를 댔지만 구차하다. 다윗은 놉 성소에 골리앗의 칼이 있음을 잘 알고 있었을 것이다(사무엘상 17장 54절에 따르면 다윗은 골리앗의 칼을 처음에는 자기 장막에 보관했다가 나중에 놉으로 옮겼다). 그리고 다윗이 놉에 들른 목적 중의 하나가 골리앗의 칼이었을 가능성이 높다. 블레셋 땅으로의 망명을 원했다면 골리앗의 칼을 들고 가는 것보다 더 큰 '회심'의 상징은 없기 때문이다. 그러나 도엑이 듣고 있음을 의식한 다윗은 골리앗의 칼은 직접 언급하지 않고 "수중에 칼이나 창이 없나이까"라고 질문한 것이다.

이에 대한 아히멜렉의 대답도 도엑을 의식한 것이다. 그는 칼

의 존재를 확인해 주면서 다윗이 "엘라 골짜기에서 그 블레셋 사람"을 죽인 장수라는 말을 덧붙인다. 아히멜렉이 다윗에게 그 사실을 상기시킬 필요는 없다. 다윗은 그 싸움의 당사자였다. 이는 도엑으로 하여금 두려움을 갖도록 하기 위함이다. 물론 도엑은 다윗이 사울에게 쫓기는 신세라는 것을 몰랐겠지만 나중에라도 알게 되었을 때를 대비해 다윗을 두려워하는 마음을 가지게 한 것이다. 아히멜렉은 골리앗의 칼이라도 괜찮다면 가져가도 좋다고 허락한다.

"그 같은 것이 또 없나니 내게 주소서"라는 다윗의 말(9절)은 마치 골리앗의 칼을 기다렸다는 인상마저 준다. 이것은 도엑에게 자신의 진짜 의도를 숨기면서 골리앗의 칼을 가져가려던 다윗의 계획이었다. 다윗은 아히멜렉과의 '연기'를 통해 도엑의 의심을 최대한 피하려고 했다. 또한 아히멜렉은 도엑에게 다윗이 골리앗을 맨손으로 때려잡은 장군임을 상기시킴으로써 은밀히 협박한 것이다. 그러나 다윗이나 아히멜렉은 도엑 때문에 결국 놉의 제사장들이 모두 학살당할 것이라는 것은 미처 예상치 못했다.

블레셋으로 망명하려는 다윗 21:10-15

10 그 날에 다윗이 사울을 두려워하여 일어나 도망하여 가드 왕
아기스에게로 가니 11 아기스의 신하들이 아기스에게 말하되 이는
그 땅의 왕 다윗이 아니니이까 무리가 춤추며 이 사람의 일을
노래하여 이르되 사울이 죽인 자는 천천이요 다윗은 만만이로다
하지 아니하였나이까 한지라 12 다윗이 이 말을 그의 마음에 두고
가드 왕 아기스를 심히 두려워하여 13 그들 앞에서 그의 행동을
변하여 미친 체하고 대문짝에 그적거리며 침을 수염에 흘리매
14 아기스가 그의 신하에게 이르되 너희도 보거니와 이 사람이
미치광이로다 어찌하여 그를 내게로 데려왔느냐 15 내게 미치광이가
부족하여서 너희가 이 자를 데려다가 내 앞에서 미친 짓을 하게
하느냐 이 자가 어찌 내 집에 들어오겠느냐 하니라

여행 식량과 골리앗의 칼을 챙긴 다윗은 바로 가드 왕 아기스에게 망명한다. 다윗이 블레셋 도시 가드로 도망한 이유에 대해 당혹해하는 학자들이 많다. 그러나 사울이 수단과 방법을 가리지 않고 자신을 죽이리라는 것을 아는 다윗에게 선택지가 많지 않았다. 현실적으로 가장 확실하게 도망하는 방법은 해외로 도피하는 것이다. 그것도 사울의 적인 블레셋으로 망명하는 것이 정치적으로 가장 유리하다. 블레셋의 입장에서는 가장 두려워하는 적의 장수가 항복해 오는 셈이니 마다할 이유가 없을 것이다. 이런 정치적 망명에 가정 적합한 선물이 골리앗의 칼이다. 여호와의 궤가 블레셋 땅에 있다는 것은 이스라엘이 블레셋의 힘에 정복당했다는 표지였던 것처럼 이스라엘 땅에 안치된 골리앗의 칼은 블레셋이 이스라엘의 힘 아래에 있다는 상징이 된다. 골리앗을 무찌른 적의 장수가 그 검을 들고 가면 블레셋 사람들에게 큰 기쁨일 것이다. 마치 여호와의 궤가 이스라엘에 돌아올 때 이스라엘이 느꼈던 기쁨에 비견될 수 있다.

이처럼 다윗은 생존을 위해 정치적 망명을 시도한다. 이것은 다윗의 문제(사울)를 단번에 해결해 주었을 것이다. 그리고 다윗은 블레셋에서 망명가로 어느 정도의 생활과 지위를 보장받을 수도 있었을 것이다. 그러나 이런 생각이 하나님의 뜻에 합당한지는 불확실하다. 이것을 단적으로 보여 주는 것이 놉의 성소에서 다윗이 하지 않은 일이다. 다윗은 하나님께 기도로 묻지 않았다. 다윗이 놉의 성소에 왔을 때 망명에 대한 그의 마음은 정해져 있었고, 그것을 이루기 위한 치밀한 계획도 있었기 때문이다. 심지어 아히멜렉이 검의 위치를 설명할 때 "에봇 뒤에 있다"라고 했음에도 다윗은 하나님께 여쭈어 보아야겠다는 생각을 못한 것 같다. 이후 다윗은 여러 번 에봇을 통해 하나님의 뜻을 구하지만 놉에서는 그렇지 않았다. 블레셋으로 망명하면 생존할 수 있을지 몰라도 하나님께서 주신 사명, 즉 이스라엘의 왕이 되는 사명에서는 도망가는 것이 아니었을까.

아기스와 그의 신하들이 다윗의 망명을 허용했는지는 확실하지 않다. 그러나 아기스의 신하들이 다윗을 경계하고 그의 의도를 의심한 것은 분명하다. 우선 그들은 아기스 왕에게 다윗이 가드 민족의 적이었음을 다시 한 번 상기시킨다(11절). 즉 다윗이 골리앗을 죽인 후 이스라엘 여자들 사이에서 유행했던 노래를 인용한다. 분명 블레셋 사람들 가운데는 다윗을 원수로 생각하고, 그의 망명 요구를 달가워하지 않는 이들이 있었을 것이다. 그들은 오히려 그것을 기회로 삼아 다윗을 죽이려고 했는지도 모른다. 다윗은 이런 분위기를 직감하고 아기스를 두려워하기 시작한다(12절). 사울이 두려워서 아기스에게 도망왔으나 이번에는 아기스가 두려워진 것이다. 두려움의 대상만 바뀌었지, 다윗은 이스라엘 땅에서나 블레셋 땅에서나 여전히 두려움 가운데 살게 된 것이다. 두려움을 회피하는 손쉬운 방법이 두려움의 대상에서 도망가는 것이지만 절대 영구적 해결책은 아니다. 사람을 두려워하면 어디를 가든지 두려운 존재를 만나게 된다. 가드 땅에 오면 안전하다고 막연하게 생각했던 다윗은 막상 상황이 어렵게 돌아가자 사명을 버리고 안전을 도모했던 것을 회개했을지도 모른다. 다윗이 특히 마음에 둔 말(12절)은 "그 땅의 왕 다윗"이라는 말이다(11절). 아기스의 신하들은 다윗을 조롱하기 위해 그렇게 말했지만, 다윗에게는 하나님의 말씀처럼 들렸다. '그렇다. 나는 기름 부음 받은 사람이 아닌가? 하나님이 나를 왕으로 지명하지 않았는가? 그런데 나는 한갓 인간을 두려워하여 이렇게 블레셋 사람들 사이에서 안위를 도모하려 했던가.'

이런 다윗의 '회심'을 보여 주는 것이 "그들 앞에서 다윗이 행동을 바꾸었다"는 말이다(13절). '행동을 바꾸다'로 번역된 히브리어 '샤나 타암'(šānāh ṭāʿam)은 '판단을 바꾸다' 혹은 '생각을 바꾸다'로도 번역될 수 있다. 다윗이 '회심'했을 때 하나님께서 그에게 지혜를 주셔서 다윗은 미친 척하기 시작한다. 대문짝을 손으로 긁적거리며, 수염 위로 침을 흘린다. 이런 행위를 통해서 다윗은 의심과 경계의 눈으로 자신을 쳐다보는 사람들의 촉수로부터 벗어나려 했던 것 같다. 또한 아기스는 다윗이 미쳤다 함을 듣고 그를 자기 집(궁)에서 제거하려 한다. 미친 다윗은 더 이상 정치적 이용 가치가 없기 때문이다. 이렇게 다윗은 자연스럽게, 무사히 아기스의 궁에서 빠져나올 수 있었다. 그리고 그가 향한 곳은 자기 고향 땅이다. 다만 사울이 두려워 베들레헴에 가지는 못하고 유다 광야의 아둘람 굴에서 숨어 지낸다. 이제 다윗은 아무리 어려워도 하나님께서 주신 사명의 현장에 남아 있기로 다짐했을 것이다.

질문

1. 다윗이 놉 성소에 간 이유는 무엇입니까?
2. 놉 성소에는 다윗과 아히멜렉 이외에 누가 있었습니까? 그는 어디 사람이며, 직업은 무엇입니까? 그와 다윗과의 관계를 헤롯과 예수님과의 관계에 유비하여 설명해 봅시다.
3. 다윗이 놉 성소에서 마땅히 해야 했으나 하지 않은 일은 무엇입니까?
4. 다윗이 블레셋 땅으로 망명한 이유를 생각해 봅시다.
5. 다윗은 블레셋 사람들이 자신을 '그 땅의 왕'이라고 부르자 어떤 생각을 했을까요?

묵상

다윗은 기름 부음을 통해 왕의 사명을 받았지만 어려운 현실 속에서 절망합니다. 하나님의 약속을 믿기보다는 사울의 창을 두려워했습니다. 사울이 두려워 블레셋으로 도망한 것은 결국 사명으로부터 도망감을 의미합니다. 그 과정에서 다윗은 치밀하게 계산하여 행동합니다. 먼저 놉 성소에 들러 골리앗의 칼을 취합니다. 골리앗의 칼을 들고 가면, 블레셋 사람들이 그를 환영해 줄 것이라고 기대했을지 모릅니다. 그러나 다윗의 기대와는 달리 아기스 왕의 신하들은 다윗의 망명 동기를 의심하고 다윗을 죽이려 합니다. 다윗은 사울이 두려워 도망했지만, 블레셋 땅에서도 두려움의 대상 아기스를 만나게 됩니다. 바로 그때 '그 땅의 왕 다윗'이라는 말이 다윗의 심장에 꽂힙니다. 다윗은 자신의 사명을 다시 기억하고 아기스의 궁에서 탈출합니다. 우리도 사역의 현장에서 도망치고 싶은 생각이 들 때가 있습니다. 사람이 두렵고, 비전이 희미하게 느껴질 때가 있습니다. 이럴 때는 다윗처럼 기도도 하지 않게 됩니다. 인간적 수단으로 사명의 현장에서 벗어나려 노력하기도 합니다. 그러나 다윗을 되돌리셨던 하나님은 우리가 현장에서 끝까지 믿음의 싸움을 싸우기를 원하십니다.

23
다윗의 아둘람 생활과 놉 제사장들의 희생

삼상 22:1-23

망명 시도가 실패한 후 다윗은 아둘람 굴에 은신한다. 사울 정권 아래 가난해진, 소외된 자들이 아둘람 굴에 은신해 있던 다윗에게 몰려든다. 다윗은 그들을 데리고 모압과 유다 국경에 있던 요새로 이동하고, 그곳에서 사울 군대의 상황을 지켜보려 한다. 그러나 갓 선지자가 나타나 유다 땅 헷 수풀로 가라고 명령하자, 다윗은 잠시 모압 왕의 손에 맡겨 두었던 부모를 모시고 4백 명의 무리들과 함께 유다 땅으로 돌아간다. 한편 기브아에 있던 사울은 다윗을 잡지 못한 책임을 신하들에게 묻고 있다. 다윗의 도주를 도운 놉 제사장들을 도엑이 고발하고 사울은 놉 제사장들을 기브아로 소환한 후 모두 죽인다. 대제사장 아히멜렉의 아들 아비아달만이 생존해 에봇을 가지고 다윗에게 피신하여 다윗의 제사장이 된다.

아둘람의 다윗 22:1-2

1 그러므로 다윗이 그 곳을 떠나 아둘람 굴로 도망하매 그의 형제와
아버지의 온 집이 듣고 그리로 내려가서 그에게 이르렀고 2 환난
당한 모든 자와 빚진 모든 자와 마음이 원통한 자가 다 그에게로
모였고 그는 그들의 우두머리가 되었는데 그와 함께한 자가
사백 명 가량이었더라

망명에 실패한 다윗은 다시 고국으로 돌아온다. 망명 실패는 이미 예견된 것이었다. 다윗은 망명을 결심하면서 하나님께 기도하거나 물어본 적이 없었으며, 하나님도 다윗에게 블레셋으로 가라고 말씀하신 적이 없으셨다. 다윗이 가드로 간 이유는 지극히 인간적이다. 자신의 목숨을 노리는 사울 왕 때문에 이스라엘에서는 생명을 부지할 수 없다고 판단했기 때문이다. 또한 블레셋 지도자들이 자신과 같은 이스라엘 최고 사령관의 망명을 거부하지 않을 것이라고 생각했을 것이다. 그러나 다윗의 판단은 완전히 빗나갔다. 그는 실패했다. 그리고 스스로를 웃음거리로 만들고 나서야 도망 나올 수 있었다. 이제 그는 가드와 베들레헴의 중간 지점에 위치한 아둘람 근처의 굴에 은신한다.

다윗이 아둘람으로 피한 것은 구속사적으로 의미가 있다. 창세기 38장에 따르면 유다는 요셉을 미디안 상인들에게 팔아넘긴 후 잠시 아둘람 사람 히라와 함께 거한 적이 있다. 그곳에 거하는 동안 그는 다말과 동침하여 예수님의 족보에 오르는 쌍둥이 아들들인 베레스와 세라를 낳는다. 아둘람 사람 히라도 유다와 다말의 동침 사건에 중요한 역할을 한다. 즉 유다가 '창녀'에게 맡긴 담보물을 찾아 달라고 부탁한 사람이 바로 아둘람 사람 히라다. 이로부터 약 5백 년 후 여호수아가 가나안 땅을 지파별로 분배할 때, 아둘람은 유다 지파에 할당되었다. 유다 지파와 아둘람 사이의 인연은 다윗이 아둘람을 은신처로 삼

으면서 그 절정에 이른다. 아둘람은 다윗의 왕위 등극 과정 제2기를 시작하는 장소가 된다. 사무엘에게 기름 부음을 받은 후, 다윗은 군사적 지도자로서의 능력을 증명했다(17장). 그 결과 사울 왕과 인연을 맺은 것이다. 베들레헴 촌부의 아들에서 왕의 사위까지 올라간 것을 다윗은 우연이라고 생각하지 않았을 것이다. 그는 분명히 그런 '성공'과 사무엘의 기름 부음 사이에 인과적 관계가 있다고 생각했다. 그리고 사울의 친족이 되었기 때문에 합법적으로 왕이 될 길이 열릴 것이라고 생

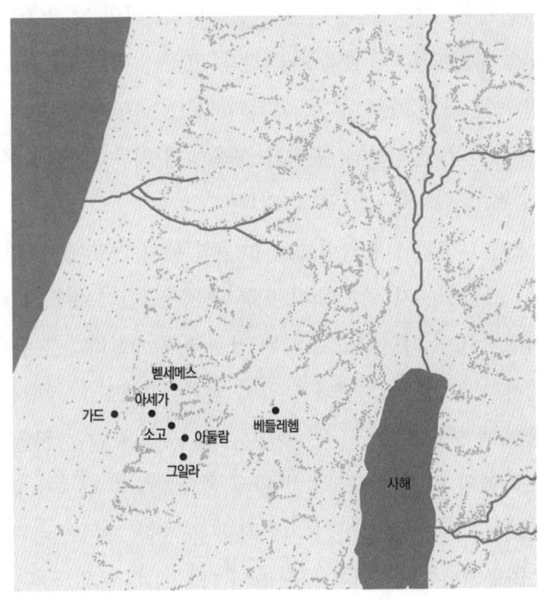

【아둘람의 위치】

각했는지도 모른다. 그러나 '증명' 과정은 그것으로 끝나지 않았다. 다윗은 고난 속에서 약속을 신뢰하는 훈련을 통과해야 했다. 이것이 왕위 등극 과정의 제2기에 해당한다. 고난은 사울의 왕위 등극 과정에 없었던 내용이다. 그리고 아둘람이 왕위 등극 과정 제2기의 출발 현장이 되었다.

다윗이 아둘람 굴에 은신해 있다는 소식을 들은 "형제들"과 "아비의 집"이 그에게 몰려들었다. 그들도 사울의 견제와 억압 때문에 고향을 버렸을 가능성이 높다. 그들 역시 "환난 당한 자", "빚진 자",

"마음이 원통한 자"들이었다. 형제들이 다윗에게 힘을 보태었다는 진술(1절)은 초하루 잔치 때 다윗의 부재에 대한 요나단의 설명에 사울이 화를 낸 대목을 연상시킨다(20장 29절 해설 참고). 요나단은 다윗이 형제들의 요청에 마지못해 매년제에 참석했고 (그래서 초하루 잔치에 빠지게 되었다고) 보고했으나, 사울은 다윗이 왕보다 친족이나 형제들에게 더욱 충성한다고 오해하였다. 그런 오해가 예언이 되었는지, 형제들이 이제는 다윗과 뜻을 같이한다. 이 형제들 가운데는 엘리압도 포함되었을 것이다. 한편 1절에서 "형제들"과 나란히 언급된 "아비의 집"은 이스라엘의 사회를 구성하는 기본 단위를 가리킨다. 그것은 형제, 할아버지, 삼촌 등을 포함하는 확대 가족이다. "아비의 집"도 다윗과 뜻을 같이한 것으로 보아 사울은 골리앗을 무찌른 장수에게 약속한 면세 혜택을 그 '아비의 집'에 제공하지 않았던 것 같다.

그러나 무엇보다 놀랍게도 사울의 통치 아래에서 "환란 당한 자", "빚에 시달리는 자", "마음이 원통한 자들"이 다윗에게 몰려든다. 다윗은 아둘람에서 가난하고 소외된 자들과 함께한다. 그는 하나님 나라를 실현하는 왕, 사울과는 다른 왕이 되어야겠다고 다짐했을지도 모른다. 다윗에게 몰려든 이 사람들이 다윗의 사명을 다시 확인해 준 것이다. 이스라엘의 왕으로 오셨지만 당시 지도자들의 배척을 받은 예수님 역시 갈릴리 마을을 돌아다니며 복음을 전할 때 수많은 사람들이 그에게 몰려들었다. 그들 역시 아둘람의 다윗에게 몰려든 자들과 같이 '환란 당한 자', '빚에 시달리는 자', '마음이 원통한 자'였다. 예수님은 그들에게 선한 목자(왕)가 되어야겠다고 다짐하셨다. 그리고 그 일을 위해 십자가를 기꺼이 지신 것이다.

【아둘람】 본래 가나안 왕이 다스리던 지역으로 여호수아가 정복하여 유다의 땅으로 할당하였다(수 12:15; 15:35 참조). 사울에게서 도망치던 다윗이 이곳에 숨어 지내면서 유명해졌다(삼상 22:1). 후에 르호보암이 이곳에 성벽을 가진 요새를 만들었고(대하 11:7), 바빌론 유수에서 돌아온 유대인들이 정착해 살게 된다(느 11:30).
마카비 전쟁을 주도한 유다도 마레샤 전투 이후 그곳에서 진지를 구축했다는 기록도 있다(마카비2서 12:38).
그러나 이것은 유다 마카비를 다윗과 같은 인물로 그리려 했던 정서가 작용한 것 같다. 역사가 유세비우스는 아둘람을 "오돌람"이라고 부르며, 엘루세로폴리스(혹은 벧구브린)에서 서쪽으로 14킬로 지점에 있다고 기록한다.
그곳은 오늘날 키르벳 에스-세이크 마드쿠르(khirbet esh-Sheikh Madhkur, 북위 31도, 동경 34도)이다.

다윗에게 몰려든 사람은 약 4백 명이었다. 그리고 다윗은 그들의 '우두머리'(사르, śar)가 되었다. 다윗은 4백 명의 가난하고 소외되고, 원통한 사람들의 지도자가 된 것이다.

다윗이 부모를 모압 왕에게 의탁함 22:3-5

3 다윗이 거기서 모압 미스베로 가서 모압 왕에게 이르되 하나님이
나를 위하여 어떻게 하실지를 내가 알기까지 나의 부모가 나와서
당신들과 함께 있게 하기를 청하나이다 하고 4 부모를 인도하여
모압 왕 앞에 나아갔더니 그들은 다윗이 요새에 있을 동안에
모압 왕과 함께 있었더라 5 선지자 갓이 다윗에게 이르되 너는 이
요새에 있지 말고 떠나 유다 땅으로 들어가라 다윗이 떠나
헤렛 수풀에 이르니라

부모를 모압으로 망명시키려 한 다윗은 모압 왕을 미스베에서 만난다. 미스베는 '전망대'라는 뜻으로 탁 트인 시야를 제공하는 지형들에 붙이며 다윗이 모압 왕을 만난 곳은 모압 땅에 있는 미스베이다. 다윗은 모압 왕에게 "나의 아버지와 어머니가 당신과 함께 유할 수 있도록 해주십시오"라고 요청한다. 모압 왕에 대한 다윗의 어조는 사뭇 당당하다. 마치 정치적으로 대등한 관계에 있는 듯하다. 다윗이 이렇게 당당한 것은 가드의 신하들이 다윗을 "그 땅의 왕"이라고 불렀듯이 주변국 사람들이 무적의 용사 다윗을 '왕적인 인물'로 간주했거나 고조할머니 룻이 모압 여인이라는 사실에 다윗이 호소했기 때문일 수 있다. 다윗의 몸에는 모압 여인의 피가 흐르고 있었다.

다윗은 자신의 삶이 어떻게 될지 모른다는 인식("하나님이 나를 위하여 어떻게 하실지를 내가 알기까지")이 있었다. 그래서 부모만이라도 평안히 살 수 있도록 모압에 망명시키려 한 것이다. 그러나 블레셋 땅으로 망명하려던 생각이 하나님의 뜻과 어긋났듯, 부모를 모압 땅에 모시는 것도 인간적이었다. 그 이유는 다음과 같다. 첫째, 다윗의 부모는 그다

지 오래 모압에 머물지 않았다. 그들은 다윗의 예상보다 훨씬 빨리 망명 생활을 마친다. 둘째, 그 짧은 모압 생활도 선지자 갓의 명령으로 종료된다는 것이다. 선지자 갓의 명령에 따라 다윗이 "요새"를 떠나 유다 땅 헤렛 수풀로 이동하자 그의 부모도 모압을 떠나 유다 땅으로 간다.

지금까지의 다윗의 행보, 즉 사울과 완전히 결별한 후(20장) 놉을 거쳐 블레셋의 가드와 아둘람으로, 아둘람에서 요새까지 오는 행보는 모두 다윗의 개인적 판단이었다. 성경은 왜 다윗이 블레셋의 가드로 갔는지, 왜 아둘람에서 "요새"로 이동했는지 말해 주지 않는다. 그러나 다윗이 가는 곳마다 그곳에 오래 머무르지 못할 사건들이 발생한다. "요새"에 머물던 다윗을 선지자 갓이 출현하여 유다 땅으로 돌려보내는데 본문에서 선지자 갓의 출현은 갑작스럽다. 그는 어느 지역 출신인지 어느 가문의 사람인지 알려진 바가 없다. 심지어 어떻게 다윗을 찾아왔는지, 언제부터 다윗과 함께 있었는지도 모른다. 다만 다윗이 갈 바를 몰라 헤맬 때 나타나 갈 길을 알려줄 뿐이다. 사무엘은 다윗에게 기름을 부었지만 그 후 다윗 옆에 없었다. 기름 부음 받은 후 다윗은 어떤 의미에서 자신의 기지와 지혜와 용기와 믿음으로 여기까지 왔다고 해도 과언이 아니다. 하나님은 다윗에게 직접 말씀하시지 않았고, 선지자를 통해서도 말씀하시지 않았다. 그러나 왕위 등극 제2시기(고난)부터는 하나님이 선지자를 통해서 혹은 직접 말씀하기 시작하신다. 다윗이 삶과 죽음을 넘나드는 고난 가운데 있자 하나님의 음성이 다윗에게 분명히 들린다.

4절에 언급된 "요새"가 어디인지는 분명하지 않다. 1-2절에서는 아둘람 굴에서 4백 명의 군대를 모은 다윗을 만났는데, 4절에서는 갑자기 다윗이 요새에 있는 것으로 묘사된다. 이에 따라 어떤 학자들은 아둘람 굴과 요새가 같은 곳을 가리킨다고 주장하지만 아둘람은 유다 땅인 반면 "요새"는 유다 땅이 아닌 것 같다. 갓 선지자는 다윗에게 "이 요새에 있지 말고 떠나 유다 땅으로 들어가라"라고 한다. 따라서 아둘람에서 잠시 숨어 지내면서 4백 명을 모은 다윗이 모압과 유다의 국경 지역의 요새에 자리를 잡았다고 추정하는 것이 옳다(츠무라, 540쪽). 유다 안에 4백 명의 무리를 데리고 있으면 사울의 즉각적인 공격을 유발시킬 것이라고 다윗은 판단했을지도 모른다. 한편 갓 선지자가 가라고 명령한 유다 땅 헤렛 수풀의 정확한 위치는 알 수 없다.

사울이 신하들을 꾸짖음 22:6-8

6 사울이 다윗과 그와 함께 있는 사람들이 나타났다 함을 들으니라
그 때에 사울이 기브아 높은 곳에서 손에 단창을 들고 에셀 나무
아래에 앉았고 모든 신하들은 그의 곁에 섰더니 7 사울이 곁에 선
신하들에게 이르되 너희 베냐민 사람들아 들으라 이새의 아들이
너희에게 각기 밭과 포도원을 주며 너희를 천부장, 백부장을
삼겠느냐 8 너희가 다 공모하여 나를 대적하며 내 아들이 이새의
아들과 맹약하였으되 내게 고발하는 자가 하나도 없고 나를 위하여
슬퍼하거나 내 아들이 내 신하를 선동하여 오늘이라도 매복하였다가
나를 치려 하는 것을 내게 알리는 자가 하나도 없도다 하니

사울의 첩보 수집 능력은 이미 입증되었다. 악령을 쫓을 수금 연주가를 찾을 때 즉각 베들레헴 마을에 다윗이라는 인물이 있다는 정보가 신하들을 통해 전달되었다. 다윗이 미갈을 좋아한다는 소식도 신하들에 의해 왕에게 즉시 전달되었다. 다윗이 무리를 이끌고 유다 땅 헤렛 수풀에 들어왔을 때에도 사울은 그 소식을 금방 듣게 된다(6절). 이때 사울은 기브아의 높은 곳 에셀 나무 아래 앉아 있었다. "모든 신하들이 그 곁에 섰더니"라는 말에서 유추하면 사울은 신하들과 공적인 회의를 여는 중이다. 사울은 앉아 있고 신하들이 사울을 중심으로 서 있는 자세는 집무실에서 왕과 신하들이 회의를 진행하는 전형적인 모습이다. '기브아의 높은 곳의 에셀 나무 아래'라는 말은 사울의 궁을 지칭할 수 있지만 현재 사울의 궁에 대한 고고학적 증거는 없기 때문에 사울이 궁이 없었을 가능성도 배제할 수는 없다. 그렇다면 사울이 국사를 논의하기 위해 신하를 모은 곳은 야외일 수도 있다. 그리고 "높은 곳"과 "에셀 나무 아래"라는 표현은 그곳이 종교적으로도 중요한 장소

임을 암시한다(14:2 참조). 한편 사울이 단창을 들고 있었다는 언급(6절)은 이후 전개될 학살을 미리 암시한다.

에셀 나무 아래에서 사울은 신하들을 꾸짖기 시작한다(7-8절). 먼저 그들을 "베냐민 사람들"로 부르는 것에 유의하자. 자신의 신하들이 다윗을 지지했다고 비난하는 문맥에서 베냐민 사람으로 불렀다면 의도가 있다. "베냐민 사람"이라는 말은 사울이 베푼 특혜를 상기시킨다. 왕정에 대한 사무엘의 경고(삼상 8장) 가운데 다음 구절이 있다. "그가 또 너희 밭과 포도원과 감람원의 제일 좋은 것을 취하여 자기 신하들에게 줄 것이다." 비록 명시적 언급은 없지만 사울이 신하들의 마음을 얻기 위해 특권을 주었을 가능성이 많다. 특권을 받은 측근들은 사울의 동향 사람들인 "베냐민 사람"일 가능성이 높다. 따라서 이 호칭은 '유다 지파 출신의 다윗이 (설령 그가 왕이 된다 해도) 베냐민 사람들인 너희에게는 특권을 나누어 주지 않을 것이다'라는 메시지를 준다.

사울은 신하들을 꾸짖으면서 "내게 고발하는 자(말해 주는 자)가 하나도 없다"를 반복한다. 지금까지 사울에게 정보가 빠르게 전달된 사실에 비추어 볼 때 잘 이해가 되지는 않는다. 더구나 신하들이 알리지 않았다는 두 가지 사실 중 하나는 사실이 아니다. 다윗과 요나단이 언약을 맺은 것은 사실이지만, 요나단이 사울의 신하를 선동하여 사울에 대한 매복 공격에 곧 나선다는 말은 사실이 아니다. 아마 사울이 꾸며 낸 말일 것이다. 이것은 신하들에 대한 사울의 비난이 공정하지 못하다는 것을 말해 준다. 다른 한편 "내게 고발하는 자가 하나도 없다"는 말(에인-골레 엣-오즈니, *ʾēn-gōleh ʾet-ʾōznî*)은 앞으로 사울과 다윗의 투쟁에서 사울이 패배할 수밖에 없는 결정적 이유를 암시해 준다. 히브리어를 직역하면 "내 귀를 열어 주는 자"가 없다는 뜻이다. 이 표현은 하나님의 계시의 문맥(9:15 참조)에서 자주 사용된다. 다윗에게는 하나님이 선지자와 에봇을 통해 끊임없이 계시하시지만, 사울에게는 꿈으로도, 선지자로도, 에봇으로도 계시해 주시지 않는다. 이런 측면에서 신하들에 대한 사울의 불만은 궁극적으로 여호와 하나님을 향한다. 여호와께서는 사울의 '귀를 열어 주지' 않으신다.

개역개정에 따르면 8절에 나열된 사울의 불만 중 "나를 위하여 슬퍼하는 (자가 하나도 없다)"이라는 말이 있다. 이 말이 무슨 의미일까? 이 표현은 두 번째 등장하는 "내게 고발하는 자가 하나도 없다"는 말을 수식한다. 즉 "나를 위해 슬퍼하는 자가 하나도 없다"라는 불만이 "내게 고발하는 자가 하나도 없다"는 불만과 별개가 아니라, 문법적으로 후자에 의존하는 말이다. 따라서 8절 후반부는 다음과 같이 번역되는 것이 합당하다.

"내 아들이 내 신하를 선동하여 오늘이라도 매복하였다가 나를 치려 하는데도 나를 염려하여 내게 고발하는 자가 하나도 없구나!"

도엑의 고발 22:9-10

9 그 때에 에돔 사람 도엑이 사울의 신하 중에 섰더니 대답하여
이르되 이새의 아들이 놉에 와서 아히둡의 아들 아히멜렉에게
이른 것을 내가 보았는데 10 아히멜렉이 그를 위하여 여호와께 묻고
그에게 음식도 주고 블레셋 사람 골리앗의 칼도 주더이다

"나를 염려하여 내게 고발하는 자가 하나도 없구나"(8절)라고 탄식하는 사울을 염려해 주는 신하가 있었는데, 그가 도엑("돌보는 자, 염려하는 자"라는 뜻)이다. 아이러니하게도 도엑은 사울의 측근 중의 하나였지만 베냐민 사람이 아닌 에돔 사람이었다. 에돔 사람인 도엑은 제사장의 반역 행위를 감시하기에 가장 적합한 인물이었을 것이다. 이것은 사울이 첩보에 밝았던 이유를 알려 주는 듯하다. 사울은 거점마다 자신을 위한 눈과 귀를 심어 놓았던 것이다.

도엑은 사울의 말을 받아 다윗을 "이새의 아들"로 낮추어 부르면서 그가 아히멜렉에게 찾아온 사실과, 아히멜렉이 다윗을 위해 음식을 내어주고 골리앗의 칼도 내어준 것을 일러바친다. 그리고 아히멜렉이 다윗을 위해 여호와께 물었다며 거짓말을 지어 낸다. "여호와께 묻다"는 여호와로부터 계시를 받아 주었다는 숙어이다. 그러나 21장 본

문에서는 다윗이 여호와의 뜻을 구했다는 실마리가 전혀 없다. 오히려 다윗이 여호와의 뜻을 구하지 않았다는 것이 21장의 메시지 중 하나이다. 도엑이 터무니없는 말을 지어 낸 것은 아히멜렉을 반역죄로 몰기 위해서이다. 아히멜렉과 다윗은 도엑을 잠재적 청자로 생각하고 대화를 진행했기 때문에 도엑이 들은 바에만 근거하면 아히멜렉은 사울의 명을 수행하는 다윗을 도운 것이지 사울의 대적 다윗을 도운 것은 아니었다. 즉 음식과 무기를 내어주었다 하여 아히멜렉을 비난할 수 없다. 그러나 그가 다윗을 위해 예언했다는 것은 성격이 다르다. 왜냐하면 제사장의 예언은 왕을 위한 것이기 때문이다. 아히멜렉이 왕이 아닌 다윗에게 예언을 해주었다면 반역죄에 해당할 수 있다. 도엑은 다윗을 추종하는 세력을 무조건 증오하는 사울을 기쁘게 하기 위하여 아히멜렉을 다윗의 추종자로 만들어 버린 것이다.

9절에서 아히멜렉은 도엑의 입을 통해 아히둡의 아들임이 밝혀진다. 아히둡은 이가봇의 형제이므로 아히멜렉은 엘리 가문의 후손인 셈이다. 도엑의 고발로 엘리의 후손 제사장들이 몰살당한다는 사실은 아이러니하다. 하나님의 예언 성취에 관심이 없었을 도엑이지만 하나님의 제사장을 모함해서라도 자신의 입지를 지키려는 도엑의 악한 의도가 하나님의 구속사를 이루는 도구로 사용되었다.

놉 제사장들을 소환함 22:11-15

11 왕이 사람을 보내어 아히둡의 아들 제사장 아히멜렉과 그의
아버지의 온 집 곧 놉에 있는 제사장들을 부르매 그들이 다 왕께
이른지라 12 사울이 이르되 너 아히둡의 아들아 들으라 대답하되
내 주여 내가 여기 있나이다 13 사울이 그에게 이르되 네가 어찌하여
이새의 아들과 공모하여 나를 대적하여 그에게 떡과 칼을 주고 그를
위하여 하나님께 물어서 그에게 오늘이라도 매복하였다가 나를
치게 하려 하였느냐 하니 14 아히멜렉이 왕에게 대답하여 이르되
왕의 모든 신하 중에 다윗 같이 충실한 자가 누구인지요 그는 왕의

> 사위도 되고 왕의 호위대장도 되고 왕실에서 존귀한 자가 아니니이까 15 내가 그를 위하여 하나님께 물은 것이 오늘이 처음이니이까 결단코 아니니이다 원하건대 왕은 종과 종의 아비의 온 집에 아무것도 돌리지 마옵소서 왕의 종은 이 모든 크고 작은 일에 관하여 아는 것이 없나이다 하니라

도엑의 말(9-10절)을 듣고 사울 왕은 제사장 아히멜렉과 모든 놉 제사장들을 기브아로 소환한다(11절). 사무엘서 저자가 11절에서 제사장 아히멜렉을 아히둡의 아들로 칭한 이유는 사울이 놉 제사장들을 소환한 것이 엘리 가문에 대한 하나님의 심판과 연결되어 있음을 암시하기 위함이다. 다윗을 계속 "이새의 아들"로 호칭해 온 사울은 12절에서 제사장 아히멜렉도 "아히둡의 아들"로 호칭한다. 하대하는 의미가 담긴 것 같다. 반면 아히멜렉은 사울 왕을 "내 주여(아도니, *'ădōnî*)"라고 부르며 깍듯이 존대한다.

13절에서 사울의 본격적 꾸지람이 시작된다. 이 꾸지람의 핵심은 아히멜렉과 다윗이 함께 역모를 꾀했다는 것이다. "네가 어찌하여 이새의 아들과 공모하여 나를 대적하여……." 사울은 다윗이 아히멜렉으로부터 무엇을 받았는지는 그다지 관심이 없는 것 같다. 도엑은 아히멜렉이 다윗에게 여행용 식량(쩨다, *ṣēdāh*, 개역개정에는 "식물", 10절)을 주었다고 했는데 사울은 그것을 "떡"(레헴, *leḥem*)으로 바꾸어 칭했고, 도엑은 아히멜렉이 다윗에게 골리앗의 칼을 주었다고 구체적으로 언급했음에도 사울은 그것을 간단히 "칼"이라고만 말한다. 이것은 사울의 관심이 아히멜렉과 다윗의 반역적 공모에 있음을 보여 준다. 그리고 이 반역적 공모를 결정적으로 증명하는 것이 아히멜렉이 다윗을 위해 '예언'해 준 행위다. 이 때문일까? 사울은 "여호와께 묻는 행위"에 큰 관심을 보인다. 도엑은 "아히멜렉이 그를 위하여 여호와께 묻고"라고 간단하게 말했음에도 사울은 그것을 다음과 같이 확장한다. "그를 위하여 하나님에게 물어서 그에게 오늘이라도 매복하였다가 나를 치게 하려 하였느냐." 즉 사울은 아히멜렉의 신탁이 매복 공격을 돕는 목적이었

다고 단정하여 첨가한 것이다. 이처럼 "여호와께 묻는 행위"에 집착하는 이유는 사울이 계시에 목말랐기 때문이다. 사무엘과 결별한 후 사울은 하나님의 음성을 들을 수 없었다. 엘리 가문의 제사장인 아히야와 에봇을 통해 물어 보았지만 에봇도 응답하지 않았다. 그런데 제사장이 다윗을 위해 신탁을 얻어 주었다는 사실은 사울의 마음을 괴롭게 했다. 더구나 제사장은 왕을 위해 신탁을 구해 주는 사람이다. 따라서 도망자에 불과한 다윗을 위해 제사장이 신탁을 구해 주었다는 사실은 사울을 더욱 미치게 만들었을 것이다.

사울의 추궁에 대한 아히멜렉의 대답은 모호하다. "다윗은 모든 신하 중에서 가장 충실한 자이고, 왕의 사위이며, 동시에 왕의 핵심 신하들 중에서도 우두머리이며, 왕실에서 존중받는 자가 아닙니까"(14절). 이것은 아히멜렉이 자신을 변호하는 말인가, 아니면 다윗을 변호하는 말인가? 피상적으로 보면 전자라고 생각하기 쉽다. 아히멜렉이 다윗을 도운 이유는 그를 사울의 충성된 신하라고 생각했기 때문이라는 것이다. 즉 자신은 속았을 뿐이라는 듯하다. 그러나 더 깊이 생각해 보면 아히멜렉은 자신이 아니라 다윗을 변호하고 있음을 알 수 있다. 만약 아히멜렉이 다윗에게 속았다고 생각했다면 그는 사울에게 자신을 직접적으로 변호했을 것이다. "저는 속았습니다. 다윗이 왕의 비밀 작전을 수행하는 줄 알았습니다." 그러나 아히멜렉은 자신이 속았다고 말하기는커녕 다윗의 덕을 사울 앞에서 늘어놓는다. '다윗은 최고의 충신이고, 왕의 사위이고, 최측근이며, 왕실 사람들도 다 그를 존경합니다!' 이와 같은 아히멜렉의 대답은 자신이 다윗을 의도적으로 도왔다는 사실을 암묵적으로 인정하는 것이다. 그러나 그는 다윗을 위해 '하나님께 물어보았다'는 사실만은 강하게 부정한다. "내가 그를 위하여 하나님께 물은 것이 오늘이 처음이니이까"(15절)라는 개역개정역은 문맥상 오역이다. 이것은 다음과 같이 번역되어야 한다. "나는 다윗을 위해 한 번도 하나님께 여쭌 적이 없습니다. 그런데 왜 그때 안 하던 일을 하겠습니까." 아히멜렉은 제사장이 왕을 위해서만 신탁을 받는 자임을 암시하는 것 같다. 다윗의 도주를 도왔음을 간접적으로 인정하면서도 그는 다윗에게 신탁을 받아 주었다는 사실, 그것도 왕에 대한 공격을 허락하는 신탁을 주었다는 것만은 강하게 부정한다. 그리고 자신과 자신의 "아비의 집"에 원한을 가지지 말라고 요청한다.

아히멜렉은 왕이 말한 신탁에 대해서는 "크고 작은 일에 관하여," 즉 큰일이든 작은 일이든 아는 바가 없다고 주장한다. 이 표현은 요나단과 다윗의 대화 가운데에서도 사용되었다. 사무엘상 20장 2절에서 요나단은 사울 왕이 "크고 작은 일을", 즉 큰일이든 작은 일이든 자기에게 알리지 아니한 채 실행하는 일은 없다고 다윗에게 말한다. 20장에서 이렇게 다윗을 변호한 요나단이 사울의 창에 맞을 뻔했던 것처럼 본 단락에서 다윗을 변호한 아히멜렉도 조만간 비슷한 운명에 처해진다.

놉 제사장들을 학살함 22:16-19

16 왕이 이르되 아히멜렉아 네가 반드시 죽을 것이요 너와 네 아비의
온 집도 그러하리라 하고 17 왕이 좌우의 호위병에게 이르되
돌아가서 여호와의 제사장들을 죽이라 그들도 다윗과 합력하였고
또 그들이 다윗이 도망한 것을 알고도 내게 알리지 아니하였음이니라
하나 왕의 신하들이 손을 들어 여호와의 제사장들 죽이기를
싫어한지라 18 왕이 도엑에게 이르되 너는 돌아가서 제사장들을
죽이라 하매 에돔 사람 도엑이 돌아가서 제사장들을 쳐서 그 날에
세마포 에봇 입은 자 팔십오 명을 죽였고 19 제사장들의 성읍 놉의
남녀와 아이들과 젖 먹는 자들과 소와 나귀와 양을 칼로 쳤더라

아히멜렉의 말이 끝나기가 무섭게 왕은 사형선고를 내린다(16절). 다윗을 위해 신탁을 구했다는 것은 강하게 부정했지만 도망가는 다윗에게 칼과 음식을 주었다는 것은 원칙적으로 부정하지 않았기 때문에 사형 선고는 예상된 것이다. 사울도 사형 선고의 이유를 "다윗이 도망한 것을 알고도 내게 고발치 아니하였음이라"고 밝힌다(17절). 사형 선고는

아히멜렉을 포함한 그의 온 가문에 내려졌다. 아히멜렉은 엘리의 증손자이므로 그의 가문에 대한 사울의 사형 선고는 엘리에 대한 저주 예언(2:27-36)을 성취하는 것이다.

사울 왕은 "네가 반드시 죽을 것이요"라고 선언한다(16절). 이 선언은 아히멜렉에게만 한 말이 아니다. 사무엘상 14장 44절에서 사울 왕은 금식 명령을 어긴 아들 요나단에게 "네가 반드시 죽으리라"라고 한 바 있다. 그런데 사형 선고를 들은 요나단은 그날 죽지 않았다. 사울의 신하들이 요나단을 죽이라는 사울의 명령에 따르지 않았기 때문이다. 본문에서도 사울이 자신을 향하여 서 있던 호위병들에게 "뒤돌아 제사장들을 죽이라"는[1] 명령을 내리지만(17절), 그들은 자기 손으로 여호와의 제사장을 죽이기 꺼려했다. 아히멜렉을 포함한 놉 제사장들의 운명도 앞서 말한 요나단의 경우와 같을 것인가? 그렇지 않았다. 그 이유는 도엑 때문이었다. 신하들이 제사장을 칼로 치는 것을 망설이자 사울은 에돔 사람 도엑에게 향하여 "너는 돌이켜 제사장을 죽이라"고 명령한다. "너"(아타, *'attāh*)가 강조되는 히브리어 원문에서 도엑("너")은 망설이는 사울의 신하들과 대조를 형성한다.

다윗과 공모하고 있다는 사울의 질타에 신하들("베냐민 사람들")이 아무 말도 못할 때 에돔 사람 도엑이 나서서 아히멜렉에 대한 일을 고했듯이, 사울의 신하들이 놉의 제사장들을 죽이기 주저하자 에돔 사람 도엑이 나서서 그 일을 수행한다. 정상적인 이스라엘인들이 할 수 없는 일을 "개" 같은 도엑이 한 것이다. 그는 제사장 85명—칠십인역은 305명으로 기록—을 찔러 죽였고 성읍 전체를 진멸하였다. 남자와 여자, 어른과 어린아이는 물론 가축까지 칼로 쳐 죽였다. 물론 도엑의 이 진멸 행위는 사울의 용인하에 이루어진 것이다. 사울은 아말렉은 아까워 진멸치 못했음에도 하나님의 성읍은 진멸해 버리는 어처구니없는 일을 저지른다. 이쯤 되면 '광기'라고 해도 과언이 아니다. 이 학살이 사울의 자멸적 광기에 대한 증거이지만 하나님은 그 광기를 사용해 자신의 구속사적 목적을 이루신다. 소년 사무엘에게 밤에 찾아와 하신 그 예언, 엘리 제사장의 멸망에 대한 예언이 악인 사울을 통해 성취되는 것이다.

놉 제사장의 학살을 통해 주목할 것은 제사장 아히멜렉의 영웅성이다. 다윗이 놉의 성소에 찾아가자 그는 다윗이 도망자 신세임을 알면서도 도움을 주었다. 자신은 망해 가는 제사장 가문의 후손이지만 하나님이 선택한 왕 다윗을 알아보고 도왔던 것이다. 도엑이 놉 제사장들의 동태를 살피고 있음을 알았지만 아히멜렉이 죽음을 각오하고 다윗을 도운 것은 다윗의 고난에 동참하는 것이다. 이것은 엄청난 용기이다. 놉 제사장 사건이 비록 엘리 가문에 대한 사필귀정이라 해도 아히멜렉과 같은 고귀한 인물이 사망 선고를 받은 엘리 가문의 후손 중의 하나였다는 사실은 비극적이다.

이 학살이 벌어진 시점도 문학적으로 의미 있다. 다윗이 선지자의 말씀을 따라 유다의 헤렛 수풀로 들어왔을 때(그 이전까지 다윗은 하나님께 묻고 이동한 적이 없었음), 엘리 가문에 대한 예언을 성취시키는 학살이 묘사된다. 이제부터 하나님이 말씀이 다윗의 인생에서 하나하나 성취될 것이다. 다윗이 왕으로 확증될 날도 점점 다가오고 있다.

다윗에게 도망하는 아비아달 22:20-23

20 아히둡의 아들 아히멜렉의 아들 중 하나가 피하였으니 그의
이름은 아비아달이라 그가 도망하여 다윗에게로 가서 21 사울이
여호와의 제사장들 죽인 일을 다윗에게 알리매 22 다윗이
아비아달에게 이르되 그 날에 에돔 사람 도엑이 거기 있기로 그가
반드시 사울에게 말할 줄 내가 알았노라 네 아버지 집의 모든 사람
죽은 것이 나의 탓이로다 23 두려워하지 말고 내게 있으라 내
생명을 찾는 자가 네 생명도 찾는 자니 네가 나와 함께 있으면
안전하리라 하니라

아히멜렉의 아들 중 한 명이 살육을 면했다. 그 과정은 분명하지 않지만 아마도 아히멜렉의 역할이 있었을 가능성이 높다. 이것은 그가 도망해 다윗에게로 간 사실을 통해 짐작할 수 있다. 소환 명령을 받은 아

히멜렉은 아들에게 다윗과의 인연을 설명하고 다윗에게 피하라고 지시했을 가능성이 있다. 그러나 동시에 그 아들의 생존은 엘리 가문에 대한 멸망 예언과도 관계가 있다. 사무엘상 2장 33절의 예언에 따르면 닥칠 죽음의 환란에서 한 사람이 생존할 것이다. 공교롭게도 놉 학살 사건에서 생존한 사람의 이름이 아비아달("나의 아버지는 나를 통해 생존할 것이다")이다. 아비아달이라는 이름은 그가 예언의 성취로 살아남은 마지막 엘리 가문의 제사장이 될 것임을 시사한다. 실제로 아비아달 이후 솔로몬 때부터는 사독 계열의 제사장이 왕정 제사장이 된다.

다윗에게 간 아비아달은 놉 사람들에게 발생한 일을 보고한다. 그러자 다윗은 새로운 사실을 고백한다. "그 날에 에돔 사람 도엑이 거기 있기로 그가 반드시 사울에게 말할 줄 내가 알았노라"(22절). 즉 놉을 방문했을 때 도엑이 그곳에 있었음을 알았다는 것이다. 21장을 해설할 때 아비멜렉과 다윗의 대화는 도엑을 염두에 두고 이루어졌다고 설명했지만 본문 자체는 다윗이 도엑의 존재를 알고 있었는지 분명히 밝히지 않았다. 그러나 여기서 독자들은 비로소 그 사실을 알게 된다. 다윗은 마치 사울의 비밀 작전을 수행 중인 것처럼 연극을 했었다. 혹시 다윗이 놉에 들렀다는 사실이 도엑을 통해 사울의 귀에 들어갈지라도 아히멜렉만은 죄를 면하리라 생각했기 때문이다. 그러나 이 계획은 실패한다. 도엑은 광기 어린 사울을 기쁘게 하기 위해 거짓말을 섞어 가며 아히멜렉을 고발했다. 이 때문에 다윗은 놉 제사장들이 살육당한 것을 자기의 탓으로 여긴다. 다윗의 많은 고난 중에 가장 가슴 아픈 순간일 것이다. 자신이 뭔데 자기 때문에 많은 고귀한 생명이 죽어야 하는가 생각이 들었을 것이다. 특히 아히멜렉의 용기 있는 희생을 보면서 자신이 어떤 군주가 되어야 하는지 깊이 생각했을 것이다.

그러나 다윗은 슬픔에 잠겨 있을 수 없었다. 그는 아비아달에게 "두려워 말고 내게 있으라"라며 생명을 다해 지켜 줄 것이라고 약속한다. 그 후 아비아달은 다윗을 위해 일하는 제사장이 된다. 그는 다윗을 위해 하나님의 뜻을 구해 줄 것이다. 사울은 놉의 제사장들을 몰살함으로써 다윗에게 에봇을 가진 제사장 한 명을 선사한 것이다.

질문

1. 아둘람 굴로 피난한 다윗에게 나타난 가장 큰 변화는 무엇입니까?
2. 다윗이 부모를 모압 왕에게 의탁하려고 한 이유는 무엇입니까?
3. 사울이 다윗과 함께 반역을 꾀했다며 신하들을 꾸짖을 때 "베냐민 사람"으로 칭한 의도는 무엇이라고 생각합니까?
4. 도엑이 거짓말로 첨가한 고발 내용은 무엇입니까? 왜 그 말을 지어 냈을까요?
5. 놉 제사장 학살이 사울의 소행이지만 하나님의 예언이 성취된 사건이라는 점에서 어떤 교훈을 줍니까?

묵상

도망을 다니던 다윗이 가장 힘들었던 순간은 자신 때문에 많은 목숨이 죽어야 했던 때라고 생각됩니다. 놉 제사장들이 학살당하자 다윗의 마음은 갈기갈기 찢겨져 나갔을 것입니다. 자신에 대한 하나님의 뜻을 신뢰한 제사장 아히멜렉이 사울 앞에서 목숨을 구걸하지 않고 다윗을 변호하다 죽어 갔다는 소식은 다윗에게 큰 도전이 되었을 것입니다. 그러나 다윗에게 주어진 이 시련은 하나님의 큰 그림 속에 모두 예정된 일이었습니다. 아히멜렉을 비롯한 놉 제사장들이 몰살당해도 하나님 나라 운동은 오히려 진보적으로 성취될 수 있습니다. 물론 다윗과 동시대의 사람들은 이 사실을 잘 이해하지 못했을 것입니다. 우리의 삶과 사역에서도 "하나님이 이렇게 하셔야 하는데……"라는 생각이 드는 순간들이 있습니다. 그리고 역사의 방향을 바로잡아 보려고 노력하기도 합니다. 그러나 하나님이 그렇게 하셨을 때에는 그분의 분명한 계획이 있습니다. 그리고 그분의 뜻을 물을 필요가 있습니다. 섣불리 우리의 선악 기준을 가지고 세상을 바꾸려 하다가는 하나님의 일을 그르치게 됩니다. 다윗은 놉 제사장의 일로 분개하기보다는 주어진 사명에 집중할 필요가 있었습니다. 희생이 헛되지 않도록 자신에게 주어진 4백 명을 돌볼 필요가 있었습니다. 우리 역시 바꿀 수 없는 상황을 바꾸려고 하기보다는 주어진 사명을 따라 작은 일들에 충성합시다.

24
그일라를 구원한 다윗

삼상 23:1-29

본 장은 사울에게 쫓기는 다윗의 일상을 보여 준다. 다윗은 헤렛 수풀에서 그일라로, 그일라에서 십 황무지로, 십 황무지에서 마온 황무지로, 마온 황무지에서 엔게디로 이동한다. 이동하는 곳마다 배신을 당하고 사울의 추격에 가슴 졸여야 했다. 그러나 이전과 달라진 점은 다윗이 움직일 때마다 하나님께 묻고 그때마다 하나님이 계시해 주신다는 것이다. 첩보 능력, 군사력, 식량 등 모든 면에서 사울에게 뒤지지만 다윗에게는 하나님의 인도함이 있었기 때문에 위기의 순간에도 사울의 손을 벗어날 수 있었다.

블레셋이 그일라를 공격함 23:1-2

1 사람들이 다윗에게 전하여 이르되 보소서 블레셋 사람이 그일라를
쳐서 그 타작 마당을 탈취하더이다 하니 2 이에 다윗이 여호와께
묻자와 이르되 내가 가서 이 블레셋 사람들을 치리이까 여호와께서
다윗에게 이르시되 가서 블레셋 사람들을 치고 그일라를
구원하라 하시니

사울이 놉의 제사장들과 성읍의 모든 생명들을 진멸한 지 얼마 되지 않아 블레셋이 그일라를 침략했다. 본 단락은 그 소식이 헤렛 수풀에 있던 다윗에게 전해지는 장면으로 시작한다. "사람들이 다윗에게 전하여 이르되……"(1절). 왜 이 소식이 다윗에게 전해져야 했는지 생각해 볼 필요가 있다. 이 소식은 사울 왕에게 전해져야 했다. 사울 왕의 임무는 블레셋의 손에서 이스라엘을 구원하는 것(9:16)이다. 그런데 그 소식이 다윗에게 전해졌다. 그일라는 유다와 블레셋의 국경 지역에 있는 마을로 여호수아 15장 44절에 따르면 유다 지파에 속한 성읍이다. 아직 왕은 아니지만 왕으로 기름 부음 받은 다윗은 유다 성읍에 대한 블레셋의 침략에 본능적으로 반응하여 블레셋을 공격해도 좋은지 여호와께 묻는다. 다윗이 무엇인가를 행하기 전에 여호와께 묻는 것은 이번이 처음이다. 제사장 아히멜렉을 찾아갈 때도, 블레셋의 아기스 왕을 찾아갈 때도 여호와께 묻지 않았던 다윗이 그일라를 침공한 블레셋을 공격할 때에는 여호와께 묻는다. 이것은 다윗이 아둘람 사건을 계기로 변하기 시작했음을 보여 주는 첫 증거이다. 아둘람 사건을 계기로 다윗은 이스라엘의 왕이 된다는 의미를

【타작마당】 타작마당은 성문 곁에 위치하며, 도시에서 가장 번화한 지역이다. 타작마당이라는 이름이 암시하듯 수확기에 이스라엘 사람들은 곡식 단을 이곳으로 가져와 타작을 했다. 이곳이 타작만이 아니라 축제의 장, 토론의 장, 물건 교환의 장으로도 활용되었다. 때로는 성문 곁에 장로들의 자리가 마련되었고 그곳에서 중요한 마을 일들이 결정되기도 했다. 블레셋 사람들이 그일라 성읍을 공격할 때, 타작마당을 주요 약탈 대상으로 삼은 것은 매우 당연하다. 그곳에는 곡식을 비롯한 각종 약탈거리가 있었기 때문이다.

새롭게 생각하게 되었다. 하나님의 나라와 통치에 대해 진중한 고민이 시작된 것이다. 망명 실패 후 유다 땅 아둘람 굴에 은신해 있던 다윗은 억압당하고, 가난하고, 마음에 원통한 자들이 모여 드는 것을 보고 하나님의 다스리심을 소망하기 시작했다. 자신의 왕 됨은 하나님의 통치를 위한 통로가 되어야 함을 깨달은 것이다. 이때부터 다윗은 하나님에게 묻는 습관이 생긴다. 갓 선지자의 명령을 따라 유다 땅 헤렛 수풀로 들어온 다윗은 헤렛 수풀에서 그일라로 이동하려 할 때 다시 하나님께 묻는다.

다윗이 여호와께 응답을 구한 방법은 자세히 나오지 않는다. 6절에 에봇이 언급되나 주목할 것은 에봇을 통한 응답이 예/아니오의 형태임에도 사무엘서 저자는 다윗이 하나님과 직접 대화하는 듯 묘사한다. 이것은 14장에 기록된 대로 에봇을 통해 하나님께서 사울에게 응답하지 않으셨다는 사실과 대조를 이룬다. 똑같은 엘리 가문의 제사장이 똑같은 에봇을 가지고 하나님의 뜻을 구하지만 하나님은 사울에게는 침묵하시고 다윗에게는 마치 대화하듯 응답하신다. 투쟁의 과정에서 도망자 다윗이 권력 실세인 사울 왕에 비해 늘 유리한 고지를 점한 이유는 다윗에게만 주어진 하나님의 계시였다. 에봇을 통한 계시에서 하나님은 다윗에게 그일라를 침략한 블레셋을 공격하라고 허락하신다(2절).

다윗이 그일라를 구원함 23:3-6

3 다윗의 사람들이 그에게 이르되 보소서 우리가 유다에 있기도
두렵거든 하물며 그일라에 가서 블레셋 사람들의 군대를 치는
일이리이까 한지라 4 다윗이 여호와께 다시 묻자온대 여호와께서
대답하여 이르시되 일어나 그일라로 내려가라 내가 블레셋
사람들을 네 손에 넘기리라 하신지라 5 다윗과 그의 사람들이
그일라로 가서 블레셋 사람들과 싸워 그들을 크게 쳐서 죽이고
그들의 가축을 끌어 오니라 다윗이 이와 같이 그일라 주민을
구원하니라 6 아히멜렉의 아들 아비아달이 그일라 다윗에게로
도망할 때에 손에 에봇을 가지고 내려왔더라

그일라를 구하라는 하나님의 응답이 있었지만 다윗의 부하들은 선뜻 순종하지 못한다. 그들은 다윗에게 "우리가 여기, 유다에 있어도 두렵거늘, 하물며 그일라로, 즉 블레셋 병사들이 진 친 곳으로 갈 때는 얼마나 더하겠습니까"라고 한다. 다윗은 이들의 '두려움'을 충분히 이해할 수 있었다. 분명 '두려움'은 불신앙의 증상이지만 그 두려움 때문에 블레셋으로 망명하려 했기에 다윗은 그들을 꾸짖을 수만은 없었다. 다윗은 어떻게 해야 할까? 믿음이 없다고 그들을 꾸짖는 것은 위선일 것이다. 그렇다고 두려움을 가진 병사들로는 블레셋과의 싸움에서 승리할 수 없다. 이때 다윗은 다시 하나님께 무릎을 꿇는다. 이전과는 확실히 달라진 모습이다. 자신의 기백과 용기, 지혜를 의지하는 것이 아니라 하나님께 묻는 지도자로서 훈련되고 있다. 사울의 실패는 하나님과의 대화 단절에서 비롯되었다. 하나님의 뜻을 구하지 않는 것이 사울 왕이 버림받은 이유이다. 하나님께서는 다윗을 왕으로 지명하신 후 다시는 사울과 같은 '후회'를 하지 않으실 것이다. 그래서 다윗을 훈련시키신다. 하나님께 묻는 사람이 되도록 여러 사건을 통해 훈련시키신다.

다윗이 여호와께 재차 묻자(4절) 하나님께서 다윗에게 큰 용기를 주신다. 그일라로 내려가라는 이전 명령을 재확인하시면서 "내가 블레셋 사람을 네 손에 붙이리라"고 말씀하신다. 다윗은 분명 사람들에게 하나님의 말씀을 전하며 독려했을 것이다. 그리고 다윗은 하나님의 약속을 믿는 사람들을 데리고 그일라로 내려가 블레셋 사람들을 크게 도륙하였다. 두려워하던 무리가 필승의 전사들로 변화된 까닭은 하나님의 약속에 대한 신뢰 때문이다. 다윗은 이 전쟁으로 그일라 거민들을 구원하고 약탈품들도 획득하였다(5절). 다윗은 사울 왕이 마땅히 해야 할 일을 대신 수행한 것이다. 그는 버림받은 왕 사울의 신하가 아니라 새롭게 지명된 왕으로서 그 일을 수행했다.

6절은 아비아달이 에봇을 가지고 다윗에게 도망 온 사건을 회상한다. 사울이 세마포 에봇을 입은 제사장 85명을 죽일 때, 아비아달은 아버지 대제사장의 에봇을 가지고 다윗에게로 망명했다. 이 회상 구절은 본 장에서 다윗이 하나님께 묻는 행위가 모두 '에봇'을 통해 이루어졌음을 암시한다. 이로써 사울에게는 없고 다윗에게 있는 두 가지가 모두 본문을 통해 언급되었다. 하나는 선지자이고 다른 하나는 에봇을 든 제사장이다. 하나님께서 사울의 동역자로 주셨던 사무엘은 사울을 버렸고 놉의 제사장들은 모두 사울의 명령으로 살해된 반면, 다윗에게는 선지자 갓이 하나님의 뜻을 알려 주며 아비아달이 에봇을 들고 각종 제의와 신탁 업무를 수행한다. 즉 신정 통치에 필요한 세 요소가 모두 다윗에게 있는 것이다. 이제 백성과 땅이 다윗에게 넘어오는 것은 시간문제다.

6절의 "그일라" 언급은 난해하다. 아비아달이 망명했을 때 다윗은 유다 땅 헤렛 수풀에 있었기 때문이다(22:20 참조). 많은 학자들은 "그일라"가 후대에 삽입된 것으로 원문에는 없었을 것으로 추정한다.

다윗이 그일라에 있다는 소식을 들은 사울 23:7-8

7 다윗이 그일라에 온 것을 어떤 사람이 사울에게 알리매 사울이
이르되 하나님이 그를 내 손에 넘기셨도다 그가 문과 문 빗장이 있는
성읍에 들어갔으니 갇혔도다 8 사울이 모든 백성을 군사로 불러
모으고 그일라로 내려가서 다윗과 그의 사람들을 에워싸려 하더니

계시의 통로를 잃어버린 사울은 전국 각지에 심어 놓은 첩보원의 활동으로 그것을 보충하려 했다. 그 첩보원 중 하나("어떤 사람", 7절)가 다윗이 그일라에 있다는 사실을 보고한다. 재미있게도 사무엘상 저자는 블레셋 사람들이 그일라를 약탈했다는 보고가 사울에게 들어갔는지에 대해서 침묵한다. 사울이 그일라의 약탈 소식을 들었다면 왜 그곳에 군대를 보내지 않았을까? 사울이 왕의 기본적인 직무에도 소홀했음을 보여 준다.

여하튼 다윗이 그일라에 있다는 첩보를 입수한 사울은 "하나님이 그를 내 손에 넘기셨도다"라고 착각한다(7절). 이 말이 독백인지 아니면 신하들에게 한 말인지는 확실하지 않다. 만약 독백이라면 사울

은 어떤 상황에서도 하나님을 자기편으로 만드는 재주가 있는 사람이다. 선지자와 결별했고, 제사장을 죽였고, 왕의 기본적인 직무를 소홀히 했음에도 여전히 하나님이 자기편이라고 생각하는 '배짱'을 가졌다. 이것은 자기기만이다.

"그[다윗]를 내 손에 넘기셨다"는 말은 다윗이 독 안에 든 쥐라는 뜻이다. 그를 잡는 것은 이제 시간문제다. 왜냐하면 그일라는 사방이 성벽으로 둘러쳐진 요새("문과 문 빗장이 있는 성읍", 7절)이기 때문이다. 요새는 제한된 수의 성문을 통해서만 출입이 가능하다. 따라서 성을 포위하고 성문을 지키면 아무도 빠져나올 수 없다. 그러나 벽이 없는 성읍은 사방이 출구가 되기 때문에 포위를 해도 사람들이 자유롭게 왕래할 수 있다. 사울은 다윗이 "문과 문 빗장이 있는" 그일라로 들어갔으니 절대로 빠져나올 수 없다고 생각한 것이다. 그리고 군사를 모으고 다윗과 그의 부하들이 있는 그일라를 포위하려 한다. 역설적인 것은 블레셋의 손에서 이스라엘을 구원하도록 부름 받은 사울 왕이 블레셋으로부터 그일라를 구한 다윗을 죽이려 한다는 것이다. 사울은 하나님께서 주신 사명을 포기할 뿐 아니라 같은 사명을 위해 일하는 동역자까지 방해하는 사람이 되었다.

다윗이 에봇을 통해 하나님의 뜻을 구함 23:9-12

9 다윗은 사울이 자기를 해하려 하는 음모를 알고 제사장 아비아달에게
이르되 에봇을 이리로 가져오라 하고 10 다윗이 이르되 이스라엘
하나님 여호와여 사울이 나 때문에 이 성읍을 멸하려고 그일라로
내려오기를 꾀한다 함을 주의 종이 분명히 들었나이다 11 그일라
사람들이 나를 그의 손에 넘기겠나이까 주의 종이 들은 대로 사울이
내려오겠나이까 이스라엘의 하나님 여호와여 원하건대 주의 종에게
일러 주옵소서 하니 여호와께서 이르시되 그가 내려오리라 하신지라
12 다윗이 이르되 그일라 사람들이 나와 내 사람들을 사울의 손에
넘기겠나이까 하니 여호와께서 이르시되 그들이 너를 넘기리라 하신지라

다윗이 그일라에 있을 때에 사울이 성을 포위했다면 다윗은 사울의 손에 생포되었을 것이다. 그러나 다윗은 사울이 그일라를 포위할 것이라는 사실을 미리 "알았다". 9절은 다윗이 그것을 어떻게 알았는지는 말해 주지 않지만 다윗이 하나님께 물으면서 사울이 그일라로 온다는 소식을 "주의 종이 분명히 들었나이다"라고 말한 것으로 보아 (하나님이 아닌) 누군가가 다윗에게 정보를 준 것 같다. 사울은 첩보를 근거로 행동하지만 다윗은 첩보만을 근거로 행동하지 않는다. 그는 즉시 제사장 아비아달에게 에봇을 가져오게 한 후 두 가지 질문을 한다. 하나는 그일라의 시민들이 다윗을 사울의 손에 넘겨줄 것인가, 또 하나는 사울이 정말 그일라를 포위하기 위해 내려올 것인가이다. 논리적으로 우선하는 두 번째 질문의 답이 먼저 11절에 주어진다. "그가 내려오리라." 그리고 12절에서 첫 번째 질문이 반복된다. 그때 하나님이 주신 대답은 "그들이 너를 넘기리라"이다.

이 장면은 군사적 열세인 다윗이 어떻게 성공적으로 사울의 추격을 따돌리며 생존했는지 보여 주는 대표적인 장면이다. 사울은 첩보에 의존했지만, 다윗은 첩보보다 하나님의 인도하심을 더욱 의존했다. 그러니 다윗이 사울에게 패배할 이유가 없다.

인간적으로 볼 때 그일라 사람들은 자신들을 도와준 다윗을 선대해야 할 것이다. 그들도 다윗에게 고마운 마음이 있었을 것이다. 다윗도 그들에게 신의를 기대했을지 모른다. 그러나 사울이 그일라를 포위하면 시민들이 어떻게 행동할지는 아무도 모른다. 사울이 놉 제사장과 주민들에게 행한 일을 알았던 그일라 사람들은 다윗과 그의 부하들 때문에 성 전체가 멸절당하는 것을 원치 않았을 것이다. 그들이 무거운 마음으로 다윗을 사울에게 넘겨주는 모습은 충분이 예상 가능하다. 그일라 사람들이 다윗과 그의 부하들을 사울에게 넘겨준다는 신탁에 다윗의 마음은 어떠했을까? 목숨 걸고 구해 준 사람들이 자신을 배반한다면 기분이 어떨까?

그러나 이것도 다윗이 받은 통치 수업의 일부였다. 그일라 사람들도 다윗이 다스려야 할 백성이 아닌가? 하나님께서 맡기신 백성이 아닌가? 이 경험을 통해 다윗은 자신이 다스릴 사람들이 어떤지 배웠을 것이다. 그들 중 상당수는 나와 내 가족을 살리기 위해서라면 은인도 배신할 수 있는 연약한 소시민들이었다. 그일라 사건은 다윗에게 백성들의 소시민적인 번뇌를 이해하고 그들에게 하나님의 통치를 보여주기 위해서 무엇을 해야하는지 고민하는 계기가 되었을 것이다.

그일라를 떠나 광야에 유한 다윗 23:13-14

13 다윗과 그의 사람 육백 명 가량이 일어나 그일라를 떠나서 갈 수
있는 곳으로 갔더니 다윗이 그일라에서 피한 것을 어떤 사람이
사울에게 말하매 사울이 가기를 그치니라 14 다윗이 광야의
요새에도 있었고 또 십 광야 산골에도 머물렀으므로 사울이 매일
찾되 하나님이 그를 그의 손에 넘기지 아니하시니라

다윗은 그일라 성을 떠나기로 결심한다. 사울이 그일라로 내려온다는 사실을 알았으므로 사람들을 위험에 빠뜨리거나 어려운 결정을 강요할 이유가 없었던 것이다. 그일라를 나올 때 다윗의 군대는 6백 명이었다. 아둘람에서 모여든 4백 명에서 2백 명이나 늘어난 숫자이다. 그일라를 떠나 그들은 "갈 수 있는 곳으로 갔다". 특정한 목적지 없이 여기저기 방랑했다는 의미이다. 한편 다윗이 그일라에서 떠났다는 첩보를 입수한 사울은 그일라 포위 계획을 중단한다.

그일라에서 나온 다윗이 머문 곳으로 언급된 "광야의 요새"와 "십 광야 산골"(14절)은 동일한 장소다. "요새"는 벽으로 둘러친 인공 성채를 연상시키지만 사막 즉 황무지에 있는 "요새"는 인공적 요새가 아니라 자연적 요새일 가능성이 있다. 즉 유대 광야에서 쉽게 발견되는 거대한 바위산들이다. 따라서 "십 광야 산골"은 광야의 요새를 좀더 구체화한 표현일 뿐이다. 한편 "십 광야"는 헤브론에서 남동쪽으로 8킬로미터 지점에 위치한 유다 지파 영토이며, 다윗이 블레셋과 싸웠던 그일라로부터는 남동쪽으로 15킬로미터 지점에 위치한다.

다윗이 십 광야의 바위산들에 숨어 있다는 첩보를 입수한 사울은 매일같이 그곳을 수색한다(14절). 도보로 십 광야의 바위산들을 뒤져 다윗의 무리를 찾는 것은 거의 불가능하다. 그러나 사울은 다윗을 잡아야 한다는 집착 때문에 매일 그곳을 수색한다. 재미있게도 사무엘서 저자는 "하나님이 그를 손에 붙이지 아니하니라"라고 한다. 인간적으로 생각하면 십 광야의 바위산들을 다 뒤져 다윗을 찾는 것이 어려운 작업이기 때문에 다윗이 사울의 군대를 따돌릴 충분한 기회가

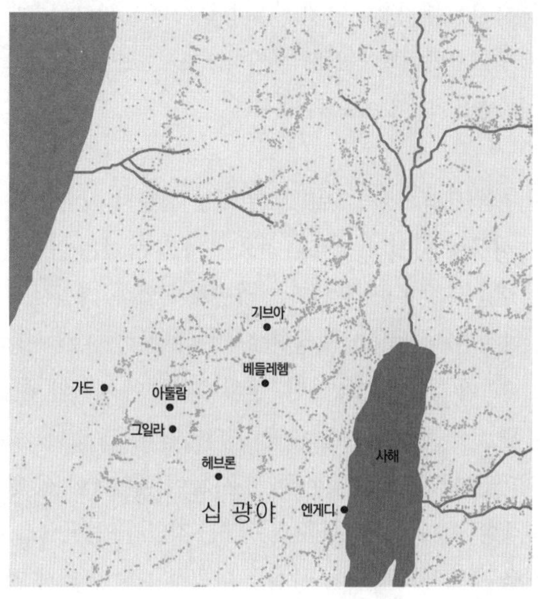

【그일라, 십 광야 등의 위치】

있었을 테지만, 사무엘서 저자는 그 이유를 하나님의 의지에서 찾고 있다. 하나님이 다윗을 넘기실 의향이 없으신 것이다. 다윗의 미래와 사울의 미래는 이미 신학적으로 정해져 있다. 그러나 이런 하나님의 섭리가 인간들의 책임과 충돌하는 것은 아니다. 여하튼 다윗이 그일라에 있다는 소식을 듣고 "하나님이 다윗을 내[사울의] 손에 넘기셨구나"라는 생각했으니 큰 착각이었음이 분명하다. 사울은 이번뿐 아니라 여러 번 자기기만에 빠진 모습을 보인다.

요나단이 다윗을 위로함 23:15-18

15 다윗이 사울이 자기의 생명을 빼앗으려고 나온 것을 보았으므로
그가 십 광야 수풀에 있었더니 16 사울의 아들 요나단이 일어나
수풀에 들어가서 다윗에게 이르러 그에게 하나님을 힘 있게
의지하게 하였는데 17 곧 요나단이 그에게 이르기를 두려워하지 말라
내 아버지 사울의 손이 네게 미치지 못할 것이요 너는 이스라엘 왕이
되고 나는 네 다음이 될 것을 내 아버지 사울도 안다 하니라
18 두 사람이 여호와 앞에서 언약하고 다윗은 수풀에 머물고
요나단은 자기 집으로 돌아가니라

15절 전반부의 개역개정역 "보았으므로"는 원문의 의미와 다르다. 원문을 보면 사울이 다윗의 생명을 찾으러 나온 사실은 다윗이 황무지 수풀에 있었던 사실(15절 후반부)과 인과관계가 없다. 다윗이 황무지 수풀에 있었다는 사실은 16절의 상황(요나단이 수풀로 찾아오는 상황)에 대한 배경으로 제시된 것이다. 그렇다면 "다윗이 사울이 자기의 생명을 빼앗으려고 나온 것을 보았다"는 말은 무슨 의미일까? "보았다"는 것이 '알았다'는 의미인가? 그렇다면 14절에서 사울이 매일같이 십 광야의 바위산을 수색할 때 다윗은 그것을 몰랐다는 것인가? 문맥으로 볼 때 사울이 자신을 추격하고 있다는 사실을 다윗이 몰랐을 리가 없다. 이런 이유 때문에 학자들은 "보았다"에 해당하는 히브리어 자음에 모음을 새롭게 찍어 "두려워했다"로 번역하기를 제안한다('*wyr*''를 '바야르'가 아니라 '바이라'로 읽음). 만약 다윗이 매일 계속되는 사울의 추격을 두려워했다면, 요나단이 다윗을 찾아와 "두려워 말라"(알 티라, *'al tiyrā'*, 17절)라고 말하는 장면이 자연스럽게 이해된다.

15절의 후반부("다윗이 십 광야 수풀에 있었다")는 분명 16절의 만남에 대한 배경이다. 즉 다윗이 수풀에 있을 때 요나단이 찾아온다. 16절의 개역개정역 "요나단이 수풀에 들어가서 다윗에게 이르러"는 마치 아무도 모르게 수풀 속에서 요나단과 다윗이 은밀한 만남을 가지는 것

으로 오해하게 만든다. 원문(바야콤 요나단 바엘렉 엘다비드 호르샤, *wayyāqom yônātān…wayyēlek 'el-dāwid ḥoršāh*)은 "요나단이 수풀에 있는 다윗에게 갔다"로 번역되어야 한다. 수풀은 다윗이 요나단과 만나기 위해 잠시 들른 곳이 아니라 다윗이 자신의 부하와 같이 진 치고 주둔한 장소다. "수풀"로 번역된 히브리어 '호르샤'(*ḥoršāh*)는 십 광야의 한 지역 이름일 가능성이 높다(ESV 참고). 또한 19절에서 십 사람들이 다윗이 숨어 있는 곳을 "수풀(호르샤) 요새"라고 말하는 것을 보면 호르샤가 지명임은 더욱 분명해진다. 왜냐하면 "수풀로 된 요새" 같은 것은 없기 때문이다.

요나단이 다윗을 방문한 목적은 16절 후반부에 기록되어 있다. "그로 하나님을 힘 있게 의지하게 하였다." 이 말도 원문의 의미를 잘 살리지 못한다. 원문(바야흐제크 엣-야도 벨로힘, *wayyāḥzeq 'et-yādô bē'lōhîm*)은 '요나단이 하나님[의 이름]으로 그의 손을 굳세게 하였다'로 직역될 수 있다. 즉 믿음 없는 다윗에게 하는 말이 아니라 어려움 가운데 있는 다윗을 격려하는 것이다. '손을 굳세게 하다'는 '격려하다', '힘을 주다'는 의미의 숙어이다. 그리고 다윗을 격려하며 요나단이 한 말은 17절에 기록되어 있다. "두려워하지 말라 내 아버지 사울의 손이 네게 미치지 못할 것이요 너는 이스라엘 왕이 되고 나는 네 다음이 될 것을 내 아버지 사울도 안다." 여기서 요나단은 두려워하지 말라고 말하면서 그 이유를 다음처럼 설명한다. 사울이 다윗을 죽이지 못할 것이고, 결국 다윗이 이스라엘의 왕이 될 것이다. 자신은 다윗을 섬기는 2인자의 자리에 만족할 것이다. 더욱 놀라운 것은 다윗이 왕이 될 것임을 사울도 알고 있다는 것이다. 요나단의 말이 사실이라면 사울도 마음 한구석에서는 다윗이 사무엘이 예언한 바로 그 사람("왕보다 나은 왕의 이웃")이라는 것을 인정한다는 말이다. 그러나 그런 하나님의 뜻을 애써 외면하고 자신이 하나님이 인정한 왕임을 주장하는 것이다. 일종의 자기기만이다. 사울의 이런 이중적 심리는 24장에서 더욱 분명히 나타난다. 요나단은 다윗이 궁극적으로 이스라엘의 왕이 될 것은 하나님의 정한 뜻이기 때문에 두려워할 필요가 없다고 말하며 다윗에게 힘을 주고 있다.

이처럼 두 사람은 여호와 앞에서 언약을 갱신했다. 그 후 다윗은 수풀(호레샤 지역)에 계속 주둔하고, 요나단은 자기 집으로 돌아갔다. 그러나 요나단은 이것이 다윗과의 마지막 만남이 될 것임을 알지 못했던 것 같다. 요나단은 다윗이 왕이 되는 것을 보지 못하고 죽는다. 새로운 왕국의 제2인자로서 다윗을 섬기려 했던 그의 소망도 함께 사라진다.

십 사람들의 첩보 23:19-23

19 그 때에 십 사람들이 기브아에 이르러 사울에게 나아와 이르되
다윗이 우리와 함께 광야 남쪽 하길라 산 수풀 요새에 숨지
아니하였나이까 20 그러하온즉 왕은 내려오시기를 원하시는 대로
내려오소서 그를 왕의 손에 넘길 것이 우리의 의무니이다 하니
21 사울이 이르되 너희가 나를 긍휼히 여겼으니 여호와께 복 받기를
원하노라 22 어떤 사람이 내게 말하기를 그는 심히 지혜롭게
행동한다 하나니 너희는 가서 더 자세히 살펴서 그가 어디에
숨었으며 누가 거기서 그를 보았는지 알아보고 23 그가 숨어 있는
모든 곳을 정탐하고 실상을 내게 보고하라 내가 너희와 함께 가리니
그가 이 땅에 있으면 유다 몇천 명 중에서라도 그를 찾아내리라 하더라

"십 사람들"이라는 표현(19절)은 십 사람 전체도, 그 대표단도 아니다. 히브리어 원문은 "몇몇 십 사람들"이라는 의미다(알터, 144쪽). 이들이 다윗을 배반하려는 이유는 보상 욕심 때문일 수도 있다. 혹은 나중에라도 다윗이 십 광야에 은신했다는 사실을 사울이 알게 되면 사울에게 보복당할 것이 두려워서일 수도 있다. 사울이 놉 성읍을 몰살한 소문은 이스라엘 전역에 이미 퍼졌다.

십 사람들은 다윗의 위치를 비교적 정확히 말해 준다. "다윗이 우리와 함께 광야 남편 하길라 산 수풀 요새에 숨지 아니하였나이까"(19절). 개역개정이 "수풀"로 번역한 호르샤가 실은 고유명사일 가능성이 높은 것처럼, "광야"로 번역한 '예쉬몬'(*yəšîmôn*)도 고유명사일 가능성이 높다. 일부 학자들은 예쉬몬에 정관사(하, *ha*)가 붙는다는 이유

로 "광야"로 번역하지만 사무엘의 고향 "라마"에도 정관사가 붙는다는 사실을 기억하면 지명 예쉬몬에 정관사가 붙었을 가능성도 충분하다. 만약 십 사람들이 다윗의 위치를 정확히 알려 주려 했다면 "광야"나 "수풀" 같은 불특정한 말보다는 "예쉬몬"이나 "호르샤" 같은 특정 지명을 사용했을 가능성이 높다.

십 사람들은 다윗의 위치를 알려주는 데서 끝나지 않고 왕이 내려오기만 한다면 언제든지 다윗을 왕께 직접 인도하겠다고 약속한다(20절). 그러자 이례적으로 그들을 칭찬한 사울(21절)은 그들의 첩보에 좀더 정확성을 요구한다. 그 이유는 또 다른 첩보 때문이다. 그 첩보에 따르면(22절의 "혹이 내게 말하기를") 다윗은 "심히 지혜롭게" 행동한다는 것이다. 그일라 사건을 경험한 사울은 선불리 군대를 움직이기 꺼린다. 다윗이 그일라에 있다는 소식을 듣고 사울이 군대를 소집하는 순간 다윗은 그곳을 이미 빠져나갔다. 이 때문에 사울은 좀더 정확한 첩보를 요구한다. "너희는 가서 더 자세히 살펴서 그가 어디에 숨었으며 누가 거기서 그를 보았는지 알아보고 그가 숨어 있는 모든 곳을 정탐하고 실상을 내게 보고하라"(22-23절). "그가 어디에 숨었으며"로 번역된 히브리어 문장(엣-므코모 아쉐르 티히예 라글로, *'et-məqômô 'ăšer tihyeh raglô*)을 직역하면 "그의 발자국이 어디에 있으며"라는 의미다. 이것은 추격자의 관점이 반영된 표현이다. 추격자의 관점에서 도망자에 대한 단서는 그가 남긴 발자국이다. "실상"이라는 말(엘 나콘, *'el-nākôn*)은 "확실한 정보"를 지칭한다. 그리고 "알아보다"와 "정탐하다"는 모두 같은 히브리어 표현(르우 우드우, *rə'û ûdə'û*)을 번역한 것으로 눈으로 직접 확인한 지식을 지칭한다. 사울은 소문이 아니라 발로 뛰어 얻은 확실한 정보를 요구하는 것이다. 그렇게 확실한 정보를 가져와야 사울은 기브아에서 유다 광야로 내려갈 것이다. 그리고 유다의 모든 족속들(개역개정에는 "유다의 천천인")을 뒤져서라도 다윗을 찾아낼 것이라고 다짐한다. "유다의 천천인"이라고 번역된 히브리어 원문 '알르페이 예후다'(*'alpēy yəhûdāh*)는 유다의 지파들로 의역될 수 있다. 알르페이는 숫자 '1천'뿐 아니라 군대 단위나 지파 내의 족속들을 지칭할 수도 있다.

사울의 군대에 협공당하는 다윗 23:24-29

24 그들이 일어나 사울보다 먼저 십으로 가니라 다윗과 그의
사람들이 광야 남쪽 마온 광야 아라바에 있더니 25 사울과 그의
사람들이 찾으러 온 것을 어떤 사람이 다윗에게 아뢰매 이에 다윗이
바위로 내려가 마온 황무지에 있더니 사울이 듣고 마온 황무지로
다윗을 따라가서는 26 사울이 산 이쪽으로 가매 다윗과 그의
사람들은 산 저쪽으로 가며 다윗이 사울을 두려워하여 급히 피하려
하였으니 이는 사울과 그의 사람들이 다윗과 그의 사람들을
에워싸고 잡으려 함이었더라 27 전령이 사울에게 와서 이르되
급히 오소서 블레셋 사람들이 땅을 침노하나이다 28 이에 사울이
다윗 뒤쫓기를 그치고 돌아와 블레셋 사람들을 치러 갔으므로
그 곳을 셀라하마느곳이라 칭하니라 29 다윗이 거기서 올라가서
엔게디 요새에 머무니라

24-25절에서 개역개정역이 들려주는 상황은 조금 혼란스럽다. 24-25절에 따르면 다윗은 "마온 광야 아라바"(24절)에 있다가 사울의 추격 소식을 듣고 "마온 황무지"(25절)로 내려온 것이다. 그러나 개역개정역에서 "광야 남쪽 마온 광야 아라바"(24절)로 번역된 히브리어 원문(베미드바르 마온 바아라바 엘 예민 하예쉬몬, *midbar mā'ôn ba'ărābāh 'el-yəmîn hayəšîmôn*)은 "예쉬몬 남쪽, 황무지 지역인 마온 광야"("in the wilderness of Maon, in the Arabah to the south of Jeshimon", ESV, 츠무라 561쪽)로 번역되어야 한다. 그리고 25절의 "마온 황무지"와 24절의 "마온 광야"는 같은 곳을 가리킨다. 이 둘은 같은 히브리어(미드바르 마온, *midbar mā'ôn*)의 다른 번역이다. 따라서 다윗이 마온 광야에 있다가 사울이 추격한다는 소식을 듣고 다시 마온 광야로 갔다는 취지의 개역개정 번역은 혼란스럽다. 이 혼란은 다분히 오역에 근거한다. 원문에 맞춘 번역은 다음과 같다.

그들이 일어나 사울보다 먼저 십으로 갔다 (한편 다윗과 그의 부하들은 예쉬몬 남쪽 황무지 지역인 마온 광야에 있었다) 그리고 사울과 그의 부하들도 [다윗을] 찾으러 [십으로] 갔다 이 소식이 다윗에게 알려지자, 다윗은 바위 산(하셀라)으로 내려가 마온 광야에 머물렀다 사울도 그 소식을 듣고 다윗을 쫓아 마온 광야로 갔다.

십 주민들을 자기 마을로 먼저 돌려보낸 사울은 이후에 십으로 이동한다. 며칠 걸릴지 모르는 원정을 위해 준비 시간이 필요했던 것 같다. 십 사람들이 사울을 방문해 제공한 정보에 따르면 다윗은 십 지역의 일부인 "예쉬몬 남쪽 하길라 산, 호르샤 요새"(19절 해설 참조)에 있었다(26:1-2 참조). 그러나 사울과 그의 부하들이 그곳에 도착했을 때는 그 소식이 다윗에게 전해져 예쉬몬 남쪽, 황무지 지역인 마온 광야, 그 중에서도 바위 산(하셀라)으로 이동한 상태다(25절). '바위 산'은 마온 광야에 있는 지형물로 은신하기에 안성맞춤인 곳이었다. 사울이 쫓아온다

【하사손다말(=엔게디)】 역대하 20:2에 따르면, 엔게디는 하사손다말("야자나무의 하사손")로도 불린다. 험한 지형과 풍부한 먹을거리 때문에 이곳은 광야로 피난한 사람들에게 이상적인 피난처가 되었다. 아브라함 시대에는 엘람 왕 그돌라오메르에 의해 정복되었었다(창 14:7). 이후 여호수아가 이 지역을 정복하고 유다 지파에게 할당하였다(수 15:62). 아가 1:14에 따르면, 엔게디는 포도원과 고급 향장 재료인 고벨화로도 유명하였다.

【사무엘상 23장과 시편 27편】 사무엘상 23장은 다윗이 헤렛 수풀(야아르 헤렛, *ya'ar ḥeret*)에서 그일라로, 그일라에서 십 황무지로, 십 황무지에서 마온 황무지로, 마온 황무지에서 엔게디로 이동하는 모습을 보여 준다. 다윗은 이동하는 곳마다 그곳 사람들에게 배신당하고, 사울의 집요한 추격에 가슴을 졸여야 했다. 다윗에게는 매우 힘든 순간들이었다. 그러나 위기의 순간마다 하나님은 계시로, 혹은 블레셋을 보내어 사울의 손에 잡히지 않도록 하셨다. 다윗은 위기의 순간마다 하나님이 누구이신지 깊게 묵상했다. 이것을 잘 알려 주는 것이 시편 27편이다. 다윗이 사울에 대한 두려움이 가장 컸을 때 만든 노래라는 데 많은 학자들이 동의한다.

"여호와는 나의 빛이요 나의 구원이시니 내가 누구를 두려워하리요. 여호와는 내 생명의 능력이시니 내가 누구를 무서워하리요. 나의 대적, 나의 원수된 행악자가 내 살을 먹으려고 내게로 왔다가 실족하여 넘어졌도다. 군대가 나를 대적하여 진 칠지라도 내 마음이 두렵지 아니하며 전쟁이 일어나 나를 치려 할지라도 내가 오히려 안연하리로다. 내가 여호와께 청하였던 것 한 가지 일 곧 그것을 구하리니 곧 나로 내 생전에 여호와의 집에 거하여 여호와의 아름다움을 앙망하며 그 전에서 사모하게 하실 것이라"(시편 27:1-4).

다윗이 가장 큰 두려움 가운데 있을 때 지은 이 시편은 '하나님이 누구이신가'를 노래한다. 다윗은 사울에 대한 두려움이 엄습하면 할수록 그의 눈을 하나님께로 돌렸던 것 같다. 하나님을 새롭게 깨달을수록 사울에 대한 두려움은 극복되어 갔다. 삶과 죽음의 기로에 있던 다윗의 소원은 "여호와의 아름다움"을 앙망하는 것이었다. 다윗은 자신을 부르신 하나님이 어떤 분이신지에 새로운 고백과 깨달음을 통해 죽음과 같은 시간들을 이겨 왔던 것이다.

【엔게디의 오아시스】

【엔게디에서 흔히 볼 수 있는 굴. 다윗도 이런 곳에 은신했을 것이다】

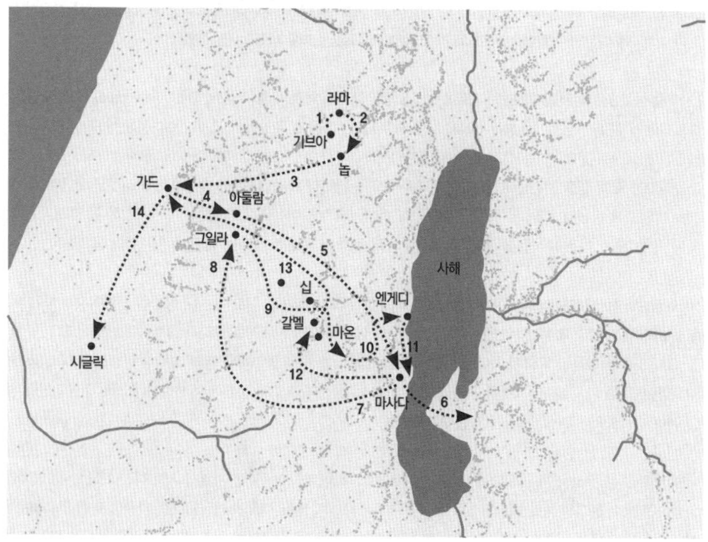

【다윗의 도망 경로 순서】

는 소식에 다윗은 가장 은신하기 좋은 곳을 고른 것이다. 사람들은 다윗의 새로운 은신처를 사울에게 알렸고(25절), 사울은 십 광야의 호르샤에서 남쪽으로 약 5킬로미터 떨어진 마온 광야로 다윗을 추격한다.[1]

26절부터는 마온 광야의 바위 산을 두고 다윗이 사울의 협공에 몰리는 장면이다. 사울은 다윗이 바위 산 건너편에 있음을 직감하고 군대를 두 부대로 나누어, 하나는 산의 이쪽으로 다른 하나는 다른 쪽으로 보내 협공해 들어가려 하였다. 다윗에게는 절체절명의 위기이다. 다윗은 두려움에 잡혀 허겁지겁 피하려 하였지만 마땅한 방법이 없다. 사울과 그의 부하들이 다윗을 체포하기 일보 직전이다.

그러나 그때 예기치 않은 일이 발생한다. 익명의 전령이 나타나 사울에게 "블레셋 사람이 이스라엘 땅을 침략했다"고 알린 것이다. 이 때문에 사울은 블레셋 사람과 전쟁하기 위해 다윗에 대한 추격을 멈춘다. 이것은 분명 하나님의 도우심이다. 또한 이것은 사울이 자신의 본분(블레셋 문제 해결)에 써야 될 시간을 다윗(블레셋을 무찌른 장수)을 추격하는 일에 낭비하고 있음을 간접적으로 비판한다. 마온 광야에서 사울의 군대에 거의 잡힐 뻔한 다윗은 마지막 순간에 하나님의 도우심으로 벗어났다. 이 사건을 기념하기 위해 그곳을 셀라하마느곳이라고 명했는데(28절) "분대—다윗을 협공하던 사울의 두 부대—의 바위 산" 혹은 "민둥 바위 산"이라는 의미이다.

사울의 추격을 가까스로 벗어난 다윗은 엔게디 요새로 이동하여 그곳에 진을 친다(29절). 엔게디는 사해가 내려다보이는 바위산들 사이에 위치한다. 그곳은 사울의 기브아로부터 멀리 떨어졌을 뿐 아니라 높은 바위 지형으로 군대의 진입이 어려운 곳이다. 더구나 엔게디는 오아시스였기 때문에 물과 식물도 쉽게 구할 수 있었다.

질문

1. 블레셋이 그일라를 공격했다는 소문을 들은 다윗이 하나님의 응답을 받고 그일라를 구하는 군사 작전을 계획했을 때 부하들은 두려움 때문에 반대했습니다. 다윗은 이 위기를 어떻게 극복했습니까?
2. 다윗은 그일라 주민들이 자신을 사울의 손에 넘길 것이라는 신탁을 받습니다. 다윗은 어떤 심정이었을까요? 도움을 준 사람들로부터 배신을 당하는 기분은 어떠할까요? 그리고 이 경험이 다윗에게 어떤 교훈을 주었을까요?
3. 십 사람들이 사울에게 다윗의 은신처를 알려 주려 한 이유는 무엇일까요?
4. 사울은 비교적 정확한 첩보를 가지고 다윗을 쫓았지만 결국 마지막 순간에 놓치고 맙니다. 우월한 첩보력, 군사력, 조직력을 가지고도 사울이 다윗을 잡지 못했던 이유는 무엇일까요?

묵상

본 장은 유다 땅에서 사울의 군대에 쫓기는 다윗의 일상을 보여 줍니다. 수시로 옮겨 가야 했고, 가는 곳마다 사람들의 배신에 직면해야 했습니다. 언제 잡힐지 모르는 위험한 순간이 계속되었습니다. 이 모든 것은 다윗을 훈련시키는 과정이었습니다. 왕에게 합당한 인격과 믿음을 갖추게 하기 위해 하나님은 다윗을 훈련하셨습니다. 그는 어려움 가운데 부단히 하나님의 뜻을 구하고 찾는 법을 배웁니다. 그분을 온전히 의존하고 그분의 인도하심에 순종하는 법을 배웁니다. 제자가 되는 것도 마찬가지입니다. 제자는 고난을 통해서 만들어집니다. 마가복음 9장 49절에서 주님은 "사람마다 불로써 소금 치듯 함을 받으리라"라고 말씀하시면서 제자들에게 소금이 되라고 말씀하십니다. 이 말씀은 불과 같은 시련과 연단을 겪은 사람이 짠맛을 내는 제자가 된다는 뜻입니다. 고난 중에 있다면 의미 없는 고난은 없다는 사실을 기억합시다. 그 고난을 통해 우리는 '소금 인간'이 되어 갑니다.

25
엔게디에서 사울을 살려 준 다윗

삼상 24:1-22

다윗에 대한 집착 때문에 사울은 왕으로서의 본분을 소홀히 하게 되었다. 그는 블레셋과 싸워야 할 3천 명의 정예 부대를 데리고 다윗을 찾아 유대 광야를 헤맨다. 엔게디 황무지에 다윗이 있다는 첩보를 입수하자 사울은 그곳으로 이동한다. 이동 도중 용변을 보기 위해 들어간 동굴에는 다윗과 그 부하들이 은신하고 있었다. 사울을 죽일 절호의 기회라며 종용하는 부하들을 외면한 다윗은 사울의 겉옷 자락만 자른 채 그를 살려 보낸다. 동굴 밖으로 나가는 사울을 멀리서 뒤좇은 다윗은 자신의 무죄를 주장한다. 사울은 다윗을 축복하며 다윗과 그의 가문을 핍박하지 않겠다고 약속한다. 이 사건은 다윗의 등극 과정 제2기에서 중요한 전환점이다. 쫓기던 다윗이 사울을 쫓는 입장이 되었고, 사울의 겉옷 자락을 잘라 가짐으로 다윗은 사울로부터 상징적으로나마 왕권을 넘겨받게 된다.

사울이 굴에 홀로 들어감 24:1-3

1 사울이 블레셋 사람을 쫓다가 돌아오매 어떤 사람이 그에게
말하여 이르되 보소서 다윗이 엔게디 광야에 있더이다 하니
2 사울이 온 이스라엘에서 택한 사람 삼천 명을 거느리고 다윗과
그의 사람들을 찾으러 들염소 바위로 갈새 3 길 가 양의 우리에
이른즉 굴이 있는지라 사울이 뒤를 보러 들어가니라 다윗과 그의
사람들이 그 굴 깊은 곳에 있더니

전 단락(23:24-29)에서 다윗은 사울의 협공 작전으로 위기에 처했다. 블레셋이 침략해 오지 않았다면 다윗은 분명 붙잡혔을 것이다. 본 단락은 블레셋과의 전투에서 돌아온 사울이 다윗을 다시 추격하는 장면이다. 사무엘서 저자는 블레셋과의 전투를 언급한 이후(23:28)에 그 결과에 대해서는 침묵한다. 그리고 다윗을 잡기 위해 엔게디의 들염소 바위로 이동하는 사울의 모습을 다시 묘사한다. 이로써 저자는 사울이 정말 집착하는 것이 무엇인지 간접적으로 비판한다. 사울은 블레셋의 손에서 이스라엘을 구원하는 일보다 다윗을 체포하는 일에 더 열을 올린다. 자신의 본분보다 왕의 자리를 유지하는 일에 열심이라는 것이다. 초심을 잃어버리고 가진 것을 놓지 않기 위해 광적으로 미쳐 가는 현대인의 모습이 사울의 모습 속에 비친다.

사울과 동행한 3천 명은 다윗의 부하 6백 명보다 다섯 배나 많은 수다. 더구나 정식 군사 훈련을 받지 못한 다윗의 부하들에 비해 그들은 정예 부대다. 다윗이 사울의 군대와 정면으로 부딪힌다면 승리할 확률이 없다. 3천 명의 정예 부대는 사무엘상 13장에서도 언급되었다. 사울은 블레셋과 싸우기 위해 3천 명의 군대를 거느리고 길갈에 갔지만 그곳에서 사무엘로부터 버림받았다. 그때 사무엘은 "왕의 나라가 길지 못할 것"이며 "여호와께서 그 마음에 맞는 사람을 구하여 그 백성

의 지도자를 삼으셨다"라고 예언했다. 또한 사무엘이 사울을 버리고 떠나자 사울의 정예 부대 3천 명은 6백 명까지 줄어든다. 만약 본 단락과 사무엘상 13장을 연결시켜 해석하도록 한다면, 그것은 사울의 군사적 우위만이 아니라 13장의 예언, 즉 사울의 통치가 길지 않을 것이며 여호와의 마음에 합한 사람이 사울을 대신해 왕이 될 것이라는 말씀(참조. 13:14)을 상기시킨다고 할 수 있다.

한편 3천 명의 정예 부대를 이끌고 사울이 간 곳은 엔게디다. 엔게디는 바위로 이루어진 지역이다. 높은 바위들 위에 굴이 이곳저곳 있어 피신하기에는 안성맞춤인 곳이다. "들염소 바위"는 그런 바위 중 하나다. '들염소'라는 말은 사사기 4장에서 적장을 장막으로 유인하여 정을 박아 죽인 여인 야엘을 상기시킨다. 야엘(*yāʿēl*)이라는 이름은 '들염소'라는 의미이다. 사울이 들염소 바위에 이르렀다는 언급은 사사기 4장의 야엘 사건이 본문에서 재현된다는 암시를 준다(보드너, 250쪽). 실제로 이후 이야기에서 사울은 가나안 장군 시스라가 야엘의 장막에 의심 없이 들어간 것처럼 다윗 군대가 은신하고 있는 굴로 의심 없이 들어간다.

3절은 사울이 굴에 들어간 이유를 "뒤를 보기 위해서"라고 설명한다. 히브리어 원문은 '발을 가린다'는 뜻인데 대변을 보기 위해 웅크리고 앉을 때 긴 의복이 그 발을 덮는 상황에서 유래한 표현이다. 사울은 그 굴에 다윗과 그 부하들이 숨어 있다는 사실을 눈치 채지 못한다. 문자 그대로 사울은 적들 앞에 자신을 적나라하게 '노출'시킨다.

【고대 이스라엘 사람들의 위생】 고대 이스라엘 사회에서 개인 위생은 원시적인 수준이었다. 쓰레기는 길거리에 쌓였고, 사람들은 비가 와서 쓸어 가거나, 동물들이 물어 가기만을 기다렸다. 철기 시대의 일부 도시—므깃도 혹은 게셀—에서는 도시 아래를 흐르는 상수도 시설이 있었지만 그런 도시에서도 집집마다 연결되는 하수도는 드물었다. 공동 저수지가 일반적인 상수원이었지만 이것은 오염되기 쉬웠다. 쓰레기, 오염된 물, 오염된 음식 등은 모두 비위생적인 환경을 만들었으며 이것은 잦은 전염병과 함께 높은 유아 치사율을 만든다. 대소변을 밖에서 보는 것은 일상이었고 전염병 전파가 쉬웠다. 일부 부유층과 왕족을 제외하면 뒷간이나 화장실이 있는 집이 없었다. 보통은 밤을 이용해 집 안에 설치된 마구간 짚 위에 변을 본다. 남자는 집 밖의 담에 소변을 보곤 했다. 이 때문에 '마슈틴 바키르'(*maštîn baqqîr*, 삼상 25:22, 34; 왕상 14:10) 즉 '벽에 소변 보는 자'라는 표현이 남자를 지칭하게 되었다.

다윗이 사울을 살려 줌 24:4-7

4 다윗의 사람들이 이르되 보소서 여호와께서 당신에게 이르시기를
내가 원수를 네 손에 넘기리니 네 생각에 좋은 대로 그에게 행하라
하시더니 이것이 그 날이니이다 하니 다윗이 일어나서 사울의 겉옷
자락을 가만히 베니라 5 그리 한 후에 사울의 옷자락 벰으로
말미암아 다윗의 마음이 찔려 6 자기 사람들에게 이르되 내가 손을
들어 여호와의 기름 부음을 받은 내 주를 치는 것은 여호와께서
금하시는 것이니 그는 여호와의 기름 부음을 받은 자가 됨이니라
하고 7 다윗이 이 말로 자기 사람들을 금하여 사울을 해하지 못하게
하니라 사울이 일어나 굴에서 나가 자기 길을 가니라

사울이 굴에 들어와 뒤를 보는 동안 굴 안에는 정적이 흘렀을 것이다. 이 정적을 깨고 다윗의 부하들이 입을 연다. "여호와께서 당신에게 이르시기를 내가 원수를 네 손에 넘기리니 네 생각에 좋은 대로 그에게 행하라 하시더니 이것이 그 날이니이다"(4절).

하나님의 예언이 성취되고 있다는 것이다. 그러나 부하들이 말한 예언은 지금까지의 본문에서 언급된 적이 없다. 이에 근거해 일부 학자들은 그 예언이 (부하들에 의해) 조작된 것이라고 한다. 자신들의 굴로 사울이 홀로 들어온 것은 우연이 아니라고 확신한 부하들이 예언을 빙자해 다윗의 결단을 촉구하는 것이다. 그렇다면 그들은 자신들의 목적을 위해 하나님을 사칭하고 있다. 그러나 당시 '예언'은 하나님의 뜻을 알 수 있는 합법적 통로였고 일반 사람들도 다양한 경로를 통해 예언을 받을 수 있었다. 성경에 기록된 예언자 외에도 수많은 예언자들이 당시에 활동했다. 다윗의 부하들이 말한 예언은 바로 그 예언자들에게서 얻은 예언일 수 있다. 더구나 그 예언의 내용은 사무엘서 전체의 신학적 관점에서 크게 문제되지 않는다. 문제는 예언에 대한 부하들의 해석이다. 부하들은 사울이 굴로 들어온 사건이 예언의 성취라고 주장한다. 그러나 이것은 예언의 잘못된 적용인 것 같다. 예언의 내용 중 "원

수"와 "네 소견에 좋을 대로 그에게 행하라"는 내용은 여러 가지로 해석된다. 부하들은 전자를 사울로 해석하고 후자를 '죽이라'는 뜻으로 해석한 것이다. 즉 '지금 사울을 죽여야 한다'는 뜻으로 예언을 해석한 것이다. 이처럼 예언 자체는 유효해도 해석과 적용은 왜곡될 수 있다. 이런 잘못은 오늘날도 반복된다. 하나님의 말씀을 이기적 목적을 위해 아전인수격으로 해석해서는 안 된다.

사울을 죽이라는 부하들의 선동에도 불구하고 다윗은 사울을 그냥 보낸다. 단지 어둠 속에서 소리 없이 접근해 사울의 겉옷 자락만 벤다. 부하들은 예언까지 들먹이며 다윗을 압박했지만 다윗은 자신의 양심과 신앙으로 행동했다. 겉옷은 사울의 신분을 표시하는 물건이다. 따라서 겉옷 자락은 사울의 생명을 살려 주었다는 증거이기도 하지만 사울의 왕권을 상징적으로 접수했다는 의미도 된다. 길갈에서 사울은 사무엘의 겉옷 자락을 찢은 적이 있다(삼상 15:27). 그때 사무엘은 "여호와께서 오늘 이스라엘 나라를 왕에게서 떼어 왕보다 나은 왕의 이웃에게 주셨나이다"라고 선언한다. 이런 의미에서 다윗이 사울의 겉옷을 자른 사건은 지금까지의 사울과 다윗의 입장이 앞으로 바뀐다는 것을 상징적으로 보여 준다. 즉 도망자 다윗이 왕 다윗이 되는 상징적 사건이다.

사울의 옷을 벤 다윗은 마음이 찔렸다고 하는데(5절) 같은 표현이 다윗의 인구 조사에 관한 사무엘하 24장 10절에서도 사용된다. 사무엘하에서는 인구 조사라는 분명한 죄를 저질렀지만 본문에서는 사울의 목이 아닌 겉옷 자락을 베었을 뿐이므로 마음이 찔릴 이유가 없어 보인다. 아마 다윗은 옷자락을 베는 것마저 필요가 없었다고 판단했을지 모른다. 실제로 옷자락을 베지 않았어도 다윗은 사울이 "발을 가리기 위해" 들어간 굴에 자신도 있었다고 말해 줌으로써 자신의 메시지, 즉 '다윗이 사울을 살려 주었다'를 전달할 수 있었을 것이다.

6-7절에 따르면 사울의 겉옷 자락만을 베어 온 다윗에게 실망한 부하들이 직접 사울을 죽이려 했던 것 같다. 그때 다윗은 다음의 말로 그들을 금한다.

"여호와의 기름 부음을 받은 내 주를 치는 것은 여호와의 금하시는 것이니 그는 여호와의 기름 부음을 받은 자가 됨이니라"(6절).

이미 하나님의 영은 사울을 떠났지만(참조. 16:14), 다윗은 여전히 사울을 여호와의 기름 부음 받은 자로 인정한다. 기름 부음을 받은 자를 죽여서는 안 된다는 사상은 다윗에게서 유래한다. 성경 다른 곳에서는 이 주제가 등장하지 않는다. 이 때문에 일부 학자들은 쿠데타로 왕권을 찬탈한 다윗이 왕위를 지키기 위해 그 말을 만들어 냈다고 주장한다. 즉 신하들이 다윗을 해치지 못하도록 만들어 낸 이데올로기라는 것이다. 물론 이 구절이 범죄한 성직자에게 면죄부를 주는 구절로 인용되어서는 안 된다. 만약 이 구절이 누군가에게 '면죄부'의 역할을 한다면 그 대상은 성직자만이 아니라 모든 믿는 자를 포함한다. 즉 모든 형제자매들이 존중의 대상이 되어야 한다. 부족하고 죄 많은 자라 할지라도 정죄와 심판보다는 회개와 갱생의 기회를 주는 것이 옳다. 심판은 하나님이 하실 것이다.

다윗이 자신의 무죄를 주장함 24:8–15

8 그 후에 다윗도 일어나 굴에서 나가 사울의 뒤에서 외쳐 이르되
내 주 왕이여 하매 사울이 돌아보는지라 다윗이 땅에 엎드려 절하고
9 다윗이 사울에게 이르되 보소서 다윗이 왕을 해하려 한다고 하는
사람들의 말을 왕은 어찌하여 들으시나이까 10 오늘 여호와께서
굴에서 왕을 내 손에 넘기신 것을 왕이 아셨을 것이니이다 어떤
사람이 나를 권하여 왕을 죽이라 하였으나 내가 왕을 아껴 말하기를
나는 내 손을 들어 내 주를 해하지 아니하리니 그는 여호와의 기름
부음을 받은 자이기 때문이라 하였나이다 11 내 아버지여 보소서
내 손에 있는 왕의 옷자락을 보소서 내가 왕을 죽이지 아니하고
겉옷 자락만 베었은즉 내 손에 악이나 죄과가 없는 줄을 오늘
아실지니이다 왕은 내 생명을 찾아 해하려 하시나 나는 왕에게

범죄한 일이 없나이다 12 여호와께서는 나와 왕 사이를 판단하사
여호와께서 나를 위하여 왕에게 보복하시려니와 내 손으로는 왕을
해하지 않겠나이다 13 옛 속담에 말하기를 악은 악인에게서 난다
하였으니 내 손이 왕을 해하지 아니하리이다 14 이스라엘 왕이
누구를 따라 나왔으며 누구의 뒤를 쫓나이까 죽은 개나 벼룩을
쫓음이니이다 15 그런즉 여호와께서 재판장이 되어 나와 왕 사이에
심판하사 나의 사정을 살펴 억울함을 풀어 주시고 나를 왕의 손에서
건지시기를 원하나이다 하니라

다윗이 굴에서 나가는 사울을 뒤쫓으며 그를 부른 것은 매우 위험한 행동이다. 사울은 부하들을 시켜 다윗을 잡으라고 명령할 수도 있기 때문이다. 이 상황을 인지한 다윗은 사울을 "내 주 왕이여"라고 공손히 부른 후 사울이 돌아보자 곧바로 "땅에 엎드린다". 이 민첩한 행동은 사울의 경계심을 풀어 주었을 것이다. 다윗이 정말 "왕을 해하려는" 역적이라면 사울 앞에서 그렇게 예를 갖추지 않았을 것이다. 다윗은 지혜로운 말과 손에 들고 있는 물증—왕의 겉옷 자락—을 이용해 사울에게 자신의 선의를 전달한다. 사울을 설득하는 다윗의 말은 9절에서 15절까지 이어진다. 이 모든 것은 "구변"에 능한 다윗의 모습을 반영한다(16:16 참조).

다윗은 먼저 자신에 대한 나쁜 소문, 즉 다윗이 사울을 해하려 한다는 소문을 듣지 말 것을 촉구한다(9절). 그 대신 왕이 직접 눈으로 보고 확인한 것만을 믿으라고 말한다. 10-11절에 사용된 인지 동사들('보다' 혹은 '알다')은 소문에 의한 지식이 아닌 체험적 지식을 가리킨다. 10절에서 "왕이 아셨을 것이니"로 번역된 원문(라우 에네카, *rāʾû ʿênêkā*)은 '당신이 눈으로 보았다'로 직역된다. 방금 전 왕이 체험적으로 확인한 것은 다윗과 그의 부하들이 굴에서 자신을 죽이지 않았다는 사실이다. 자신이 '발을 가렸던' 굴에서 다윗이 나왔다는 사실—이것은 사울이 직접 확인한 바임—은 다윗이 사울 왕을 죽일 기회를 가졌지만 왕을 존중히 여겨 죽이지 않았음을 암시한다. 11절에서도 다윗은 사울을 '아

버지'로 부른 후 '보소서'라는 말을 반복하면서 소문을 듣지 말고 직접 눈으로 보고 확인한 것을 믿으라고 말한다. 다윗은 자신이 자른 겉옷 자락을 보여 주면서 "나의 손에 악이나 죄과가 없는 줄을 아실지니이다"라고 한다. 여기서 "아실지니이다"로 번역된 히브리어(다 우르에, *da' ûr'eh*)는 '알아라 그리고 보아라'로 직역되는데 이것도 (소문이 아닌) 직접 체험한 지식을 의미한다. 십 사람들이 정보를 제공했을 때 사울은 그들을 돌려보내면서 다윗이 정말 어디 있는지 '알아라 그리고 보아라'라고 말한 바가 있다. 사울도 소문이 아닌 눈으로 확인된 확실한 정보를 요구한 것이다. 다윗은 소문이 아닌 체험한 사실에 근거해 자신을 판단해 줄 것을 촉구하면서 "왕은 내 생명을 찾아 해하려 하시나 나는 왕에게 범죄한 일이 없습니다"라고 무죄를 주장한다. 동굴 속 사건을 통해 이제 사울도 다윗이 왕을 해하려는 의도가 없음을 눈으로 확인하였다.

12절에서 다윗은 자신의 손으로 왕을 해하지 않겠다고 약속한다. 그러나 이 약속의 이면에는 하나님의 정의가 자기편에 있다는 선포가 있다. "여호와께서는 나와 왕 사이를 판단하사 여호와께서 나를 위하여 왕에게 보복하시려니와……." 자신은 왕을 해하지 않겠지만 하나님의 정의로운 심판이 왕에게 내려질 것이라고 말한다. 다윗은 계속해서 속담("악은 악인에게서 난다")을 인용하며 자신의 손이 왕을 해하지 않을 것임을 약속하는데(13절), 이 약속 뒤에는 다윗을 추격하는 왕의 행위가 악하다는 비난이 숨어 있다. 다시 말해 사울을 해하지 않겠다는 의도를 밝히는 동시에 사울이 악인임을 슬그머니 말하는 것이다. 아울러 다윗은 자신의 "손"으로 왕을 해하지 않겠다는 의지를 두 번(12, 13절) 표명하는데 자신의 선한 의도를 전하면서도 사울을 해할 '힘'이 자신에게 있음을 은근히 말하는 것이다. 히브리어 '야드'(*yad*)는 '손' 또는 '힘'으로도 번역될 수 있다.

비슷한 논법이 14-15절에서도 반복된다. 먼저 다윗은 자신을 "죽은 개"(14절)에 비유한다. 죽은 개는 아무 가치가 없는 사람을 가리키는 어법이다. 다윗은 한걸음 더 나아가 자신은 죽은 개의 시체에 있는 "벼룩"(14절)에 불과하다고 말한다. "벼룩"은 "죽은 개"에 대한 평행법적 수사로 다윗의 무가치함을 강조한다. 그러나 다윗은 자신의 무가치함을 고백하는 순간에도 사울에 대한 비판을 살짝 심어 놓는다. "왕이 누구를 따라 나왔으며"(14절)라고 할 때 "나왔으며"라는 동사(야짜, *yāṣā'*)는 13절의 속담["악인에게서 악이 나온다(예쩨, *yēṣē'*)"]을 연상시킨다. 즉 죽은 개나 벼룩 같은 다윗을 쫓기 위해 "나온" 사울은 악인이라는 선언이 14절에 숨어 있다. 마지막으로 다윗은 하나님의 정의로운 판단에 다시 한 번 호소하면서 하나님이 자신의 편임을 강조한다. "여호와께서 재판장이 되어 나와 왕 사이에 심판하사 나의 사정을 살펴 억울함을 풀어 주시고 나를 왕의 손에서 건지시기를 원하나이다"(15절).

본 단락은 다윗이 사울에게 한 말이다. 다윗은 매우 설득력 있게 자신의 무죄를 호소한다. 적절한 어휘 선택과, 언어유희, 논리 구조를 보면 역시 달변가 다윗답다.

사울이 다윗에게 맹세함 24:16-22

16 다윗이 사울에게 이같이 말하기를 마치매 사울이 이르되 내 아들
다윗아 이것이 네 목소리냐 하고 소리를 높여 울며 17 다윗에게
이르되 나는 너를 학대하되 너는 나를 선대하니 너는 나보다
의롭도다 18 네가 나 선대한 것을 오늘 나타냈나니 여호와께서 나를
네 손에 넘기셨으나 네가 나를 죽이지 아니하였도다 19 사람이 그의
원수를 만나면 그를 평안히 가게 하겠느냐 네가 오늘 내게 행한 일로
말미암아 여호와께서 네게 선으로 갚으시기를 원하노라 20 보라
나는 네가 반드시 왕이 될 것을 알고 이스라엘 나라가 네 손에
견고히 설 것을 아노니 21 그런즉 너는 내 후손을 끊지 아니하며
내 아버지의 집에서 내 이름을 멸하지 아니할 것을 이제 여호와의
이름으로 내게 맹세하라 하니라 22 다윗이 사울에게 맹세하매
사울은 집으로 돌아가고 다윗과 그의 사람들은 요새로 올라가니라

다윗이 말을 마치자 사울은 “내 아들 다윗아 이것이 네 목소리냐”라고 말하며 소리 내어 울었다. 사울의 첫 네 마디(내 아들, 다윗아, 이것이, 네 목소리냐)는 다윗의 긴 연설과 대조된다. 다윗의 연설은 논리적으로 치밀하고, 수사법과 풍자로 무장했다면 사울은 감정에 목이 멘 아버지의 본능에 가까운 소리이다. 사울은 실제로 소리 높여 울기 시작했다(16절). 사울이 “이것이 네 목소리냐”라고 질문한 이유는 무엇일까? 사울은 마치 다윗을 직접 확인할 수 없는 듯하다. 다윗이 사울과 어느 정도 거리를 두고 있었음을 암시하는 동시에 사울의 눈에 눈물이 고였을 가능성도 배제할 수 없다. 눈물이 고인 눈으로 멀리 떨어져 있는 다윗을 확인하기는 어려웠을 것이다.

본 단락에 묘사된 사울은 지금까지와는 다른 사람이다. 다윗을 죽이기 위해 광적으로 집착하는 ‘괴물’이 아니라, 논리와 이성에 반응하는 ‘인간’이다. 사울이 정상적인 상태와 광적인 상태를 왔다갔다 했음을 보여 주는 듯하다. 20장에서도 사울은 요나단의 논리적 설득에 반응하여 다윗과 화해한 바 있다. 그러나 다음 순간 사울은 다윗에게 창을 던졌다. 여기서도 다윗을 잡기 위해 3천 명의 정예 부대를 동원하여 엔게디로 내려온 사울과 다윗의 연설에 감동받아 언약까지 맺는 사울이 대조된다. 본 단락에서 사울의 말은 소박하며 단순하다. 그의 말에는 늙고 연약한 아버지의 참된 뉘우침이 들어 있다. 반면 다윗의 연설은 수사로 가득하다. 자신의 무죄를 겸손하게 증명하면서도 어법 속에 사울의 잘못에 대한 지적과 하나님의 공의로운 심판을 암시한다. 그러나 사울의 말은 다윗의 말처럼 이면적 뉘앙스가 없다. “나는 너를 학대하되 너는 나를 선대하니 너는 나보다 의롭구나”라는 사울의 말에서 독자들은 큰 반전과 사울의 진정성을 느낀다. 사울은 속담(“사람이 원수를 만나면 그 사람을 평안히 가게 하겠느냐”)을 인용하며 다윗이 굴에서 자신을 죽이지 않은 것을 높이 평가한다. 사울이 인용한 속담에는 다윗이 인용한 속담(“악은 악인에게서 난다”)과 달리 풍자적 뉘앙스가 없다. 사울은 다윗의 선한 행위를 하나님께서 선으로 갚으시도록 순수하게 기도한다.

나아가 사울은 다윗이 왕이 될 것임을 처음으로 시인하는데 이것은 다윗이 의도하지 않은 소득이다. 다윗은 연설을 통해 자신의 무죄를 알리고 자신을 죽이려는 시도를 포기하게 만들려 했지만 사울은 다윗이 기대한 이상의 것을 준다. 그는 다윗을 왕으로 인정하여 그것을 모든 사람들 가운데 선포한다. 다윗이 골리앗을 물리치자 사울은 직감적으로 그가 사무엘이 예언한 "왕보다 나은 왕의 이웃"임을 알았지만 공개적으로 인정한 적은 없다. 그러나 요나단이 23장 17절("너는 이스라엘 왕이 되고 나는 네 다음이 될 것을 내 아버지 사울도 안다")에서 지적한 것처럼 사울은 적어도 악령에 잡히지 않은 순간에는 다윗이 왕이 될 것임을 알고 있었다.

사울은 이제 요나단처럼 다윗과 언약을 맺는다. 사울은 다윗에게 자신의 이름과 후손들을 보존해 달라고 요청한다. 다윗을 위한 사울의 약속이 본문에 나오지 않으나 20절의 내용으로 보아 다윗을 더 이상 추적하지 않겠다는 취지인 것 같다. 언약을 맺은 사울은 기브아의 집으로 돌아갔고 다윗과 그의 부하들은 요새로 올라갔다. 이제 다윗의 도망 생활은 끝날 것인가? 다윗과 그의 부하들이 "요새"로 올라갔다는 언급은 사울의 추격이 아직 끝나지 않았음을 암시한다. 여전히 사울의 군대를 피할 필요가 있었기에 요새로 복귀한 것이다. 그럼에도 본 장의 사건, 다윗이 사울의 겉옷 자락을 벤 사건, 추격당하던 다윗이 굴을 나가는 사울을 '추격한' 사건은 다윗의 왕정 등극 과정 제2기가 반환점을 돌았음을 시사한다. 이제 다윗의 고난은 바닥을 친 것이다.

질문

1. 1절에서 사무엘서 저자는 사울과 블레셋과의 전투 결과를 보고하지 않고, 사울이 정예 부대 3천을 이끌고 다윗을 잡기 위해 엔게디로 이동했다고 기록합니다. 사무엘서 저자가 사울과 블레셋과의 전투를 의도적으로 보고하지 않았다면 그 의도는 무엇입니까?
2. 사울이 굴에 들어오자 다윗의 부하들은 여호와의 말씀을 인용하며 사울을 죽이라고 종용합니다. 다윗이 부하들이 인용한 하나님의 말씀을 어기고 사울을 살려 준 이유는 무엇입니까?
3. 사울의 옷자락을 자른 다윗이 마음에 가책을 받은 이유는 무엇입니까?
4. 다윗은 굴을 나가는 사울의 뒤를 좇아가 자신의 결백을 주장합니다. 연설을 들은 사울은 어떻게 반응합니까?

묵상

사울을 죽이는 것이 하나님의 뜻이라고 부하들이 재촉하지만 다윗은 자신의 양심과 신앙을 따라 행동했습니다. 생각해 보면 사울을 죽이라는 부하들의 제안은 다윗의 자기 보존 본능에 부합합니다. 더구나 사울이 굴에 들어온 것이 예언된 사건이라면 망설일 이유가 더욱 없어집니다. 그럼에도 다윗은 사울을 죽이지 않았습니다. 이 사건은 승자 다윗의 여유와 인격을 보여 줍니다. 다윗은 고난의 생활을 통해 왕으로서의 면모들을 갖추어 갔습니다. 어느새 다윗은 자신의 본능적 욕심에 이끌리지도 않고, 섣부른 말씀 해석의 오류에 빠지지도 않고, 양심과 언약을 믿으며 사는 자가 되었습니다. 우리의 신앙 여정도 마찬가지입니다. 자기를 보존하고자 하는 욕망에서 벗어나고, 욕망을 정당화하기 위해 말씀을 선택적으로 주해하고 수용하는 유혹에서 벗어나 언약과 양심에 따라 살아야겠습니다. 믿음으로 승자의 여유를 가지고 살기를 기도합시다.

26
마온의 부자 나발과 다윗

삼상 25:1-44

나발 이야기는 다윗이 사울의 목숨을 살려 준 두 이야기 사이에 삽입되어 있다. 이 두 이야기(24, 26장)에서 다윗은 사울을 죽이지 않는다. 그 후 나눈 대화에서 다윗은 악인 사울이 하나님의 정의로운 심판을 받을 것임을 암시한다. 사무엘상 25장의 나발 이야기에서는 전 이야기에서 다윗이 암시한 심판의 주제가 더 노골적으로 드러난다. 나발은 전형적인 악인으로 사울의 운명을 암시하는 인물이다. 다윗은 악한 나발을 죽이려 하였으나 아비가일의 말을 듣고 그에게 직접 손을 대지 않는다. 그러나 하나님께서 나발을 심판하신다. 나발이 하나님의 심판으로 죽듯 사울도 하나님의 심판을 맞을 것임을 보여 준다.

사무엘의 죽음 25:1

1 사무엘이 죽으매 온 이스라엘 무리가 모여 그를 두고 슬피 울며
라마 그의 집에서 그를 장사한지라 다윗이 일어나 바란 광야로
내려가니라

다윗과 사울의 숨 막히는 추격전은 사무엘의 죽음으로 잠시 중단된다. "온 이스라엘 무리"(1절)가 라마에 모여 사무엘의 죽음을 슬퍼한다. 그리고 사울과 다윗도 사무엘 선지자의 장례식에 참석했을 가능성이 높다. 그러나 사무엘의 죽음이 사울과 다윗에게 어떤 영향을 주었는지는 분명하지 않다. 다윗은 장례식이 끝난 후 "바란 광야"로 내려간다. 바란 광야는 유다 영토로부터 남쪽으로 멀리 떨어진 곳에 있다. 왜 장례식 후 그곳까지 내려갔을까? 이 질문은 대답하기가 어렵다. 특히 다음 절(2절)부터 벌어지는 사건은 유다 광야의 마온이 그 배경이다. 실제로 칠십인역은 다윗이 바란 광야가 아니라 마온으로 갔다고 번역을 한다. 그러나 바란 광야에 대한 언급이 정확하다면 다윗은 장례식 후 사울로부터 멀리 달아나야 할 이유가 있었는지도 모른다. 사울이 장례식 직후 다윗을 죽일 기회를 노렸던 것은 아닐까? 한편으로는 하나님과의 독대를 위한 것일 수도 있다. 이스라엘 사회에는 여호와께서 남쪽 광야에 사신다는 전통이 있었다. 자신을 왕으로 세운 사무엘의 죽음에 크게 충격을 받은 다윗이 하나님과의 독대를 원했던 것은 아닐까.

나발과 그의 아내 아비가일 25:2-3

2 마온에 한 사람이 있는데 그의 생업이 갈멜에 있고 심히 부하여
양이 삼천 마리요 염소가 천 마리이므로 그가 갈멜에서 그의 양털을
깎고 있었으니 3 그 사람의 이름은 나발이요 그의 아내의 이름은

아비가일이라 그 여자는 총명하고 용모가 아름다우나 남자는
완고하고 행실이 악하며 그는 갈렙 족속이었더라

본문을 보면 새로운 이야기가 시작되는 듯하다. 마온에 사는 "한 사람"이 소개된다. 그는 갈멜 근처에서 양 3천 마리와 염소 1천 마리를 목축하는 "심히 부한"(가돌 메오드, *gādôl mə'ôd*, "매우 큰") 사람이었다. 여기서 "갈멜"은 하이파 근처의 갈멜산이 아니라 마온에서 1.5킬로미터 북쪽

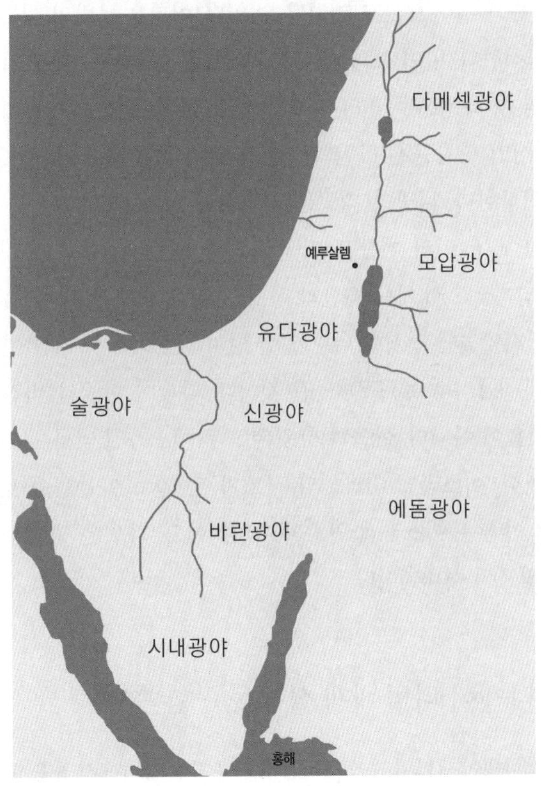

【이스라엘 주변 광야의 위치】

에 위치한 작은 마을로, 사울이 아말렉과의 전쟁에서 승리한 후 자신의 기념비를 세운 곳이기도 하다(15:12 참조). 이렇게 큰 부자로 소개된 그는 분명 지역 유지였을 가능성이 높다. 그런데 그의 이름이 '바보'를 뜻하는 나발(*nābāl*)이라는 것은 흥미롭다. 학자들은 이런 기법을 인격

살해라고 부른다. 즉 이름이 소개되는 순간 그의 (어리석은) 행동과 운명이 이미 결정된다. 3절은 이름이 암시하는 바를 노골적인 언어로 표현한다. 그 "남자(혹은 '남편')는 완고하고 행실이 악하며 그는 갈멜 족속이었더라." "갈멜 족속"으로 번역된 히브리어 '칼리비'(*kālîbî*)는 '갈렙 족속'의 의미를 가진다. '갈렙 족속'은 갈렙 때문에 여호수아로부터 헤브론 이남 지역을 받은 사람들이다. 나발이 갈렙 족속이라는 말은 그가 유다 광야 지역에서 매우 유력한 인물임을 보여 준다. 그러나 히브리어 '칼리비'는 '개 같은'으로도 번역될 수 있다. 이것은 나발의 이후 행동과 운명을 암시한다. 반면 그의 아내 아비가일은 총명하고, 용모가 아름답다. 여인의 이 특징은 이후의 이야기에 중요한 복선을 제공한다.

어떤 학자들은 나발의 직업과 그의 이름에서 야곱과 라반 이야기를 연상한다. 나발의 직업은 라반처럼 양과 염소를 치는 자이다. 나발(nābāl, ㄴ-ㅂ-ㄹ)의 이름을 거꾸로 하면 라반(lābān, ㄹ-ㅂ-ㄴ)이다. 라반이 한 남자(야곱)에게서 재산의 상당 부분을 빼앗겼고 여자들(딸 라헬과 레아)도 빼앗겼던 것처럼 나발도 한 남자(다윗)에게서 재산의 상당 부분과 여자(아내 아비가일)를 빼앗길 것이다. 다윗이 야곱과 비견된 것은 이번이 처음이 아니다. 야곱과 다윗은 모두 이스라엘 역사에 있어 시조 역할을 한다. 이스라엘 지파들의 시조가 된 열두 아들들을 낳았다는 의미에서 야곱은 이스라엘 민족의 아버지이고, 다윗은 구속사의 본류인 유다 왕조의 아버지이다.

다윗이 나발에게 식량을 구함 25:4-8

4 다윗이 나발이 자기 양털을 깎는다 함을 광야에서 들은지라
5 다윗이 이에 소년 열 명을 보내며 그 소년들에게 이르되 너희는
갈멜로 올라가 나발에게 이르러 내 이름으로 그에게 문안하고
6 그 부하게 사는 자에게 이르기를 너는 평강하라 네 집도 평강하라
네 소유의 모든 것도 평강하라 7 네게 양 털 깎는 자들이 있다 함을
이제 내가 들었노라 네 목자들이 우리와 함께 있었으나 우리가

그들을 해하지 아니하였고 그들이 갈멜에 있는 동안에 그들의 것을
하나도 잃지 아니하였나니 8 네 소년들에게 물으면 그들이 네게
말하리라 그런즉 내 소년들이 네게 은혜를 얻게 하라 우리가 좋은
날에 왔은즉 네 손에 있는 대로 네 종들과 네 아들 다윗에게 주기를
원하노라 하더라 하라

본격적인 이야기는 나발의 양털 깎기에서 시작한다. 나발이 양털을 깎는다는 소식을 들은 다윗은 "소년 열 명"(느아림, *nəʿārîm*, "부하" 혹은 "심부름꾼")을 보낸다. 왜 열 명을 보냈는지는 분명하지 않다. 다윗이 나발에게서 기대한 선물이 열 명의 남자가 들고 올 정도의 분량이었다고 보는 학자도 있고, 혹은 일종의 위협이라고 주장하는 학자도 있다. 열 명의 장정이 찾아가 선물을 요구했다면 어떤 위협적인 말을 하지 않더라도 충분히 위협을 느꼈을 것이다. 또 어떤 학자는 존경의 표시라고 본다. 이것은 나발 앞에서 다윗이 자신을 "네 아들"(빈카, *binkā*, "당신의 아들", 8절) 로 낮추어 말했다는 점과 일맥상통한다. 즉 최대한 예우를 갖추며 선물을 요구했다는 것이다.

그러나 분석해 보면 다윗은 나발에게 은혜를 구하는 것이 아니라 일(보호 관리)에 대한 대가를 요구하고 있다. 중세 유대인 주석가 라쉬(Rashi)에 따르면 다윗의 말에는 은근한 협박이 있다. 라쉬는 6절에서 "그 부하게 사는 자에게 이르기를"으로 번역된 히브리어 '코 레하이'(*kōh ləhay*)를 "내년도 올해 같기를……"로 번역한다. 즉 이 구절은 일종의 위협 구절로 적절한 대가를 지불하지 않으면 나발의 평안이 내년에는 계속되기 어렵다는 것을 암시한다. 일부 학자들은 다윗의 이런 요구를 '조폭'의 보호 관리비 수령 행위에 비유한다. 이에 대한 근거로 나발은 다윗이 제공했다고 하는 '보호 서비스'에 대해 모르고 있었다고 주장한다. 즉 보호 서비스 자체가 일방적으로 제공되었다는 것이다. 더구나 다윗의 부하들은 "우리가 그들(나발의 목자)을 해하지 않았다"고 하는데 다윗이 말하는 보호가 맹수나 약탈꾼들이 아니라 다윗 자신에게서의 보호인 듯한 인상을 준다. 지역 상인들의 보호자를 자처

하는 '조폭'이 실은 그들의 최대 위협인 것처럼 나발의 보호자를 자처하는 다윗이 실은 그에게 위협적이며, 이런 점에서 대가 요구는 정당하지 못하다는 것이다.

【음식 제공을 거절하는 나발】 마르텐 반 헤엠스케르크(1498~1574) 작.

그러나 이런 이해는 다소 부정확한 사실 관계에 근거하는데 나발의 종들이 증언한 바에 따르면 다윗이 제공한 보호 서비스는 분명 맹수와 약탈꾼에게서의 보호를 포함한다. 이것은 나발의 부하들이 하는 말에 잘 나타난다. "[다윗의 부하들이] 우리와 함께 있어 밤낮 우리에게 담이 되었음이라"(16절). 따라서 다윗이 목장주 나발에게 부하들을 먹일 음식을 요구한 것은 정당하다고 할 수 있다. 더욱이 나발을 찾아가 도움을 요청한 날은 양털 깎는 날이었다. 양털 깎는 날은 축제일이다. 목장의 임시 휴일이다. 이날은 즐기고 마시는 날이다. 이런 축제의 날은 전통적으로 손님에게 관대한 날이며 거지가 와도 그냥 돌려보내지 않는 날이다. 따라서 양털 깎는 날에 "손에 있는 대로"(엣 아쉐르 팀짜 야데하, *'et 'ăšer timṣā' yādekā*) 조금 나누어 달라고 요구한 다윗을 거절한 나발이 얼마나 완고하고 악한 자인지 단적으로 드러난다.

나발이 다윗의 요구를 거절함 25:9-11

9 다윗의 소년들이 가서 다윗의 이름으로 이 모든 말을 나발에게
말하기를 마치매 10 나발이 다윗의 사환들에게 대답하여 이르되
다윗은 누구며 이새의 아들은 누구냐 요즈음에 각기 주인에게서
억지로 떠나는 종이 많도다 11 내가 어찌 내 떡과 〔내〕 물과 내 양 털
깎는 자를 위하여 잡은 고기를 가져다가 어디서 왔는지도 알지
못하는 자들에게 주겠느냐 한지라

나발이 다윗의 요구를 거절한 이유는 부당하다고 생각해서가 아니다. 즉 요청하지도 않은 '보호'에 대한 대가를 지불하고 싶지 않아서 거절한 것이 아니다. 진짜 이유는 나발이 다윗을 인정하지 않았기 때문이다. 다윗의 사환들이 "다윗의 이름으로" 나발에게 문안하고 도움을 요청하자 나발은 "다윗은 누구며 이새의 아들은 누구뇨"라고 하며 다윗을 무시한다. "사울은 천천이요 다윗은 만만이라"라는 노래로 유명해진 장군 다윗을 나발은 도망친 노예처럼 대한다. "요즈음에 각기 주인에게서 억지로 떠나는 종이 많도다"(10절). 나아가 나발은 "내 떡", "내 물"(칠십인역, "내 포도주"), "내 고기"를 근본을 알 수 없는 자에게 줄 수 없다고 말하며 다윗을 철저히 경멸한다. 나발이 다윗의 요구를 들어주지 않는 두 번째 이유는 나발의 성품과 관련 있다. 그는 완고하고 악한 사람이었다(2절). 그는 고대 근동의 환대 관습을 철저히 무시하고, 잔치에 찾아온 손님들을 빈손으로 돌려보낸다.

나발을 응징하려는 다윗 25:12-13

12 이에 다윗의 소년들이 돌아서 자기 길로 행하여 돌아와 이 모든
말을 그에게 전하매 13 다윗이 자기 사람들에게 이르되 너희는 각기
칼을 차라 하니 각기 칼을 차매 다윗도 자기 칼을 차고 사백 명
가량은 데리고 올라가고 이백 명은 소유물 곁에 있게 하니라

다윗의 부하들("소년들")이 식량 대신 모욕을 안고 돌아오자 다윗은 지체 없이 보복에 나선다. 13절에 "칼"이 세 번 언급되는데, 이것은 다윗이 나발에게 보낸 메시지에서 "평강"을 세 번 언급한 것과 대조된다(6절). 4백 명의 군사가 무장하고 다윗과 함께 나발의 집으로 향한다. 이것은 다윗이 충분히 무력을 사용할 능력이 있고 상황이 된다면 기꺼이 사용했음을 보여 준다. 따라서 24장과 26장에서 사울을 죽이지 않은 것은 죽일 능력이 없어서가 아니다. 그런데 재미있는 것은 나머지 2백 명의 군사가 다윗의 소유물을 지키기 위해 남았다는 것이다. 다윗도 상당한 재화를 축적했다는 말이다. 어떤 학자는 그런 다윗이 나발에게 음식을 얻어야 할 이유가 애초에 없었다며 다윗의 진짜 의도는 나발을 자극하여 그의 양과 염소를 빼앗기 위함이었다고 주장한다. 그러나 이런 주장은 본문의 전체적인 맥락을 왜곡하는 것이다. 나발이 죽은 후에 다윗이 나발의 양과 염소를 빼앗았다는 언급은 없다.

아비가일이 소식을 들음 25:14-17

14 하인들 가운데 하나가 나발의 아내 아비가일에게 말하여 이르되
다윗이 우리 주인에게 문안하러 광야에서 전령들을 보냈거늘
주인이 그들을 모욕하였나이다 15 우리가 들에 있어 그들과 상종할
동안에 그 사람들이 우리를 매우 선대하였으므로 우리가 다치거나
잃은 것이 없었으니 16 우리가 양을 지키는 동안에 그들이 우리와
함께 있어 밤낮 우리에게 담이 되었음이라 17 그런즉 이제 당신은
어떻게 할지를 알아 생각하실지니 이는 다윗이 우리 주인과 주인의
온 집을 해하기로 결정하였음이니이다 주인은 불량한 사람이라
더불어 말할 수 없나이다 하는지라

히브리어 원문에 따르면 하인 중 하나가 아비가일에게 보고하는 장면은 이전 장면과 동시적이다. 즉 다윗이 부하들의 보고를 받고 분노하여 나발을 응징하기 위해 준비하고 있을 때 나발의 집에서는 하인이 나발

과 다윗의 부하들 사이에 오고 간 대화를 아비가일에게 보고한다. 본 단락은 이야기 전개상 중요한 장면이다. 왜냐하면 이야기의 결론을 바꾸어 놓는 사건이기 때문이다. "하인들 가운데 하나"는 사무엘상 16장 18절에 언급된 "소년 중 한 사람"을 연상시킨다. 실제로 이 두 표현은 동일한 히브리어(에하드 메한느아림, *'eḥad mēhannəʿārîm*)에서 번역된 것이다. 사무엘상 16장 18절에서 "소년"(나아르, *naʿar*)은 사울 궁에서 일하던 무명의 인물로 다윗을 사울에게 추천한다. 그는 다윗을 잘 알고 있었거나 다윗에게 호감을 가진 인물로 보인다. 본 단락의 하인(나아르)도 마찬가지다. 그는 다윗의 이름으로 문안 온 그의 부하들이 나발에게 모욕당하고 돌아간 사건을 관망하지 않았다. 자신이 할 수 있는 최선의 것, 즉 나발의 아내 아비가일에게 그 사실을 고하는 역할을 맡는다. 16장 18절의 "소년"처럼 무명의 하인도 이야기 전개에 중요한 역할을 한다. 신학적인 관점에서 생각하면 이 소년들은 인간 역사에 하나님이 적극적으로 개입하고 계심을 암시한다. 하나님은 많은 무명의 사람들을 역사의 통로로 사용하신다. 우리가 하는 일이 하나님의 뜻에 합당하다면 우리도 생각지 못한 사람들로부터 신실한 도움을 체험할 것이다.

한편 그 하인의 보고는 다윗이 보낸 열 명의 부하와 나발 사이의 만남을 요약하는 것으로 시작한다. 다윗이 우리 주인을 "문안하러"(레바레크, *ləbārēk*, "축복하러") 사자들을 보내었거늘 주인이 "그들을 모욕한" 후 돌려보냈다(15절)는 것이다. 하인이 다윗에 대한 아무 설명 없이 다윗의 이름을 언급한 것으로 보아 아비가일은 다윗이 누구인지 잘 알고 있었을 것이다. "그들을 모욕했다"로 번역된 히브리어(바야아트 바헴, *wayyaʿat bāhem*)는 '그들에게 소리 질렀다'는 의미이다. 음식을 요구한 그들을 정중히 거절한 것이 아니라 인격적 모멸감을 준 것 같다. 이어서 하인은 다윗과 그의 부하들이 자신들을 선대했다고 말한다. "우리가 다치거나 잃은 것이 없었으니 우리가 양을 지키는 동안에 그들이 우리와 함께 있어 밤낮 우리에게 담이 되었음이라." 이 말을 통해 우리는 다윗이 나발의 사업장을 실제로 보호해 주었음을 알게 된다. 다윗은 나발에게서 부당하게 갈취하려 했던 것은 아니다.

이 내용을 보고한 시종은 다윗이 베푼 선행을 직접 목격한 사람일 수 있다. 그러나 그가 "다윗이 우리 주인과 주인의 온 집을 해하기로 결정"했다는 것(17절)은 어떻게 알았을까? 만약 앞서 설명한 대로 다윗이 해하기로 결정한 시점과 시종이 아비가일과 이야기하는 시점이 동시적이라면 이 질문은 더욱 대답하기 힘들어진다. 혹시 그 시종의 혜안은 하나님이 [이야기에] 직접 개입하셨다는 사실과 관계가 있지 않을까? 여하튼 시종은 다윗에 대해서는 호의적이고 주인에 대해서는 불만이 많았던 것 같다. 그는 나발에 대해 "불량한 사람이라 더불어 말할 수 없나이다"라고 말한다(17절). "불량한 사람"(브네 블리야알, *bənēy bəliyaʻal*)은 사무엘상 2장 12절에서 엘리의 두 아들들에게 사용된 말이다. 아무리 나발이 그러한 사람일지라도 시종이 자기 주인의 험담을 주인의 아내에게 거리낌 없이 말했다는 것은 이해하기 힘들다. 여하튼 시종은 나발과 그의 집안을 죽이려는 다윗의 마음을 아는 혜안을 지녔고, 주인의 성격을 정확히 이야기하는 용기를 지닌 자였지만 문제의 해답을 아비가일에게 제시하지는 않는다. 그는 "이제 당신은 어떻게 할 것을 알아 생각하십시오"라고 말하며 총명한 아비가일에게 소임을 일임한다.

아비가일이 다윗을 만나기 위해 채비함 25:18-19

18 아비가일이 급히 떡 이백 덩이와 포도주 두 가죽 부대와 잡아서
요리한 양 다섯 마리와 볶은 곡식 다섯 세아와 건포도 백 송이와
무화과 뭉치 이백 개를 가져다가 나귀들에게 싣고 19 소년들에게
이르되 나를 앞서 가라 나는 너희 뒤에 가리라 하고 그의 남편
나발에게는 말하지 아니하니라

종의 말을 들은 아비가일은 바로 행동한다. 다윗이 요구한 빵, 포도주(11절 해설 참조), 고기 외에도 기호식품에 해당하는 말린 곡식, 건포도, 무화과와 떡을 나귀에 가득 싣는다. 아비가일의 이런 행위는 남편의 완

고한 행위 때문에 집안 전체가 몰살당하리라는 두려움에 기인한 것 같다. 그녀가 남편에게 알리지 않고 일을 추진한 것은 나발은 '불량하여 말이 통하지 않는' 사람이었기 때문일 것이다. 아울러 아비가일은 독자적으로 판단을 내린다. 이런 점에서 아비가일은 열왕기하 4장 8-37절에 등장하는 수넴 여인과 비슷하다. 어린 아들이 열사병으로 죽게 되자 여인은 남편에게 알리지 않고 선지자 엘리사를 만나 결국 죽은 아이를 살린다. 수넴 여인의 행동으로 죽었던 아들이 다시 살듯 아비가일의 결단력 있는 행동이 몰살의 위기에 처한 나발의 집안을 다시 살릴지 지켜볼 일이다.

아비가일이 살기등등한 다윗 일행과 마주침 25:20-22

20 아비가일이 나귀를 타고 산 호젓한 곳을 따라 내려가더니 다윗과
그의 사람들이 자기에게로 마주 내려오는 것을 만나니라 21 다윗이
이미 말하기를 내가 이 자의 소유물을 광야에서 지켜 그 모든 것을
하나도 손실이 없게 한 것이 진실로 허사라 그가 악으로 나의 선을
갚는도다 22 내가 그에게 속한 모든 남자 가운데 한 사람이라도
아침까지 남겨 두면 하나님은 다윗에게 벌을 내리시고 또
내리시기를 원하노라 하였더라

본문은 아비가일 일행과 다윗의 군대가 서로에게 접근해 오는 장면을 묘사한다. 화가 난 다윗은 다소 긴장된 분위기로 무장한 군인들과 함께 산을 올라오고 있다. 아비가일 일행은 산을 내려가고 있다. 아비가일이 내려가는 산길은 개역개정이 말하는 것처럼 "호젓한 곳", 즉 인적이 드문 곳(21절)이 아니라 나무나 지형 때문에 '그늘 진 길'(베세테르 하하르, *bəseter hāhār*)을 말한다. 따라서 마주 오는 일행을 먼저 발견할 수 있었던 쪽은 아비가일 일행이다. 그늘 속에 있던 아비가일 일행은 다윗의 눈에 잘 보이지 않았을 것이다. 이것은 아비가일이 다윗의 군대와 만났

을 때 먼저 행동할 수 있는 기회를 제공한다.

21-22절은 다윗이 출정하기 전에 했던 말을 회고한다. 그 핵심은 '보복'이다. 그는 선을 악으로 갚는 나발에게 무서운 피의 복수를 맹세한다. 이것은 지금까지의 다윗의 모습과는 사뭇 다르다. 24장에서 다윗은 악이라도 오히려 선으로 갚는 사람("나는 너를 학대하되 너는 나를 선대하니 너는 나보다 의롭도다", 24:17)이었는데 본 단락에서는 완전히 달라졌다. '그가 악으로 나의 선을 갚는도다! 나는 그에게 속한 것을 아침까지 모두 멸절시킬 것이다.' 다윗은 자신을 무시한 나발의 온 집을 멸절시킬 계획이다. 여러 번 창을 던지고 군대를 보내 자신을 해하려 했던 사울에 대해서는 결코 죽이지 않겠다고 맹세하는 반면, 단 한 번 자신을 모욕한 나발에 대해서는 반드시 죽이겠다는 맹세를 하고 있다. 어떤 의미에서 나발 이야기는 다윗의 인간적인 모습을 부각시킨다. 그도 살인할 수 있다! 그러나 나발은 다윗의 손에 죽지 않는다. 이것은 왕이 되었을 때 다윗이 "무죄한 피를 흘렸다"는 비난으로부터 다윗을 구원해 준다(31절).

한편 22절에서 "남자"라고 번역된 히브리어(마슈틴 바키르, *maštîn baqqîr*)를 직역하면 '벽에다 오줌 누는 사람'이다.

아비가일의 연설 25:23-31

23 아비가일이 다윗을 보고 급히 나귀에서 내려 다윗 앞에 엎드려
그의 얼굴을 땅에 대니라 24 그가 다윗의 발에 엎드려 이르되 내
주여 원하건대 이 죄악을 나 곧 내게로 돌리시고 여종에게 주의 귀에
말하게 하시고 이 여종의 말을 들으소서 25 원하옵나니 내 주는 이
불량한 사람 나발을 개의치 마옵소서 그의 이름이 그에게 적당하니
그의 이름이 나발이라 그는 미련한 자니이다 여종은 내 주께서
보내신 소년들을 보지 못하였나이다 26 내 주여 여호와께서 살아
계심을 두고 맹세하노니 내 주도 살아 계시거니와 내 주의 손으로
피를 흘려 친히 보복하시는 일을 여호와께서 막으셨으니 내 주의

원수들과 내 주를 해하려 하는 자들은 나발과 같이 되기를
원하나이다 27 여종이 내 주께 가져온 이 예물을 내 주를 따르는 이
소년들에게 주게 하시고 28 주의 여종의 허물을 용서하여 주옵소서
여호와께서 반드시 내 주를 위하여 든든한 집을 세우시리니 이는
내 주께서 여호와의 싸움을 싸우심이요 내 주의 일생에 내
주에게서 악한 일을 찾을 수 없음이니이다 29 사람이 일어나서 내
주를 쫓아 내 주의 생명을 찾을지라도 내 주의 생명은 내 주의
하나님 여호와와 함께 생명 싸개 속에 싸였을 것이요 내 주의
원수들의 생명은 물매로 던지듯 여호와께서 그것을 던지시리이다
30 여호와께서 내 주에 대하여 하신 말씀대로 모든 선을 내 주에게
행하사 내 주를 이스라엘의 지도자로 세우실 때에 31 내 주께서
무죄한 피를 흘리셨다든지 내 주께서 친히 보복하셨다든지 함으로
말미암아 슬퍼하실 것도 없고 내 주의 마음에 걸리는 것도
없으시리니 다만 여호와께서 내 주를 후대하실 때에 원하건대
내 주의 여종을 생각하소서 하니라

"아비가일이 다윗을 보고 급히 나귀에서 내려 다윗 앞에 엎드려 그의 얼굴을 땅에 대니라"(23절). 아비가일의 행동에서 긴장감이 느껴진다. '보다'(*wattēre'*), '서두르다'(*watmahēr*, 개역개정은 "급히") '내리다'(*wattēred*), '엎드리다'(*wattipōl*), '절하다'(*wattištaḥû*, 개역개정 "얼굴을 [땅에] 대니라") 등 무려 다섯 동사가 스타카토처럼 이어진다. 상황이 긴박하다. 고대 세계의 왕은 절대 권력을 가진다. 화가 나면 누구든지 죽일 수 있다. 사울이 놉 성읍에 저지른 만행이 이를 보여 준다. 화가 난 다윗이 무슨 일을 저지를지 모르는 상황에서 아비가일은 위험을 무릅쓰고 다윗의 앞에 나아간다. 아비가일이 내뱉은 첫 마디는 다윗의 관심을 끌기에 충분한 것이었다. 히브리어로 24절의 '비'(*bî*)는 이중적 의미를 가진다. '내 탓입니다'라는 의미인 동시에 '오 제발'(개역개정에는 "청컨대")이라는 간절한 마음을 전하는 감탄사이기도 하다. 아름다운 여인(3절)이 홀로 찾아와 자신의 발 앞에 엎드리며 "제 탓입니다(오 제발)"이라고 말하니 다윗은 궁

금증이 생겼을 것이다.

다윗의 호기심을 끈 아비가일은 남편 나발을 비난하며 이야기를 이어 간다. 이때 아비가일이 남편 나발에 대해 말하는 내용은 17절에서 하인이 말한 내용보다 훨씬 모욕적이다. "그의 이름이 그에게 적당하니…… 그는 미련한 자이니이다." 이것은 나발이 다윗의 이름을 모욕한 것을 염두에 둔 것이다. 나발은 10절에서 다음과 같이 다윗을 모욕한 바 있다. "다윗은 누구며 이새의 아들은 누구냐 요즘에 각기 주인에게서 억지로 떠나는 종이 많도다." 아비가일은 다윗의 마음 한가운데를 겨냥해 말한 것이다. 이제 그녀는 이야기의 초점을 나발에게서 자신에게로 옮긴다. "여종은 내 주께서 보내신 소년들을 보지 못했습니다"(25절). 즉 다윗의 종들이 빈손으로 돌아간 것은 자신의 불찰이었다는 말이다.

이어지는 26절은 문맥을 다소 벗어나는 듯하다. "내 주여 여호와의 살아 계심을 두고 맹세하노니…… 내 주를 해하려 하는 자들은 나발과 같이 되기를 원하나이다." 아비가일은 다윗의 원수가 나발과 같은 최후를 맞기를 기원한다. 문제는 이 발언을 한 시점에 나발이 살아 있었다는 것이다. 26절의 아비가일의 기원은 나발의 죽음을 전제로 한다. 이런 점에서 그녀의 기원은 예언적이다. "내 주의 손으로 피를 흘려 친히 보복하시는 일을 여호와께서 막으셨다"(26절)는 말도 다윗이 나발을 죽이지 않을 것임을 예언하는 듯하다.[1] 왜냐하면 아비가일이 이 말을 할 때 다윗은 나발을 죽이기 위해 산을 오르는 중이었기 때문이다. 이처럼 26절에 기록된 아비가일의 말에 예언적 측면이 있다면 그것은 31절에서도 발견된다. "여호와께서 내 주를 후대하신 때에 원하건대 내 주의 여종을 생각하소서." 이것은 다윗이 아비가일을 아내로 취할 것임을 예언한다. 다윗이 이 말을 완곡한 '청혼'으로 받아들였을 가능성도 배제할 수 없다.

25절에서 남편의 이름을 조롱함으로써 아비가일이 다윗을 무시한 나발의 어리석음을 상쇄하려 했다면, 27절에서 아비가일은 다윗의 부하들을 빈손으로 돌려보낸 나발의 완악함을 상쇄하려 한다. 27절에서 "예물"로 번역된 히브리어(브라카, *bərākāh*)를 직역하면 '축복'이다. 양털 축제 중인 나발을 '축복'(바레크, *bārēk*)하기 위해 온 다윗의 부하들을 빈손으로 돌려보낸 남편의 죄가 아비가일이 다윗의 종들에게 주는 '축복'(개역개정에는 '예물')을 통해 상쇄된다. 물론 아비가일이 바치는 '축복'은 나귀에 가득 실려 있는 빵, 포도주, 고기 등의 음식을 지칭한다.

다윗의 분노의 원인을 자신의 허물로 돌린 아비가일은 28절에서 자신의 허물을 용서해 달라고 간구한다. 그리고 다윗을 찬양하기 시작한다. 아비가일의 찬양은 사무엘상 24장에 기록된 사울의 찬양을 연상시킨다. 그러나 아비가일의 찬양은 "너는 왕이 될 것이다"라는 사울의 찬양을 훨씬 뛰어넘는다. 아비가일은 다윗이 반드시 왕이 될 뿐 아니라 그의 왕조가 든든히 설 것임("든든한 집")을 선포한다. 나아가 아비가일은 다윗에게 왕으로서 사명까지 상기시킨다. 그녀에 따르면 하나님이 다윗에게 "든든한 집"(28절)을 주는 이유는 다윗이 "여호와의 싸움"을 싸우도록 하기 위함이다. 마지막으로 아비가일은 '다윗의 생애에 악한 일을 찾을 수 없다'고 한다. 그녀는 진정으로 다윗을 찬양하고 있지만 독자들은 그녀의 말을 통해 다윗이 밧세바에게 저지를 죄를 생각하게 된다. 그리고 재미있게도 밧세바 사건과 아비가일 사건은 모두 다윗이 새 아내를 얻는 일로 이어진다.

29절에는 24-26장 전체의 주제가 요약되어 있다. '원수가 다윗을 죽이려 해도 성공하지 못할 것이며, 원수의 생명은 여호와께서 친히 끊으실 것이다.' 다윗의 손이 피를 흘릴 필요가 없다는 것이다. "생명 싸개"는 본래 양의 수를 세던 돌 주머니에서 유래했다. 목자들은 양을 셀 때 돌을 주머니에 넣어가면서 세었다. 따라서 생명 싸개의 의미는 "생명 얻은 자들이 들어가는 주머니 집"(쯔로르 하하임, *ṣərôr haḥayim*)이다. 즉 생명 싸개 이미지에서 하나님은 목자에 은유되고 그분이 구원한 자들은 그분의 주머니에 들어 있는 돌에 비유된다. 이 "생명 싸개"와 반대되는 개념이 물맷돌이 들어 있는 주머니이다. 생명 싸개에 들어 있는 돌은 주머니 안에 머무는 것이 본분이지만 물맷돌은 밖으로 나가는 것이 본분이다. 생명 싸개에 들어간 돌에 다윗을 비유한 아비가일은 다윗의 원수들을 물맷돌에 비유한다. 그들의 생명은 물맷돌을 던지듯 하나님이 던져 버리실 것이다.

아비가일의 연설은 30-31절에서 절정에 이른다. 아비가일도 다윗이 이스라엘의 왕이 될 것임을 알고 있다(30절). 이것은 "다윗이 누구며 이새의 아들이 누구냐"라고 말하던 나발의 무지와 대조된다. 다윗의 자비로운 행위들(나발의 집을 용서한 것과 사울을 살려 준 것)은 다윗이 이스라엘의 왕이 되었을 때 "무죄한 피"를 흘려 왕이 되었다는 말이 나오지 않게 할 것이다(31절). 실제로 다윗은 왕위를 무력으로 찬탈했다는 비난에 끊임없이 시달렸다. 이런 관점에서 아비가일의 말은 예언적이다. 또한 아비가일은 "여호와께서 내 주를 후대하실 때에 원하건대 내 주의 여종을 생각하소서"라고 부탁한다(31절). 이 부탁의 의도는 무엇인가? 많은 주석가가 아비가일의 말을 완곡한 청혼으로 간주한다. 늙고 고집 센 자신의 남편이 하나님의 심판을 받아 죽으면 자신을 아내로 삼아 달라고 다윗에게 부탁하는 것이다.

다윗이 복수를 포기함 25:32-35

32 다윗이 아비가일에게 이르되 오늘 너를 보내어 나를 영접하게
하신 이스라엘의 하나님 여호와를 찬송할지로다 33 또 네 지혜를
칭찬할지며 또 네게 복이 있을지로다 오늘 내가 피를 흘릴 것과
친히 복수하는 것을 네가 막았느니라 34 나를 막아 너를 해하지 않게
하신 이스라엘의 하나님 여호와의 살아 계심을 두고 맹세하노니
네가 급히 와서 나를 영접하지 아니하였더면 밝는 아침에는 과연
나발에게 한 남자도 남겨 두지 아니하였으리라 하니라 35 다윗이
그가 가져온 것을 그의 손에서 받고 그에게 이르되 네 집으로
평안히 올라가라 내가 네 말을 듣고 네 청을 허락하노라

본 단락은 아비가일의 말에 대한 다윗의 응답을 기록하고 있다. 먼저 아비가일을 보내신 하나님을 찬양한 후(바루크 아도나이, *bārûk yhwh*), 다

윗은 다음의 말로 아비가일을 칭찬하기 시작한다. '네 지혜가 복되며, 또 네가 복되도다'(개역개정에는 "네 지혜를 칭찬할지며 또 네게 복이 있을지로다"). 다윗이 아비가일을 칭찬한 이유는 아비가일이 자신이 "피를 흘릴 것"을 막아 주었기 때문이다. 개역개정역이 "피를 흘릴 것"(33절)으로 번역한 히브리어 '마보 베다밈'(*mābô' bədamîm*)은 '피 속을 걷는 일'로 직역되는데 이것은 고대 근동 문헌에서 대량 학살을 가리키는 숙어이다. 아비가일이 아니었다면 다윗은 많은 사람들의 피를 흘리게 되었을 것이다. 또한 많은 피를 흘리는 것은 자기 손으로 자기 구원을 이루는 행위와 연결된다. 개역개정에서 "친히 복수하는 것"(33절)으로 번역된 히브리어 원문(호세아 야디 리, *hōšēa' yādî lî*)은 직역하면 '나의 손이 나를 위한 구원을 이루는 것'이다. 많은 피를 흘림으로써 자기 구원을 이루는 것—놉 학살—은 사울이 걸었던 길이다. 아비가일의 지혜로운 말 때문에 다윗은 사울의 전철을 밟지 않게 되었다.

34절에서 다윗은 자신이 어떻게 나발에게 복수하려 했는지 밝힌다. "네가 급히 와서 나를 영접하지 아니하였더면 밝는 아침에는 과연 나발에게 한 남자("벽에 오줌 누는 자")도 남겨 두지 아니하였으리라." 모든 남자를 죽이는 것은 전쟁 때 가장 완강히 저항하는 적들에게 내려지는 조치이다(신 20:10-14). 이것은 나발에 대한 다윗의 복수가 개인적인 것만은 아님을 보여 준다. 나발은 다윗의 나라에 저항하는 모든 무리들을 대표하는 인물이다. 35절에서 다윗은 아비가일이 가져온 예물을 받고 "평안히 올라가라 내가 네 말을 듣고 네 청을 허락하노라"(35절)라는 약조를 준다. 이 말은 나발의 집을 말살하려 했던 계획을 취소할 것이라는 말인 동시에 아비가일의 완곡한 청혼에 대한 완곡한 수락이기도 하다. "원하건대 내 주의 여종을 생각하소서"라는 아비가일의 청혼에(31절) 다윗은 "네 청을 허락하노라"라고 대답함으로써 그녀의 청혼을 완곡히 수락한다.[2]

나발의 죽음 25:36-38

36 아비가일이 나발에게로 돌아오니 그가 왕의 잔치와 같은 잔치를
그의 집에 배설하고 크게 취하여 마음에 기뻐하므로 아비가일이
밝는 아침까지는 아무 말도 하지 아니하다가 37 아침에 나발이
포도주에서 깬 후에 그의 아내가 그에게 이 일을 말하매 그가
낙담하여 몸이 돌과 같이 되었더니 38 한 열흘 후에 여호와께서
나발을 치시매 그가 죽으니라

집으로 돌아온 아비가일은 남편에게 아무 말도 하지 않았다. 집에서는 큰 잔치가 벌어지고 있었다(성경 저자는 "왕의 잔치 같은 잔치"라고 말하는데, 이것은 나발과 사울을 잇는 말이다. 사울과 다윗의 갈등 이야기 속에 삽입된 나발 이야기는 여러 면에서 사울을 연상시킨다). 나발은 술기운에 매우 흥겨운 상태다. 방금 다윗과 나눈 대화를 이야기해 보아야 심각하게 받아들이지 않을 분위기다. 이 때문에 아비가일은 아침에 나발이 포도주에서 깬 후에 어제 있었던 일을 말한다. 아비가일이 구체적으로 어떤 말을 했는지는 전해지지 않는다. 그러나 아비가일이 말한 것이 나발에게는 큰 충격이 되었던 것 같다. 나발은 "낙담하여 몸이 돌과 같이 되었다". "낙담하여"로 번역된 히브리어를 직역하면 "그의 심장이 죽었다"(바야못 리보, *wayyāmôt libbô*)는 말이다. 즉 나발은 심장마비를 일으킨 것 같다. 그리고 그 결과 몸이 돌같이 되는 전신 마비 상태에 이르렀고 열흘 후에 죽는다. 성경 저자는 죽음의 원인을 여호와의 심판으로 해석한다(38절). 몸이 돌과 같이 되었다는 말은 사무엘상에서 원수의 죽음에 대한 적절한 비유가 된다. 이스라엘의 최대의 적인 골리앗은 다윗이 던진 매끄러운 돌아 맞아 죽었다. 아비가일은 다윗의 원수들이 물맷돌처럼 던져질 것이라고 예언했다(29절).

심장마비를 일으킨 것으로 보아 나발은 평소 심장에 문제가 있었던 것으로 보인다. 아비가일은 그것을 알고 있었을 가능성이 높다. 그래서 일부 학자들은 나발이 술에서 깰 때까지 기다렸다가 충격적인

소식을 전한 것은 다분히 의도적이었다고 말한다. 아비가일의 의도와 나발의 심장마비 사이에 직접적인 관계는 없지만(즉 아침에 소식을 전해 심장을 마비시키려 한 것은 아니지만), 아비가일의 행동으로 볼 때 나발이 죽기를 바랐을 가능성은 배제할 수 없다. 더구나 "원하건대 내 주의 여종을 생각하소서"라는 말에 청혼의 의미가 숨어 있다면 성혼을 위해 지혜로운 아비가일은 '총명'을 발휘했을 수도 있다.

다윗이 아비가일을 아내로 삼음 25:39-42

39 나발이 죽었다 함을 다윗이 듣고 이르되 나발에게 당한 나의
모욕을 갚아 주사 종으로 악한 일을 하지 않게 하신 여호와를
찬송할지로다 여호와께서 나발의 악행을 그의 머리에 돌리셨도다
하니라 다윗이 아비가일을 자기 아내로 삼으려고 사람을 보내어
그에게 말하게 하매 40 다윗의 전령들이 갈멜에 가서 아비가일에게
이르러 그에게 말하여 이르되 다윗이 당신을 아내로 삼고자 하여
우리를 당신께 보내더이다 하니 41 아비가일이 일어나 몸을 굽혀
얼굴을 땅에 대고 이르되 내 주의 여종은 내 주의 전령들의 발 씻길
종이니이다 하고 42 아비가일이 급히 일어나서 나귀를 타고 그를
뒤따르는 처녀 다섯과 함께 다윗의 전령들을 따라가서 다윗의
아내가 되니라

나발의 죽음을 전해 듣자 다윗은 자신이 당한 모욕을 하나님이 갚아 주셨음을 찬양한다(39절). 하나님이 직접 나발을 죽이셨기 때문에 다윗은 자신의 손에 피를 묻힐 필요가 없었다. 여호와께서 다윗이 "악한 일을 하지 않게" 하신 것이다. 그리고 다윗은 지체 않고 아비가일과 혼담을 시작한다. 당시 남편이 죽으면 아내는 애도 기간을 가지는 것이 관례다. 물론 아비가일이 적절한 애도 기간을 가졌겠지만 사무엘서 저자는 다윗의 청혼이 나발이 죽자마자 이루어진 것처럼 묘사한다. 마치 아비가일과 다윗이 서로와 결혼하기 위해 공모해 온 것처럼 나발이

죽자마자 다윗은 아비가일에게 청혼한다. 39절에서 "그[아비가일]에게 말하게 하매"로 번역된 히브리어 원문(바예다베르 바아비가일, *wayyədabbēr ba'ăbîgā'ēl*)에는 결혼 조건을 논의하는 혼담의 뉘앙스가 담겨 있다. 혼담이 성사되자 다윗은 아비가일을 아내로 데려오기 위해 종들을 보낸다(40절). 종들을 통해 청혼의 의사를 전달받은 아비가일은 "주의 여종은 내 주의 사환들의 발 씻길 종이니이다"라고 고백하며 자신을 낮춘다(41절). 이것은 평민이 왕족과 혼인으로 친족 관계를 이룰 때 통상 하는 말이다. 즉 다윗과 결혼할 마음이 없다는 뜻이 아니다. 본문에 따르면 아비가일은 그 말을 마치자마자 지체 없이("급히 일어나서", 42절) 사환들을 따라나선다. 이렇게 나발의 아내 아비가일은 다윗의 아내가 되었다. 이후 아비가일은 다윗이 왕이 될 때까지 도망자 생활을 하면서 한때 아말렉 사람들에게 포로로 끌려가기까지 고생한다. 하지만 다윗이 왕이 된 후에는 (밧세바와 비교할 때) 다윗의 사적 혹은 공적 영역에서 어떤 역할도 하지 않는다.

다윗의 다른 아내들 25:43-44

43 다윗이 또 이스르엘 아히노암을 아내로 맞았더니 그들 두 사람이
그의 아내가 되니라 **44** 사울이 그의 딸 다윗의 아내 미갈을 갈림에
사는 라이스의 아들 발디에게 주었더라

사무엘서 저자는 다윗이 아비가일을 아내로 취한 것을 언급하면서 다윗의 아내들에 관한 두 절을 첨가한다. 다윗이 취한 세 번째 아내는 아히노암인데 아히노암에 대해서는 이스르엘 출신이라는 점 외에는 아무것도 알려져 있지 않다. 한편 다윗의 첫 번째 아내이자 사울 왕의 딸인 미갈은 발디에게 시집갔다. 사울 왕이 무슨 법적 근거로 다윗과의 혼인을 일방적으로 파기하고 미갈을 시집보냈는지는 분명하지 않다. 그 후 다윗이 두 명의 아내를 더 취했다는 사실은 파혼의 이유가 되지 않는다. 당시는 일부다처제가 용인되던 사회였다. 사울이 미갈을 발디

에게 준 이유는 다윗과 관계를 끊어 버리기 위함 같다. 그럼으로써 다윗의 왕 됨을 정당하지 못한 것으로 보이게 하려던 것이다.

사울의 결정에 대해 미갈이 어떻게 생각했는지는 알 수 없다. 미갈이 다윗을 사랑했다는 것은 확실하다. 그녀는 아버지를 속여 가면서까지 남편을 살렸던 여자다. 그러나 미갈의 감정은 중요하지 않았을 것이다. 사울은 분명히 자신의 의지에 따라 강제로 딸을 시집보낼 만큼 "완고하고 행사가 악한 왕"(25:2 참조)이 되어 버렸다.

질문

1. 양털 깎는 날에 식량을 나누어 달라며 찾아온 다윗의 부하들을 나발이 그냥 돌려보낸 이유는 무엇입니까?
2. 다윗은 어떻게 나발을 응징하려고 합니까?
3. 군사를 거느리고 오는 다윗을 아비가일은 어떻게 설득했습니까?
4. 나발은 어떻게 죽음을 맞습니까?
5. 나발과 다윗 이야기(삼상 25장)는 사울과 다윗 이야기(삼상 24, 26장)와 어떤 관계가 있습니까?

묵상

다윗에게 나발은 눈엣가시였을 것입니다. 나발은 충분히 배은망덕하고 어리석은 사람이었습니다. 다윗은 힘이 있었기 때문에 나발을 직접 응징하고 싶은 유혹을 느꼈고 실제로 그리 하려 하였습니다. 그러나 하나님은 다윗이 그를 직접 처단하는 것을 원치 않으셨습니다. 때가 되자 하나님께서 나발을 데려가셨습니다. 공동체에도 나발과 같은 사람이 있습니다. '객관적으로' 악하고 이기적인 사람이 있습니다. 그때 우리는 그를 제거하고 싶습니다. 더구나 그럴 힘이 있다면 더욱 그렇겠지요. 그러나 섣부른 행위는 목표를 이루지 못할 뿐 아니라 많은 부작용을 낳습니다. 하나님의 심판에 맡기는 여유와 지혜가 필요할 것입니다.

27
십 광야에서 사울을 살려 준 다윗

삼상 26:1-25

사무엘상 26장은 23-24장과 매우 유사하다. 일부 학자들은 동일한 사건인데 저자가 착각하여 두 번 기록했다고 주장하지만, 본문을 자세히 보면 서로 다른 두 사건을 저자가 신학적·문학적 메시지를 전하기 위해 연상시키는 방식으로 묘사했음을 알 수 있다.

사울은 십 사람들이 제공한 단서를 가지고 3천 명의 정예 부대를 이끌고 십 광야로 나간다. 사울과 그의 군대가 광야의 하길라 산에 진을 치자 다윗과 아비새가 그들이 잠든 틈을 이용해 사울의 막사까지 잠입한다. 사울을 죽이겠다는 아비새를 다윗은 저지한 후 사울의 창과 물병만을 가지고 빠져나온다. 이후 먼발치에서 사울과 아브넬을 깨운 다윗은 하나님께서 사울을 자신의 손에 넘기셨지만 사울의 기름 부음을 존중하여 그러지 않았다고 하며 자신은 충신임을 주장한다. 다윗의 행동과 말에 감동한 사울은 다윗을 해치지 않겠다고 약속하고 다시 한 번 그를 축복한다.

십 사람들이 다윗의 위치를 알려줌 26:1-4

1 십 사람이 기브아에 와서 사울에게 말하여 이르되 다윗이 광야
앞 하길라 산에 숨지 아니하였나이까 하매 2 사울이 일어나 십
광야에서 다윗을 찾으려고 이스라엘에서 택한 사람 삼천 명과 함께
십 광야로 내려가서 3 사울이 광야 앞 하길라 산 길 가에 진 치니라
다윗이 광야에 있더니 사울이 자기를 따라 광야로 들어옴을 알고
4 이에 다윗이 정탐꾼을 보내어 사울이 과연 이른 줄 알고

사무엘상 24장 17-20절에서 사울이 다윗에게 한 말과 24장 21-22절에서 다윗이 사울에게 한 맹세를 생각하면 사울이 다시 다윗을 추격하는 일은 없어야 한다. 그러나 본 장에서는 사울의 추격이 다시 시작된다. 사울의 증오가 여전하다는 것은 미갈과 다윗의 결혼을 파기하고 미갈을 다른 남자에게 시집보낸 사건에서 암시된다. 사울은 다윗의 왕위 등극에 정당성을 없애기 위하여 왕실과 다윗과의 모든 공식 관계를 청산한다. 이것은 분명 자신의 목숨을 살려 준 다윗과의 언약을 배반하는 행위다. 그러나 사무엘상 24장에서 사울이 다윗에게 한 말을 살펴보면 이런 배반 행위가 불가사의한 것도 아니다. 그는 다윗이 왕 될 것임을 예언하고 다윗이 왕 되었을 때 자신의 집을 멸하지 않겠다는 맹세도 받아 내지만 정작 자신은 다윗을 해치지 않겠다고 약속하지 않는다(26:21절의 해설 참조). 사울은 다윗이 왕이 된다는 하나님의 뜻을 인정하면서도 증오감을 다스릴 수 없었던 것 같다. 십 사람들의 충동질에 사울은 마음을 바꿔 다윗을 추격하기 시작한다.

학자들은 사무엘상 26장이 23장 19-28절의 쌍둥이 이야기라고 오랫동안 여겼다. 쌍둥이 이야기란 같은 사건에 대한 다른 버전의 이야기다. 그러나 본 장에 기록된 사건이 이전의 사건과 동일한 사건이라는 결정적 증거는 없다. 같은 사건이라고 보기에는 이야기의 전개 과

정이 구체적으로 너무 다르다. 오히려 별개의 사건을 사무엘서 저자가 이전의 유사한 사건들을 연상시키는 방식으로 서술했을 가능성이 많다. 이것은 저자의 문학적 목적이다. 즉 메시지를 효과적으로 전달하는 방법이다. 예를 들어 사무엘상 24장의 사건에서는 사울이 다윗을 추격하다가 마온 광야에 있던 그를 발견하지만 본 장에서는 쫓고 쫓기는 자의 입장이 확연히 바뀐다. 다윗이 사울을 먼저 발견하고 그가 있는 곳으로 나아간다. 이것은 다윗이 더 이상 쫓기는 자가 아니며 사울의 권세가 끝날 날도 얼마 남지 않았다는 메시지를 준다.

본 단락은 23장 19절과 마찬가지로 십 사람들이 사울을 방문하는 이야기로 시작한다. 그들은 다윗의 위치를 알려 주기 위해 기브아까지 찾아왔다. 사울을 방문한 십 사람들은 나발처럼 다윗보다 사울 정권에 기득권을 가진 사람들일 수도 있고, 단순히 정보 제공의 대가를 바랄 수도 있다. 전에는 더 정확한 정보를 요구했던 것과 달리 사울은 바로 십 사람들의 첩보에 근거해 작전을 개시한다. 이전 사건을 통해 십 사람들에 대한 신뢰가 생겼기 때문일 것이다. 사울은 3천 명의 정예 부대를 이끌고 십 광야로 내려간다. 그리고 광야, 즉 '예쉬몬' 앞 하길라 산에 진을 쳤다. 개역개정의 번역은 사울이 진 친 곳이 길가라는 인상을 준다. 그러나 원문(바이한……베기브앗 하하킬라……알-하다레크, *wayyiḥan...bəgib'at haḥăkîlāh...'al–haddārek*)은 사울이 길 가의 하길라 산(광야에 있는 바위 산, 삼상 23:19, 26 참고)에 진 쳤다는 뜻이다. 여기서 "길 가"는 마을과 마을을 잇는 자연 도로다. 광야 도로를 따라 이동하던 사울이 하길라 산에 진을 치고 쉬어 간 것이다(23장에서는 다윗이 진을 쳤었다).

이때 다윗은 십 사람들의 첩보대로 십 광야에 있었다. 그는 사울이 자기를 찾아 광야에 왔다는 소식을 듣자 정탐꾼을 보내어 정말 사울이 왔는지 확인했다. 다윗이 사울의 위치를 파악하는 모습을 보여주는 두 동사 '보다'(바야르, *wayyar'*)와 '알다'(바예다, *wayyēda'*)는 사무엘상 24장 22절에서 사울이 십 사람들에게 더 확실한 첩보를 요구할 때 사용된 동사다. 즉 이전 이야기에서 사울의 특징으로 표현된 두 동사가 이제는 다윗의 특징을 묘사하는 데 사용된다. 이것은 본 장면이 쌍둥이 이야기가 아니라 문학적 목적을 위해 저자가 서로 다른 이야기를 유사하게 묘사했음을 보여 준다. 그리고 여기서 독자들은 다윗과 사울의 관계가 역전될 것을 알게 된다.

다윗이 직접 사울의 진영을 정탐함 26:5-6

5 다윗이 일어나 사울이 진 친 곳에 이르러 사울과 넬의 아들
군사령관 아브넬이 머무는 곳을 본즉 사울이 진영 가운데에 누웠고
백성은 그를 둘러 진 쳤더라 6 이에 다윗이 헷 사람 아히멜렉과
스루야의 아들 요압의 아우 아비새에게 물어 이르되 누가 나와
더불어 진영에 내려가서 사울에게 이르겠느냐 하니 아비새가 이르되
내가 함께 가겠나이다

다윗은 사울이 진 친 곳을 직접 확인하기 위해 갔다. 개역개정에서는 "머무는 곳을 본즉(5절)"의 주어 '다윗'이 동사 '보다'와 떨어져 있어 잘 드러나지 않지만, 원문(바야르 다빗 엣 하마콤, *wayyar' dāwid 'et hammāqôm*)에서는 사울이 진 친 곳을 눈으로 확인한 주체가 '다윗'임을 분명히 한다. 사울의 장막은 부하들의 장막에 둘러싸여 보위되고 있었다. 이것은 사울이 용변을 위해 홀로 굴 안에 들어왔을 때와 완전히 다른 상황이다. 본 단락에서 다윗은 수행원 하나만 거느리고 병사들이 즐비한 사울의 진영에 칩입한다. 요나단이 자기의 병기 드는 자와 함께 블레셋 진영을 선제공격했던 사무엘상 14장을 상기시킨다.

다윗은 헷 사람 아히멜렉과 스루야의 아들 요압의 아우 아비

【스루야의 아들들】 스루야는 다윗의 누이로 아비새와 요압, 아사헬을 아들로 두었다. 이 세 사람은 모두 열렬한 다윗 지지자들이자 측근에서 다윗을 섬긴 용맹한 전사들이었다(삼하 16:9-11; 21:17; 대상 18:12). 막내 아사헬은 사울의 장군 아브넬의 손에 죽는다. 기브온의 웅덩이 근처에서 벌어진 전투 중 아브넬을 추격하다 변을 당한 것이다(삼하 2:12-23). 요압과 아비새는 아사헬을 죽인 아브넬을 추격하지만 끝내 잡지 못하고 후일의 복수를 다짐한다. 시간이 흘러 아브넬이 다윗에게 망명해 오자 요압은 그를 죽임으로써 막내 동생 아사헬의 원수를 갚는다(삼하 3:22-30). 요압은 다윗에게 알리지 않고(만약 알렸다면 다윗은 분명 반대했을 것이므로) 아브넬을 죽인다. 이 일로 다윗은 스루야의 남은 두 아들과 결별하고 그들에 대한 하나님의 심판을 선포한다(삼하 3:38-39).

새를 향해 묻는다(6절). “누가 나와 더불어 진영에 내려가서 사울에게 이르겠느냐.” 여기에 언급된 헷 사람 아히멜렉에 대해 알려진 바는 거의 없다. 이후의 이야기에서도 그의 이름이 언급되지 않는다. 따라서 다윗의 질문은 아비새를 염두에 둔 것이다. 아비새는 다윗의 누이 스루야의 큰아들이므로 다윗의 조카이자, 스루야의 또 하나의 아들인 요압의 형이다. 사무엘하 2장에서 스루야의 아들들(아비새, 요압, 아사헬)은 강경 노선의 장군들로 등장한다. 다윗은 왜 아비새를 데려갔을까? 어떤 학자에 따르면 다윗은 아비새를 심부름꾼으로 데려갔다. 즉 사울을 죽여 손에 피를 묻히는 일을 그에게 시키려 했다는 것이다. 아비새는 새로운 왕국에서 한자리하기 위해서라면 다윗을 위해 기꺼이 그 일을 감당할 만큼 야심이 있던 인물이다. 아니나 다를까 다윗의 질문에 아비새는 지체 않고 응답한다. 다른 학자는 아비새를 동행시킨 의도가 사울 곁에 있던 아브넬 때문이라고 주장한다. 사울의 군대 장관인 아브넬에 맞설 만한 인물이 다윗의 왕국에서는 아비새 장군이었을 것이기 때문이다. 또 다른 학자는 아비새가 다윗의 어두운 면을 잘 드러내 주는 인물이라고 말한다. 즉 자신의 명예와 이익을 위해 폭력도 기꺼이

【헷 사람】 창세기 10장 15절에 따르면 헷은 가나안—함의 아들—의 아들이다. 즉 헷 사람은 가나안 원주민 중 하나다. 노아의 세 아들에 대한 저주가 기록된 창세기 9장 25-27절은 함의 자손인 헷이 셈의 자손인 이스라엘 사람들에게 굴복할 것을 보여 주는 최초의 본문이다. 이후 성경은 헷 사람들이 이스라엘에 의해 정복될 것임을 계속해서 예언한다(창 15:18-21; 출 3:8; 23:28; 신 7:1-2; 20:17). 그러나 실제 정복의 역사에서 이스라엘 사람들은 헷 사람들을 완전히 몰아내는 일에 실패한다(수 3:5-6). 이 때문에 이스라엘 사람들 가운데 헷 사람들이 섞여 살게 되었다. 족장 시대부터 헷 사람과 이스라엘 사람들 간에는 교류가 있었다. 아브라함이 사라의 매장지를 찾을 때 헷 사람 에브론이 아브라함에게 자신의 땅—막벨라의 굴과 그 주변의 토지—을 팔았다(창 23장). 에서의 아내들도 헷 여인들이었다(창 27:46). 다윗에게도 가까운 헷 친구들이 몇몇 있었다. 다윗은 헷 사람 아히멜렉에게 사울의 진영에 잠입할 것을 제안하였다(삼상 26:6). 다윗이 밧세바와의 간음을 감추기 위해 살해한 우리아도 헷 사람이었다(삼하 11:3; 23:39). 솔로몬 시절에 헷 사람들은 강제 노동에 징집되었고(왕상 9:20) 솔로몬 자신도 헷 공주를 아내로 맞이하였다. 포로기 시대에 헷 사람은 경멸의 대상이었다(겔 16:3; 45). 헷 사람들의 관습은 유대인들이 피해야 할 대상으로 인식되었다(스 9:1). 세계사에서 헷 족속은 ‘히타이트인’으로 알려져 있다. 이들은 셈어를 사용하는 가나안 사람과 달리 인도-유럽어를 사용하는 민족이었다. 히타이트인은 제2천년기(주전 2000년-1000년 사이의 기간)에 지금의 터키 지방을 중심으로 큰 제국(수도 ‘하투사,’ 국명 ‘하티’)을 이루었다. 히타이트의 전성기(주전 14-13세기)에는 가나안 지방까지 자신의 영토로 편입하였고 이 과정에서 이집트와 군사적으로 충돌하기도 했다. 성경 족장 시대에 히타이트인들이 언급되는 것은 이런 역사적 현실을 반영한 듯하다. 그러나 이스라엘이 가나안에 정착하고 왕정을 이루고 산 제1천년기(주전 1000년-330년 사이의 기간)에는 히타이트는 오래전에 망하고 없어진 나라였다. 히타이트의 왕손들이 북 시리아 지역에 조그마한 도시 국가들을 이루어 그 명맥이 이어지지만 이 도시 국가들도 얼마 후 신-아시리아에 의해 멸망당한다.

사용하는 다윗의 어두운 부분을 대리 실현해 주는 인물이라는 것이다. 어떤 이유가 맞든 분명한 것은 스루야의 아들 아비새가 야심 있는 사람이라는 사실이다. 따라서 본 단락은 앞으로 전개될 이야기에서 스루야의 아들들이 가질 강경한 역할에 대한 복선이 된다.

아비새가 사울을 죽이려 함 26:7-8

7 다윗과 아비새가 밤에 그 백성에게 나아가 본즉 사울이 진영
가운데 누워 자고 창은 머리 곁 땅에 꽂혀 있고 아브넬과 백성들은
그를 둘러 누웠는지라 8 아비새가 다윗에게 이르되 하나님이 오늘
당신의 원수를 당신의 손에 넘기셨나이다 그러므로 청하오니 내가
창으로 그를 찔러서 단번에 땅에 꽂게 하소서 내가 그를 두 번
찌를 것이 없으리이다 하니

어둠을 틈타 적군의 진영에 접근한("밤에 그 백성에게 나아가 본즉", 7절) 다윗과 아비새는 세 가지를 목격한다. 사울이 자기 장막에 누워 잠들어 있었고, 그의 창이 땅에 단단히 박혀 있으며(창을 머리 곁 땅에 꽂은 이유는 창을 뽑는 소리를 듣기 위해서이다), 아브넬과 군사들은 사울의 주위에서 잠자고 있었다(7절의 "누웠는지라"는 잠자는 행위를 지칭한다). 사울이 잠든 것은 이해할 수 있어도 그를 보호해야 할 아브넬과 군사들이 모두 잠들어 있었다는 것은 이상하다. 아비새는 당연히 사울을 죽일 기회가 왔다고 생각한다. 그는 "하나님이 오늘 당신의 원수를 당신의 손에 넘기셨나이다"라고 한다. 이것은 굴에서 홀로 용변을 보던 사울을 향해 다윗의 부하들이 한 말과 유사하다(24:4). 그러나 그때의 부하들과 달리 아비새는 사울을 죽이는 일을 다윗에게 맡기지 않는다. 자신이 직접 나서겠다는 것이다. 다윗이 사울의 겉옷 자락만을 베었다는 사실을 아는 아비새는 다윗을 온전히 신뢰할 수 없었던 것이다. 여기서 우리는 사울을 죽이려는 아비새의 결연한 의지를 본다. "내가 창으로 그를 찔러서 단번에 땅에 꽂게 하소서 내가 그를 두 번 찌를 것이 없으리이다." 한

편, 아비새가 말한 “창”이 사울의 창을 가리킬 수도 있다. 원수의 무기로 원수를 무찌르는 것은 완전한 승리를 의미하기 때문이다. 다윗이 골리앗의 검으로 골리앗의 숨통을 끊었음을 기억하라.

아비새를 가로막는 다윗 26:9–11

9 다윗이 아비새에게 이르되 죽이지 말라 누구든지 손을 들어
여호와의 기름 부음 받은 자를 치면 죄가 없겠느냐 하고 10 다윗이
또 이르되 여호와께서 살아 계심을 두고 맹세하노니 여호와께서
그를 치시리니 혹은 죽을 날이 이르거나 또는 전장에 나가서
망하리라 11 내가 손을 들어 여호와의 기름 부음 받은 자를 치는
것을 여호와께서 금하시나니 너는 그의 머리 곁에 있는 창과
물병만 가지고 가자 하고

다윗은 사울을 죽이겠다고 나서는 아비새를 저지한다. 그가 애초에 아비새를 동행시켰던 것은 사울을 죽이기 위함이었음에도 마지막 순간에 ‘죽이지 마라 누구든지 손을 들어 여호와의 기름 부음을 받은 자를 치면 죄가 없겠느냐’라고 하며 그를 막아선다. 다윗은 전에도 비슷한 말을 부하들에게 한 바 있다(참조. 삼상 24:6). 여호와의 기름 부음을 받은 자는 여호와를 대표하는 자이다. 한 국가의 대표를 공격하면 그 국가를 공격하는 의미이듯 여호와의 기름 부음을 받은 자를 공격한다는 것은 하나님을 공격한다는 의미이다. 그러나 사울은 이미 사무엘상 15장에서 그 ‘기름 부음’이 취소되었다. 왕은 선지자를 통한 하나님의 말씀에 순종할 때 왕으로서 특권을 유지할 수 있다. 사울은 그런 특권을 이미 빼앗겼다. 이 사실을 알았을 다윗이 기름 부음을 거론하며 아비새의 앞을 막아선 것은 자신도 ‘기름 부음을 받은 자’라는 사실과 무관하지 않다. 즉 다윗은 절대로 여호와께서 기름 부은 자를 해치지 않을 것이니 너희들도 절대 여호와께서 기름 부은 자, 즉 자신을 치면 안 된다고 말하는 듯하다. 이 같은 내용이 다윗 왕국에서 가장 영

향력 있는 장군이 될 아비새에게 다시 강조되었다는 것은 우연만은 아닐 것이다.

아비새는 다윗의 말이 마음에 들지 않았을 것이다. 그는 아무런 대답도 하지 않는다. 그러자 다윗이 계속해서 말을 이어 간다(10절). 다윗은 하나님께서 직접 사울을 치실 것이라고 아비새를 설득한다. 다윗은 사무엘상 25장의 경험을 통해 이 교훈을 얻었다. 하나님께서 적절한 때에 사울의 닮은 꼴인 악인 나발을 치시는 것을 체험했다. 이런 체험을 통해 다윗은 때가 되면 하나님이 직접 사울을 심판할 것이라고 믿었다. 또한 24장에서 다윗은 사울의 심판을 지나가듯 언급하지만 본문의 10절에서는 심판의 방법들을 노골적으로 표현한다는 점을 주목하자. 사울은 갑작스럽게 죽거나("여호와께서 그를 치시리니"), 때가 되어서 죽거나("죽을 날이 이르거나"), 전투하다가 죽을 것("전장에 들어가서 망하리라")이다.

11절에서 기름 부은 자를 치지 말라고 다시 한 번 반복한 다윗은 창과 물병만을 취하라고 명령한다. "창과 물병만 가지고 가자"라는 개역개정역에는 명령의 의미가 잘 부각되지 않는다. 히브리어 원문은 "창과 물병만 취하라. 자 가자"로 번역되어야 한다. '취하라'(카흐-나, *qaḥ-nā'*)는 아비새에게 하는 2인칭 명령법이고 '가자'(넬라카, *nēlăkāh*)는 청유형 동사이다. 다윗은 왜 창과 물병을 취하라고 했을까? 아마도 창이 다윗에게 끔찍한 기억을 주었다는 사실과 관계있는 것 같다. 사울은 수차례 창을 던져 무장하지 않은 다윗을 벽에 꽂으려 하였다. 한편 물병을 취하라고 명령한 이유는 분명하지 않은데 물이 '생명의 근원'을 상징한다고 보는 사람도 있지만 보다 설득력 있는 주장은 물병이 '사울의 머리 곁'에 있었기 때문이라는 것이다(26:16 참조). 머리 곁의 물병과 창이 없어진 것을 알면 다윗이 자신을 죽일 기회가 있었음을 사울도 인정하지 않을 수 없을 것이다.

여호와의 도우심 26:12

12 다윗이 사울의 머리 곁에서 창과 물병을 가지고 떠나가되 아무도
보거나 눈치 채지 못하고 깨어 있는 사람도 없었으니 이는
여호와께서 그들을 깊이 잠들게 하셨으므로 그들이 다 잠들어
있었기 때문이었더라

다윗은 사울의 머리 곁에서 창과 물병을 직접 취한다(바이카흐 다빗, *wayyiqaḥ dāwid*, 12절). "창과 물병만 가지고 (가자)"로 번역된 개역개정역을 원문에 맞추어 명령으로 이해하는 것이 중요한 이유는 실제로 창과 물병을 취한 사람이 다윗이라는 사실 때문이다. (원문에 따라) 아비새에게 창과 물병을 취하라 명령한 다윗은 왜 갑자기 마음을 바꾸어 직접 물병과 창을 취했을까? 이에 대해 마지막 순간 다윗이 아비새를 신뢰할 수 없었기 때문이라고 보는 주석가가 있다. 아비새가 사울의 머리 곁에 접근해 창을 빼어 든다면 그를 단번에 땅에 꽂을 충동을 제어할 수 있었을까?

이 대목에서 독자들은 어떻게 다윗과 아비새가 군인들이 호위하는 사울에게 들키지 않고 접근할 수 있었을까 의아할 것이다. 이는 여호와께서 그들로 "깊이 잠들게 하셨기" 때문이다. 즉 하나님의 도우심 때문이다. "깊이 잠들게 하셨다"로 번역된 히브리어 '타르데마'(*tardēmāh*)는 하나님의 초자연적 개입 역사에 주로 사용된다. 아담을 "깊이 잠들게 한" 후 하와를 만드셨고(창 2:21), 창세기 15장의 언약 갱신 의식 이전에 하나님은 아브라함에게 "깊은 잠"을 주셨다(창 15:12). 다윗과 아비새가 이런 하나님의 도우심을 깨달았는지는 확실하지 않다. 그러나 그들이 무사히 사울의 진영에 출입할 수 있었던 것은 하나님의 보이지 않는 손의 역사이다.

다윗이 아브넬을 꾸짖음 26:13-16

13 이에 다윗이 건너편으로 가서 멀리 산 꼭대기에 서니 거리가
멀더라 14 다윗이 백성과 넬의 아들 아브넬을 대하여 외쳐 이르되
아브넬아 너는 대답하지 아니하느냐 하니 아브넬이 대답하여 이르되
왕을 부르는 너는 누구냐 하더라 15 다윗이 아브넬에게 이르되
네가 용사가 아니냐 이스라엘 가운데에 너 같은 자가 누구냐
그러한데 네가 어찌하여 네 주 왕을 보호하지 아니하느냐 백성
가운데 한 사람이 네 주 왕을 죽이려고 들어갔었느니라 16 네가 행한
이 일이 옳지 못하도다 여호와께서 살아 계심을 두고 맹세하노니
여호와의 기름 부음 받은 너희 주를 보호하지 아니하였으니 너희는
마땅히 죽을 자이니라 이제 왕의 창과 왕의 머리 곁에 있던 물병이
어디 있나 보라 하니

다윗은 사울의 창과 물병을 가지고 적진에서 빠져나와 건너편 산에 섰다. 사무엘서 저자가 "거리가 멀더라"(13절)는 말로 다윗과 사울의 거리를 강조한 것은 사울의 군대가 즉각 추격전에 나서지 않은 이유를 설명하려는 듯하다. 다윗은 깊이 잠든 그들을 깨우기라도 하려는 듯 사울의 군대, 특히 아브넬을 향하여 큰 소리로 외친다(14절). 이때 본문이 직접 언급하지 않았지만 다윗은 사울의 이름을 언급한 것 같다. 때가 아직 밤이었다면 먼 거리임에도 다윗의 소리는 사울의 군대를 깨우기에 충분하였을 것이다. 왕의 이름을 부르는 소리에 잠을 깬 아브넬은 "왕을 부르는 너는 누구냐"라고 대답한다. 아브넬은 전에도 다윗을 못 알아본 적이 있다. 사울이 골리앗을 무찌른 젊은이가 누구의 아들인지를 아브넬에게 묻자 아브넬은 "왕의 사심으로 맹세하옵나니 내가 알지 못하나이다"라고 대답한다. 그때나 지금이나 아브넬은 다윗이 어떤 인물인지 알아보지 못한다. 사울이 죽은 후 북방 지파들을 지배하는 가장 영향력 있는 장군이 된 후에도 아브넬의 상황 파악 능력("눈치가 없음")은 변하지 않는다. 이 때문에 요압이 그를 죽이려고 조용한 곳으로

불렀을 때 아브넬은 의심 없이 따라갔다가 살해당한다(삼하 3:27 참조).

다윗은 15절에서 "너는 누구냐"라는 아브넬의 질문을 무시하고 그의 잘못을 지적하기 시작한다. "네가 용사가 아니냐 이스라엘 가운데에 너 같은 자가 누구냐 그러한데 네가 어찌하여 네 주 왕을 보호하지 아니하느냐 백성 중 한 사람(아비새를 지칭함)이 네 주 왕을 죽이려고 들어갔었느니라." 아브넬의 입장에서 이것은 누구인지도 모르는 사람에게서 나온 뚱딴지같은 주장이었을 것이다. 그러나 계속되는 이야기에 아브넬은 아무 말도 못하게 된다. "이제 왕의 창과 왕의 머리 곁에 있던 물병이 어디 있나 보라." 다윗은 아브넬의 근무 태만을 지적하면서 그것이 처음이 아님을 암시한다. "기름 부음 받은 너희 주를 보호하지 아니하였으니"라는 말은 사무엘상 24장의 사건을 기억나게 한다. 엔게디 근처 동굴에서 사울은 다윗과 그의 부하의 손에 죽을 뻔했다. 왕이 당한 위험의 궁극적 책임이 아브넬에게 있음을 고려하면 아브넬은 그때도 직무를 다하지 못한 것이다. 그리고 아브넬의 반복되는 실수 즉 사울 왕을 잘 보필하지 못한 사건은 이후에 그가 사울 가문을 버릴 것임(삼하 3장)을 암시한다.

다윗의 무죄 주장 26:17-20

17 사울이 다윗의 음성을 알아 듣고 이르되 내 아들 다윗아 이것이
네 음성이냐 하는지라 다윗이 이르되 내 주 왕이여 내 음성이니이다
하고 18 또 이르되 내 주는 어찌하여 주의 종을 쫓으시나이까 내가
무엇을 하였으며 내 손에 무슨 악이 있나이까 19 원하건대 내 주
왕은 이제 종의 말을 들으소서 만일 왕을 충동시켜 나를 해하려
하는 이가 여호와시면 여호와께서는 제물을 받으시기를
원하나이다마는 만일 사람들이면 그들이 여호와 앞에 저주를
받으리니 이는 그들이 이르기를 너는 가서 다른 신들을 섬기라 하고
오늘 나를 쫓아내어 여호와의 기업에 참여하지 못하게 함이니이다
20 그런즉 청하건대 여호와 앞에서 먼 이 곳에서 이제 나의 피가 땅에

흐르지 말게 하옵소서 이는 산에서 메추라기를 사냥하는 자와 같이 이스라엘 왕이 한 벼룩을 수색하러 나오셨음이니이다

아브넬이 다윗의 비난에 아무 말도 못하고 있자 사울이 개입한다. 사울은 다윗의 음성을 알아들었지만 어둠 때문에 확신할 수 없기에 다음과 같이 질문한다. "내 아들 다윗아 이것이 네 음성이냐"(17절). 사울이 다윗을 다시 아들로 부르고 있음에 주목하라. 그러나 사울은 이미 다윗의 아내 미갈을 제3자에게 시집보낸 상태이다. 엄격하게 말해 다윗은 더 이상 사울의 아들이 아니다. 이 때문일까? 다윗은 사울을 아버지라고 부르지 않는다. 24장의 비슷한 장면에서는 다윗이 사울을 아버지로 부른 바 있다(24:11).

다윗은 사울에게 아직도 자신을 쫓고 있는 이유를 추궁한다. "내가 무엇을 하였으며, 내 손에 무슨 악이 있나이까?"(18절) 그리고 다윗은 그 이유가 사울 자신이 악하기 때문은 아니라(19절)고 말하는 듯하다. 사울을 '충동시켜' 자신을 쫓게 한 분이 여호와일 가능성과 사람들일 가능성을 나누어 생각한다. 어느 경우도 사울의 악한 마음을 원인으로 언급하지는 않는다. 다소 외교적 언술이다. 다윗은 사울을 충동시켜 자신을 쫓게 한 분이 여호와라면 그분의 신비한 뜻을 찬양할 것이라고 말한다. "여호와께서는 제물을 받으시기를……"('야라흐', *yāraḥ*, '흠향하다'의 의미). 그러나 사람들이 사울을 충동하여 자신을 쫓게 하는 것이라면, 그들은 저주를 받을 것임을 분명히 한다. 그 사람들의 목적은 다윗을 외국으로 쫓아내어 여호와의 유업을 받지 못하게 하는 것이기 때문이다. 19절의 "너는 가서 다른 신을 섬기라"는 구절은 '망명'을 의미하는 숙어이다. 고대 세계의 모든 국가는 자신의 토착 신을 가진다. 따라서 한 나라에서 다른 나라로 망명하는 것은 섬기는 신을 바꾸는 것이다(참조. 룻 1:15-16). 사울의 주변에는 다윗의 망명을 원하는 적들이 있었던 것 같다. 다윗은 이런 자들을 강하게 저주한다.

다윗은 자신을 메추라기와 벼룩에 비유(20절)하며 연설을 마무리한다. 사냥꾼이 산에서 메추라기를 추적하듯이 사울이 벼룩 같은

자신을 추적하려 나왔다고 한다. '메추라기'로 번역된 히브리어 '하코레'(*haqqōrē'*)는 '부르는 자'로 이해될 수 있다. 아브넬은 건너편 산에서 외치는 다윗을 하코레로 지칭한 바 있다(14절, "왕을 부르는 너"). 저자는 언어유희를 통해 메추라기를 다윗('외치는 자')에 대한 은유어로 사용한다. 한편 벼룩은 24장에서 다윗이 이미 사용했던 은유이다. 24장에서 다윗은 사울에게 자신을 죽은 개와 벼룩에 비유했었다(24:14).

사울이 다윗을 축복함 26:21-25

21 사울이 이르되 내가 범죄하였도다 내 아들 다윗아 돌아오라 네가
오늘 내 생명을 귀하게 여겼은즉 내가 다시는 너를 해하려 하지
아니하리라 내가 어리석은 일을 하였으니 대단히 잘못되었도다
하는지라 22 다윗이 대답하여 이르되 왕은 창을 보소서 한 소년을
보내어 가져가게 하소서 23 여호와께서 사람에게 그의 공의와 신실을
따라 갚으시리니 이는 여호와께서 오늘 왕을 내 손에 넘기셨으되
나는 손을 들어 여호와의 기름 부음을 받은 자 치기를 원하지
아니하였음이니이다 24 오늘 왕의 생명을 내가 중히 여긴 것같이
내 생명을 여호와께서 중히 여기셔서 모든 환난에서 나를 구하여
내시기를 바라나이다 하니라 25 사울이 다윗에게 이르되 내 아들
다윗아 네게 복이 있을지로다 네가 큰 일을 행하겠고 반드시
승리를 얻으리라 하니라 다윗은 자기 길로 가고 사울은 자기 곳으로
돌아가니라

다윗의 연설에 대한 사울의 대답은 지난번보다 더 솔직하다. 지난번에는 다윗이 자기보다 의롭다고 말했지만(24:17), 이번에는 자신의 죄를 고백한다. "내가 범죄하였도다…… 내가 어리석은 일을 하였으니 대단히 잘못되었도다"(21절). 지난번에는 다윗의 가는 길(왕위 등극의 길)을 축복하였지만 다윗을 해치지 않겠다는 약속은 하지 않았다. 그러나 이번에는 다윗을 향하여 "내 아들 다윗아 내게 돌아오라"라고 하며 "내가

다시는 너를 해하지 아니하리라"라고 분명히 약속한다.

사울의 솔직한 죄 고백에 다윗은 창을 돌려주겠다고 하는데 사울에게 있어 창은 통치의 상징이다. 사울은 창을 홀처럼 손에 쥐고 있었다. 다윗이 사울에게 창을 돌려준다는 것은 사울의 왕국을 다윗이 인위적으로 끝내지 않겠다는 의지이다. 이것은 이어지는 다윗의 말(23절)에서도 분명해진다. 사무엘상 24장에서는 자신의 무죄를 주장하면서 사울에 대한 정죄와 심판의 메시지를 첨가했지만 이번에는 하나님의 심판을 언급하지 않고 자신의 '공의와 신실'에 대한 보답으로 여호와께서 자신을 모든 환난에서 구하여 주시기만을 기원한다.

이에 사울은 다윗을 축복하며 보낸다. "내 아들 다윗아 네게 복이 있을지로다 네가 큰 일을 행하겠고 반드시 승리를 얻으리라." 이 축복은 사울이 다윗에게 아버지로 한 마지막 축복이다. 둘은 다시 만나지 못한다. 사울의 축복이 사무엘상 24장에서처럼 구체적이지는 않지만 사울의 말이 의미하는 바는 분명하다. 다윗이 반드시 왕이 될 것이고 이스라엘 나라가 다윗의 손에서 견고히 설 것이다(24:20 참조). 이 축복의 말을 마지막으로 다윗과 사울은 헤어져 서로의 길을 간다. 사울은 "자기 곳", 즉 기브아로 갔고 다윗은 "자기 길"로 갔다. 본문은 다윗의 "자기 길"이 어디인지 특정하지 않지만 그것은 결과적으로 블레셋 망명을 의미한다(27:1-2).

질문

1. 자신의 목숨을 살려 준 다윗을 사울이 다시 추격하는 이유는 무엇이라고 생각합니까?
2. 다윗과 아비새은 어떻게 들키지 않고 사울의 진영에 잠입했다가 무사히 빠져나왔을까요?
3. 아비새는 누구입니까? 다윗이 그를 데려간 이유는 무엇입니까?
4. 물병과 창을 취하라고 명령한 다윗이 마음을 바꾸어 직접 사울에게 다가가 물병과 창을 가져온 이유는 무엇입니까?
5. 다윗은 본문에서 사울의 목숨을 두 번째 살려 줍니다. 사무엘상 24장의 사건과 비교할 때 본 장이 주는 문학적·신학적 메시지는 무엇이라고 생각합니까?

묵상

다윗이 자신의 목숨을 이전에 살려 주었는데도 사울은 추격을 멈추지 않습니다. 하나님의 뜻이 다윗의 왕 됨에 있다는 사실을 알았음에도 사울은 그 뜻을 거부합니다. 우리가 사는 세계는 아름다운 퇴장이 드문 시대입니다. 가능성 있는 후배를 격려하고 길을 터주는 여유보다 경쟁자로 생각하여 누르려는 마음이 많습니다. 자신의 왕국보다 하나님의 왕국을 생각하는 것이 무엇인지 묵상해 봅시다.

28
블레셋 왕 아기스의 용병이 된 다윗

삼상 27:1-28:2

다윗은 블레셋으로 망명한다. 이번이 두 번째다. 첫 번째 망명 시도에서는 아기스 왕의 신하들이 반대하는 바람에 쫓겨났지만 이번에는 아기스 왕의 환대 가운데 가드에 머문다. 그러나 지나친 관심과 감시에 부담을 느낀 다윗은 지방 성읍으로 이전을 원하고 아기스 왕은 그에게 시글락을 주어 그곳에서 약탈을 통한 생계를 허락한다. 유다 성읍 대신 아말렉 등을 약탈한 다윗은 이 사실이 알려지지 않게 하기 위해 약탈한 성읍의 주민들을 모두 죽인다. 아기스는 다윗이 유다 마을을 약탈한다고 생각하고 그가 진정으로 블레셋의 종이 되었다고 믿는다. 그리고 그를 대이스라엘 전쟁에 투입시키려 한다.

다윗의 두 번째 블레셋 망명 27:1–2

1 다윗이 그 마음에 생각하기를 내가 후일에는 사울의 손에
붙잡히리니 블레셋 사람들의 땅으로 피하여 들어가는 것이
좋으리로다 사울이 이스라엘 온 영토 내에서 다시 나를 찾다가
단념하리니 내가 그의 손에서 벗어나리라 하고 2 다윗이 일어나
함께 있는 사람 육백 명과 더불어 가드 왕 마옥의 아들
아기스에게로 건너가니라

사무엘상 26장은 사울은 "자기 곳"으로 갔고 다윗은 "자기 길"로 갔다는 설명으로 끝난다. 정황상 사울은 고향 기브아로 돌아갔을 가능성이 높지만 다윗이 어디로 향했는지는 분명하지 않다. "아들 다윗아 돌아오라"(26:21)는 사울의 말을 거절한 다윗이 기브아로 가지는 않았을 것이다. 놀랍게도 다윗은 가드의 왕 아기스에게로 향한다. 왜 이 시점에서 다윗이 블레셋으로 가야 했을까? 26장에서 사울은 다윗을 향하여 "다시는 너를 해하려 하지 아니하리라"(26:21)라고 하지 않았는가? 사울이 말한 바를 지키지 않는 사람이라 하지만 이야기의 흐름을 볼 때 드디어 다윗이 유다 땅 안에서 자신의 왕권을 세워 갈 수 있는 여건들은 조성된 듯하다. 그런데 블레셋으로 망명하다니…… 언뜻 이해가 되지 않는다.

사무엘서 저자는 1절에서 다윗의 속마음을 알려 준다. "내가 후일에는 사울의 손에 붙잡히리니 블레셋 사람들의 땅으로 피하여 들어가는 것이 좋으리로다 사울이 이스라엘 온 영토 내에서 다시 나를 찾다가 단념하리니 내가 그 손에서 벗어나리라." 다윗은 지금까지 전개된 상황에 대해 다른 평가를 내리는 것 같다. 그는 유다 땅에 계속 머물러 있으면 결국 사울에게 죽임 당할 것이라고 생각했다. 이런 다윗의 생각은 혼란스럽다. 사무엘상 24–26장에서 사울과 다윗의 입장이 역

전되지 않았는가? 또한 하나님이 자신을 모든 환란 가운데 구원하시리라는 기도와 고백은 어디에 갔는가?(25:24) 사울을 두려워하여 블레셋으로 망명한 다윗의 행위는 분명 믿음의 행위로 보기 어렵다. 많은 학자들이 다윗이 블레셋에 간 이유는 블레셋을 속이는 '간첩 작전'을 수행하기 위함이라고 한다. 그리고 1절의 속마음도 다윗의 진심이 아니라고 한다. 그러나 이런 주장에는 다윗을 지나치게 영웅화하여 다윗을 영웅 설화의 주인공으로 전락시킬 위험이 있다.

다윗이 블레셋 망명을 시도한 것은 처음이 아니다. 사무엘상 21장에서도 다윗은 사울이 두려워 망명을 결심했다. 그러나 그 두려움은 충분히 이해할 수 있었다. 사울이 여러 차례 다윗을 목표 삼아 창을 던졌고 사울의 군사들은 그를 죽이려고 밤새 그의 집 앞에 매복하였다. 그럼에도 첫 번째 망명 시도는 하나님의 뜻이 아니었다. 이것은 본문의 여러 구절을 통해 암시되었는데 다윗이 하나님의 뜻을 구할 기회가 있었음에도 묻지 않고 블레셋으로 망명했다는 사실에서 강하게 암시된다(21:9에 대한 해설 참조). 다윗의 두 번째 망명 시도 역시 인간적 염려에서 출발한다는 점에서 첫 번째 망명 시도와 별반 다르지 않다. 그렇다면 어떻게 지금까지의 이야기의 흐름과 다윗의 망명을 조화시킬 수 있을까? 다윗은 역경 가운데서도 하나님의 도우심을 체험했고, 하나님의 섭리 가운데 두 번이나 사울 왕을 죽일 기회도 가졌으며, 사울 왕의 입으로부터 "왕이 될 것이라"는 축복도 받았다. 그런데 갑자기 두려움 때문에 현장을 버리고 블레셋으로 망명했다는 사실은 이해하기 어렵다. 다윗의 망명 시도를 '의도적인 간첩 활동'이라고 주장하는 학자들의 마음은 이해할 수 있지만 1절에 드러난 다윗의 속마음은 의도적인 간첩 활동과는 전혀 다르다. 갑작스런 두려움—언젠가는 자신이 사울에 손에 의해 망할 것이라는 생각—이 망명의 직접적 이유라는 사실(1절)은 그때까지 다윗이 경험한 일들에도 불구하고 다윗의 믿음이 연약했음을 보여 준다. 즉 다윗도 우리와 다를 것 없는 죄인이다.

다윗이 지금 느끼는 심리는 이세벨에게 쫓기던 엘리야의 심정과 비교될 수 있다. 엘리야도 열왕기상 18장에서 하나님의 구원을 극적인 형태로 경험했다. 이세벨과 아합의 바알 숭배 정책으로 온 이스라엘에 바알 신앙이 만연했지만 엘리야는 바알 신앙의 중심지인 갈멜 제단에서 여호와가 참 하나님임을 증명하는 장엄한 광경을 연출했다. 그러나 열왕기상 19장에서 엘리야는 전혀 다른 모습의 선지자가 된다. 그는 “광야로 들어가 하룻길쯤 가서 한 로뎀 나무 아래에 앉아서 자기가 죽기를”(4절) 원했다. 엘리야가 여호와의 전사에서 세상에서 가장 우울한 사람으로 급변한 것은 자신의 목숨을 노리는 이세벨 때문이었다. 엘리야는 갈멜산 승리가 ‘세상’을 바꿀 것이라고 확신했을지 모른다. 그러나 갈멜에서 엘리야가 섬기는 여호와가 대승을 거두었지만 이스라엘은 여전히 바알 숭배자인 이세벨의 천하이다. 갈멜산의 극적인 승리로도 아무것도 바뀌지 않는다면 무엇이 이세벨이 지배하는 이스라엘을 바꿀 수 있겠는가? 더 이상 사역의 의미를 찾을 수 없었던 엘리야는 곧 두려움에 사로잡힌다. 아마 비슷한 심리가 다윗에게 작용했던 것은 아닐까? 다윗은 최근에 두 번이나 자신 손으로 사울을 죽일 수 있는 기회를 가졌다. 그러나 기름 부음에 대한 경외 때문에 사울을 살려주었다. 그리고 사울의 회개(죄 고백)와 축복(다윗이 왕이 될 것임)도 받아내었다. 다윗은 이것이 도망 생활의 마지막이라고 생각했는지 모른다. 그러나 그와 같은 명백한 하나님의 역사에도 불구하고 ‘세상’은 바뀌지 않았다. 사울은 여전히 추적을 멈추지 않고, 자신은 정처 없는 도망자의 삶을 살아야 한다. 엘리야처럼 다윗도 두려움에 사로잡혀 모든 것을 포기하고 싶지 않았을까. 결국 다윗은 자신의 가족과 6백 명의 부하들과 함께 망명을 결심한다. 그리고 가드 왕 마옥의 아들 아기스에게로 피신한다.

사울이 추격을 중지함 27:3-4

3 다윗과 그의 사람들이 저마다 가족을 거느리고 가드에서 아기스와
동거하였는데 다윗이 그의 두 아내 이스르엘 여자 아히노암과
나발의 아내였던 갈멜 여자 아비가일과 함께 하였더니 4 다윗이

가드에 도망한 것을 어떤 사람이 사울에게 전하매 사울이 다시는 그를 수색하지 아니하니라

21장에 기록된 첫 번째 망명 시도 때와 달리 다윗의 망명 신청은 블레셋 신하들의 저항에 부딪히지 않고 아기스 왕에게 받아들여진다. "아기스와 동거하였다"는 말은 아기스의 성읍 가드(5절의 "왕도")에서 그가 베푸는 녹으로 생활했다는 의미이다. 첫 번째 망명을 시도했을 때와는 여러 가지로 변해 있었다. 첫째, 그때는 도망자 신분이었지만 지금은 상당한 군사를 거느린 장군의 신분이다. 아기스 왕에게 지금의 다윗은 그때보다 훨씬 이용 가치가 높다. 다윗이 거느린 6백 명의 용사는 아기스의 군사력을 강화시켜 줄 것이다. 둘째, 지난번에는 아기스의 신하들이 다윗을 "그 땅의 왕"이라 불렀을 정도로 다윗을 두려워했다. 그리고 골리앗을 무찌른 이스라엘의 최고 장수 다윗이 망명하려는 진의도 신뢰할 수 없었다. 그러나 이번에 찾아온 다윗은 오랜 도망자 생활 때문에 "그 땅의 왕"의 위용을 잃어버렸다. 사울을 두려워하여 가족들과 부하 6백 명을 거느리고 아기스 왕에게 찾아온 것이다. 다윗의 관심은 자신의 목숨 보존, 거느린 식솔들과 부하들의 안위였다. 두 번째 망명을 시도한 다윗은 6백 명의 군사를 거느렸지만 첫 번째 망명 때의 홀몸보다 훨씬 덜 위협적이다. 이 때문에 반대하는 신하보다 찬성하는 신하가 많았던 것 같다.

다윗이 거느린 두 아내의 이름이 구체적으로 언급되었는데, 아비가일의 경우 그녀가 "갈멜 여자"였다는 사실이 새롭게 소개된다. 26장에서 사무엘서 저자는 그녀의 남편 나발을 일관되게 갈렙 족속으로만 소개했지만 나발도 아비가일처럼 갈멜 사람일 가능성이 높다. 칠십인역에서는 3절의 아비가일을 "갈멜 사람 나발의 아내"라고 소개한다.

한편 사울은 다윗이 가드로 도망했다는 소식을 듣는다. 그리고 수색 작전을 중단한다. 주권이 미치는 영역을 벗어난 다윗을 추적하기는 불가능하다. 뿐만 아니라 블레셋으로 망명을 했으니 더 이상 이스라엘의 왕이 될 수 없다고도 판단했을 것이다. 블레셋 망명은 신학적

으로 다른 신을 섬기는 자가 되었다는 의미이다. 정치적으로는 이스라엘의 원수가 되었음을 의미한다. 따라서 사울은 우상 숭배자와 원수의 용병이 된 다윗을 백성들이 왕으로 인정할 리 없다고 판단했을 것이다. 즉 다윗을 더 이상 추격할 필요가 없어진 것이다. "왕보다 나은 왕의 이웃"으로서의 다윗은 이스라엘 땅에서 이제 사라졌다.

다윗이 시글락으로 이주함 27:5-7

5 다윗이 아기스에게 이르되 바라건대 내가 당신께 은혜를
입었다면 지방 성읍 가운데 한 곳을 내게 주어 내가 살게 하소서
당신의 종이 어찌 당신과 함께 왕도에 살리이까 하니 6 아기스가
그 날에 시글락을 그에게 주었으므로 시글락이 오늘까지 유다
왕에게 속하니라 7 다윗이 블레셋 사람들의 지방에 산 날 수는
일 년 사 개월이었더라

왕의 성읍 가드에 다윗이 얼마나 머물렀는지는 분명하지 않다. 그러나 이스라엘의 왕이 될 다윗이 적의 수도에서 그것도 다곤 신의 도시에 머무르자면 양심의 고통이 컸을 것이다. 고되고 불안한 생활을 피해 망명을 결심했지만 편안한 생활은 부담을 더욱 가중시켰을 것이다. 또한 아기스 왕이 다윗에게 물질적 편의를 제공했지만 다윗은 가드에 머물면서 늘 아기스 왕의 감시를 받게 된다. 일종의 '가택 구금' 상태다. 다윗은 아기스에게 나아가 다음과 같이 말한다. "내가 당신께 은혜를 입었다면 지방 성읍 가운데 한 곳을 내게 주어 내가 살게 하소서." 다윗에게 분명한 심경의 변화가 있었던 것 같다. 그러나 이 시점에서 다윗의 계획이 무엇인지는 분명하지 않다. 일단 망명한 상황에서 다시 유다 땅으로 돌아가는 것도 쉽지 않을 것이고 블레셋의 힘을 빌려 사울 정권을 물리치는 것도 대안은 아닌 것 같다. 다윗의 마음은 복잡하다. 일단 가드에서 벗어남으로 블레셋 왕의 관심과 감시에서 벗어나고 싶었을 것이다.

다윗은 '은인' 아기스 왕에게 공손하게 접근한다. 그러나 그 공손함은 자신의 의도를 감추기 위함이다. 다윗은 지방 성읍 중 하나를 달라고 요구하는데 표면적 이유는 왕에게 부담이 되고 싶지 않다는 것이다. 지방 성읍 중 한 곳을 하사받으면 그곳을 거점으로 블레셋의 적들을 공격하고 약탈함으로 생계도 유지하고 아기스 왕에게 물질적 도움도 준다는 논리이다. 아기스 왕도 이런 제안이 싫지 않다. 다윗의 망명을 허용한 것도 다윗의 '연예인 효과' 때문이 아니라, 그가 가진 군사력이 큰 도움이 될 것이라고 여겼기 때문이다. 따라서 다윗이 약탈 전쟁을 수행하는 용병이 되겠다고 자원하니 오히려 반가웠을 것이다. 다윗과 아기스는 동상이몽을 하고 있다.

아기스가 다윗에게 허락한 성읍은 시글락이다. 시글락은 본래 여호수아가 시므온과 유다 지파에게 할당했으나 정복하지 못했던 땅이다. 따라서 하나님의 법도로는 유다 땅이나 실질적으로는 블레셋이 지배하는 영토이다. 아기스가 다윗에게 이스라엘과 분쟁의 소지가 있는 영토를 준 것은 다윗의 충성심을 시험하는 것이다. 시글락을 거점으로 유다의 마을들을 약탈하라는 의미다. 그런데 6절 후반부는 의미심장한 말을 기록하고 있다. "시글락이 오늘까지 유다 왕에게 속하니라." "오늘까지"는 사무엘서 저자가 본문을 기록한 시점(다윗이 왕이 된 이후일 것임)을 지칭한다. 다윗이 시글락을 자기 성읍으로 할당받는 순간부터 그것은 '유다 왕'에게 속한 것이다. 여호수아가 유다 지파에게 할당했지만 정복에 실패한 그 땅을 앞으로 왕이 될 다윗이 접수한 것이다. 이것은 다윗이 화려하게 유다 땅으로 귀환할 것을 암시하는 듯하다. 아기스가 시글락을 주자 다윗도 '유다 왕'으로서의 사명을 다시 한 번 상기했을지 모른다.

7절은 다윗이 블레셋에 망명한 기간을 말해 준다. 개역개정은 "일 년 사 개월"이라고 번역하지만, 원문은 매우 불명확하다. 원문은 "수일들과 넉 달"(야밈 베아르바아 호다쉼, *yāmîm bə'arbā'āh ḥŏdāšîm*)이라고 되어 있다. 개역개정을 비롯한 많은 학자들이 "수일"(야밈)이 때때로 1년을 가리키는 히브리어 어법이라고 주장하며 그 구절을 "일 년 사 개월"로 번역한다. 물론 이런 번역이 옳을 가능성이 많다. 그러나 히브리어 원문이 오류가 아니라면 "수일들과 넉달"이라는 것은 다윗이 블레셋에 머문 기간이 얼마 안 되는 기간임을 보이는 의도도 있다. 블레셋 망명이 다윗 왕의 연약한 모습이라고 생각한 사무엘서 저자는 망명 기간이 짧았음을 말해 주려는 것은 아닐까? 다윗은 두 차례나 사울을 살려 주었고 사울도 그때마다 다윗의 왕 됨을 인정하고 해하지 않겠다고 약속했다. 그럼에도 다윗은 도망자의 삶을 살아야 하자, 즉 하나님의 역사가 '세상'을 바꾸지 못한다고 느끼자 절망하고 망명을 결심했다. 하지만 다윗은 얼마 있지 않아 자신의 사명을 찾았고 하나님은 다윗의 망명 생활이 자연스럽게 끝날 여건을 마련해 주셨다고 사무엘서 저자는 이야기하고 있다.

다윗이 아말렉 사람을 진멸함 27:8-11

8 다윗과 그의 사람들이 올라가서 그술 사람과 기르스 사람과
아말렉 사람을 침노하였으니 그들은 옛적부터 술과 애굽 땅으로
지나가는 지방의 주민이라 9 다윗이 그 땅을 쳐서 남녀를 살려 두지
아니하고 양과 소와 나귀와 낙타와 의복을 빼앗아 가지고 돌아와
아기스에게 이르매 10 아기스가 이르되 너희가 오늘은 누구를
침노하였느냐 하니 다윗이 이르되 유다 네겝과 여라무엘 사람의
네겝과 겐 사람의 네겝이니이다 하였더라 11 다윗이 그 남녀를
살려서 가드로 데려가지 아니한 것은 그의 생각에 그들이 우리에게
대하여 이르기를 다윗이 행한 일이 이러하니라 하여 블레셋
사람들의 지방에 거주하는 동안에 이같이 행하는 습관이 있었다
할까 두려워함이었더라

시글락을 거점으로 다윗은 약탈 전쟁을 수행한다. 그러나 아기스의 바람대로 유다의 성읍들이 아니라 이스라엘의 전통적 적들을 공격한다. 8절에 언급된 이스라엘의 적들은 그술 사람, 기르스 사람, 아말렉 사람

들인데(8절) 아말렉 사람을 제외한 그술 사람과 기르스 사람에 대해서는 알려진 바가 거의 없다. 이들은 블레셋의 남서쪽 술과 애굽 땅 사이에 옛부터 살던 사람들이다.

다윗이 공격한 민족 중 가장 주목할 적은 아말렉이다. 이들은 이스라엘의 전통적 적으로 언젠가 이스라엘이 사면의 적으로부터 안식을 얻을 때 도말하겠다고 말씀하신 바 있다(신 25:17-19). 사울은 하나님의 말씀을 성취할 첫 번째 기회를 가졌으나 실패했다. 다윗이 (사울이 못 이룬) 하나님의 말씀을 성취하는 것은 아니지만 사울이 실패한 아말렉 전쟁을 연상시키는 것은 분명하다. 다윗은 남자와 여자 모두를 죽였지만 양과 소, 나귀와 낙타와 의복은 약탈물로 취하였다(9절). 그중 일부는 아기스에게 보냈다. 또한 본문에서는 분명하게 언급되지 않지만 약탈물의 일부로 유다의 성읍들도 도왔다(삼상 29:26). 사무엘서 저자는 비록 다윗의 신분이 아기스의 용병이지만 그의 행보는 이스라엘의 왕으로서의 면모를 가졌음을 보이고 싶은 듯하다.

다윗이 아기스에게 선물을 가지고 오자 아기스는 "오늘은 누구를 약탈하였느냐"라고 묻는다(10절). 아기스가 질문을 한 의도는 분명하지 않다. 의심을 품었던 것일까? 그러나 다음과 같은 다윗의 대답을 들은 아기스는 다윗을 신뢰한다(12절 참조). "유다 네겝과 여라무엘 사람의 네겝과 겐 사람의 네겝이니이다"(10절). 물론 거짓말이다. "네겝"으로 번역된 히브리어 '네게브'(*negeb*)는 팔레스타인의 남쪽 지역, 즉 가사, 사해, 그리고 아카바만(灣)을 꼭지점으로 한 광야 지역을 가리키지만 특정민의 거주지를 지칭하기도 한다. 예를 들어 "유다 네겝"은 유다 사람들이 거주했던 브엘세바 주변 지역을 가리킨다. 여라무엘 사람들은 이스라엘과 친족 관계에 있는 민족이다. 다윗의 조상인 람의 형제 여라므엘을 조상으로 하는 민족이다(대상 2:9, 25-33). 겐 사람들도 모세의 장인이 속한 민족으로 이스라엘과 전통적인 우호 관계를 맺고 있다. 한편 칠십인역은 겐 사람 대신 그나스 사람으로 번역한다. 그나스 사람들도 여라무엘 사람들과 마찬가지로 유다와 친족 관계에 있다. 그들은 람의 형제 중 하나인 갈렙의 손자 그나스의 후손들이다(대상 4:15). 이처럼 다윗이 공격했다고 주장한 사람들은 모두 유다 지파와 관련된 사람들이다. 다윗이 유다 지파 출신임을 고려할 때 다윗의 주장이 사실이었다면 (아기스 왕이 보기에) 그는 이전과는 완전히 다른 사람이 된 셈이다.

다윗이 블레셋에 머무는 동안 아기스를 계속 속일 수 있었던 것은 그가 남녀를 가리지 않고 모두 죽였기 때문이다. 만약 그들을 살려 둔다면 거짓말이 폭로될 것이라 생각했다. 양과 소, 낙타와 나귀, 옷에는 국적이 없다. 약탈품만 본다면 다윗이 어디를 공격했는지 알 수 없다. 한편 다윗의 생각에 대한 개역개정의 번역은 오역이다.

> 다윗이 그 남녀를 살려서 가드로 데려가지 아니한 것은 그의 생각에 "……그들이 우리에게 대하여 이르기를 '다윗이 행한 일이 이러하니라' 하여 **블레셋 사람의 지방에 거주하는 동안에 이같이 행하는 습관이 있었다 할까** 두려워함이었더라."

이것은 이렇게 번역되어야 한다(ESV 참고).

> 다윗은 다음과 같은 생각 때문에, 가드에 소문을 전할 사람을 하나도 살려두지 않았습니다. "(그들을 살려 둔다면) 그들이 우리에 대해 말하면서 '다윗이 이렇게 행했습니다'라고 일러바칠 것이다." **따라서 다윗은 블레셋 사람의 지방에 거주하는 동안 (약탈할 때) 관례적으로 한 사람도 살려두지 않았습니다.**

위의 번역에서 굵은 글씨는 사무엘상 저자의 해설 부분으로 생존한 남녀가 보고할 내용이라고 여겨진 부분—즉 따옴표에 들어가야 할 부분—이 아니다.

아기스가 다윗을 이스라엘과의 전쟁에 투입시키려 함 27:12-28:2

12 아기스가 다윗을 믿고 말하기를 다윗이 자기 백성 이스라엘에게
심히 미움을 받게 되었으니 그는 영원히 내 부하가 되리라고
생각하니라 1 그 때에 블레셋 사람들이 이스라엘과 싸우려고
군대를 모집한지라 아기스가 다윗에게 이르되 너는 밝히 알라
너와 네 사람들이 나와 함께 나가서 군대에 참가할 것이니라
2 다윗이 아기스에게 이르되 그러면 당신의 종이 행할 바를
아시리이다 하니 아기스가 다윗에게 이르되 그러면 내가 너를
영원히 내 머리 지키는 자를 삼으리라 하니라

다윗의 선물과 언변은 아기스의 믿음을 샀다. 아기스는 다윗을 믿었다. "다윗을 믿었다"라는 히브리어 표현(헤에민 베…, *he'ĕmîn b*…)은 아브라함이 "하나님을 믿었다"에서도 사용된 표현이다(창 15:6). 이것은 다윗에 대한 아기스의 신뢰가 진정성이 있음을 시사한다. 한편 다윗은 아기스를 완벽하게 속이는데 첫 번째 망명 시도 때에도 아기스를 속였듯이 이번에도 완벽하게 속인다. 12절 후반부는 아기스의 독백이거나 생각이다. "다윗이 자기 백성 이스라엘에게 심히 미움을 받게 되었으니 그는 영원히 내 부하가 되리라." 27장 1절이 다윗의 독백 혹은 생각으로 시작한다면 마지막 절은 아기스의 독백 혹은 생각으로 끝난다. 아기스는

【그술 사람과 기르스 사람】 그술 사람들은 블레셋의 남쪽과 시내 반도 사이에서 활동했던 사람들이다. 여호수아의 군대가 정복하지 못한 사람들 가운데 하나로 언급된다(수 13:2). 다윗은 아기스에게로 도망한 후 시글락을 거점으로 그술 사람들을 공격한다. 여호수아가 남겨 둔 정복 전쟁을 완수하는 의미도 포함한다. 다윗이 정복한 그술 사람과 후에 다윗의 아내 마아가의 민족을 혼동하면 안 된다. 마아가도 그술 사람으로 언급되지만, 이들은 이스라엘의 북동쪽 국경에 거주한 아람 사람들을 지칭한다. 다윗이 마아가와 결혼한 것은 그술 왕 달매와의 외교적 관계 때문인 듯하다. 다윗과 마아가 사이에 태어난 아들이 압살롬이다. 암몬을 죽인 압살롬은 다윗의 진노를 피해 그술로 도망간다. 다윗이 약탈했다고 전해지는 또 하나의 민족은 기르스 사람인데 이 민족에 대해서는 알려진 바가 전혀 없다. 이들이 그술 사람, 아말렉 사람과 함께 언급된 것으로 보아 블레셋과 이집트 사이 지역에 거주했다고 추정되지만 성경에 한 번밖에 언급되지 않는 민족이기에 그 이외의 것은 알 수 없다. 어떤 사본에는 기르스 사람 대신 게셀 사람으로 적혀 있으나 게셀은 시글락에서 공격하기에는 너무나 북쪽에 있다. 이 때문에 어떤 학자들은 '기르스'를 '그술'의 이중 표기로 이해한다. 즉 필사가들이 똑같은 글자를 두 번 써서 태어난 민족이라는 것이다.

다윗이 자기 백성의 원수가 되었기 때문에 영원히 자기의 부하가 될 것이라고 생각했다.

아기스의 절대적 신뢰는 다윗에게 큰 위기를 가져오는데 이스라엘을 치려고 군대를 모집한 아기스는 다윗과 그의 군대에 대이스라엘 전쟁에 참여할 것을 명령한다. 시글락에서의 약탈 전쟁과 달리 다윗은 아기스와 블레셋 사람들을 쉽게 속일 수 없을 것이다. 블레셋 군의 일부로 이스라엘 사람들을 공격하거나 전쟁 중에 블레셋 사람들을 배반할 수밖에 없다. 이런 복잡한 심경이 다윗의 대답에 들어 있다. "당신의 종이 행할 바를 아시리이다." 충성을 맹세하는 말처럼 들리지만 다른 한편 전쟁 중 아기스를 배반하고 블레셋을 공격할 수도 있음을 시사하는 말이다. 여기서 다시 한 번 다윗의 대화 기술이 증명된다. 겉으로는 충성을 맹세하는 것 같지만 진정한 마음을 감추는 모호함이 담겨 있다.

아기스의 대답을 보면 이번에도 다윗에게 속아 넘어감을 알 수 있다. 그는 다윗이 온전한 충성을 맹세하는 종이 되었다고 믿는다. "내가 너로 영영히 내 머리 지키는 자를 삼으리라." "머리 지키는 자"는 왕의 신변을 보호하는 경호원이다. 아기스가 얼마나 다윗의 능력과 충성심을 신뢰했는지를 잘 보여 준다. 한편 다윗이 블레셋의 최고 장수 골리앗의 머리를 베어 예루살렘으로 보낸 사람임을 고려하면 다윗이 블레셋 왕의 머리를 지킨다는 것은 역설적이다. 이번에도 블레셋 왕의 머리를 베어 이스라엘에 보낼 것인가? 아니면 블레셋 땅에 계속 머물기 위해 충성을 다할 것인가? 이 질문에 대한 답은 쉽지 않다. 다윗 자신도 이 시점에서 마음을 정한 것처럼 보이지는 않는다. 또한 이후의 이야기 전개를 보더라도 다윗이 전쟁에 참여해 블레셋을 돕거나 그들을 배반하는 것 둘 다 하나님의 뜻이 아니었음을 알 수 있다. 그러나 아기스가 다윗을 자신의 경호원으로 임명한 것은 다윗에게 큰 위기를 초래했다는 것은 분명하다. 독자들도 다윗처럼 두근거리는 가슴을 안고 사건 전개를 지켜보게 된다.

질문

1. 다윗은 사무엘상 24-26장의 체험, 즉 하나님이 자신과 사울의 처지를 완전히 바꾼 것을 체험하고서도 왜 망명을 결심했을까요? 혹시 다윗과 비슷한 경험을 한 적이 있습니까?
2. 시글락은 어떤 도시입니까? 다윗이 시글락을 얻었다는 사실은 무슨 의미가 있을까요?
3. 다윗이 아말렉 사람들을 약탈하여 모두 죽인 것은 배반 행위를 숨기기 위해서입니다. 그러나 사울이 아말렉 진멸 명령에 실패해 하나님으로부터 버림받았음을 고려하면 다윗의 아말렉 진멸 전쟁은 어떤 추가적 의미를 가질 수 있을까요?

묵상

블레셋 망명은 분명 불신앙의 행위입니다. 하나님은 사울을 두 번이나 다윗의 손에 붙이셨고, 나발의 죽음을 통해 사울도 오래가지 못할 것을 보이셨습니다. 이 모든 것은 다윗에게 하나님의 뜻에 대한 더욱 강한 확신을 주었을 것입니다. 따라서 이 시점에서 블레셋으로 도망갈 이유가 없어 보입니다. 그러나 다윗은 한순간에 무너집니다. 사울의 손에 망할 것을 두려워하여 도망합니다. 우리도 비슷한 경험을 합니다. 하나님이 동행하신다는 증거들이 분명함에도 한순간에 두려움과 죄에 빠져 불신앙의 나락으로 빠져 버립니다. 감정의 고저가 급격히 변하는 조울증 환자처럼 감사와 염려 사이에서 롤러코스터를 탑니다. 그러나 다윗은 실패해도 하나님은 계획을 이루어 간 것을 기억합시다. 사탄은 우리에게 절망을 주어 다시 일어나지 못하게 합니다. 다시는 유다 땅을 밟지 못할 것이라고 합니다. 그러나 우리는 일어나야 합니다. 약속과 축복의 땅으로 돌아가야 합니다. 그것이 하나님이 원하시는 것입니다.

29
엔돌의 무당을 찾아가는 사울

삼상 28:3-25

아기스의 새로운 제안(명령)으로 다윗은 난감한 상황에 빠졌다. 독자들도 아기스 왕의 경호 부대가 된 다윗 부대가 이스라엘과의 전투에서 어떻게 처신할지 가슴 졸이며 기다린다. 이때 사무엘서 저자는 이야기의 초점을 사울에게 옮긴다. 이것은 이야기의 긴장을 고조시키는 기법이다. 아울러 블레셋과 다윗 진영에서 일어나는 일과 사울 진영에서 일어나는 일을 교차시켜 제시함으로 이 사건들이 거의 동시적으로 발생하고 있음도 보여 준다.

사울은 블레셋과의 큰 전투를 앞두고 하나님의 뜻을 구하려 한다. 그러나 사무엘이 죽은 이후 사울은 하나님의 음성을 듣지 못했다. 여러 방법들(꿈, 제사장, 다른 선지자들)로 하나님에게 물었지만 하나님은 대답하지 않으셨다. 절망 가운데 빠진 사울은 엔돌의 무녀를 찾아간다. 그녀에게 자신의 멘토이자 선지자인 사무엘을 불러내도록 요청한다. 사울에게 나타난 사무엘은 이전에 선포했던 심판들을 재확인하면서 다음 날 전투에서 사울과 그의 아들들이 전사할 것임을 예언한다.

사무엘의 죽음 28:3

3 사무엘이 죽었으므로 온 이스라엘이 그를 두고 슬피 울며 그의 고향 라마에 장사하였고 사울은 신접한 자와 박수를 그 땅에서 쫓아내었더라

사울이 엔돌의 무당을 방문한 사건을 기술하기에 앞서 사무엘서 저자는 배경이 되는 사건 몇 가지를 언급한다. 본 절에서는 두 가지 사실이 언급된다. 첫째는 사무엘의 죽음이고 둘째는 사울이 신접한 자와 박수를 이스라엘 땅에서 축출한 사건이다. 히브리어 구문으로 보면 이 두 사건은 대과거에 속한다. 즉 사무엘은 과거에 이미 죽었고, 사울은 신접한 자들을 과거에 이미 쫓아내었다. 특히 사무엘의 죽음에 대한 기사는 이미 사무엘상 25장 1절에서 보고되었다. 본 절에서 그것이 다시 한 번 반복된 것은 사울이 엔돌의 무당을 찾아갈 수밖에 없는 이유를 설명하는 저자의 의도이다. 블레셋과의 큰 전투를 앞둔 상황에서 사울에게 가장 필요한 것은 하나님의 뜻을 전해 줄 선지자였을 것이다. 한편 25장과 28장이 모두 사무엘의 죽음을 언급한다는 점에서 이 두 장을 비교해 보는 것은 의미가 있다. 25장에서 다윗이 여인(아비가일)을 통해 자신의 미래에 대한 '예언'을 들었던 것처럼 본 장에서도 사울이 여

【신접한 자와 박수】 "신접한 자"로 번역된 히브리어 '오봇'(*'ôbôt*)은 번역하기 힘든 단어다. 학자들은 크게 두 가지로 이 단어를 이해한다. 우선 오봇이 '조상들'을 뜻하는 히브리어 '아봇'(*'ābôt*)과 관련 있다고 보고 '죽은 자들의 영들' 혹은 '유령들'로 이해할 수 있다. 오봇을 만들거나 태운 경우들(왕하 21:6; 23:24; 대하 33:6)을 고려하면 죽은 자들의 영혼이 깃든 우상들도 오봇으로 불린 것 같다. 개역개정의 "신접한 자"는 죽은 사람들이나 유령들과 교통하는 사람을 의미한다. 한편 오봇을 땅속의 구멍으로 이해하는 학자들도 있다. 그 구멍은 죽은 자의 세계와 산 자의 세계를 연결시켜 주는 포털(portal)로 이해된다. "신접한 자"는 그 구멍을 열 수 있는 사람이다. 한편 "박수"로 번역된 히브리어 '이드오님'(*yid'ōnîm*)은 '알다'를 의미하는 동사 '야다'(*yāda'*)에서 유래한 것으로 "신접한 자"라는 말과 늘 함께 등장한다(삼상 28:3, 9; 왕하 21:6; 사 8:19; 19:3). 이드오님은 '예지 혼령'으로 번역될 수 있는데 죽은 자들의 혼령이 미래를 안다는 믿음에 근거한 것이다. 우리말 '박수'는 남자 무당을 지칭하지만 히브리어 원문은 반드시 남자를 가리키지는 않는다. 분명한 것은 "신접한 자"와 "박수" 모두 죽은 자들의 혼령을 불러내어 미래를 말해 준다는 것이다.

인(엔돌의 무당)을 통해 자신의 미래에 대한 예언을 듣는다. 그러나 다윗에게 주어진 예언은 그의 성공이지만, 사울에게 주어진 예언은 그의 멸망이었다.

사무엘의 죽음과 함께 본 장의 배경으로 사무엘서 저자가 언급한 또 하나의 사건은 사울이 "신접한 자"와 "박수"를 이스라엘 땅에서 몰아낸 일이다. 신명기 18장 9-14절은 점술을 통해 신의 뜻을 구하는 행위를 금한다. 사울이 율법이 금한 자들을 이스라엘에서 쫓아낸 일은 분명 옳은 일이다. 그리고 사울의 이런 행위는 사무엘의 죽음이 직접적 계기가 되었을 가능성이 있다. 선지자 사무엘에 대한 애도의 마음으로 전국의 '거짓 선지자'들을 소탕한 것이다. 그러나 시간이 흘러 블레셋의 위협에 다급해진 사울은 사무엘의 조언이 너무나 절실하였다. 그는 죽은 사무엘을 불러내서라도 그의 조언을 듣고 싶었다. 이를 위해 사울은 자신이 공포한 법도 어겨 가며 무당을 찾아간다. 이 무당은 죽은 사람의 혼을 불러내어 미래를 예언하는 것으로 정평이 나 있는 자이다.

하나님의 응답을 얻지 못한 사울 28:4-7

4 블레셋 사람들이 모여 수넴에 이르러 진 치매 사울이 온
이스라엘을 모아 길보아에 진 쳤더니 5 사울이 블레셋 사람들의
군대를 보고 두려워서 그의 마음이 크게 떨린지라 6 사울이
여호와께 묻자오되 여호와께서 꿈으로도, 우림으로도,
선지자로도 그에게 대답하지 아니하시므로 7 사울이 그의
신하들에게 이르되 나를 위하여 신접한 여인을 찾으라 내가 그리로
가서 그에게 물으리라 하니 그의 신하들이 그에게 이르되 보소서
엔돌에 신접한 여인이 있나이다

블레셋 사람들이 진을 친 수넴은 이스르엘 평야 근처에 위치한 비교적 잘 알려진 지명이다. 반면 이스라엘 군대가 진을 친 길보아는 이 장면에

서 처음이자 마지막으로 언급되는 지명이다. 블레셋이 수넴에 진 쳤다는 것은 이스라엘에게 매우 위험한 상황이다. 이스르엘 평야는 이스라엘을 동서로 가르는 허리 같은 곳으로 이스르엘 평야를 점령하면 블레셋은 사울의 수도가 있는 기브아를 북과 서쪽에서 공격할 수 있을 뿐

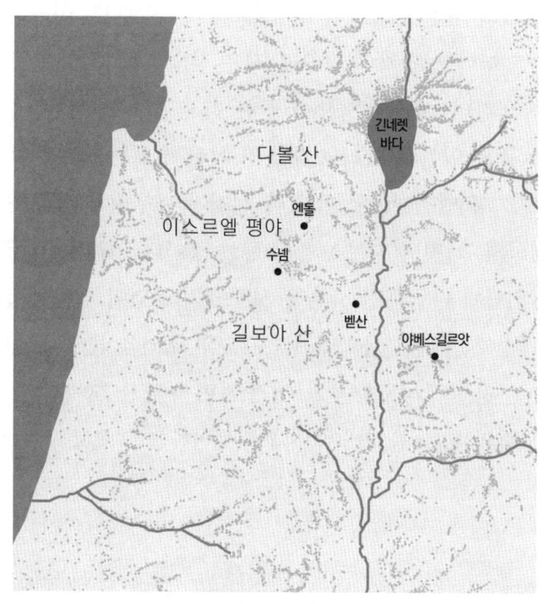

【수넴, 길보아, 엔돌 등의 위치】

아니라, 북방 지파와 남방 지파의 협력을 차단할 수 있게 된다. 따라서 수넴에 진을 친 블레셋 군대를 보고 사울은 "두려워" 하지 않을 수 없었다. 상황의 심각성을 깨달은 사울은 왕으로서 마땅히 할 일을 한다. 즉 여호와의 뜻을 구하는 것이다. 그러나 여호와는 꿈으로도, 우림으로도, 선지자로도 사울에게 대답하지 않는다(14:37 참조). 즉 하나님이 허락한 정상적인 신인(神人) 소통 방법이 모두 통하지 않는 것이다. 사울은 놉 제사장들을 모두 학살함으로 우림을 통한 통로를 스스로 막아 버렸다(유일한 생존 제사장은 지금 다윗 곁에 있다). 하나님이 동역자로 세운 사무엘은 이미 죽었다(다윗에게는 새로운 선지자 갓이 있다). 이런 사울에게 하나님이 꿈을 통해 직접 말씀하실 이유도 없었을 것이다. 어떤 학자들은 이 장면에서 사울의 이름과 사울이 처한 상황 사이에서 은유적 유비를 발

견한다. 사울의 이름은 "묻다"라는 히브리어 '샤알'(*šā'al*)에서 유래하였다. 사울은 여호와께 계속 묻지만 아무런 대답도 듣지 못했다.

합법적인 방법들로 하나님과 만날 수 없게 되자 사울은 다른 방법, 하나님께서 금지하신 방법에 호소한다. 사무엘의 죽음과 함께 신접한 자와 박수의 활동을 이스라엘에서 금한 사울이 이제는 신하들에게 신접한 여인을 수소문하도록 지시한다. 개역개정에 "신접한 여인"으로 번역된 히브리어 '에셋 바알랏-옵'(*'ēšet ba'ălat-'ôb*)은 직역하면 '혼령(혹은 저승의 구멍)을 관장하는 여인'이라는 의미이다. 신하들은 엔돌에 신접한 여인이 있음을 사울에게 알려 준다. 수금 잘 타는 자를 찾을 때도 왕의 명령이 떨어지기 무섭게 이새의 아들이 언급된 것처럼 본문에서도 사울의 명령이 떨어지기 무섭기 엔돌의 한 신접한 여인이 추천된다.

사울이 신접한 자를 찾아감 28:8

8 사울이 다른 옷을 입어 변장하고 두 사람과 함께 갈새 그들이 밤에 그 여인에게 이르러서는 사울이 이르되 청하노니 나를 위하여 신접한 술법으로 내가 네게 말하는 사람을 불러 올리라 하니

사울이 변장한 데는 실용적 이유가 있다. 첫째, 방문하려는 곳은 블레셋이 진을 친 수넴 너머에 있다. 따라서 사울이 수행원을 대동하고 수넴을 돌아간다는 것은 매우 위험한 일이다. 변장을 했더라도 큰 키 때문에 적의 눈에 쉽게 띄었을 것이다. 사울이 변장한 두 번째 이유는 백성들의 눈 때문일 수 있다. 만약 이 사실이 알려진다면 사울은 여러 가지로 곤란해질 것이다. 셋째, 점술하는 사람들을 모두 축출한 장본인이 자신이므로 신접한 여인에게 신분을 노출하기를 원치 않았다. 신접한 여인이 자기를 찾아온 사람이 사울 왕임을 알았더라면 두려움 때문에 점술을 행하지 않을 가능성이 있기 때문이다.

사울의 변장에는 이런 실용적인 이유 외에도 상징적인 이유도 있다. 그는 변장을 위해 자신의 왕복을 벗고 '다른 옷'을 입었을 것이

다. 이것은 사울이 왕으로서 지위를 벗어 버리는 것을 상징한다. 옷이 왕권의 은유로 쓰인 본문들을 생각해 보자. 자신을 버리고 떠나는 사무엘의 옷을 찢은 사울은 그로부터 "여호와께서 오늘 이스라엘 나라를 왕에게서 떼어 왕보다 나은 왕의 이웃에게 주셨나이다"라는 선고를 들어야 했다(15:27-28). 또한 라마 나욧에 숨은 다윗을 추격하러 왔다가 왕복을 벗고 누워 다른 예언자들과 함께 예언한 장면에서도 사울의 왕권이 박탈되어 다윗에게 넘어갔다는 상징적 메시지를 얻을 수 있다(19:24). 또한 요나단이 자신의 의복과 무기를 다윗에게 주며 언약을 맺은 것도 왕세자로서의 권한을 다윗에게 양도하는 의미를 가졌다(18:4). 사울이 엔돌의 무당을 찾아가기 위해 의복을 버리고 다른 옷을 입은 것은 왕이기를 다시 한 번 포기한 사건이라고 말할 수 있다.

엔돌에 도착한 때가 밤이었다는 것에 주목해 보자. 여기에도 실용적 이유와 상징적 이유가 있다. 먼저는 사람들의 눈을 피하겠다는 목적이다. 사울과 두 사환은 달빛에 의존해 여행한다. 엔돌에 도착하려면 블레셋의 진지가 있는 수넴 곁을 통하는 좁은 길을 따라가야 했다. 혹 블레셋 사람들에게 들킬까 숨소리조차 낼 수 없다. 한편 어두움은 영적인 무지를 상징적으로 보여 준다. 여호와의 계시를 받지 못하자 사울은 죽은 혼령들과 대화하는 엔돌의 무당을 찾아 나선다. 마치 엘리의 어두운 시력이 그의 영적인 무지를 상징했듯이 길을 더듬어 가는 사울의 모습도 한 치 앞도 모르는 그의 무지를 상징적으로 보여 준다.

엔돌의 신접한 여인을 만난 사울은 "나를 위하여 신접한 술법으로 내가 네게 말하는 사람을 불러 올리라"고 부탁한다. 사울의 어조는 매우 공손하다. 마치 여인이 거절할까 걱정하는 듯하다. 사울의 입에는 사무엘의 이름이 맴돌았지만 여인에게 아직 언급하지는 않는다. 사무엘을 불러올리라고 하면 자신이 사울임이 들통 날 것이고, 그러면 신접한 여인이 두려움 때문에 자신의 요구를 들어주지 않을 것이라 생각했기 때문이다. 그런데 재미있는 것은 사울이 '예언하는' 방법만은 특정해 준다는 것이다. 그는 "신접한 술법"으로 자신이 말할 사람을 불러올리라고 한다. "신접한 술법"으로 번역된 히브리어 '코소미-나 바옵'(*qōsômî-nā'* ··· *bā'ôb*)은 실은 명령형 문장이다. '혼령을 통해[1] (나에게) 신의 비밀을 말해 주어라'는 말이다. 따라서 "나를 위하여 신접한 술법으로 내가 네게 말하는 사람을 불러올리라"는 다음과 같은 뉘앙스를 가진다. '혼령을 통해 (나에게) 신의 비밀을 말해 주어라. 불러올릴 혼령은 잠시 후 말해 주겠다.' 여기서 사울은 엔돌의 무당에게 (비록 그 사람이 누구인지는 말해 주지 않았지만) 죽은 사람과의 접신으로 신의 비밀—미래의 일, 신의 계획 등—을 말해 달라고 부탁하고 있다.

사무엘과 결별한 지 상당한 시간이 흘렀지만 사울이 전혀 영적으로 성숙하지 못했음을 보여 준다. 사무엘과 사울이 결정적으로 결별하는 15장에서 사무엘은 "거역하는 것은 점치는 죄와 같고 완고한 것은 사신 우상에게 절하는 죄와 같다"고 사울에게 경고했었다(23절). 말씀에 거역하는 사울의 삶이 사술에 의존하는 삶과 같다고 충고한 것이다. 거역의 아들 사울은 사무엘이 죽은 지금 다시 엔돌의 무당에게 사술을 요청함으로써 하나님 말씀을 어기고 있다. 15장에서 "사술"로 번역된 말과 본 절에서의 "신접한 술법"은 같은 히브리어(*qsm*)를 포함한다.

사울이 사무엘을 불러 달라고 요청함 28:9-11

9 여인이 그에게 이르되 네가 사울이 행한 일 곧 그가 신접한 자와
박수를 이 땅에서 멸절시켰음을 아나니 네가 어찌하여 내 생명에
올무를 놓아 나를 죽게 하려느냐 하는지라 10 사울이 여호와의
이름으로 그에게 맹세하여 이르되 여호와께서 살아 계심을 두고
맹세하노니 네가 이 일로는 벌을 당하지 아니하리라 하니 11 여인이
이르되 내가 누구를 네게로 불러 올리랴 하니 사울이 이르되
사무엘을 불러 올리라 하는지라

신접한 여인은 사울의 요구가 불법임을 상기시킨다. 그는 사울 왕이 점술가들을 이 땅에서 "멸절시켰다"고 설명한다. 사무엘상 28장 3절에

따르면 사울은 그들을 "쫓아내었을" 뿐인데, 엔돌의 신접한 여인은 사태를 과장하여 사울이 그들을 "멸절시켰다"라고 표현한다. 이것은 사울의 정책을 어기는 것이 자신에게 큰 위험이 됨을 강조하기 위함일 것이다. 이것은 "네가 어찌하여 내 생명에 올무를 놓아 나를 죽게 하려느냐"라는 말에서 드러난다. 엔돌의 무당은 밤에 자신을 찾아온 사람이 사울임을 아직 알지 못했다. 다만 사울이 보낸 첩자일지도 모른다고 생각했을 가능성은 있다.

그때 사울은 그녀의 안전을 여호와의 이름을 걸고 약속한다. 이 맹세는 매우 역설적이다. 사울이 엔돌의 무당을 찾아온 것은 여호와로부터 어떤 말씀도 듣지 못했기 때문이 아닌가? 아울러 여호와께서는 접신을 철저히 정죄하시지 않는가? 그럼에도 그는 여호와의 이름으로 안전할 것이라고 말하는 것이다. 어떤 학자는 바람피우는 사람이 남편/아내의 이름을 걸고 연인에게 무엇인가를 맹세하는 것과 같다고 비꼰다.

안심한 엔돌의 무당은 사울에게 누구를 부를 것인지 묻는다. 이것은 일상적인 질문이었을 것이다. 그러나 그날 밤 엔돌의 무당이 들은 이름은 놀라운 것이었다. 손님은 사무엘을 불러 달라고 요구한다. 사울은 왜 사무엘을 불러 달라고 했을까? 지금까지 사무엘은 사울에게 호의적으로 예언한 적이 거의 없다. 15장에서 사무엘 선지자와 크게 다툰 후 사울은 실질적으로 사무엘 선지자와 결별했다. 사무엘 선지자를 사술로 불러낸다면 사무엘이 좋아할 리가 없다. 도와줄 리도 없다. 그런데도 사무엘과 만나려고 했던 이유는 무엇인가? 많은 학자들이 사울의 이런 행동에서 '자살적 행위'를 예견한다. 블레셋이 수넴 지역까지 밀고 들어온 상황, 다윗이 그들의 군대에 참여했다는 소문, 다윗과의 내전 때문에 약화된 군사력, 이반하는 민심 등으로 사울은 다가올 전투가 마지막이 될 것임을 직감했을 것이다. 사람이 마지막 순간에는 자신의 근원으로 돌아가려는 본능을 느끼는 것처럼 사울은 왕으로서의 마지막 순간에 자신을 왕으로 세워 준 사무엘에게로 돌아간 것이다. 실제로 사무엘서 저자는 사무엘과 사울의 특별한 사이를 강조한다. 사무엘의 탄생 이야기는 사울을 연상시키는 모티브들로 가득하다. 사무엘의 사명도 사울의 사명과 밀접하게 연관되어 있다. 사무엘과 사울에게는 이스라엘의 왕정을 함께 세워 갈 의무가 있었다. 어떤 의미에서 사울의 실패는 사무엘의 실패이기도 하다. 이것은 사울이 버림당하고, 다윗이 왕으로 기름 부음을 받은 후 사무엘이 역사의 무대에서 사라져 버린 것에서 잘 드러난다. 사무엘과 사울의 관계가 비록 힘들어지고 소원해졌지만 사울의 마음에서는 사무엘과의 첫 만남, 지붕에서의 밤샘 대화, 다음 날 아침 성읍 어귀에서 기름 부음 받은 일이 생생하게 남아 있었을 것이다. 죽음을 예견한 사울이 엔돌의 무당을 찾아간 것은 하나님의 뜻을 알기 위해서라기보다도 사무엘을 마지막으로 한 번 보기 위함이었을 가능성이 높다. 그의 목소리를 들으면 자신의 삶이 정리될 것이라고 생각했을지도 모른다.

사무엘이 나타남 28:12-14

12 여인이 사무엘을 보고 큰 소리로 외치며 사울에게 말하여 이르되
당신이 어찌하여 나를 속이셨나이까 당신이 사울이시니이다
13 왕이 그에게 이르되 두려워하지 말라 네가 무엇을 보았느냐 하니
여인이 사울에게 이르되 내가 영이 땅에서 올라오는 것을
보았나이다 하는지라 14 사울이 그에게 이르되 그의 모양이
어떠하냐 하니 그가 이르되 한 노인이 올라오는데 그가 겉옷을
입었나이다 하더라 사울이 그가 사무엘인 줄 알고 그의 얼굴을
땅에 대고 절하니라

여인이 "큰 소리로 외친" 이유는 "사무엘을 보았기" 때문이다(12절). 이때 엔돌의 신접한 여인은 올라오는 사람이 누구인지 몰랐다. 12절의 "사무엘"이란 말은 저자와 독자의 관점이다. 또한 13-14절에서 여인은 사울에게 "사무엘"이 올라온다고 보고하지 않았다. 올라오는 사람을 사무엘이라고 확신한 것은 사울이었다. 그렇다면 이렇게 땅에서 올라

오는 사람이 사무엘임을 몰랐던 신접한 여인이 소스라치게 놀란 이유는 무엇인가? 점술 행위가 평소 방법으로 진행되지 않았기 때문이다. 엔돌의 무당 같은 신접한 자들이 '예언' 하는 방법은 죽은 혼령들의 임재를 알리는 현상들, 예를 들어서 바람 소리나 찍찍하는 미세한 소리(찌프쭈프, *ṣipṣûp*)에 귀를 귀울여 그것을 해석해 주는 것이었다(사 8:19-20 참조). 영화 '사랑과 영혼'에서 보듯이 죽은 혼령이 무당의 몸 특히 성대를 빌어 말하는 식의 신접은 성경에 전혀 나오지 않는다(알터, 174쪽). 그

【사울에게 나타난 사무엘】 살바토르 로사(1615~1673) 작.

【땅에서 올라온 엘로힘】 여인은 사울의 질문에 "내가 영이 땅에서 올라오는 것을 보았나이다"라고 대답한다. 개역개정의 "영"은 히브리어 원어 '엘로힘'(*ĕlōhîm*)에 대한 적절한 번역이 아니다. 엘로힘은 문맥상 이스라엘의 유일신을 가리킬 때는 '하나님'으로 번역되고 문법적으로 단수로 간주된다. 그러나 그것이 다른 신들을 가리킬 때는 '최고 신' 혹은 '신들'로 번역되어야 한다. 예를 들어 사무엘상 5장 7절에서 '우리의 엘로힘 다곤'이라는 표현이 나오는데, 개역개정은 그것을 "우리의 신 다곤"으로 번역한다. 여기서 엘로힘은 블레셋 사람들이 섬긴 최고신을 의미한다. 한편 엘로힘이 문법적 복수로 쓰일 때는 다신교 세계관을 반영하는 '신들'로 번역된다. 그렇다면 여인이 본 땅에서 올라온 '엘로힘'은 무엇을 가리키는가? 엘로힘과 문법적으로 연결된 분사가 복수형임을 고려하면 '신들'로 번역해야겠지만 이후의 문맥과는 잘 어울리지 않는다. 이후의 대화로부터 판단할 때 엔돌의 무당이 본 '엘로힘'은 사무엘 한 명뿐이기 때문이다. 그녀는 왜 사무엘을 보고 엘로힘('신들')이라고 말했을까? 학자들도 이 문제에 이렇다 할 대답을 내놓지 못한다.

런데 그날 밤 엔돌의 무당은 바람 소리도, 미세한 소리도 아닌, 땅에서 올라오는 '환영'을 본 것이다. 이것은 신접한 여인이 평소 경험하지 못한 것이다. 이 범상치 않은 경험은 밤중에 자기를 찾아와 사무엘의 혼령을 불러 달라는 키 크고 잘생긴 사람이 누구인지를 깨닫게 한다. 그 사람이 사울이 아니었다면 사무엘이 직접 그곳에 나타나지 않았을 것이기 때문이다. 모든 신접한 자와 박수를 멸절시킨 사울이 찾아왔다는 깨달음은 그녀를 다시 한 번 놀라게 한다. 정리하자면 그녀가 "큰 소리로 외친" 이유(12절)는 두 가지다. 하나는 평소와 달리 진짜 혼령이 올라오는 모습을 보았기 때문이고, 자기를 찾아온 사람이 사울이라는 깨달음 때문이다.

그녀는 사울에게 "어찌하여 나를 속이셨나이까"라고 외친다.[2] 정체가 탄로 난 사울은 "두려워하지 말라"고 말한다. 자신이 죽은 자와의 접신을 금한 왕이지만, 맹세했듯 그녀를 벌하지 않겠다고 약속한다. 사울은 자신이 간절히 알고 싶은 주제로 바로 옮겨간다. 땅에서 올라온 사람이 누구인지를 묻는데 이때 사무엘을 볼 수 있는 것은 신접한 여인뿐이었다. 사울은 아무것도 보지 못한다. 그래서 초혼된 인물이 정말 사무엘인지 확인하기 위해 엔돌의 여인에게 질문한 것이다.

사울의 질문은 땅에서 올라온 사람의 행색에 관한 것이다. 신접한 여인은 "한 노인이 올라오는데 그가 겉옷을 입었나이다"라고 대답한다. "겉옷"이라는 소리에 사울은 그가 사무엘임을 즉시 알아차린다. 겉옷은 사무엘 선지자의 '트레이드마크'였을 뿐 아니라, 사울에게는 특별한 기억을 담은 물건이다. 사무엘이 사울과 결별하며 떠날 때 사울은 사무엘의 겉옷을 잡아 찢었다. 그때 사무엘은 자신의 찢어진 겉옷을 들고 있는 사울에게 그의 왕국이 찢어질 것이라고 예언했다.

겉옷을 입고 있다는 말에 무당이 불러낸 사람이 사무엘임을 직감한 사울은 "얼굴을 땅에 대고" 절한다. 19장에서 사울이 왕복을 벗고 사무엘 앞에 누워 예언했던 것처럼 이번에도 사울은 사무엘 앞에서 부복하여 절한다. 사무엘과 사울이 만날 때마다 사무엘은 (비록 찢어진 것이지만) 사명의 겉옷을 입고 나타나는 반면 사울은 왕의 의복을 벗고 있었다는 사실이 흥미롭다.

사무엘의 심판 예언 28:15-19

15 사무엘이 사울에게 이르되 네가 어찌하여 나를 불러 올려서 나를
성가시게 하느냐 하니 사울이 대답하되 나는 심히 다급하니이다
블레셋 사람들은 나를 향하여 군대를 일으켰고 하나님은 나를
떠나서 다시는 선지자로도, 꿈으로도 내게 대답하지 아니하시기로
내가 행할 일을 알아보려고 당신을 불러 올렸나이다 하더라
16 사무엘이 이르되 여호와께서 너를 떠나 네 대적이 되셨거늘 네가
어찌하여 내게 묻느냐 17 여호와께서 나를 통하여 말씀하신 대로
네게 행하사 나라를 네 손에서 떼어 네 이웃 다윗에게 주셨느니라
18 네가 여호와의 목소리를 순종하지 아니하고 그의 진노를
아말렉에게 쏟지 아니하였으므로 여호와께서 오늘 이 일을 네게
행하셨고 19 여호와께서 이스라엘을 너와 함께 블레셋 사람들의
손에 넘기시리니 내일 너와 네 아들들이 나와 함께 있으리라
여호와께서 또 이스라엘 군대를 블레셋 사람들의 손에
넘기시리라 하는지라

산 자와 죽은 자 사이의 소통은 보통 영매를 통해 이루어지지만, 본문의 경우 그런 관행과 달리 사무엘과 사울 사이의 직접적 대화가 이루어진다. 나아가 21절("그 여인이 사울에게 이르러 그가 심히 고통당함을 보고……")을 보면 마치 엔돌의 신접한 자가 사무엘과 사울의 대화가 이루어지는 동안 방을 떠나 바깥에 있었던 것처럼 느껴진다. 사울과 매우 오랜만에 만난 것임에도 사무엘은 퉁명스런 질문으로 대화를 시작한다. "네가 어찌하여 나를 불러 올려서 나로 성가시게 하느냐." 이 개역개정의 번역은 사무엘의 질문에 짜증이 섞여 있다는 느낌을 준다. 그러나 "나를 성가시게 하느냐"로 번역된 히브리어 '히르가즈타니'(*hirgaztanî*)는 죽음의 잠을 자는 사람을 흔들어 깨우는 모양을 지칭한다. 논리적으로 사

무엘을 "불러 올리는" 동작보다 선행한다. 따라서 "나를 불러 올려서 나를 성가시게 하느냐"라는 개역개정 번역은 "왜 나를 흔들어 깨워 나를 불러 올렸느냐"로 바뀌는 것이 좋다. 이 경우 사무엘의 질문은 짜증을 표현하는 수사적 질문이 아니라 사울이 자신을 불러 올린 '이유'를 묻는 참된 질문이다.

사울도 사무엘의 질문에 진지하게 대답한다. "나는 심히 다급하니이다. 블레셋 사람은 나와 전쟁하려 하고 있고(개역개정에는 "나를 향하여 군대를 일으켰고"), 하나님은 나를 떠나서 다시는 선지자로도, 꿈으로도 내게 대답지 아니하시기로 내가 행할 일을 알아 보려고 당신을 불러 올렸나이다." 사울이 사무엘을 찾아온 것은 블레셋과의 전투를 앞둔 자신이 어떻게 해야 하는지를 묻기 위함이다. 이런 사울의 시도는 13장과 상황을 상기시킨다. 요나단의 선제공격에 블레셋과의 전면전이 발발하자 사울은 길갈에서 사무엘을 기다린다. 그러나 블레셋의 임박한 공격에 대한 두려움으로 군사들이 탈영하기 시작하자 조급해진 사울은 사무엘을 기다리지 못하고 스스로 제사를 드림으로써 왕으로서의 시험에 궁극적으로 실패하고 만다. 비슷한 상황이 지금 다시 벌어지고 있다. 블레셋 군대가 수넴에 진을 쳤고, 사울은 하나님의 뜻을 구해야 하는 상황이다. 그러나 그때와 달리 사울은 "사무엘을 기다린다". 그러나 사무엘은 이미 죽었기 때문에 사울에게 나타날 리 만무하다. 이때 사울은 아무도 시도해 보지 않았던 일을 시도한다. 엔돌의 무당으로 하여금 사무엘을 불러낸 것이다. 그리고 사무엘에게 "어떻게 하면 좋겠습니까"라는 때늦은 질문을 한다. 마치 시험이 다 끝난 후에 도착한 수험생처럼 말이다.

그러나 사무엘은 사울의 공손하고 절박한 대답에 냉정한 말들을 쏟아 놓는다. "여호와께서 너를 떠나 네 대적이 되셨거늘 네가 어찌하여 내게 묻느냐"(16절). 선지자 사무엘이 죽은 후 사울은 여러 가지 방법(꿈, 선지자, 우림을 통해)으로 하나님의 뜻을 구했다. 자신의 이름처럼 말이다. 그러나 하나님은 사울에게 응답하지 않으셨다. 이는 하나님의 뜻을 구하는 방법이 잘못되었기 때문이 아니라 하나님이 사울을 버리셨기 때문이다. 그런데 죽은 사무엘이 다시 돌아온다고 상황이 바뀌겠는가? 사무엘은 곧바로 17절에서 사무엘상 15장의 사건(사무엘의 의복이 찢어졌듯 사울의 왕국이 찢어질 것을 예언)을 상기시키며 여호와께서 사울의 손에서 나라를 "떼어"(바이크라, *wayyiqra'*, "찢어") 다윗에게 주셨음을 재확인한다. 사무엘상 15장 28절에서는 나라를 이어받을 자를 "네 이웃"으로 지칭하지만, 본문 17절에서 사무엘은 그가 다윗임을 분명히 밝힌다. 계속해서 사무엘은 사울이 버림받은 결정적 이유를 언급한다. "네가 여호와의 목소리를 순종하지 아니하고 그의 진노를 아말렉에게 쏟지 아니하였으므로"(18절). 사울은 하나님의 말씀을 어기고 아말렉과의 전쟁에서 그들을 진멸하지 않았기 때문에 하나님이 사울을 떠나 그에게 계시를 주지 않으신 것이다. 사울도 이것을 모르는 바가 아니었을 것이다. 그럼에도 사울이 기대하는 것은 사무엘이 어떻게 하면 좋을지 가르쳐 주는 것이었다. "내가 행할 일을 알아보려고 당신을 불러 올렸나이다"(15절).

그러나 사무엘은 사울의 기대를 저버린다. 사울이 무엇을 해야 하는지를 말해 주는 대신, 사울에게 닥칠 재앙을 예언한다. "내일 너와 네 아들들이 나와 함께 있으리라"(19절). 또한 이스라엘 군대뿐 아니라 이스라엘 전체가 블레셋의 손에 넘겨질 것이다. 사울의 죄악으로 인해 백성 전체가 고통을 당하는 것이다. 이 와중에 "행할 일"(15절)에 대한 사울의 질문은 무시한다. 자기 자신과 민족의 재앙을 기다리는 것 이외에 사울이 특별히 행할 일은 남아 있지 않은 것 같다.

기력을 잃은 사울에게 음식을 권하는 여인 28:20-22

20 사울이 갑자기 땅에 완전히 엎드러지니 이는 사무엘의 말로
말미암아 심히 두려워함이요 또 그의 기력이 다하였으니 이는 그가
하루 밤낮을 음식을 먹지 못하였음이니라 21 그 여인이 사울에게
이르러 그가 심히 고통 당함을 보고 그에게 이르되 여종이 왕의

말씀을 듣고 내 생명을 아끼지 아니하고 왕이 내게 이르신 말씀을
순종하였사오니 22 그런즉 청하건대 이제 당신도 여종의 말을 들으사
내가 왕 앞에 한 조각 떡을 드리게 하시고 왕은 잡수시고 길 가실
때에 기력을 얻으소서 하니

사무엘의 말을 듣고 두려움에 사로잡힌 사울은 서둘러 땅에 엎드린다.

【엔돌의 무당이 불러낸 사무엘은 진짜였을까】

엔돌의 무당 이야기를 읽는 사람들이 마음속에 품는 질문이 이것이다. 사울 앞에 나타난 사무엘이 진짜 사무엘이었을까? 귀신이 변장한 것일까? 일단 시대착오적인 답은 자제해야 한다. 예를 들어 과학적 세계관에서 '참'이라고 생각하는 것과 기독교 신학에서 '정론'이라고 생각하는 것을 기준으로 본문을 판단하면 안 된다는 것이다. 성경 본문은 과학 이전 시대의 독자들에게 과학 이전 시대의 저자가 과학 이전 시대의 세계관으로 쓴 것임을 이해해야 한다. 또한 구약의 계시는 점진적으로 발전한다. 따라서 기독교 신학에서 '정론'으로 여겨지는 것이 구약의 모든 역사적 발전 단계에서 그렇게 인정된 것은 아니다. 예를 들어 사탄이 대표적이다. 구약에서는 신약성경에 나타나는 사탄의 개념이 희미하다. 천국과 지옥의 개념도 신약성경에서처럼 그렇게 발달하지도 않았다. 사무엘의 예언, 즉 "내일 너와 네 아들이 나와 함께 있을 것이다(19절)"의 의미가 무엇이겠는가? 사울이 사무엘과 함께 천국에 있을 것이라는 말이 아니라 그들이 사무엘처럼 죽은 자들이 사는 스올에 있게 된다는 것이다. 스올은 죽은 자들이 가는 세계다. 스올은 신자와 불신자를 차별하지 않는다. 고대 이스라엘 사람에게 여호와 이외의 다른 신들의 존재는 부정할 수 없는 것이었다. 나아가 그들에게 영적인 세계는 육적인 세계만큼이나 확실하다. 영적인 세계와 교통하는 여러 가지 방법들과 전문가들이 상당한 신뢰를 받았다. 왕들도 점술가들을 고용하여 국가의 중대사에 자문을 받았다. 과학 시대의 우리들에게 모든 점술가들이 사기꾼처럼 보일지 몰라도 사무엘서를 읽는 첫 독자들에게는 그렇지 않았다. 엔돌의 영험한 무당이 사무엘의 '영'(엘로힘)을 스올에서 불러내는 것은 충분히 가능한 시나리오이다. 물론 이것이 기독교 신학과 과학의 관점에서 여러 가지 불편한 질문들을 만들어 낸다.

그러나 고대인들의 내러티브 속에서는 엔돌의 신접한 자가 진짜 사무엘의 영을 불러들이는 것이 충분히 가능하다. 사무엘의 영이 사울에게 한 말이 모두 이전의 예언들과 일치하고, 그가 추가로 말한 예언이 다음 날 적중한다는 사실도 사무엘이 진짜 사무엘일 가능성을 말해 준다. 그러나 당시의 세계관과 신학을 고려할 때 엔돌의 무당이 불러낸 사무엘이 진짜였을 가능성은 충분하지만 반드시 그렇다고 단정할 수는 없다. 이것은 내러티브 기법상 본 장면이 '실패한 신현'에 해당하기 때문이다.

신현을 체험할 목적으로 신전을 비롯한 거룩한 장소에 찾아가는 관습이 문학적 장르로 종종 표현된다. 그중 하나가 '인큐베이션 전형 장면'이다. 인큐베이션 전형 장면은 문제를 가진 개인이 문제 해결을 위해 신전에 찾아가 신현 체험으로 문제 해결을 꾀하는 플롯을 지닌다. 사무엘서 저자는 사무엘서의 시작과 마지막을 이 전형 장면을 사용해 표현한다. 한나의 이야기, 사무엘이 신전에서 계시를 받는 이야기, 그리고 엔돌의 무당 이야기는 인큐베이션 전형 장면으로 짜여져 있다. 이 전형 장면의 절정은 문제의 해결이 이루어지는 '신현 장면'이다. 성전에서의 신현 체험이 참된 것인지 거짓된 것인지의 여부는 주인공의 문제가 해결되는지의 여부에 달려 있다. 한나의 불임은 신전에서의 기도와 엘리와의 대화를 통해 해결을 받았다. 이스라엘의 문제, 즉 이상과 계시가 없는 문제는 사무엘의 신현 체험을 통해 해결을 받았다. 이상과 계시를 가로막고 있는 엘리 제사장의 심판이 이스라엘 사람들에게는 문제 해결의 시작이었다. 그러나 사울의 경우 엔돌의 무당을 통한 신현 체험이 자신의 문제를 해결해 주지 못했다. 자신은 블레셋과의 전투를 앞두고 "어떻게 해야 할지"를 물었는데 주어진 대답은 사울의 불안한 마음을 더욱 절망으로 몰아넣는 내용이었다. 이 경우 신현이 문제 해결로 이어지지 않았기 때문에 신현 체험의 진정성이 의심된다. 즉 진짜 사무엘을 만났더라면 조금 다른 내용의 메시지를 받았을 것이다. 이미 자살 충동을 가진 사울에게 자살 행위를 부추기는 대신 다윗의 수금이 악령을 내어 쫓았듯이 사울에게 생명의 길을 제시했을 것이다. 물론 사울이 그 길에 순종할지의 여부는 두 번째 문제이다. 만약 사울이 전쟁터에서 자살을 선택했다면 바로 사무엘의 절망적인 예언 덕분일 것이다. 엔돌의 무당이 불러낸 사무엘이 진짜 사무엘이 아니라면 우리는 하나님이 심지어 사탄을 사용하시더라도 구속사적 목적을 진전시킬 수 있음을 기억해야 한다.

"사울이 갑자기 땅에 완전히 엎드러지"다는 개역개정역은 자신의 의지와 관계없이 땅에 쓰러진 것처럼 들리는데, 원문의 뉘앙스는 사울이 두려움과 공포 때문에 몸을 땅에 납작 엎드린 것이다. "완전히"라고 번역된 '멜로-코마토'(məlō᾽-qômātô)는 '그의 쭉 뻗은 키'로 직역될 수 있다. 즉 사울의 엄청난 신장이 납작 부복한 모습과 대조된다. 사무엘의 마지막 말씀에 사울은 자신의 큰 키를 납작하게 엎드려 반응한 것이다. 그러나 한번 엎드린 그는 일어날 힘이 없었다. 사울이 힘 빠진 이유는 그가 하루 종일 그 늦은 시각까지 아무 음식도 먹지 않았기 때문이다. 사울이 하루 종일 음식을 먹지 않은 이유는 마음고생이 심해서일 수도 있지만 사울이 사무엘의 신현을 기대하고 있었다는 사실과도 연결된다. 고대 이스라엘 사람들은 신현 체험을 위해 금식으로 자신을 준비하는 경향이 있었다.

21절은 "그 여인이 사울에게 이르러"라는 말로 시작한다. 이것은 사울과 사무엘이 만나고 있을 때 여인은 그 자리에 없었음을 시사한다. 엔돌의 무당이 밖에서 방으로 들어왔을 때 사울은 엎드러져 크게 당황한 상태(개역개정, "심히 고통함")에 있었다. 그때 엔돌의 신접한 여인은 사울에게 "떡 한 조각"을 권하면서 기운을 차린 후 길 떠날 것을 요청했다. 이 여인이 사울을 권유하는 방법은 아비가일이 다윗을 설득하는 장면을 연상시킨다. 아비가일처럼 엔돌의 무당도 자신이 베푼 호의를 상기시키며("순종하였사오니", 21절) 사울의 답례를 요청한다("그런즉 청하건대", 22절). 엔돌의 무당은 자기가 베푼 호의를 이야기할 때 "나의 생명을 아끼지 아니하고"라는 말을 덧붙인다. 재미있는 것은 이 여인의 말이 골리앗과 맞서 싸우는 다윗의 모습을 연상시킨다는 것이다(삼상 19:5 참고).

22절에서 엔돌의 신접한 여인은 자신이 왕에게 대접할 음식을 "한 조각 떡"으로 표현한다. 그러나 24절을 보면 실제로 그녀는 사울 왕에게 송아지와 무교병을 구워 대접했음을 알 수 있다. 즉 "한 조각 떡"은 자신이 차릴 상을 겸손히 표현하는 말이다. 그러나 그 말은 엘리 제사장의 운명을 상기시키는 말이 되기도 한다. 사무엘상 2장의 마지막을 보면 무명의 하나님의 사람이 엘리 제사장에게 찾아와 그의 후손이 "한 조각 떡"을 위해 제사장직을 구걸할 것이라고 저주하는 장면이 나온다. "한 조각의 떡"에 대한 언급은 사울 가문의 운명도 엘리 가문의 운명처럼 하나님의 선택과 축복에서 제외될 것임을 암시한다.

사울이 기운을 차리고 돌아감 28:24-25

23 사울이 거절하여 이르되 내가 먹지 아니하겠노라 하니라 그의
신하들과 여인이 강권하매 그들의 말을 듣고 땅에서 일어나 침상에
앉으니라 24 여인의 집에 살진 송아지가 있으므로 그것을 급히 잡고
가루를 가져다가 뭉쳐 무교병을 만들고 구워서 25 사울 앞에 와
그의 신하들 앞에 내놓으니 그들이 먹고 일어나서 그 밤에 가니라

사울이 음식을 거절한 이유는 자신의 문제가 해결되지 않았기 때문이다. 자신의 마음을 괴롭히는 이유가 제거되지 않았기 때문에 여전히 식욕이 없다. 한나는 무자함의 고통 중에 먹지 않았지만 성전에서 기도하고 엘리 제사장의 축복을 들은 후 다시 먹기 시작했다(1:18 참조). 그녀가 다시 먹기 시작했다는 것은 그녀의 문제가 해결되기 시작했다는 의미이다. 반면 사울은 여전히 먹기를 거부한다. 그에게 나타난 사무엘은 사울에게 더 큰 절망을 가져다주었다. 그러나 신하들과 그 여인이 강권하매 사울이 "그 말을 듣고" 땅에서 일어나 침상 의자에 앉

【스올】 구약성경은 사후 세계에 대한 체계적인 가르침을 주지 않는다. 신명기 29장 29절에 따르면 "감추어진 일은 우리 하나님 여호와께 속하였거니와 나타난 일은 영원히 우리와 우리 자손에게 속하였나니 이는 우리에게 이 율법의 모든 말씀을 행하게 하심이라." '오묘한 일'에 속하는 사후 세계는 하나님만이 아시는 것이라고 생각하였다. 그러나 이스라엘 사람이 다른 고대 근동 사람들과 공유한 세계관에 따르면 죽은 사람은 스올이라는 장소에서 계속 살아간다. 구약성경에는 스올이 다양하게 표현되는데, 신명기 16장 30절에 따르면 스올은 땅속에 있으며, 요나서 2장 6절에 따르면 산들의 뿌리에 위치한다. 제2성전기 문헌인 에녹서 22장 1-5절에 따르면 스올은 해가 지는 서쪽 어딘가에 위치한다. 그러나 스올에 관한 대부분의 언급은 스올이 땅 아래 어딘가에 존재한다고 말한다. 스올에 사는 존재들은 하나님과 혹은 지상에 살고 있는 사람들과 느슨한 관계를 맺으며, 그들의 존재는 흔히 '그림자'로 표현된다. 즉 연약하고 부서지기 쉬운 존재라는 의미이다(르바임, 욥 3:17; 시 88:4). 욥기 10장 20-21절에 따르면 스올은 창조 이전의 혼돈의 장소이며, 시편 94편 17절에 따르면 스올은 어떤 소리도 들리지 않는 장소이다. 스올로 가는 길은 일방통행으로, 한번 간 사람은 절대로 돌아오지 못한다. 기복 주술 신앙에 따르면 초혼을 통해 죽은 자들을 불러낼 수 있으며 죽은 사람은 그들의 신앙 여부와 관계없이 모두 스올로 내려간다.

는다. 사울은 순종하지 않는 것으로 유명한 사람이다. 인생 전체가 불순종으로 점철되었다. 그러나 사울이 인생 마지막 순간에 순종하는 일이 발생하는데 역설적으로 신접한 여자에게 순종했다. 학자들은 엔돌의 여인이 사울을 위해 음식을 마련하고 대접한 의도에 대해 궁금히 여긴다. 순수한 친절인가? 아니면 사울에게 바라는 것이 있는가? 이후에 엔돌의 무당은 다시 등장하지 않기 때문에 확실한 것은 알 수 없다. 그러나 다윗에게 미갈이나 아비가일과 같은 여인이 있었다면 사울에게는 엔돌의 여인이 있었음은 흥미롭다. 미갈과 아비가일은 고난 중의 다윗이 훗날 왕이 될 것임을 확신하고 그를 격려하고 도왔지만, 엔돌의 여인은 왕복을 벗은 사울의 마지막 운명을 예견하고 그의 마지막 길을 돕는다.

여인의 집에는 "살진 송아지"가 있었다. 여인은 그것을 급히 잡고 밀가루로 무교병을 구워 사울에게 대접한다. 여인이 송아지를 도살하고 요리하고 빵을 반죽하고 굽는 데에 적어도 몇 시간이 걸렸을 것이다. 그동안 사울은 무슨 생각을 하며 기다렸을까? 아마도 처음 사무엘을 만났을 때 받았던 잔치 상을 생각했을 수도 있다. 이스라엘의 미래를 염려하는 꿈 많은 청년이었던 사울이 어느덧 나이 들고, 버림받은 왕으로 자신의 마지막을 앞두고 잔치 상을 받는다. 출애굽의 이스라엘 백성들처럼 무교병을 먹지만 사울의 앞길은 밝지 않다. 사울과 신하들이 여인의 준비한 음식을 먹고 기브아로 돌아갈 때는 이미 해가 저문 지 오래다. 그들이 왔던 때가 밤이었던 것처럼, 돌아갈 때도 밤이다. 그들의 문제는 여전히 그들의 마음을 어둡게 하고 있다.

질문

1. 사울이 신접한 자와 박수를 이스라엘 땅에서 쫓아낸 이유는 무엇입니까?
2. 신접한 자와 박수는 어떤 사람들입니까?
3. 사울은 왜 변장을 하고 엔돌의 신접한 여인을 찾아갑니까?
4. 신접한 여인은 어떻게 사울의 정체를 알아차렸을까요?
5. 신접한 여인이 불러낸 사무엘은 진짜였을까요?
6. 사울이 사무엘을 불러내려고 한 이유는 무엇입니까?

묵상

사울이 '접신'이라는 극단적인 방법을 통해서라도 사무엘을 만나려 했던 이유는 무엇일까요? 더구나 사울은 사무엘 선지자와 공식적으로 결별했고, 그 후 선지자의 예언은 사울에게 결코 호의적인 것들이 아니었습니다. 사울이 극단적인 방법을 통해서라도 죽은 사무엘과 만나려 했던 것은 자신의 죽음을 예견한 사울이 인생을 정리하는 행위였을 가능성이 높습니다. 비록 자신의 범죄로 사무엘과 결별하긴 했어도, 사울은 사무엘과의 첫 만남, 지붕에서의 대화, 그 후 기름 부음을 받은 사건 등을 좋은 추억으로 간직하고 있습니다. 그는 왕정 사역의 동역자인 사무엘 선지자와 이스라엘의 미래를 두고 큰 꿈을 나누었을지도 모릅니다. 그러나 사무엘과 헤어진 후 사울은 어둠 가운데 살아왔습니다. 하나님의 뜻을 온몸으로 거부하며 살았습니다. 이제 자신의 죽음을 예견한 사울은 본능적으로 자신을 왕으로 산파시킨 사무엘에게로 돌아갑니다. 주목할 사실은 사울이 하나님께 돌아가지 않는다는 것입니다. 회개하지 않는다는 것입니다. 사울은 어쩌면 처음부터 철저히 '인본적인' 신앙인이 아니었나 생각됩니다. 그의 언어에서 종종 '하나님'이 주어로 언급되지만, 그의 세계관과 행동은 철저히 인본적이었습니다. 그가 이룩한 왕정도 신본적 왕정이 아니라 이방 나라와 같은 인본적 왕정이었습니다. 그는 하나님을 실존적으로 만나지 못한 인물일 수도 있습니다. 우리에게도 사울의 모습이 있지 않나 반성해 봅시다.

30
길보아 전투에서 배제된 다윗

삼상 29:1-11

다윗과 그의 부대는 아기스와 함께 블레셋 군대의 집결지인 아벡까지 갔지만 다윗의 충성심을 의심한 블레셋 방백들의 반대로 다시 시글락으로 돌아간다. 다윗은 블레셋의 용병이 되어 이스라엘 군대와 싸우는 것이 부담스러웠을 것이다. 잘못하면 사울을 죽였다는 오해와 비난을 받을 수도 있는 일이다. 블레셋 장수들의 반대로 회군하여 시글락으로 돌아가던 다윗은 안도의 한숨을 내쉬었을 것이다.

다윗 부대가 아벡에 집결함 29:1-3

1 블레셋 사람들은 그들의 모든 군대를 아벡에 모았고 이스라엘
사람들은 이스르엘에 있는 샘 곁에 진 쳤더라 2 블레셋 사람들의
수령들은 수백 명씩 수천 명씩 인솔하여 나아가고 다윗과 그의
사람들은 아기스와 함께 그 뒤에서 나아가더니 3 블레셋 사람들의
방백들이 이르되 이 히브리 사람들이 무엇을 하려느냐 하니
아기스가 블레셋 사람들의 방백들에게 이르되 이는 이스라엘 왕
사울의 신하 다윗이 아니냐 그가 나와 함께 있은 지 여러 날 여러
해로되 그가 망명하여 온 날부터 오늘까지 내가 그의 허물을
보지 못하였노라

사무엘상 29장에서는 이야기의 초점이 사울의 진영에서 다시 블레셋 진영으로 이동한다. 이야기의 초점만 이동하는 것이 아니라 시간적으로도, 본 장에 묘사된 사건은 사무엘상 28장에 그려진 사건보다 앞선다. 즉 본 장에서 순간적인 장면 변환이 일어난다. 그 실마리는 블레셋 사람들이 "아벡"에 모였다는 사실이다. 엔돌의 무당 이야기가 시작되는 28장 3절 이하의 시간적 배경은 블레셋이 이스르엘 평야 근처의 수넴까지 진격하고, 사울의 군대는 길보아까지 진군한 때이다. 그러나 본 장에 묘사된 사건은 블레셋 군대가 아직 아벡에 머물러 있을 때이다. 성경 저자가 역사적 사건을 반드시 시간적 순서로 구성하는 것은 아니다. 시간적 순서로 따지자면 29장이 28장보다 앞서야 할 것이다. 이렇게 엔돌의 무당 사건을 앞서 배치한 것은 28장 1-2절이 주는 긴장을 극대화시키기 위한 것이다. 대이스라엘 전쟁에 참여하라는 아기스 왕의 제안 때문에 다윗은 난처한 상황에 처하게 된다. 다윗이 전투에서 어떤 역할을 할 것인지 긴장이 되는 순간이다. 이때 저자는 28장에서 이야기의 초점을 사울 진영으로 옮김으로써 그 긴장을 극대화

한 것이다.

이렇듯 29장의 배경은 블레셋 다섯 도시의 군대("모든 군대")가 아벡에 집결하고 이스라엘 사람들은 이스르엘에 있는 샘 곁에 진을 친 상황이다. 블레셋이 아벡에 진을 친 것은 이번이 처음이 아니다. 4장에 묘사된 전투—전쟁의 결과 엘리 제사장이 죽게 됨—에서도 블레셋 군대는 아벡에 진을 쳤다. 이것은 사울의 마지막 전투와 엘리 제사장의 마지막 전투를 비교할 기회를 준다. 엘리의 마지막 전투에서 이스라엘은 대패하고, 사사 엘리와 그 아들들이 죽고, 여호와의 궤가 블레셋 사람들에 의해 탈취당해 아스돗의 우상 신전에 전시되었다. 사울의 마지막 전투에서도 사울과 그 아들들이 죽고, 사울의 시체는 벧산의 우상 신전으로 끌려가 전시될 것이다. 이런 점에서 엘리의 마지막 전투와 사울의 마지막 전투에서 블레셋 군대가 아벡에 집결했다는 사실은 우연이 아닌 것 같다.

블레셋의 네 방백들과 군사들이 먼저 1백 명씩, 1천 명씩 진군하고, 아기스 왕과 다윗은 맨 마지막에 진군한다. 2절에서 "수령"으로 번역된 히브리어 '세렌'(*seren*)은 블레셋의 다섯 도시 국가의 왕을 지칭하는 말이다.[1] 따라서 세렌은 지도자를 의미하는 '방백'으로 번역하는 것이 좋다. 이미 개역개정은 다른 곳에서(참조. 5:8) 세렌을 '방백'으로 번역한 바 있다. 더욱이 3절에서 개역개정이 '방백'으로 번역한 히브리어 '사르'(*śar*)는 블레셋에 대해 사용될 때는 행정 수반이 아닌 군대의 '장군'을 의미한다. 지도자를 의미하는 '방백'으로 번역하면 오해를 불러일으킨다. 이런 관점에서 보면 2절은 블레셋의 왕들이 수백 단위, 수천 단위의 부대를 이끌고 행군하는 장면을 표현한다. 3절에서 다윗에 대한 불만을 제기한 사람들은 블레셋 군대의 장군(사르)들이다. 이들은 아기스 왕과 함께 행렬의 맨 마지막에서 행군하는 다윗의 부대를 보고 아기스 왕에게 다음과 같은 불만을 표한다. "이 히브리 사람들은 무엇입니까." 개역개정의 번역 "이 히브리 사람들이 무엇을 하려느냐"는 문맥에 잘 어울리지 않을 뿐 아니라 히브리어 원문(마 하이브림 하엘레, *māh hāʿibrîm hāʾēleh*)과도 동떨어진 번역이다. 블레셋 장군들은 얼마 전까지 자신들의 원수였던 사울의 신하 다윗과 그 부하들을 신뢰할 수 없어, "이 히브리 사람들은 왜 여기에 있습니까"라는 뉘앙스로 불만을 표시하는 것이다.

아기스 왕은 의심하는 블레셋 장군들을 다음과 같이 설득하려 한다. '너희들이 보는 소위 히브리인들은 실은 사울의 신하인 다윗의 부하들이다. 다윗은 나와 오랜 세월 함께 살았는데, 그가 망명한 날부터 지금까지 나에게 충성을 다했다. 그는 나의 충성스런 종이다.' 아기스가 다윗을 변호하고는 있으나 말솜씨가 그리 뛰어나지 못하다. 다윗이 "사울의 신하"였음을 굳이 언급함으로써 블레셋 장군들의 심기를 건드릴 이유가 있었을까? 또한 다윗이 망명한 기간을 "오랜 세월"이라고 과장한 것도 장군들의 신뢰를 방해했을 것이다. 다윗의 망명은 매우 유명한 사건이며 블레셋 장군들은 그것이 1년 남짓밖에 되지 않았음을 잘 알고 있었다. 마지막으로 "그가 망명하여 온 날"(미욤 노플로, *miyyôm nōplô*)이라는 구절도 골리앗을 넘어뜨린 사건을 암시하는 동사 나팔('넘어지다', *nāpal*)을 포함한다. 이것도 다윗과 골리앗 사건을 연상시켜 블레셋 장군들의 편견을 강화시켰을 것이다. 아기스의 선한 의도에도 불구하고 그의 언어는 여러 면에서 다윗을 블레셋 장군들에게 좋은 모습으로 제시하지 못했다.

블레셋 장군들이 다윗의 참전에 반대함 29:4-5

4 블레셋 사람의 방백들이 그에게 노한지라 블레셋 방백들이 그에게
이르되 이 사람을 돌려보내어 왕이 그에게 정하신 그 처소로 가게
하소서 그는 우리와 함께 싸움에 내려가지 못하리니 그가 전장에서
우리의 대적이 될까 하나이다 그가 무엇으로 그 주와 다시
화합하리이까 이 사람들의 머리로 하지 아니하겠나이까 5 그들이
춤추며 노래하여 이르되 사울이 죽인 자는 천천이요 다윗은
만만이로다 하던 그 다윗이 아니니이까 하니

다윗에 대한 아기스의 변호는 블레셋 장군들의 의심만 가중시켰다. "이 히브리 사람들이 무엇입니까"(3절)라고 간단하게 불만을 표했던 장군들은 이제 구체적으로 "이 사람을 돌려보내어 왕이 그에게 정하신 그 처소로 가게 하소서"라고 요구한다. "그 처소"는 아마 시글락을 지칭하는 것 같다. 시글락에서 다윗이 유다 마을들(실제로는 유다의 적들)을 공격한 업적에 대해 블레셋 장군들이 알고 있는지는 확실하지 않다. 그들은 전쟁이 한창 무르익을 때 다윗이 방향을 바꾸어 자신들을 공격하는 "대적"(사탄, *śāṭān*, 4절)이 될지 모른다고 생각한다. 다윗이 블레셋 사람의 머리로 "그 주"(4절), 즉 사울과 다시 화합할 것이라는 블레셋 장군들의 주장은 다윗이 미갈을 아내로 얻기 위해 블레셋인 2백 명을 죽이고 그들의 양피를 벗긴 사건을 상기시킨다. 블레셋 장군들은 다윗이 블레셋 사람의 양피로 사울의 사위가 되었듯이 그가 이번에는 블레셋 사람들의 두피로 사울과 화해할 것이라고 주장한다. 그러면서 "사울의 죽인 자는 천천이요 다윗은 만만이로다"라는 노래를 다시 한 번 인용한다(5절). 사울은 이 노래에서 왕이 되려는 다윗의 음모를 읽어 냈는데, 블레셋 사람들은 그 노래를 다윗과 사울의 절친한 관계로 파악한다는 점이 재미있다.

이와 같은 블레셋 장군들의 반대는 다윗의 첫 번째 망명 시도 때를 상기시킨다. 그때는 아기스 신하들이 같은 노래를 인용하며 다윗의 블레셋 망명에 반대하였다. 그때나 지금이나 다윗은 사울의 종으로 의심된다. 블레셋 장군들이 다윗의 전쟁 참여를 반대한 또 하나의 이유가 있다면 그것은 14장에 기록된 전쟁과 관련 있다. 14장의 전쟁에

【이 히브리 사람들】 '히브리'라는 말은 이방 민족들이 이스라엘을 가리킬 때 자주 사용하였다. '히브리'라는 말이 아마르나 편지에 등장하는 하비루/아피루와 동일한지 논의가 있었다. 하비루/아피루는 국가나 도시 제도에 편입되지 않고 독자적인 삶을 사는 사람들을 가리켰다. 주로 도망한 노예들, 범죄자들, 사회 부적응자들, 가난한 자들이었다. 이들은 세력을 규합해 국경을 중심으로 약탈하고 때로는 도시를 침략하여 무너뜨리기도 하였다. 그러나 최근에는 히브리와 하비루는 동일한 어원을 가지지 않는다는 결론에 도달했다. 언어적으로 두 단어는 별개라고 결론을 내렸지만, 사회 · 문화적으로 히브리인들과 하비루 사람들은 유사점을 공유한다. 실제로 가나안 민족들이 그 땅에 정착하려는 히브리 사람들을 하비루로 혼동했을 가능성도 충분하다. 이 경우 히브리 사람이라는 말은 경멸의 의미를 가진다. 정착민의 관점에서 이동하며 약탈로 먹고사는 이들이 좋게 보일 리 없다. 아둘람에 있는 다윗에게 모여든 4백 명의 사람들도 블레셋 사람들의 관점에서는 하비루처럼 보였을 것이다. 블레셋 장군들이 다윗의 부대를 보고 "이 히브리 사람들"이라고 말한 것에도 경멸의 의미가 들어 있다.

서 많은 "히브리 사람들"이 사울을 이탈하여 블레셋 군대의 용병이 되었다. 그러나 전세가 막상 블레셋에게 불리하게 돌아가자 편을 바꾸어 블레셋을 공격하였다. 이렇듯 히브리 사람들은 상황에 따라 편을 바꾼다는 인식도 다윗과 그 부하들이 전쟁에 참여하는 것을 반대하게 만든 요인 중 하나였을 것이다.

아기스가 다윗을 돌려보냄 29:6-8

6 아기스가 다윗을 불러 그에게 이르되 여호와께서 살아 계심을
두고 맹세하노니 네가 정직하여 내게 온 날부터 오늘까지 네게 악이
있음을 보지 못하였으니 나와 함께 진중에 출입하는 것이 내
생각에는 좋으나 수령들이 너를 좋아하지 아니하니 7 그러므로
이제 너는 평안히 돌아가서 블레셋 사람들의 수령들에게 거슬러
보이게 하지 말라 하니라 8 다윗이 아기스에게 이르되 내가 무엇을
하였나이까 내가 당신 앞에 오늘까지 있는 동안에 당신이 종에게서
무엇을 보셨기에 내가 가서 내 주 왕의 원수와 싸우지 못하게
하시나이까 하니

아기스는 블레셋 전역을 다스리는 왕이 아니다. 블레셋은 다섯 도시 국가의 연맹체로 의사 결정이 민주적으로 이루어진다. 블레셋 방백들의 의견을 아기스가 무시할 수 없었을 것이다. 그는 다윗을 달래는 말로 시작한다. "여호와께서 살아 계심을 두고 맹세하노니 너는 올바르다"(6절). 놀라운 것은 다곤 숭배자인 아기스가 이스라엘의 하나님 이름으로 맹세한다는 것이다. 이것은 다윗과의 연대감을 최대한 보여 주는 행동일 수도 있고, 이스라엘에 호의적인 모든 이방인들을 야훼 숭배자로 만드는 성경 저자의 습관이라고 주장하는 학자들도 있다. 계속해서 아기스는 "나와 함께 진중에 출입하는 것이 내 생각에는 좋다"고 말해 준다(6절). 여기서 진중(마하네, *maḥăneh*)은 '군인의 무리'라는 의미이다. 아기스의 말을 다른 말로 바꾸면 '나는 네가 나와 함께 전쟁에 참

여하는 것이 좋을 것 같다'이다. 아기스가 이처럼 다윗을 신뢰하게 된 것은 지금까지 다윗이 보여 준 충성 때문이다. "네가…… 온 날부터 오늘까지 네게 악이 있음을 보지 못하였다"(6절). 그러나 중요한 것은 아기스의 견해가 아니다. 블레셋 방백('수령')들의 견해는 그 반대다. 이 때문에 아기스는 어쩔 수 없이 다윗에게 귀환 명령을 내린다. 다윗이 블레셋 방백들의 의견을 무시하고, 남아 있겠다고 고집을 피운다면 그것은 블레셋 방백들의 눈에 악을 행하는 것("거슬리는 일", 7절)일 것이다. 이처럼 6-7절은 블레셋 장군(사르)이 아닌, 블레셋 방백(세렌)이 다윗을 반대한 것처럼 묘사된다. 그러나 이것은 9절에 가서 다시 블레셋 장군으로 수정된다. 아마 다윗의 모습을 보고 처음으로 문제 제기하고 가장 반대 입장을 견지한 것은 블레셋 장군들이었던 것 같고, 블레셋 방백들도 장군들과 입장을 같이한 것으로 추정된다.

다윗은 아기스의 이런 말들을 어떤 심정으로 받아들였을까? 분명히 블레셋의 용병이 되어 사울을 공격하기가 부담스러웠을 것이다. 두 번이나 사울을 죽일 기회가 있었음에도 사울을 살려 주었던 다윗이 아닌가? 만약 이대로 전쟁에 참여한다면 다윗은 후방에서 아기스를 비롯한 블레셋 방백들을 죽여야 했다. 그러나 상황은 이렇게 다윗의 정치적 부담을 없애 주는 쪽으로 작용했다. 아마 시글락으로 돌아가라는 아기스의 명령에 다윗은 안도의 한숨을 내쉬었을 것이다. 그러나 다윗은 노련하게도 자신의 의중을 절대 표현하지 않는다. 오히려 전쟁에 참여하지 못하게 된 아쉬움과 부당함을 호소한다. 이 호소 가운데도 자신이 싸워야 할 적으로 사울을 언급하는 대신 "내 주 왕의 원수"(8절)를 언급한다. "내 주 왕의 원수"는 상황에 따라 사울이 될 수도 있고 아기스가 될 수 있는 것이다.

회군하는 다윗 29:9-11

9 아기스가 다윗에게 대답하여 이르되 네가 내 목전에 하나님의
전령 같이 선한 것을 내가 아나 블레셋 사람들의 방백들은 말하기를

그가 우리와 함께 전장에 올라가지 못하리라 하니 10 그런즉 너는
너와 함께 온 네 주의 신하들과 더불어 새벽에 일어나라 너희는
새벽에 일어나서 밝거든 곧 떠나라 하니라 11 이에 다윗이 자기
사람들과 더불어 아침에 일찍이 일어나서 떠나 블레셋 사람들의
땅으로 돌아가고 블레셋 사람들은 이스르엘로 올라가니라

다윗의 항변에 아기스는 다시 한 번 다윗을 위로하며, 블레셋 장군(*śar*, 개역개정에는 "방백")들의 입장을 전달한다. 이때도 다윗이 "하나님의 전령같이"(9절) 선하다고 말함으로써 다곤 숭배자인 아기스가 이스라엘의 하나님의 이름을 언급한다. 하나님의 이름으로 맹세한 때처럼 다윗과의 동질감을 강조하기 위한 것 같다. 그러나 블레셋 장군들은 다윗의 의도를 의심한다. 다윗에 대한 아기스의 신뢰는 순진한 것이다.

10절에서 아기스는 다윗과 그의 부대가 아침 일찍 떠날 것을 권면한다. 칠십인역을 보면 블레셋 장군들의 말을 마음에 두지 말 것도 덧붙인다. 여하튼 10절에 기록된 아기스의 말에는 "아침"이라는 말이 반복된다. 이것은 28장에서 사울이 엔돌의 무당을 "밤에" 찾아갔다가 "밤에" 돌아온 사실과 대조를 이룬다. 다윗이 아기스 왕에게서 떠나 시글락으로 돌아가는 것은 궁극적으로 다윗에게 좋은 징조이다. 실제로 본 장에 묘사된 다윗과 아기스의 이별로 둘은 다시 만나지 않는다. 이것은 "다윗이…… 블레셋 사람의 땅으로 돌아가고 블레셋 사람은 이스라엘로 올라가니라"(11절)에서 암시된다. 다윗과 블레셋 사람이 각기 다른 길을 가는 이 구절은 다윗의 망명 생활의 끝을 암시한다. 다윗은 더 이상 아기스 왕의 용병으로 있을 필요가 없다. 사울 왕이 전쟁에서 죽자 다윗은 다시 유다 땅으로 간다. 그러나 다윗의 탈-블레셋은 희생 없이 이루어지지 않는다. 마치 남방으로 내려갔던 아브라함이 여러 고난을 겪고 나서 가나안 땅으로 돌아온 것처럼, 다윗이 블레셋을 떠날 때도 그가 겪어야 하는 고통이 하나 남아 있다. 이것이 이어질 30장의 주제이다.

질문

1. 본 장에 묘사된 사건의 배경은 아벡입니다. 엘리와 그의 두 아들도 아벡에서 벌어진 블레셋과의 전투에서 사망했음을 고려할 때 이것이 시사하는 바는 무엇입니까?
2. 블레셋 장군들이 다윗의 참전을 결사반대한 이유는 무엇입니까?
3. 아기스가 진심으로 다윗을 변호하지만 그가 훌륭한 변론가는 아니었음은 어디서 알 수 있습니까?

묵상

아기스의 도시에서 다윗이 양심의 자유를 누렸을 가능성은 적습니다. 다곤을 섬기는 곳에서 다윗은 표면적으로 다곤 숭배자가 되었을 것입니다. 이 때문에 다윗은 아기스에게 시글락에서 살게 해달라고 부탁합니다. 표면적 이유는 용병의 자격으로 유다 마을을 약탈함으로써 '밥값'을 하겠다는 것이지만, 실은 아기스의 영향에서 벗어나 자유로워지겠다는 속셈이었습니다. 시글락은 유다 땅이 되어야 했으나 실제로는 블레셋이 지배하던 땅으로, 다윗이 그곳의 성주가 되었다는 것은 매우 의미가 있습니다. 시글락에서 다윗은 아기스 왕에게 말한 것과 달리 유다의 적들을 약탈합니다. 탈취물 일부는 유다 성읍에 보내기도 했습니다. 시글락에서는 좀더 양심의 자유를 가지고 살 수 있었지만 블레셋에 머무는 것이 하나님의 뜻은 아니었습니다. 그래서 하나님은 다음 단계의 사건을 예비하시는데 아기스가 대이스라엘 전쟁에 다윗의 부대를 용병으로 소집한 것입니다. 이 전쟁에서 다윗은 더 이상 블레셋 사람들의 눈을 속일 수 없습니다. 이스라엘과 싸우거나, 블레셋을 배반해야 합니다. 하나님은 시글락에서 자신의 진짜 사명을 망각하고 타성에 젖을 위험에 있었던 다윗을 흔들어 깨우십니다. 가야 할 길을 벗어난 때가 있습니다. 결코 바람직한 것은 아니지만 그런 분들이 있다면 하나님은 결코 포기하지 않으심을 기억하십시오. 그리고 하나님의 인도하심에 모든 감각을 예민하게 조율하십시오. 분명 블레셋 땅에서 다시 이스라엘 땅으로 옮기시려는 하나님의 손길을 찾을 수 있을 것입니다.

31
아말렉인들로 인한 고난

삼상 30:1-31

블레셋 장수들의 반대로 대이스라엘 전쟁에서 배제된 다윗은 시글락으로 서둘러 돌아온다. 남자들이 없는 마을은 언제나 약탈의 대상이 될 수 있기 때문이다. 그러나 다윗이 시글락에 도착해 보니 마을은 불타고 여자들과 어린아이들은 납치된 후였다. 평소 다윗의 군대에 괴롭힘을 당한 아말렉 사람들이 다윗이 없는 틈을 노려 마을을 약탈한 것이다. 하나님은 다윗에게 왜 이런 시련을 주신 것일까? 다윗은 이 사건을 통해 어떤 점을 새롭게 배웠을까?

아말렉이 시글락을 공격함 30:1-5

1 다윗과 그의 사람들이 사흘 만에 시글락에 이른 때에 아말렉
사람들이 이미 네겝과 시글락을 침노하였는데 그들이 시글락을
쳐서 불사르고 2 거기에 있는 젊거나 늙은 여인들은 한 사람도
죽이지 아니하고 다 사로잡아 끌고 자기 길을 갔더라 3 다윗과 그의
사람들이 성읍에 이르러 본즉 성읍이 불탔고 자기들의 아내와
자녀들이 사로잡혔는지라 4 다윗과 그와 함께한 백성이 울 기력이
없도록 소리를 높여 울었더라 5 다윗의 두 아내 이스르엘 여인
아히노암과 갈멜 사람 나발의 아내였던 아비가일도 사로잡혔더라

아기스 왕에게서 귀환 명령을 받은 다윗은 6백 명의 군사와 더불어 시글락으로 돌아간다. 아벡에서 시글락까지는 직선 거리로 90킬로미터 정도 떨어져 있어 최소 사흘에서 나흘 정도를 가야 도달할 수 있는 거리인 듯 보인다. 그들이 사흘 만에 도달한 것(1절)으로 보아 다윗과 그 일행은 아벡에서 시글락까지 서둘러 왔던 것 같다. 다윗이 서두른 이유는 시글락에는 여인들과 아이들밖에 남아 있지 않아 적의 침입에 매우 취약했기 때문이다. 한편 다윗과 그 군대가 시글락을 향하여 출발했을 무렵 아말렉이 네게브("네겝")와 시글락을 침략해 왔다. "네겝"(1절)은 시글락 남쪽에 위치한 사막 지역을 가리킨다("네겝"의 다른 의미는 27장 8-11절의 해설 참조). 그들은 다윗의 거점 도시 시글락에 불을 지르고 거기에 있던 여인과 어린아이들을 포로로 잡아 갔다. 2절의 "젊거나 늙은 여인들"로 번역된 히브리어 원문은 "그곳의 여인들과 그곳에 있는 모든 이들"(칠십인역)의 의미로 이해해야 한다. 즉 아말렉 사람들은 여인들만을 사로잡아 간 것이 아니라 시글락에 있던 모든 사람을 데려갔다. 사무엘상 27장에서 아말렉에 대한 다윗의 약탈 행위를 지칭하기 위해 사용된 히브리어 동사 '파샤트'(*pāšaṭ*)가 본문에서 아말렉인들의 약탈 행

위("침노하였는데", 1절)에 대해 사용된 것은 아말렉의 침략이 다윗에 대한 보복임을 간접적으로 시사한다. 그러나 다윗은 남자, 여자, 어린아이, 노인 할 것 없이 모든 아말렉 사람들을 죽였으나 아말렉 사람들은 시글락에 남아 있던 여자와 어린아이들을 사로잡아 갔다. 다윗이 모든 아말렉 사람을 죽인 것은 자신의 거짓말이 블레셋 사람들에게 탄로 나지 않도록 막는 데 있었지만, 아말렉 사람들은 여자와 어린아이를 죽이는 것보다 포로로 데려가는 것이 이익이라고 판단했던 것 같다. 고대 전투에서는 군인들은 모두 죽이되 여자와 어린아이들은 노예로 끌고 가는 경우가 많았다. 다윗도 나발을 응징하려 할 때 다음 날 아침까지 "한 남자"도 남겨 두지 않겠다고 맹세했었다. 즉 여자와 어린아이들은 응징의 대상이 아니었던 것이다.

먼 거리를 서둘러 달려온 다윗은 자신의 염려가 현실이 된 것을 목격하게 된다. 3절은 다윗과 그의 부하의 관점에서 약탈 사실을 다시 한 번 설명한다. "다윗과 그의 사람들이 성읍에 이르러 본즉 성읍이 불탔고 자기들의 아내와 자녀들이 사로잡혔는지라." 그런데 불탄 성은 그렇다 치고 여자와 아이들이 살해되지 않고 사로 잡혀 갔음을 어떻게 확신할 수 있었을까? 불탄 마을에서 그들의 시체가 발견되지 않은 것은 일단 희망적이었다. 그러나 얼마 전 자신의 군대가 아말렉 사람들에게 한 일을 생각하면 최악의 시나리오도 배제할 수 없었을 것이다. 아말렉이 여자와 어린아이를 생포한 후 포로로 삼았을 수도 있고, 다윗이 그랬듯 죽였을 수도 있다. 더구나 후에 애굽 사람의 증언에 따르면 아말렉이 마을을 침략한 것은 사흘 전이었다. 다윗이 아기스 왕과 작별하고 아벡을 막 떠났을 즈음에 이미 시글락은 아말렉 사람들 손에 불탔다는 뜻이다. 너무 늦게 현장에 도착했고, 아말렉 사람들은 이미 달아난 상태이다. 절망적인 상황이다. 4절에서 다윗과 그의 부하들이 기력이 없어질 때까지 통곡한 것은 이런 관점에서 생각해야 할 것이다. 다윗도 이 슬픔에서 예외는 아니다. 다윗의 두 아내, 아히노암과 아비가일도 사로잡혀 갔다.

크게 다급한 다윗 30:6-8

6 백성들이 자녀들 때문에 마음이 슬퍼서 다윗을 돌로 치자 하니
다윗이 크게 다급하였으나 그의 하나님 여호와를 힘입고 용기를
얻었더라 7 다윗이 아히멜렉의 아들 제사장 아비아달에게 이르되
원하건대 에봇을 내게로 가져오라 아비아달이 에봇을 다윗에게로
가져가매 8 다윗이 여호와께 묻자와 이르되 내가 이 군대를
추격하면 따라잡겠나이까 하니 여호와께서 그에게 대답하시되
그를 쫓아가라 네가 반드시 따라잡고 도로 찾으리라

아들과 딸들을 잃고 상심한 사람들이 다윗을 돌로 쳐 죽이자고 의논한다. 왜 이들이 다윗에게 책임을 요구했을까? 최소한의 병력도 남겨 놓지 않고 모든 남자를 데려갔기 때문일까? 아니면 자신들을 데리고 블레셋으로 망명했다는 불만이 쌓여 폭발한 것인가? 본문은 왜 백성들이 다윗에게 비극의 책임을 물으려 했는지 말하지 않는다. 그러나 그들의 슬픔과 한이 커서 직접적인 책임이 없는 다윗을 죽이고픈 마음이 들 정도였다는 것은 사실이다. 사로잡혀 간 자녀들이 살아 있을 가능성이 희박하다고 판단했을지도 모른다.

사람들이 자신을 돌로 치자고 의논하는 상황 속에 다윗은 "크게 다급하였다"(6절). "다급하였다"는 히브리어 표현(바테쩨르 레다빗 메오드, *wattēṣer lədāwid mə'ōd*)은 임박한 위험이 가져다주는 심리적 압박감, 즉 스트레스를 말한다. 바다 모래 같은 블레셋 군대를 본 사울의 군대가 느낀 것이 "다급함"이었다. 다급했던 사울의 군사들은 여기저기로 흩어지고 바위나 굴에 숨어 버렸다(삼상 13:6, 같은 히브리어가 여기서는 "위급함"으로 번역됨). 아말렉의 약탈과 부하들의 반란으로 다윗이 다급함을 느낀 이때에 아마 사울도 수넴에 모인 블레셋 군대를 보고 다급해져서 엔돌의 무당을 찾아 나섰을 것이다. 지금 다윗은 블레셋으로 망명한 이래 최대의 위기를 겪고 있다. 하지만 사울의 군대처럼 흩어져 숨거나, 사울처럼 엔돌의 무당에게서 도움을 요청하지 않았다. 즉 절망하지 않

았다. 그는 여호와를 인하여 힘을 얻었다. 그리고 제사장 아비아달을 불러 에봇을 통해 하나님의 뜻을 묻는다. 아비아달은 놉의 대제사장 아히멜렉의 아들로, 사울의 학살을 피해 다윗에게 도망해 왔었다. 그때 가져온 에봇이 다윗에게는 큰 자산이 된 반면 사울에게는 큰 손실이었다. 사울에게는 응답하지 않던 에봇이 다윗에게는 풍성한 응답을 준다. 다윗의 질문은 "내가 이 군대를 추격하면 따라잡겠나이까"였는데, 여호와께서 주신 대답은 "쫓아가라 네가 반드시 따라잡고 도로 찾으리라"이다. 여기서 "도로 찾으리라"로 번역된 히브리어 '나짜르'(*nāṣar*)는 '구원하다', '구조하다'의 의미가 있다. 즉 하나님은 다윗과 그 부하들의 가족이 생존해 있음을 확인해 줄 뿐 아니라 그들이 무사하게 가족의 품에 돌아올 것이라고 말씀하신다.

여기서 한 가지 짚고 넘어가야 할 문제가 있다. 왜 다윗은 이런 공격을 받아야 했을까? 하나님이 이런 시련을 허락하신 이유는 무엇인가? 사울의 무수한 추격과 공격에서 다윗을 구원하신 하나님이 왜 이번에는 가족이 적들에게 사로잡히고, 다윗의 목숨까지 위태롭도록 허용하셨는가? 여기서 이 사건이 다윗의 망명 생활을 끝내는 시점에 발생했다는 점을 생각해 보자. 다윗이 하나님의 지속적인 구원에도 불구하고 블레셋으로 망명한 것은 분명 불신앙의 행위다. 다윗의 행위를 아무리 미화하더라도 사울에 대한 두려움 때문에 망명했다는 사실은 바꿀 수 없다(삼상 27:1). 갈멜산 승리가 이세벨의 천하를 바꾸지 못함을 깨달은 엘리야가 깊은 절망에 빠져 도망했듯이, 다윗은 두 차례나 사울의 목숨을 살려 줌으로써 승리를 경험했지만 그것이 사울의 마음을 전혀 바꾸지 못하자 블레셋으로 도망한 것이다. 블레셋에서 다윗은 민족을 배반하지 않으려고 노력했다. 즉 블레셋의 용병을 가장해 이스라엘의 적들을 섬멸하고, 탈취물의 일부를 유다 마을에 공급하였다. 그럴지라도 블레셋은 사명자 다윗이 거할 장소는 아니었다. 블레셋의 용병을 가장해 간접적으로 이스라엘을 돕는 것은 이스라엘의 왕이 될 사람의 모습이 아니다. 자기 민족만은 배반하지 않으려는 태도는 가상하지만 기름 부음 받은 자로서 다윗은 사명을 가지지 않았는가? 이때 하나님께서 개입하신다. 아기스 왕이 다윗을 이스라엘과의 전쟁에 참여하도록 명령한다. 이것은 용병을 가장해 간접적으로 이스라엘을 돕는 생활이 지속될 수 없음을 보여 주는 것이다. 이제 다윗은 양단간에 결정을 해야 한다. 진짜 용병이 되거나, 아니면 블레셋으로부터 나와야 한다. 비록 블레셋 장수들의 반대로 전쟁에 참여하지 않았지만 그 사건은 자신의 미래를 진지하게 고민하게 만들었을 것이다. 아기스가 일으킨 전쟁에서 사울과 그 아들들이 전사하자 다윗은 더 이상 블레셋 땅에 있을 이유가 없다. 실제로 아벡에서 다윗이 아기스 왕과 작별한 것이 마지막 인사가 되었다. 그러나 하나님은 다윗을 블레셋에서 그냥 나오게 하시지는 않는다. 아브라함이 기근을 피해 가나안 땅을 떠나 남방 땅으로 내려가 두 번이나 아내를 빼앗길 위험에 처한 후에야 다시 가나안으로 올라왔듯, 다윗도 사울을 피해 블레셋으로 내려갔다가 다시 이스라엘 땅으로 귀환할 때 블레셋에 내려간 행위의 대가를 지불하게 된다. 그것이 아말렉 약탈 사건이다. 아말렉의 손에 다윗은 거의 모든 것을 잃을 뻔한 것이다.

아말렉 약탈 사건이 단순히 형벌적 의미만은 아니다. 이 사건은 다윗이 블레셋 망명 생활을 통해 새 사람이 되었음을 보여 준다. 또 다윗이 통치 자격을 온전히 증명한 왕의 신분으로 유다로 귀환할 것임을 암시하기도 한다. 블레셋으로 망명하기 전 다윗은 다급할 때 본능에 따라 행동하는 자였다. 망명의 동기를 설명하는 사무엘상 27장 1절은 다윗이 "다급해졌다"는 표현을 사용하지 않지만, 사울이라는 위험에 다윗이 다급해져서 망명을 결정했다 해도 과언은 아니다. 그러나 망명 생활의 끝 무렵에 발생한 또 한 번의 "다급한" 사건에 다윗은 이전과 다르게 반응한다. 아말렉의 약탈과 부하들의 반란으로 다윗이 심히 다급해지자 다윗은 하나님에게 기도로 묻는다. 인간적인 방법에 의존하지 않는다. 이것은 망명 생활을 통해 다윗이 변화하고 성장하고 있음을 보여 준다. 이것이 다윗의 저력이다. 두려움에 굴복하는 순간들도 있었지만 그는 시련을 통해 더욱 강한 사람이 되어 갔다.

6백 명만을 데리고 브솔 강을 건넘 30:9-10

9 이에 다윗과 또 그와 함께한 육백 명이 가서 브솔 시내에 이르러
뒤떨어진 자를 거기 머물게 했으되 10 곧 피곤하여 브솔 시내를
건너지 못하는 이백 명을 머물게 했고 다윗은 사백 명을 거느리고
쫓아가니라

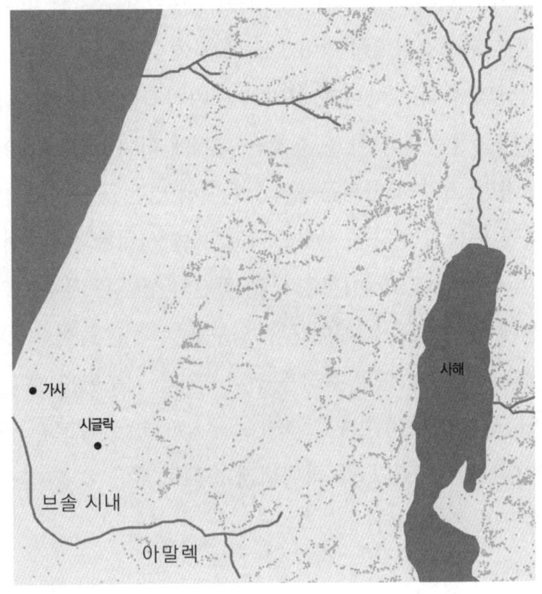

【시글락, 브솔 시내 등의 위치】

하나님의 말씀에 힘을 얻어 다윗과 그의 군사는 아말렉 사람들을 뒤쫓기 시작한다. 브솔 시내에 이르자 6백 명의 군사 중 "피곤하여 브솔 시내를 건너지 못하는 이백 명"을 제외하고 나머지 4백 명이 브솔 시내를 건너 아말렉을 추격했다. 브솔 시내는 시글락에서 서쪽으로 약 22킬로미터 지점에 위치한 건천(wadi)이다. 다윗은 브솔 시내를 건너 이집트와 블레셋 사이에 위치한 술 광야로 가려 했던 것 같다.

주목할 것은 피곤하여 브솔 시내를 건너지 못하는 2백 명의 군사가 있었다는 것이다. 그들은 남아 짐을 지켰다. 나발을 공격할 때

도 일부 군인은 남아서 짐을 지켰으니 짐 지키는 일이 '이상한 것'은 아니었던 것 같다. 다만 누가 남아 짐을 지킬 것인가는 당시의 피로도로 결정한 듯하다. 이들은 이미 빠른 걸음으로 아벡에서 시글락까지 이동해 왔다. 그리고 불탄 마을과 사로잡혀 간 가족들을 보고 크게 통곡한 상태이다. 대부분 지쳐 있었을 것이다. 그러나 추격하면 아말렉을 따라잡고 가족들을 구할 수 있다는 말씀에 힘을 얻어 추격하려 한다. 며칠을 가야 할지 모르지만 군사들은 추격을 시작했다. 그러나 빠른 추격을 위해 무거운 짐은 놓고 가야 했고 누군가는 짐을 지킬 필요가 있었으므로 피로도가 심한 2백 명이 브솔에 남기로 했다. 그러나 4백 명의 군인도 최상의 상태는 아니다. 아말렉을 따라잡는 것에서부터 그들을 무찌르고 가족들을 되찾아 오는 모든 과정에 하나님의 도움이 절대적으로 필요하다. 요약하면 피곤하여 남은 2백 명은 공동체의 짐을 지키는 정상적 임무를 수행하는 사람들이고, 브솔 시내를 건넌 4백 명도 피곤에 지친 군사들이었다. 이것은 구조 작전의 성공은 전적으로 하나님의 도우심에 달려 있음을 보여준다. 임무를 마치고 돌아온 4백 명 중 일부가 짐을 지킨 2백 명과 전리품을 나누기를 거부했을 때 다윗이 그들을 악인 혹은 불량자(브네 블리야알, *bənê bəliyaa'l*)로 부르는 것도 이런 관점에서 이해할 수 있다. 즉 하나님께 은혜로 받은 것을 형제와 나누기를 거절하면 큰 죄이다.

버려진 애굽인의 첩보 30:11-15

11 무리가 들에서 애굽 사람 하나를 만나 그를 다윗에게로 데려다가
떡을 주어 먹게 하며 물을 마시게 하고 12 그에게 무화과 뭉치에서
뗀 덩이 하나와 건포도 두 송이를 주었으니 그가 밤낮 사흘 동안
떡도 먹지 못하였고 물도 마시지 못하였음이니라 그가 먹고 정신을
차리매 13 다윗이 그에게 이르되 너는 누구에게 속하였으며
어디에서 왔느냐 하니 그가 이르되 나는 애굽 소년이요 아말렉
사람의 종이더니 사흘 전에 병이 들매 주인이 나를 버렸나이다

14 우리가 그렛 사람의 남방과 유다에 속한 지방과 갈렙 남방을
침노하고 시글락을 불살랐나이다 15 다윗이 그에게 이르되 네가
나를 그 군대로 인도하겠느냐 하니 그가 이르되 당신이 나를
죽이지도 아니하고 내 주인의 수중에 넘기지도 아니하겠다고
하나님의 이름으로 내게 맹세하소서 그리하면 내가 당신을
그 군대로 인도하리이다 하니라

그 넓은 술 광야에서 시글락을 침략한 아말렉을 찾기란 거의 불가능한 일이었다. 불과 4백 명의 군사로, 그것도 사흘 이상을 걸어온 군대로 아말렉을 따라잡는 것은 힘든 일이었을 것이다. 그런데 그들은 우연히 애굽 사람을 만난다. 성경 역사에서 우연은 하나님의 적극적인 섭리를 의미한다. 하나님이 그 애굽 사람을 다윗의 가는 길에 보낸 것이다. 그 애굽 사람은 다름 아닌 시글락을 약탈한 아말렉 사람들의 종 가운데 하나였다. 아말렉인들은 시글락을 약탈한 직후 병들었다는 이유로 그 애굽인을 버렸다.

다윗의 부하들이 그를 발견해 데려오자 다윗은 먼저 그의 육체적 필요를 채워 주었다. 사흘 밤낮을 먹지 못하였기 때문에 기진한 상태였다. 물어보고 싶은 것이 있었으나 다윗은 먼저 그의 필요를 채워 주기로 결심한다. 아직 그가 누구인지도 혹은 그가 가진 정보가 무엇인지 모르지만 굶주려 죽게 된 그를 인도적 차원에서 구제해 준다. 떡을 먹게 하고 물을 마시게 한다. 또한 무화과 한 조각과 건포도 두 송이도 준다. 길에서 죽게 된 무명의 사람에게 특별한 대접을 한 것이다. 이것은 아말렉 사람들이 출애굽하여 광야를 통과하는 이스라엘 사람들에게 한 짓과 정반대된다. 아말렉 사람들은 뒤에 처진 연약한 지체들만 골라 공격하고 죽였다. 그러나 다윗은 뒤에 처진 연약한 사람을 먹이고 살리는 일을 한다.

이제 먹고 정신을 차린 이집트인에게 다윗은 기본적인 첩보를 수집한다. "누구에게 속하였으며 어디에서 왔느냐." 그 사람은 자신이 이집트인이지만 얼마 전까지 아말렉인들의 종으로 일했으며 병이 들자

주인이 자신을 버렸다고 말한다. 그리고 이어지는 그의 이야기는 다윗과 그의 부하들을 흥분시킨다. 그는 시글락을 약탈하고 불을 지른 아말렉 무리들 중 하나였다는 것이다. 그에 따르면 아말렉인들이 약탈한 곳은 시글락뿐만이 아니었다. 그렛 사람들의 마을과 유다 사람들의 마을, 갈멜 사람들의 마을들도 약탈했다. 이집트인이 시글락을 언급할 때 다윗과 그의 부하들은 심장이 멎는 듯했을 것이다.

흥분한 마음을 가라앉힌 다윗은 자신을 아말렉 사람들에게 데려갈 수 있는지 묻는다. 다윗의 선대를 받은 이집트인은 자신의 생명을 살려 줄 것을 조건으로 다윗의 요구를 수용한다. 즉 자신을 죽이지도 않고, 주인의 손에 넘기지도 않겠다는 맹세를 조건으로 아말렉 군대로 인도한다. 다윗이 아말렉 군대를 확실하게 따라잡을 기회를 놓칠 리가 없다. 본문에 자세히 기록되지 않았지만 다윗은 이집트인의 조건을 수용했다. 다윗이 이렇게 아말렉의 군대를 쉽게 따라잡을 수 있었던 것은 이집트인을 만나게 해주신 하나님의 섭리도 있지만, 죽어 가는 이집트인을 조건 없이 먹이고 살린 긍휼의 마음에 있다. 어려운 사람에게 사랑의 나눔을 실천했을 때 다윗에게 형통의 길이 열린 것이다.

다윗이 사로잡힌 자들을 구출함 30:16-20

16 그가 다윗을 인도하여 내려가니[1] 그들이 온 땅에 편만하여
블레셋 사람들의 땅과 유다 땅에서 크게 약탈하였음으로 말미암아
먹고 마시며 춤추는지라 17 다윗이 새벽부터 이튿날 저물 때까지
그들을 치매 낙타를 타고 도망한 소년 사백 명 외에는 피한 사람이
없었더라 18 다윗이 아말렉 사람들이 빼앗아 갔던 모든 것을 도로
찾고 그의 두 아내를 구원하였고 19 그들이 약탈하였던 것 곧 무리의
자녀들이나 빼앗겼던 것은 크고 작은 것을 막론하고 아무것도 잃은
것이 없이 모두 다윗이 도로 찾아왔고 20 다윗이 또 양 떼와 소 떼를
다 되찾았더니 무리가 그 가축들을 앞에 몰고 가며 이르되 이는
다윗의 전리품이라 하였더라

이집트 사람은 다윗을 아말렉 군대가 있는 곳으로 인도한다. 비록 아파서 버림받았지만 아말렉 사람들과 함께 다녔던 경험 덕분에 그들의 위치를 정확하게 예측한 것 같다. 다윗이 아말렉 군대가 있는 곳에 도착한 후 목격한 내용이 16절에 기록되어 있다. 그들은 넓은 지역에 퍼져서 성공적인 약탈 원정을 음식과 술과 춤으로 축하하고 있었다. 어떤 학자들은 "춤추는지라"로 번역된 히브리어 '호그김'(*ḥōggîm*)이 종교적 축제에 사용되는 단어라는 점을 들어 그들이 일종의 종교적 제의를 행하고 있다고 주장하지만 그렇게 생각할 이유는 없다. 이 단어는 세속적 축하 잔치를 의미할 때도 사용된다.

다윗은 흥겨운 잔치를 벌이는 아말렉 사람들을 기습 공격한다. 밤늦게까지 술을 마셔 취한 군사들이 곤히 잠든 새벽 시간에 공격이 시작되었다. 고대 전쟁에서 기습 공격은 동트기 전에 시작된다. 전투가 일방적인 다윗의 승리였음에도 불구하고 새벽부터 날이 저물 때까지 지속된 것을 보아 다윗이 죽인 숫자가 엄청났음을 짐작할 수 있다. 낙타를 타고 도망한 4백 명을 제외하고 모두 죽었다. 다윗이 하루 종일 죽인 아말렉 사람의 수를 짐작케 한다. 다윗은 사로잡혀 간 여자와 아이들은 물론 가축과 귀중품 등 아말렉이 가져간 모든 것을 회수하였다.

20절은 다윗이 아말렉에게 약탈당하기 전보다 더 부자가 되어 시글락에 돌아오는 모습을 그린다. 다윗이 취했다고 언급된 "모든 양 떼와 소 떼"에는 아말렉 사람들이 빼앗아 간 가축들은 물론, 다른 마을에서 빼앗은 가축들과 아말렉이 본래 소유했던 것들까지 포함되었을 것이다. 다윗은 모든 가축을 몰고 귀환한다. 이때 사람들은 "이는 다윗의 전리품이라"라고 외치며 다윗을 찬양한다. 얼마 전까지 다윗을 돌로 치려했던 사람들은 어디에 있는가? 이것은 아브라함이 기근을 만나 남방 땅으로 내려가서 사라를 잃을 뻔했지만 더 큰 부자가 되어 돌아오는 모습을 연상시킨다. 다윗도 잘못된 동기로 블레셋에 망명했고 그로 인해 여러 어려움을 당하지만 결국 더 큰 축복을 안고 자기 고향 유다 땅으로 돌아갈 것이다. 이것을 통해 우리는 인간의 연약함을 통해서도 구속사를 이루어 가시는 하나님의 섭리를 깨달을 수 있다.

부하들 사이의 내분 30:21-25

21 다윗이 전에 피곤하여 능히 자기를 따르지 못하므로 브솔
시내에 머물게 한 이백 명에게 오매 그들이 다윗과 그와 함께한
백성을 영접하러 나오는지라 다윗이 그 백성에게 이르러 문안하매
22 다윗과 함께 갔던 자들 가운데 악한 자와 불량배들이 다 이르되
그들이 우리와 함께 가지 아니하였은즉 우리가 도로 찾은 물건은
무엇이든지 그들에게 주지 말고 각자의 처자만 데리고 떠나가게
하라 하는지라 23 다윗이 이르되 나의 형제들아 여호와께서 우리를
보호하시고 우리를 치러 온 그 군대를 우리 손에 넘기셨은즉 그가
우리에게 주신 것을 너희가 이같이 못하리라 24 이 일에 누가
너희에게 듣겠느냐 전장에 내려갔던 자의 분깃이나 소유물 곁에
머물렀던 자의 분깃이 동일할지니 같이 분배할 것이니라 하고
25 그 날부터 다윗이 이것으로 이스라엘의 율례와 규례를 삼았더니
오늘까지 이르니라

다윗의 개선 행렬은 브솔 시내에서 대기하던 2백 명이 있는 장소에 이르렀다. 이들은 피곤하여 다윗을 따라 구출 작전에 임하지 않은 사람들이다. 그들은 짐을 지키며 브솔 시내에서 대기하다가 다윗의 개선 행렬을 맞이하러 나온다. 다윗이 먼저 남아 있던 자들에게 문안 인사를 한다. 그러나 다윗과 함께 구출 작전에 참여했던 사람들 중 "악한 자와 불량배들"(22절)은 남아 있던 2백 명에게 불만이 있는 듯하다. "그들이 우리와 함께 가지 아니하였은즉 우리가 도로 찾은 물건은 무엇이든지 그들에게 주지 말고 각자의 처자만 데리고 떠나가게 하라"(22절). 즉 처자식만 찾게 하고 전리품들과 가축들은 구출 작전에 참여한 사람들만 나누어 가지겠다는 말이다. 이것은 부하들 사이에 분열을 초래하는 심각한 사안이다. 그리고 다윗의 보기에 그 "악한 자와 불량배들"의 주장

은 옳지 못하다.

다윗은 먼저 구출 작전의 성공이 하나님의 보호와 도우심의 결과임을 강조한다. “하나님이 우리에게 주신 선물을 가지고 너희가 그렇게 하면 안 된다. 그분은 우리를 보호하셨고, 우리를 대적하는 무리를 우리의 손에 붙이셨다”(23절). 그리고 왕으로서의 권위에 호소한다. “이 일에 누가 너희를 듣겠느냐.” 이 말은 다윗의 말이 최종적인 권위를 가진다는 의미이다. 다윗은 전쟁에 참여하여 싸웠던 사람이나 뒤에 남아서 소유물을 지켰던 사람이나 똑같은 몫을 받아야 한다고 판결한다. 그리고 그것을 이스라엘을 위한 “율례와 규례”로 삼았다.

자칫 공동체의 분열을 가져왔을 위기를 다윗은 지도력으로 극복한다. 그 지도력은 특정 부류에게 특권을 주는 것이 아니라 모든 사람을 평등하게 대우하는 정신이다. 적극적으로 말해 약자에 대한 배려이다. 여기에는 모든 경제적 이익은 하나님의 선물이라는 대전제가 있다. 노력 없이 성공할 수는 없지만 노력한다고 성공하는 것은 아니다. 즉 성취에는 노력에 플러스 알파가 필요하다. 공동체 안에서 성공하는 사람은 플러스 알파만큼 다른 지체의 덕을 보는 것이다. 그리고 궁극적으로 성공은 하나님께서 주신다. 사울이 다스리는 나라는 왕이 공을 세운 신하들에게 탈취물을 나누어 주는 체계이다(삼상 8:14-15). 그러나 다윗이 다스리는 나라는 사랑과 나눔이 원리로 작용한다. 다윗은 큰 어려움을 겪었지만 그것을 통해 통치자로서의 덕목을 갖추어 간다.

다윗이 탈취물을 유다 성읍과 나누어 가짐 30:26-31

26 다윗이 시글락에 이르러 전리품을 그의 친구 유다 장로들에게
보내어 이르되 보라 여호와의 원수에게서 탈취한 것을 너희에게
선사하노라 하고 27 벧엘에 있는 자와 남방 라못에 있는 자와
얏딜에 있는 자와 28 아로엘에 있는 자와 십못에 있는 자와
에스드모아에 있는 자와 29 라갈에 있는 자와 여라므엘 사람의

성읍들에 있는 자와 겐 사람의 성읍들에 있는 자와 30 홀마에 있는
자와 고라산에 있는 자와 아닥에 있는 자와 31 헤브론에 있는
자에게와 다윗과 그의 사람들이 왕래하던 모든 곳에 보내었더라

다윗은 탈취물의 일부를 "유다 장로"들에게 보낸다. 그 마을들이 아멜렉에게 약탈을 당했기 때문에 그랬을 가능성이 있다. 그렇다면 이것은 물건을 주인에게 돌려주는 것이다. 27-31절에 언급된 지명들은 벧엘에서 시작해 헤브론으로 끝난다. 그 사이에 언급된 마을들은 주로 유다 남쪽에 위치한 마을들로 다윗이 도망을 다닐 때 호의를 베풀었으리라 생각되는 곳이다. 마지막으로 언급된 헤브론에서 다윗은 최초로 왕이 된다.

다윗의 도망자 생활의 끝이 은혜의 축복을 나누는 것임에 주목하자. 두려움과 궁핍함은 축복의 선물을 나눌 때 끝난다. 사울 왕이 버림받은 결정적인 계기는 아말렉과의 전투에서 금한 약탈품을 취했기 때문인 반면, 다윗은 아말렉과의 전투를 통해 받은 은혜를 백성들과 나눔으로써 자신의 기름 부음에 대해 확증을 얻었다.

질문

1. 다윗은 아벡에서 직선거리로 약 90킬로미터 떨어진 시글락까지 사흘 만에 돌아왔습니다. 다윗이 이렇게 서둘러 돌아온 이유는 무엇이라고 생각합니까?
2. 아말렉은 왜 사람들을 죽이지 않고 모두 사로잡아 갔을까요?
3. 사람들이 다윗을 돌로 치려 한 이유는 무엇입니까?
4. 아말렉을 추격하기 위해 떠난 사람 중 일부는 짐 지키는 자가 되어 브솔 시내를 건너지 않습니다. 왜 6백 명 모두가 아말렉을 추격하지 않았을까요?
5. 아말렉을 따라잡고 가족들을 구한다는 것은 하나님의 도움 없이 거의 불가능했습니다. 하나님이 도우셨다는 실마리를 본문 어디서 볼 수 있습니까?
6. 다윗은 탈취물을 나눌 때 발생한 분란을 어떻게 해결합니까?
7. 본 장은 다윗의 거점 도시 시글락이 공격을 받고 사람들이 사로잡혀 가는 이야기입니다. 다윗이 최대의 시련을 만났다고 할 수 있습니다. 이 시련은 다윗에게 어떤 의미가 있었을까요?

묵상

본문은 다윗에게 닥친 최대의 시련을 이야기합니다. 자신의 가족이 아말렉에게 사로잡혀 간 것은 차치하고도 부하들이 다윗을 돌로 쳐 죽이려는 상황입니다. 블레셋 땅에서의 삶이 결코 녹록치 않음을 깨닫는 순간입니다. 그러나 이 시련의 순간에 다윗이 닦아 온 훈련이 빛을 발합니다. 오랜 세월 고난의 시간을 보내면서 어느덧 다윗은 왕으로서의 신앙과 인격, 그리고 지혜를 갖추기 시작했습니다. 군사들이 자신을 돌로 치려 할 정도로 민심이 이반한 상황에서 다윗은 먼저 하나님에게 묻습니다. 말씀에 확신을 얻은 다윗은 다시 부하들을 독려하여 아말렉을 추격합니다. 이후 탈취물을 나누는 과정에서 생긴 공동체의 분열도 지혜롭게 해결합니다. 큰 그림을 보면 다윗의 시련은 결국 자신이 내린 잘못된 결정의 결과입니다. 블레셋으로 망명한 것이 애초에 잘못이었습니다. 그러나 하나님은 실수까지 이용하여 하나님의 뜻을 이루십니다.

32
사울과 요나단의 죽음

삼상 31:1-13

사무엘의 예언(28:19)대로 사울과 그 아들들은 길보아에서 벌어진 블레셋과의 전투에서 모두 죽는다. 블레셋의 손으로부터 이스라엘을 구원할 사명을 받았던 사울 왕이 블레셋의 손에 죽는 것이다. 사울 왕조의 최후를 기록한 사무엘상 31장은 대체로 사울에 대한 저자의 부정적인 평가를 반영하지만 길르앗 거민의 선행에 대한 기록은 예외다. 본 장을 사울의 인생 중 최고의 순간(삼상 11장)을 상기시키는 길르앗 거민 일화로 마무리한 이유는 이스라엘 초대 왕 사울에 대한 사무엘서 저자의 마지막 예우로 보인다.

요나단의 죽음 31:1-2

1 블레셋 사람들이 이스라엘을 치매 이스라엘 사람들이 블레셋
사람들 앞에서 도망하여 길보아 산에서 엎드러져 죽으니라 2 블레셋
사람들이 사울과 그의 아들들을 추격하여 사울의 아들 요나단과
아비나답과 말기수아를 죽이니라

이야기의 초점이 시글락의 다윗에서 다시 블레셋과 이스라엘의 전투로 이동한다. 전투는 이스르엘 평원, 길보아 산에서 벌어졌다. 히브리어 원문에서는 블레셋 사람과 이스라엘의 전투가 다윗의 가족 구출 작전(삼상 31장)과 동시적인 상황으로 묘사된다. 즉 저자는 아말렉에 의해 사로잡힌 가족들을 구출하는 다윗과 블레셋과의 전투에서 가족들을 잃는 사울을 대조하고 있다.

1절은 전쟁의 흐름을 큰 획으로 묘사한다. 많은 이스라엘 사람들이 도망하거나 블레셋 사람들의 칼에 맞아 쓰러졌다. 전쟁터의 한 부분을 확대한 2절은 사울 일가의 상황에 초점을 맞춘다. 사울과 그 아들들은 블레셋 사람들에게 바짝 추격당하고 있다(다바크, *dābaq*). 이 장면은 이스라엘 사람들이 도주하는 블레셋 사람들을 바짝 추격하는(다바크) 14장의 상황(22절)과 대조된다. 놀라운 것은 블레셋 사람들이 사울 왕 일가를 추격하고 있다는 사실이다. 지금까지 블레셋의 침공은 마을들을 약탈하고 중요한 거점들을 차지하는 것이었지만 한 번도 사울 왕을 제거하려 한 적은 없었다. 이 점을 고려하면 블레셋 사람들이 사울과 그 아들들을 의도적으로 추격하는 것은 아닌 듯하다. 이것은 그들이 사울의 아들들의 시체는 거두지도 않았고, 사울의 시체도 우연히 발견한 것을 통해 암시된다. 그렇다면 2절에서 사울과 그의 일가들이 블레셋의 군대에 쫓기는 상황은 하나님의 보이지 않는 손이라고 할 수 있을 것이다. 하나님께서 죽이시기로 작정하시면 전쟁터에서 왕이

병사로 변장을 해도 반드시 죽게 된다. '눈먼' 화살이 변장한 왕의 심장에 정확히 꽂힌다.

블레셋 사람들은 먼저 사울의 아들들을 따라잡고 그들을 죽였다. 이때 죽은 아들은 요나단, 아비나답 그리고 말기수아이다. 말기수아는 사무엘상 14장 49절에서 지나가듯 언급되었지만 아비나답은 본문에 처음으로 언급된다. 이 둘은 독자들과 쌓아 둔 감정이 없기 때문에 그들의 죽음은 다소 담담하게 받아들여진다. 안타까운 것은 요나단의 죽음이다. 더욱 안타까운 것은 그의 죽음이 너무나 간단하게 언급된다는 점이다. 요나단의 인생을 생각하면 그의 부고에는 더 많은 지면이 할애되었어야 한다. 요나단은 13장에 처음으로 등장한다. 요나단은 기브아에 있는 블레셋 주둔군을 선제공격하여 아버지 사울에 대한 사무엘의 명령을 대리 수행한다. 14장에서는 혈혈단신으로 블레셋 진영을 공격하여 큰 승리를 이끌어 낸다. 블레셋 진영에 건너가기 전 한 말은 그의 부고를 읽는 독자들에게 진한 그리움을 불러일으킨다. "이 할례 없는 자들의 부대에게로 건너가자 여호와께서 우리를 위하여 일하실까 하노라 여호와의 구원은 사람의 많고 적음에 달리지 아니하였느니라"(14:6). 또한 요나단은 골리앗을 물리친 다윗이 사무엘 선지자가 예언한 그 "왕보다 나은 왕의 이웃"임을 직감하고 의복과 무기를 건네줌으로써 다윗과 언약을 맺는다. 그 후 요나단은 아버지를 배반하지 않으면서도 도망 중인 다윗을 마음으로 지원한다. 두려움에 사로잡힌 다윗을 십 광야로 찾아가 격려하고, 새로운 왕국에서 자신은 이인자로 섬길 꿈을 꾸기도 하였다. 요나단은 결국 꿈을 이루지 못하고 죽는 것이다.

한편 본문에 언급되지 않은 사울의 아들도 있다. 이스보셋은 이 전쟁에서 살아남지만 이후의 역사에서 그의 역할은 매우 미미하다. 한편 사울과 그의 아들들이 죽는 장면에 아브넬이 언급되지 않는다는 점도 주목할 만하다. 그는 사울을 최측근에서 모신 인물이다. 사울이 적에 쫓길 때 그는 어디에 있었는가? 이 전투에서 아브넬이 일부러 사울 왕을 버린 것은 아닐지라도 최후의 순간에 아브넬이 없었다는 것은 시사하는 바가 크다. 그는 왕을 제대로 보위하지 못했다는 비난을 다윗에게 받은 적이 있다(26:13-16). 그리고 이후에 아브넬은 사울이 남긴 왕위에 대한 야심을 보인다. 이 모든 것은 사울과 아브넬의 관계가 정직하지 않았음을 암시한다.

사울의 죽음 31:3-4

3 사울이 패전하매 활 쏘는 자가 따라잡으니 사울이 그 활 쏘는
자에게 중상을 입은지라 4 그가 무기를 든 자에게 이르되 네 칼을
빼어 그것으로 나를 찌르라 할례 받지 않은 자들이 와서 나를
찌르고 모욕할까 두려워하노라 하나 무기를 든 자가 심히
두려워하여 감히 행하지 아니하는지라 이에 사울이 자기의 칼을
뽑아서 그 위에 엎드러지매

사울의 죽음을 묘사하는 이 단락에는 사울의 인생에 대한 부정적인 평가를 담은 암시들이 지배적이다. 부정적 뉘앙스를 주는 부분들은 다음과 같다. 첫째, "패전"에 대한 3절의 언급, 둘째, 병기 든 자가 사울의 마지막 명령에 순종하지 않아 결국 자살한 것, 셋째, 그의 마지막이 아비멜렉의 경우와 유사하다는 사실이다.

첫째. "사울이 패전하매"로 번역된 히브리어 '바티크바드 하밀하마'(*wattikbad hammilḥāmāh*)는 '전세가 (사울에게) 매우 어려워졌다'로 직역될 수 있다. 사무엘서 저자는 여기서 엘리 제사장의 죽음을 묘사할 때 사용한 단어인 '카바드'('무겁다')를 다시 가져온다. 전쟁 상황에 이 단어를 사용하는 것은 드문 일이기 때문에 이것은 사울의 죽음과 엘리의 죽음을 연결시키려는 의도인 것 같다. 실제로 엘리가 자신의 두 아들과 한날한시에 죽은 것처럼 사울도 자신의 두 아들과 같은 전장에서 죽었다. 또한 이 둘은 자신의 리더십을 자식들에게 성공적으로 물려주지 못했다는 공통점도 가진다. 이와 같은 '제2의 엘리'로서의 사울의 이미지는 그다지 긍정적이지 않다.

둘째. 전세가 매우 어려워지고 사울은 활에 부상을 입는다. 이때 사울은 무기를 드는 자에게 "네 칼을 빼어 그것으로 나를 찌르라 할례 받지 않은 자들이 와서 나를 찌르고 모욕할까 두려워하노라"라고 말한다. 그리고 이 말이 사울의 마지막 유언이 된다. 재미있게도 성경

【사울 왕의 죽음】 엘리에 마르쿠제(1817~1902) 작.

에 기록된 사울의 첫 번째 말("돌아가자", 9:5)을 그의 종이 순종하지 않았듯 사울의 마지막 말도 그의 종이 순종하지 않는다. 이것은 사울의 인생을 함축적으로 요약한다. 그의 이름—'묻다, 구하다, 부탁하다'를 의미하는 동사 '샤알'에서 유래—처럼 사울은 묻고, 구하고, 부탁하지만 한 번도 제대로 된 응답이나 충성을 얻지 못한다. 사울은 하나님께 끊임없이 묻지만 하나님은 꿈으로도, 제사장을 통해서도, 선지자를 통해서도 응답하지 않으셨다. 그는 언제나 부하들이 자신보다 다윗에게 더 충성하지 않나 의심했다. 요나단조차 사울이 아닌 다윗에게 충성을 맹세한 것을

볼 때 다른 신하들의 충성도 형식적이었을 가능성이 많다. 대표적인 예가 아브넬과 사울의 관계이다(위의 1-2절에 대한 해설 참조). 신학적 관점에서 이런 신하들의 태도는 예견된 것이다. 하나님의 대리 통치자로 임명받은 사울의 권위는 최고 통치자인 하나님께 순종할 때 세워진다. 하나님께 순종하지 않을 때 그의 권위는 정당성을 상실한다. 사무엘과 결별한 순간부터 사울은 하나님의 눈과 백성들의 눈에 더 이상 왕이 아니었다.

셋째. 칼을 빼어 자신을 찌르라는 사울의 명령에서 우리는 아비멜렉을 연상하게 된다. 사사기 9장 54절에 따르면 아비멜렉은 데베스의 망대를 포위 공격할 때 여인이 떨어뜨린 맷돌에 머리를 맞아 부상을 입는다. 그리고 "여자에게 죽었다"라는 오명을 남기지 않기 위해 무기 드는 자에게 "너는 칼을 빼어 나를 찌르라"라고 한다. 아비멜렉의 죽음이 연상되는 사울의 이미지는 그다지 좋지 못하다. 아비멜렉은 불법적으로 왕이 된 사람이기 때문이다. "내가 너희를 다스리지 아니하겠고 나의 아들도 너희를 다스리지 아니할 것이요 여호와께서 너희를 다스리리라"라고 말하며 왕이 되기를 거부했던 아버지 기드온과 달리, 아들 아비멜렉은 스스로 왕이 되었다. 사울의 최후가 아비멜렉의 최후를 연상시킨다는 것은 사울의 이미지에 매우 부정적이다.

그러나 아비멜렉과 사울이 무기 드는 자에게 칼로 자신을 찌르라고 명령한 이유는 각각 다르다. 아비멜렉의 명령은 개인적 수치를 면하기 위한 것이었지만 사울은 언약 백성의 명예를 지키기 위한 것이다. 이스라엘의 왕이 할례 받지 못한 민족(언약의 표징이 없는 민족)의 칼에 맞아 쓰러지고 그 시체가 훼손된다면 그것은 개인의 비극이 아니라 백성 전체의 수치가 될 것이다. 사울은 이스라엘의 왕으로 존엄성을 지키며 죽음을 맞고 싶었다. 그러나 병기 든 자는 사울의 명령에 순종하지 못한다. 아비멜렉의 병기 든 자는 아비멜렉을 칼로 찔렀음을 고려할 때 그의 행동은 다소 이해되지 않는다. 그에게도 다윗처럼 하나님의 기름부음을 받은 자에 대한 금기가 있었을까? 병기 든 자가 우물쭈물하자 사울은 자신의 칼을 가지고 그 위에 넘어져 스스로 목숨을 끊는다. 골리앗처럼 사울도 결국 자신이 휘두르던 칼에 넘어진다. 하지만 사울은 적에게 생포되어 불명예스럽게 죽는 것보다 명예롭게 목숨을 끊었다. 9장에서 아버지 기스의 암나귀를 찾아 나선 사울과의 만남 이후 우리는 싫든 좋든 이스라엘의 초대 왕 사울의 성공과 실패, 희로애락의 순간들을 함께 경험해 왔다. 파란만장했던 사울의 삶이 막을 내리는 모습이 씁쓸함을 안겨 준다.

무기를 든 자의 죽음 31:5-6

5 무기를 든 자가 사울이 죽음을 보고 자기도 자기 칼 위에 엎드러져
그와 함께 죽었더라 6 사울과 그의 세 아들과 무기를 든 자와 그의
모든 사람이 다 그 날에 함께 죽었더라

무기를 든 자도 사울처럼 자기 칼 위에 엎드러져 죽는다. 무기를 든 자는 사울의 가장 가까운 곳에서 사울의 생명을 지키는 사람이다. 자신의 목숨을 바쳐서라도 사울 왕을 지키는 것이 그의 의무이다. 이제 그 의무에 실패한 그는 차선의 길을 간다. 그의 선택은 사울에 대한 충성심에서 우러나온 것이다. 6절은 (1절과 마찬가지로) 길보아 전투를 크게 요약한다. 저자는 6절에서 사울 일가의 죽음이 하나님의 심판임을 암시한다. 사무엘의 예언(28:19)처럼 사울과 그의 아들들이 한날에 블레셋 사람에 손에 죽었다.

【활에 중상을 입고 자기 칼에 죽은 사울】 사울은 활에 중상을 입고 자기 칼에 스스로 넘어져 죽는다. 이 역사적 사실에서 어떤 은유적 의미를 읽어 낼 수 있을까? 활은 요나단의 주된 무기였다. 활이 수금과 태생적 연관성을 가짐을 고려하면 활은 수금 타는 자 다윗과도 무관하지 않다. 실제로 사울의 인생은 (요나단과) 다윗에 의해 '중상'을 입었다고 해도 과언이 아니다. 그러나 다윗이 사울을 직접 살해한 것은 아니다. 사울은 자신의 칼, 스스로의 죄 때문에 무너진 것이다.

【사울의 삶에 대한 구속사적 평가】

사울의 삶을 구속사적으로 어떻게 평가할 수 있을까?
왕정에 대한 요구는 백성들에게서 시작되었다. 키 크고
잘생긴 사울은 백성들이 원하는 왕의 전형이다.
그러나 사울의 왕조는 지속되지 못했다.
어디에 문제가 있는가?
왕정 제도에 문제가 있는가?
아니면 사울 개인에게 문제가 있는가?
많은 사람들이 사울의 죄가 사울 왕조의
실패의 원인이라고 생각한다. 이런 생각에는
왕정 자체에는 문제가 없는데 사람이 문제라는
전제가 깔려 있다. 그리고 다윗은 오랜 기간
(약 400년) 지속된 왕조를 세웠다는 사실에
근거해 다윗을 이상적 왕으로 추켜세운다.
그러나 다윗 왕조도 주전 586년에 끝났다는 것은
부인할 수 없다. 400년 남짓의 왕조 역사가
점진적인 실패의 역사라는 점에도 주목해야 한다.
다윗 왕조의 므낫세 왕이 사울보다 나은 점이 무엇인가?
사울이 므낫세보다 나쁜 점은 무엇인가?
우상숭배라는 관점에서 보면 므낫세는 노골적인
우상 숭배자였지만 적어도 사울은 여호와 신앙을
포기하지 않았다. 그럼에도 므낫세는 아들을
왕으로 앉힐 수 있었지만, 사울은 그럴 수 없었다.
우리는 결국 왕 개인이 아니라 제도 자체에
문제가 있다는 결론에 도달한다.
사울 왕의 인생은 왕정에 대한 이스라엘 민족의 실험이
결정적으로 실패할 것을 보여 준다.
북왕조 250년 역사뿐 아니라,
남왕조 유다의 400년 역사도 결국 지속되지
못했다는 점에서 실패한 역사이다.
주전 586년 이후 유다 민족은 왕 없이 이방 민족의
통치 아래 고통 당해야 했다. 그러나 이것은
처음부터 예견되었다. 이스라엘은 신정국가다.
하나님이 직접 다스리는 나라다. 그리고 신정국가에
특화된 제도가 사사 제도였다.
사무엘의 통치는 사사 제도가 이스라엘 사회에
얼마나 좋은지 보여 주었다.
그러나 사람들은 이방의 제도, 우상숭배적 왕정을 원했다.
그들은 보이지 않는 하나님의 통치보다 보이는 우상을
원했던 것이다. 즉 이스라엘의 왕정 요구는 처음부터
우상숭배적인 동기에서 출발한다. 하나님의 뜻은
처음부터 끝까지 변함없다. 하나님은 그의 백성을
다스리기를 원하신다. 그럼에도 백성들의 우상숭배적
요구를 허락하신 이유는 그들의 요구가 얼마나 악한지
스스로 깨닫도록 하시기 위함이다. 어떤 의미에서
왕정은 이스라엘 역사에서 '선악과'와 같다.
왕정이라는 선악과를 따먹음으로써 이스라엘은
돌이킬 수 없는 죄악을 저질렀다.
그러나 하나님은 구원 계획을 실현시키신다.
즉 다윗을 메시아의 모형으로 세우신 것이다.
다윗은 이상적인 인간 왕이라기보다
앞으로 이스라엘을 포함한 모든 인간 세상에
하나님의 통치가 어떻게 회복될 것인지
보여 주는 모형이다. 다윗을 왕으로 지명하고
그 지명을 증명하고 확증하는 과정에 하나님은
주도적으로 개입하셨다.
다윗의 생애에서 구속사적으로 중요한 사실은
다윗이 고난을 거쳐 왕이 되었다는 것이다.
왕의 되는 과정에서 죽음의 경계를 수차례
왕래했다는 사실이다.
오히려 왕이 된 후 다윗의 통치는
죄악들로 점철된다. 성적 범죄, 살인, 자식을
편애한 죄 등 사울보다 훨씬 화려한(?) 죄들을 저지른다.
우리가 다윗 왕에게서 메시아의 유형을 찾는다면
그것은 왕이 되기까지의 고난의 삶에서 찾아야 할 것이다.
왕이 된 후 다윗이 저지른 실패들과 그 후손들의 실패는
우리에게 온전한 통치자를 사모하게 한다.
하나님은 다윗을 왕으로 세우시면서 하나님의
직접 통치 회복을 위한 구체적인 청사진을 제시하셨다.
엄밀하게 말하면 왕정은 신정과 모순된다.
이 둘을 조화시키기 위해 '대리 통치자' 개념을
언급하기도 하지만 이스라엘 왕정을 통틀어
대리 통치 개념이 제대로 실현된 적은 없었다
(대리 통치의 이상이 실현된다 해도 사사정과
얼마나 다른지 설명하기 힘들 것이다).
선지자와 왕은 화합하기보다 대립적 관계에 있었다.
왕정은 태생적으로 인간을 우상화하기 때문에
어떤 사람이 왕이 되더라도 우상화적 경향을 막을 수 없었다.
나아가 왕정은 우상숭배 본능을 가진 인간들에게
언제나 매력적인 제도였다. 인간들은 부족한
사사들을 통해 드러나는 하나님의 강함을 체험하기보다
강력한 우상이 자신들을 끌어 주기를 원한다.
현대 교회에서 자꾸 스타 목회자들이 배출되는 것도
이런 우상숭배적 열망이다.

블레셋이 사울의 시체를 가져감 31:7-10

7 골짜기 저쪽에 있는 이스라엘 사람과 요단 건너쪽에 있는 자들이
이스라엘 사람들이 도망한 것과 사울과 그의 아들들이 죽었음을
보고 성읍들을 버리고 도망하매 블레셋 사람들이 이르러 거기에서
사니라 8 그 이튿날 블레셋 사람들이 죽은 자를 벗기러 왔다가
사울과 그의 세 아들이 길보아 산에서 죽은 것을 보고 9 사울의
머리를 베고 그의 갑옷을 벗기고 자기들의 신당과 백성에게 알리기
위하여 그것을 블레셋 사람들의 땅 사방에 보내고 10 그의 갑옷은
아스다롯의 집에 두고 그의 시체는 벧산 성벽에 못 박으매

7절은 길보아 전투의 결과 블레셋 사람들이 내륙까지 들어와 살게 되었다고 보고한다. 이스라엘 사람들이 자기 성읍을 버리고 도망하자 그곳에 블레셋 사람들이 들어와 살았다. 요단 건너편의 성읍까지 차지했다는 것은 블레셋이 이스라엘 영토 깊숙이 침투했음을 보여 준다.

8절에 따르면 블레셋 사람들은 이스라엘 사람들의 시신을 약탈하려 왔다가 사울과 세 아들의 시체를 발견한다. 그들이 사울과 그의 아들들을 추격한 끝에 활을 쏘거나 죽였다면 그들이 시체를 약탈하다 사울의 시체를 우연히 발견했다는 것은 다소 이상하게 들린다. 그러나 이것은 앞서 1-2절에 대한 해설에서 설명한 바다. 즉 왕과 왕자들을 추격하고 있음을 의식하지 못했다는 것이다. 왕과 왕자들을 의도적으로 노렸다면 왕자들을 죽인 후 시체를 거두지 않은 것과 중상 당한 왕을 더 이상 추격하지 않은 것은 설명되지 않는다. 칼이 사울의 아들들을 관통하고 활이 사울의 등에 꽂힌 것은 하나님의 보이지 않는 손에 의한 것이다.

사울의 시체를 발견한 블레셋 사람들은 관행대로 적장의 목을 베고 의복을 벗겨 블레셋 전역에 보낸다(다윗도 골리앗의 목을 베고 그의 무기를 탈취하여 전자는 예루살렘에, 후자는 놉에 보냈다). 사울의 목과 의복은 블레셋 백성들의 사기를 높이는 데 일조했을 것이다. 블레셋 사람들이

【블레셋 사람들이 사울의 옷을 벗김】 마카이요프스키 성경(Maciejowski Bible) 삽화. 이하 동일함.
【사울의 목을 벰】

【갑옷을 아드다롯 신전에 설치】
【사울의 목을 가지고 블레셋 전역을 순회함】
【사울의 시체를 벧산 성벽에 내걺】

【길르앗 야베스 사람들이 사울의 시체를 거둠】
【사울과 요나단이 화장됨】

사울의 의복을 벗겼다는 대목에서 왕권이 사울에게서 완전히 사라졌음을 볼 수 있다. 왕권 이양/박탈을 상징하는 탈의 모티브는 사울 이야기에 자주 나온다. 사울은 자신의 군복을 벗어 다윗에게 주려 했으나 다윗은 그것을 입지 않았다(삼상 17:38). 그러나 요나단이 자기의 의복을 벗어 주자 다윗은 그것을 거절하지 않았다(18:4). 다윗을 잡기 위해 사무엘이 있던 라마 나욧에 온 사울은 여호와의 신에 사로잡혀 스스로 발가벗고 사무엘 앞에 누워 버리기까지 했다(19:24). 엔돌의 무당을 찾아가기 위해 왕복을 벗고 다른 옷을 입기도 했다(28:8). 본 장면에서 일련의 탈의 모티브가 절정에 이른다. 블레셋 사람들이 죽은 사울에게서 의복을 벗겨 낸다. 사울의 비극적인 인생 여정이 마무리되는 순간이다.

블레셋 사람들은 사울의 머리와 의복을 블레셋 전역으로 보내 그들의 신전과 백성들에게 적장의 죽음이라는 소식을 알린다. 9절에서 "전파하다"로 번역된 히브리어 '바사르'(*bāśar*)는 좋은 소식에 사용되는 말이다. 사울의 죽음이 블레셋에게는 좋은 소식이었겠지만 역설적으로 이스라엘에게도 궁극적으로 좋은 소식일 수 있다. 왜냐하면 사울의 죽음으로 다윗이 유다 땅으로 돌아오기 때문이다. 다윗 왕국의 걸림돌이 제거된 것이다. 비슷한 아이러니가 사무엘상 4장에서 사용된 '바사르'의 용법에서도 발견된다. 그곳에서 엘리 아들들의 죽음을 알리는 전령이 '좋은 소식 전하는 자'(메바사르, *məbaśśar*)로 표현된다. 이는 엘리 가문의 몰락이 엘리에게 슬픈 소식이지만 이스라엘 민족에게는 좋은 소식이었음을 암시한다. 왜냐하면 엘리 가문의 몰락이 사무엘의 출현을 촉진하는 역할을 했기 때문이다.

한편 블레셋 사람들이 사울의 죽음을 일반 백성뿐 아니라 전국의 '신당'에도 알리려 했던 이유는 자신들의 신 다곤이 이스라엘의 여호와보다 능력 있음을 보이기 위함이다. 이처럼 이스라엘과 사울에 대한 블레셋의 승리에 종교적 의미가 있었다. 블레셋은 전쟁의 승리를 신들의 승리로 인식하였다. 블레셋 전역을 순회한 사울의 갑옷은 아스다롯 신전에 보관되고, 시체는 벧산의 성벽에 걸렸다. 사울의 갑옷이 다곤 신전이 아닌 아스다롯의 신전에 보관된 이유는 확실치 않다. 블레셋 사람들의 기억 속에 다곤 신전과 이스라엘에서 가져온 전리품 사이에 별로 좋지 않은 기억이 남아 있어서일까.(삼상 5-6장).

길르앗 야베스 거민의 선행 31:11-13

11 길르앗 야베스 주민들이 블레셋 사람들이 사울에게 행한 일을
듣고 12 모든 장사들이 일어나 밤새도록 달려가서 사울의 시체와
그의 아들들의 시체를 벧산 성벽에서 내려 가지고 야베스에
돌아가서 거기서 불사르고 13 그의 뼈를 가져다가 야베스 에셀
나무 아래에 장사하고 칠 일 동안 금식하였더라

사울의 죽음을 알리는 기사가 길르앗 야베스인들의 일화로 끝나는 것은 의미 있다. 사무엘서 저자는 사울의 죽음을 그의 업적 중 가장 화려했던 순간을 상기시키면서 끝내고 싶었던 것 같다. 길르앗 야베스의 남자들은 암몬 왕 나하스에 의해 오른쪽 눈을 잃을 위기에 처했었다. 그런데 사울이 딱한 소식을 "들었을 때" 하나님의 신이 그에게 임하였고, 사울은 군대를 일으켜 길르앗 야베스 사람들을 구원한다. 사울에게 큰 빚을 진 거민들은 사울의 딱한 소식을 "듣고" 모든 병사("장사")들이 일어나 밤새도록 벧산까지 여행하여, 새벽을 틈타 시체를 회수해 온다. 결코 쉬운 작전은 아니었다. 그러나 사울에 대한 보은의 마음은 기꺼이 위험한 작전을 수행하도록 도왔다.

그들은 야베스에서 사울의 시신을 태운다. 화장은 고대 이스라엘에서 거의 행해지지 않았는데 화장한 이유는 무엇일까? 아마도 사울의 시신이 심하게 훼손되어 그랬을 것이다. 사울이 살아 있을 때 모욕할 수 없었던 블레셋 사람들이 사울의 시신을 모욕했을 가능성이

【벧산】 "벧 스안"으로도 불린다. 여호수아가 므낫세에게 할당했으나 그곳에 철제 전차를 보유한 가나안인들이 살았기에 정복하지 못한 곳이다(수 17:16; 사 1:27). 사울 당시에도 이곳은 가나안의 도시였다. 사울의 머리는 벧산 성벽에 걸려 전시되었는데 헬레니즘 시대에 벧산은 스키토폴리스로도 불렸다. 이곳은 마카비 운동 당시 격전지 중 하나였는데 이곳 주민들이 학살을 면한 것은 지역 유대인들과의 적대 관계 때문이다. 그후 스키토폴리스는 데가볼리의 수도가 되었다.

있다. 혹은 '할례 받지 못한 자'들의 손에 의해 시신이 부정하게 되었다는 판단 때문에 제의적 정결을 위해 태웠을 가능성도 있다. 시신을 태운 후 길르앗 야베스 사람들은 사울의 뼈를 에셀 나무 아래에 묻고, 7일 동안 금식하며 슬퍼한다. 역대서 저자는 사울이 묻힌 곳이 상수리나무 아래라고 기록하지만(대상 10:12) 사무엘서 저자는 그것을 에셀 나무로 바꾼다. 에셀 나무는 사무엘상 22장 6절에 암시된 것처럼 사울이 기브아에서 왕의 직무를 수행하던 장소였다. 아울러 사울을 애도하며 금식한 7일은 사무엘과의 갈등(길갈에서 7일 동안 기다리라는 사무엘의 말을 어기고 제사를 집행한 일)을 상기시키지만, 아울러 길르앗 야베스 사람들이 암몬 왕 나하스로부터 얻어 낸 말미도 상기시킨다. 7일 내에 도움을 요청하지 못하면 길르앗 야베스 사람들은 나하스에 의해 오른쪽 눈이 뽑힐 위기였다. 사울은 그동안 군대를 모집하여 길르앗 야베스를 구원했다. 이처럼 사울의 죽음 기사를 길르앗 야베스 사람들의 이야기로 끝마친 것은 초대 왕에 대한 예우 표시라 할 수 있다. 사무엘상은 왕으로서 사울의 업적 중 가장 찬란한 것을 상기시키면서 사울의 이야기를 마무리한다.

질문

1. 사울이 병기 든 자에게 자신을 죽여 달라고 부탁한 동기가 아비멜렉이 병기 잡은 자에게 죽여 달라고 부탁한 동기(삿 9:54)와 어떤 점에서 다른가요? 아울러 어떤 점에서 사울의 자살이 정당화될 수 있는지 혹은 정당화될 수 없는지 이야기해 봅시다.
2. 사울의 죽음을 묘사한 3-4절에서 사울의 인생을 부정적으로 평가한다는 암시 세 가지는 무엇입니까?
3. 블레셋 사람들이 사울의 시체와 갑옷을 블레셋 전역에 보내면서 사울의 죽음을 "신당들"에도 알리려 했던 이유는 무엇일까요?
4. 길르앗 사람들이 위험을 무릅쓰고 벧산까지 가서 사울의 시체를 거두어 온 이유는 무엇입니까?
5. 길르앗 사람들은 왜 사울의 시신을 화장합니까?
6. 사울 왕조 실패의 원인이 왕정 제도 자체에 있는지 개인에게 있는지 토의해 봅시다.

묵상

사울의 죽음은 사울의 실패뿐 아니라 이스라엘 백성들의 실패를 상징합니다. 그들은 보이지 않는 하나님의 통치보다 보이는 인간의 통치를 원했습니다. 하나님의 약속보다 당장의 편안한 삶을 원했습니다. 하나님은 그들의 요구가 악한 것임을 아셨지만 그들에게 사울을 허락하십니다. 이제 백성들은 자신들의 요구가 악했음을 이해할 것입니다. 사울의 통치하에서 블레셋의 억압은 더욱 노골적으로 되었고, 많은 백성들은 삶의 터전을 떠나 유리하는 자들이 되었습니다. 하나님보다 더 좋아했던 인간의 통치가 그들을 배반한 것입니다. 그러나 하나님은 범죄한 그들을 버려두지 않으셨습니다. 그들에게 새로운 기회를 주시는 것이지요. 그것이 다윗입니다. 하나님은 다윗을 통해 하나님의 통치를 회복하실 것입니다. 우리들도 잘못된 선택 때문에 고통을 당합니다. 우리의 죄 때문에 사랑하는 자들을 어려움에 빠뜨릴 수 있습니다. 그러나 하나님은 새로운 기회를 주시는 분이십니다. 고통의 자리에서 절망하지 말고 하나님이 예비하신 구원을 바라며 기도합시다. 하나님의 역사를 기대합시다.

참고 문헌

성경

Biblia Hebraica Stuttgartensia

4QSama(Brill의 CD version)

Septuaginta, Stuttgart: Württembergische Bibelanstalt, 1971, c1935.

Targum Jonathan of the Former Prophets, The Aramaic Bible, vol. 10. Wilmington, Del.: M. Glazier, 1987.

《개역개정》(대한성서공회)

《바른성경》(한국성경공회)

Evangelical Standard Version

Jewish Publication Soceity Version

New Internation Version

문법서와 사전

Brown F., Driver, S. R., and Briggs, Charles A, *Gesenius Hebrew and English Lexicon with an Appendix Containing the Biblical Aramaic*, Peabody, Mass.: Hendrickson Publishers, 1979.

Köhler, Ludwig and Baumgartner Walter, *The Hebrew and Aramaic Lexicon of the Old Testament*, Leiden: Brill, 2001.

Ben Yehuda, Eliezer, *A Complete Dictionary of Ancient and Modern Hebrew*, New York: Thomas Yoseloff, 1960.

B. K. Waltke and M. O'Connor, *An Introduction to Biblical Hebrew Syntax*, Winona Lake, Ind.; Eisenbrauns, 1990.

토마스 O. 램딘, 《성서 히브리어》, 이기란 옮김, 서울: 카톨릭대학교출판부, 2004

W. 게제니우스, 《히브리어 문법》, 신윤수 옮김, 서울: 비블리카 아카데미아, 2003

주옹-무라오카, 《성서 히브리어 문법》, 김정우 옮김, 서울: 기혼, 2012

주석서

Ackroyd, *The First Book of Samuel*, The Cambridge Bible Commentary: New English Bible, Cambridge: University Press, 1971.

Alter, Robert, *The David Story: A Translation with Commentary of 1 and 2 Samuel*, New York: W.W. Norton, 1999.

Bar-Efrat, Shimo. *Das Erste Buch Samuel: Ein Narratologisch-Philologischer Kommentar*, Beiträge Zur Wissenschaft Vom Alten und Neuen Testament, Stuttgart: Kohlhammer, 2007.

Birch, Bruce C. "The First and Second Books of Samuel: Introduction, Commentary, and Reflections", In *The New Interpreter's Bible*, vol. 2, Nashville: Abingdon Press, 1995~2002.

Bodner, Keith, *1 Samuel: A Narrative Commentary*, Hebrew Bible Monographs, Sheffield: Sheffield Phoenix Press, 2008.

Brueggemann Walter, *First and Second Samuel*, Interpretation, Louisville, Ky.: John Knox Press, 1990.

Campbell, Antony F, *1 Samuel*, The Forms of the Old Testament Literature, vol. 7, Grand Rapids, Mich.: W.B. Eerdmans, 2003.

Caquot, André, and Philippe de Robert, *Les livres de Samuel*, Commentaire de l'Ancien Testament, Genève: Labor et Fides, 1994.

Cartledge, Tony W, *1 & 2 Samuel*, Smyth & Helwys Bible Commentary, Macon, Ga.: Smyth & Helwys Pub., 2001.

Dhorme, Paul P, *Les livres de Samuel*, Paris: V. Lecoffre, 1910.

Driver, S. R., *Notes on the Hebrew Text and the Topography of the Books of Samuel*, Oxford: Clarendon press, 1960.

Fokkelman, J.P, *Vow and Desire (I Sam. 1-12)*, Vol. 4 of *Narrative Art and Poetry in the Books of Samuel: A Full Interpretation Based on Stylistic and Structural Analyses*, Studia Semitica Neerlandica, Assen, The Netherlands: Van Gorcum, 1993.

Garsiel, Moshe, *The First Book of Samuel: A Literary Study of Comparative Structure, Analogies and Parallels*, Indiana: Eisenbrauns, 1983.

Gordon, Robert P, *I & II Samuel: A Commentary,* Library of Biblical Interpretation, Grand Rapids, Mich.: Regency Reference Library, 1988, c1986.

Hertzberg, Hans Wilhelm, *I & II Samuel, a Commentary[Translated by J. S. Bowden]*, The Old Testament Library, Philadelphia: Westminster Press, 1964.

Jobling, David, *1 Samuel*, Berit Olam, Collegeville, Minn.: Liturgical Press, 1998.

Klein, Ralph W, *1 Samuel*, Word Biblical Commentary, Dallas, TX: Word Books, 1983.

McCarter, P. Kyle, *I Samuel: A New Translation*, The Anchor Bible, Garden City, N.Y.: Doubleday, 1980.

Miscall, Peter D, *1 Samuel: A Literary Reading*, Indiana Studies in Biblical Literature, Bloomington: Indiana University Press, 1986.

Smith, Henry P, *A Critical and Exegetical Commentary on the Books of Samuel*, The International Critical Commentary. New York: C. Scribner's sons, 1929.

Tsumura, David Toshio, *The First Book of Samuel*, The New International Commentary on the Old Testament, Grand Rapids, Mich.: William B. Eerdmans, 2007.

강사문, 《사무엘상》, 서울: 대한기독교서회, 2008.

김회권, 《하나님 나라 신학으로 읽는 사무엘상》, 서울: 복있는사람, 2009.

송병현, 《엑스포지멘터리 사무엘상》, 서울: 국제제자훈련원, 2012.

기타 참고서

박용우,《문화로 만나는 성경 이야기》, 숭실대학교 출판국, 2012

존 콜린스,《히브리성서 개론》, 유연희 옮김, 한국기독교연구소, 2011.

제임스 쿠걸,《구약성경 개론》, 김구원·강신일 역, CLC, 2011.

브루스 월트키,《구약 신학》, 김귀탁 옮김, 부흥과개혁사, 2012.

롱맨 & 딜라드,《최신 구약 개론》, 박철현 옮김. 크리스챤다이제스트, 2009.

이안 프로반, 필립스 롱, 트렘퍼 롱맨 III,《이스라엘의 성경적 역사》, 김구원 옮김, CLC, 2013.

리차드 S. 히스,《이스라엘의 종교》, 김구원 옮김, CLC, 2008.

마르크 반 드 미에룹,《고대 근동 역사》, 김구원 옮김, CLC, 2010.

Brettler, Marc, "The Composition of 1 Samuel 1–", *Journal of Biblical Literature* 116 (1997): 601–12.

Cook, Joan E, *Hannah's Desire, God's design: Early Interpretations of the Story of Hannah*, Sheffield: Sheffield Academic, 1999.

Polzin, Robert, *Samuel and the Deuteronomist: 1 Samuel*, Bloomington: Indiana University Press, 1993.

Eslinger, Lyle M, *Kingship of God in Crisis: A Close Reading of 1 Samuel 1-12*, Decatur, Ga.: Almond Press, 1985.

Brenner, A. ed, *A Feminist Companion to Samuel and Kings*, Sheffield: Sheffield Academic Press, 1994.

Gunn, David M, *The Fate of King Saul: An Interpretation of a Biblical Story*, Sheffield: JSOT, 1980.

Kim, Koowon, *Incubation as a Type-Scene in Aqhatu, Kirta and Hannah Stories: A Form-Critical and Narratological Study of KTU 1.14 i-1.15 iii, 1.17 i-ii, and 1 Samuel 1:1-2:11*, Leiden: Brill, 2011.

Philip J. King and Lawrence, E. Stager, *Life in Biblical Israel*, Louisville, KY: Westminster John Knox Press, 2002.

Weiss, Andrea L, *Figurative Language in Biblical Prose: Narrative Metaphor in 1 Samuel*, Leiden: Brill, 2006.

Simon, Uriel, *Reading Prophetic Narratives*, Bloomington: Indiana University Press, 1997.

주제어 색인

ㄱ

ㄴ

ㄷ

ㄹ

ㅁ

ㅂ

ㅅ

ㅇ

ㅈ

ㅊ

ㅋ

ㅌ

ㅍ

ㅎ

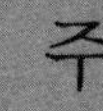
주

서론

1. 헬라어 사무엘서가 히브리어 사무엘서보다 긴 이유는 번역자가 히브리어에서 헬라어로 의역했기 때문이 아니다. 헬라어 사무엘서의 히브리어 원본은 우리가 가진 마소라 본문이 아니었다. 이것은 사해에서 발견된 사무엘서가 마소라 본문보다 헬라어 본문에 더 가깝다는 사실을 통해 확인된다. 참조. P. Kyle McCarter, Jr., *1 Samuel: A New Translation with Introduction, Notes & Commentary,* (Garden City, Doubleday, 1980), 5쪽.
2. 예를 들어 족장의 역사를 다루는 창세기는 야곱과 요셉의 죽음으로 막을 내리고, 출애굽과 광야 역사를 다루는 신명기는 모세의 죽음으로 끝난다. 여호수아서도 여호수아의 죽음으로 끝나고 사무엘상은 사울의 죽음으로 끝난다.
3. Edward J. Young, *An Introduction to the Old Testament* (Grand Rapids: Eerdmans, 1949), 173-174쪽.
4. McCarter, *1 Samuel*, 12-30쪽.
5. 참조. 마르크 반 드 미에룹, 《고대 근동 역사: B.C. 3000년경~B.C. 323년》, 김구원 옮김, (서울: CLC, 2010), 108-122쪽; Ivan Engnell, *Studies in Divine Kingship in the Ancient Near East,* (Oxford: Backwell, 1967); Nicole Brisch ed. *Religion and Power: Divine Kingship in the Ancient World and Beyond,* (Chicago: Oriental Institute, 2008).
6. 블레셋의 이주는 '해상 민족들의 이동'이라는 더 큰 역사적 사건의 일부이다. 주전 12세기 그리스 지방에서 다양한 민족들이 새로운 삶의 터전을 찾아 동쪽으로 이동한다. 이 과정에서 당시 고대 근동을 호령했던 강대국들이 무너지거나 크게 세력이 약화된다. 터키 지역에 있던 히타이트 왕국이 가장 먼저 무너지고, 이집트도 해상 민족의 침입에 영향을 받았다. '해상 민족'이라는 말은 이집트 문서에서 발견된 용어로 그리스 지역에서 가나안과 이집트로 이주해 온 사람들을 통칭하는 말이다. 블레셋도 이집트까지 내려가려 했으나 이집트인들의 저항에 부딪혀 가나안 남쪽 해안에 정착하게 된 것이다. 참조. 마르크 반 드 미에룹, 《고대 근동 역사》, 282-291쪽.
7. 자세한 논의는 제임스 쿠걸, 《하버드대 유대인 구약 학자가 쓴 구약 성경 개론》, 김구원·강신일 옮김, (서울: CLC, 2011), 657-662쪽을 참조.

8. 일부 학자들은 신명기 17장 14-20절의 내용을 들어, 왕정이 하나님의 본래 뜻이었다고 주장한다. 그러나 17장 14절은 백성들이 "모든 민족들같이 우리 위에" 왕을 세워 달라고 요구했을 때 실행해야 할 왕에 대한 도가 15-20절의 내용임을 보여 준다. 백성들의 우상숭배적 본능이 왕정으로 이어질 것임을 하나님이 미리 아셨다는 사실과 왕정이 하나님의 본래 의도였다는 사실은 아무 관계가 없다. 마치 선악과를 따먹을 것을 하나님이 아셨지만 선악과를 따먹었다 해서 그것이 하나님의 본래 의도였다고 할 수 없는 것과 같다.
9. 이런 이스라엘의 왕을 신학자들은 '대리 통치자'로 표현하기도 한다. 이 말은 제2천년기 히타이트의 종주 조약을 염두에 둔 용어이다. 조약을 통해 강대국에 종속된 약소국의 왕은 종주왕의 대리 통치자로서 자신의 영토를 다스렸다. 약소국 왕이 이전과 같은 주권을 가지지만 주권의 성격이 바뀐 것이다. 전에는 독립적인 주권이었다면 조약 성립 이후에는 '위임된 주권' 즉 대리 통치자로서의 주권이다. 그러나 이런 개념이 당시 고대 근동의 주류 개념은 아니었다. 고대 근동의 주류 개념에 따르면 왕은 절대자였다.

1 한나의 믿음과 사무엘의 출생

1. 엘리의 두 아들 이름은 이집트식이다. 홉니는 '올챙이'를 뜻하고 비느하스는 '남쪽에서 온 사람'을 뜻한다. 엘리가 여호와의 제사장이었음에도 아들들에게 이집트식 이름을 지었다는 것은 흥미로운 일이다.
2. 이것은 히브리어 원문 '아하레이 오클라 베실로 베아하레이 샤토'(*'aḥărēy 'ōklāh bəšiōh wə'aḥărēy šātōh*)에서 관용구 "먹고(아하레이 오클라) 마심(아하레이 샤토)"이 "실로에서"(베실로)라는 부사구에 의해 분리되는 다소 어색한 구문에 의해 암시된다.

2 사무엘을 하나님께 드림

1. 쿰란 사본 22절에는 "내가 평생 그를 나실인으로 드릴 것입니다"가 첨가되어 있다. 이는 사무엘이 평생 제사장으로 하나님께 헌신하며 살 것을 명확히 한다.

3 엘리 가문의 죄악과 사무엘의 성장

1. 일본의 구약학자 츠무라(David Tsumura)는 브네 블리야알의 의미가 '벨리알의 아들들'이라고 주장한다. 벨리알은 제2성전기에 사탄의 다른 이름으로 널리 사용되었다. 사무엘상이 저작되었을 때 블리야알이 사탄의 다른 이름으로 사용되었을 가능성은 매우 적다. 그럼에도 엘리의 두 아들이 브네 블리야알로 불린 것은 그들의 악행과 그에 따른 심판의 관계를 설명해 준다.
2. 18절에서 "여호와 앞에 (섬겼다)"로 번역된 히브리어가 "여호와의 얼굴을 (섬겼다)"로 직역된다는 것을 보면 이를 단적으로 알 수 있다. 11절에도 "여호와 앞에 (섬겼다)"는 표현이 사용되지만 그것은 "여호와를 (섬겼다)"로 직역될 수 있다. 즉 사무엘의 사역에 대한 18절의 묘사가 좀더 하나님과 사무엘 사이의 개인적이고 친밀한 관계를 드러낸다.

4 사무엘의 소명

1. 13절의 마소라 본문 '키-메칼를림 라헴 바나브'(*kî–məqalləlîm lāhem bānāyw*)는 신학적 이유 때문에 훼손된 본문일 가능성이 높다. "엘로힘을 저주한다"를 성경에 적을 수 없었던 유대인들이 '메칼를림'("저주하다")의 목적어 '엘로힘'(*ĕlōhîm*)을 '라헴'(*lāhem*)으로 바꾼 것이다. 이렇게 바뀐 마소라 본문은 의미가 잘 통하지 않는다. 좀더 온전한 본문을 보존한 칠십인역은 "엘리의 아들들이 하나님을 저주하였다"(*hoti kakologountes theon huioi autou*)라고 기록한다.

5 블레셋의 승리와 언약궤의 상실

1. "빼앗겼다"로 번역된 히브리어 '닐르카흐'(*nilqaḥ*)는 '라카흐'(*lāqaḥ*)의 니팔형 동사로 푸알형 동사와 뉘앙스가 다르다. '라카흐'의 푸알형 동사는 강제로 체포되거나 포로로 끌려가는 상황을 표현하는 표준 동사라면, 니팔형 동사에는 '강제성'보다는 '자발성'의 뉘앙스가 있다. 즉 여호와의 궤가 표면적으로는 탈취되어 끌려가는 상황이지만 저자는 니팔형 동사를 사용함으로써 여호와의 궤가 모종의 목적을 이루기 위해 그 상황을 허락함을 암시한다.
2. 한편 베냐민 사람과 실로는 특별한 관계가 있다. 멸절 위기에 처한 베냐민 남자들이 실로에서 열린 여호와의 절기 축제 때 처녀들을 강제로 데려와 종족을 유지한 적이 있었다(삿 21장). 그 사건 덕분에 본 장면에서 베냐민 사람이 등장할 수 있는 것이다. 또한 야곱의 막내아들 베냐민의 탄생 이야기(창 35장)와 실로 제사장의 멸망 이야기(삼상 4장)에 동일한 모티브가 사용된다는 사실도 흥미롭다. 사무엘상 4장 마지막에서 엘리의 며느리가 아들을 낳다 죽는 것처럼 창세기 35장에서 라헬도 베냐민을 낳다 죽는다.
3. '카마'(*qāmāh*)는 동사 '쿰'(*qûm*)의 단수 여성 분사 형태이다. '야켐'(*yāqem*)도 동사 쿰의 활용 형태이다. 즉 카마와 야켐은 같은 동사이다.

6 하나님의 승리

1. 승전한 블레셋 사람들이 이스라엘의 비밀 병기였던 언약궤를 가지고 돌아온 사건은 삼손 이야기와 유사하다. 삼손을 제압한 블레셋 사람들은 그를 가사에 데려가 옥중에서 맷돌을 돌리게 한다. 삼손은 다곤 신 찬양 제사 때 그들에게 큰 죽음을 안긴다. 하나님의 병기인 언약궤를 탈취해 온 블레셋 사람들도 언약궤로 인해 많은 죽음을 경험하게 된다.
2. 사사기 16장에 따르면 가사에 있던 다곤 신전은 삼손이 무너뜨려 버렸다.
3. 우가릿 문서 번호 KTU 3 ii:5-16
4. 5장 8절에 대한 마소라 사본과 칠십인역이 반드시 상충하는 것은 아니다. 즉 칠십인역에 기록된 것처럼 가드 사람들이 실제 그런 제안을 했지만 마소라 본문은 방백들이 그들의 제안을 받아들여 궤의 이동을 공식적으로 결정하는 장면만 기록했을 가능성이 있다.

7 언약궤의 개선과 이스라엘의 모호한 영접

1. 벧세메스 사람들은 언약궤 때문에 5만 7십 명이 죽었다는 사실을 알리지 않는다. 이는 독종이 생겼다는 사실을 정직하게 말하고 언약궤를 다른 도시로 옮긴 블레셋과 대조된다. 그들은 자기 소견대로 행하는 사사 시대 말의 이스라엘인들이다. 한편 언약궤가 기럇여아림으로 갔다는 사실은 의미심장하다.

8 사사 사무엘의 사역

1. 벧갈은 미스바에서 블레셋 영토(서쪽)로 가는 길목에 위치한 마을인 듯하다.
2. 물론 16절의 "다스림"이 좀더 좁은 의미로 평상시의 사사적 직무, 즉 지역 재판관 역할을 의미할 수도 있다. 사무엘은 재판관으로서 분쟁을 조정하고 해결하는 역할도 했을 것이다. 이런 평상시 직무는 넓은 의미에서 선지자의 목회적 직무에 포괄된다.

9 왕을 달라는 백성의 요구와 사무엘의 경고

1. 하나님은 백성의 요구를 수용해 왕정을 허락하시면서도 왕정의 우상숭배적 성향을 제어하기 위해 선지자 제도를 함께 주셨다. 왕은 선지자를 통해 하나님의 말씀을 듣고 순종해야 한다. 이런 독특한 이스라엘의 왕 개념은 '대리 통치자' 개념으로 설명된다. 고대 사회에서 종속 왕은 이념적으로 종주 왕을 대신해 특정 지역을 다스리는 사람이다. 그러나 이런 대리 통치자 개념과 달리 고대 근동의 왕 이념은 신과 동일시된다. 이런 의미에서 왕정은 본질상 우상숭배적이며 신정과 공존할 수 없다.

10 잃어버린 암나귀를 찾아 나선 사울

1. 1절에서 두 번째로 언급된 "베냐민 사람"의 히브리어 원문 '벤-이쉬 예미니'(*ben-'îš yəmînî*)는 "어떤 예민 사람의 아들"로 번역될 수 있다. 이것이 베냐민 사람을 가리키는 다른 표현이 아니라면 기스의 5대 조상을 가리킨다. 즉 5대 조상은 이름이 아닌 "예민 사람"으로만 알려진 것이다. 이는 족보상 사울을 일곱 번째 후손이 되게 만들어 그가 영웅이 될 것임을 암시한다.

2. 사무엘상 1장 1절에 등장하는 '라마다임소빔'을 '라마다임'과 '소빔'으로 나누어 읽고 전자를 라마와 동일 지명으로, 후자를 '숩 사람'으로 해석하는 것도 가능하다. 이 경우 '소빔'의 마지막 철자인 'ㅁ'(m)은 필자사의 실수로 들어간 것이다. 이런 해석이 옳다면 라마와 숩은 동일 지명이다.
3. 한나 이야기에서 엘가나와 한나의 이름을 주어로 한 구절이 그들의 부부 관계를 가리킴을 참조하라. "엘가나가 자기 아내 한나와 동침하니"(1:19). 구약 내러티브는 간결성이 큰 특징이므로 주로 이름 대신 대명사를 사용한다(우리말 번역에서는 원문이 잘 반영되지 않는 경우가 있다). 간혹 대명사 대신 이름을 사용하는 경우가 있는데 한나와 엘가나의 동침 장면이 그러하고 사무엘과 사울의 식사 장면이 그러하다.

11 불순종한 사울과 두 번째 기회

1. 개역개정의 "하나님의 산"(삼상 10:5)은 지명 '기브아-엘로힘'을 직역한 것인데 때로는 10절에서처럼 '기브아'로 약칭되기도 한다. 그리고 '기브아-엘로힘'은 사울의 고향 기브아의 다른 이름일 가능성이 높다. 개역개정은 10절의 '기브아'를 '산'으로 번역한다.
2. "천 명"으로 번역된 히브리어 '엘레프'(*'elep*)는 지파 아래의 다양한 분파를 총칭하는 말도 된다. 엘레프가 전사자와 관련해서는 '부대'의 의미로 사용된 것을 상기하라(삼상 4:2 참조). 그렇다면 '천 명씩' 여호와 앞에 나아오라는 말은 '족속과 가족'별로 나아오라는 뜻일 것이다.

13 사무엘의 연설

1. 8장에서 백성들이 왕을 요구할 때 암몬 왕 나하스의 위협이 있었을 가능성을 시사하는 실마리가 본문에 있다. 먼저 8장 1절이 "사무엘이 늙으매"로 시작함을 주목하자. 7장 14-15절은 사무엘이 왕성하게 사사로 기능할 때의 상황을 설명한다면 8장은 사무엘이 늙어 단독으로 이스라엘 전체를 다스릴 수 없는 상황을 전제한 것이다. 사무엘은 자식들에게 사사직의 일부를 물려주었어야 했을 것이고, 이를 틈타 주변국의 공격이 다시 시작되었을 가능성이 높다. 암몬 왕 나하스는 이스라엘에게 가장 시급한 위험 요소였을 것이다.
2. 왕의 통치 행위는 보통 "—앞에 출입하다(행하다)"로 표현된다(2절 참조). 그 문자적 의미는 왕이 백성들 앞에 행한다는 말이다. 14절에서 "좇으면"으로 번역된 히브리어 '아하르'(*'aḥar*)는 직역하면 "—뒤에 있다"는 의미이다. 즉 통치 행위를 통치자의 입장에서 표현한 것이 "—앞에 출입하다(행하다)"라면 피통치자의 입장에서 표현한 것이 "—뒤에 있다"이다. 그렇다면 "너희와 너희를 다스리는 왕이 하나님 뒤에 설 것이다"는 이스라엘 백성과 그들의 왕이 하나님의 통치를 받는다는 의미가 된다.

14 사울과 사무엘의 첫 번째 갈등

1. 이때 합리적인 숫자는 끝자리가 2인 수이다. 히브리어 본문에서 십 단위 숫자가 훼손되었기 때문이다. ESV 성경은 13장 1절을 다음과 같이 번역한다. "Saul was years old when he began to reign, and he reigned and two years over Israel."
2. 사도행전 13장 21절은 사울의 통치 연수가 40년이라고 말하는 것 같지만 실제 헬라어 본문은 사무엘과 사울의 통치 연수를 합하여 40년일 가능성이 많다.
3. 병거의 수 "삼 만"(*šəlōšîm 'elep*)과 마병의 수 "육 천"(*šēšet 'ălāpîm*)은 각각 삼십 개의 부대와 여섯 개의 부대로 번역될 수 있다. 히브리어 '엘레프'(*'elep*)의 어원적 의미는 '한 무리'로 군대나 지파를 구성하는 단위로 사용될 수 있다. 이때 엘레프에 속한 인원은 '천'일 필요가 없다.

15 아들의 용맹과 아버지의 경솔한 서원

1. 삼상 4장의 아벡-에벤에셀 전투에서처럼 이스라엘 백성이 궤를 전쟁터로 가져왔을 가능성을 배제할 수 없지만 그렇다면 이런 중요한 사건에 대해 본문이 침묵한다는 것은 이해하기 어렵다.

17 다윗에게 기름을 부음

1. "보다"로 번역된 히브리어 '라아'(*rā'āh*)는 사무엘상 16장에서 중요한 역할을 한다. 이 장의 주제는 인간과 하나님은 다르게 본다는 것이다. 인간의 관점을 대표하는 사무엘은 사람을 외모로 판단하지만 하나님은 중심을 보신다. 나중에 가서야 사무엘은 하나님의 비전(봄)을 공유하게 된다. 이는 사무엘이 하나님의 음성을 처음으로 듣는 사무엘상 3장을 연상시킨다. 3장에서 사무엘은 몇 번의 실패를 거쳐 하나님의 음성을 듣게 된다.

18 다윗이 골리앗을 무찌름

1. 일부 주석가들은 다윗이 물질적 보상의 욕망을 감추려고 종교적 대의명분을 내세웠다고 주장하지만 기억해야 할 것은 다윗의 '중심'이 하나님의 마음에 합했다는 것이다. 성경을 해석할 때 성경 저자의 관점을 의심해서는 안 된다.

19 사울의 궁에 거하는 다윗

1. 포켈먼이나 알터와 같은 학자들은 사울이 포피를 요구한 이유를 포피가 (부정한) 성과 관련 있다는 사실에서 찾는다. 사울이 자기 딸(여성)을 미끼로 다윗을 파괴하려 했듯, 포피를 가져오게 함으로써 다윗을 부정한 상태에 빠뜨리려 했다는 것이다. 이런 해석이 옳다면 포피 사건은 다윗이 여자 때문에 큰 죄를 범한다는 복선으로 작용한다.

21 다윗과 요나단

1. 개역개정은 "나로 죽지 않게 할 뿐 아니라"로 이 부분을 번역한다. 이는 마소라 본문의 '벨로 아무트'(*wəlō' 'āmût*)를 직역한 것이다. 그러나 칠십인역에 따르면 '벨로 임 아무트'(*wəlō' 'im 'āmût*)가 원문일 가능성이 높다. 임(*'im*)이 아무트(*'āmût*) 때문에 생략되었을 가능성이 높다. 이런 생략은 사본 필사자가 흔히 저지르는 실수 중 하나이다.

23 다윗의 아둘람 생활과 놉 제사장들의 희생

1. 개역개정에서 "돌아가서"로 번역된 히브리어 '소부'(*sōb*)는 제자리에서 몸을 돌리는 행위를 말한다.

24 그일라를 구원한 다윗

1. 24절 후반부는 히브리어 구문상 배경 지식을 주는 '삽입절'에 해당한다. 이야기는 24절의 전반부에서 25절로 흘러간다. 삽입절은 시간적 흐름에서 벗어난 정보를 제공한다.

26 마온의 부자 나발과 다윗

1. 또한 24장과 26장에 기록된 사건, 즉 다윗이 사울 왕을 살려 준 사건을 간접적으로 지칭한다.
2. 조엘 베이든의 《역사적 다윗》에 따르면 다윗은 나발을 죽이고 그의 모든 재산을 빼앗은 범죄를 합리화하기 위해 아비가일을 아내로 삼는다. 나발의 아내와 결혼하면 나발의 재산에 대한 권리가 합법적으로 넘어오기 때문이다. 그리고 아비가일은 자신의 의지와 상관없이 다윗에게 시집을 간 것이다. 즉 저자에 따르면 다윗은 선량한 마온의 부자 나발을 죽이고 그의 재산을 빼앗은 뒤 그것을 감추기 위해 아비가일을 자신의 아내로 삼았다는 것이다. 이것은 성경 본문에 '의심의 해석학'을 적용한 예로 본 주석서의 해석 방법과 충돌된다.

29 엔돌의 무당을 찾아가는 사울

1. 일부 학자들은 히브리어 '바옵'(*bā'ôb*)을 '가죽 병'으로 해석하여 엔돌의 무당이 가죽 병을 사용해 혼령을 불러들인다고 주장하지만 확실하지는 않다.
2. 이 말은 사울이 미갈에게 "어찌하여 이처럼 나를 속였느냐"라고 한 상황을 연상시킨다(19:17). 두 장면 모두 남자와 여자가 주인공이며, 속임수의 모티브가 '옷'의 모티브와 함께 등장한다. 사울이 다른 옷을 입고 변장하여 엔돌의 신접한 여인을 속였듯, 미갈은 우상을 침상에 놓고 다윗의 옷을 입힘으로 사울을 속였다. 히브리어로 '속이다'(bgd)와 '의복'(bgd)이 같은 철자라는 것을 볼 때 이 장면들에 문학적 기교가 사용되었음을 알 수 있다.

30 길보아 전투에서 배제된 다윗

1. 블레셋의 도시 국가 수장은 '세렌'(*seren*), 혹은 '멜레크'(*melek*, 왕)로 불릴 수 있는데 도시 국가의 최고 통치자를 가리키는 말이다.

31 아말렉인들로 인한 고난

1. 16절의 "인도하여 내려가니"는 원문에서 한 단어이다. 같은 단어가 15절에도 두 번 사용되었는데 그때마다 "인도하다"로 번역되었다. 16절에서도 "인도하다"로 번역하는 것이 좋을 것이다. 비록 원어상으로는 "내려가게 하다"의 의미이지만 "인도하여 내려가니"는 좋은 번역이 아니다.